刑法总则卷

公检法

办案标准与实务指引

人民法院出版社 编

GONGJIANFA

BAN'AN BIAOZHUN YU SHIWU ZHIYIN

人民法院出版社

图书在版编目（CIP）数据

公检法办案标准与实务指引．刑法总则卷／人民法院出版社编．--北京：人民法院出版社，2022.1
ISBN 978－7－5109－3369－1

Ⅰ.①公…　Ⅱ.①人…　Ⅲ.①刑事犯罪－案件－处理－总则－中国　Ⅳ.①D924.11

中国版本图书馆 CIP 数据核字（2021）第 257698 号

公检法办案标准与实务指引·刑法总则卷
人民法院出版社　编

责任编辑　王　婷
出版发行　人民法院出版社
地　　址　北京市东城区东交民巷 27 号（100745）
电　　话　（010）67550617（责任编辑）　67550558（发行部查询）
65223677（读者服务部）
客服 QQ　2092078039
网　　址　http://www.courtbook.com.cn
E－mail　courtpress@sohu.com
印　　刷　三河市国英印务有限公司
经　　销　新华书店

开　　本　787 毫米×1092 毫米　1/16
字　　数　820 千字
印　　张　35.5
版　　次　2022 年 1 月第 1 版　2022 年 1 月第 1 次印刷
书　　号　ISBN 978－7－5109－3369－1
定　　价　138.00 元

版权所有　侵权必究

编写说明

刑法是国家的基本法律，在中国特色社会主义法律体系中居于基础性、保障性地位。社会稳定是我国社会发展的重要基础，刑法对于打击犯罪，维护国家安全、社会稳定，以及保护人民群众的生命财产安全方面意义重大，也是确保司法公平公正的重要基础。刑法总则是刑法的基本原则和基本制度的法律载体，在刑法中具有十分重要的地位。1997年《刑法》出台以后，全国人民代表大会常务委员会根据经济社会发展和情况变化，及时对《刑法》相关规定进行了一系列的修改、补充和完善，先后颁布了十一个刑法修正案和若干立法解释。其间，最高人民法院、最高人民检察院、公安部也出台了很多相关规范。

本书以刑法总则为基础，对条文进行解析，采取【条文要旨】【理解与适用】【实务问题】【指导案例】【典型案例】【关联规范】的编写结构，帮助读者准确把握办案思路、标准和依据，为公检法办案人员提供办案指导。

【条文要旨】精确阐述条文的立法宗旨和实质性要点。

【理解与适用】梳理刑法总则条文在历次修改中的有关情况，结合法条适用中需要注意的问题，逐条阐释、深入解读立法本义和条文内涵。

【实务问题】总结和提炼公、检、法等刑事实务部门办案人员的宝贵经验、知识和方法，对实践工作中的问题提出解决思路，规范统一实践做法。

【关联规范】提供全面详实的法律检索支持，涵盖与条文相关的法律法规、立法解释、司法解释、司法政策等不同效力等级的刑法规范，甄选节录，分类汇集，可满足公、检、法等刑事实务部门的办案需要。

【指导案例】收录与条文相关的、由最高人民法院和最高人民检察院统一发布的指导性案例，对刑事实践工作具有指导意义，各级人民法院审理相关案件时应当参照适用。

【典型案例】收录与条文相关的、由最高人民法院公布的典型案例，对传播法律精神、彰显以公开促公正理念具有重要的社会意义和参考价值，并具有较强的示范引导作用。

本书具有以下鲜明特点：

一、全面系统

本书通过对刑法总则原意和相关实务疑难问题的逐条阐释，体现了公、检、法等刑事实务部门对各类案件法律适用和政策把握的标准，既有权威解读，也有案例佐证，又有规范依据，便于读者系统学习和整体把握刑法总则的立法精神和条文的具体含义。

二、权威实用

本书突出权威性、实用性和实践性，内容均来源于最高人民法院、最高人民检察院的权威阐释，密切联系当前刑事司法实践中普遍关心的重点、难点、疑难问题，对案件办理进行深入细致地研究、探讨，为刑事司法实务提供正确适用法律的指导。

最后，本书参考了《最高人民法院司法观点集成（第三版）·刑事卷》《最高人民法院观点集成（2017～2020年增补本）·刑事卷》《刑法（总则）及配套规定新释新解（第九版）》《〈刑法修正案（十一）〉条文及配套理解与适用》《刑法条文适用指引：根据刑法修正案（十一）全新编写》《〈刑法修正案（九）〉条文及配套司法解释理解与适用》《刑法总论精释（第三版）》《〈中华人民共和国刑法〉释解与适用》《〈刑法修正案（八）〉条文及配套司法解释理解与适用》《最高人民法院最高人民检察院指导性案例（第五版）》《最高人民法院发布的典型案例汇编（2009—2021）·刑事卷》的部分内容，对提升公、检、法等刑事实务部门办案人员的执法能力和办案质量具有重要意义。

本书内容凸显典型性、疑难性，具有很强的指导和参考意义，突出解决了实务适用的难点问题，是公、检、法等刑事实务部门办案人员必备的工具书，也是广大刑事法律研究者的必备图书。

编　者

二〇二二年一月

总目录

目录

CONTENTS

第一章 刑法的任务、基本原则和适用范围

【本章概要】

本章从第一条至第十二条，共十二条，规定本法的任务、基本原则和适用范围。

一、本法的制定目的和依据

本法第一条是关于刑法立法目的和立法根据的规定，正确把握刑法的制定目的和根据，对全面、系统而准确地理解和正确适用本法，均具有重要的作用和价值。

（一）本法的制定目的

本法制定的目的，就是统治阶级通过制定刑法所期望达到的效果，或者说是其期望刑法所体现的价值。

刑法是一个历史的范畴，它是随着私有制和阶级的出现，作为阶级矛盾不可调和的产物应运而生的。统治阶级为了达到维护其阶级统治的目的，总是把被统治阶级进行的各种反抗行为和破坏社会秩序的行为，通过制定刑法宣告其为犯罪，并处以不同程度的刑罚。因此，统治阶级制定刑法的目的，在于维护其统治。

我国社会主义刑法，其制定目的是惩治犯罪，保护人民。即维护人民民主专政，维护正常的社会秩序，保障人民当家作主。我国刑法是社会主义类型的刑法，是建立在我国社会主义经济基础之上的上层建筑的重要组成部分，是我国工人阶级及广大劳动人民意志的体现，必须为社会主义服务，为维护人民利益服务。为了保证国家政权的巩固、社会秩序的稳定、市场经济的繁荣以及广大人民群众安居乐业，必须惩处犯罪，保护人民。本法与民法、行政法等其他部门法有明显的区别。主要表现在，本法不以特定的社会关系为调整对象，而是调整各个领域的社会关系，并通过刑法的特殊的制裁方法去恢复被破坏的社会关系，达到刑法的目的，惩罚犯罪，保护人民。本法制定的目的同本法这个特殊法律部门所发挥的作用是相统一的。

（二）本法的制定根据

本法的制定根据，是刑事立法赖以创制、修订的基本依据。根据本法第一条规定，本法的制定根据，有两个层次的内容："根据宪法"是本法制定的法律根据；"结合我国同犯罪作斗争的具体经验及实际情况"是本法制定的实践根据。

1. 法律根据

《宪法》作为国家根本大法，具有最高的法律效力，是制定其他一切部门法律的依据。本法根据《宪法》中关于国家制度、社会制度、国家机构的组织、职权和活动原则；公民的权利和义务；我国对内对外的各项重大方针政策等制定。本法通过惩罚犯罪行为来保护国家根本政治、经济制度不受破坏，国家机关的组织活动秩序不受妨害，《宪法》赋予公民的权利得以实现。本法根据宪法制定，因此，本法体现了《宪法》规定的基本精神，而且通过惩治有关的犯罪行为，保障《宪法》的贯彻和实施。

2. 实践根据

我国的实际情况和司法实践经验，是本法制定的实践根据。

从实际出发，实事求是是马列主义的根本原则，也是我国刑事立法的根本指导思想，制定本法必须系统地进行调查研究，总结我国同犯罪作斗争的经验，一切立足于本国的实际。古今中外对我们有用的经验，可以借鉴和吸取，但必须以是否符合我国实际情况为原则。同时要摆脱一切束缚，使本法既符合中国实际，又具有一定的创造性，成为一部具有中国特色的刑法。

二、本法的任务

由本法第二条看出，本法的任务，就是利用刑罚同一切犯罪行为作斗争，以达到“四个保护”的目的。刑法的任务，包括惩罚和保护两个方面。这两个方面关系很密切，是有机统一的。具体表现在：运用刑罚惩罚犯罪，是为了达到保护国家和人民利益的目的；为了有效地保护国家和人民利益，必须正确地适用刑罚。

三、本法的基本原则

本法的基本原则，是指体现刑法本身特性，贯穿于刑法规范始终，对刑法的适用具有约束和指导性意义的准则。本刑法顺应形势的需要，结合我国司法实践，借鉴国外刑事立法的有益经验，采纳我国刑法理论的研究成果，首次以立法的形式明确规定刑法的基本原则。本章第三条、第四条、第五条明文规定“罪刑法定”“法律面前人人平等”“罪责刑相适应”为刑法的三大基本原则。刑法基本原则作为本法的核心和精髓，体现刑法的根本精神，指导刑事立法和司法适用。

（一）罪刑法定原则

本法第三条规定了罪刑法定原则。其含义为“法无明文规定不为罪”和“法无明文规定不处罚”。定罪量刑只能依照法律的明文规定进行，不能超越法律。司法工作必须有法可依，有法必依。罪刑法定原则不仅在立法中体现，也是规范刑事司法的重要原则。

实行罪刑法定原则，有利于保障公民的权利：其一，行为不构成犯罪便不会受到刑罚处罚，其二，行为构成犯罪，只能依法定罪科刑，不得剥夺刑法规定可剥夺之权利以外的权利；有利于公民掌握法律，规范自己的行为，同犯罪作斗争；有利于提高司法工作质量，做到依法办事，克服人治的弊端；有利于促进法制建设，发挥对社会主义经济建设的保护作用。

（二）法律面前人人平等原则

法律面前人人平等是我国社会主义法制的一项基本原则，我国《宪法》规定："中华人民共和国公民在法律面前一律平等"，"任何组织或者个人都不得有超越宪法和法律的特权。"本法第四条规定的法律面前人人平等，通常是指国家司法机关在适用刑法过程中，把法律作为唯一的准绳和统一的尺度，不分民族、种族、性别、职业、社会出身、受教育程度、宗教信仰等，在适用法律上应一律平等，不允许有任何超越法律的特权。

这一原则包括三个层次的含义：第一，此处的法律面前人人平等是指在适用刑法上的一律平等。法律一旦制定出来，就要求司法机关依法办事。即在适用刑法定罪量刑上的平等。第二，司法机关在适用刑法时，对一切公民的合法权益，一律平等地加以保护。第三，对于一切犯罪行为，不论其社会地位、出身如何，也不论犯罪主体是自然人，还是单位，只要是法律有规定的，都必须平等地适用刑法，依照法律规定处罚。不允许有任何超越法律的特权，也不允许有任何歧视。

（三）罪责刑相适应原则

罪责刑相适应，亦为"罪刑相当""罪刑均衡"，其基本含义是：刑罚的轻重应当与犯罪的轻重相适应，即根据社会危害程度的大小，决定刑罚轻重。其具体内容为：有罪当罚，无罪不罚；轻罪轻罚，重罪重罚；一罪一罚，数罪并罚；同罪同罚，罪刑相当；刑罚的性质与犯罪的性质相适应。

这一原则，要求对犯罪分子所判刑罚的轻重，要和其所犯罪行和承担的刑事责任相适应。重罪，刑事责任大，规定重刑，重判；轻罪，刑事责任小，规定轻刑，轻判；行为显著轻微危害不大的，不负刑事责任，不得判处刑罚。要保持罪、责、刑之间内在的、对应均衡关系。刑事责任是特定的法律责任，是确定刑事法律制裁，即刑罚处罚的标准。刑事责任的大小又是判处刑罚的标准。审判机关在裁量刑罚时，要考虑行为人对犯罪所负刑事责任的程度，刑事责任大则刑罚重，刑事责任小则刑罚轻。因此，罪刑相适应实际上指罪责刑相适应。罪行轻重和刑事责任的大小的衡量标准，是以行为的社会危害性大小为基础的，同时适当考虑行为人的人身危险性，即主观恶性的大小。我国刑法的罪刑相适应，不是同态复仇，不是刑罚对犯罪人利益的剥夺与其已然犯罪的危害结果的绝对相等和机械对应，而是刑罚的轻重与其罪责的轻重相协调。

四、本法的效力范围

（一）本法的属地管辖

本法第六条第一款规定即为我国刑法的属地管辖。

所谓“中华人民共和国领域内”，即指我国国境以内的全部空间领域，具体包括：

1. 领陆，即国境线以内的陆地及其地下层，是国家领土最基本和最重要的部分。

2. 领水，即国家所有的水域，包括内水、领海及其他地下层。内水包括内河、内湖、内海以及同外国之间界水的一部分，通常以河流中心线或主航道中心线为界。领海包括某些海湾、海峡等。

3. 领空，即领陆、领水之上空。根据国际惯例，航行于公海或飞行于公海上空，或停泊于外国港口、机场的悬挂我国国旗的船舶和航空器，主权属于我国，也应视为我国领域。我国驻外大使馆或公使馆，也应视为我国领域。

所谓“法律有特别规定”，指的是以下几种例外情况：

1. 对享有外交特权和豁免权的外国人的特别规定。本法第十一条规定，这些人的犯罪行为应当通过外交途径解决。

2. 本法第九十条规定：“民族自治地方不能全部适用本法规定的，可以由自治区或者省的人民代表大会根据当地民族的政治、经济、文化的特点和本法规定的基本原则，制定变通或者补充的规定。报请全国人民代表大会常务委员会批准施行。”

3. 本法施行后国家立法机关所制定的特别刑法的规定。包括单行刑法及非刑事法律中的附属性刑法条款，当出现法规竞合时，按“特别法优于普通法”的原则处理。

4. 根据《香港特别行政区基本法》《澳门特别行政区基本法》，本法对回归后的香港、澳门没有适用的效力，这是由“一国两制”的基本政策决定的。

本法第六条第三款对犯罪标准也作了明确规定。根据此款规定，犯罪行为地和结果地有一项在我国境内，我国就有管辖权。

（二）我国刑法的属人管辖

依照属人管辖原则，我国公民不但在国内犯罪适用我国刑法，在我国领域外犯罪也适用我国刑法。但是考虑到各国的社会制度和具体情况不同，法律规定各异，本着维护我国主权，也尊重别国主权的原则，本法对我国公民在境外犯罪，不是一概而论，而是有选择、有重点地管辖。

1. 本法第七条第一款首先规定本国公民在国外犯罪都适用我国刑法，然后又照顾到客观实际情况，对最高刑为三年以下有期徒刑的较轻犯罪，可以不予追究。既有利于维护主权，又不失灵活性。

2. 国家工作人员和军人不同于普通公民，他们肩负着国家的特殊使命，如果在国外犯罪往往具有更大的危害性。本法第七条第二款规定："中华人民共和国国家工作人员和军人在中华人民共和国领域外犯本法规定之罪的，适用本法。"表明，我国刑法对国家工作人员和军人在域外犯罪严厉惩治的法律态度。

3. 本法第十条又进一步规定："凡在中华人民共和国领域外犯罪，依照本法应当负刑事责任的，虽然经过外国审判，仍然可以依照本法追究，但是在外国已经受过刑罚处罚的，可以免除或者减轻处罚。"这一规定表明了我国刑法的独立性、灵活性及国家主权的不受干涉性。

（三）我国刑法的保护管辖

从保护国家和公民利益出发，本法在一定限度内采用保护管辖原则。本法第八条规定表明，外国人在我国领域外对我国国家或者公民犯罪，本法有管辖权，但这种管辖权是有限制的。

1. 必须是侵犯了我国国家或者公民的利益。这是外国人域外犯罪适用管辖权的前提。

2. 按本法规定的最低刑是三年以上有期徒刑。例如，爆炸罪、杀人罪等。

3. 按照犯罪地的法律也应受刑罚处罚。外国人在域外犯罪，符合以上条件的，本法有权管辖。但是这种管辖权在实际行使上受到极大限制，需要抓捕或引渡罪犯，并涉及与犯罪地国家管辖权的冲突，存在许多实际困难。但是我们必须在法律上严明自己的立场，从而保护国家利益和我国公民及侨民的利益。

（四）我国刑法的普遍管辖

我国在20世纪80年代以后，先后承认和加入了关于制止非法劫持航空器的《海牙公约》，关于制止危害民用航空安全的非法行为的《蒙特利尔公约》及《关于防止和惩处侵害应受国际保护人员包括外交代表的罪行的公约》等。这样，我国实际上承担了这些条约的普遍管辖义务，为了弥补国内法无法可依之不足，本法第九条通过刑事基本法的形式肯定了我国的普遍管辖原则。

（五）本法的溯及力

本法第十二条规定了我国刑法的溯及力问题，根据这一规定我国刑法采取从旧兼从轻原则。根据此原则，对于1949年10月1日中华人民共和国成立至1997年10月1日新刑法生效前这段时间内所发生的危害行为，应按以下不同情况处理：

1. 当时法律不认为是犯罪，而新刑法认为是犯罪的，适用当时的法律，即刑法没有溯及力。

2. 当时法律认为是犯罪，而新刑法不认为是犯罪的，只要这种危害行为未经审判或判决尚未确定，应适用新刑法，即刑法有溯及力。

3. 当时法律和新刑法都认为是犯罪，并且根据《刑法》总则第四章第八节的规定应当追诉的，按行为时的法律追究刑事责任，也即新刑法没有溯及力。但是，如果新刑法的处刑比行为时的法律处刑轻的，则适用新刑法，也即刑法有溯及力。

根据本法第十二条第二款的规定，对于刑法施行之前，依照当时的法律定罪判刑已经生效的，继续有效。

第一条 立法目的和根据

为了惩罚犯罪，保护人民，根据宪法，结合我国同犯罪作斗争的具体经验及实际情况，制定本法。

条文要旨

本条是关于立法目的和根据的规定。

理解与适用

刑法和其他法律一样，是建立在一定的社会经济基础之上的上层建筑的一部分，是社会经济基础的反映。根据我国宪法的规定，我国是实行人民民主专政的社会主义国家。因此，本条在有关制定刑法的目的与立法根据的规定中明确地体现了我国刑法的本质特征。

本条主要规定了以下两方面内容：

1. 制定刑法的目的。制定刑法是为了“惩罚犯罪，保护人民”。“惩罚犯罪”，就是通过刑法，规定什么是犯罪，哪些行为是犯罪，犯什么罪应受到什么样的惩罚的方式，对任何触犯刑法规定的犯罪分子，依照刑法的规定追究其刑事责任。为惩罚犯罪提供法律武器，这是制定刑法的目的之一。“保护人民”是制定刑法的根本目的，这里所说的“保护人民”，不仅是指保护公民个人的人身权利、民主权利、财产权利等合法权利不受侵犯，也包括代表人民根本利益的国家安全、社会主义政治制度、社会主义经济基础、稳定的社会秩序不遭到破坏。

2. 制定刑法的依据。制定刑法的依据有两个：

一是宪法根据。宪法是国家的根本法，是治国安邦的总章程，是党和人民意志的集中体现。宪法是其他一切法律的制定基础。刑法事关国家、社会和人民安全，事关对犯罪公民的人身权、财产权等的剥夺，必然要以宪法为根本遵循。宪法关于国家维护社会秩序、镇压叛国和其他危害国家安全的犯罪活动，制裁危害社会治安、破坏社会主义经济和其他犯罪的活动，惩办和改造犯罪分子的规定，关于国家政治、经济的基本制度的规定，关于保护社会主义的公共财产、公民合法的私有财产的规定，关于保护人身权利、民主权利和其他公民基本权利和义务的规定，关于国家尊重和保障人权的规定，等等，都是制定和修改刑法的依据。宪法序言中所确定的指引中国革命走向胜利并取得社会主义事业成就的马克思列宁主义、毛泽东思想、邓小平理论、“三个代表”重要思想、科学发展观、习近平新时代中国特色社会主义思想，也都是制定和修改我国刑法的指导思想和根据。

二是我国同犯罪作斗争的具体经验及实际情况，即实践根据。新中国成立以来，我国在同各种刑事犯罪的斗争中，曾制定了《惩治反革命条例》《惩治贪污条例》等单行刑事法规，特别是1979年制定了我国第一部刑法及随着实际情况的发展，全国人大常委会又通过了一系列的“决定”和“补充规定”对刑法加以修改和补充，以及在其他有关行政法律、经济法律中所作的附属刑法规定。这些法律的制定和实施，对加强和巩固人民民主专政政权，保障社会主义事业的顺利发展都发挥了很大的作用，并积累了同犯罪作斗争的大量经验。同时，在我国改革开放和社会主义市场经济不断深入发展的过程中，国内外敌对势力对我国的渗透、颠覆活动也从未停止。随着经济社会发展，预防和惩治犯罪方面也出现了一些新的犯罪形式和情况。因此，需要不断总结我国同犯罪作斗争的具体经验，针对实践中出现的新的犯罪，根据我国实际情况，对刑法不断加以完善。这里需要注意的是，根据我国长期预防惩治犯罪斗争实践和我国的实际，我国在惩办与宽大相结合的刑事政策基础上，逐步总结经验并确立了宽严相济的基本刑事政策。这一刑事政策是我国与犯罪作斗争的实践经验的重要组成部分，符合我国的实际情况，体现了我们在同犯罪作斗争的过程中，对于犯罪与刑罚的规律性认识的不断深化，体现了不断趋于科学化、理性化的犯罪观与刑罚观，这些也都是制定刑法的重要思想来源和依据。1997年修订刑法删去了本条中“依照惩办与宽大相结合的政策”的规定，这一修改较好地处理了法律与政策的关系。同时，相关刑事政策及发展形成的宽严相济刑事政策，是我们实践中应当长期坚持的基本刑事政策。刑法立法工作也应当坚持宽严相济，在确定是否将某种行为规定为犯罪时，要根据各方面意见，进行综合的、全方面的论证。例如，要考察行为的社会危害性、行为的普遍性、刑罚的有效性；要考虑刑罚的正当性、合理性和比例原则；要考虑刑罚的负面作用和附随后果，如犯罪标签对行为人未来再社会化的影响等，保持刑罚的最后手段性和替代手段可能性；要考虑立法技术上能否通过解释法律解决、适用上界限能否划清、刑法的打击面、执法成本等。

1997年以来的历次刑法修正案贯彻宽严相济刑事政策，明确将其作为立法的重要指导思想。例如，《关于〈中华人民共和国刑法修正案（八）（草案）〉的说明》中提出：“……进一步落实宽严相济的刑事政策，对刑法作出必要的调整和修改。”《关于〈中华人民共和国刑法修正案（九）（草案）〉的说明》中提出：“……坚持宽严相济的刑事政策，维护社会公平正义，对社会危害严重的犯罪惩处力度不减，保持高压态势；同时，对一些社会危害较轻，或者有从轻情节的犯罪，留下从宽处置的余地和空间。”《关于〈中华人民共和国刑法修正案（十一）（草案）〉的说明》中进一步提出：“……进一步贯彻宽严相济刑事政策，适应国家治理体系和治理能力现代化的要求，把握犯罪产生、发展和预防惩治的规律，注重社会系统治理和综合施策。……对能够通过行政、民事责任和经济社会管理等手段有效解决的矛盾，不作为犯罪处理，防止内部矛盾激化，避免不必要的刑罚扩张。”

关联规范

《最高人民法院关于在裁判文书中如何表述修正前后刑法条文的批复》（2012年5月15日　法释〔2012〕7号）（节录）

一、根据案件情况，裁判文书引用1997年3月14日第八届全国人民代表大会第五次会议修订的刑法条文，应当根据具体情况分别表述：

（一）有关刑法条文在修订的刑法施行后未经修正，或者经过修正，但引用的是现行有效条文，表述为“《中华人民共和国刑法》第××条”。

（二）有关刑法条文经过修正，引用修正前的条文，表述为“1997年修订的《中华人民共和国刑法》第××条”。

（三）有关刑法条文经两次以上修正，引用经修正、且为最后一次修正前的条文，表述为“经××××年《中华人民共和国刑法修正案（×）》修正的《中华人民共和国刑法》第××条”。

二、根据案件情况，裁判文书引用1997年3月14日第八届全国人民代表大会第五次会议修订前的刑法条文，应当表述为“1979年《中华人民共和国刑法》第××条”。

三、根据案件情况，裁判文书引用有关单行刑法条文，应当直接引用相应该条例、补充规定或者决定的具体条款。

第二条　刑法任务

中华人民共和国刑法的任务，是用刑罚同一切犯罪行为作斗争，以保卫国家安全，保卫人民民主专政的政权和社会主义制度，保护国有财产和劳动群众集体所有的财产，保护公民私人所有的财产，保护公民的人身权利、民主权利和其他权利，维护社会秩序、经济秩序，保障社会主义建设事业的顺利进行。

条文要旨

本条是关于制定刑法的任务的规定。

理解与适用

刑法是一个国家的基本法律。刑法的任务与国家的政权性质，与其政治经济社会制度，以及历史文化传统、发展阶段、现实国情紧密相关。刑法的任务也是依据宪法规定确定的。宪法所要保护的国家、社会制度，以及公民的基本权利，需要刑法和其他法律共同保障落实。本条关于刑法任务的规定在宪法中都有相应规定。

根据本条规定，我国刑法的任务是用刑罚同一切犯罪行为作斗争，以保卫国家安全，保卫人民民主专政的政权和社会主义制度，保护国有财产和劳动群众集体所有的财产，保护公民私人所有的财产，保护公民的人身权利、民主权利和其他权利，维护社会秩序、经济秩序，保障社会主义事业的顺利进行。

一是刑法任务的实现手段是通过运用刑罚同一切犯罪行为作斗争。这是刑法与其他部门法相区别的一个重要特征。即以刑罚这种特殊处罚作为预防和惩治犯罪的手段（刑罚是剥夺人身自由、财产等权利的严厉手段，根据我国刑法规定，包括死刑、无期徒刑、有期徒刑、拘役、管制等主刑，以及没收财产、罚金、剥夺政治权利等附加刑），通过刑罚手段惩罚和教育犯罪人、消除其人身危险性和再犯罪能力，进而与犯罪作斗争。同时，其他法律也会在有关资格和职业禁止、有关行政处罚等方面对违法行为作出规定，其中不少手段也依法适用于犯罪人员，因而也是运用法律手段惩处和预防犯罪的重要手段。在此意义上，刑法和其他行政管理法律等，共同起到维护人民利益，维护国家、社会安全和法秩序的重要作用。

二是刑法的具体任务有以下几个方面：

1. 保卫国家安全、保卫人民民主专政的政权和社会主义制度。我国的国家安全、人民民主专政的政权和社会主义制度，是我国人民经过长期革命斗争取得的，是我国宪法确立的国家政治、经济制度，是我国进行改革开放和社会主义现代化建设的根本保证。宪法第二十八条规定：“国家维护社会秩序，镇压叛国和其他危害国家安全的犯罪活动，制裁危害社会治安、破坏社会主义经济和其他犯罪的活动，惩办和改造犯罪分子。”根据国家安全法第二条的规定，国家安全是指国家政权、主权、统一和领土完整、人民福祉、经济社会可持续发展和国家其他重大利益相对处于没有危险和不受内外威胁的状态，以及保障持续安全状态的能力。因此，用刑罚方法同一切组织、策划、实施武装叛乱、武装暴乱、颠覆国家政权、推翻社会主义制度，勾结外国危害我国主权、领土完整和安全，组织、策划、实施分裂国家、破坏国家统一等犯罪作斗争，是刑法一项很重要的任务。刑法的打击锋芒，首先指向这类危害最严重的犯罪，这也是符合国家和人民最根本利益的。

2. 保护国有财产和劳动群众集体所有的财产，保护公民私人所有的财产。国家所有的财产和劳动群众集体所有的财产，作为公共财产，是社会主义的物质基础，是进行社会主义现代化建设的物质保证。根据宪法关于公共财产神圣不可侵犯的规定，刑法保护国有财产和劳动群众集体所有的财产，具有特别重要的意义。公民私人所有的财产，是公民生产、工作、生活所必需的物质条件，同样受国家法律保护。宪法第十三条规定，公民的合法的私有财产不受侵犯。国家依照法律规定保护公民的私有财产权和继承权。因此，刑法将侵犯公民私人所有的财产的行为规定为犯罪，并规定了相应的处罚。根据刑法第九十二条的规定，“公民私人所有的财产”是指下列财产：（1）公民的合法收入、储蓄、房屋和其他生活资料；（2）依法归个人、家庭所有的生产资料；（3）个体户和私营企业的合法财产；（4）依法归个人所有的股份、股票、债券和其他财产。另外，宪法第十一条中规定：“在法律规定范围内的个体经济、私营经济等非公有制经济，是社会主义市场经济的重要组成部分。国家保护个体经济、私营经济等非公有制经济的合法的权利和利益。”民法典对法人、非法人组织作为民事主体及其财产作出规定，因此，保护非公有制企业等法人、非法人组织的财产也应当是刑法的一项重要任务。

3. 保护公民的人身权利、民主权利和其他权利。在我国，人民是国家的主人，我国宪法规定了公民的各项基本权利。“人身权利”是指公民的生命、健康、人身自由等方面的权利；“民主权利”是指公民依照法律参加国家管理和政治生活的各项权利；“其他权利”是指劳动、婚姻自由以及老人、儿童不受虐待、遗弃等权利。同侵犯公民人身权利、民主权利的犯罪作斗争，维护公民的合法权益，是刑法的重要任务。

4. 维护社会秩序、经济秩序，保障社会主义建设事业的顺利进行。我国进行改革开放和社会主义现代化建设，需要稳定的社会秩序和经济秩序，尤其是建立社会主义市场经济，更需要良好的经济秩序。因此，维护社会秩序和经济秩序成为刑法的一项重要任务，对于扰乱社会秩序和经济秩序的犯罪，依照刑法予以打击。

从我国刑法立法实践看，刑法与保障社会主义建设事业顺利进行的任务一直相伴相生。特别是伴随着改革开放伟大事业的不断深化，刑法不断发展完善。二十多部单行刑法的制定，1997 年修订刑法以及十一个刑法修正案的公布，为改革开放和社会主义事业顺利推进打造安全的社会环境，推动和保障金融、财税等各领域改革成果，发挥了重要作用。

第三条　罪刑法定原则

法律明文规定为犯罪行为的，依照法律定罪处刑；法律没有明文规定为犯罪行为的，不得定罪处刑。

条文要旨

本条是关于罪刑法定原则的规定。

理解与适用

我国刑法关于罪刑法定原则的表述是具有鲜明的特点和针对性的。与许多国家规定罪刑法定原则往往注重强调法无明文规定不为罪、法无明文规定不处罚有所不同，本条规定包括两个方面的内容：一方面，法律规定为犯罪的，要依照刑法的规定定罪处刑，要求严格执法，既不能不按法律的规定出入人罪，也不能不按法律的规定放纵犯罪行为。这是根据我国的实际情况作出的规定，强调的是对犯罪的打击和维护社会秩序与保护公民利益，以及依照法律规定定罪量刑，而不能法外施刑，定罪量刑都要以法律为准绳。另一方面，法律没有规定为犯罪的行为，不得定罪处罚，即法无规定不可罚。一种行为无论社会危害性多么严重，只要法律没有规定为犯罪的，都不得定罪处刑。两方面相辅相成，共同构成了我国的罪刑法定原则。

罪刑法定原则是相对封建社会罪刑擅断而言的。确立这个原则，是现代刑事法律制度的一大进步，实行这个原则需要做到：

1. 重法不溯及既往。这是罪刑法定原则的必然要求，如果刑法可以任意溯及既往，罪刑法定原则就失去了意义。罪刑法定原则允许有利于被告人的溯及既往。我国刑法第十二条在新旧刑法适用问题上规定，原则上按照行为“当时的法律追究刑事责任”，但是“如果本法不认为是犯罪或者处刑较轻的”，适用现行刑法。

2. 不搞类推。1997年刑法已经取消了类推制度，但并不意味着实践中就都能够严格坚持罪刑法定原则，在具体案件处理上完全不会发生类似于类推的做法。因此，贯彻落实罪刑法定原则就必须在进行法律适用、解释的过程中，坚持禁止类推的精神，正确把握类推解释和扩大解释的界限，前者违反罪刑法定原则，后者在法律用语的含义之内并不违反罪刑法定原则。对于确属刑法没有规定的犯罪，即使认为具有很大的危害性，也不能用类推的方法援用某个其他犯罪规定以适用刑法加以追究。对于确有必要作为犯罪行为加以规制的，必须通过修改刑法解决。

3. 对各种犯罪的构成条件的规定及设定的处罚必须明确、具体。罪刑法定原则既是司法适用中必须坚守的原则，在刑事立法过程中也同样需要加以认真贯彻。一方面，罪刑法定原则要求对于罪与刑的设定必须通过立法进行。另一方面，立法对罪与刑的设定必须尽量具体、明确，罪与非罪的界限、此罪与彼罪的界限应当明晰，便于公民根据法律规定，明确哪些行为不可为和相关行为的法律后果。如果立法中不能贯彻罪刑法定原则，法律规定本身不清楚、犯罪界限不明，则难以保证司法机关准确适用法律，公正定罪量刑，公民也将无所适从。这些在根本上都是不符合罪刑法定的要求的。需要注意的是，由于司法实践纷繁复杂，各种犯罪的情况复杂多样，立法毕竟是以抽象的原则性规定描述具体的生活现实，在技术上不可能穷尽实践中各种具体情况，需要留有一定空间，由司法机关根据个案情况，将抽象规定适用于具体案件，因此，刑法中难免有些犯罪规定保留了兜底项或者“等”字规定。总体上看，这样的立法技术和做法并不违反罪刑法定原则，但确实是贯彻罪刑法定原则的薄弱环节，在适用法律过程中需要特别加以注意。对刑法没有明确列明的行为，按照兜底项或者“等”追究刑事责任，应当做到：与已经列明的行为进行比较，在性质、危害性等方面具有相当性；社会一般人员对于这种相当性具有预测和认知的可能性；必须符合并有助于实现立法设定该罪名的目的即立法的原意；同时，对于该行为作为犯罪追究应当符合比例原则。此外，刑法条文很多规定了“情节严重”“后果严重”等犯罪门槛，这是合理划定刑事处罚范围，与行政处罚等相区分的需要，有关司法解释或者规范性文件对此配套了较为具体明确的规定。同时，刑法对有关犯罪的处罚也应当是明确的，禁止绝对不定期刑罚。

4. 防止法官滥用自由裁量权。

5. 司法解释不能超越法律。

罪刑法定原则，既是刑事立法原则，同时也是刑事司法原则。刑法取消类推，明确规定这个原则，是我国司法人权保障的重大改革和进步，是我国社会主义民主与法制的重大发展，是宪法规定的国家尊重和保障人权这一重要原则的具体实施，归根结底，是全面建设社会主义法治国家的题中应有之义和必然要求。

关联规范

《最高人民法院关于人民法院为海南自由贸易港建设提供司法服务和保障的意见》（2021年1月8日　法发〔2021〕1号）（节录）

25. 依法惩处妨害自由贸易港建设的各类刑事犯罪。严厉打击黑恶势力犯罪、毒品犯罪等妨害社会管理秩序犯罪，营造安全稳定的社会环境。依法惩治各类刑事犯罪，特别是走私、洗钱、逃税、非法集资等涉及海南自由贸易港改革开放重点领域的经济犯罪，维护市场秩序、保持社会稳定。坚持罪刑法定原则，对市场主体在生产、经营、融资活动中的创新创业行为，只要不违反刑事法律的规定，不得以犯罪论处。根据海南自由贸易港关于贸易自由便利和投资自由便利的法律法规，准确划定虚报注册资本罪、虚假出资罪、抽逃出资罪、逃汇罪、非法经营罪、合同诈骗罪、走私犯罪等法定犯的罪与非罪界限。加强产权刑法保护，坚持对市场主体的平等保护，严格区分经济纠纷与经济犯罪、行政违法与刑事犯罪、民事责任与刑事责任，打造公平透明、可预期的法治环境。

第四条　法律面前人人平等原则

对任何人犯罪，在适用法律上一律平等。不允许任何人有超越法律的特权。

条文要旨

本条是关于法律面前人人平等原则的规定。

理解与适用

法律面前人人平等这一刑法原则有两层含义：

1. 要做到刑事司法公正，即定罪公正、量刑公正、行刑公正。人民法院、人民检察院、公安机关等对任何犯罪的人，不分民族、种族、职业、出身、性别、宗教信仰、教育程度、财产情况、职位高低和功劳大小，都应予以刑事追究，根据法律规定和案件事实予以从宽和从严惩处，不能因案外因素干扰定罪量刑，要公正、平等地适用法律。人民法院组织法、人民检察院组织法、法官法等法律，对适用法律上一律平等，不允许任何组织和个人有超越法律的特权也作了明确规定。司法实践中，只有遵守这个原则，严格依法办案，才能维护和实现这个原则。

2. 不允许任何人有超越法律的特权。本条这一规定具有重要的现实意义。由于封建残余思想、资产阶级腐朽思想的影响，特权思想在一些人中，特别是在少数领导干部中仍有一定市场，以言代法、以权代法的现象仍然存在。党中央提出：平等是社会主义法律的基本属性；绝不允许任何人以任何借口任何形式以言代法、以权压法、徇私枉法；领导干部都要牢固树立宪法法律至上、法律面前人人平等、权由法定、权依法使等基本法治观念，对各种危害法治、破坏法治、践踏法治的行为要挺身而出、坚决斗争；要牢记法律红线不可逾越、法律底线不可触碰。因此，法律面前人人平等的原则，其实质就是反对特权。刑法规定的法律面前人人平等的原则，为反对有法不依、执法不严和超越法律的任何特权，提供了法律武器。

第五条 罪责刑相适应原则

刑罚的轻重，应当与犯罪分子所犯罪行和承担的刑事责任相适应。

条文要旨

本条是关于罪责刑相适应原则的规定。

理解与适用

罪责刑相适应原则是我国刑法的基本原则之一，是社会主义法治的必然要求。我国刑法的罪责刑相适应原则，是指对犯罪规定刑罚和对犯罪分子量刑时，应根据其所犯罪行的性质、情节和对社会的危害程度来决定。这一原则的基本要求是罪重的量刑要重，罪轻的量刑要轻，各个法律条文之间对犯罪刑罚的规定要统一平衡，不能罪重的刑罚比罪轻的轻，也不能罪轻的刑罚比罪重的重。显而易见，这一原则是要保证刑罚的公平。我国刑法有许多规定都体现了罪责刑相适应原则。例如，关于对犯罪分子决定刑罚的时候，要根据犯罪的事实、性质、情节和对社会的危害程度的规定；关于对共同犯罪、集团犯罪中的主犯、从犯、胁从犯和累犯、教唆犯以及犯罪不同阶段的预备犯、中止犯、未遂犯从重、从轻、减轻、免除处罚的规定；等等。

本条所确定的原则，既是刑事立法应遵循的原则，也是刑事司法应遵守的原则。在制定和修改刑法时，对于性质严重、社会危害性大的犯罪，对犯罪情节特别严重的，都规定了较重的处刑；对于所犯罪行的性质、情节比较轻的，如过失犯罪等，规定的处刑比较轻。也就是说罪重，规定的刑罚就重；罪轻，规定的刑罚就轻。同时，也要注意的是，刑罚配置还要考虑预防犯罪等一些因素，对社会危害性的判断应当是全面、综合的。例如，盗窃罪和故意毁坏财物罪，从对被害人造成的财产损失而言，后者并不轻于前者，但刑法对盗窃罪规定了更重的刑罚，是考虑到预防犯罪必要性、惩治犯罪需要、社会一般观念对盗窃与故意毁坏财物的危害性评价等各方面因素。在刑事司法中也应遵守这个原则，犯多大的罪就应判多重的刑，重罪应重判，轻罪应轻判。对犯罪分子判处的刑罚轻重，应当与其所犯罪行的轻重和罪过大小以及应承担的刑事责任大小相当：不能重罪轻判，判轻了不利于惩罚犯罪和震慑犯罪分子；也不能轻罪重判，判重了容易造成犯罪分子对法律和社会的抵触心理，不利于罪犯的改造。因此，必须使罪、责、刑相称，做到重罪重判、轻罪轻判、罚当其罪。这一规定比以前罪刑相适应或罪刑相当的表述多了一个“责”字。这就是说，在对一个犯罪行为进行评价、确定刑罚时，不仅要看犯罪的事实、行为性质、所触犯罪名、犯罪手段等情节，还要对行为人在该犯罪中所应承担刑事责任的大小等作出判断，通过综合考量确定相应的刑罚，以实现刑罚的公平。这也是我国刑法理论中认定犯罪和刑罚遵循主客观相统一原则的体现，从而最大程度发挥刑法预防和惩治犯罪的功能。

实务问题

宽严相济刑事政策的基本内容

宽严相济刑事政策是我们党和国家在维护社会治安的长期实践中形成的基本刑事政策，其以区别对待为基础，要求对刑事犯罪综合运用从宽和从严两种手段，做到既有力打击和震慑犯罪，维护法制的严肃性，又尽可能减少社会对抗，化消极因素为积极因素，实现法律效果与社会效果的统一。这一政策的基本内容包含以下三层含义：

1. 有宽有严，宽严并用

任何国家、任何时代的刑事政策都不会绝对地宽或者绝对地严，而总是有宽有严、宽严并用，这是人类在应对犯罪的策略方面的普遍规律：所谓“有宽有严”，是指刑事政策有宽的一面，也有严的一面。由于犯罪是复杂的，刑事政策不可能片面地强调宽或者严，而应当兼具宽和严两个方面的内容。这一方面是基于宽严相济刑事政策中宽与严辩证关系的灵活运用，另一方面是基于报应与功利统一的刑罚论以及刑罚经济的考量。片面强调严容易导致刑罚的张扬，是重刑主义的表现；片面强调宽容易导致刑罚的乏力，是过分的轻刑化，这两种偏向均不利于打击和预防犯罪。所谓“宽严并用”，是指对处罚犯罪应坚持该宽则宽，当严则严，两者并用，不能用宽和严的一个方面否定另一个方面。从宏观上说，针对不同类型的犯罪，有的犯罪要从宽处罚，有的犯罪要从严处罚；从微观上说，有的案件可能同时具备从重和从轻情节，对这些情节必须同时予以考虑。此外，我们还必须注意，宽严并用并不是笼统地既宽又严，必须对社会危害性轻重不同的犯罪和主观恶性大小有别的犯罪人进行明确区分，使罪重的受到严惩，罪轻的得到宽大，才能达到惩罚犯罪和预防犯罪的目的：一是重罪从严，轻罪从宽。如对于危害国家安全犯罪、黑社会性质组织犯罪、毒品犯罪、暴力犯罪，各国都认为是严重危害社会的犯罪而予以严厉打击；而对于数额较小的财产犯罪、侮辱诽谤罪、危险驾驶罪，以及一般的过失犯罪，由于其造成的社会危害有限，可以考虑给予从宽处罚。二是恶深即严，恶浅即宽。如对于累犯、惯犯、犯罪集团首要分子、拒不悔改者等，一般应当从严处罚；对于初犯、偶犯、胁从犯以及具有自首、立功等情节的犯罪人，一般可以从宽处罚。

2. 宽中有严，严中有宽

宽严相济刑事政策中的“宽”和“严”虽然是两种极端的政策表现，但二者并非绝对对立、不可兼容，而是存在着相互依存、有机统一的关系。在具体的刑事案件中，犯罪情节复杂多样，许多案件中都同时并存多种从宽和从严处罚情节。面对这样的情况，我们不能采取“宽就是宽，严就是严”这样一种泾渭分明的简单处理方法，而应当全面考量案件的各种情节，做到宽中有严、严中有宽，在宽与严相互弥补的基础上实现宽与严的有机统一：“宽中有严”是指对于罪行较轻、可能轻罚的犯罪分子如果具有从严情节的，也要依法从严惩处。例如，对于轻伤害案件，如果被告人悔罪态度较好且能积极赔偿被害人经济损失，一般均可从宽处理，但如果犯罪的动机、手段特别恶劣，犯罪后毫无悔意，有赔偿能力却拒不赔偿被害人，也可以依法从严处理。“严中有宽”是指对于罪行严重、可能重罚的犯罪分子如果具有从宽情节的，要依法从宽处理。对于严重犯罪，一般应予严厉打击。例如，对于罪行极其严重、不杀不足以平民愤的，应该依法判处死刑。但如果这些案件中存在从宽的情节，也要依法予以从宽。例如，对于罪当判处死刑但具有自首、立功等法定从轻、减轻处罚情节的，一般不判处死刑立即执行。

3. 宽严相替、宽严互补

宽严相济，最为重要的还是在于“济”。这里的“济”是指救济、协调与结合之意。因此，宽严相济刑事政策不仅是指对于犯罪应当有宽有严，而且在宽与严之间还应当具有一定的平衡，互相衔接，形成良性互动。换言之，在宽严相济刑事政策的语境中，既不能宽大无边，不能严厉过苛，也不能时宽时严，宽严失当。我们认为，要正确把握宽和严的度，使宽严形成互补，从而发挥刑罚预防犯罪的最佳效果，关键是要把握宽严相济刑事政策的区别对待精神实质。没有区别就没有政策，宽严相济刑事政策正是建立在对不同犯罪、犯罪人以及社会形势的区别对待基础之上的。因此，宽严相济刑事政策要求我们根据不同的情况采取不同的策略，以充分体现这一政策的灵活性。宽严相济刑事政策的区别对待主要体现在以下四个方面：一是因时而宜。我国古代就有“刑罚世轻世重”的经验之谈，宽严相济刑事政策在一定时期也应当有所侧重。刑罚轻重取决于这一时期的治安状况和犯罪态势。社会治安良好，刑罚该宽时就一定要宽；社会治安不好，刑罚该严时就一定要严。二是因地而宜。犯罪发生在一个具体的区域，其影响也往往考虑某一特定地区的治安状况与犯罪态势。在这样的情况下，全国统一的刑事政策如何与各地的具体犯罪态势相结合，这也是宽严相济刑事政策所要考虑的因素。三是因案而宜。现实中的案件是复杂多样的，对于严重犯罪，应当采用严厉的刑罚手段予以打击，以维护社会秩序，确保人民安宁；对于轻微的犯罪，则尽量采取宽缓的措施，使行为人早日回归社会；对于介于两者之间的一般犯罪，则应当采取正常的法律程序，适用一般的处遇方式。这三种治理犯罪模式的弹性组合与适用，才能充分体现宽严相济刑事政策的整体功能。四是因人而宜。刑罚轻重还应考虑犯罪人的不同情况，对于惯犯、累犯等，应当从重处罚；对偶犯、初犯等，则应从轻发落，尤其对于未成年人犯罪，应当坚持“教育、感化、挽救”的方针，最大限度地予以轻缓处理。

关联规范

《最高人民法院关于贯彻宽严相济刑事政策的若干意见》（2010年2月8日　法发〔2010〕9号）（节录）

一、贯彻宽严相济刑事政策的总体要求

1. 贯彻宽严相济刑事政策，要根据犯罪的具体情况，实行区别对待，做到该宽则宽，当严则严，宽严相济，罚当其罪，打击和孤立极少数，教育、感化和挽救大多数，最大限度地减少社会对立面，促进社会和谐稳定，维护国家长治久安。

2. 要正确把握宽与严的关系，切实做到宽严并用。既要注意克服重刑主义思想影响，防止片面从严，也要避免受轻刑化思想影响，一味从宽。

3. 贯彻宽严相济刑事政策，必须坚持严格依法办案，切实贯彻落实罪刑法定原则、罪刑相适应原则和法律面前人人平等原则，依照法律规定准确定罪量刑。从宽和从严都必须依照法律规定进行，做到宽严有据，罚当其罪。

4. 要根据经济社会的发展和治安形势的变化，尤其要根据犯罪情况的变化，在法律规定的范围内，适时调整从宽和从严的对象、范围和力度。要全面、客观把握不同时期不同地区的经济社会状况和社会治安形势，充分考虑人民群众的安全感以及惩治犯罪的实际需要，注重从严打击严重危害国家安全、社会治安和人民群众利益的犯罪。对于犯罪性质尚不严重，情节较轻和社会危害性较小的犯罪，以及被告人认罪、悔罪，从宽处罚更有利于社会和谐稳定的，依法可以从宽处理。

5. 贯彻宽严相济刑事政策，必须严格依法进行，维护法律的统一和权威，确保良好的法律效果。同时，必须充分考虑案件的处理是否有利于赢得广大人民群众的支持和社会稳定，是否有利于瓦解犯罪，化解矛盾，是否有利于罪犯的教育改造和回归社会，是否有利于减少社会对抗，促进社会和谐，争取更好的社会效果。要注意在裁判文书中充分说明裁判理由，尤其是从宽或从严的理由，促使被告人认罪服法，注重教育群众，实现案件裁判法律效果和社会效果的有机统一。

二、准确把握和正确适用依法从“严”的政策要求

6. 宽严相济刑事政策中的从“严”，主要是指对于罪行十分严重、社会危害性极大，依法应当判处重刑或死刑的，要坚决地判处重刑或死刑；对于社会危害大或者具有法定、酌定从重处罚情节，以及主观恶性深、人身危险性大的被告人，要依法从严惩处。在审判活动中通过体现依法从“严”的政策要求，有效震慑犯罪分子和社会不稳定分子，达到有效遏制犯罪、预防犯罪的目的。

7. 贯彻宽严相济刑事政策，必须毫不动摇地坚持依法严惩严重刑事犯罪的方针。对于危害国家安全犯罪、恐怖组织犯罪、邪教组织犯罪、黑社会性质组织犯罪、恶势力犯罪、故意危害公共安全犯罪等严重危害国家政权稳固和社会治安的犯罪，故意杀人、故意伤害致人死亡、强奸、绑架、拐卖妇女儿童、抢劫、重大抢夺、重大盗窃等严重暴力犯罪和严重影响人民群众安全感的犯罪，走私、贩卖、运输、制造毒品等毒害人民健康的犯罪，要作为严惩的重点，依法从重处罚。尤其对于极端仇视国家和社会，以不特定人为侵害对象，所犯罪行特别严重的犯罪分子，该重判的要坚决依法重判，该判处死刑的要坚决依法判处死刑。

8. 对于国家工作人员贪污贿赂、滥用职权、失职渎职的严重犯罪，黑恶势力犯罪、重大安全责任事故、制售伪劣食品药品所涉及的国家工作人员职务犯罪，发生在社会保障、征地拆迁、灾后重建、企业改制、医疗、教育、就业等领域严重损害群众利益、社会影响恶劣、群众反映强烈的国家工作人员职务犯罪，发生在经济社会建设重点领域、重点行业的严重商业贿赂犯罪等，要依法从严惩处。

对于国家工作人员职务犯罪和商业贿赂犯罪中性质恶劣、情节严重、涉案范围广、影响面大的，或者案发后隐瞒犯罪事实、毁灭证据、订立攻守同盟、负案潜逃等拒不认罪悔罪的，要坚决依法从严惩处。

对于被告人犯罪所得数额不大，但对国家财产和人民群众利益造成重大损失、社会影响极其恶劣的职务犯罪和商业贿赂犯罪案件，也应依法从严惩处。

要严格掌握职务犯罪法定减轻处罚情节的认定标准与减轻处罚的幅度，严格控制依法减轻处罚后判处三年以下有期徒刑适用缓刑的范围，切实规范职务犯罪缓刑、免予刑事处罚的适用。

9. 当前和今后一段时期，对于集资诈骗、贷款诈骗、制贩假币以及扰乱、操纵证券、期货市场等严重危害金融秩序的犯罪，生产、销售假药、劣药、有毒有害食品等严重危害食品药品安全的犯罪，走私等严重侵害国家经济利益的犯罪，造成严重后果的重大安全责任事故犯罪，重大环境污染、非法采矿、盗伐林木等各种严重破坏环境资源的犯罪等，要依法从严惩处，维护国家的经济秩序，保护广大人民群众的生命健康安全。

10. 严惩严重刑事犯罪，必须充分考虑被告人的主观恶性和人身危险性。对于事先精心预谋、策划犯罪的被告人，具有惯犯、职业犯等情节的被告人，或者因故意犯罪受过刑事处罚、在缓刑、假释考验期内又犯罪的被告人，要依法严惩，以实现刑罚特殊预防的功能。

11. 要依法从严惩处累犯和毒品再犯。凡是依法构成累犯和毒品再犯的，即使犯罪情节较轻，也要体现从严惩处的精神。尤其是对于前罪为暴力犯罪或被判处重刑的累犯，更要依法从严惩处。

12. 要注重综合运用多种刑罚手段，特别是要重视依法适用财产刑，有效惩治犯罪。对于法律规定有附加财产刑的，要依法适用。对于侵财型和贪利型犯罪，更要注重通过依法适用财产刑使犯罪分子受到经济上的惩罚，剥夺其重新犯罪的能力和条件。要切实加大财产刑的执行力度，确保刑罚的严厉性和惩罚功能得以实现。被告人非法占有、处置被害人财产不能退赃的，在决定刑罚时，应作为重要情节予以考虑，体现从严处罚的精神。

13. 对于刑事案件被告人，要严格依法追究刑事责任，切实做到不枉不纵。要在确保司法公正的前提下，努力提高司法效率。特别是对于那些严重危害社会治安，引起社会关注的刑事案件，要在确保案件质量的前提下，抓紧审理，及时宣判。

三、准确把握和正确适用依法从“宽”的政策要求

14. 宽严相济刑事政策中的从“宽”，主要是指对于情节较轻、社会危害性较小的犯罪，或者罪行虽然严重，但具有法定、酌定从宽处罚情节，以及主观恶性相对较小、人身危险性不大的被告人，可以依法从轻、减轻或者免除处罚；对于具有一定社会危害性，但情节显著轻微危害不大的行为，不作为犯罪处理；对于依法可不监禁的，尽量适用缓刑或者判处管制、单处罚金等非监禁刑。

15. 被告人的行为已经构成犯罪，但犯罪情节轻微，或者未成年人、在校学生实施的较轻犯罪，或者被告人具有犯罪预备、犯罪中止、从犯、胁从犯、防卫过当、避险过当等情节，依法不需要判处刑罚的，可以免予刑事处罚。对免予刑事处罚的，应当根据刑法第三十七条规定，做好善后、帮教工作或者交由有关部门进行处理，争取更好的社会效果。

16. 对于所犯罪行不重、主观恶性不深、人身危险性较小、有悔改表现、不致再危害社会的犯罪分子，要依法从宽处理。对于其中具备条件的，应当依法适用缓刑或者管制、单处罚金等非监禁刑。同时配合做好社区矫正，加强教育、感化、帮教、挽救工作。

17. 对于自首的被告人，除了罪行极其严重、主观恶性极深、人身危险性极大，或者恶意地利用自首规避法律制裁者以外，一般均应当依法从宽处罚。

对于亲属以不同形式送被告人归案或协助司法机关抓获被告人而认定为自首的，原则上都应当依法从宽处罚；有的虽然不能认定为自首，但考虑到被告人亲属支持司法机关工作，促使被告人到案、认罪、悔罪，在决定对被告人具体处罚时，也应当予以充分考虑。

18. 对于被告人检举揭发他人犯罪构成立功的，一般均应当依法从宽处罚。对于犯罪情节不是十分恶劣，犯罪后果不是十分严重的被告人立功的，从宽处罚的幅度应当更大。

19. 对于较轻犯罪的初犯、偶犯，应当综合考虑其犯罪的动机、手段、情节、后果和犯罪时的主观状态，酌情予以从宽处罚。对于犯罪情节轻微的初犯、偶犯，可以免予刑事处罚；依法应当予以刑事处罚的，也应当尽量适用缓刑或者判处管制、单处罚金等非监禁刑。

20. 对于未成年人犯罪，在具体考虑其实施犯罪的动机和目的、犯罪性质、情节和社会危害程度的同时，还要充分考虑其是否属于初犯，归案后是否悔罪，以及个人成长经历和一贯表现等因素，坚持"教育为主、惩罚为辅"的原则和"教育、感化、挽救"的方针进行处理。对于偶尔盗窃、抢夺、诈骗，数额刚达到较大的标准，案发后能如实交代并积极退赃的，可以认定为情节显著轻微，不作为犯罪处理。对于罪行较轻的，可以依法适当多适用缓刑或者判处管制、单处罚金等非监禁刑；依法可免予刑事处罚的，应当免予刑事处罚。对于犯罪情节严重的未成年人，也应当依照刑法第十七条第三款的规定予以从轻或者减轻处罚。对于已满十四周岁不满十六周岁的未成年犯罪人，一般不判处无期徒刑。

21. 对于老年人犯罪，要充分考虑其犯罪的动机、目的、情节、后果以及悔罪表现等，并结合其人身危险性和再犯可能性，酌情予以从宽处罚。

22. 对于因恋爱、婚姻、家庭、邻里纠纷等民间矛盾激化引发的犯罪，因劳动纠纷、管理失当等原因引发、犯罪动机不属恶劣的犯罪，因被害方过错或者基于义愤引发的或者具有防卫因素的突发性犯罪，应酌情从宽处罚。

23. 被告人案发后对被害人积极进行赔偿，并认罪、悔罪的，依法可以作为酌定量刑情节予以考虑。因婚姻家庭等民间纠纷激化引发的犯罪，被害人及其家属对被告人表示谅解的，应当作为酌定量刑情节予以考虑。犯罪情节轻微，取得被害人谅解的，可以依法从宽处理，不需判处刑罚的，可以免予刑事处罚。

24. 对于刑事被告人，如果采取取保候审、监视居住等非羁押性强制措施足以防止发生社会危险性，且不影响刑事诉讼正常进行的，一般可不采取羁押措施。对人民检察院提起公诉而被告人未被采取逮捕措施的，除存在被告人逃跑、串供、重新犯罪等具有人身危险性或者可能影响刑事诉讼正常进行的情形外，人民法院一般可不决定逮捕被告人。

四、准确把握和正确适用宽严"相济"的政策要求

25. 宽严相济刑事政策中的"相济"，主要是指在对各类犯罪依法处罚时，要善于综合运用宽和严两种手段，对不同的犯罪和犯罪分子区别对待，做到严中有宽、宽以济严；宽中有严、严以济宽。

26. 在对严重刑事犯罪依法从严惩处的同时，对被告人具有自首、立功、从犯等法定或酌定从宽处罚情节的，还要注意宽以济严，根据犯罪的具体情况，依法应当或可以从宽的，都应当在量刑上予以充分考虑。

27. 在对较轻刑事犯罪依法从轻处罚的同时，要注意严以济宽，充分考虑被告人是否具有屡教不改、严重滋扰社会、群众反映强烈等酌定从严处罚的情况，对于不从严不足以有效惩戒者，也应当在量刑上有所体现，做到济之以严，使犯罪分子受到应有处罚，切实增强改造效果。

28. 对于被告人同时具有法定、酌定从严和法定、酌定从宽处罚情节的案件，要在全面考察犯罪的事实、性质、情节和对社会危害程度的基础上，结合被告人的主观恶性、人身危险性、社会治安状况等因素，综合作出分析判断，总体从严，或者总体从宽。

29. 要准确理解和严格执行"保留死刑，严格控制和慎重适用死刑"的政策。对于罪行极其严重的犯罪分子，论罪应当判处死刑的，要坚决依法判处死刑。要依法严格控制死刑的适用，统一死刑案件的裁判标准，确保死刑只适用于极少数罪行极其严重的犯罪分子。拟判处死刑的具体案件定罪或者量刑的证据必须确实、充分，得出唯一结论。对于罪行极其严重，但只要是依法可不立即执行的，就不应当判处死刑立即执行。

30. 对于恐怖组织犯罪、邪教组织犯罪、黑社会性质组织犯罪和进行走私、诈骗、贩毒等犯罪活动的犯罪集团，在处理时要分别情况，区别对待：对犯罪组织或集团中的为首组织、指挥、策划者和骨干分子，要依法从严惩处，该判处重刑或死刑的要坚决判处重刑或死刑；对受欺骗、胁迫参加犯罪组织、犯罪集团或只是一般参加者，在犯罪中起次要、辅助作用的从犯，依法应当从轻或减轻处罚，符合缓刑条件的，可以适用缓刑。

对于群体性事件中发生的杀人、放火、抢劫、伤害等犯罪案件，要注意重点打击其中的组织、指挥、策划者和直接实施犯罪行为的积极参与者；对因被煽动、欺骗、裹胁而参加，情节较轻，经教育确有悔改表现的，应当依法从宽处理。

31. 对于一般共同犯罪案件，应当充分考虑各被告人在共同犯罪中的地位和作用，以及在主观恶性和人身危险性方面的不同，根据事实和证据能分清主从犯的，都应当认定主从犯。有多名主犯的，应在主犯中进一步区分出罪行最为严重者。对于多名被告人共同致死一名被害人的案件，要进一步分清各被告人的作用，准确确定各被告人的罪责，以做到区别对待；不能以分不清主次为由，简单地一律判处重刑。

32. 对于过失犯罪，如安全责任事故犯罪等，主要应当根据犯罪造成危害后果的严重程度、被告人主观罪过的大小以及被告人案发后的表现等，综合掌握处罚的宽严尺度。对于过失犯罪后积极抢救、挽回损失或者有效防止损失进一步扩大的，要依法从宽。对于造成的危害后果虽然不是特别严重，但情节特别恶劣或案发后故意隐瞒案情，甚至逃逸，给及时查明事故原因和迅速组织抢救造成贻误的，则要依法从重处罚。

33. 在共同犯罪案件中，对于主犯或首要分子检举、揭发同案地位、作用较次犯罪分子构成立功的，从轻或者减轻处罚应当从严掌握，如果从轻处罚可能导致全案量刑失衡的，一般不予从轻处罚；如果检举、揭发的是其他犯罪案件中罪行同样严重的犯罪分子，或者协助抓获的是同案中的其他主犯、首要分子的，原则上应予依法从轻或者减轻处罚。对于从犯或犯罪集团中的一般成员立功，特别是协助抓获主犯、首要分子的，应当充分体现政策，依法从轻、减轻或者免除处罚。

34. 对于危害国家安全犯罪、故意危害公共安全犯罪、严重暴力犯罪、涉众型经济犯罪等严重犯罪；恐怖组织犯罪、邪教组织犯罪、黑恶势力犯罪等有组织犯罪的领导者、组织者和骨干分子；毒品犯罪再犯的严重犯罪者；确有执行能力而拒不依法积极主动缴付财产执行财产刑或确有履行能力而不积极主动履行附带民事赔偿责任的，在依法减刑、假释时，应当从严掌握。对累犯减刑时，应当从严掌握。拒不交代真实身份或对减刑、假释材料弄虚作假，不符合减刑、假释条件的，不得减刑、假释。

对于因犯故意杀人、爆炸、抢劫、强奸、绑架等暴力犯罪，致人死亡或严重残疾而被判处死刑缓期二年执行或无期徒刑的罪犯，要严格控制减刑的频度和每次减刑的幅度，要保证其相对较长的实际服刑期限，维护公平正义，确保改造效果。

对于未成年犯、老年犯、残疾罪犯、过失犯、中止犯、胁从犯、积极主动缴付财产执行财产刑或履行民事赔偿责任的罪犯、因防卫过当或避险过当而判处徒刑的罪犯以及其他主观恶性不深、人身危险性不大的罪犯，在依法减刑、假释时，应当根据悔改表现予以从宽掌握。对认罪服法，遵守监规，积极参加学习、劳动，确有悔改表现的，依法予以减刑，减刑的幅度可以适当放宽，间隔的时间可以相应缩短。符合刑法第八十一条第一款规定的假释条件的，应当依法多适用假释。

第六条 属地管辖

凡在中华人民共和国领域内犯罪的，除法律有特别规定的以外，都适用本法。

凡在中华人民共和国船舶或者航空器内犯罪的，也适用本法。

犯罪的行为或者结果有一项发生在中华人民共和国领域内的，就认为是在中华人民共和国领域内犯罪。

条文要旨

本条是关于刑法对地域的适用范围的规定。

理解与适用

本条共分为三款。第一款是关于在中华人民共和国领域内犯罪的，除法律有特别规定的以外，无论是中国公民还是外国人，无论受害人是中国公民还是外国人，都适用我国刑法追究其刑事责任的规定。如《最高人民法院关于审理拐卖妇女案件适用法律有关问题的解释》第二条规定，外国人或者无国籍人拐卖外国妇女到我国境内被查获的，应当根据刑法第六条的规定，适用我国刑法定罪处罚。这里所说的“中华人民共和国领域”，是指我国国境以内的全部区域，具体包括：(1) 领陆，即国境线以内的陆地及其陆地下的地层；(2) 领水，即内水（内河、内海、内湖以及同外国之间界水的一部分）和领海（我国领海宽度从领海基线量起为 12 海里）及其以下的地层；(3) 领空，即领陆和领水之上的空间。这里所说的“法律有特别规定的”，主要是指刑法第十一条关于享有外交特权和豁免权的外国人的刑事责任的特别规定；刑法第九十条关于民族自治地方制定的变通或补充刑法的规定，以及其他法律中作出的特别规定，如香港、澳门特别行政区基本法中的有关规定等。

第二款是关于在中华人民共和国船舶或者航空器内犯罪，适用我国刑法的规定。根据国际法一般原则，挂有本国国旗或者在本国注册登记的船舶、航空器，属于本国领土的延伸，不管其航行或者停放在哪里，对在船舶或者航空器内的犯罪，都适用旗国的法律，即国际法上的旗国主义。一些国际法对旗国主义原则作了明确规定。例如，《联合国打击跨国有组织犯罪公约》第十五条规定，各缔约国在下列情况下应具有管辖权：“（一）犯罪发生在该缔约国领域内；（二）犯罪发生在犯罪时悬挂该缔约国国旗的船只或已根据该缔约国法律注册的航空器内。”又如，《联合国反腐败公约》第四十二条规定：“各缔约国均应当在下列情况下采取必要的措施，以确立对根据本公约确立的犯罪的管辖权：（一）犯罪发生在该缔约国领域内；（二）犯罪发生在犯罪时悬挂该缔约国国旗的船只上或者已经根据该缔约国法律注册的航空器内。”我国民用航空法第六条第一款规定：“经中华人民共和国国务院民用航空主管部门依法进行国籍登记的民用航空器，具有中华人民共和国国籍，由国务院民用航空主管部门发给国籍登记证书。”本条所说的“船舶”和“航空器”（包括飞机和其他航空器），既包括军用也包括民用。我国的船舶、航空器，即使航行或停泊在我国领域以外，也仍属我国管辖，在这些船舶、航空器内犯罪的，也应适用我国刑法予以追究。

第三款是关于犯罪行为和犯罪结果不是同时发生在我国领域内的，如何适用刑法的补充性规定。犯罪行为和犯罪结果都发生在我国领域内，如何适用我国刑法，本条第一款已作了规定。对于犯罪行为或者犯罪结果，只要有一项是发生在我国领域内的，就认为是在我国领域内犯罪，应当适用我国刑法。一部分行为或者一部分结果发生在我国领域内的，我国刑法也有管辖权。这一款规定是对“领域内”犯罪的进一步明确，更有利于打击犯罪与维护国家主权和国家利益。

关联规范

1. **《最高人民法院关于人民法院办理接收在台湾地区服刑的大陆居民回大陆服刑案件的规定》**（2016 年 5 月 1 日　法释〔2016〕11 号）（节录）

第一条　人民法院办理接收在台湾地区服刑的大陆居民（以下简称被判刑人）回大陆服刑案件（以下简称接收被判刑人案件），应当遵循一个中国原则，遵守国家法律的基本原则，秉持人道和互惠原则，不得违反社会公共利益。

第九条　被判刑人回大陆服刑后，有关减刑、假释、暂予监外执行、赦免等事项，适用刑法、刑事诉讼法及相关司法解释的规定。

2. **《最高人民法院关于审理发生在我国管辖海域相关案件若干问题的规定（一）》**（2016 年 8 月 2 日，法释〔2016〕16 号）（节录）

第一条　本规定所称我国管辖海域，是指中华人民共和国内水、领海、毗连区、专属经济区、大陆架，以及中华人民共和国管辖的其他海域。

第二条　中国公民或组织在我国与有关国家缔结的协定确定的共同管理的渔区或公海从事捕捞等作业的，适用本规定。

第三条　中国公民或者外国人在我国管辖海域实施非法猎捕、杀害珍贵濒危野生动物或者非法捕捞水产品等犯罪的，依照我国刑法追究刑事责任。

3. **《最高人民法院、最高人民检察院、中国海警局关于海上刑事案件管辖等有关问题的通知》**（2020 年 2 月 20 日　海警〔2020〕1 号）（节录）

一、对海上发生的刑事案件，按照下列原则确定管辖：

（一）在中华人民共和国内水、领海发生的犯罪，由犯罪地或者被告人登陆地的人民法院管辖，如果由被告人居住地的人民法院审判更为适宜的，可以由被告人居住地的人民法院管辖；

（二）在中华人民共和国领域外的中国船舶内的犯罪，由该船舶最初停泊的中国口岸所在地或者被告人登陆地、入境地的人民法院管辖；

（三）中国公民在中华人民共和国领海以外的海域犯罪，由其登陆地、入境地、离境前居住地或者现居住地的人民法院管辖；被害人是中国公民的，也可以由被害人离境前居住地或者现居住地的人民法院管辖；

（四）外国人在中华人民共和国领海以外的海域对中华人民共和国国家或者公民犯罪，根据《中华人民共和国刑法》应当受到处罚的，由该外国人登陆地、入境地、入境后居住地的人民法院管辖，也可以由被害人离境前居住地或者现居住地的人民法院管辖；

（五）对中华人民共和国缔结或者参加的国际条约所规定的罪行，中华人民共和国在所承担的条约义务的范围内行使刑事管辖权的，由被告人被抓获地、登陆地或者入境地的人民法院管辖。

前款第一项规定的犯罪地包括犯罪行为发生地和犯罪结果发生地。前款第二项至第五项规定的入境地，包括进入我国陆地边境、领海以及航空器降落在我国境内的地点。

4.《最高人民法院关于适用〈中华人民共和国刑事诉讼法〉的解释》（2021年3月1日　法释〔2021〕1号）（节录）

第二条　犯罪地包括犯罪行为地和犯罪结果地。

针对或者主要利用计算机网络实施的犯罪，犯罪地包括用于实施犯罪行为的网络服务使用的服务器所在地，网络服务提供者所在地，被侵害的信息网络系统及其管理者所在地，犯罪过程中被告人、被害人使用的信息网络系统所在地，以及被害人被侵害时所在地和被害人财产遭受损失地等。

第七条　在中华人民共和国领域外的中国船舶内的犯罪，由该船舶最初停泊的中国口岸所在地或者被告人登陆地、入境地的人民法院管辖。

第八条　在中华人民共和国领域外的中国航空器内的犯罪，由该航空器在中国最初降落地的人民法院管辖。

第九条　中国公民在中国驻外使领馆内的犯罪，由其主管单位所在地或者原户籍地的人民法院管辖。

第十条　中国公民在中华人民共和国领域外的犯罪，由其登陆地、入境地、离境前居住地或者现居住地的人民法院管辖；被害人是中国公民的，也可以由被害人离境前居住地或者现居住地的人民法院管辖。

第十一条　外国人在中华人民共和国领域外对中华人民共和国国家或者公民犯罪，根据《中华人民共和国刑法》应当受处罚的，由该外国人登陆地、入境地或者入境后居住地的人民法院管辖，也可以由被害人离境前居住地或者现居住地的人民法院管辖。

第七条 属人管辖

中华人民共和国公民在中华人民共和国领域外犯本法规定之罪的，适用本法，但是按本法规定的最高刑为三年以下有期徒刑的，可以不予追究。

中华人民共和国国家工作人员和军人在中华人民共和国领域外犯本法规定之罪的，适用本法。

条文要旨

本条是关于我国公民在我国领域外犯罪如何适用刑法的规定。

理解与适用

关于本国刑法在领域外的效力问题，各国刑法多有规定。本条规定的是中国公民在中国领域外犯罪适用本法的规定，针对的是中国公民在外犯罪，即通常所说的属人管辖原则。属人管辖原则体现了国家主权、公民与国家的关系，以及公民遵守本国法律的义务。

本条共分为两款。第一款是关于中华人民共和国公民在中华人民共和国领域外犯罪如何适用我国刑法的一般性规定。这里所说的“中华人民共和国公民”，是指具有中华人民共和国国籍的人，包括定居在外国而没有取得外国国籍的华侨和临时出国的人员以及已经取得我国国籍的外国血统的人。根据我国国籍法的规定，我国不承认双重国籍，定居在国外的我国公民，凡自愿加入或取得外国国籍的，即自动丧失我国国籍，不再属于我国公民。根据本款规定，我国公民在我国领域外犯刑法分则规定的任何一种罪的，都要适用我国刑法，追究其刑事责任。但是有一种例外，就是所犯之罪，按照刑法分则的规定，最高刑为三年以下有期徒刑的，可以不予追究。对最高刑的判断应当根据犯罪的情节所应适用的相应法定刑档次的最高刑判断。

第二款是关于我国国家工作人员和军人在我国领域外犯罪适用我国刑法的规定。本款是对中华人民共和国公民中的两类人的特别规定。其中所说的“国家工作人员”，是指刑法第九十三条规定的人员，即国家机关中从事公务的人员，国有公司、企业、事业单位、人民团体中从事公务的人员和国家机关、国有公司、企业、事业单位委派到非国有公司、企业、事业单位、社会团体从事公务的人员，以及其他依照法律从事公务的人员。“军人”包括中国人民解放军、武装警察的军官和士兵等人员。国家工作人员和军人在我国领域外犯本法分则规定之罪的，都适用我国刑法追究刑事责任，没有任何例外。这一规定体现了对国家工作人员和军人犯罪从严的精神。需要注意的是，我国刑法对我国公民领域外犯罪的属人管辖并不以双重犯罪为原则，与刑法第八条针对外国人犯我国刑法规定之罪的保护管辖原则不一样，后者要求双重犯罪原则。

关联规范

1. **《中华人民共和国国籍法》**（1980年9月10日）（节录）

第三条 中华人民共和国不承认中国公民具有双重国籍。

第四条 父母双方或一方为中国公民，本人出生在中国，具有中国国籍。

第五条 父母双方或一方为中国公民，本人出生在外国。具有中国国籍；但父母双方或一方为中国公民并定居在外国，本人出生时即具有外国国籍的，不具有中国国籍。

第六条 父母无国籍或国籍不明，定居在中国，本人出生在中国，具有中国国籍。

2. **《全国人民代表大会常务委员会关于〈中华人民共和国国籍法〉在香港特别行政区实施的几个问题的解释》**（1996年5月15日）（节录）

一、凡具有中国血统的香港居民，本人出生在中国领土（含香港）者，以及其他符合《中华人民共和国国籍法》规定的具有中国国籍的条件者，都是中国公民。

二、所有香港中国同胞，不论其是否持有“英国属土公民护照”或者“英国国民（海外）护照”，都是中国公民。自1997年7月1日起，上述中国公民可继续使用英国政府签发的有效旅行证件去其他国家或地区旅行，但在香港特别行政区和中华人民共和国其他地区不得因持有上述英国旅行证件而享有英国的领事保护的权利。

三、任何在香港的中国公民，因英国政府的“居英权计划”而获得的英国公民身份，根据《中华人民共和国国籍法》不予承认。这类人仍为中国公民，在香港特别行政区和中华人民共和国其他地区不得享有英国的领事保护的权利。

四、在外国有居留权的香港特别行政区的中国公民，可使用外国政府签发的有关证件去其他国家或地区旅行，但在香港特别行政区和中华人民共和国其他地区不得因持有上述证件而享有外国领事保护的权利。

五、香港特别行政区的中国公民的国籍发生变更，可凭有效证件向香港特别行政区受理国籍申请的机关申报。

六、授权香港特别行政区政府指定其入境事务处为香港特别行政区受理国籍申请的机关，香港特别行政区入境事务处根据《中华人民共和国国籍法》和以上规定对所有国籍申请事宜作出处理。

3. **《全国人民代表大会常务委员会关于〈中华人民共和国国籍法〉在澳门特别行政区实施的几个问题的解释》**（1998年12月29日）（节录）

一、凡具有中国血统的澳门居民，本人出生在中国领土（含澳门）者，以及其他符合《中华人民共和国国籍法》规定的具有中国国籍的条件者，不论其是否持有葡萄牙旅行证件或身份证件，都是中国公民。

凡具有中国血统但又具有葡萄牙血统的澳门特别行政区居民，可根据本人意愿，选择中华人民共和国国籍或葡萄牙共和国国籍。确定其中一种国籍，即不具有另一种国籍。上述澳门特别行政区居民，在选择国籍之前，享有澳门特别行政区基本法规定的权利，但受国籍限制的权利除外。

二、凡持有葡萄牙旅行证件的澳门中国公民，在澳门特别行政区成立后，可继续使用该证件去其他国家或地区旅行，但在澳门特别行政区和中华人民共和国其他地区不得因持有上述葡萄牙旅行证件而享有葡萄牙的领事保护的权利。

三、在外国有居留权的澳门特别行政区的中国公民，可使用外国政府签发的有关证件去其他国家或地区旅行，但在澳门特别行政区和中华人民共和国其他地区不得因持有上述证件而享有外国领事保护的权利。

四、在澳门特别行政区成立以前或以后从海外返回澳门的原澳门居民中的中国公民，若变更国籍，可凭有效证件向澳门特别行政区受理国籍申请的机关申报。

五、授权澳门特别行政区政府指定其有关机构根据《中华人民共和国国籍法》和以上规定对所有国籍申请事宜作出处理。

第八条 保护管辖

外国人在中华人民共和国领域外对中华人民共和国国家或者公民犯罪，而按本法规定的最低刑为三年以上有期徒刑的，可以适用本法，但是按照犯罪地的法律不受处罚的除外。

条文要旨

本条是关于外国人在中华人民共和国领域外犯我国刑法规定之罪，如何适用我国刑法的规定。

理解与适用

本条所称“外国人”，是指具有外国国籍和无国籍的人。根据本条规定，外国人在我国领域外触犯我国刑法，必须同时具备以下条件才能适用我国刑法：

1. 对中华人民共和国国家或者公民犯罪。所谓对中华人民共和国国家犯罪，主要是指刑法规定的危害我国国家安全和利益的各种犯罪；所谓对中华人民共和国公民犯罪，主要是指我国刑法规定侵犯我国公民人身权利、民主权利和其他权利的一些犯罪。这一限制既保护了我国国家与公民的利益，也限制了范围，尊重他国主权。

2. 按刑法规定的最低刑为三年以上有期徒刑的犯罪。这是从犯罪的最低法定刑的高低限定是否适用我国刑法。所谓最低法定刑为三年以上有期徒刑，是指刑法规定的一种罪的最低起刑点是三年以上有期徒刑的。也就是说，外国人对我国国家或者公民犯较为严重犯罪的，才适用我国刑法。

3. 根据犯罪地的法律，也认为是犯罪的，才能适用我国刑法。如果犯罪地法律不认为是犯罪，或者规定不予处罚的，尽管符合前两个条件，也不能适用我国刑法。这是通常所说的双重犯罪原则。外国人在国外工作生活，从事有关活动应当遵守当地法律，如果当地不认为是犯罪，甚至是合法的活动，不应按照我国刑法处理。我国引渡法第七条第一款也规定了引渡条件的双重犯罪原则：“外国向中华人民共和国提出的引渡请求必须同时符合下列条件，才能准予引渡：（一）引渡请求所指的行为，依照中华人民共和国法律和请求国法律均构成犯罪；（二）为了提起刑事诉讼而请求引渡的，根据中华人民共和国法律和请求国法律，对于引渡请求所指的犯罪均可判处一年以上有期徒刑或者其他更重的刑罚；为了执行刑罚而请求引渡的，在提出引渡请求时，被请求引渡人尚未服完的刑期至少为六个月。”

上述三个限制条件，是有机统一、缺一不可的。因为犯罪人是外国人，而且是在我国领域外犯罪，如果没有被我国抓获或者引渡过来，也无法适用我国刑法。因此，不能管得太宽，需要有条件限制。同时，符合上述条件，刑法规定的是“可以适用本法”，我国刑法保留有管辖权，但不必然追究。因为外国人在外国犯罪，同时符合当地法律属地管辖原则，面临刑事处罚，通常会有刑事管辖冲突，我国是否启动追究，应根据案件情况确定。

关联规范

1.《**中华人民共和国反恐怖主义法**》（2018 年 4 月 27 日修正）（节录）

第十一条 对在中华人民共和国领域外对中华人民共和国国家、公民或者机构实施的恐怖活动犯罪，或者实施的中华人民共和国缔结、参加的国际条约所规定的恐怖活动犯罪，中华人民共和国行使刑事管辖权，依法追究刑事责任。

2.《**最高人民法院、最高人民检察院、公安部、国家安全部、司法部关于外国人犯罪案件管辖问题的通知**》（2013 年 1 月 17 日 法发〔2013〕2 号）（节录）

一、第一审外国人犯罪案件，除刑事诉讼法第二十条至第二十二条规定的以外，由基层人民法院管辖。外国人犯罪案件较多的地区，中级人民法院可以指定辖区内一个或者几个基层人民法院集中管辖第一审外国人犯罪案件；外国人犯罪案件较少的地区，中级人民法院可以依照刑事诉讼法第二十三条的规定，审理基层人民法院管辖的第一审外国人犯罪案件。

二、外国人犯罪案件的侦查，由犯罪地或者犯罪嫌疑人居住地的公安机关或者国家安全机关负责。需要逮捕犯罪嫌疑人的，由负责侦查的公安机关或者国家安全机关向所在地同级人民检察院提请批准逮捕；侦查终结需要移送审查起诉的案件，应当向侦查机关所在地的同级人民检察院移送。人民检察院受理同级侦查机关移送审查起诉的案件，按照刑事诉讼法的管辖规定和本通知要求，认为应当由上级人民检察院或者同级其他人民检察院起诉的，应当将案件移送有管辖权的人民检察院审查起诉。

三、辖区内集中管辖第一审外国人犯罪案件的基层人民法院，应当由中级人民法院商同级人民检察院、公安局、国家安全局、司法局综合考虑办案质量、效率、工作衔接配合等因素提出，分别报高级人民法院、省级人民检察院、公安厅（局）、国家安全厅（局）、司法厅（局）同意后确定，并报最高人民法院、最高人民检察院、公安部、国家安全部、司法部备案。

各高级人民法院、省级人民检察院、公安厅（局）、国家安全厅（局）要切实加强对基层人民法院、人民检察院、公安机关、国家安全机关办理外国人犯罪案件工作的监督、指导。司法行政机关要加强对外国人犯罪案件中律师辩护、代理工作的指导、监督。对于遇到的法律适用等重大问题要及时层报最高人民法院、最高人民检察院、公安部、国家安全部、司法部。

第九条 普遍管辖

对于中华人民共和国缔结或者参加的国际条约所规定的罪行，中华人民共和国在所承担条约义务的范围内行使刑事管辖权的，适用本法。

条文要旨

本条是关于我国刑法普遍管辖原则的规定。

理解与适用

本条所说的我国“缔结或者参加的国际条约所规定的罪行”，是指已经由全国人大常委会批准的我国缔结或者参加的国际条约规定的犯罪，如《关于制止非法劫持航空器的公约》《关于制止危害民用航空安全的非法行为的公约》《防止及惩治灭绝种族罪公约》《联合国海洋法公约》《制止危及海上航行安全非法行为公约》《反对劫持人质国际公约》《联合国禁止非法贩运麻醉药品和精神药物公约》《联合国打击跨国有组织犯罪公约》等。这些国际公约中分别规定了一些国际犯罪，如劫持航空器罪、劫持船只罪、海盗罪、贩毒罪等。凡参加了这些国际公约的国家，就承担了对这些国际犯罪进行追究的义务。犯了上述罪行的人，到任何一个缔约国，根据公约的规定，该缔约国如果不将罪犯引渡给他国，该国就要行使刑事管辖权，依照该国的法律对犯罪人进行追究。

根据本条规定，我国对这类犯罪行使管辖权的对象，主要是指在我国领域外犯了国际条约所规定的罪而进入我国领域内的外国人。我国行使刑事管辖权的条件：（1）必须是中华人民共和国缔结或者参加的国际条约中所规定的犯罪，对没有缔结或参加的国际条约中规定的犯罪，不能行使刑事管辖权。（2）必须是在我国所承担条约义务的范围内。如果我国对条约中的某些规定声明保留，我国对此就不承担义务。我国缔结或者参加的国际条约中，凡是没有声明保留的规定，都属于我国所承担的义务范围。本条所说的“刑事管辖权”，是指我国司法机关对此类案件有依法行使侦查、起诉和审判的权力。“适用本法”是指行使刑事管辖权的，依照我国刑法的规定作为依据追究刑事责任。

第十条　域外刑事判决的消极承认

凡在中华人民共和国领域外犯罪，依照本法应当负刑事责任的，虽然经过外国审判，仍然可以依照本法追究，但是在外国已经受过刑罚处罚的，可以免除或者减轻处罚。

条文要旨

本条是关于犯罪已经外国法院判决如何适用我国刑法的规定。

理解与适用

本条规定有两方面的含义：

1. 凡在我国领域外犯罪，依照我国刑法应当负刑事责任的，虽然经过外国审判，仍然可以依照我国刑法处理。这里所说的在我国“领域外犯罪”的，犯罪主体既包括我国公民，也包括外国人或者无国籍人。规定虽经外国审判，但依照我国刑法应当负刑事责任的，仍然可以依照我国刑法追究，是国家主权原则和保护原则在我国刑法中的体现。从这个原则出发，我国可以不受外国审判的约束。但是，应当注意的是，这里使用的是“可以”，而没有用“应当”，因此，对于已经外国审判的，还要不要再依照我国刑法处理，需根据具体案件的具体情况决定，并不要求对于外国已审判的，一律再依照我国刑法处理。

2. 对于经过外国审判的案件，如果需要依照我国刑法处理的，凡是在国外已受到刑罚处罚的，可以免除或者减轻处罚。这一规定，主要是考虑到行为人已在国外经过审判，受到了刑罚处罚。在依照我国刑法处理时，应当实事求是地对待，根据具体情况，可以对其免除处罚或者减轻处罚。具体在考虑对其是免除处罚还是减轻处罚以及减轻处罚的程度时，可以从其所犯罪行的性质、在国外被判处刑罚的轻重和实际执行刑罚的长短、按照我国刑法可能判处的刑罚的轻重、行为人经过在外国执行刑罚所得到的惩戒和人身危险性降低的情况、判处刑罚的必要性以及刑罚轻重的适当性等方面综合考量。

关联规范

1. **《公安部关于我国公民在国外犯罪经外国审判后回国如何依法处理问题的批复》**（1996 年 6 月 6 日　公复字〔1996〕9 号）（节录）

一、根据我国刑法第七条的规定，凡在中华人民共和国领域外犯罪，依照我国刑法应当负刑事责任的，虽然经过外国审判，仍然可以依照我国刑法处理，因此，对姚维晔可以依照我国刑法追究其刑事责任。但是，鉴于姚在外国已经受过刑罚处罚，可以依法减轻或者免除处罚。

二、根据《中华人民共和国和乌克兰关于民事和刑事司法协助条约》的规定，我国可以请求乌克兰提供刑事司法协助，我司法机关可以请求乌克兰将证人证言、鉴定结果、被告人供述以及物证、书证等证据材料移交我国，然后，按照我国刑事诉讼法有关管辖的规定办理，并履行必要的法律手续。对于属于公安机关管辖的刑事案件，应当由公安机关立案侦查。公安机关根据乌克兰移交的证据材料，认为不需要继续侦查，可以结案的，可直接制作《起诉意见书》，移送人民检察院提起公诉。

2. **《最高人民法院关于人民法院办理接收在台湾地区服刑的大陆居民回大陆服刑案件的规定》**（2016 年 5 月 1 日　法释〔2016〕11 号）（节录）

第一条　人民法院办理接收在台湾地区服刑的大陆居民（以下简称被判刑人）回大陆服刑案件（以下简称接收被判刑人案件），应当遵循一个中国原则，遵守国家法律的基本原则，秉持人道和互惠原则，不得违反社会公共利益。

第十条　被判刑人回大陆服刑后，对其在台湾地区已被判处刑罚的行为，人民法院不再审理。

第十一条 外交豁免

享有外交特权和豁免权的外国人的刑事责任，通过外交途径解决。

条文要旨

本条是关于享有外交特权和豁免权的外国人刑事责任的规定。

理解与适用

本条规定的“外交特权和豁免权”，是指一个国家为了保证和便利驻在本国的外交代表、外交代表机关以及外交人员执行职务，而给予他们的一种特殊权利和待遇。这种特殊权利和待遇是各国之间按照平等、相互尊重的原则，根据国际惯例和国际公约、协议，相互给予的。如果外国调整我国外交人员相应待遇，我国也可以根据平等原则相应调整该国驻我国的外交人员的待遇。我国根据国际公约的精神，全国人大常委会于 1986 年制定了外交特权与豁免条例。

这种特殊权利和豁免权包括：人身不可侵犯，办公处、住处和文书档案不可侵犯，免纳关税，不受驻在国的司法管辖，等等。享有这种外交特权和豁免权的外国人主要包括：（1）外国的国家元首、政府首脑、外交部长。（2）外国驻本国的外交代表、大使、公使、代办和同级别的人，具有外交官衔的使馆工作人员（一、二、三等秘书，随员，陆海空武官，商务、文化、新闻参赞或专员）以及他们的家属（配偶、未成年子女）等。（3）执行职务的外交使差。（4）根据我国同其他国家订立的条约、协定享受若干特权和豁免权的商务代表。（5）经我国外交部核定享受若干特权和豁免权的下列人员：①途经或临时留在我国境内的各国驻第三国的外交官；②各国派来中国参加会议的代表；③各国政府来中国的高级官员；④按照联合国宪章规定和国际公约享受特权和豁免权的其他人员。（6）总领事、领事、副领事、领事代理人、名誉领事和其他领馆人员。

需要注意的是，上述享有外交特权和豁免权的外国人的刑事责任不适用我国刑法刑事管辖权，并不意味着行为不受惩罚，可以“无法无天”，而是犯了罪不交付我国法院审判，他们的刑事责任通过外交途径解决。一般有下列几种方式：（1）要求派遣国召回；（2）建议派遣国依法处理；（3）对罪行严重的，由我国政府宣布其为“不受欢迎的人”，限期出境。同时，根据有关国际法和我国外交特权与豁免条例的规定，享有外交特权与豁免的人员：（1）应当尊重中国的法律、法规；（2）不得干涉中国的内政；（3）不得在中国境内为私人利益从事任何职业或者商业活动；（4）不得将使馆馆舍和使馆工作人员寓所充作与使馆职务不相符合的用途。

关联规范

1. **《中华人民共和国刑事诉讼法》**（2018 年 10 月 26 日修正）（节录）

第十七条 对于外国人犯罪应当追究刑事责任的，适用本法的规定。

对于享有外交特权和豁免权的外国人犯罪应当追究刑事责任的，通过外交途径解决。

2. **《中华人民共和国外交特权与豁免条例》**（1986 年 9 月 5 日）（节录）

第一条 为确定外国驻中国使馆和使馆人员的外交特权与豁免，便于外国驻中国使馆代表其国家有效地执行职务，特制定本条例。

第二条 使馆外交人员原则上应当是具有派遣国国籍的人。如果委派中国或者第三国国籍的人为使馆外交人员，必须征得中国主管机关的同意。中国主管机关可以随时撤销此项同意。

第十一条 外交信使必须持有派遣国主管机关出具的信使证明书。外交信使人身不受侵犯，不受逮捕或者拘留。

临时外交信使必须持有派遣国主管机关出具的临时信使证明书，在其负责携带外交邮袋期间，享有与外交信使同等的豁免。

商业飞机机长受委托可以转递外交邮袋，但机长必须持有委托国官方证明文件，注明所携带的外交邮袋件数。机长不得视为外交信使。使馆应当派使馆人员向机长接交外交邮袋。

第十二条 外交代表人身不受侵犯，不受逮捕或者拘留。中国有关机关应当采取适当措施，防止外交代表的人身自由和尊严受到侵犯。

第十四条 外交代表享有刑事管辖豁免。

外交代表享有民事管辖豁免和行政管辖豁免，但下列各项除外：

（一）外交代表以私人身份进行的遗产继承的诉讼；

（二）外交代表违反第二十五条第三项规定在中国境内从事公务范围以外的职业或者商业活动的诉讼。

外交代表免受强制执行，但对前款所列情况，强制执行对其人身和寓所不构成侵犯的，不在此限。

外交代表没有以证人身份作证的义务。

第二十条 与外交代表共同生活的配偶及未成年子女，如果不是中国公民，享有第十二条至第十八条所规定的特权与豁免。

使馆行政技术人员和与其共同生活的配偶及未成年子女，如果不是中国公民并且不是在中国永久居留的，享有第十二条至第十七条所规定的特权与豁免，但民事管辖豁免和行政管辖豁免，仅限于执行公务的行为。使馆行政技术人员到任后半年内运进的安家物品享有第十八条第一款所规定的免税的特权。

使馆服务人员如果不是中国公民并且不是在中国永久居留的，其执行公务的行为享有豁免，其受雇所得报酬免纳所得税。其到任后半年内运进的安家物品享有第十八条第一款所规定的免税的特权。

使馆人员的私人服务员如果不是中国公民并且不是在中国永久居留的，其受雇所得的报酬免纳所得税。

第二十六条　如果外国给予中国驻该国使馆、使馆人员以及临时去该国的有关人员的外交特权与豁免，低于中国按本条例给予该国驻中国使馆、使馆人员以及临时来中国的有关人员的外交特权与豁免，中国政府根据对等原则，可以给予该国驻中国使馆、使馆人员以及临时来中国的有关人员以相应的外交特权与豁免。

第二十七条　中国缔结或者参加的国际条约另有规定的，按照国际条约的规定办理，但中国声明保留的条款除外。

中国与外国签订的外交特权与豁免协议另有规定的，按照协议的规定执行。

3. **《中华人民共和国领事特权与豁免条例》**（1990年10月30日）（节录）

第一条　为确定外国驻中国领馆和领馆成员的领事特权与豁免，便于外国驻中国领馆在领区内代表其国家有效地执行职务，制定本条例。

第二条　领事官员应当是具有派遣国国籍的人。如果委派具有中国或者第三国国籍的人或者派遣国在中国永久居留的人为领事官员，必须征得中国主管机关的同意。中国主管机关可以随时撤销此项同意。

第十一条　领事信使必须是具有派遣国国籍的人，并且不得是在中国永久居留的。领事信使必须持有派遣国主管机关出具的信使证明书。领事信使人身不受侵犯，不受逮捕或者拘留。

临时领事信使必须持有派遣国主管机关出具的临时信使证明书，在其负责携带领事邮袋期间享有与领事信使同等的豁免。

商业飞机机长或者商业船舶船长受委托可以转递领事邮袋，但机长或者船长必须持有委托国官方证明文件，注明所携带的领事邮袋件数。机长或者船长不得视为领事信使。经与中国地方人民政府主管机关商定，领馆可以派领馆成员与机长或者船长接交领事邮袋。

第十二条　领事官员人身不受侵犯。中国有关机关应当采取适当措施，防止领事官员的人身自由和尊严受到侵犯。

领事官员不受逮捕或者拘留，但有严重犯罪情形，依照法定程序予以逮捕或者拘留的不在此限。

领事官员不受监禁，但为执行已经发生法律效力的判决的不在此限。

第十四条　领事官员和领馆行政技术人员执行职务的行为享有司法和行政管辖豁免。领事官员执行职务以外的行为的管辖豁免，按照中国与外国签订的双边条约、协定或者根据对等原则办理。

领事官员和领馆行政技术人员享有的司法管辖豁免不适用于下列各项民事诉讼：

（一）涉及未明示以派遣国代表身份所订的契约的诉讼；

（二）涉及在中国境内的私有不动产的诉讼，但以派遣国代表身份所拥有的为领馆使用的不动产不在此限；

（三）以私人身份进行的遗产继承的诉讼；

（四）因车辆、船舶或者航空器在中国境内造成的事故涉及损害赔偿的诉讼。

第二十二条 领事官员如果是中国公民或者在中国永久居留的外国人，仅就其执行职务的行为，享有本条例规定的特权与豁免。

领馆行政技术人员或者领馆服务人员如果是中国公民或者在中国永久居留的外国人，除没有义务就其执行职务所涉及事项作证外，不享有本条例规定的特权与豁免。

私人服务人员不享有本条例规定的特权与豁免。

第二十三条 下列人员在中国过境或者逗留期间享有所必需的豁免和不受侵犯：

（一）途径中国的外国驻第三国的领事官员和与其共同生活的配偶及未成年子女；

（二）持有中国外交签证或者持有与中国互免签证国家外交护照的外国领事官员。

第二十六条 如果外国给予中国驻该国领馆、领馆成员以及途经或者临时去该国的中国驻第三国领事官员的领事特权与豁免，不同于中国给予该国驻中国领馆、领馆成员以及途经或者临时来中国的该国驻第三国领事官员和领事特权与豁免，中国政府根据对等原则，可以给予该国驻中国领馆、领馆成员以及途经或者临时来中国的该国驻第三国领事官员以相应的领事特权与豁免。

第二十七条 中国缔结或者参加的国际条约对领事特权与豁免另有规定的，按照国际条约的规定办理，但中国声明保留的条款除外。

中国与外国签订的双边条约或者协定对领事特权与豁免另有规定的，按照条约或者协定的规定执行。

第十二条 刑法的溯及力

中华人民共和国成立以后本法施行以前的行为，如果当时的法律不认为是犯罪的，适用当时的法律；如果当时的法律认为是犯罪的，依照本法总则第四章第八节的规定应当追诉的，按照当时的法律追究刑事责任，但是如果本法不认为是犯罪或者处刑较轻的，适用本法。

本法施行以前，依照当时的法律已经作出的生效判决，继续有效。

条文要旨

本条是关于我国刑法在时间上的适用范围的规定。

理解与适用

本条共分为两款。第一款是关于新的刑法对生效以前发生的犯罪行为有无溯及力的规定。对于中华人民共和国成立以后本法施行以前的行为的处理原则，我国刑法采用的是从旧兼从轻的原则，即新法原则上不溯及既往，但新法对行为人处罚更轻时例外。具体内容有以下几方面：（1）在现行刑法 1997 年 10 月 1 日生效以后发生的一切犯罪行为，都应当适用现行刑法，原刑法和制定的单行刑事法律对新发生的犯罪不再适用。（2）现行刑法施行后，在民事、经济、行政法律中，关于适用原刑法有关条文追究刑事责任的规定，如果现行刑法已有具体的罪与刑的规定，原有规定不再适用；如果现行刑法对原刑法规定的内容没有修改，只是条文顺序号变了，原规定适用的条文对不上号了，应当适用新的条文；如果在适用中不明确或者有争议的，可以由全国人民代表大会常务委员会解释；现行刑法施行以后，对于其生效前发生的行为，如果原有法律不认为是犯罪，现行刑法认为是犯罪的，如有的计算机犯罪、证券犯罪等，应适用原来的法律，按无罪处理。如果原有法律认为是犯罪，现行刑法也认为是犯罪，并且“依照本法总则第四章第八节的规定应当追诉的”，应当适用原有法律，但是遇到现行刑法规定的处刑较轻时应当适用现行刑法。也就是说，只有在不认为是犯罪或者处刑较轻这两种情况下，现行刑法才能溯及既往。其中“处刑较轻的”，是指刑法对某种犯罪规定的刑罚即法定刑比修订前刑法规定的法定刑为轻。确定法定刑是否较轻时，应当先比较新旧刑法规定的法定最高刑哪个更轻；如果法定最高刑相同，则比较法定最低刑哪个较轻。如果刑法规定的某一犯罪只有一个法定刑幅度，法定最高刑或者法定最低刑是指该幅度的最高刑或者最低刑；如果刑法规定的某一犯罪有两个以上的法定刑幅度，法定最高刑或者法定最低刑是指具体犯罪行为应当适用的法定刑幅度的最高刑或者最低刑。1997 年 10 月 1 日以后审理 1997 年 9 月 30 日以前发生的刑事案件，如果刑法规定的处刑标准、法定刑与修订刑法前相同的，应当适用修订前的刑法。

需要注意的是，本条规定刑法适用上从旧兼从轻是刑法效力范围的一般原则，

1997年刑法修订以后，全国人大常委会还通过多个刑法修正案对刑法作出了一系列修改，这些经刑法修正案修改前后的刑法规定如何具体适用，也应当按照这个总体原则去进行判断。近些年来的《刑法修正案（八）》《刑法修正案（九）》对刑法修改的内容广泛，其中既有过去完全不是犯罪行为增加为犯罪行为的，过去认定为其他犯罪修改刑法后规定为专门犯罪的，也有总则中刑罚制度的修改，还有其他程序性修改等，情况复杂，因此新的刑法修正案出台后，一般也有司法解释具体跟进，对有关可能存在不同认识的犯罪如何适用作出具体规定。如最高人民法院、最高人民检察院关于《刑法修正案（八）》《刑法修正案（九）》时间效力问题的解释。

1. 关于以前属于犯罪行为，刑法修改后规定为其他专门罪名的，如何适用刑法的问题。如考试作弊犯罪。对于2015年10月31日以前组织考试作弊，为他人组织考试作弊提供作弊器材或者其他帮助，以及非法向他人出售或者提供考试试题、答案，根据修正前刑法应当以非法获取国家秘密罪，非法生产、销售间谍专用器材罪或者故意泄露国家秘密罪等追究刑事责任的，适用修正前刑法的有关规定。但是，根据修正后刑法第二百八十四条之一的规定处刑较轻的，适用修正后刑法的有关规定。又如虚假诉讼犯罪，对于2015年10月31日以前以捏造的事实提起民事诉讼，妨害司法秩序或者严重侵害他人合法权益，根据修正前刑法应当以伪造公司、企业、事业单位、人民团体印章罪或者妨害作证罪等追究刑事责任的，适用修正前刑法的有关规定。但是，根据修正后刑法第三百零七条之一的规定处刑较轻的，适用修正后刑法的有关规定。实施第一款行为，非法占有他人财产或者逃避合法债务，根据修正前刑法应当以诈骗罪、职务侵占罪或者贪污罪等追究刑事责任的，适用修正前刑法的有关规定。

2. 对有关程序性规定，适用修正后刑法。如《刑法修正案（九）》增加的网络侮辱、诽谤的协助提供证据的规定，司法解释规定，对于2015年10月31日以前通过信息网络实施的刑法第二百四十六条第一款规定的侮辱、诽谤行为，被害人向人民法院告诉，但提供证据确有困难的，适用修正后刑法第二百四十六条第三款的规定。关于《刑法修正案（九）》修改的虐待告诉才处理的条件，司法解释规定，对于2015年10月31日以前实施的刑法第二百六十条第一款规定的虐待行为，被害人没有能力告诉，或者因受到强制、威吓无法告诉的，适用修正后刑法第二百六十条第三款的规定。

3. 有关量刑制度的修改，如何适用刑法，应按照从旧兼从轻的原则确定。如关于《刑法修正案（九）》增加的贪污受贿罪终身监禁的适用，司法解释规定，对于2015年10月31日以前实施贪污、受贿行为，罪行极其严重，根据修正前刑法判处死刑缓期执行不能体现罪刑相适应原则，而根据修正后刑法判处死刑缓期执行同时决定在其死刑缓期执行二年期满依法减为无期徒刑后，终身监禁，不得减刑、假释，可以罚当其罪的，适用修正后刑法第三百八十三条第四款的规定。根据修正前刑法判处死刑缓期执行足以罚当其罪的，不适用修正后刑法第三百八十三条第四款的规定。

4. 有关刑罚执行制度的规定。如《刑法修正案（八）》对无期徒刑实际最低执行刑期作了修改，进一步提高。对此如何适用，有关司法解释规定，2011年4月30日以前犯罪，被判处无期徒刑的罪犯，减刑以后或者假释前实际执行的刑期，适用修正前刑法第七十八条第二款、第八十一条第一款的规定等。

第二款是关于对已经按原有法律作出的生效判决如何处理的规定。对于现行刑法生效以前，依照原法律已经作出的生效判决，既包括有罪判决，也包括无罪判决，仍然是继续有效的判决，不能因现行刑法的实施而有所改变。依照当时的法律已经作出的生效判决，继续有效。当然，如果是特定时代、特定原因的一些犯罪，现在看来危害性有所变化的，可以在刑罚执行中减刑、假释等方面有所考虑，或者适用特赦制度，但不能因法律修改对原来的判决重新审判。

指导案例

1. 最高人民检察院检例第20号

马世龙（抢劫）核准追诉案

（2015年7月3日）

【关键词】

核准追诉　后果严重　影响恶劣

【基本案情】

犯罪嫌疑人马世龙，男，1970年生，吉林省公主岭市人。

1989年5月19日下午，犯罪嫌疑人马世龙、许云刚、曹立波（后二人另案处理，均已判刑）预谋到吉林省公主岭市苇子沟街獾子洞村李树振家抢劫，并准备了面罩、匕首等作案工具。5月20日零时许，三人蒙面持刀进入被害人李树振家大院，将屋门玻璃撬开后拉开门锁进入李树振卧室。马世龙、许云刚、曹立波分别持刀逼住李树振及其妻子王某，并强迫李树振及其妻子拿钱。李树振和妻子王某喊救命，曹立波、许云刚随即逃离。马世龙在逃离时被李树振拉住，遂持刀在李树振身上乱捅，随后逃脱。曹立波、许云刚、马世龙会合后将抢得的现金380余元分掉。李树振被送往医院抢救无效死亡。

【核准追诉案件办理过程】

案发后马世龙逃往黑龙江省七台河市打工。公安机关没有立案，也未对马世龙采取强制措施。2014年3月10日，吉林省公主岭市公安局接到黑龙江省七台河市桃山区桃山街派出所移交案件：当地民警在对辖区内一名叫“李红”的居民进行盘查时，“李红”交代其真实姓名为马世龙，1989年5月伙同他人闯入吉林省公主岭市苇子沟街獾子洞村李树振家抢劫，并将李树振用刀扎死后逃跑。当日，公主岭市公安局对马世龙立案侦查，3月18日通过公主岭市人民检察院层报最高人民检察院核准追诉。

公主岭市人民检察院、四平市人民检察院、吉林省人民检察院对案件进行审查并开展了必要的调查。2014年4月8日，吉林省人民检察院报最高人民检察院对马世龙核准追诉。

另据查明：（一）被害人妻子王某和儿子因案发时受到惊吓患上精神病，靠捡破烂为生，生活非常困难，王某强烈要求追究马世龙刑事责任。（二）案发地群众表示，李树振被抢劫杀害一案在当地造成很大恐慌，影响至今没有消除，对犯罪嫌疑人应当追究刑事责任。

最高人民检察院审查认为：犯罪嫌疑人马世龙伙同他人入室抢劫，造成一人死亡的严重后果，依据《中华人民共和国刑法》第十二条、1979年《中华人民共和国刑法》第一百五十条规定，应当适用的法定量刑幅度的最高刑为死刑。本案对被害人家庭和亲属造成严重伤害，在案发当地造成恶劣影响，虽然经过二十年追诉期限，被害方以及案发地群众反映强烈，社会影响没有消失，不追诉可能严重影响社会稳定或者产生其他严重后果。综合上述情况，依据1979年《中华人民共和国刑法》第七十六条第四项规定，决定对犯罪嫌疑人马世龙核准追诉。

【案件结果】

2014年6月26日，最高人民检察院作出对马世龙核准追诉决定。2014年11月5日，吉林省四平市中级人民法院以马世龙犯抢劫罪，同时考虑其具有自首情节，判处其有期徒刑十五年，并处罚金1000元。被告人马世龙未上诉，检察机关未抗诉，一审判决生效。

【要旨】

故意杀人、抢劫、强奸、绑架、爆炸等严重危害社会治安的犯罪，经过二十年追诉期限，仍然严重影响人民群众安全感，被害方、案发地群众、基层组织等强烈要求追究犯罪嫌疑人刑事责任，不追诉可能影响社会稳定或者产生其他严重后果的，对犯罪嫌疑人应当追诉。

【相关法律规定】

《中华人民共和国刑法》第十二条、第六十七条；1979年《中华人民共和国刑法》第七十六条、第一百五十条。

2. 最高人民检察院检例第21号

丁国山等（故意伤害）核准追诉案

（2015年7月3日）

【关键词】

核准追诉　情节恶劣　无悔罪表现

【基本案情】

犯罪嫌疑人丁国山，男，1963年生，黑龙江省齐齐哈尔市人。

犯罪嫌疑人常永龙，男，1973年生，辽宁省朝阳市人。

犯罪嫌疑人丁国义，男，1965年生，黑龙江省齐齐哈尔市人。

犯罪嫌疑人闫立军，男，1970年生，黑龙江省齐齐哈尔市人。

1991年12月21日，李万山、董立君、魏江等三人上山打猎，途中借宿在莫旗红彦镇大韭菜沟村（后改名干拉抛沟村）丁国义家中。李万山酒后因琐事与丁国义侄子常永龙发生争吵并殴打了常永龙。12月22日上午7时许，丁国山、丁国义、常永龙、闫立军为报复泄愤，对李万山、董立君、魏江三人进行殴打，并将李万山、董立君装进麻袋，持木棒继续殴打三人要害部位。后丁国山等四人用绳索将李万山和董立君捆绑吊于房梁上，将魏江捆绑在柱子上后逃离现场。李万山头部、面部多处受伤，经救治无效于当日死亡。

【核准追诉案件办理过程】

案发后丁国山等四名犯罪嫌疑人潜逃。莫旗公安局当时没有立案手续，也未对犯罪嫌疑人采取强制措施。2010 年全国追逃行动期间，莫旗公安局经对未破命案进行梳理，并通过网上信息研判、证人辨认，确定了丁国山等四名犯罪嫌疑人下落。2013 年 12 月 25 日，犯罪嫌疑人丁国山、丁国义、闫立军被抓获归案；2014 年 1 月 17 日，犯罪嫌疑人常永龙被抓获归案。2014 年 1 月 25 日，莫旗公安局通过莫旗人民检察院层报最高人民检察对丁国山等四名犯罪嫌疑人核准追诉。

莫旗人民检察院、呼伦贝尔市人民检察院、内蒙古自治区人民检察院对案件进行审查并开展了必要的调查。2014 年 4 月 10 日，内蒙古自治区人民检察院报最高人民检察院对丁国山等四名犯罪嫌疑人核准追诉。

另据查明：（一）案发后四名犯罪嫌疑人即逃跑，在得知李万山死亡后分别更名潜逃到黑龙江、陕西等地，其间对于死伤者及其家属未给予任何赔偿。（二）被害人家属强烈要求严惩犯罪嫌疑人。（三）案发地部分村民及村委会出具证明表示，本案虽然过了 20 多年，但在当地造成的影响没有消失。

最高人民检察院审查认为：犯罪嫌疑人丁国山、丁国义、常永龙、闫立军涉嫌故意伤害罪，并造成一人死亡的严重后果，依据《中华人民共和国刑法》第十二条、1979 年《中华人民共和国刑法》第一百三十四条、全国人民代表大会常务委员会《关于严惩严重危害社会治安的犯罪分子的决定》第一条规定，应当适用的法定量刑幅度的最高刑为死刑。本案情节恶劣、后果严重，虽然已过 20 年追诉期限，但社会影响没有消失，不追诉可能严重影响社会稳定或者产生其他严重后果。本案系共同犯罪，四名犯罪嫌疑人具有共同犯罪故意，共同实施了故意伤害行为，应当对犯罪结果共同承担责任。综合上述情况，依据 1979 年《中华人民共和国刑法》第七十六条第四项规定，决定对犯罪嫌疑人丁国山、常永龙、丁国义、闫立军核准追诉。

【案件结果】

2014 年 6 月 13 日，最高人民检察院作出对丁国山、常永龙、丁国义、闫立军核准追诉决定。2015 年 2 月 26 日，内蒙古自治区呼伦贝尔市中级人民法院以犯故意伤害罪，同时考虑审理期间被告人向被害人进行赔偿等因素，判处主犯丁国山、常永龙、丁国义有期徒刑十四年、十三年、十二年，从犯闫立军有期徒刑三年。被告人均未上诉，检察机关未抗诉，一审判决生效。

【要旨】

涉嫌犯罪情节恶劣、后果严重，并且犯罪后积极逃避侦查，经过二十年追诉期限，犯罪嫌疑人没有明显悔罪表现，也未通过赔礼道歉、赔偿损失等获得被害方谅解，犯罪造成的社会影响没有消失，不追诉可能影响社会稳定或者产生其他严重后果的，对犯罪嫌疑人应当追诉。

【相关法律规定】

《中华人民共和国刑法》第十二条；1979 年《中华人民共和国刑法》第二十二条、第七十六条、第一百三十四条。

3. **最高人民检察院检例第22号**

杨菊云（故意杀人）不核准追诉案

（2015年7月3日）

【关键词】

不予核准追诉　家庭矛盾　被害人谅解

【基本案情】

犯罪嫌疑人杨菊云，女，1962年生，四川省简阳市人。

1989年9月2日晚，杨菊云与丈夫吴德禄因琐事发生口角，吴德禄因此殴打杨菊云。杨菊云乘吴德禄熟睡，手持家中一节柏树棒击打吴德禄头部，后因担心吴德禄继续殴打自己，便用剥菜尖刀将吴德禄杀死。案发后杨菊云携带儿子吴某（当时不满1岁）逃离简阳。9月4日中午，吴德禄继父魏某去吴德禄家中，发现吴德禄被杀死在床上，于是向公安机关报案。公安机关随即开展了尸体检验、现场勘查等调查工作，并于9月26日立案侦查，但未对杨菊云采取强制措施。

【核准追诉案件办理过程】

杨菊云潜逃后辗转多地，后被拐卖嫁与安徽省凤阳县农民曹某。2013年3月，吴德禄亲属得知杨菊云联系方式、地址后，多次到简阳市公安局、资阳市公安局进行控告，要求追究杨菊云刑事责任。同年4月22日，简阳市及资阳市公安局在安徽省凤阳县公安机关协助下将杨菊云抓获，后依法对其刑事拘留、逮捕，并通过简阳市人民检察院层报最高人民检察院核准追诉。

简阳市人民检察院、资阳市人民检察院、四川省人民检察院先后对案件进行审查并开展了必要的调查。2013年6月8日，四川省人民检察院报最高人民检察院对杨菊云核准追诉。

另据查明：（一）杨菊云与吴德禄之子吴某得知自己身世后，恳求吴德禄父母及其他亲属原谅杨菊云。吴德禄的父母等亲属向公安机关递交谅解书，称鉴于杨菊云将吴某抚养成人，成立家庭，不再要求追究杨菊云刑事责任。（二）案发地部分群众表示，吴德禄被杀害，当时社会影响很大，现在事情过去二十多年，已经没有什么影响。

最高人民检察院审查认为：犯罪嫌疑人杨菊云故意非法剥夺他人生命，依据《中华人民共和国刑法》第十二条、1979年《中华人民共和国刑法》第一百三十二条规定，应当适用的法定量刑幅度的最高刑为死刑。本案虽然情节、后果严重，但属于因家庭矛盾引发的刑事案件，且多数被害人家属已经表示原谅杨菊云，被害人与犯罪嫌疑人杨菊云之子吴某也要求不追究杨菊云刑事责任。案发地群众反映案件造成的社会影响已经消失。综合上述情况，本案不属于必须追诉的情形，依据1979年《中华人民共和国刑法》第七十六条第四项规定，决定对杨菊云不予核准追诉。

【案件结果】

2013年7月19日，最高人民检察院作出对杨菊云不予核准追诉决定。2013年7月29日，简阳市公安局对杨菊云予以释放。

【要旨】

1. 因婚姻家庭等民间矛盾激化引发的犯罪，经过二十年追诉期限，犯罪嫌疑人没有再犯罪危险性，被害人及其家属对犯罪嫌疑人表示谅解，不追诉有利于化解社会矛盾、恢复正常社会秩序，同时不会影响社会稳定或者产生其他严重后果的，对犯罪嫌疑人可以不再追诉。

2. 须报请最高人民检察院核准追诉的案件，侦查机关在核准之前可以依法对犯罪嫌疑人采取强制措施。侦查机关报请核准追诉并提请逮捕犯罪嫌疑人，人民检察院经审查认为必须追诉而且符合法定逮捕条件的，可以依法批准逮捕。

【相关法律规定】

《中华人民共和国刑法》第十二条；1979 年《中华人民共和国刑法》第七十六条、第一百三十二条。

4. 最高人民检察院检例第 23 号

蔡金星、陈国辉等（抢劫）不核准追诉案

（2015 年 7 月 3 日）

【关键词】

不予核准追诉　悔罪表现　共同犯罪

【基本案情】

犯罪嫌疑人蔡金星，男，1963 年生，福建省莆田市人。

犯罪嫌疑人陈国辉，男，1963 年生，福建省莆田市人。

犯罪嫌疑人蔡金星、林俊雄于 1991 年初认识了在福建、安徽两地从事鳗鱼苗经营的一男子（姓名身份不详），该男子透露莆田市多人集资 14 万余元赴芜湖市购买鳗鱼苗，让蔡金星、林俊雄设法将钱款偷走或抢走，自己作为内应。蔡金星、林俊雄遂召集陈国辉、李建忠、蔡金文、陈锦城赶到芜湖市。经事先“踩点”，蔡金星、陈国辉等六人携带凶器及作案工具，于 1991 年 3 月 12 日上午租乘一辆面包车到被害人林文忠租住的房屋附近。按照事先约定，蔡金星在车上等候，其余五名犯罪嫌疑人进入屋内，陈国辉上前按住林文忠，其他人用水果刀逼迫林文忠，抢到装在一个密码箱内的 14 万余元现金后逃跑。

【核准追诉案件办理过程】

1991 年 3 月 12 日，被害人林文忠到芜湖市公安局报案，4 月 18 日芜湖市公安局对犯罪嫌疑人李建忠、蔡金文、陈锦城进行通缉，4 月 23 日对三人作出刑事拘留决定。李建忠于 2011 年 9 月 21 日被江苏省连云港市公安局抓获，蔡金文、陈锦城于 2011 年 12 月 8 日在福建省莆田市投案（三名犯罪嫌疑人另案处理，均已判刑）。李建忠、蔡金文、陈锦城到案后，供出同案犯罪嫌疑人蔡金星、陈国辉、林俊雄（已死亡）三人。莆田市公安局于 2012 年 3 月 9 日将犯罪嫌疑人蔡金星、陈国辉抓获。2012 年 3 月 12 日，芜湖市公安局对两名犯罪嫌疑人刑事拘留（后取保候审），并通过芜湖市人民检察院层报最高人民检察院核准追诉。

芜湖市人民检察院、安徽省人民检察院分别对案件进行审查并开展了必要的调查。2012 年 12 月 4 日，安徽省人民检察院报最高人民检察院对蔡金星、陈国辉核准追诉。

另据查明：（一）犯罪嫌疑人蔡金星、陈国辉与被害人（林文忠等当年集资做生意的群众）达成和解协议，并支付被害人 40 余万元赔偿金（包括直接损失和间接损失），各被害人不再要求追究其刑事责任。（二）蔡金星、陈国辉居住地基层组织未发现二人有违法犯罪行为，建议司法机关酌情不予追诉。

最高人民检察院审查认为：犯罪嫌疑人蔡金星、陈国辉伙同他人入户抢劫 14 万余元，依据《中华人民共和国刑法》第十二条、1979 年《中华人民共和国刑法》第一百五十条规定，应当适用的法定量刑幅度的最高刑为死刑。本案发生在 1991 年 3 月 12 日，案发后公安机关只发现了犯罪嫌疑人李建忠、蔡金文、陈锦城，在追诉期限内没有发现犯罪嫌疑人蔡金星、陈国辉，二人在案发后也没有再犯罪，因此已超过二十年追诉期限。本案虽然犯罪数额巨大，但未造成被害人人身伤害等其他严重后果。犯罪嫌疑人与被害人达成和解协议，并实际赔偿了被害人损失，被害人不再要求追究其刑事责任。综合上述情况，本案不属于必须追诉的情形，依据 1979 年《中华人民共和国刑法》第七十六条第四项规定，决定对蔡金星、陈国辉不予核准追诉。

【案件结果】

2012 年 12 月 31 日，最高人民检察院作出对蔡金星、陈国辉不予核准追诉决定。2013 年 2 月 20 日，芜湖市公安局对蔡金星、陈国辉解除取保候审。

【要旨】

1. 涉嫌犯罪已过二十年追诉期限，犯罪嫌疑人没有再犯罪危险性，并且通过赔礼道歉、赔偿损失等方式积极消除犯罪影响，被害方对犯罪嫌疑人表示谅解，犯罪破坏的社会秩序明显恢复，不追诉不会影响社会稳定或者产生其他严重后果的，对犯罪嫌疑人可以不再追诉。

2. 1997 年 9 月 30 日以前实施的共同犯罪，已被司法机关采取强制措施的犯罪嫌疑人逃避侦查或者审判的，不受追诉期限限制。司法机关在追诉期限内未发现或者未采取强制措施的犯罪嫌疑人，应当受追诉期限限制；涉嫌犯罪应当适用的法定量刑幅度的最高刑为无期徒刑、死刑，犯罪行为发生二十年以后认为必须追诉的，须报请最高人民检察院核准。

【相关法律规定】

《中华人民共和国刑法》第十二条；1979 年《中华人民共和国刑法》第二十二条、七十六条、第一百五十条。

关联规范

1. **《最高人民法院关于适用刑法时间效力规定若干问题的解释》**（1997 年 10 月 1 日　法释〔1997〕5 号）（节录）

第一条　对于行为人 1997 年 9 月 30 日以前实施的犯罪行为，在人民检察院、公安机关、国家安全机关立案侦查或者在人民法院受理案件以后，行为人逃避侦查或者审判，超过追诉期限或者被害人在追诉期限内提出控告，人民法院、人民检察院、公安机关应当立案而不予立案，超过追诉期限的，是否追究行为人的刑事责任，适用修订前的刑法第七十七条的规定。

第二条　犯罪分子1997年9月30日以前犯罪，不具有法定减轻处罚情节，但是根据案件的具体情况需要在法定刑以下判处刑罚的，适用修订前的刑法第五十九条第二款的规定。

第三条　前罪判处的刑罚已经执行完毕或者赦免，在1997年9月30日以前又犯应当判处有期徒刑以上刑罚之罪，是否构成累犯，适用修订前的刑法第六十一条的规定；1997年10月1日以后又犯应当判处有期徒刑以上刑罚之罪的，是否构成累犯，适用刑法第六十五条的规定。

第四条　1997年9月30日以前被采取强制措施的犯罪嫌疑人、被告人或者1997年9月30日以前犯罪，1997年10月1日以后仍在服刑的罪犯，如实供述司法机关还未掌握的本人其他罪行的，适用刑法第六十七条第二款的规定。

第五条　1997年9月30日以前犯罪的犯罪分子，有揭发他人犯罪行为，或者提供重要线索，从而得以侦破其他案件等立功表现的，适用刑法第六十八条的规定。

第六条　1997年9月30日以前犯罪被宣告缓刑的犯罪分子，在1997年10月1日以后的缓刑考验期间又犯新罪、被发现漏罪或者违反法律、行政法规或者国务院公安部门有关缓刑的监督管理规定，情节严重的，适用刑法第七十七条的规定，撤销缓刑。

第七条　1997年9月30日以前犯罪，1997年10月1日以后仍在服刑的犯罪分子，因特殊情况，需要不受执行刑期限制假释的，适用刑法第八十一条第一款的规定，报经最高人民法院核准。

第八条　1997年9月30日以前犯罪，1997年10月1日以后仍在服刑的累犯以及因杀人、爆炸、抢劫、强奸、绑架等暴力性犯罪被判处十年以上有期徒刑、无期徒刑的犯罪分子，适用修订前的刑法第七十三条的规定，可以假释。

第九条　1997年9月30日以前被假释的犯罪分子，在1997年10月1日以后的假释考验期内，又犯新罪、被发现漏罪或者违反法律、行政法规或者国务院公安部门有关假释的监督管理规定的，适用刑法第八十六条的规定，撤销假释。

第十条　按照审判监督程序重新审判的案件，适用行为时的法律。

2.《最高人民检察院关于检察工作中具体适用修订刑法第十二条若干问题的通知》（1997年10月6日　高检发释字〔1997〕4号）（节录）

根据修订刑法第十二条的规定，现对发生在1997年9月30日以前，1997年10月1日后尚未处理或者正在处理的行为如何适用法律的若干问题通知如下：

一、如果当时的法律（包括1979年刑法，中华人民共和国惩治军人违反职责罪暂行条例，全国人大常委会关于刑事法律的决定、补充规定，民事、经济、行政法律中“依照”“比照”刑法有关条款追究刑事责任的法律条文，下同）、司法解释认为是犯罪，修订刑法不认为是犯罪的，依法不再追究刑事责任。已经立案、侦查的，撤销案件；已批准逮捕的，撤销批准逮捕决定，并建议公安机关撤销案件；审查起诉的，作出不起诉决定；已经起诉的，建议人民法院退回案件，予以撤销；已经抗诉的，撤回抗诉。

二、如果当时的法律、司法解释认为是犯罪，修订刑法也认为是犯罪的，按从旧兼从轻的原则依法追究刑事责任：

1. 罪名、构成要件、情节以及法定刑没有变化的，适用当时的法律追究刑事责任。

2. 罪名、构成要件、情节以及法定刑已经变化的，根据从轻原则，确定适用当时的法律或者修订刑法追究刑事责任。

三、如果当时的法律不认为是犯罪，修订刑法认为是犯罪的，适用当时的法律；但行为连续或者继续到1997年10月1日以后的，对10月1日以后构成犯罪的行为适用修订刑法追究刑事责任。

3. **《最高人民法院关于适用刑法第十二条几个问题的解释》**（1998年1月13日 法释〔1997〕12号）（节录）

第一条 刑法第十二条规定的“处刑较轻”，是指刑法对某种犯罪规定的刑罚即法定刑比修订前刑法轻。法定刑较轻是指法定最高刑较轻；如果法定最高刑相同，则指法定最低刑较轻。

第二条 如果刑法规定的某一犯罪只有一个法定刑幅度，法定最高刑或者最低刑是指该法定刑幅度的最高刑或者最低刑；如果刑法规定的某一犯罪有两个以上的法定刑幅度，法定最高刑或者最低刑是指具体犯罪行为应当适用的法定刑幅度的最高刑或者最低刑。

第三条 1997年10月1日以后审理1997年9月30日以前发生的刑事案件，如果刑法规定的定罪处刑标准、法定刑与修订前刑法相同的，应当适用修订前的刑法。

4. **《最高人民检察院关于对跨越修订刑法施行日期的继续犯罪、连续犯罪以及其他同种数罪应如何具体适用刑法问题的批复》**（1998年12月2日 高检发释字〔1998〕6号）（节录）

对于开始于1997年9月30日以前，继续或者连续到1997年10月1日以后的行为，以及在1997年10月1日前后分别实施的同种类数罪，如果原刑法和修订刑法都认为是犯罪并且应当追诉，按照下列原则决定如何适用法律：

一、对于开始于1997年9月30日以前，继续到1997年10月1日以后终了的继续犯罪，应当适用修订刑法一并进行追诉。

二、对于开始于1997年9月30日以前，连续到1997年10月1日以后的连续犯罪，或者在1997年10月1日前后分别实施同种类数罪，其中罪名、构成要件、情节以及法定刑均没有变化的，应当适用修订刑法，一并进行追诉；罪名、构成要件、情节以及法定刑已经变化的，也应当适用修订刑法，一并进行追诉，但是修订刑法比原刑法所规定的构成要件和情节较为严格，或者法定刑较重的，在提起公诉时应当提出酌情从轻处理意见。

5.《最高人民检察院关于〈全国人民代表大会常务委员会关于《中华人民共和国刑法》第九十三条第二款的解释〉的时间效力的批复》（2000年6月29日 高检发研字〔2000〕15号）（节录）

《全国人民代表大会常务委员会关于〈中华人民共和国刑法〉第九十三条第二款的解释》是对刑法第九十三条第二款关于“其他依照法律从事公务的人员”规定的进一步明确，并不是对刑法的修改。因此，该《解释》的效力适用于修订刑法的施行日期，其溯及力适用修订刑法第十二条的规定。

6.《最高人民法院、最高人民检察院关于适用刑事司法解释时间效力问题的规定》（2001年12月17日 高检发释字〔2001〕5号）（节录）

一、司法解释是最高人民法院对审判工作中具体应用法律问题和最高人民检察院对检察工作中具体应用法律问题所作的具有法律效力的解释，自发布或者规定之日起施行，效力适用于法律的施行期间。

二、对于司法解释实施前发生的行为，行为时没有相关司法解释，司法解释施行后尚未处理或者正在处理的案件，依照司法解释的规定办理。

三、对于新的司法解释实施前发生的行为，行为时已有相关司法解释，依照行为时的司法解释办理，但适用新的司法解释对犯罪嫌疑人、被告人有利的，适用新的司法解释。

四、对于在司法解释施行前已办结的案件，按照当时的法律和司法解释，认定事实和适用法律没有错误的，不再变动。

7.《最高人民法院关于〈中华人民共和国刑法修正案（八）〉时间效力问题的解释》（2011年4月25日 法释〔2011〕9号）（节录）

第一条 对于2011年4月30日以前犯罪，依法应当判处管制或者宣告缓刑的，人民法院根据犯罪情况，认为确有必要同时禁止犯罪分子在管制期间或者缓刑考验期内从事特定活动，进入特定区域、场所，接触特定人的，适用修正后刑法第三十八条第二款或者第七十二条第二款的规定。

犯罪分子在管制期间或者缓刑考验期内，违反人民法院判决中的禁止令的，适用修正后刑法第三十八条第四款或者第七十七条第二款的规定。

第二条 2011年4月30日以前犯罪，判处死刑缓期执行的，适用修正前刑法第五十条的规定。

被告人具有累犯情节，或者所犯之罪是故意杀人、强奸、抢劫、绑架、放火、爆炸、投放危险物质或者有组织的暴力性犯罪，罪行极其严重，根据修正前刑法判处死刑缓期执行不能体现罪刑相适应原则，而根据修正后刑法判处死刑缓期执行同时决定限制减刑可以罚当其罪的，适用修正后刑法第五十条第二款的规定。

第三条 被判处有期徒刑以上刑罚，刑罚执行完毕或者赦免以后，在2011年4月30日以前再犯应当判处有期徒刑以上刑罚之罪的，是否构成累犯，适用修正前刑法第六十五条的规定；但是，前罪实施时不满十八周岁的，是否构成累犯，适用修正后刑法第六十五条的规定。

曾犯危害国家安全犯罪，刑罚执行完毕或者赦免以后，在2011年4月30日以前再犯危害国家安全犯罪的，是否构成累犯，适用修正前刑法第六十六条的规定。

曾被判处有期徒刑以上刑罚，或者曾犯危害国家安全犯罪、恐怖活动犯罪、黑社会性质的组织犯罪，在2011年5月1日以后再犯罪的，是否构成累犯，适用修正后刑法第六十五条、第六十六条的规定。

第四条 2011年4月30日以前犯罪，虽不具有自首情节，但是如实供述自己罪行的，适用修正后刑法第六十七条第三款的规定。

第五条 2011年4月30日以前犯罪，犯罪后自首又有重大立功表现的，适用修正前刑法第六十八条第二款的规定。

第六条 2011年4月30日以前一人犯数罪，应当数罪并罚的，适用修正前刑法第六十九条的规定；2011年4月30日前后一人犯数罪，其中一罪发生在2011年5月1日以后的，适用修正后刑法第六十九条的规定。

第七条 2011年4月30日以前犯罪，被判处无期徒刑的罪犯，减刑以后或者假释前实际执行的刑期，适用修正前刑法第七十八条第二款、第八十一条第一款的规定。

第八条 2011年4月30日以前犯罪，因具有累犯情节或者系故意杀人、强奸、抢劫、绑架、放火、爆炸、投放危险物质或者有组织的暴力性犯罪并被判处十年以上有期徒刑、无期徒刑的犯罪分子，2011年5月1日以后仍在服刑的，能否假释，适用修正前刑法第八十一条第二款的规定；2011年4月30日以前犯罪，因其他暴力性犯罪被判处十年以上有期徒刑、无期徒刑的犯罪分子，2011年5月1日以后仍在服刑的，能否假释，适用修正后刑法第八十一条第二款、第三款的规定。

8.《最高人民法院研究室关于假释时间效力法律适用问题的答复》（2011年7月15日　法研〔2011〕97号）（节录）

一、根据刑法第十二条的规定，应当以行为实施时，而不是审判时，作为新旧法选择适用的判断基础。故《最高人民法院关于适用刑法时间效力规定若干问题的解释》第八条规定的“1997年9月30日以前犯罪，1997年10月1日以后仍在服刑的累犯以及因杀人、爆炸、抢劫、强奸、绑架等暴力性犯罪被判处十年以上有期徒刑、无期徒刑的犯罪分子”，包括1997年9月30日以前犯罪，已被羁押尚未判决的犯罪分子。

9.《最高人民法院关于〈中华人民共和国刑法修正案（九）〉时间效力问题的解释》（2015年10月29日　法释〔2015〕19号）（节录）

第一条 对于2015年10月31日以前因利用职业便利实施犯罪，或者实施违背职业要求的特定义务的犯罪的，不适用修正后刑法第三十七条之一第一款的规定。其他法律、行政法规另有规定的，从其规定。

第二条 对于被判处死刑缓期执行的犯罪分子，在死刑缓期执行期间，且在2015年10月31日以前故意犯罪的，适用修正后刑法第五十条第一款的规定。

第三条 对于2015年10月31日以前一人犯数罪，数罪中有判处有期徒刑和拘役，有期徒刑和管制，或者拘役和管制，予以数罪并罚的，适用修正后刑法第六十九条第二款的规定。

第四条　对于2015年10月31日以前通过信息网络实施的刑法第二百四十六条第一款规定的侮辱、诽谤行为，被害人向人民法院告诉，但提供证据确有困难的，适用修正后刑法第二百四十六条第三款的规定。

第五条　对于2015年10月31日以前实施的刑法第二百六十条第一款规定的虐待行为，被害人没有能力告诉，或者因受到强制、威吓无法告诉的，适用修正后刑法第二百六十条第三款的规定。

第六条　对于2015年10月31日以前组织考试作弊，为他人组织考试作弊提供作弊器材或者其他帮助，以及非法向他人出售或者提供考试试题、答案，根据修正前刑法应当以非法获取国家秘密罪、非法生产、销售间谍专用器材罪或者故意泄露国家秘密罪等追究刑事责任的，适用修正前刑法的有关规定。但是，根据修正后刑法第二百八十四条之一的规定处刑较轻的，适用修正后刑法的有关规定。

第七条　对于2015年10月31日以前以捏造的事实提起民事诉讼，妨害司法秩序或者严重侵害他人合法权益，根据修正前刑法应当以伪造公司、企业、事业单位、人民团体印章罪或者妨害作证罪等追究刑事责任的，适用修正前刑法的有关规定。但是，根据修正后刑法第三百零七条之一的规定处刑较轻的，适用修正后刑法的有关规定。

实施第一款行为，非法占有他人财产或者逃避合法债务，根据修正前刑法应当以诈骗罪、职务侵占罪或者贪污罪等追究刑事责任的，适用修正前刑法的有关规定。

第八条　对于2015年10月31日以前实施贪污、受贿行为，罪行极其严重，根据修正前刑法判处死刑缓期执行不能体现罪刑相适应原则，而根据修正后刑法判处死刑缓期执行同时决定在其死刑缓期执行二年期满依法减为无期徒刑后，终身监禁，不得减刑、假释可以罚当其罪的，适用修正后刑法第三百八十三条第四款的规定。根据修正前刑法判处死刑缓期执行足以罚当其罪的，不适用修正后刑法第三百八十三条第四款的规定。

第二章　犯　罪

【本章概要】

本章从第十三条至第三十一条，共二十九条，规定犯罪。共分为四节，第一节犯罪和刑事责任；第二节犯罪的预备、未遂和中止；第三节共同犯罪；第四节单位犯罪。

一、犯罪和刑事责任

（一）犯罪的概念

本法第十三条规定："一切危害国家主权、领土完整和安全，分裂国家、颠覆人民民主专政的政权和推翻社会主义制度，破坏社会秩序和经济秩序，侵犯国有财产或者劳动群众集体所有的财产，侵犯公民私人所有的财产，侵犯公民的人身权利、民主权利和其他权利，以及其他危害社会的行为，依照法律应当受到刑罚处罚的，都是犯罪，但是情节显著轻微危害不大的，不认为是犯罪。"

1. 严重的社会危害性

严重的社会危害性是犯罪的本质特征。只有行为人所实施的行为严重危及统治阶级的利益和统治秩序，法律才会将其规定为犯罪。

犯罪的社会危害性，从其表现形态来看可作如下区分：犯罪的社会危害性，可以划分为物质性危害和非物质性危害。前者是能够具体确定和度量的，又是具体有形的物质形态，后者是抽象的、无形的、不能具体测量的一种损害；还可以划分为现实的危害和可能的危害，前者是已经实现的社会危害，具体表现为实害犯，后者是可能发生的社会危害性，具体表现为危险犯或者不完整的故意犯罪形态，如犯罪的预备犯、未遂犯和中止犯等。

法律是统治阶级意志的表现形式，在确定某一行为是否具有社会危害性及其危害程度大小的时候，不能不打上阶级的烙印，因此，刑法犯罪概念所涉及的社会危害性，是根据统治阶级的价值判断来确定的。

社会危害性的有无和大小，也不是一成不变的，它随着经济条件、社会环境的变化而变化。尤其在社会变革时期，社会危害性的相对性、历史性、条件性表现更为突出。

社会危害性必须达到严重程度。这是犯罪行为与普通违法行为，犯罪行为与违反道德行为之间的本质区别。

2. 刑事违法性

犯罪，不仅必须是具有社会危害性的行为，而且必须具有刑事违法性，即必须是本法所明文禁止实行的具体行为。这是罪刑法定原则的具体体现。

刑事违法性的实质是指行为人所实施的行为，违犯了刑法条文所确立的禁止性规范。

本法所规定的禁止性规范，是由广义的刑法所确定的，它包括刑法典、专门刑法、附属刑法几部分。如果某个人的行为，尽管具有某种社会危害性，只要它不具有刑事违法性，就不能认定其具有犯罪的性质。

3. 应受刑罚处罚性

危害社会的行为，不仅应当达到触犯刑事法律的严重程度，而且必须是应当给予刑罚处罚的，才能认定为犯罪。刑罚作为犯罪的法律后果，在一般情况下，二者不可分离。从立法上看，有犯罪，必有刑罚；从适用法律来看，在一般情况下，确定有罪，必然判处刑罚。但是，在具有法定免除刑罚情节、享有刑事管辖豁免权、超过追诉时效等几种情节的情况下，才可能出现有罪无罚。从立法上看，所有的犯罪，都必须具有应受刑罚处罚性这一特征。

犯罪概念的上述三个特征，是辩证的统一，缺一不可。3 个特征中，社会危害性是本质特征，刑事违法性与应受刑罚惩罚性是从社会危害性特征派生出来的。三个特征互相联系，不可分割，共同构成犯罪概念的总体，成为区分罪与非罪的总标准。

（二）刑事责任

刑事责任是指行为人因其犯罪行为应当承受的，以国家名义根据刑法对该行为所作的否定评价和对行为人进行谴责的义务。

刑事责任是由于行为人实施犯罪行为而产生的，确立的依据是与法定犯罪构成相符合的客观犯罪事实。没有与刑法所规定的犯罪构成相符合的事实，也就不存在刑事责任。刑事责任是犯罪分子应当承担的以国家名义所提出的，对其行为所作否定评价和对行为人进行谴责的一种特殊的法定义务。

犯罪分子承担刑事责任的方式是对犯罪行为定罪并判处刑罚。刑罚是人民法院以国家名义对犯罪分子适用的最严厉的国家强制方法，它无疑对犯罪行为的行为人是一种最严厉的谴责，最彻底的否定方式。

同时，本法第三十七条规定，“对于犯罪情节轻微不需要判处刑罚的，可以免予刑事处罚，但是可以根据案件的不同情况，予以训诫或者责令具结悔过、赔礼道歉、赔偿损失，或者由主管部门予以行政处罚或者行政处分。”

本法规定，根据情节对犯罪行为可以只定罪而免除刑罚处罚并不给予非刑罚方法处罚。但是这种只认定有罪而免予刑罚处罚的判决，按照我国刑事诉讼法第一百九十六条的规定“一律公开进行”。公开宣告某一行为构成犯罪，就是对行为人的行为的否定和对行为人的谴责，它对行为人的生活和名誉会产生不利影响。因此，发生制裁作用，正是在这一意义上可以认为免除刑罚处罚的有罪宣告，也是刑事责任的实现方式。

二、犯罪的故意和过失

（一）犯罪的故意

犯罪的故意是指明知自己的行为会发生危害社会的结果，而希望或放任这种结果发生的心理态度。

犯罪的故意分为直接故意和间接故意两类。

直接故意是指行为人明知自己的行为必然或可能发生危害社会的结果，而希望这种结果发生的心理态度。

间接故意，是指行为人明知自己的行为可能发生危害社会的结果，而放任这种结果发生的心理态度。

（二）犯罪的过失

犯罪的过失，是指应当预见自己的行为可能发生危害社会的结果，因为疏忽大意而没有预见，或者已经预见而轻信能够避免，以致发生这种结果的心理态度。

犯罪的过失分为疏忽大意的过失和过于自信的过失两类。

疏忽大意的过失，是指应当预见自己的行为可能危害社会的结果，因为疏忽大意而没有预见，以致发生这种结果的心理态度。

过于自信的过失，是指已经预见自己的行为可能发生危害社会的结果，但轻信能够避免，以致发生这种结果的心理态度。

间接故意与过于自信的过失之间的区别：

第一，在认识因素上，间接故意的行为人，对发生危害结果的可能性并没有产生错误认识；而过于自信的过失对于危害结果发生的可能性存在错误认识。在过于自信的过失情况下，行为人虽然也认识到危害结果发生的可能性，但行为人主观上认为存在避免危害结果发生的可能性不会转化为现实性。

第二，在意志因素上，间接故意的行为人虽然不希望犯罪结果发生，但也不采取措施防止危害结果发生，而对危害结果的发生听之任之，危害结果的发生并不违背其本意；过于自信的行为人则是希望危害结果不发生，希望并利用有利条件避免危害结果发生，只是事与愿违，危害结果还是发生了。

（三）意外事件

意外事件在本法第十六条明确作了规定。意外事件是指在客观上造成了损害结果，但是不是出于行为人的故意或过失，而是由于不能抗拒或者不能预见的原因引起危害结果的行为。

意外事件的重要特征，有以下几点：

1. 行为在客观上造成了危害结果，即行为人的行为引起了危害结果。其结果必须与行为人的行为有因果联系，其结果必须具备使他人或国家公共利益受到损害的性质。

2. 行为人在主观上没有故意和过失。对于结果的发生，行为人处于无罪过的心理态度，不应当受到非难和谴责。

3. 损害结果的出现是由于不能抗拒或者不能预见的原因引起的。所谓不能抗拒，是指行为人已经预见到其行为可能会引起危害结果，但是，基于当时主、客观条件，行为人不可能排除或防止损害结果的发生。所谓不能预见，是指行为人没有预见，也不能要求行为人预见，即不可能预见。至于不能预见的标准，是按行为人的知识、能力水平来判断的具体标准，还是按通常情况下，一般知识和能力水平来判断的一般标准作结论，在司法实践中观点是不完全一致的。我们认为，在未对此作出具体司法解释之前，在具体案件中，依具体标准得出的结论与坚持一般标准相一致，按哪个标准作结论都可以；如果按具体标准作出的结论与按一般标准作出的结论不一致，应按一般标准判断，以防止某些人借口意外事件来危害社会。

意外事件的行为人在主观上没有犯罪的故意和过失，因此，缺少承担刑事责任的主观条件，不具备犯罪构成，不构成犯罪，更不承担刑事责任。

疏忽大意的过失与意外事件的区别：

疏忽大意的过失与意外事件的行为人，对于危害结果的发生都没有预见，但原因不同。根据行为人的认识能力和当时的情况，凡对危害结果应当预见，即有预见的义务和预见的可能，而未预见的，是疏忽大意的过失；行为造成了损害结果，但不是出于行为人的故意或过失，而是由于不能预见或不能抗拒的原因所引起的是意外事件。

三、刑事责任年龄和刑事责任能力

（一）刑事责任年龄

刑事责任年龄是指刑法所规定的、行为人应当对自己实施的犯罪行为承担刑事责任必须达到的年龄。

按照本法第十七条的规定，行为人年龄不满14周岁的，其行为不构成犯罪，一概不负刑事责任；已满14周岁不满16周岁的人，犯故意杀人、故意伤害致人重伤或者死亡、强奸、抢劫、贩卖毒品、放火、爆炸、投毒罪的，应当负刑事责任；已满16周岁的人，犯任何罪，都应当负刑事责任。对于已满14周岁不满18周岁犯罪的，应当从轻或者减轻处罚。

刑事责任年龄的计算，以周岁计算，即以过了周岁生日第2天起算；犯罪行为有持续或连续状态的，就以行为状态结束之时行为人的实际年龄来确定；跨刑事责任年龄的犯罪，应区别不同年龄段，分别确定是否应当承担刑事责任。

（二）刑事责任能力

刑事责任能力是指行为人辨认和控制自己行为的能力。

在正常情况下，行为人辨认和控制自己行为的能力是一致的。但是，在出现疾病的情况下，辨认自己行为的性质、后果的能力与自我控制的能力也可能分离。只有辨认和控制自己行为的能力都具备，才属于有刑事责任能力。

本法对几种特别情况下的刑事责任能力问题，作了特殊规定：

1. 老年人的刑事责任能力。本法第十七条之一规定："已满七十五周岁的人故意犯罪的，可以从轻或者减轻处罚；过失犯罪的，应当从轻或者减轻处罚。"

2. 精神病人的刑事责任能力。本法第十八条第一款规定："精神病人在不能辨认或者不能控制自己行为的时候造成危害结果，经法定程序鉴定确认的，不负刑事责任。"本法第十八条第二款规定："间歇性精神病人在精神正常的时候犯罪，应当负刑事责任。"在同条第三款又规定："尚未完全丧失辨认或者控制自己行为能力的精神病人犯罪的，应当负刑事责任，但是可以从轻或者减轻处罚。"

3. 醉酒人的刑事责任能力。本法第十八条第四款规定："醉酒的人犯罪，应当负刑事责任。"

4. 又聋又哑的人和盲人的刑事责任能力。本法第十九条规定："又聋又哑的人或者盲人犯罪，可以从轻、减轻或者免除处罚。"这里所指又聋又哑的人，是指既聋且哑的人；这里所指的盲人是指双目失明的人。

四、正当防卫和紧急避险

（一）正当防卫

正当防卫是指采取对不法侵害人造成损害的方法，制止不法侵害行为，使国家、公共利益、本人或者他人的人身、财产免受正在进行的不法侵害的行为。

正当防卫作为一种法律制度，有两个基本特征：

第一，正当防卫行为具有正义合法性。正当防卫的行为是同不法侵害行为作斗争，它是一种正义的行为并受到法律的保护。

第二，正当防卫的目的具有正当性。防卫的目的在于为了使国家、公共利益、本人或者他人的人身、财产或者其他权利免受正在进行的不法侵害，其主观上既没有危害社会的目的，也没有危害社会的犯罪的故意。

正当防卫制度，是为实现我国刑法的任务而确立的。在国家、公共或他人利益遭受不法侵害时，任何公民都应当挺身而出，实施防卫行为。普通公民放弃防卫权利，应当受到道义的谴责，人民警察在必须实行正当防卫的时候，放弃职守，致使公共财产，国家和人民利益遭受严重损失的，依法追究刑事责任；后果轻微的，由主管部门酌情给予行政处分。

正当防卫应具备以下几个条件：

1. 必须有不法侵害行为发生

在实践中，防卫行为主要是对那些性质严重、侵害程度强烈、危险性较大的具有积极进攻性行为所实行的防卫。我们不应支持群众对日常所发生的轻微违法侵权行为实行防卫，而应当提倡互谅互让。只有兼顾对严重的不法行为实行正当防卫，对群众中的轻微违法侵权行为提倡互谅互让才能使社会保持稳定。

不能对合法行为实行防卫。对依法执行公务、执行命令的行为，公民或司法工作人员追捕、扭送正在进行犯罪的犯罪人或者被通缉的犯罪嫌疑人的行为，对正当防卫、紧急避险行为等都不能实行正当防卫。

2. 必须是正在进行的不法侵害

不法侵害正在进行，是指不法侵害实际存在，不是主观想象或推测出来的，否则构成假想防卫，造成严重后果的，应负刑事责任；也不能在侵害行为尚未开始或者已经结束或者侵害人自动中止的情况下实施防卫。否则，属于防卫不适时，不属于正当防卫。

3. 必须是为了保护国家、公共利益、本人或者他人的人身、财产和其他权利免受正在进行的不法侵害

换句话说，行为人必须出于防卫意图。如果不是出于防卫意图，而是故意挑逗对方向自己进攻，然后借口防卫，以达到伤害对方之目的，这是基于蓄意侵害他人的意图而实施的侵害他人的行为，这就是防卫挑拨。

4. 必须是对实施不法侵害人本人实施防卫行为

正当防卫不能对没有实施危害行为的第三人实行。

5. 正当防卫不能超过必要限度

本法第二十条第二款规定："正当防卫明显超过必要限度造成重大损害的，应当负刑事责任。"本法第二十条第三款还规定："对正在进行行凶、杀人、抢劫、强奸、绑架以及其他严重危及人身安全的暴力犯罪，采取防卫行为，造成不法侵害人伤亡的，不属于防卫过当，不负刑事责任。"

防卫过当的刑事责任，本法第二十条第二款规定："正当防卫明显超过必要限度造成重大损害的，应当负刑事责任，但是，应当减轻或者免除处罚。"对防卫过当行为所适用的罪名，应当依据其所适应的犯罪构成来确定。但在量刑的时候应当减轻或者免除处罚。

（二）紧急避险

紧急避险是指为了使国家、公共利益、本人或者他人的人身、财产和其他权利，免受正在发生的危险，不得已而采取的损害另一个较小的合法利益的行为。

1. 必须要有危险发生

危险发生是指出现了足以使合法权益受到严重损害的危险情况。危险的来源，主要有自然灾害的侵袭，违法犯罪行为的侵害，人的生理、病理造成的危险，动物的侵袭等。如果没有危险发生而误以为发生了危险，而实行"紧急避险"的，属于假想避险。由于假想避险造成重大损害的，是否应当负刑事责任，应区别情况，分别处理。

2. 必须是正在发生的危险

正在发生的危险是指危险已经出现又尚未结束的状态。如果尚未到来，未迫在眉睫或者已经结束，而实行"避险"行为，就不能被认为属于紧急避险。

3. 必须是为了使合法权益免受正在进行的危险

紧急避险的目的必须是为了避免国家、公共、本人或者他人的合法权益遭受损害。只有出于使合法权益避免受损害的避险意图，并且保护的是合法权益才属于紧急避险。如果借口紧急避险，实施侵害合法利益的行为，或实施保护非法利益的行为，情节严重的，应按照本法的有关规定，追究刑事责任。

4. 必须是在迫不得已的情况下

紧急避险只有在迫不得已的情况下才可以实施，因为紧急避险行为必然会给另一合法权益造成损害，实施必须持谨慎态度。迫不得已是指除采取紧急避险之外，没有其他办法可以避免正在发生的危险。

5. 紧急避险不能超过必要限度，造成不应有的损害

紧急避险是通过牺牲一个局部的或较小的合法权益来保护整体的或较大的合法权益。因此，紧急避险所造成的损害必须小于受保护的权益。如果二者相同或由于避险实际造成的损害大于所保护的权益，就背离了立法的本意。

6. 主体必须不属于法律有特殊规定的人员

本法第二十一条第三款规定："关于避免本人危险的规定不适用于职务

上、业务上负有特定责任的人。”由此可见，职务上、业务上负有特定责任的人，遇到个人危险，借口紧急避险放弃职责的行为，不属于紧急避险。

本法第二十一条规定，紧急避险超过必要限度造成不应有的损害的，应当负刑事责任，但是应当减轻或者免除处罚。

五、犯罪预备、中止和未遂

（一）犯罪预备

犯罪预备是指为了犯罪准备工具、制造条件的行为。

犯罪预备有三个条件：

1. 行为人在主观上，有犯罪的故意；

2. 行为人在客观上，实施了预备行为，但是还未开始实施本法分则所规定的具体犯罪行为；

3. 行为人在预备行为完成之后没有继续实施本法分则所规定的具体行为而使犯罪在预备过程中停顿下来的原因，是行为人意志以外的原因。

犯罪预备与犯意表示不同。犯意表示是行为人以文字、口头形式所表示或流露出来的犯罪意图。犯罪预备与犯意表示，都表明行为人有犯罪意图，但二者有本质不同。二者的区别主要表现在以下两点：

1. 犯罪预备是为了犯罪而准备工具、制造条件，有对社会构成威胁的现实可能；犯意表示，停留在意图阶段，没有对社会构成威胁的现实可能性；

2. 法律性质不同，犯罪预备是本法所规定的应负刑事责任的行为，即属于具有刑事违法性的行为。而犯意表示不具有刑事违法性。

根据本法第二十二条第二款规定，“对于预备犯，可以比照既遂犯从轻、减轻或者免除处罚。”

（二）犯罪未遂

犯罪未遂是已经着手实行犯罪，由于犯罪分子意志以外的原因而未得逞的行为。

犯罪未遂的标准有三项：

1. 已经着手实行犯罪。已经着手实行犯罪是指行为人已经开始实施符合本法分则条文规定的某种具体犯罪构成要件的行为。本法第二十三条规定犯罪未遂所使用“着手实行犯罪”一词，不包括开始实行预备犯罪的犯罪预备行为。

对于犯罪未遂中“着手”一词如何界定，在司法解释上没有明确说明，在学理上有几种流行的主张：

（1）着手实行的行为对于犯罪的直接客体具有直接的侵害性，即行为人的行为同直接客体开始发生了接触，或者逼近直接客体；

（2）着手实行的行为都可以直接造成危害结果的发生，也就是说“着手”与否，根据所实行的行为是否会发生危害结果来判断；

（3）“着手”是指行为人所实施的行为已经明显表明了行为人的犯罪意图。

上述对于“着手”一词的各种理解研究都有利于掌握“着手”的特征，区分“着手”与“未着手”的界限。

2. 犯罪未得逞

犯罪未得逞，是指行为人的行为没有完成，即没有达到具备某一犯罪的全部犯罪构成要件的完整形态。

犯罪没有得逞就是犯罪没有既遂。犯罪没有得逞，不等于犯罪没有出现犯罪结果。如实施故意杀人，没有得逞，而使其受重伤，仍然应定为故意杀人罪的未遂，不能依照其伤害结果的轻重不同而定轻伤罪或重伤罪。

3. 犯罪未得逞是由于犯罪分子意志以外的原因

犯罪未得逞的原因是由于犯罪分子意志以外的原因，是指违反犯罪分子本意的原因。如果犯罪分子根据本人意愿自动放弃犯罪，则属于犯罪中止。

犯罪分子意志以外的原因是多种多样的。例如，被害人的反抗；第三者的阻止，自然力障碍，物质性障碍，犯罪人智能水平不足，对犯罪对象、犯罪工具的错误认识，精神受到威胁，自身生理、心理出现障碍等。总之，凡不是根据自己的意愿而放弃犯罪的，均属于犯罪分子意志以外的原因。

本法第二十三条第二款规定：“对于未遂犯，可以比照既遂犯从轻或者减轻处罚。”对于未遂犯，原则上可以从轻或减轻处罚。但是，对于某些情节恶劣、性质严重、主观恶性大的未遂犯，也可以不从轻或减轻处罚。

（三）犯罪中止

犯罪中止是指自开始实行犯罪预备行为开始到犯罪既遂之前，行为人自动放弃犯罪或者自动防止犯罪结果发生的犯罪停顿状态。

犯罪中止具有以下特征：

1. 必须是在犯罪过程中中止犯罪

“犯罪过程中”是指自犯罪的预备行为开始，犯罪既遂之前。一旦达到既遂，犯罪就没有中止可言。犯罪既遂之后行为人所实施的恢复原状的行为、赔偿损失的行为都不属于犯罪中止。因为其行为已经不是发生在犯罪过程中。

2. 必须是自动放弃犯罪行为或者自动防止犯罪结果发生

自动中止是指犯罪分子在自己认为能够完成犯罪的情况下，自愿放弃犯罪意图，自动停止犯罪准备行为、实行行为，或者自动有效地防止法定犯罪结果的发生。犯罪没有完成，不是犯罪分子不能完成，而是不愿去完成。简而言之，不是不能而是不为。“能达目的而不欲”，这是中止与犯罪预备、犯罪未遂的主要区别之处。

3. 必须彻底停止犯罪或者有效地防止犯罪结果发生

彻底停止犯罪，是指犯罪分子彻底放弃正在实行的犯罪，即行为人在主观上必须完全打消犯罪意图，如果仅仅是因为客观原因暂时停止犯罪，等待时机准备再犯，这就不是中止，而是犯罪的预备或犯罪的未遂；在客观上必须放弃准备行为或实行行为。

有效地防止犯罪结果发生，是指犯罪分子必须主动、积极地采取措施，有效地防止犯罪结果发生。如果行为尚处在预备或实行过程中，只要自动彻底停止犯罪行为，即构成中止；如果实行行为已经实施终了，犯罪结果尚未发生，就必须有效地防止犯罪结果发生才构成犯罪中止。

对于单独犯罪或共同犯罪中的实行犯而言，只要具备上述三个条件就可以构成犯罪中止。对于共犯中的教唆犯、犯罪集团的首要分子而言，他们不但要自动打消自己的犯罪意图，彻底停止犯罪之外，还得设法打消实行犯的犯罪意图，或者以其他方法阻止他人去实施犯罪才可以构成犯罪的中止。

根据本法第二十四条第二款规定，对于中止犯，没有造成损害的，应当免除处罚；造成损害的，应当减轻处罚。

六、共同犯罪

（一）共同犯罪的概念和条件

本法第二十五条第一款规定：“共同犯罪是指二人以上共同故意犯罪。”

共同犯罪必须具备下列三个条件：

1. 在犯罪主体上必须是两个或两个以上达到刑事责任年龄、具有刑事责任能力的人

这是构成共同犯罪的前提。如果利用幼童或精神病人实施犯罪行为，应当认定为单独犯罪。

2. 在主观方面必须有共同的犯罪故意

共同的犯罪故意，一是指各个共同犯罪人都知道自己是在故意地进行犯罪活动，而且知道这种犯罪活动是与他人一起，或者在他人协助、配合下一起实施；二是各个共同犯罪人，都明确共同犯罪人通过犯罪所要达到的共同目的，他们对共同犯罪行为会发生危害社会的结果都有预见，并且都希望或放任这种危害结果的发生。

3. 在客观方面必须有共同的犯罪行为

共同犯罪行为，是指由各个共同犯罪人实施的指向同一犯罪目标、侵

害同一客体、为完成同一犯罪而又相互联系、相互配合、协调一致的各种具体行为的有机整体的行为。

（二）犯罪集团

一般共同犯罪，是指2人以上没有组织形式的共同犯罪，犯罪集团是有组织的共同犯罪，本法第二十六条第二款规定，犯罪集团是指“三人以上为共同实施犯罪而组成的较为固定的犯罪组织”。其特征如下：

1. 人数较多，必须3人或3人以上组成；

2. 具有一定的组织性，即共同犯罪成员之间存在着领导与被领导的关系，既有首要分子又有普通成员；

3. 具有实施某一种或某几种犯罪的目的性；

4. 有相对的固定性，即为了在较长时间内实行多次犯罪活动，甚至以犯罪为常业而组织起来。

5. 具有严重的社会危害性。犯罪集团通常是为了实施严重危害社会的犯罪而组织起来的，其成员多为社会上危险的分子，其犯罪活动的组织、策划比较严密，容易得手，通常作案次数也较多。因此，犯罪集团具有特别严重的社会危害性，是本法打击的重点。

犯罪团伙与犯罪集团不同。犯罪团伙不是一个法律概念。本法只对犯罪集团作了规定，没有对犯罪团伙这个概念作出规定。以是否有组织形式为标准划分共同犯罪的形式只有一般共同犯罪和犯罪集团两种，凡是不符合犯罪集团条件的，即应作为一般共同犯罪处理。

（三）共同犯罪人的种类和刑事责任

对共同犯罪人分类的标准是以犯罪人所起的作用为主兼顾分工；本法对共同犯罪人处罚的标准是共同犯罪人在共同犯罪中所起的作用。根据这样的标准，我国刑法将共同犯罪人分为主犯、从犯、胁从犯、教唆犯共四类。

1. 主犯及其刑事责任

主犯，是组织、领导犯罪集团进行犯罪活动或者在共同犯罪中起主要作用的犯罪分子，主犯包括以下三种情况：

（1）在犯罪集团中起组织、领导作用的首要分子；

（2）在聚众犯罪中起组织、策划、指挥作用的犯罪分子，即聚众犯罪中的首要分子；

（3）其他在犯罪集团或一般共同犯罪中起主要作用的犯罪分子。

对于主犯的处罚，根据本法第二十六条的规定，分为两种情况：一是组织领导犯罪集团的首要分子，按照集团所犯的全部罪行进行处罚；二是组织领导犯罪集团的首要分子以外的主犯，应当按照其所参与的或组织、指挥的全部犯罪进行处罚。

2. 从犯及其刑事责任

从犯是指在共同犯罪中起次要或辅助作用的犯罪分子。从犯包括两种情形：

（1）在共同犯罪中起次要作用。这是指犯罪分子虽然直接参加实施了符合犯罪构成要件的行为，但罪行较轻、情节不很严重，没有直接造成严重后果。这就是实行犯中起次要作用的犯罪分子。

（2）在共同犯罪中起辅助作用。这是指提供犯罪工具、指示犯罪地点或犯罪对象、窥察被害人行踪、探听和传递有利于犯罪实施的信息、窝赃等行为。这些辅助行为都不属于直接实行刑法分则性规范所规定的行为。传授犯罪方法，按照共同犯罪来处理，一般属于起次要作用的犯罪分子。由于本法已将其规定为一个独立的罪名，就不能再将其认定为某种共同犯罪的从犯。

对从犯的处罚原则，是应当从轻、减轻或者免除处罚。

3. 胁从犯及其刑事责任

按照本法第二十八条的规定，被胁迫参加犯罪的是胁从犯。

被胁迫犯罪，是指行为人不愿意参加犯罪，但由于受到威胁、逼迫才参加犯罪。胁从犯知道是犯罪行为，为使自己避免遭受现实的危害决定参加犯罪，其选择犯罪是其在意志自由情况下选择的结果，因此对其行为应当承担刑事责任。

被诱骗参加犯罪的，因为缺乏犯罪的故意，不能认定为胁从犯。

对胁从犯的处罚原则，是“应当按照他的犯罪情节减轻处罚或免除处罚”。

4. 教唆犯及其刑事责任

本法第二十九条第一款规定，教唆他人犯罪的，是教唆犯。换言之，教唆犯是指制造他人犯罪意图和促使他人下犯罪决心的人。

教唆犯的成立，须要具备以下两个条件：（1）主观上，行为人具有使他人产生犯罪意图或使他人已有的犯罪意图坚定并付诸实施的故意；（2）在客观方面，具有教唆他人犯罪的教唆行为。

认定教唆犯，教唆的内容必须是唆使他人实行具体犯罪；教唆的对象必须是具体个人或者具体的多数人；教唆行为与被教唆人所实施的犯罪存在刑法上的因果关系。教唆行为只有积极的作为的形式。

我国刑法上的教唆犯，既有共同犯罪的性质，又有单犯的性质。因此，在教唆未遂的情况下，教唆犯仍然单独成立。

教唆犯的刑事责任，本法第二十九条区别三种情况作了具体规定：

（1）被教唆人犯了被教唆的罪，应当按照教唆犯在共同犯罪中所起的作用进行处罚；

（2）教唆不满18周岁的人犯罪的，应当从重处罚；

（3）如果被教唆人没有实施被教唆的罪，对于教唆犯可以从轻或者减轻处罚。这种情况相当于犯罪未遂，所以按照未遂犯的处罚原则，可以从轻或减轻处罚。

七、单位犯罪

单位犯罪主体，是为牟取本单位的非法利益，由单位负责人或者经单位集体讨论决定，实施了本法明文规定的单位犯罪的公司、企业、事业单位、机关、团体。其中包括法人单位和非法人单位。

本法第三十条规定了单位的范围和单位负刑事责任的范围——单位只对刑事法律规定可以由其构成的犯罪才负刑事责任。本法第三十一条规定了对单位追究刑事责任的具体处罚原则。由此可见，本法对单位犯罪基本上实行双罚制，既处罚单位，也处罚直接负责的主管人员和其他直接责任人员。只有法律有明文规定的，才实行单罚制，即只处罚单位犯罪中的直接主管人员或其他直接责任人员。

第一节　犯罪和刑事责任

第十三条 犯罪概念

一切危害国家主权、领土完整和安全，分裂国家、颠覆人民民主专政的政权和推翻社会主义制度，破坏社会秩序和经济秩序，侵犯国有财产或者劳动群众集体所有的财产，侵犯公民私人所有的财产，侵犯公民的人身权利、民主权利和其他权利，以及其他危害社会的行为，依照法律应当受刑罚处罚的，都是犯罪，但是情节显著轻微危害不大的，不认为是犯罪。

条文要旨

本条是关于犯罪概念的规定。

理解与适用

本条规定包含两层意思：

1. 规定了哪些行为是犯罪。根据本条的规定，犯罪必须是同时具备以下特征的行为：（1）具有社会危害性，即行为人通过作为或者不作为，对社会造成一定危害。没有危害社会的行为，不能认为是犯罪。根据本条规定，具有社会危害性的行为包括：危害国家主权、领土完整和安全的行为；分裂国家、颠覆人民民主专政的政权和推翻社会主义制度的行为；破坏社会秩序和经济秩序的行为；侵犯国有财产或者劳动群众集体所有财产的行为；侵犯公民私人所有财产的行为；侵犯公民的人身权利、民主权利和其他权利的行为，以及其他危害社会的行为。（2）具有刑事违法性，即犯罪行为应当是刑法中禁止的行为。危害社会的行为多种多样，由于各种危害行为违反的社会规范不同，其社会危害程度也不同，不是所有危害社会的行为都是犯罪，刑法规定的危害行为都是比较严重危害社会的行为。（3）具有应受刑罚惩罚性，即犯罪是依照刑法规定应当受到刑罚处罚的行为。违法行为，不一定都构成犯罪，只有依照刑法规定应当受刑事处罚的行为才是犯罪。危害行为应受刑罚处罚性，是犯罪行为与其他违法行为的基本区别。以上三点是犯罪缺一不可的基本特征。

2. 规定了刑法不认为是犯罪的例外情况。这是对犯罪概念的重要补充。它是从不认为是犯罪的例外情况说明什么是犯罪，进一步划清了罪与非罪的界限。根据本条规定，“情节显著轻微危害不大的，不认为是犯罪”，即行为人的危害行为虽属于刑法规定禁止的行为，但情节显著轻微，其社会危害尚未达到应当受刑罚处罚的程度，法律不认为是犯罪。刑法关于犯罪概念的这一规定，把大量虽然形式上符合刑法所禁止的行为的特征，具有一定社会危害性，但情节明显轻微的行为排除在了犯罪之外。有的意见认为，我国刑法关于犯罪概念的规定，具有中国特色，表明构成犯罪所需要的严重社会危害性是一个实质判断标准。这样规定，有利于区分不同性质的违法行为，分别采取刑事处罚、行政处罚和其他处理措施，最大限度化解社会矛盾，减少对立面，促进社会和谐。在运用刑法分则关于具体犯罪的构成要件认定犯罪的过程中，特别是在确定罪与非罪的问题上，需要综合考虑本条“但书”的规定。

关联规范

1. **《中华人民共和国治安管理处罚法》**（2012年10月26日修正）（节录）

第二条 扰乱公共秩序，妨害公共安全，侵犯人身权利、财产权利，妨害社会管理，具有社会危害性，依照《中华人民共和国刑法》的规定构成犯罪的，依法追究刑事责任；尚不够刑事处罚的，由公安机关依照本法给予治安管理处罚。

第四条 在中华人民共和国领域内发生的违反治安管理行为，除法律有特别规定的外，适用本法。

在中华人民共和国船舶和航空器内发生的违反治安管理行为，除法律有特别规定的外，适用本法。

2. **《最高人民法院关于审理未成年人刑事案件具体应用法律若干问题的解释》**（2006年1月11日　法释〔2006〕1号）（节录）

第六条 已满十四周岁不满十六周岁的人偶尔与幼女发生性行为，情节轻微、未造成严重后果的，不认为是犯罪。

第七条 已满十四周岁不满十六周岁的人使用轻微暴力或者威胁，强行索要其他未成年人随身携带的生活、学习用品或者钱财数量不大，且未造成被害人轻微伤以上或者不敢正常到校学习、生活等危害后果的，不认为是犯罪。

已满十六周岁不满十八周岁的人具有前款规定情形的，一般也不认为是犯罪。

第九条 已满十六周岁不满十八周岁的人实施盗窃行为未超过三次，盗窃数额虽已达到“数额较大”标准，但案发后能如实供述全部盗窃事实并积极退赃，且具有下列情形之一的，可以认定为“情节显著轻微危害不大”，不认为是犯罪：

（一）系又聋又哑的人或者盲人；

（二）在共同盗窃中起次要或者辅助作用，或者被胁迫；

（三）具有其他轻微情节的。

第十四条 故意犯罪

明知自己的行为会发生危害社会的结果，并且希望或者放任这种结果发生，因而构成犯罪的，是故意犯罪。

故意犯罪，应当负刑事责任。

条文要旨

本条是关于故意犯罪的定义及其刑事责任的规定。

理解与适用

本条分为两款。第一款是关于什么是故意犯罪的规定。根据本条规定，故意犯罪必须同时具备以下两个特征：（1）行为人对自己的行为会发生危害社会的结果必须是明知的，而这种明知既包括对必然发生危害结果的明知，也包括对可能发生危害结果的明知。（2）行为人的心理必须处于希望或者放任的状态。希望和放任反映了行为人对犯罪结果的不同的意志取向。我国刑法理论根据刑法的这一规定，将故意分为直接故意和间接故意。直接故意是指行为人明知自己的行为会发生危害社会的结果，并且希望这种结果发生的心理状态；间接故意是指行为人明知自己的行为可能会发生危害社会的结果而采取漠不关心、听之任之的放任态度。区别直接故意和间接故意，对判断行为人的主观恶性大小、其危害行为的社会危害程度和决定适当的量刑都具有重要意义。在通常情况下，行为人的心理状态不同，其行为的社会危害程度不同，对行为人改造的难度也不同，适用刑罚也应有所区别。

第二款是关于故意犯罪应当负刑事责任的规定。“刑事责任”是指犯罪行为人实施刑事法律禁止的行为所应当承担的法律后果。刑事责任和刑罚是两个不同的概念，二者既有联系又有区别。刑事责任是犯罪行为人因实施犯罪行为而应当承担的刑法上的法律后果，是刑罚的前提条件，只有对负有刑事责任的人才能适用刑罚；而刑罚是承担刑事责任的一种形式和结果，是法院以国家的名义对犯罪人进行惩罚和改造的手段。负有刑事责任的人在某些情况下不一定受到刑罚处罚，比如具有法定可以免除处罚情节的，可以不处以刑罚，即免予刑事处罚也是承担刑事责任的一种方式；但受刑罚处罚的人，必须是负有刑事责任的人。根据本条第一款的规定，故意犯罪是实施危害社会行为的人，主观上对其行为会发生危害社会的后果处于故意的心理状态而实施的犯罪，因此，故意犯罪应当负刑事责任。

第十五条 过失犯罪

应当预见自己的行为可能发生危害社会的结果，因为疏忽大意而没有预见，或者已经预见而轻信能够避免，以致发生这种结果的，是过失犯罪。

过失犯罪，法律有规定的才负刑事责任。

条文要旨

本条是关于过失犯罪的定义及其刑事责任的规定。

理解与适用

本条分为两款。第一款是关于什么是过失犯罪的规定。过失和故意一样，同是行为人主观上对危害行为发生危害结果所持的心理状态。根据本款的规定，过失犯罪分为两大类：第一类是疏忽大意的过失犯罪，即行为人应当预见自己的行为可能发生危害社会的结果，因为疏忽大意而没有预见，以致发生了危害社会的结果，构成犯罪的；第二类是过于自信的过失犯罪，即行为人已经预见到自己的行为可能发生危害社会的结果而轻信能够避免，以致发生了危害社会的结果，构成犯罪的。本款规定的“应当预见”是指行为人对其行为结果具有认识的义务和能力。应当预见要求根据行为人的具体情况，行为人对自己的行为可能发生危害社会的结果能够作出正确的判断。所谓行为人的具体情况，主要是指行为人的年龄、责任能力、文化程度、知识的广度和深度、职业专长、工作经验、社会经验等。上述情况不同，行为人对其行为可能发生危害结果的可认识能力也不同。疏忽大意的过失的特征有两点：一是行为人对自己的行为可能发生危害社会的结果具有可认识的能力，即应当预见；二是由于行为人主观上粗心大意，忽略了对行为后果的认真考虑，盲目实施了这种行为，以致发生了危害社会的结果。过于自信的过失的特征也有两点：一是行为人已经预见到自己的行为可能会发生危害社会的结果；二是由于行为人过高地估计自己的能力，相信自己能够避免这种结果的发生，以致发生了这种危害结果。不论是疏忽大意的过失还是过于自信的过失，其共同特点是行为人都不希望危害社会的结果发生，即主观上都没有让危害结果发生的意图。

第二款是关于过失犯罪，法律有规定的才负刑事责任的规定。根据本款规定，由于行为人主观上的过失造成危害社会的结果的，不一定都负刑事责任。行为人主观上对危害社会的结果持过失的心理状态，其主观恶性比故意犯罪的行为人的主观恶性要小，因此，法律没有将行为人过失造成危害结果的都规定为犯罪，只将对社会危害比较大，需要用刑罚手段处理的过失造成危害结果的行为规定为犯罪。本款的“法律有规定”是指刑法分则规定的过失犯罪。

第十六条 不可抗力和意外事件

行为在客观上虽然造成了损害结果，但是不是出于故意或者过失，而是由于不能抗拒或者不能预见的原因所引起的，不是犯罪。

条文要旨

本条是关于不可抗力和意外事件的规定。

理解与适用

根据本条规定，行为虽然造成了损害结果，但系因不能抗拒或者不能预见的原因所引起，不具备主观方面的构成要件，不构成犯罪。由于不可抗拒的原因而发生了损害结果，如自然灾害、突发事件及其他行为人无法阻挡的原因引起了损害结果，这在我国刑法理论上称为不可抗力。此外，由于不能预见的原因引起了损害结果，即根据损害结果发生当时的主客观情况，行为人没有预见，也不可能预见会发生损害结果，这在我国刑法理论上称为意外事件。由于这两种情况，行为人在主观上没有故意或过失，对实际发生的损害结果没有罪过，不应当负刑事责任，因此，本条规定，由于不能抗拒或者行为人不能预见的原因造成损害结果的行为，不是犯罪。这样规定充分体现了我国刑法主客观相统一的原则。

所谓“不可抗拒”，是指不以行为人的意志为转移，行为人无法阻挡或控制损害结果的发生。如由于某种机械力量的撞击、自然灾害的阻挡、突发疾病的影响等行为人意志以外的原因，使其无法避免损害结果的发生。“不能预见”是指根据行为人的主观情况和发生损害结果当时的客观情况，行为人不具有能够预见的条件和能力，损害结果的发生完全出乎行为人的意料。

第十七条 刑事责任年龄

已满十六周岁的人犯罪，应当负刑事责任。

已满十四周岁不满十六周岁的人，犯故意杀人、故意伤害致人重伤或者死亡、强奸、抢劫、贩卖毒品、放火、爆炸、投放危险物质罪的，应当负刑事责任。

已满十二周岁不满十四周岁的人，犯故意杀人、故意伤害罪，致人死亡或者以特别残忍手段致人重伤造成严重残疾，情节恶劣，经最高人民检察院核准追诉的，应当负刑事责任。

对依照前三款规定追究刑事责任的不满十八周岁的人，应当从轻或者减轻处罚。

因不满十六周岁不予刑事处罚的，责令其父母或者其他监护人加以管教；在必要的时候，依法进行专门矫治教育。

条文要旨

本条是关于刑事责任年龄的规定。

本条修改了有关法定最低刑事责任年龄和收容教养的规定。在特定情形下，经特别程序，对法定最低刑事责任年龄作个别下调。同时，统筹考虑刑法修改和预防未成年人犯罪法修改相关问题，将收容教养修改为专门矫治教育。

理解与适用

1979 年刑法对刑事责任年龄作了规定。1979 年刑法第十四条规定：“已满十六岁的人犯罪，应当负刑事责任。已满十四岁不满十六岁的人，犯杀人、重伤、抢劫、放火、惯窃罪或者其他严重破坏社会秩序罪，应当负刑事责任。已满十四岁不满十八岁的人犯罪，应当从轻或者减轻处罚。因不满十六岁不处罚的，责令他的家长或者监护人加以管教；在必要的时候，也可以由政府收容教养。”刑事责任年龄，就是法律规定的应当对自己的犯罪行为负刑事责任的年龄。只有达到法定年龄的人实施了犯罪行为，才能追究其刑事责任。对于没有达到法定年龄的人，即使实施了危害社会的行为，也不负刑事责任。这是各国刑法普遍采用的原则。这主要是考虑到犯罪行为不只是具有社会危害性的行为，同时还是人的有意识的行为，而人们控制、认识自己行为的能力是受到年龄的限制的，只有在人们达到一定年龄，其接受社会教育的程度和社会经验有了一定的积累时，才能具备辨别是非善恶并在行动中自我控制的能力，才能要求其对自己的犯罪行为承担刑事责任。为此，我国 1979 年刑法总结了新中国成立以来同犯罪作斗争的经验，充分借鉴了国外刑事立法中一些有益的经验，对刑事责任年龄作了明确规定。

1997 年修改刑法时将 1979 年刑法的有关内容修改后纳入刑法，主要修改包括：一是对具体责任年龄的表述作了文字修改，进一步明确各个责任年龄段的年龄为周岁，使其表述更为确切，防止实践中产生歧义。二是进一步明确了已满十四周岁不满十六周岁的人犯哪些罪应当负刑事责任。实践中，对 1979 年刑法第十四条中的“杀人”是否包括过失杀人，“其他严重破坏社会秩序罪”的范围包括哪些，认识不一致，难以保证执法的统一，因此，根据各方面的意见，删去了“其他严重破坏社会秩序罪”的规定，明确规定已满十四周岁不满十六周岁的人，犯“故意杀人、故意伤害致人重伤或者死亡、强奸、抢劫、贩卖毒品、放火、爆炸、投毒罪的”，才应当负刑事责任。这样规定，进一步体现了罪刑法定的基本原则，也便于实践中操作。另外，在列举的具体罪名中，删去了“惯窃罪”，这主要是考虑更突出惩治危害严重的犯罪，体现对未成年人教育为主、惩罚为辅的原则。三是将“因不满十六岁不处罚”修改为“因不满十六周岁不予刑事处罚”，这主要是考虑到这部分未成年人只是年龄未达到法定年龄而不予刑事处罚，但其行为性质恶劣，具有社会危害性，虽然没有承担刑事责任，但可能承担其他责任，需要进一步明确处罚的性质。

2020 年《刑法修正案（十一）》对本条作了修改。近年来，低龄未成年人实施严重犯罪的案件时有发生，引发社会广泛关注。对这一问题，大家的共识是应当管起来，这既是矫正犯罪的需要，也是保护受害人正当诉求和利益的需要。但如何去管，是普遍降低刑事责任年龄放到监狱，还是针对未成年人犯罪矫正的特点去完善收容教养制度等，大家还有不同的认识和侧重点。总体上说，对未成年人我们坚持教育、感化、挽救，坚持教育为主、惩罚为辅，这一方针和原则没有变。对低龄未成年人犯罪，既不能简单地“一关了之”，也不能“一放了之”。经会同有关方面反复研究，综合考量各方面的意见，《刑法修正案（十一）》对本条的修改包括：一是在特定情形下，经特别程序，对法定最低刑事责任年龄作个别下调，即增加一款规定：“已满十二周岁不满十四周岁的人，犯故意伤人、故意伤害罪，致人死亡或者以特别残忍手段致人重伤造成严重残疾，情节恶劣，经最高人民检察院核准追诉的，应当负刑事责任。”二是统筹考虑刑法修改和预防未成年人犯罪法修改相关问题，与预防未成年人犯罪法修改做好衔接，将原刑法规定的“在必要的时候，也可以由政府收容教养”修改为“在必要的时候，依法进行专门矫治教育”。三是将“责令他的家长或者监护人加以管教”修改为“责令其父母或者其他监护人加以管教”，这主要是为了与民法典关于监护人的有关规定做好衔接。四是将“投毒罪”修改为“投放危险物质罪”，这主要是为了与刑法分则有关规定的修改相衔接。全国人大常委会于 2001 年 12 月 29 日通过的《刑法修正案（三）》，对刑法第一百一十四条、第一百一十五条进行了修改，将“投毒”改为“投放毒害性、放射性、传染病病原体等物质”，本条作了相应修改。

本条分为五款。第一款是关于实施犯罪行为的人完全负刑事责任的年龄段的规定。根据本款的规定，实施犯罪行为的人负刑事责任的年龄是满十六周岁，即凡年满十六周岁的人，实施了刑法规定的任何一种犯罪行为，都应当负刑事责任。这样规定是从我国实际情况出发的。在我国，已满十六周岁的人，其体力、智力已发展到一定程度，并有一定社会知识，已具备分辨是非善恶的能力，因此，应当要求他们对自己的一切犯罪行为负刑事责任。

第二款是关于相对负刑事责任年龄段的规定，即在这个年龄段中的行为人不是实施了任何犯罪都负刑事责任。根据本款的规定，已满十四周岁不满十六周岁的人，只有实施故意杀人、故意伤害致人重伤或者死亡、强奸、抢劫、贩卖毒品、放火、爆炸、投放危险物质犯罪的，才负刑事责任。这样规定充分考虑了他们的智力发育情况。已满十四周岁不满十六周岁的人，一般已有一定的识别能力，但由于年龄尚小，智力发育尚不够完善，缺乏社会知识，还不具有完全识别和控制自己行为的能力。因此，已满十四周岁不满十六周岁的人负刑事责任的范围，应当受他们刑事责任能力的限制，不能要求他们对一切犯罪都负刑事责任。我国刑法只规定这个年龄的人犯上述几种社会危害性较大，常见的严重犯罪，才应当负刑事责任。需要注意的是，这里所规定的八种犯罪，是指具体犯罪行为而不是具体罪名。“犯故意杀人、故意伤害致人重伤或者死亡”，是指只要故意实施了杀人、伤害行为，并且造成了致人重伤、死亡后果的，都应负刑事责任，而不是指只有犯故意杀人罪、故意伤害罪的，才负刑事责任，而绑架撕票的，不负刑事责任。对司法实践中出现的已满十四周岁不满十六周岁的人绑架人质后杀害被绑架人，拐卖妇女、儿童而故意造成被拐卖妇女、儿童重伤或者死亡的行为，应当依据刑法追究其刑事责任。2006 年《最高人民法院关于审理未成年人刑事案件具体应用法律若干问题的解释》第五条规定，已满十四周岁不满十六周岁的人实施刑法第十七条第二款规定以外的行为，如果同时触犯了刑法第十七条第二款规定的，应当依照刑法第十七条第二款的规定确定罪名，定罪处罚。

第三款是关于已满十二周岁不满十四周岁的人在特定情形下，经特别程序，应当负刑事责任的特殊规定。由于家庭、学校、社会等多方面的原因，低龄未成年人严重犯罪案件近年来时有发生，经会同有关方面反复研究，综合考虑各方面的意见，《刑法修正案（十一）》增加了本款规定，即在特定情形下，经特别程序，对法定最低刑事责任年龄作个别下调，而不是普遍降低刑事责任年龄。刑事责任年龄的确定是涉及刑事政策调整的大问题，需要根据国家的经济社会发展、未成年人违法犯罪的现实情况、未成年人身心发展变化、未成年人司法政策和历史文化传统等多方面因素进行统筹评估研究，需要非常慎重。世界上也有国家确定的年龄较低，但这是建立在其少年司法制度的基础上的，有关年龄实际上是适用少年刑事司法的年龄。根据本款的规定，已满十二周岁不满十四周岁的人，犯故意杀人、故意伤害罪，致人死亡或者以特别残忍手段致人重伤造成严重残疾，情节恶劣，经最高人民检察院核准追诉的，应当负刑事责任。这里的“犯故意杀人、故意伤害罪，致人死亡或者以特别残忍手段致人重伤造成严重残疾”，同第二款的规定一样，指的也是故意实施了杀人、伤害行为，并且造成了致人死亡或者以特别残忍手段致人重伤造成严重残疾的后果的，都应负刑事责任，而不是指只有犯故意杀人罪、故意伤害罪的，才负刑事责任，而绑架撕票的，不负刑事责任。其中，“以特别残忍手段”，同刑法第二百三十四条的规定一样，是指故意要造成他人严重残疾而采用毁容、挖人眼睛、砍掉人双脚等特别残忍的手段伤害他人的行为。本款中的“情节恶劣”需要结合犯罪的动机、手段、危害、造成的后果、悔罪表现等犯罪情节综合进行判断，包括行为人主观恶性很大、有预谋有组织地实施、采用残忍手段、多次实施、致多人死亡或者重伤造成严重残疾、造成恶劣的社会影响等情形。对于行为人主观恶性不大、被害人有明显过错、行为人家属积极给予被害人及其家属赔偿并取得被害人及其家属的谅解等情形的，最高人民检察院也可以不核准追诉。其中，最高人民检察院核准是必经程序，这是为了严格限制对这部分人追究刑事责任。实践中，应当由公安机关报请核准追诉，由同级人民检察院受理并层报最高人民检察院审查决定。最高人民检察院决定不予核准追诉的，公安机关应当及时撤销案件，犯罪嫌疑人在押的，应当立即释放，并依照有关法律采取相应措施。

第四款是关于对未成年人犯罪处罚原则的规定。根据本款的规定，对依照前三款规定追究刑事责任的不满十八周岁的人犯罪，应当从轻或者减轻处罚。根据我国实际情况，不满十八周岁的人尚属于未成年，未成年人正处在体力、智力发育过程中，虽已具有一定的辨别和控制自己行为的能力，但由于其经历短，社会知识少，其成熟程度还不同于成年人，而且未成年人处于成长过程中，具有容易接受教育改造的特点，因此，对未成年人犯罪，规定了“应当从轻或者减轻处罚”的原则。这样规定，充分体现了我国对未成年犯实行教育为主、惩罚为辅，重在教育、挽救和改造的方针。

第五款是关于对因不满十六周岁不予刑事处罚的人如何处理的规定。根据本款规定，对于实施了危害社会的行为，但因不满十六周岁而没有受刑事处罚的人，不是放任不管，而是要责令其父母或者其他监护人对行为人严加管教；在必要的时候，依法进行专门矫治教育。这样规定是为了维护正常的社会秩序，维护被害人的合法权益，也是为了教育行为人，防止其继续危害社会。“在必要的时候”，一般是指其父母或者其他监护人确实管教不了，或者违法行为情节严重，造成恶劣的社会影响等情形。这主要是考虑到未成年人违法犯罪情况复杂，有家庭、学校、社会等多方面的原因，需要综合治理。对于有的由于缺少教育、监管等原因，实施扰乱社会秩序的一般危害行为的，由监护人严加管教，可能更有利于其回归社会。但对于实施杀人、故意伤害致人重伤或者死亡等严重暴力犯罪，人身危险性大的，应当依法进行专门教育矫治。关于专门矫治教育，根据我国2020年12月修改的预防未成年犯罪法第四十五条的规定，未成年人实施刑法规定的行为，因不满法定刑事责任年龄不予刑事处罚的，经专门教育指导委员会评估同意，教育行政部门会同公安机关可以决定对其进行专门矫治教育。省级人民政府应当结合本地的实际情况，至少确定一所专门学校按照分校区、分班级等方式设置专门场所，对这些未成年人进行专门矫治教育。上述专门场所实行闭环管理，由公安机关、司法行政部门负责未成年人的矫治工作，教育行政部门承担未成年人的教育工作。这是应对低龄未成年人违法犯罪的重要制度建设。只有不断完善少年犯罪的司法体系，建立适合未成年人犯罪特点的矫治制度、措施等，才能有效预防和矫治未成年犯罪，防范其对社会造成危害。

实务问题

1. “投放危险物质罪”的理解

《刑法修正案（十一）》对1997年刑法第十七条第二款进行了修改，规定为：“已满十四周岁不满十六周岁的人，犯故意杀人、故意伤害致人重伤或者死亡、强奸、抢劫、贩卖毒品、放火、爆炸、投放危险物质罪的，应当负刑事责任。”将原规定的“投毒罪”修改为“投放危险物质罪”。

关于本款的修改是否存在溯及力的问题。有的观点认为，全国人大常委会于2001年12月29日通过的《刑法修正案（三）》，对刑法第一百一十四条、第一百一十五条进行了修改，将“投毒”改为“投放毒害性、放射性、传染病病原体等物质”。按照严格的文理解释，《刑法修正案（三）》仅对刑法分则中第一百一十四条、第一百一十五条进行了修改，未对刑法第十七条第二款进行修改，《刑法修正案（十一）》施行前，对于已满十四周岁未满十六周岁的未成年人，只有投毒行为才承担刑事责任，对于投放放射性、传染病病原体等危险物质的没有规定为犯罪，无须承担刑事责任。《刑法修正案（十一）》施行后，对于已满十四周岁未满十六周岁的未成年人实施上述行为的则承担刑事责任。因此，在溯及力上应该适用从旧兼从轻的原则。经研究认为，本条的规定属于立法的补正，不存在溯及力问题。其一，从投放危险物质罪修改的历史沿革看，1997年刑法在第十七条、第五十六条、第一百一十四条、第一百一十五条均使用了“投毒”的表述，总则与分则的适用也是相互对应的，即为投毒罪。《刑法修正案（三）》对刑法第一百一十四条、第一百一十五条修改后，将“投毒”修改为“投放毒害性、放射性、传染病病原体等物质”，投毒罪修改为投放危险物质罪，刑法总则规定虽然没有修改，但按照体系解释原理，分则条文修改后，与其相对应的刑法总则中的概念内涵也发生了相应变化，以确保刑法总则和分则的解释结论一致，不存在体系冲突。其二，《刑法修正案（十一）》施行前，刑法总则第十七条第二款和第五十六条均保留了“投毒”的概念，其中刑法第五十六条第一款规定：“对于危害国家安全的犯罪分子应当附加剥夺政治权利；对于故意杀人、强奸、放火、爆炸、投毒、抢劫等严重破坏社会秩序的犯罪分子，可以附加剥夺政治权利。”《刑法修正案（十一）》施行后仍然保留了“投毒”的概念，但从列举的情形看，与“投毒”并列的行为类型都属于刑法分则中对应的罪名，“投毒”则对应解释为投放危险物质罪，对于刑法第十七条第二款解释也应采取同理的扩大解释。因此，《刑法修正案（十一）》将“投毒”修改为“投放危险物质”是为了与刑法分则保持一致，属于立法的补正，对处罚的范围并不发生影响，也不存在溯及力的问题。

2. 已满十二周岁不满十四周岁未成年人犯罪的认定

（1）关于承担刑事责任的范围。本条中“犯故意杀人、故意伤害罪”应理解为特定罪行，即故意杀人、故意伤害的具体犯罪行为，而非特定、具体的罪名。这种理解与刑法第17条第2款规定的理解保持一致，符合刑法体系解释的原则。2002年7月24日全国人民代表大会常务委员会法制工作委员会发布的《关于已满十四周岁不满十六周岁的人承担刑事责任范围问题的答复意见》指出，我国刑法第十七条第二款规定的“犯故意杀人、故意伤害致人重伤或者死亡、强奸、抢劫、贩卖毒品、放火、爆炸、投毒罪”这八种犯罪，“是指具体犯罪行为而不是具体罪名”，对此可称为“行为说”。紧随其后，2003年《最高人民检察院关于相对刑事责任年龄的人承担刑事责任范围有关问题的答复》（〔2003〕高检研发第13号）确认了“行为说”，规定：“相对刑事责任年龄的人实施了刑法第十七条第二款规定的行为……”2006年《最高人民法院关于审理未成年人刑事案件具体应用法律若干问题的解释》（法释〔2006〕1号）也确认了行为说，第五条规定："已满十四周岁不满十六周岁的人实施刑法第十七条第二款规定以外的行为……"这些规定成为学界和司法实务界的主流观点和裁判依据。

"以特别残忍手段致人重伤造成严重残疾"的理解与把握。此处规定是对故意伤害行为承担刑事责任的规定。刑法第二百三十四条故意伤害罪第二款规定："……以特别残忍手段致人重伤造成严重残疾的，处十年以上有期徒刑、无期徒刑或者死刑。本法另有规定的，依照规定。"刑法总则与分则规定相互对应，保持一致。在具体理解上，"以特别残忍手段致人重伤造成严重残疾"包括"以特别残忍手段""致人重伤""造成严重残疾"三个要素。"以特别残忍手段"主要是挖眼、割去耳朵、剁脚等特别残忍的伤害方式，可根据具体情况予以认定判断。"重伤"，依照刑法第九十五条的规定，是指有下列情形之一的伤害：①使人肢体残废或者毁人容貌的；②使人丧失听觉、视觉或者其他器官机能的；③其他对于人身健康有重大伤害的。关于"造成严重残疾"，最高人民法院印发的《全国法院维护农村稳定刑事审判工作座谈会纪要》（法〔1999〕217号）规定：参照1996年国家技术监督局颁布的《职工工伤与职业病致残程度鉴定标准》，刑法第二百三十四条第二款规定的"严重残疾"是指下列情形之一：被害人身体器官大部缺损、器官明显畸形、身体器官有中等功能障碍、造成严重并发症等。残疾程度可以分为一般残疾（十至七级）、严重残疾（六至三级）、特别严重残疾（二至一级），六级以上视为"严重残疾"。2016年，最高人民法院、最高人民检察院、公安部、国家安全部、司法部发布《人体损伤致残程度分级》，2017年1月1日起依据该标准确定伤残等级。

对于已满十二周岁不满十四周岁的未成年人实施的故意杀人、故意伤害，致人死亡或者以特别残忍手段致人重伤造成严重残疾，情节恶劣的，如何认定罪名。例如，以杀人方式实施抢劫、强奸的，致人死亡或者在绑架过程中杀害人质的行为，如何认定罪名。一种观点认为，这种情形下应根据刑法分则规定的具体罪名认定为抢劫罪、强奸罪或绑架罪。《最高人民检察院法律政策研究室关于相对刑事责任年龄的人承担刑事责任范围有关问题的答复》（〔2003〕高检研发第13号）即采取这种观点，明确规定："相对刑事责任年龄的人实施了刑法第十七条第二款规定的行为，应当追究刑事责任的，其罪名应当根据所触犯的刑法分则具体条文认定。对于绑架后杀害被绑架人的，其罪名应认定为绑架罪。"另一种观点认为，对于这类情形，虽然涉及刑法分则规定的各类犯罪，但只能认定为故意杀人罪或者故意伤害罪。最高人民法院相关司法解释即采取这种观点，《最高人民法院关于审理未成年人刑事案件具体应用法律若干问题的解释》（法释〔2006〕1号）第五条规定："已满十四周岁不满十六周岁的人实施刑法第十七条第二款规定以外的行为，如果同时触犯了刑法第十七条第二款规定的，应当依照刑法第十七条第二款的规定确定罪名，定罪处罚。"本书认为，对于这种情形的定罪，应该认定为故意杀人罪或者故意伤害罪。因刑法规定的已满十二周岁不满十四周岁的未成年人承担刑事责任的范围仅限于这两类行为，刑法对于这两类行为之外的要件、要素不应评价。例如，对于强奸、抢劫、绑架过程中故意杀人的行为，刑法仅应评价其故意杀人行为的刑事责任，而符合故意杀人罪以外的构成要件要素，属于过剩的构成要件要素，法律不予评价，这符合刑法规定的原理，也是罪刑法定原则的当然之理。反之，认定为强奸罪、抢劫罪、绑架罪，定罪时超出了刑法规定的应承担刑事责任的部分，纳入法律不允许评价的要素，违反了罪刑法定原则。

（2）关于“情节恶劣”的理解。在未成年人犯罪中，对于“情节恶劣”如何理解也存在一定认识分歧。有的观点认为，只要是“犯故意杀人、故意伤害罪，致人死亡或者以特别残忍手段致人重伤造成严重残疾”的，都应追究刑事责任，因为这类情形本身就是“情节恶劣”。经研究认为，对于“情节恶劣”原则上限于直接故意的行为，再根据案件的具体情况，从起因、动机、目的、作案手段、社会影响等方面，结合犯罪前一贯表现、犯罪后认罪悔罪以及犯罪行为手段牵连性，作出综合判断。例如，行为人奸杀女童，又多次实施故意伤害、强奸行为的，明显属于“情节恶劣”。司法实践中一些情形则不宜认定为“情节恶劣”，如防卫过当的故意杀人、故意伤害行为中致人死亡的，对未成年人存在长期虐待或性侵等被害人具有重大过错的等情形。

（3）下调刑事责任年龄追诉的特别程序。基于严格限制刑事责任年龄下调范围的考虑，修正后刑法第十七条第三款在具体程序上设置了“经最高人民检察院核准追诉”的要件。

对于此类案件是否有必要设置特殊的程序，存在不同意见。赞成意见认为，设置最高人民检察院核准程序，可以进一步体现限缩适用的精神，也可以实现缓冲社会舆论压力的作用，防止因社会舆论压力对未成年人犯罪追诉过多；反对意见认为，设置最高人民检察院核准程序，可能会导致诉与不诉的标准不统一，出现罪责刑不相适应的情形。最终，修正后刑法第十七条第三款规定了最高人民检察院核准这一程序。本书认为，这一规定具有合理性和必要性：其一，规定核准的程序要件有法律规定的先例可循。例如，刑法第八十七条第四项规定：“法定最高刑为无期徒刑、死刑的，经过二十年。如果二十年以后认为必须追诉的，须报请最高人民检察院核准。”又如，刑事诉讼法第二百九十一条第一款规定：“对于贪污贿赂犯罪案件，以及需要及时进行审判，经最高人民检察院核准的严重危害国家安全犯罪、恐怖活动犯罪案件，犯罪嫌疑人、被告人在境外，监察机关、公安机关移送起诉，人民检察院认为犯罪事实已经查清，证据确实、充分，依法应当追究刑事责任的，可以向人民法院提起公诉。……”因此，规定这一程序符合刑事诉讼程序中检察机关的职能定位。其二，必须经最高人民检察院核准，进一步体现了严格控制对已满十二周岁不满十四周岁的人追究刑事责任的立法精神，同时可以确保执法标准相对统一，防止各地形成差异。

3. 对未成年人犯罪从轻或者减轻处罚的适用

刑法第十七条第四款规定：“对依照前三款规定追究刑事责任的不满十八周岁的人，应当从轻或者减轻处罚。”即对已满十二周岁不满十八周岁的人犯罪的，应当从轻或者减轻处罚。

但对于未成年人犯罪的刑罚适用仍存在一些争议，特别是是否可以适用无期徒刑。一种意见认为，对于未成年人犯罪的，不得判处无期徒刑。主要理由是：刑法第四十九条规定：“犯罪的时候不满十八周岁的人和审判的时候怀孕的妇女，不适用死刑。”这意味着对未成年人犯罪的，最高法定刑只能是无期徒刑。根据刑法第十七条规定，已满十二周岁不满十八周岁的人犯罪的从轻或者减轻，则应在无期徒刑基础上从轻或者减轻，只能判处有期徒刑。因此，为体现对未成年人的特殊保护，只能对其判处有期徒刑。另一种意见认为，对未成年人犯罪的，可以判处无期徒刑。主要理由是：刑法第四十九条的规定并未排除对未成年人适用无期徒刑，而仅仅是对死刑的限制性适用的规定，不能作为量刑情节。根据刑法第十七条规定的量刑情节，对其从轻或者减轻处罚，可以适用无期徒刑。此外，也有意见认为，可以根据未成年人犯罪的刑事责任年龄区分适用，明确对于已满十四周岁未满十八周岁的未成年人犯罪的，不适用死刑，对十二周岁以上不满十四周岁的未成年人犯罪的，不适用无期徒刑。

经研究认为，根据现行刑法规定，并未排除对未成年人犯罪的可以适用无期徒刑。这里涉及对刑法第四十九条规定的理解与把握。刑法第四十九条的规定仅仅是对死刑的限制性适用，并不是量刑情节。未成年人犯罪的，对其量刑应以刑法分则规定的法定刑为量刑基准，对于法定最高刑为死刑的，不能根据刑法第四十九条的规定，将适用的法定刑降格。因此，适用无期徒刑不存在法律障碍。但是，考虑到未成年人的特殊性和改造罪犯的刑罚功能，对未成年人犯罪适用无期徒刑应当特别慎重、严格把握。正是因此，《最高人民法院关于贯彻宽严相济刑事政策的若干意见》（法发〔2010〕9号）第二十条规定，对未成年犯罪人“一般不判处无期徒刑”。相比较而言，对已满十二周岁不满十四周岁的未成年人，更需要考虑“教育、感化、挽救”，从宽处罚幅度应该比罪行类似的其他未成年人更大，故通常应当在有期徒刑的范围内裁量刑罚。

4. 关于不负刑事责任未成年人的专门矫治教育

刑法第十七条第四款规定：“因不满十六周岁不予刑事处罚的，责令他的家长或者监护人加以管教；在必要的时候，也可以由政府收容教养。”1999年预防未成年人犯罪法第三十八条也有对应性规定。但是我国关于收容教养的规定过于分散，并未有系统性规定。最初对未成年人收容教养具有犯罪预防与救济福利的双重性质，后逐步成为未成年犯罪中犯罪保安处分措施，收容教养的期限一般为一至三年。《公安部关于对少年收容教养人员提前解除或减少收容教养期限的批准权限问题的批复》（公复字〔1997〕7号）中还规定，在执行过程中不能对少年收容教养人员加期。如果收容教养人员在收容教养期间有新的犯罪行为，符合收容教养条件的，由公安机关对新的犯罪行为作出收容教养决定，并与原收容教养的剩余期限合并执行，但实际执行期限不得超过四年。同时在收容教养方面适用范围也较窄，根据《公安机关办理未成年人违法犯罪案件的规定》（公发〔1995〕17号）第二十八条规定：“未成年人违法犯罪需要送劳动教养、收容教养的，应当从严控制，凡是可以由其家长负责管教的，一律不送。”

1999年司法部劳教局印发的《少年教养工作管理办法（试行）》对收容教养作出了相对系统的规定，其中第二条第一款规定：“少年教养人员包括少年劳动教养人员和少年收容教养人员。”将收容教养与劳动教养并列，执行机关为少年教养管理所。关于收容教养期间的待遇，1999年预防未成年人犯罪法第三十九条规定：“未成年人在被收容教养期间，执行机关应当保证其继续接受文化知识、法律知识或者职业技术教育；对没有完成义务教育的未成年人，执行机关应当保证其继续接受义务教育。解除收容教养、劳动教养的未成年人，在复学、升学、就业等方面与其他未成年人享有同等权利，任何单位和个人不得歧视。”2013年12月28日第十二届全国人民代表大会常务委员会第六次会议通过《全国人民代表大会常务委员会关于废止有关劳动教养法律规定的决定》后，少年劳动教养被废除，但收容教养仍在刑法、预防未成年人犯罪法中有相应规定。

2020年刑法和预防未成年人犯罪法修改过程中，有关低龄未成年人犯罪问题引发了全社会的关注和热议。经研究，修订后的预防未成年人犯罪法第四十五条规定："未成年人实施刑法规定的行为、因不满法定刑事责任年龄不予刑事处罚的，经专门教育指导委员会评估同意，教育行政部门会同公安机关可以决定对其进行专门矫治教育。""省级人民政府应当结合本地的实际情况，至少确定一所专门学校按照分校区、分班级等方式设置专门场所，对前款规定的未成年人进行专门矫治教育。"前款规定的专门场所实行闭环管理，公安机关、司法行政部门负责未成年人的矫治工作，教育行政部门承担未成年人的教育工作。刑法也作了相应修改。

作出上述修改后，收容教养制度已不复存在，改为以专门矫治教育制度。专门矫治教育是一项新制度，具体如何开展，如时间多长、如何进行"闭环管理"等，还需要进一步明确。预防未成年人犯罪法第六条第四款规定："专门学校建设和专门教育具体办法，由国务院规定。"

指导案例

最高人民检察院检例第19号

张某、沈某某等七人抢劫案

（2013年11月8日）

【关键词】

第二审程序刑事抗诉　未成年人与成年人共同犯罪　分案起诉　累犯

【基本案情】

被告人沈某某，男，1995年1月出生。2010年3月因抢劫罪被判拘役六个月，缓刑六个月，并处罚金五百元。

被告人胡某某，男，1995年4月出生。

被告人许某，男，1993年1月出生。2008年6月因抢劫罪被判有期徒刑六个月，并处罚金五百元；2010年1月因犯盗窃罪被判有期徒刑七个月，并处罚金一千四百元。

另四名被告人张某、吕某、蒋某、杨某，均为成年人。

被告人张某为牟利，介绍沈某某、胡某某、吕某、蒋某认识，教唆他们以暴力方式劫取助力车，并提供砍刀等犯罪工具，事后负责联系销赃分赃。2010年3月，被告人沈某某、胡某某、吕某、蒋某经被告人张某召集，并伙同被告人许某、杨某等人，经预谋，相互结伙，持砍刀、断线钳、撬棍等作案工具，在上海市内公共场所抢劫助力车。其中，被告人张某、沈某某、胡某某参与抢劫四次；被告人吕某、蒋某参与抢劫三次；被告人许某参与抢劫二次；被告人杨某参与抢劫一次。具体如下：

1. 2010年3月4日11时许，沈某某、胡某某、吕某、蒋某随身携带砍刀，至上海市长寿路699号国美电器商场门口，由吕、沈撬窃停放在该处的一辆黑色本凌牌助力车，当被害人甲制止时，沈、胡、蒋拿出砍刀威胁，沈砍击被害人致其轻伤。后吕、沈等人因撬锁不成，砸坏该车外壳后逃离现场。经鉴定，该助力车价值人民币1930元。

2. 2010年3月4日12时许，沈某某、胡某某、吕某、蒋某随身携带砍刀，结伙至上海市老沪太路万荣路路口的临时菜场门口，由胡、吕撬窃停放在该处的一辆白色南方雅马哈牌助力车，当被害人乙制止时，沈、蒋等人拿出砍刀威胁，沈砍击被害人致其轻微伤，后吕等人撬开锁将车开走。经鉴定，该助力车价值人民币2058元。

3. 2010年3月11日14时许，沈某某、胡某某、吕某、蒋某、许某随身携带砍刀，结伙至上海市胶州路669号东方典当行门口，由沈撬窃停放在该处的一辆黑色宝雕牌助力车，当被害人丙制止时，胡、蒋、沈拿出砍刀将被害人逼退到东方典当行店内，许则在一旁接应，吕上前帮助撬开车锁后由胡将车开走。经鉴定，该助力车价值人民币2660元。

4. 2010年3月18日14时许，沈某某、胡某某、许某、杨某及王某（男，13岁）随身携带砍刀，结伙至上海市上大路沪太路路口地铁七号线出口处的停车点，由胡持砍刀威胁该停车点的看车人员，杨在旁接应，沈、许等人则当场劫得助力车三辆。其中被害人丁的一辆黑色珠峰牌助力车，经鉴定，该助力车价值人民币2090元。

【诉讼过程】

2010年3、4月，张某、吕某、蒋某、杨某以及三名未成年人沈某某、胡某某、许某因涉嫌抢劫罪先后被刑事拘留、逮捕。2010年6月21日，上海市公安局静安分局侦查终结，以犯罪嫌疑人张某、沈某某、胡某某、吕某、蒋某、许某、杨某等七人涉嫌抢劫罪向静安区人民检察院移送审查起诉。静安区人民检察院经审查认为，本案虽系未成年人与成年人共同犯罪案件，但鉴于本案多名未成年人系共同犯罪中的主犯，不宜分案起诉。2010年9月25日，静安区人民检察院以上述七名被告人犯抢劫罪依法向静安区人民法院提起公诉。

2010年12月15日，静安区人民法院一审认为，七名被告人行为均构成抢劫罪，其中许某系累犯。依法判决：（一）对未成年被告人量刑如下：沈某某判处有期徒刑五年六个月，并处罚金人民币五千元，撤销缓刑，决定执行有期徒刑五年六个月，罚金人民币五千元；胡某某判处有期徒刑七年，并处罚金人民币七千元；许某判处有期徒刑五年，并处罚金人民币五千元。（二）对成年被告人量刑如下：张某判处有期徒刑十四年，剥夺政治权利二年，并处罚金人民币一万五千元；吕某判处有期徒刑十二年六个月，剥夺政治权利一年，并处罚金人民币一万二千元；蒋某判处有期徒刑十二年，剥夺政治权利一年，并处罚金人民币一万二千元；杨某判处有期徒刑二年，并处罚金人民币二千元。

2010年12月30日，上海市静安区人民检察院认为一审判决适用法律错误，对未成年被告人的量刑不当，遂依法向上海市第二中级人民法院提出抗诉。张某以未参与抢劫，量刑过重为由，提出上诉。2011年6月16日，上海市第二中级人民法院二审判决采纳抗诉意见，驳回上诉，撤销原判决对原审被告人沈某某、胡某某、许某抢劫罪量刑部分，依法予以改判。

【抗诉理由】

一审宣判后，上海市静安区人民检察院审查认为，一审判决对犯罪情节相对较轻的胡某某判处七年有期徒刑量刑失衡，对未成年被告人沈某某、胡某某、许某判处罚金刑未依法从宽处罚，属适用法律错误，量刑不当，遂依法向上海市第二中级人民法院提出抗诉；上海市人民检察院第二分院支持抗诉。抗诉和支持抗诉的理由是：

1. 一审判决量刑失衡，对被告人胡某某量刑偏重。本案中，被告人胡某某、沈某某均参与了四次抢劫犯罪，虽然均系主犯，但是被告人胡某某行为的社会危害性及人身危险性均小于被告人沈某某。从犯罪情节看，沈某某实施抢劫过程中直接用砍刀造成一名被害人轻伤，一名被害人轻微伤；被告人胡某某只有持刀威胁及撬车锁的行为。从犯罪时年龄看，沈某某已满十五周岁，胡某某尚未满十五周岁。从人身危险性看，沈某某因抢劫罪于2010年3月4日被判处拘役六个月，缓刑六个月，缓刑期间又犯新罪；胡某某系初犯。一审判决分别以抢劫罪判胡某某有期徒刑七年、沈某某有期徒刑五年六个月，属于量刑不当。

2. 一审判决适用法律错误，对未成年被告人罚金刑的适用既没有体现依法从宽，也没有体现与成年被告人罚金刑适用的区别。根据最高人民法院《关于适用财产刑若干问题的规定》《关于审理未成年人刑事案件具体应用法律若干问题的解释》的规定，对未成年人犯罪应当从轻或者减轻判处罚金。一审判决对未成年被告人判处罚金未依法从宽，均是按照同案成年被告人罚金的标准判处五千元以上的罚金，属于适用法律错误。

此外，2010年12月21日一审判决认定未成年被告人许某系累犯正确，但审判后刑法有所修改。根据2011年2月全国人大常委会通过的《中华人民共和国刑法修正案（八）》和2011年5月《最高人民法院关于〈中华人民共和国刑法修正案（八）时间效力问题的解释〉》的有关规定，被告人许某实施犯罪时不满十八周岁，依法不构成累犯。

【终审判决】

上海市第二中级人民法院二审认为，原审判决认定抢劫罪事实清楚，定性准确，证据确实、充分。鉴于胡某某在抢劫犯罪中的地位作用略低于沈某某及对未成年犯并处罚金应当从轻或减轻处罚等实际情况，原判对胡某某主刑及对沈某某、胡某某、许某罚金刑的量刑不当，应予纠正。检察机关的抗诉意见正确，应予支持。另依法认定许某不构成累犯。据此，依法判决：撤销一审判决对原审三名未成年被告人沈某某、胡某某、许某的量刑部分；改判沈某某犯抢劫罪，处有期徒刑五年六个月，并处罚金人民币二千元，撤销缓刑，决定执行有期徒刑五年六个月，罚金人民币二千元；胡某某犯抢劫罪，处有期徒刑五年，罚金人民币二千元；许某犯抢劫罪，处有期徒刑四年，罚金人民币一千五百元。

【要旨】

1. 办理未成年人与成年人共同犯罪案件，一般应当将未成年人与成年人分案起诉，但对于未成年人系犯罪集团的组织者或者其他共同犯罪中的主犯，或者具有其他不宜分案起诉情形的，可以不分案起诉。

2. 办理未成年人与成年人共同犯罪案件，应当根据未成年人在共同犯罪中的地位、作用，综合考量未成年人实施犯罪行为的动机和目的、犯罪时的年龄、是否属于初犯、偶犯、犯罪后的悔罪表现、个人成长经历和一贯表现等因素，依法从轻或者减轻处罚。

3. 未成年人犯罪不构成累犯。

【相关法律规定】

《中华人民共和国刑法》第二百六十三条、第二十五条、第二十六条、第六十一条、第六十五条、第七十七条；《中华人民共和国刑事诉讼法》第二百一十七条、第二百二十五条第一款第二项。

关联规范

1. **《中华人民共和国刑事诉讼法》**（2018年10月26日修正）（节录）

第二百八十二条第一款 对于未成年人涉嫌刑法分则第四章、第五章、第六章规定的犯罪，可能判处一年有期徒刑以下刑罚，符合起诉条件，但有悔罪表现的，人民检察院可以作出附条件不起诉的决定。人民检察院在作出附条件不起诉的决定以前，应当听取公安机关、被害人的意见。

2. **《中华人民共和国未成年人保护法》**（2020年10月17日修正）（节录）

第一百一十条 公安机关、人民检察院、人民法院讯问未成年犯罪嫌疑人、被告人，询问未成年被害人、证人，应当依法通知其法定代理人或者其成年亲属、所在学校的代表等合适成年人到场，并采取适当方式，在适当场所进行，保障未成年人的名誉权、隐私权和其他合法权益。

人民法院开庭审理涉及未成年人案件，未成年被害人、证人一般不出庭作证；必须出庭的，应当采取保护其隐私的技术手段和心理干预等保护措施。

3. **《中华人民共和国预防未成年人犯罪法》**（2020年12月26日）（节录）

第十二条 预防未成年人犯罪，应当结合未成年人不同年龄的生理、心理特点，加强青春期教育、心理关爱、心理矫治和预防犯罪对策的研究。

第四十五条 未成年人实施刑法规定的行为、因不满法定刑事责任年龄不予刑事处罚的，经专门教育指导委员会评估同意，教育行政部门会同公安机关可以决定对其进行专门矫治教育。

省级人民政府应当结合本地的实际情况，至少确定一所专门学校按照分校区、分班级等方式设置专门场所，对前款规定的未成年人进行专门矫治教育。

前款规定的专门场所实行闭环管理，公安机关、司法行政部门负责未成年人的矫治工作，教育行政部门承担未成年人的教育工作。

第四十一条 对有严重不良行为的未成年人，公安机关可以根据具体情况，采取以下矫治教育措施：

（一）予以训诫；

（二）责令赔礼道歉、赔偿损失；

（三）责令具结悔过；

（四）责令定期报告活动情况；

（五）责令遵守特定的行为规范，不得实施特定行为、接触特定人员或者进入特定场所；

（六）责令接受心理辅导、行为矫治；

（七）责令参加社会服务活动；

4.**《中华人民共和国反有组织犯罪法》**（2021年12月24日）

第六十七条 发展未成年人参加黑社会性质组织、境外的黑社会组织，教唆、诱骗未成年人实施有组织犯罪，或者实施有组织犯罪侵害未成年人合法权益的，依法从重追究刑事责任。

第六十九条 有下列情形之一，尚不构成犯罪的，由公安机关处五日以上十日以下拘留，可以并处一万元以下罚款；情节较重的，处十日以上十五日以下拘留，并处一万元以上三万元以下罚款；有违法所得的，除依法应当返还被害人的以外，应当予以没收：

（一）参加境外的黑社会组织的；

（二）积极参加恶势力组织的；

（三）教唆、诱骗他人参加有组织犯罪组织，或者阻止他人退出有组织犯罪组织的；

（四）为有组织犯罪活动提供资金、场所等支持、协助、便利的；

（五）阻止他人检举揭发有组织犯罪、提供有组织犯罪证据，或者明知他人有有组织犯罪行为，在司法机关向其调查有关情况、收集有关证据时拒绝提供的。

教唆、诱骗未成年人参加有组织犯罪组织或者阻止未成年人退出有组织犯罪组织，尚不构成犯罪的，依照前款规定从重处罚。

5.**《全国人民代表大会常务委员会法制工作委员会关于已满14周岁不满16周岁的人承担刑事责任范围问题的答复意见》**（2002年7月24日 法工委复字〔2002〕12号）（节录）

刑法第十七条第二款规定的八种犯罪，是指具体犯罪行为而不是具体罪名。对于刑法第十七条中规定的“犯故意杀人、故意伤害致人重伤或者死亡”，是指只要故意实施了杀人、伤害行为并且造成了致人重伤、死亡后果的，都应负刑事责任。而不是指只有犯故意杀人罪、故意伤害罪的，才负刑事责任，绑架撕票的，不负刑事责任。对司法实践中出现的已满14周岁不满16周岁的人绑架人质后杀害被绑架人、拐卖妇女、儿童而故意造成被拐卖妇女、儿童重伤或死亡的行为，依据刑法是应当追究其刑事责任的。

6.**《最高人民检察院关于相对刑事责任年龄的人承担刑事责任范围有关问题的答复》**（2003年4月18日 高检研发〔2003〕13号）（节录）

一、相对刑事责任年龄的人实施了刑法第十七条第二款规定的行为，应当追究刑事责任的，其罪名应当根据所触犯的《刑法》分则具体条文认定。对于绑架后杀害被绑架人的，其罪名应认定为绑架罪。

二、相对刑事责任年龄的人实施了刑法第二百六十九条规定的行为的，应当依照刑法第二百六十三条的规定，以抢劫罪追究刑事责任。但对情节显著轻微，危害不大的，可根据刑法第十三条的规定，不予追究刑事责任。

7.《最高人民法院关于审理未成年人刑事案件具体应用法律若干问题的解释》（2006 年 1 月 11 日 法释〔2006〕1 号）（节录）

第一条 本解释所称未成年人刑事案件，是指被告人实施被指控的犯罪时已满十四周岁不满十八周岁的案件。

第二条 刑法第十七条规定的“周岁”，按照公历的年、月、日计算，从周岁生日的第二天起算。

第三条 审理未成年人刑事案件，应当查明被告人实施被指控的犯罪时的年龄。裁判文书中应当写明被告人出生的年、月、日。

第四条 对于没有充分证据证明被告人实施被指控的犯罪时已经达到法定刑事责任年龄且确实无法查明的，应当推定其没有达到相应法定刑事责任年龄。

相关证据足以证明被告人实施被指控的犯罪时已经达到法定刑事责任年龄，但是无法准确查明被告人具体出生日期的，应当认定其达到相应法定刑事责任年龄。

第五条 已满十四周岁不满十六周岁的人实施刑法第十七条第二款规定以外的行为，如果同时触犯了刑法第十七条第二款规定的，应当依照刑法第十七条第二款的规定确定罪名，定罪处罚。

第六条 已满十四周岁不满十六周岁的人偶尔与幼女发生性行为，情节轻微、未造成严重后果的，不认为是犯罪。

第七条 已满十四周岁不满十六周岁的人使用轻微暴力或者威胁，强行索要其他未成年人随身携带的生活、学习用品或者钱财数量不大，且未造成被害人轻微伤以上或者不敢正常到校学习、生活等危害后果的，不认为是犯罪。

已满十六周岁不满十八周岁的人具有前款规定情形的，一般也不认为是犯罪。

第八条 已满十六周岁不满十八周岁的人出于以大欺小、以强凌弱或者寻求精神刺激，随意殴打其他未成年人、多次对其他未成年人强拿硬要或者任意损毁公私财物，扰乱学校及其他公共场所秩序，情节严重的，以寻衅滋事罪定罪处罚。

第九条 已满十六周岁不满十八周岁的人实施盗窃行为未超过三次，盗窃数额虽已达到“数额较大”标准，但案发后能如实供述全部盗窃事实并积极退赃，且具有下列情形之一的，可以认定为“情节显著轻微危害不大”，不认为是犯罪：

（一）系又聋又哑的人或者盲人；

（二）在共同盗窃中起次要或者辅助作用，或者被胁迫；

（三）具有其他轻微情节的。

已满十六周岁不满十八周岁的人盗窃未遂或者中止的，可不认为是犯罪。

已满十六周岁不满十八周岁的人盗窃自己家庭或者近亲属财物，或者盗窃其他亲属财物但其他亲属要求不予追究的，可不按犯罪处理。

第十条 已满十四周岁不满十六周岁的人盗窃、诈骗、抢夺他人财物，为窝藏赃物、抗拒抓捕或者毁灭罪证，当场使用暴力，故意伤害致人重伤或者死亡，或者故意杀人的，应当分别以故意伤害罪或者故意杀人罪定罪处罚。

已满十六周岁不满十八周岁的人犯盗窃、诈骗、抢夺罪，为窝藏赃物、抗拒抓捕或者毁灭罪证而当场使用暴力或者以暴力相威胁的，应当依照刑法第二百六十九条的规定定罪处罚；情节轻微的，可不以抢劫罪定罪处罚。

第十一条 对未成年罪犯适用刑罚，应当充分考虑是否有利于未成年罪犯的教育和矫正。

对未成年罪犯量刑应当依照刑法第六十一条的规定，并充分考虑未成年人实施犯罪行为的动机和目的、犯罪时的年龄、是否初次犯罪、犯罪后的悔罪表现、个人成长经历和一贯表现等因素。对符合管制、缓刑、单处罚金或者免予刑事处罚适用条件的未成年罪犯，应当依法适用管制、缓刑、单处罚金或者免予刑事处罚。

第十二条 行为人在达到法定刑事责任年龄前后均实施了犯罪行为，只能依法追究其达到法定刑事责任年龄后实施的犯罪行为的刑事责任。

行为人在年满十八周岁前后实施了不同种犯罪行为，对其年满十八周岁以前实施的犯罪应当依法从轻或者减轻处罚。行为人在年满十八周岁前后实施了同种犯罪行为，在量刑时应当考虑对年满十八周岁以前实施的犯罪，适当给予从轻或者减轻处罚。

第十三条 未成年人犯罪只有罪行极其严重的，才可以适用无期徒刑。对已满十四周岁不满十六周岁的人犯罪一般不判处无期徒刑。

第十四条 除刑法规定“应当”附加剥夺政治权利外，对未成年罪犯一般不判处附加剥夺政治权利。

如果对未成年罪犯判处附加剥夺政治权利的，应当依法从轻判处。

对实施被指控犯罪时未成年、审判时已成年的罪犯判处附加剥夺政治权利，适用前款的规定。

第十五条 对未成年罪犯实施刑法规定的“并处”没收财产或者罚金的犯罪，应当依法判处相应的财产刑；对未成年罪犯实施刑法规定的“可以并处”没收财产或者罚金的犯罪，一般不判处财产刑。

对未成年罪犯判处罚金刑时，应当依法从轻或者减轻判处，并根据犯罪情节，综合考虑其缴纳罚金的能力，确定罚金数额。但罚金的最低数额不得少于五百元人民币。

对被判处罚金刑的未成年罪犯，其监护人或者其他人自愿代为垫付罚金的，人民法院应当允许。

第十六条 对未成年罪犯符合刑法第七十二条第一款规定的，可以宣告缓刑。如果同时具有下列情形之一，对其适用缓刑确实不致再危害社会的，应当宣告缓刑：

（一）初次犯罪；

（二）积极退赃或赔偿被害人经济损失；

（三）具备监护、帮教条件。

第十七条 未成年罪犯根据其所犯罪行，可能被判处拘役、三年以下有期徒刑，如果悔罪表现好，并具有下列情形之一的，应当依照刑法第三十七条的规定免予刑事处罚：

（一）系又聋又哑的人或者盲人；

（二）防卫过当或者避险过当；
（三）犯罪预备、中止或者未遂；
（四）共同犯罪中从犯、胁从犯；
（五）犯罪后自首或者有立功表现；
（六）其他犯罪情节轻微不需要判处刑罚的。

第十八条　对未成年罪犯的减刑、假释，在掌握标准上可以比照成年罪犯依法适度放宽。

未成年罪犯能认罪服法，遵守监规，积极参加学习、劳动的，即可视为“确有悔改表现”予以减刑，其减刑的幅度可以适当放宽，间隔的时间可以相应缩短。符合刑法第八十一条第一款规定的，可以假释。

未成年罪犯在服刑期间已经成年的，对其减刑、假释可以适用上述规定。

第十九条　刑事附带民事案件的未成年被告人有个人财产的，应当由本人承担民事赔偿责任，不足部分由监护人予以赔偿，但单位担任监护人的除外。

被告人对被害人物质损失的赔偿情况，可以作为量刑情节予以考虑。

8. **《最高人民法院关于贯彻宽严相济刑事政策的若干意见》**（2010年2月8日　法发〔2010〕9号）（节录）

15. 被告人的行为已经构成犯罪，但犯罪情节轻微，或者未成年人、在校学生实施的较轻犯罪，或者被告人具有犯罪预备、犯罪中止、从犯、胁从犯、防卫过当、避险过当等情节，依法不需要判处刑罚的，可以免予刑事处罚。对免予刑事处罚的，应当根据刑法第三十七条规定，做好善后、帮教工作或者交由有关部门进行处理，争取更好的社会效果。

20. 对于未成年人犯罪，在具体考虑其实施犯罪的动机和目的、犯罪性质、情节和社会危害程度的同时，还要充分考虑其是否属于初犯，归案后是否悔罪，以及个人成长经历和一贯表现等因素，坚持“教育为主、惩罚为辅”的原则和“教育、感化、挽救”的方针进行处理。对于偶尔盗窃、抢夺、诈骗，数额刚达到较大的标准，案发后能如实交代并积极退赃的，可以认定为情节显著轻微，不作为犯罪处理。对于罪行较轻的，可以依法适当多适用缓刑或者判处管制、单处罚金等非监禁刑；依法可免予刑事处罚的，应当免予刑事处罚。对于犯罪情节严重的未成年人，也应当依照刑法第十七条第三款的规定予以从轻或者减轻处罚。对于已满十四周岁不满十六周岁的未成年犯罪人，一般不判处无期徒刑。

9. **《人民检察院办理未成年人刑事案件的规定》**（2013年12月27日　高检发研字〔2013〕7号）（节录）

第二节　不起诉

第二十六条　对于犯罪情节轻微，具有下列情形之一，依照刑法规定不需要判处刑罚或者免除刑罚的未成年犯罪嫌疑人，一般应当依法作出不起诉决定：
（一）被胁迫参与犯罪的；
（二）犯罪预备、中止、未遂的；

（三）在共同犯罪中起次要或者辅助作用的；

（四）系又聋又哑的人或者盲人的；

（五）因防卫过当或者紧急避险过当构成犯罪的；

（六）有自首或者立功表现的；

（七）其他依照刑法规定不需要判处刑罚或者免除刑罚的情形。

第二十七条 对于未成年人实施的轻伤害案件、初次犯罪、过失犯罪、犯罪未遂的案件以及被诱骗或者被教唆实施的犯罪案件等，情节轻微，犯罪嫌疑人确有悔罪表现，当事人双方自愿就民事赔偿达成协议并切实履行或者经被害人同意并提供有效担保，符合刑法第三十七条规定的，人民检察院可以依照刑事诉讼法第一百七十三条第二款的规定作出不起诉决定，并可以根据案件的不同情况，予以训诫或者责令具结悔过、赔礼道歉、赔偿损失，或者由主管部门予以行政处罚。

第二十八条 不起诉决定书应当向被不起诉的未成年人及其法定代理人宣布，并阐明不起诉的理由和法律依据。

不起诉决定书应当送达公安机关，被不起诉的未成年人及其法定代理人、辩护人，被害人或者其近亲属及其诉讼代理人。

送达时，应当告知被害人或者其近亲属及其诉讼代理人，如果对不起诉决定不服，可以自收到不起诉决定书后七日以内向上一级人民检察院申诉，也可以不经申诉，直接向人民法院起诉；告知被不起诉的未成年人及其法定代理人，如果对不起诉决定不服，可以自收到不起诉决定书后七日以内向人民检察院申诉。

第三节　附条件不起诉

第二十九条 对于犯罪时已满十四周岁不满十八周岁的未成年人，同时符合下列条件的，人民检察院可以作出附条件不起诉决定：

（一）涉嫌《刑法》分则第四章、第五章、第六章规定的犯罪；

（二）根据具体犯罪事实、情节，可能被判处一年有期徒刑以下刑罚；

（三）犯罪事实清楚，证据确实、充分，符合起诉条件；

（四）具有悔罪表现。

第三十条 人民检察院在作出附条件不起诉的决定以前，应当听取公安机关、被害人、未成年犯罪嫌疑人的法定代理人、辩护人的意见，并制作笔录附卷。被害人是未成年人的，还应当听取被害人的法定代理人、诉讼代理人的意见。

第三十一条 公安机关或者被害人对附条件不起诉有异议或争议较大的案件，人民检察院可以召集侦查人员、被害人及其法定代理人、诉讼代理人、未成年犯罪嫌疑人及其法定代理人、辩护人举行不公开听证会，充分听取各方的意见和理由。

对于决定附条件不起诉可能激化矛盾或者引发不稳定因素的，人民检察院应当慎重适用。

第三十二条 适用附条件不起诉的审查意见，应当由办案人员在审查起诉期限届满十五日前提出，并根据案件的具体情况拟定考验期限和考察方案，连同案件审查报告、社会调查报告等，经部门负责人审核，报检察长或者检察委员会决定。

第三十三条 人民检察院作出附条件不起诉的决定后，应当制作附条件不起诉决定书，并在三日以内送达公安机关、被害人或者其近亲属及其诉讼代理人、未成年犯罪嫌疑人及其法定代理人、辩护人。

送达时，应当告知被害人或者其近亲属及其诉讼代理人，如果对附条件不起诉决定不服，可以自收到附条件不起诉决定书后七日以内向上一级人民检察院申诉。

人民检察院应当当面向未成年犯罪嫌疑人及其法定代理人宣布附条件不起诉决定，告知考验期限、在考验期内应当遵守的规定和违反规定应负的法律责任，以及可以对附条件不起诉决定提出异议，并制作笔录附卷。

第三十四条 未成年犯罪嫌疑人在押的，作出附条件不起诉决定后，人民检察院应当作出释放或者变更强制措施的决定。

第三十五条 公安机关认为附条件不起诉决定有错误，要求复议的，人民检察院未成年人刑事检察机构应当另行指定检察人员进行审查并提出审查意见，经部门负责人审核，报请检察长或者检察委员会决定。

人民检察院应当在收到要求复议意见书后的三十日以内作出复议决定，通知公安机关。

第三十六条 上一级人民检察院收到公安机关对附条件不起诉决定提请复核的意见书后，应当交由未成年人刑事检察机构办理。未成年人刑事检察机构应当指定检察人员进行审查并提出审查意见，经部门负责人审核，报请检察长或者检察委员会决定。

上一级人民检察院应当在收到提请复核意见书后的三十日以内作出决定，制作复核决定书送交提请复核的公安机关和下级人民检察院。经复核改变下级人民检察院附条件不起诉决定的，应当撤销下级人民检察院作出的附条件不起诉决定，交由下级人民检察院执行。

第三十七条 被害人不服附条件不起诉决定，在收到附条件不起诉决定书后七日以内申诉的，由作出附条件不起诉决定的人民检察院的上一级人民检察院未成年人刑事检察机构立案复查。

被害人向作出附条件不起诉决定的人民检察院提出申诉的，作出决定的人民检察院应当将申诉材料连同案卷一并报送上一级人民检察院受理。

被害人不服附条件不起诉决定，在收到附条件不起诉决定书七日后提出申诉的，由作出附条件不起诉决定的人民检察院未成年人刑事检察机构另行指定检察人员审查后决定是否立案复查。

未成年人刑事检察机构复查后应当提出复查意见，报请检察长决定。

复查决定书应当送达被害人、被附条件不起诉的未成年犯罪嫌疑人及其法定代理人和作出附条件不起诉决定的人民检察院。

上级人民检察院经复查作出起诉决定的，应当撤销下级人民检察院的附条件不起诉决定，由下级人民检察院提起公诉，并将复查决定抄送移送审查起诉的公安机关。

第三十八条 未成年犯罪嫌疑人及其法定代理人对人民检察院决定附条件不起诉有异议的，人民检察院应当作出起诉的决定。

第三十九条 人民检察院在作出附条件不起诉决定后，应当在十日内将附条件不起诉决定书报上级人民检察院主管部门备案。

上级人民检察院认为下级人民检察院作出的附条件不起诉决定不适当的，应当及时撤销下级人民检察院作出的附条件不起诉决定，下级人民检察院应当执行。

第四十条　人民检察院决定附条件不起诉的，应当确定考验期。考验期为六个月以上一年以下，从人民检察院作出附条件不起诉的决定之日起计算。考验期不计入案件审查起诉期限。

考验期的长短应当与未成年犯罪嫌疑人所犯罪行的轻重、主观恶性的大小和人身危险性的大小、一贯表现及帮教条件等相适应，根据未成年犯罪嫌疑人在考验期的表现，可以在法定期限范围内适当缩短或者延长。

第四十一条　被附条件不起诉的未成年犯罪嫌疑人，应当遵守下列规定：

（一）遵守法律法规，服从监督；

（二）按照考察机关的规定报告自己的活动情况；

（三）离开所居住的市、县或者迁居，应当报经考察机关批准；

（四）按照考察机关的要求接受矫治和教育。

第四十二条　人民检察院可以要求被附条件不起诉的未成年犯罪嫌疑人接受下列矫治和教育：

（一）完成戒瘾治疗、心理辅导或者其他适当的处遇措施；

（二）向社区或者公益团体提供公益劳动；

（三）不得进入特定场所，与特定的人员会见或者通信，从事特定的活动；

（四）向被害人赔偿损失、赔礼道歉等；

（五）接受相关教育；

（六）遵守其他保护被害人安全以及预防再犯的禁止性规定。

第四十三条　在附条件不起诉的考验期内，人民检察院应当对被附条件不起诉的未成年犯罪嫌疑人进行监督考察。未成年犯罪嫌疑人的监护人应当对未成年犯罪嫌疑人加强管教，配合人民检察院做好监督考察工作。

人民检察院可以会同未成年犯罪嫌疑人的监护人、所在学校、单位、居住地的村民委员会、居民委员会、未成年人保护组织等的有关人员定期对未成年犯罪嫌疑人进行考察、教育，实施跟踪帮教。

第四十四条　未成年犯罪嫌疑人经批准离开所居住的市、县或者迁居，作出附条件不起诉决定的人民检察院可以要求迁入地的人民检察院协助进行考察，并将考察结果函告作出附条件不起诉决定的人民检察院。

第四十五条　考验期届满，办案人员应当制作附条件不起诉考察意见书，提出起诉或者不起诉的意见，经部门负责人审核，报请检察长决定。

人民检察院应当在审查起诉期限内作出起诉或者不起诉的决定。

作出附条件不起诉决定的案件，审查起诉期限自人民检察院作出附条件不起诉决定之日起中止计算，自考验期限届满之日起或者人民检察院作出撤销附条件不起诉决定之日起恢复计算。

第四十六条　被附条件不起诉的未成年犯罪嫌疑人，在考验期内有下列情形之一的，人民检察院应当撤销附条件不起诉的决定，提起公诉：

（一）实施新的犯罪的；

（二）发现决定附条件不起诉以前还有其他犯罪需要追诉的；

（三）违反治安管理规定，造成严重后果，或者多次违反治安管理规定的；

（四）违反考察机关有关附条件不起诉的监督管理规定，造成严重后果，或者多次违反考察机关有关附条件不起诉的监督管理规定的。

第四十七条 对于未成年犯罪嫌疑人在考验期内实施新的犯罪或者在决定附条件不起诉以前还有其他犯罪需要追诉的，人民检察院应当移送侦查机关立案侦查。

第四十八条 被附条件不起诉的未成年犯罪嫌疑人，在考验期内没有本规定第四十六条规定的情形，考验期满的，人民检察院应当作出不起诉的决定。

第四十九条 对于附条件不起诉的案件，不起诉决定宣布后六个月内，办案人员可以对被不起诉的未成年人进行回访，巩固帮教效果，并做好相关记录。

第五十条 对人民检察院依照刑事诉讼法第一百七十三条第二款规定作出的不起诉决定和经附条件不起诉考验期满不起诉的，在向被不起诉的未成年人及其法定代理人宣布不起诉决定书时，应当充分阐明不起诉的理由和法律依据，并结合社会调查，围绕犯罪行为对被害人、对本人及家庭、对社会等造成的危害，导致犯罪行为发生的原因及应当吸取的教训等，对被不起诉的未成年人开展必要的教育。如果侦查人员、合适成年人、辩护人、社工等参加有利于教育被不起诉未成年人的，经被不起诉的未成年人及其法定代理人同意，可以邀请他们参加，但要严格控制参与人范围。

对于犯罪事实清楚，但因未达刑事责任年龄不起诉、年龄证据存疑而不起诉的未成年犯罪嫌疑人，参照上述规定举行不起诉宣布教育仪式。

第十七条之一 老年人从宽处罚

已满七十五周岁的人故意犯罪的，可以从轻或者减轻处罚；过失犯罪的，应当从轻或者减轻处罚。

条文要旨

本条是关于老年人犯罪从轻或者减轻处罚的规定。

理解与适用

根据本条规定，对于已满七十五周岁的人故意犯罪的，可以从轻或者减轻处罚；过失犯罪的，应当从轻或者减轻处罚。这里规定的“故意犯罪”，根据刑法第十四条的规定，是指“明知自己的行为会发生危害社会的结果，并且希望或者放任这种结果发生，因而构成犯罪的”情况。“可以从轻或者减轻处罚”，是指要根据老年人犯罪的具体情况，决定是否从轻或者减轻处罚，而不是必须从轻或者减轻处罚。“过失犯罪”，根据刑法第十五条的规定，是指“应当预见自己的行为可能发生危害社会的结果，因为疏忽大意而没有预见，或者已经预见而轻信能够避免，以致发生这种结果的”情况。“应当从轻或者减轻处罚”是指对于老年人过失犯罪的，必须予以从轻或者减轻处罚。

实务问题

在审查老年人是否已满七十五周岁的问题上，鉴于老年人年事已高，出生证明等相关材料较难取得，如果发生争议，尽一切手段仍无法查实的情况下，完全有必要借助骨骼年龄的鉴定结论认定老年人的实际年龄。所谓骨骼年龄，简称骨龄，即骨骼发育进程的年龄描述，代表了特定正常人体骨骼发育的一般状态。由于人的骨骼发育与人的生理成熟程度密切相关，所以骨龄可以反映人体发育的生理成熟程度，是评价人体生理成熟程度的重要指标。一般情况下，通过人体的肩、肘、腕、髋、膝、踝六大关节 X 光线片上所示的骨骼发育情况，运用科学的测评方法，可以比较准确地推断个体年龄。骨龄鉴定的科学性在于其是通过鉴定对象的骨骼发育情况来判断行为人的实际年龄，而行为人的骨骼发育情况难以造假，因而鉴定结论较为可靠。但是，人的生长发育受遗传因素影响，不同的人发育规律不尽一致，同时，营养水平、饮食习惯、气候环境、人文环境等多种因素也决定了不同的人在同一年龄阶段的骨骼发育状况可能也不完全相同，因此，骨龄与实际年龄也许会产生一定的误差。就因为如此，各鉴定机构都比较注意这个问题，在进行骨龄鉴定时一般都考虑到误差因素，得出的结论往往都注明了误差的范围而非固定的绝对值，为审查判断提供了时段性空间。

因此，对于骨龄鉴定结论的审查判断，应当注意从以下几方面把握：

1. 注意审查鉴定机构、鉴定人员的资质。骨龄鉴定结论属于一种科学证据，只有具有相应专门科学知识的人才能运用自身的知识作出判断，得出相应的结论。因此，从事骨龄鉴定的机构和从业者必须具备相应资格。否则，鉴定结论不予认可。

2. 结合被告人供述等其他证据进行判断。由于骨龄鉴定不能得出确定唯一的结论，在审查判断时应参考犯罪嫌疑人、被告人的供述等，可能的情况下，还应调取学历登记、父母、亲戚、邻居等的证言，综合参考判断。

3. 注意鉴定时间与犯罪时间的差异。对老年犯罪嫌疑人、被告人进行骨龄鉴定的时间一般是在其被抓获后或审查起诉阶段，抑或法庭审理过程中，但无论在哪个时间进行鉴定，得出的结论都是被鉴定时的骨龄，与实施犯罪行为时的骨龄有时间上的间隔，因此，应根据鉴定结论推断犯罪时的年龄。

4. 要酌情考虑骨龄鉴定的误差因素。如果骨龄鉴定得出被鉴定人的年龄上限接近七十五周岁，而老年犯罪嫌疑人、被告人供述犯罪时已满七十五周岁，以及鉴定结论下限接近七十五周岁、上限超过七十五周岁的，应按照有利于被告人的原则，认定行为人犯罪时已满七十五周岁。

关联规范

《最高人民法院关于贯彻宽严相济刑事政策的若干意见》（2010 年 2 月 8 日　法发〔2010〕9 号）（节录）

21. 对于老年人犯罪，要充分考虑其犯罪的动机、目的、情节、后果以及悔罪表现等，并结合其人身危险性和再犯可能性，酌情予以从宽处罚。

第十八条 精神病人、醉酒的人犯罪的刑事责任

精神病人在不能辨认或者不能控制自己行为的时候造成危害结果，经法定程序鉴定确认的，不负刑事责任，但是应当责令他的家属或者监护人严加看管和医疗；在必要的时候，由政府强制医疗。

间歇性的精神病人在精神正常的时候犯罪，应当负刑事责任。

尚未完全丧失辨认或者控制自己行为能力的精神病人犯罪的，应当负刑事责任，但是可以从轻或者减轻处罚。

醉酒的人犯罪，应当负刑事责任。

条文要旨

本条是关于精神病人、醉酒的人的刑事责任能力的规定。

理解与适用

本条分为四款。第一款是关于精神病人在什么情况下造成危害结果不负刑事责任，以及对不负刑事责任的精神病人如何处理的规定。本款包含三层意思：一是精神病人造成危害结果，不负刑事责任。但必须经法定程序鉴定确认其危害结果是在行为人不能辨认或者不能控制自己行为的时候发生的，才能依法确定行为人无刑事责任能力。二是对不负刑事责任的精神病人，应当责令其家属或者监护人严加看管和医疗，而不能放任不管。三是在必要的时候，可由政府强制医疗。这是在总结实践经验的基础上增加的规定。这一规定不仅有利于维护社会治安秩序，也为实践中对家属或者监护人无能力看管或医疗的精神病人进行强制医疗提供了法律依据。本款规定的“法定程序”，是指对精神病人进行鉴定必须符合刑事诉讼法、《全国人民代表大会常务委员会关于司法鉴定管理问题的决定》等有关法律规定的程序。“必要的时候”主要是指精神病人无家属或监护人看管，其家属或监护人无能力看管和医疗，或者家属或监护人的看管不足以防止其继续危害社会的时候。刑事诉讼法第五编第五章专门对“依法不负刑事责任的精神病人的强制医疗程序”作了规定。该法第三百零二条规定，实施暴力行为，危害公共安全或者严重危害公民人身安全，经法定程序鉴定依法不负刑事责任的精神病人，有继续危害社会可能的，可以予以强制医疗。对不负刑事责任的精神病人的强制医疗应当严格按照刑事诉讼法的规定执行。

第二款是关于间歇性精神病人犯罪如何负刑事责任的规定。根据本款的规定，间歇性精神病人在精神正常的时候犯罪，应当负刑事责任。“间歇性精神病人”是指精神并非经常处于错乱而完全丧失辨认或者控制自己行为的能力的精神病人。这种精神病人表现出的特点是精神时而正常，时而不正常。在其精神正常的情况下，具有辨认或者控制自己行为的能力，因此这时候犯罪，应当负刑事责任。间歇性精神病人造成危

害结果是否处于精神正常的状态，即确认行为人造成危害结果时有无辨认或者控制自己行为的能力，也适用第一款的规定，须经法定程序鉴定确认。

第三款是关于具有限制刑事责任能力的精神病人如何负刑事责任的规定。根据本款的规定，尚未完全丧失辨认或者控制自己行为能力的精神病人造成危害结果的，应当负刑事责任，但是应当从轻或者减轻处罚。本款规定的“尚未完全丧失辨认或者控制自己行为能力的精神病人”主要是指病情尚未达到完全不能辨认或者不能控制自己行为的程度，还有部分辨别是非、善恶和控制自己行为的能力的精神病人。由于这些精神病人尚未完全丧失辨认或者控制自己行为的能力，即还有部分行为能力和责任能力，因此，应当负刑事责任。但由于这些人辨认或者控制自己行为的能力虽未完全丧失，但确实有所减弱，属于限制刑事责任能力人，因此，在规定应当负刑事责任的同时，规定了“可以从轻或者减轻处罚”。具体是从轻处罚，还是减轻处罚，或者不依从轻、减轻处罚，需要结合案件具体情况，根据行为人辨认或者控制自己行为的能力减弱的程度确定。

第四款是关于醉酒的人犯罪应当负刑事责任的规定。关于醉酒的人的刑事责任能力，情况比较复杂。因为体质的差异，醉酒的程度以及醉酒对行为人辨认或者控制自己行为的能力影响，具有很大的个体差异。对于醉酒的人是否具备完全的辨认和控制自己行为的能力，存在很大的认识分歧。如很多意见认为，醉酒的人一般情况下并没有丧失辨认和控制自己行为的能力，即便是在严重醉酒状态下，认识能力并不会受到重大影响，可能控制自己行为的能力会较平时正常状态下有所减弱，但未必达到减轻其刑事责任的程度。特别是，醉酒本身是一种不良的行为，即便行为人的认识能力、控制能力有所减弱，也完全是人为的，是行为人醉酒前应当预见的。这种情况下减轻其责任，对于被犯罪行为侵害的受害人不公平。另一方面，因为其先前自我选择了完全可以避免的不良行为，而要求其对该行为之后发生的危害后果承担责任，法律上完全具备正当根据。同时，对醉酒的人减轻刑事责任，难以防止一些人故意借“耍酒疯”进行犯罪活动，也不利于抵制和反对酗酒的不良行为。基于以上考虑，立法机关在本款中规定：“醉酒的人犯罪，应当负刑事责任。”

指导案例

最高人民法院指导案例 63 号

徐加富强制医疗案

（最高人民法院审判委员会讨论通过　2016 年 6 月 30 日发布）

关键词　刑事诉讼　强制医疗　有继续危害社会可能

裁判要点

审理强制医疗案件，对被申请人或者被告人是否“有继续危害社会可能”，应当综合被申请人或者被告人所患精神病的种类、症状，案件审理时其病情是否已经好转，以及其家属或者监护人有无严加看管和自行送医治疗的意愿和能力等情况予以判定。

必要时，可以委托相关机构或者专家进行评估。

相关法条

《中华人民共和国刑法》第 18 条第 1 款；《中华人民共和国刑事诉讼法》第 284 条。

基本案情

被申请人徐加富在 2007 年下半年开始出现精神异常，表现为凭空闻声，认为别人在议论他，有人要杀他，紧张害怕，夜晚不睡，随时携带刀自卫，外出躲避。因未接受治疗，病情加重。2012 年 11 月 18 日 4 时许，被申请人在其经常居住地听到有人开车来杀他，遂携带刀和榔头欲外出撞车自杀。其居住地的门卫张友发得知其出去要撞车自杀，未给其开门。被申请人见被害人手持一部手机，便认为被害人要叫人来对其加害。被申请人当即用携带的刀刺杀被害人身体，用榔头击打其的头部，致其当场死亡。经法医学鉴定，被害人系头部受到钝器打击，造成严重颅脑损伤死亡。

2012 年 12 月 10 日，被申请人被公安机关送往成都市第四人民医院住院治疗。2012 年 12 月 17 日，成都精卫司法鉴定所接受成都市公安局武侯区分局的委托，对被申请人进行精神疾病及刑事责任能力鉴定，同月 26 日该所出具成精司鉴所（2012）病鉴字第 105 号鉴定意见书，载明：1. 被鉴定人徐加富目前患有精神分裂症，幻觉妄想型；2. 被鉴定人徐加富 2012 年 11 月 18 日 4 时作案时无刑事责任能力。2013 年 1 月成都市第四人民医院对被申请人的病情作出证明，证实徐加富需要继续治疗。

裁判结果

四川省武侯区人民法院于 2013 年 1 月 24 日作出（2013）武侯刑强初字第 1 号强制医疗决定书：对被申请人徐加富实施强制医疗。

裁判理由

法院生效裁判认为：本案被申请人徐加富实施了故意杀人的暴力行为后，经鉴定属于依法不负刑事责任的精神疾病人，其妄想他人欲对其加害而必须携带刀等防卫工具外出的行为，在其病症未能减轻并需继续治疗的情况下，认定其放置社会有继续危害社会的可能。成都市武侯区人民检察院提出对被申请人强制医疗的申请成立，予以支持。诉讼代理人提出了被申请人是否有继续危害社会的可能应由医疗机构作出评估，本案没有医疗机构的评估报告，对被申请人的强制医疗的证据不充分的辩护意见。法院认为，在强制医疗中如何认定被申请人是否有继续危害社会的可能，需要根据以往被申请人的行为及本案的证据进行综合判断，而医疗机构对其评估也只是对其病情痊愈的评估，法律没有赋予医疗机构对患者是否有继续危害社会可能性方面的评估权利。本案被申请人的病症是被害幻觉妄想症，经常假想要被他人杀害，外出害怕被害必带刀等防卫工具。如果不加约束治疗，被申请人不可能不外出，其外出必携带刀的行为，具有危害社会的可能，故诉讼代理人的意见不予采纳。

（生效裁判审判人员：税长冰、蒋海宜、戴克果）

关联规范

1. **《中华人民共和国刑事诉讼法》**（2018 年 10 月 26 日修正）（节录）

第三百零二条　实施暴力行为，危害公共安全或者严重危害公民人身安全，经法定程序鉴定依法不负刑事责任的精神病人，有继续危害社会可能的，可以予以强制医疗。

第三百零三条　根据本章规定对精神病人强制医疗的，由人民法院决定。

公安机关发现精神病人符合强制医疗条件的，应当写出强制医疗意见书，移送人民检察院。对于公安机关移送的或者在审查起诉过程中发现的精神病人符合强制医疗条件的，人民检察院应当向人民法院提出强制医疗的申请。人民法院在审理案件过程中发现被告人符合强制医疗条件的，可以作出强制医疗的决定。

对实施暴力行为的精神病人，在人民法院决定强制医疗前，公安机关可以采取临时的保护性约束措施。

2. **《全国人民代表大会常务委员会关于司法鉴定管理问题的决定》**（2015 年 4 月 24 日修正）（节录）

一、司法鉴定是指在诉讼活动中鉴定人运用科学技术或者专门知识对诉讼涉及的专门性问题进行鉴别和判断并提供鉴定意见的活动。

二、国家对从事下列司法鉴定业务的鉴定人和鉴定机构实行登记管理制度：

（一）法医类鉴定；

（二）物证类鉴定；

（三）声像资料鉴定；

（四）根据诉讼需要由国务院司法行政部门商最高人民法院、最高人民检察院确定的其他应当对鉴定人和鉴定机构实行登记管理的鉴定事项。

法律对前款规定事项的鉴定人和鉴定机构的管理另有规定的，从其规定。

三、国务院司法行政部门主管全国鉴定人和鉴定机构的登记管理工作。省级人民政府司法行政部门依照本决定的规定，负责对鉴定人和鉴定机构的登记、名册编制和公告。

四、具备下列条件之一的人员，可以申请登记从事司法鉴定业务：

（一）具有与所申请从事的司法鉴定业务相关的高级专业技术职称；

（二）具有与所申请从事的司法鉴定业务相关的专业执业资格或者高等院校相关专业本科以上学历，从事相关工作五年以上；

（三）具有与所申请从事的司法鉴定业务相关工作十年以上经历，具有较强的专业技能。

因故意犯罪或者职务过失犯罪受过刑事处罚的，受过开除公职处分的，以及被撤销鉴定人登记的人员，不得从事司法鉴定业务。

五、法人或者其他组织申请从事司法鉴定业务的，应当具备下列条件：

（一）有明确的业务范围；

（二）有在业务范围内进行司法鉴定所必需的仪器、设备；

（三）有在业务范围内进行司法鉴定所必需的依法通过计量认证或者实验室认可的检测实验室；

（四）每项司法鉴定业务有三名以上鉴定人。

六、申请从事司法鉴定业务的个人、法人或者其他组织，由省级人民政府司法行政部门审核，对符合条件的予以登记，编入鉴定人和鉴定机构名册并公告。

省级人民政府司法行政部门应当根据鉴定人或者鉴定机构的增加和撤销登记情况，定期更新所编制的鉴定人和鉴定机构名册并公告。

七、侦查机关根据侦查工作的需要设立的鉴定机构，不得面向社会接受委托从事司法鉴定业务。

人民法院和司法行政部门不得设立鉴定机构。

八、各鉴定机构之间没有隶属关系；鉴定机构接受委托从事司法鉴定业务，不受地域范围的限制。

鉴定人应当在一个鉴定机构中从事司法鉴定业务。

九、在诉讼中，对本决定第二条所规定的鉴定事项发生争议，需要鉴定的，应当委托列入鉴定人名册的鉴定人进行鉴定。鉴定人从事司法鉴定业务，由所在的鉴定机构统一接受委托。

鉴定人和鉴定机构应当在鉴定人和鉴定机构名册注明的业务范围内从事司法鉴定业务。

鉴定人应当依照诉讼法律规定实行回避。

十、司法鉴定实行鉴定人负责制度。鉴定人应当独立进行鉴定，对鉴定意见负责并在鉴定书上签名或者盖章。多人参加的鉴定，对鉴定意见有不同意见的，应当注明。

十一、在诉讼中，当事人对鉴定意见有异议的，经人民法院依法通知，鉴定人应当出庭作证。

十二、鉴定人和鉴定机构从事司法鉴定业务，应当遵守法律、法规，遵守职业道德和职业纪律，尊重科学，遵守技术操作规范。

十三、鉴定人或者鉴定机构有违反本决定规定行为的，由省级人民政府司法行政部门予以警告，责令改正。

鉴定人或者鉴定机构有下列情形之一的，由省级人民政府司法行政部门给予停止从事司法鉴定业务三个月以上一年以下的处罚；情节严重的，撤销登记：

（一）因严重不负责任给当事人合法权益造成重大损失的；

（二）提供虚假证明文件或者采取其他欺诈手段，骗取登记的；

（三）经人民法院依法通知，拒绝出庭作证的；

（四）法律、行政法规规定的其他情形。

鉴定人故意作虚假鉴定，构成犯罪的，依法追究刑事责任；尚不构成犯罪的，依照前款规定处罚。

十四、司法行政部门在鉴定人和鉴定机构的登记管理工作中，应当严格依法办事，积极推进司法鉴定的规范化、法制化。对于滥用职权、玩忽职守，造成严重后果的直接责任人员，应当追究相应的法律责任。

十五、司法鉴定的收费标准由省、自治区、直辖市人民政府价格主管部门会同同级司法行政部门制定。

十六、对鉴定人和鉴定机构进行登记、名册编制和公告的具体办法，由国务院司法行政部门制定，报国务院批准。

十七、本决定下列用语的含义是：

（一）法医类鉴定，包括法医病理鉴定、法医临床鉴定、法医精神病鉴定、法医物证鉴定和法医毒物鉴定。

（二）物证类鉴定，包括文书鉴定、痕迹鉴定和微量鉴定。

（三）声像资料鉴定，包括对录音带、录像带、磁盘、光盘、图片等载体上记录的声音、图像信息的真实性、完整性及其所反映的情况过程进行的鉴定和对记录的声音、图像中的语言、人体、物体作出种类或者同一认定。

3. **《最高人民法院关于适用〈中华人民共和国刑事诉讼法〉的解释》**（2021 年 1 月 26 日　法释〔2021〕1 号）（节录）

第六百三十条　实施暴力行为，危害公共安全或者严重危害公民人身安全，社会危害性已经达到犯罪程度，但经法定程序鉴定依法不负刑事责任的精神病人，有继续危害社会可能的，可以予以强制医疗。

第六百三十一条　人民检察院申请对依法不负刑事责任的精神病人强制医疗的案件，由被申请人实施暴力行为所在地的基层人民法院管辖；由被申请人居住地的人民法院审判更为适宜的，可以由被申请人居住地的基层人民法院管辖。

第六百三十二条　对人民检察院提出的强制医疗申请，人民法院应当审查以下内容：

（一）是否属于本院管辖；

（二）是否写明被申请人的身份，实施暴力行为的时间、地点、手段、所造成的损害等情况，并附证据材料；

（三）是否附有法医精神病鉴定意见和其他证明被申请人属于依法不负刑事责任的精神病人的证据材料；

（四）是否列明被申请人的法定代理人的姓名、住址、联系方式；

（五）需要审查的其他事项。

第六百三十三条　对人民检察院提出的强制医疗申请，人民法院应当在七日以内审查完毕，并按照下列情形分别处理：

（一）属于强制医疗程序受案范围和本院管辖，且材料齐全的，应当受理；

（二）不属于本院管辖的，应当退回人民检察院；

（三）材料不全的，应当通知人民检察院在三日以内补送；三日以内不能补送的，应当退回人民检察院。

第六百三十四条　审理强制医疗案件，应当通知被申请人或者被告人的法定代理人到场；被申请人或者被告人的法定代理人经通知未到场的，可以通知被申请人或者被告人的其他近亲属到场。

被申请人或者被告人没有委托诉讼代理人的，应当自受理强制医疗申请或者发现被告人符合强制医疗条件之日起三日以内，通知法律援助机构指派律师担任其诉讼代理人，为其提供法律帮助。

第六百三十五条 审理强制医疗案件，应当组成合议庭，开庭审理。但是，被申请人、被告人的法定代理人请求不开庭审理，并经人民法院审查同意的除外。

审理强制医疗案件，应当会见被申请人，听取被害人及其法定代理人的意见。

第六百三十六条 开庭审理申请强制医疗的案件，按照下列程序进行：

（一）审判长宣布法庭调查开始后，先由检察员宣读申请书，后由被申请人的法定代理人、诉讼代理人发表意见；

（二）法庭依次就被申请人是否实施了危害公共安全或者严重危害公民人身安全的暴力行为、是否属于依法不负刑事责任的精神病人、是否有继续危害社会的可能进行调查；调查时，先由检察员出示证据，后由被申请人的法定代理人、诉讼代理人出示证据，并进行质证；必要时，可以通知鉴定人出庭对鉴定意见作出说明；

（三）法庭辩论阶段，先由检察员发言，后由被申请人的法定代理人、诉讼代理人发言，并进行辩论。

被申请人要求出庭，人民法院经审查其身体和精神状态，认为可以出庭的，应当准许。出庭的被申请人，在法庭调查、辩论阶段，可以发表意见。

检察员宣读申请书后，被申请人的法定代理人、诉讼代理人无异议的，法庭调查可以简化。

第六百三十七条 对申请强制医疗的案件，人民法院审理后，应当按照下列情形分别处理：

（一）符合刑事诉讼法第三百零二条规定的强制医疗条件的，应当作出对被申请人强制医疗的决定；

（二）被申请人属于依法不负刑事责任的精神病人，但不符合强制医疗条件的，应当作出驳回强制医疗申请的决定；被申请人已经造成危害结果的，应当同时责令其家属或者监护人严加看管和医疗；

（三）被申请人具有完全或者部分刑事责任能力，依法应当追究刑事责任的，应当作出驳回强制医疗申请的决定，并退回人民检察院依法处理。

第六百三十八条 第一审人民法院在审理刑事案件过程中，发现被告人可能符合强制医疗条件的，应当依照法定程序对被告人进行法医精神病鉴定。经鉴定，被告人属于依法不负刑事责任的精神病人的，应当适用强制医疗程序，对案件进行审理。

开庭审理前款规定的案件，应当先由合议庭组成人员宣读对被告人的法医精神病鉴定意见，说明被告人可能符合强制医疗的条件，后依次由公诉人和被告人的法定代理人、诉讼代理人发表意见。经审判长许可，公诉人和被告人的法定代理人、诉讼代理人可以进行辩论。

第六百三十九条 对前条规定的案件，人民法院审理后，应当按照下列情形分别处理：

（一）被告人符合强制医疗条件的，应当判决宣告被告人不负刑事责任，同时作出对被告人强制医疗的决定；

（二）被告人属于依法不负刑事责任的精神病人，但不符合强制医疗条件的，应当判决宣告被告人无罪或者不负刑事责任；被告人已经造成危害结果的，应当同时责令其家属或者监护人严加看管和医疗；

（三）被告人具有完全或者部分刑事责任能力，依法应当追究刑事责任的，应当依照普通程序继续审理。

第六百四十条　第二审人民法院在审理刑事案件过程中，发现被告人可能符合强制医疗条件的，可以依照强制医疗程序对案件作出处理，也可以裁定发回原审人民法院重新审判。

第六百四十一条　人民法院决定强制医疗的，应当在作出决定后五日以内，向公安机关送达强制医疗决定书和强制医疗执行通知书，由公安机关将被决定强制医疗的人送交强制医疗。

第六百四十二条　被决定强制医疗的人、被害人及其法定代理人、近亲属对强制医疗决定不服的，可以自收到决定书第二日起五日以内向上一级人民法院申请复议。复议期间不停止执行强制医疗的决定。

第六百四十三条　对不服强制医疗决定的复议申请，上一级人民法院应当组成合议庭审理，并在一个月以内，按照下列情形分别作出复议决定：

（一）被决定强制医疗的人符合强制医疗条件的，应当驳回复议申请，维持原决定；

（二）被决定强制医疗的人不符合强制医疗条件的，应当撤销原决定；

（三）原审违反法定诉讼程序，可能影响公正审判的，应当撤销原决定，发回原审人民法院重新审判。

第六百四十四条　对本解释第六百三十九条第一项规定的判决、决定，人民检察院提出抗诉，同时被决定强制医疗的人、被害人及其法定代理人、近亲属申请复议的，上一级人民法院应当依照第二审程序一并处理。

第六百四十五条　被强制医疗的人及其近亲属申请解除强制医疗的，应当向决定强制医疗的人民法院提出。

被强制医疗的人及其近亲属提出的解除强制医疗申请被人民法院驳回，六个月后再次提出申请的，人民法院应当受理。

第六百四十六条　强制医疗机构提出解除强制医疗意见，或者被强制医疗的人及其近亲属申请解除强制医疗的，人民法院应当审查是否附有对被强制医疗的人的诊断评估报告。

强制医疗机构提出解除强制医疗意见，未附诊断评估报告的，人民法院应当要求其提供。

被强制医疗的人及其近亲属向人民法院申请解除强制医疗，强制医疗机构未提供诊断评估报告的，申请人可以申请人民法院调取。必要时，人民法院可以委托鉴定机构对被强制医疗的人进行鉴定。

第六百四十七条　强制医疗机构提出解除强制医疗意见，或者被强制医疗的人及其近亲属申请解除强制医疗的，人民法院应当组成合议庭进行审查，并在一个月以内，按照下列情形分别处理：

（一）被强制医疗的人已不具有人身危险性，不需要继续强制医疗的，应当作出解除强制医疗的决定，并可责令被强制医疗的人的家属严加看管和医疗；

（二）被强制医疗的人仍具有人身危险性，需要继续强制医疗的，应当作出继续强制医疗的决定。

对前款规定的案件，必要时，人民法院可以开庭审理，通知人民检察院派员出庭。

人民法院应当在作出决定后五日以内，将决定书送达强制医疗机构、申请解除强制医疗的人、被决定强制医疗的人和人民检察院。决定解除强制医疗的，应当通知强制医疗机构在收到决定书的当日解除强制医疗。

第六百四十八条 人民检察院认为强制医疗决定或者解除强制医疗决定不当，在收到决定书后二十日以内提出书面纠正意见的，人民法院应当另行组成合议庭审理，并在一个月以内作出决定。

第六百四十九条 审理强制医疗案件，本章没有规定的，参照适用本解释的有关规定。

第十九条 又聋又哑的人、盲人犯罪的刑事责任

又聋又哑的人或者盲人犯罪，可以从轻、减轻或者免除处罚。

条文要旨

本条是关于又聋又哑的人或者盲人的刑事责任的规定。

理解与适用

本条包含两层意思：一是又聋又哑的人或者盲人犯罪，应当负刑事责任。这是因为又聋又哑的人或者盲人，虽然生理上有视听缺陷，但其智力是正常的，不属于丧失辨认或者控制自己行为能力的情况，不能作为无刑事责任能力人。因此，应当对其造成危害结果的行为负刑事责任。二是对又聋又哑的人或者盲人犯罪，可以从轻、减轻或者免除处罚。这是因为，人体感知世界主要靠各种感官，其中听觉、视觉器官对于人类了解客观世界、形成认知能力具有不可或缺的重要作用。一般情况下，又聋又哑的人或者盲人由于视听缺陷，特别是先天缺陷的情况下，在受教育、了解外界世界、参与社会活动、与他人沟通等方面会受到很大限制，从而认知能力或多或少会受到影响。另外，有的造成危害后果的行为，可能与视听缺陷有直接关系，特别是一些过失犯罪的场合。因此，根据又聋又哑的人或者盲人视听缺陷的具体情况，认知能力受到影响的程度，其实施的加害行为与视听缺陷之间的关联程度等，给予相对从宽的处理，是完全必要的，也是符合罪责刑相适应和主客观相统一的要求的。同时，考虑到实践中案件情况的复杂性，本条将从轻、减轻或者免除处罚规定为“可以”，而不是“应当”。这样，便于司法机关在办理案件时，结合具体案件中行为人所实施犯罪的情节、造成危害结果的严重程度、生理缺陷的具体情况等，准确确定是从轻、减轻还是免除处罚。“可以”从轻、减轻或者免除处罚，是指根据行为人的上述具体情况，决定是否从轻、减轻或者免除处罚，不是必须从轻、减轻或者免除处罚。对于手段残忍，情节恶劣，危害后果严重的，也可以不从轻、减轻或者免除处罚。

对于盲、聋、哑人，我国刑事诉讼法也专门作出了特殊的制度安排，以保障其合法权利。具体规定如没有委托辩护人的，有关机关应当通知法律援助机构指派律师为其提供辩护，讯问时应当有通晓聋、哑手势的人参加，认罪认罚的不需要签署认罪认罚具结书，不适用简易程序和速裁程序等。

第二十条 正当防卫

为了使国家、公共利益、本人或者他人的人身、财产和其他权利免受正在进行的不法侵害，而采取的制止不法侵害的行为，对不法侵害人造成损害的，属于正当防卫，不负刑事责任。

正当防卫明显超过必要限度造成重大损害的，应当负刑事责任，但是应当减轻或者免除处罚。

对正在进行行凶、杀人、抢劫、强奸、绑架以及其他严重危及人身安全的暴力犯罪，采取防卫行为，造成不法侵害人伤亡的，不属于防卫过当，不负刑事责任。

条文要旨

本条是关于正当防卫的规定。

理解与适用

本条分为三款。第一款是关于什么是正当防卫和正当防卫不负刑事责任的规定。这一款规定了两层意思：一是关于什么是正当防卫行为。根据本款的规定，进行正当防卫应当同时具备以下条件：一是实施防卫行为必须是出于使国家、公共利益、本人或者他人的人身、财产和其他权利免受不法侵害的正当目的，针对的是不法侵害者及其不法侵害行为，维护的是受法律保护的合法权益。为了维护非法利益，或者针对他人的合法行为，或者针对不法侵害人之外的其他无关人员，不能实施正当防卫。例如，抢劫财物受到被害人反击，因实施犯罪行为被司法人员依法执行拘留、逮捕、没收财产，对与非法行为无关的加害人的亲友等，不能实行正当防卫。二是防卫行为所针对的不法侵害必须是正在进行的，对尚未开始实施或者已经停止或结束侵害行为的不法侵害人，不能实施正当防卫行为。三是实施防卫行为的直接目的是制止不法侵害，因此正当防卫的行为应当是制止不法侵害的行为，即实行防卫以制止住不法侵害行为为限，不法侵害的行为被制止后，不能继续实施防卫行为。二是实施正当防卫行为，对不法侵害人造成损害的，不负刑事责任。由于正当防卫是公民的合法权利，是出于维护合法利益、制止不法侵害的正当目的，是对国家和人民有益的行为，因此本款规定“正当防卫，不负刑事责任”，以鼓励群众见义勇为，积极同犯罪作斗争。本款规定的“不法侵害”是指非法对受国家法律保护的国家、公民的各种合法权益的违法侵害。“对不法侵害人造成损害的”主要是指对不法侵害人造成人身损害的情况，也包括对其财产等造成损害。

第二款是关于防卫过当及其刑事责任的规定。本款规定了三层意思：一是关于什么是防卫过当行为。首先，防卫过当必须是明显地超过必要限度。所谓“必要限度”是指为有效制止不法侵害所必需的防卫的强度。“明显超过必要限度”是指一般人都能够认识到其防卫强度已经明显超过了正当防卫所必需的强度。其次，要求对不法侵害人造成了重大损害。“重大损害”是指由于防卫人明显超过必要限度的防卫行为造成不法侵害人人身伤亡及其他严重损害。这一规定表明，对防卫人防卫行为是否超过限度在认定时要有一定的宽容度，不能简单要求一一对等。即使防卫行为客观上超过了一定限度，但对加害人的损害尚未达到重大损害程度的，也不以防卫过当追究。二是防卫过当的行为应当负刑事责任。由于防卫过当的行为所造成的损害是明显超出正当防卫所必需的防卫强度造成的，且属于重大损害，具有一定的社会危害性，因此法律规定应当负刑事责任。三是对防卫过当的行为应当减轻或者免除处罚。防卫过当的行为虽然具有一定的社会危害性，但动机是出于正当防卫，其主观恶性较小，社会危害也小于其他故意犯罪。社会危害程度不同，处罚也应当有所区别。因此，本款规定，对防卫过当的行为，应当减轻或者免除处罚。

第三款是关于对一些严重危及人身安全的暴力犯罪，实施防卫行为不存在防卫过当的规定，即特殊防卫权。为了保护合法权益，鼓励见义勇为，1997 年刑法增加了这一款规定的内容。根据本款的规定，对正在进行行凶、杀人、抢劫、强奸、绑架及其他严重危及人身安全的暴力犯罪，采取防卫行为，造成不法侵害人伤亡的，不负刑事责任。这样规定主要有两点考虑：一是考虑了社会治安的实际状况。严重暴力犯罪不仅严重破坏社会治安秩序，也严重威胁公民的人身安全。对上述严重的暴力犯罪采取防卫行为作出特殊规定，对鼓励群众勇于同犯罪作斗争、维护社会治安秩序具有重要意义。二是考虑了上述暴力犯罪的特点。这些犯罪都是严重威胁人身安全的，被侵害人面临正在进行的暴力侵害，很难辨认侵害人的目的和侵害的程度，也很难掌握实行防卫行为的强度。如果对此规定得太严，就会束缚被侵害人的手脚，妨碍其与犯罪作斗争的勇气，不利于公民运用法律武器保护自身的合法权益。

实务问题

1. 根据常理常情考量正当防卫制度的司法适用

刑事审判固然要严格依法裁判，但严格司法并非固守单纯法律观点、机械执法、就案办案、孤立办案。我国有着数千年的文化传统，天理、国法、人情深深扎根于民众心中。无论是司法政策的制定，还是具体案件的办理，都必须努力探求和实现法、理、情的有机融合。

正确适用正当防卫制度，同样必须考虑常理常情，尊重民众的朴素情感和道德诉求，反映社会的普遍正义观念。

这里我想重点讲讲防卫限度的判断问题。正当防卫的成立，要求在限度条件上没有“明显超过必要限度造成重大损害”，否则可能构成防卫过当。在我看来，对于防卫限度的判断，不仅要将法律的规定了然于胸，而且要充分考虑常理常情，否则就不会得出恰当的结论。基于常理常情，对于正当防卫限度条件的考量需要注意以下几点。

其一，要全面整体进行考量。司法实践中，有些司法工作人员经常以“对方打了你，但并没有打伤你，你却把他打伤了”“你都把人打成这样了怎么还是正当防卫”为由，认定防卫人的行为构成防卫过当。这实际上是陷入了“对等武装论”与“唯结果论”的认识误区。

何为必要限度？显然，我们无法运用一个数学公式来简单地对不法侵害人的利益损害情况和防卫人的利益损害情况进行计算从而得出孰轻孰重的结论，而是应当在全面分析不法侵害的强度、缓急、性质，侵害方与防卫方的力量对比，现场情势等事实和情节基础上进行综合判断，必须是具体案件具体分析。

特别是，对不法侵害要整体看待，要查明防卫行为的前因后果，考虑防卫人对持续侵害累积危险的感受，而不能局部地、孤立地、静止地看待，将防卫行为与防卫瞬间的不法侵害进行简单对比。

其二，要设身处地地为防卫人考量。一般认为，正当防卫的限度应当以足以制止不法侵害的需要为标准。但是，何为制止不法侵害的需要？显然，我们不能要求防卫人是一个冷静理性的旁观者，而是要还原到防卫人所处的境遇之下，换位思考问问自己“假如我是防卫人我会如何处理”，设身处地地想想“一般人在此种情况下会如何处理”。防卫行为通常类似丛林状况下的应急反应，要求防卫人在孤立无援、高度紧张的情形之下实施刚好制止不法侵害的行为，不仅明显违背常理常情，而且违背基本法理。

其三，要适当作有利于防卫人的考量。正当防卫的实质在于“以正对不正”，是正义行为对不法侵害，依据“邪不压正”的常理常情，也不能将二者等量齐观。相反，在防卫过当与正当防卫认定存在争议时，应当适当作有利于防卫人的认定；即使认定防卫过当，也应当充分运用“减轻或者免除处罚”的规定裁量处理。

特别是，要妥当处理防卫人因恐慌、激愤而超过防卫限度的问题。实践中，许多不法侵害是突然、急促的，防卫人在仓促、紧张的状态下往往难以准确地判断侵害行为的性质和强度，难以周全、慎重地选择相应的防卫手段。对此，要尽可能根据案件具体情况作出符合法理和情理的判断，包括合理选择减轻处罚还是免除处罚，以及考虑减轻处罚的具体幅度等。

2. 统筹兼顾正当防卫司法裁判的法律效果与社会效果

当前，一些涉正当防卫案件的裁判之所以引发炒作，成因十分复杂，但症结往往在于司法自身，我们必须反躬自省：有的是裁判说理过于简单、不够明晰，让人产生误解；有的是案件审判过程不够公开透明，招致外界质疑；有的是案件裁判结果与民众的朴素情感发生较大偏离，无法获得社会认同，等等。

解决这些问题，要求我们在刑事审判中必须统筹兼顾案件裁判法律效果与社会效果的有机统一。司法的社会效果以法律效果为前提，是建立在依法公正裁判基础上自然形成的一种司法公信。对于正当防卫制度的司法适用，同样要在坚持法律效果优先的前提下兼顾社会效果。

正当防卫制度的正确适用，要求我们在严格依照刑法规定处理案件的基础上，最大限度地考虑民众的期望与关切，真正做到“努力让人民群众在每一个司法案件中感受到公平正义”。须知，古往今来，再良善周密的法律也无法包罗世间万象。

司法裁判，既要追求法律正义，也要兼顾社会正义，体现对民意的尊重，这恐怕是司法审判必须长期坚持的一种理念。对于定性复杂的个案，在认定正当防卫还是防卫过当抑或普通故意犯罪棘手时，我们要学会借助群众的智慧，关注社情民意，将司法的专业判断与民众的朴素情感结合起来，在法律规定的范围内确保裁判结果最大限度地接近社会预期。

统筹兼顾裁判的法律效果和社会效果，必然要求我们进一步提升司法审判能力，通过规范的法庭审理，全面核实案件事实证据，全面听取当事各方意见，全面回应当事人和社会关注的正当防卫、防卫过当等问题，充分发挥庭审的关键作用；必然要求我们进一步加强裁判文书说理，针对正当防卫、防卫过当等影响定罪量刑的重大争议问题，释法析理精准到位，充分回应当事人关切，引导当事人依法理性看待裁决；必然要求我们下大力气做好服判息诉工作，对于造成重大损害，特别是致不法侵害人伤亡的正当防卫案件，要在依法独立公正行使审判权的基础上，认真做好当事人亲友工作，以真心换真情，赢得理解，化解恩怨。

3. 统一正当防卫制度的法律适用标准

"徒法不足以自行。"法律关于正当防卫制度的规定只能是原则的，而将抽象的刑法条文适用于具体案件，虽然难度不小，但却是司法的精义所在。

就个案而言，刑事审判法官通过综合判断全案的事实和证据，综合考量案件的前因后果，对法律规范作出合乎情理的解释，是确保正当防卫制度正确适用的基础。当然，从司法统一的角度看，则需要通过制定司法解释、发布指导性案例等多种方式在最大程度上统一正当防卫制度的法律适用标准。

正当防卫制度法律适用涵盖的问题较多，既涉及价值判断、政策考量等宏观问题，也涉及不法侵害的判断、防卫限度的把握等具体问题。在制定和完善相关司法解释的同时，在统一法律适用标准的形式上可以有所创新，如采取"指导意见+典型案例"的形式就比较便捷、实用。

在指导意见作出原则规定的基础上，充分发挥案例针对性强和易于把握的特点，用典型案例指导类似案件的裁判，确立正当防卫制度法律适用"由具体到具体"的参照标准，可以有效规范刑事自由裁量权，确保同类案件的法律适用基本统一、裁判尺度基本相同、处理结果基本一致。

在研究和规范正当防卫制度法律适用标准时，有一个问题需要重点加以关注，就是妥善处理鼓励正当防卫与防止滥用防卫权的关系，这是正当防卫司法政策制定必须妥当把握的一个平衡点。

针对当前社会中不敢防卫的现状比较突出，鼓励正当防卫是必要的，但这并不意味着要走向滥用防卫权的另一个极端。"凡事皆有度，过犹不及。"不法侵害人的生命权和重大健康权也应受到法律保护，不能引导或者助长公民在受到不法侵害时可以不计后果地滥用防卫权。

正当防卫有其法定的认定条件，任何一项条件不符合，都不是正当防卫。例如，在不法侵害人已被完全制服或者正在逃离时，仍然继续进行"追杀性防卫"，或者只是在发生口角，遭受推搡、掌掴等程度轻微的不法侵害时，即持刀将人捅成重伤甚至死亡，就属于滥用防卫权，依法应当承担相应的刑事责任。

指导案例

1. **最高人民法院指导案例93号**

于欢故意伤害案

（最高人民法院审判委员会讨论通过　2018年6月20日发布）

关键词　刑事　故意伤害罪　非法限制人身自由　正当防卫　防卫过当

裁判要点

1. 对正在进行的非法限制他人人身自由的行为，应当认定为刑法第二十条第一款规定的“不法侵害”，可以进行正当防卫。

2. 对非法限制他人人身自由并伴有侮辱、轻微殴打的行为，不应当认定为刑法第二十条第三款规定的“严重危及人身安全的暴力犯罪”。

3. 判断防卫是否过当，应当综合考虑不法侵害的性质、手段、强度、危害程度，以及防卫行为的性质、时机、手段、强度、所处环境和损害后果等情节。对非法限制他人人身自由并伴有侮辱、轻微殴打，且并不十分紧迫的不法侵害，进行防卫致人死亡重伤的，应当认定为刑法第二十条第二款规定的“明显超过必要限度造成重大损害”。

4. 防卫过当案件，如系因被害人实施严重贬损他人人格尊严或者亵渎人伦的不法侵害引发的，量刑时对此应予充分考虑，以确保司法裁判既经得起法律检验，也符合社会公平正义观念。

相关法条

《中华人民共和国刑法》第二十条

基本案情

被告人于欢的母亲苏某在山东省冠县工业园区经营山东源大工贸有限公司（以下简称源大公司），于欢系该公司员工。2014年7月28日，苏某及其丈夫于某1向吴某、赵某1借款100万元，双方口头约定月息10%。至2015年10月20日，苏某共计还款154万元。其间，吴某、赵某1因苏某还款不及时，曾指使被害人郭某1等人采取在源大公司车棚内驻扎、在办公楼前支锅做饭等方式催债。2015年11月1日，苏某、于某1再向吴某、赵某1借款35万元。其中10万元，双方口头约定月息10%；另外25万元，通过签订房屋买卖合同，用于某1名下的一套住房作为抵押，双方约定如逾期还款，则将该住房过户给赵某1。2015年11月2日至2016年1月6日，苏某共计向赵某1还款29.8万元。吴某、赵某1认为该29.8万元属于偿还第一笔100万元借款的利息，而苏某夫妇认为是用于偿还第二笔借款。吴某、赵某1多次催促苏某夫妇继续还款或办理住房过户手续，但苏某夫妇未再还款，也未办理住房过户。

2016年4月1日，赵某1与被害人杜某2、郭某1等人将于某1上述住房的门锁更换并强行入住，苏某报警。赵某1出示房屋买卖合同，民警调解后离去。同月13日上午，吴某、赵某1与杜某2、郭某1、杜某7等人将上述住房内的物品搬出，苏某报警。

民警处警时，吴某称系房屋买卖纠纷，民警告知双方协商或通过诉讼解决。民警离开后，吴某责骂苏某，并将苏某头部按入座便器接近水面位置。当日下午，赵某1等人将上述住房内物品搬至源大公司门口。其间，苏某、于某1多次拨打市长热线求助。当晚，于某1通过他人调解，与吴某达成口头协议，约定次日将住房过户给赵某1，此后再付30万元，借款本金及利息即全部结清。

4月14日，于某1、苏某未去办理住房过户手续。当日16时许，赵某1纠集郭某2、郭某1、苗某、张某3到源大公司讨债。为找到于某1、苏某，郭某1报警称源大公司私刻财务章。民警到达源大公司后，苏某与赵某1等人因还款纠纷发生争吵。民警告知双方协商解决或到法院起诉后离开。李某3接赵某1电话后，伙同么某、张某2和被害人严某、程某到达源大公司。赵某1等人先后在办公楼前呼喊，在财务室内、餐厅外盯守，在办公楼门厅外烧烤、饮酒，催促苏某还款。其间，赵某1、苗某离开。20时许，杜某2、杜某7赶到源大公司，与李某3等人一起饮酒。20时48分，苏某按郭某1要求到办公楼一楼接待室，于欢及公司员工张某1、马某陪同。21时53分，杜某2等人进入接待室讨债，将苏某、于欢的手机收走放在办公桌上。杜某2用污秽言语辱骂苏某、于欢及其家人，将烟头弹到苏某胸前衣服上，将裤子褪至大腿处裸露下体，朝坐在沙发上的苏某等人左右转动身体。在马某、李某3劝阻下，杜某2穿好裤子，又脱下于欢的鞋让苏某闻，被苏某打掉。杜某2还用手拍打于欢面颊，其他讨债人员实施了揪抓于欢头发或按压于欢肩部不准其起身等行为。22时07分，公司员工刘某打电话报警。22时17分，民警朱某带领辅警宋某、郭某3到达源大公司接待室了解情况，苏某和于欢指认杜某2殴打于欢，杜某2等人否认并称系讨债。22时22分，朱某警告双方不能打架，然后带领辅警到院内寻找报警人，并给值班民警徐某打电话通报警情。于欢、苏某想随民警离开接待室，杜某2等人阻拦，并强迫于欢坐下，于欢拒绝。杜某2等人卡于欢颈部，将于欢推拉至接待室东南角。于欢持刃长15.3厘米的单刃尖刀，警告杜某2等人不要靠近。杜某2出言挑衅并逼近于欢，于欢遂捅刺杜某2腹部一刀，又捅刺围逼在其身边的程某胸部、严某腹部、郭某1背部各一刀。22时26分，辅警闻声返回接待室。经辅警连续责令，于欢交出尖刀。杜某2等四人受伤后，被杜某7等人驾车送至冠县人民医院救治。次日2时18分，杜某2经抢救无效，因腹部损伤造成肝固有动脉裂伤及肝右叶创伤导致失血性休克死亡。严某、郭某1的损伤均构成重伤二级，程某的损伤构成轻伤二级。

裁判结果

山东省聊城市中级人民法院于2017年2月17日作出（2016）鲁15刑初33号刑事附带民事判决，认定被告人于欢犯故意伤害罪，判处无期徒刑，剥夺政治权利终身，并赔偿附带民事原告人经济损失。

宣判后，被告人于欢及部分原审附带民事诉讼原告人不服，分别提出上诉。山东省高级人民法院经审理于2017年6月23日作出（2017）鲁刑终151号刑事附带民事判决：驳回附带民事上诉，维持原判附带民事部分；撤销原判刑事部分，以故意伤害罪改判于欢有期徒刑五年。

裁判理由

法院生效裁判认为：被告人于欢持刀捅刺杜某2等四人，属于制止正在进行的不法侵害，其行为具有防卫性质；其防卫行为造成一人死亡、二人重伤、一人轻伤的严重后果，明显超过必要限度造成重大损害，构成故意伤害罪，依法应负刑事责任。鉴于于欢的行为属于防卫过当，于欢归案后如实供述主要罪行，且被害方有以恶劣手段侮辱于欢之母的严重过错等情节，对于欢依法应当减轻处罚。原判认定于欢犯故意伤害罪正确，审判程序合法，但认定事实不全面，部分刑事判项适用法律错误，量刑过重，遂依法改判于欢有期徒刑五年。

本案在法律适用方面的争议焦点主要有两个方面：一是于欢的捅刺行为性质，即是否具有防卫性、是否属于特殊防卫、是否属于防卫过当；二是如何定罪处罚。

一、关于于欢的捅刺行为性质

《中华人民共和国刑法》（以下简称《刑法》）第二十条第一款规定："为了使国家、公共利益、本人或者他人的人身、财产和其他权利免受正在进行的不法侵害，而采取的制止不法侵害的行为，对不法侵害人造成损害的，属于正当防卫，不负刑事责任。"由此可见，成立正当防卫必须同时具备以下五项条件：一是防卫起因，不法侵害现实存在。不法侵害是指违背法律的侵袭和损害，既包括犯罪行为，又包括一般违法行为；既包括侵害人身权利的行为，又包括侵犯财产及其他权利的行为。二是防卫时间，不法侵害正在进行。正在进行是指不法侵害已经开始并且尚未结束的这段时期。对尚未开始或已经结束的不法侵害，不能进行防卫，否则即是防卫不适时。三是防卫对象，即针对不法侵害者本人。正当防卫的对象只能是不法侵害人本人，不能对不法侵害人之外的人实施防卫行为。在共同实施不法侵害的场合，共同侵害具有整体性，可对每一个共同侵害人进行正当防卫。四是防卫意图，出于制止不法侵害的目的，有防卫认识和意志。五是防卫限度，尚未明显超过必要限度造成重大损害。这就是说正当防卫的成立条件包括客观条件、主观条件和限度条件。客观条件和主观条件是定性条件，确定了正当防卫"正"的性质和前提条件，不符合这些条件的不是正当防卫；限度条件是定量条件，确定了正当防卫"当"的要求和合理限度，不符合该条件的虽然仍有防卫性质，但不是正当防卫，属于防卫过当。防卫过当行为具有防卫的前提条件和制止不法侵害的目的，只是在制止不法侵害过程中，没有合理控制防卫行为的强度，明显超过正当防卫必要限度，并造成不应有的重大损害后果，从而转化为有害于社会的违法犯罪行为。根据本案认定的事实、证据和我国刑法有关规定，于欢的捅刺行为虽然具有防卫性，但属于防卫过当。

首先，于欢的捅刺行为具有防卫性。案发当时杜某2等人对于欢、苏某持续实施着限制人身自由的非法拘禁行为，并伴有侮辱人格和对于欢推搡、拍打等行为；民警到达现场后，于欢和苏某想随民警走出接待室时，杜某2等人阻止二人离开，并对于欢实施推拉、围堵等行为，在于欢持刀警告时仍出言挑衅并逼近，实施正当防卫所要求的不法侵害客观存在并正在进行；于欢是在人身自由受到违法侵害、人身安全面临现实威胁的情况下持刀捅刺，且捅刺的对象都是在其警告后仍向其靠近围逼的人。因此，可以认定其是为了使本人和其母亲的人身权利免受正在进行的不法侵害，而采取的制止不法侵害行为，具备正当防卫的客观和主观条件，具有防卫性质。

其次，于欢的捅刺行为不属于特殊防卫。《刑法》第二十条第三款规定："对正在进行行凶、杀人、抢劫、强奸、绑架以及其他严重危及人身安全的暴力犯罪，采取防卫行为，造成不法侵害人伤亡的，不属于防卫过当，不负刑事责任。”根据这一规定，特殊防卫的适用前提条件是存在严重危及本人或他人人身安全的暴力犯罪。本案中，虽然杜某2等人对于欢母子实施了非法限制人身自由、侮辱、轻微殴打等人身侵害行为，但这些不法侵害不是严重危及人身安全的暴力犯罪。其一，杜某2等人实施的非法限制人身自由、侮辱等不法侵害行为，虽然侵犯了于欢母子的人身自由、人格尊严等合法权益，但并不具有严重危及于欢母子人身安全的性质；其二，杜某2等人按肩膀、推拉等强制或者殴打行为，虽然让于欢母子的人身安全、身体健康权遭受了侵害，但这种不法侵害只是轻微的暴力侵犯，既不是针对生命权的不法侵害，又不是发生严重侵害于欢母子身体健康权的情形，因而不属于严重危及人身安全的暴力犯罪。其三，苏某、于某1系主动通过他人协调、担保，向吴某借贷，自愿接受吴某所提10%的月息。既不存在苏某、于某1被强迫向吴某高息借贷的事实，又不存在吴某强迫苏某、于某1借贷的事实，与司法解释以借贷为名采用暴力、胁迫手段获取他人财物以抢劫罪论处的规定明显不符。可见杜某2等人实施的多种不法侵害行为，符合可以实施一般防卫行为的前提条件，但不具备实施特殊防卫的前提条件，故于欢的捅刺行为不属于特殊防卫。

最后，于欢的捅刺行为属于防卫过当。《刑法》第二十条第二款规定：“正当防卫明显超过必要限度造成重大损害的，应当负刑事责任，但是应当减轻或者免除处罚。”由此可见，防卫过当是在具备正当防卫客观和主观前提条件下，防卫反击明显超越必要限度，并造成致人重伤或死亡的过当结果。认定防卫是否“明显超过必要限度”，应当从不法侵害的性质、手段、强度、危害程度，以及防卫行为的性质、时机、手段、强度、所处环境和损害后果等方面综合分析判定。本案中，杜某2一方虽然人数较多，但其实施不法侵害的意图是给苏某夫妇施加压力以催讨债务，在催债过程中未携带、使用任何器械；在民警朱某等进入接待室前，杜某2一方对于欢母子实施的是非法限制人身自由、侮辱和对于欢拍打面颊、揪抓头发等行为，其目的仍是逼迫苏某夫妇尽快还款；在民警进入接待室时，双方没有发生激烈对峙和肢体冲突，当民警警告不能打架后，杜某2一方并无打架的言行；在民警走出接待室寻找报警人期间，于欢和讨债人员均可透过接待室玻璃清晰看见停在院内的警车警灯闪烁，应当知道民警并未离开；在于欢持刀警告不要逼过来时，杜某2等人虽有出言挑衅并向于欢围逼的行为，但并未实施强烈的攻击行为。因此，于欢面临的不法侵害并不紧迫和严重，而其却持刃长15.3厘米的单刃尖刀连续捅刺四人，致一人死亡、二人重伤、一人轻伤，且其中一人系被背后捅伤，故应当认定于欢的防卫行为明显超过必要限度造成重大损害，属于防卫过当。

二、关于定罪量刑

首先，关于定罪。本案中，于欢连续捅刺四人，但捅刺对象都是当时围逼在其身边的人，未对离其较远的其他不法侵害人进行捅刺，对不法侵害人每人捅刺一刀，未对同一不法侵害人连续捅刺。可见，于欢的目的在于制止不法侵害并离开接待室，在案证据不能证实其具有追求或放任致人死亡危害结果发生的故意，故于欢的行为不构成故意杀人罪，但他为了追求防卫效果的实现，对致多人伤亡的过当结果的发生持听之任之的态度，已构成防卫过当情形下的故意伤害罪。认定于欢的行为构成故意伤害罪，既是严格司法的要求，又符合人民群众的公平正义观念。

其次，关于量刑。《刑法》第二十条第二款规定：“正当防卫明显超过必要限度造成重大损害的，应当负刑事责任，但是应当减轻或者免除处罚。”综合考虑本案防卫权益的性质、防卫方法、防卫强度、防卫起因、损害后果、过当程度、所处环境等情节，对于欢应当减轻处罚。

被害方对引发本案具有严重过错。本案案发前，吴某、赵某1指使杜某2等人实施过侮辱苏某、干扰源大公司生产经营等逼债行为，苏某多次报警，吴某等人的不法逼债行为并未收敛。案发当日，杜某2等人对于欢、苏某实施非法限制人身自由、侮辱及对于欢间有推搡、拍打、卡颈部等行为，于欢及其母亲苏某连日来多次遭受催逼、骚扰、侮辱，导致于欢实施防卫行为时难免带有恐惧、愤怒等因素。尤其是杜某2裸露下体侮辱苏某对引发本案有重大过错。案发当日，杜某2当着于欢之面公然以裸露下体的方式侮辱其母亲苏某。虽然距于欢实施防卫行为已间隔约二十分钟，但于欢捅刺杜某2等人时难免带有报复杜某2辱母的情绪，故杜某2裸露下体侮辱苏某的行为是引发本案的重要因素，在刑罚裁量上应当作为对于欢有利的情节重点考虑。

杜某2的辱母行为严重违法、亵渎人伦，应当受到惩罚和谴责，但于欢在民警尚在现场调查，警车仍在现场闪烁警灯的情形下，为离开接待室摆脱围堵而持刀连续捅刺四人，致一人死亡、二人重伤、一人轻伤，且其中一重伤者系于欢从背部捅刺，损害后果严重，且除杜某2以外，其他三人并未实施侮辱于欢母亲的行为，其防卫行为造成损害远远大于其保护的合法权益，防卫明显过当。于欢及其母亲的人身自由和人格尊严应当受到法律保护，但于欢的防卫行为明显超过必要限度并造成多人伤亡严重后果，超出法律所容许的限度，依法也应当承担刑事责任。

根据我国刑法规定，故意伤害致人死亡的，处十年以上有期徒刑、无期徒刑或者死刑；防卫过当的，应当减轻或者免除处罚。如上所述，于欢的防卫行为明显超过必要限度造成重大伤亡后果，减轻处罚依法应当在三至十年有期徒刑的法定刑幅度内量刑。鉴于于欢归案后如实供述主要罪行，且被害方有以恶劣手段侮辱于欢之母的严重过错等可以从轻处罚情节，综合考虑于欢犯罪的事实、性质、情节和危害后果，遂判处于欢有期徒刑五年。

（生效裁判审判人员：吴靖、刘振会、王文兴）

2. 最高人民法院指导案例144号

张那木拉正当防卫案

（最高人民法院审判委员会讨论通过　2020年12月29日发布）

关键词　刑事　正当防卫　特殊防卫　行凶　宣告无罪

裁判要点

1. 对于使用致命性凶器攻击他人要害部位，严重危及他人人身安全的行为，应当认定为刑法第二十条第三款规定的“行凶”，可以适用特殊防卫的有关规定。

2．对于多人共同实施不法侵害，部分不法侵害人已被制伏，但其他不法侵害人仍在继续实施侵害的，仍然可以进行防卫。

相关法条

《中华人民共和国刑法》第20条

基本案情

张那木拉与其兄张某1二人均在天津市西青区打工。2016年1月11日，张某1与案外人李某某驾驶机动车发生交通事故。事故发生后，李某某驾车逃逸。在处理事故过程中，张那木拉一方认为交警处置懈怠。此后，张那木拉听说周某强在交警队有人脉关系，遂通过鱼塘老板牛某找到周某强，请周某强向交警“打招呼”，周某强应允。3月10日，张那木拉在交警队处理纠纷时与交警发生争吵，这时恰巧周某强给张那木拉打来电话，张那木拉以为周某强能够压制交警，就让交警直接接听周某强的电话，张那木拉此举引起周某强不满，周某强随即挂掉电话。次日，牛某在电话里提醒张那木拉小心点，周某强对此事没完。

3月12日早上8时许，张那木拉与其兄张某1及赵某在天津市西青区鱼塘旁的小屋内闲聊，周某强纠集丛某、张某2、陈某2新，由丛某驾车，并携带了陈某2新事先准备好的两把砍刀，至天津市西青区张那木拉暂住处（分为里屋外屋）。四人首次进入张那木拉暂住处确认张那木拉在屋后，随即返回车内，取出事前准备好的两把砍刀。其中，周某强、陈某2新二人各持砍刀一把，丛某、张某2分别从鱼塘边操起铁锨、铁锤再次进入张那木拉暂住处。张某1见状上前将走在最后边的张某2截在外屋，二人发生厮打。周某强、陈某2新、丛某进入里屋内，三人共同向屋外拉拽张那木拉，张那木拉向后挣脱。此刻，周某强、陈某2新见张那木拉不肯出屋，持刀砍向张那木拉后脑部，张那木拉随手在茶几上抓起一把尖刀捅刺了陈某2新的胸部，陈某2新被捅后退到外屋，随后倒地。其间，丛某持铁锨击打张那木拉后脑处。周某强、丛某见陈某2新倒地后也跑出屋外。张那木拉将尖刀放回原处。此时，其发现张某2仍在屋外与其兄张某1相互厮打，为防止张某1被殴打，其到屋外，随手拿起门口处的铁锨将正挥舞砍刀的周某强打入鱼塘中，周某强爬上岸后张那木拉再次将其打落水中，最终致周某强左尺骨近段粉碎性骨折，其所持砍刀落入鱼塘中。此时，张某1已经将张某2手中的铁锤夺下，并将张某2打落鱼塘中。张那木拉随即拨打电话报警并在现场等待。陈某2新被送往医院后，因单刃锐器刺破心脏致失血性休克死亡；张那木拉头皮损伤程度构成轻微伤；周某强左尺骨损伤程度构成轻伤一级。

裁判结果

天津市西青区人民法院于2017年12月13日作出（2016）津0111刑初576号刑事附带民事判决，以被告人张那木拉犯故意伤害罪，判处有期徒刑十二年六个月。被告人张那木拉以其系正当防卫、不构成犯罪为由提出上诉。天津市第一中级人民法院于2018年12月14日作出（2018）津01刑终326号刑事附带民事判决，撤销天津市西青区人民法院（2016）津0111刑初576号刑事附带民事判决，宣告张那木拉无罪。

裁判理由

法院生效裁判认为，张那木拉的行为系正当防卫行为，而且是刑法第二十条第三款规定的特殊防卫行为。本案中，张那木拉是在周某强、陈某2新等人突然闯入其私人场所，实施严重不法侵害的情况下进行反击的。周某强、陈某2新等四人均提前准备了作案工具，进入现场时两人分别手持长约50厘米的砍刀，一人持铁锨，一人持铁锤，而张那木拉一方是并无任何思想准备的。周某强一方闯入屋内后径行对张那木拉实施拖拽，并在张那木拉转身向后挣脱时，使用所携带的凶器砸砍张那木拉后脑部。从侵害方人数、所持凶器、打击部位等情节看，以普通人的认识水平判断，应当认为不法侵害已经达到现实危害张那木拉的人身安全、危及其生命安全的程度，属于刑法第二十条第三款规定的"行凶"。张那木拉为制止正在进行的不法侵害，顺手从身边抓起一把平时生活所用刀具捅刺不法侵害人，具有正当性，属于正当防卫。

另外，监控录像显示陈某2新倒地后，周某强跑向屋外后仍然挥舞砍刀，此时张那木拉及其兄张某1人身安全面临的危险并没有完全排除，其在屋外打伤周某强的行为仍然属于防卫行为。

根据刑法第二十条第三款的规定，对正在进行行凶、杀人、抢劫、强奸、绑架以及其他严重危及人身安全的暴力犯罪，采取防卫行为，造成不法侵害人伤亡的，不属于防卫过当，不负刑事责任。本案中，张那木拉的行为虽然造成了一死一伤的后果，但是属于制止不法侵害的正当防卫行为，依法不负刑事责任。

（生效裁判审判人员：杨雪梅、何振奎、路诚）

3. 最高人民检察院检例第45号

陈某正当防卫案

（2018年12月18日）

【关键词】

未成年人　故意伤害　正当防卫　不批准逮捕

【要旨】

在被人殴打、人身权利受到不法侵害的情况下，防卫行为虽然造成了重大损害的客观后果，但是防卫措施并未明显超过必要限度的，不属于防卫过当，依法不负刑事责任。

【基本案情】

陈某，未成年人，某中学学生。

2016年1月初，因陈某在甲的女朋友的网络空间留言示好，甲纠集乙等人，对陈某实施了殴打。

1月10日中午，甲、乙、丙等6人（均为未成年人），在陈某就读的中学门口，见陈某从大门走出，有人提议陈某向老师告发他们打架，要去问个说法。甲等人尾随一段路后拦住陈某质问，陈某解释没有告状，甲等人不肯罢休，抓住并围殴陈某。乙的3位朋友（均为未成年人）正在附近，见状加入围殴陈某。其中，有人用膝盖顶击陈某的胸口、有人持石块击打陈某的手臂、有人持钢管击打陈某的背部，其他人对陈某或勒脖子或拳打脚踢。陈某掏出随身携带的折叠式水果刀（刀身长8.5厘米，不属于管制刀具），乱挥乱刺后逃脱。部分围殴人员继续追打并从后投掷石块，击中陈某的背部和腿部。陈某逃进学校，追打人员被学校保安拦住。陈某在反击过程中刺中了甲、乙和丙，经鉴定，该3人的损伤程度均构成重伤二级。陈某经人身检查，见身体多处软组织损伤。

案发后，陈某所在学校向司法机关提交材料，证实陈某遵守纪律、学习认真、成绩优秀，是一名品学兼优的学生。

公安机关以陈某涉嫌故意伤害罪立案侦查，并对其采取刑事拘留强制措施，后提请检察机关批准逮捕。检察机关根据审查认定的事实，依据刑法第二十条第一款的规定，认为陈某的行为属于正当防卫，不负刑事责任，决定不批准逮捕。公安机关将陈某释放同时要求复议。检察机关经复议，维持原决定。

检察机关在办案过程中积极开展释法说理工作，甲等人的亲属在充分了解事实经过和法律规定后，对检察机关的处理决定表示认可。

【不批准逮捕的理由】

公安机关认为，陈某的行为虽有防卫性质，但已明显超过必要限度，属于防卫过当，涉嫌故意伤害罪。检察机关则认为，陈某的防卫行为没有明显超过必要限度，不属于防卫过当，不构成犯罪。主要理由如下：

第一，陈某面临正在进行的不法侵害，反击行为具有防卫性质。任何人面对正在进行的不法侵害，都有予以制止、依法实施防卫的权利。本案中，甲等人借故拦截陈某并实施围殴，属于正在进行的不法侵害，陈某的反击行为显然具有防卫性质。

第二，陈某随身携带刀具，不影响正当防卫的认定。对认定正当防卫有影响的，并不是防卫人携带了可用于自卫的工具，而是防卫人是否有相互斗殴的故意。陈某在事前没有与对方约架斗殴的意图，被拦住后也是先解释退让，最后在遭到对方围打时才被迫还手，其随身携带水果刀，无论是日常携带还是事先有所防备，都不影响对正当防卫作出认定。

第三，陈某的防卫措施没有明显超过必要限度，不属于防卫过当。陈某的防卫行为致实施不法侵害的3人重伤，客观上造成了重大损害，但防卫措施并没有明显超过必要限度。陈某被9人围住殴打，其中有人使用了钢管、石块等工具，双方实力相差悬殊，陈某借助水果刀增强防卫能力，在手段强度上合情合理。并且，对方在陈某逃脱时仍持续追打，共同侵害行为没有停止，所以就制止整体不法侵害的实际需要来看，陈某持刀挥刺也没有不相适应之处。综合来看，陈某的防卫行为虽有致多人重伤的客观后果，但防卫措施没有明显超过必要限度，依法不属于防卫过当。

【指导意义】

刑法第二十条第一款规定，“为了使国家、公共利益、本人或者他人的人身、财产和其他权利免受正在进行的不法侵害，而采取的制止不法侵害的行为，对不法侵害人造成损害的，属于正当防卫，不负刑事责任”。司法实践通常称这种正当防卫为“一般防卫”。

一般防卫有限度要求，超过限度的属于防卫过当，需要负刑事责任。刑法规定的限度条件是“明显超过必要限度造成重大损害”，具体而言，行为人的防卫措施虽明显超过必要限度但防卫结果客观上并未造成重大损害，或者防卫结果虽客观上造成重大损害但防卫措施并未明显超过必要限度，均不能认定为防卫过当。本案中，陈某为了保护自己的人身安全而持刀反击，就所要保护的权利性质以及与侵害方的手段强度比较来看，不能认为防卫措施明显超过了必要限度，所以即使防卫结果在客观上造成了重大损害，也不属于防卫过当。

正当防卫既可以是为了保护自己的合法权益，也可以是为了保护他人的合法权益。《中华人民共和国未成年人保护法》第六条第二款也规定，“对侵犯未成年人合法权益的行为，任何组织和个人都有权予以劝阻、制止或者向有关部门提出检举或者控告”。对于未成年人正在遭受侵害的，任何人都有权介入保护，成年人更有责任予以救助。但是，冲突双方均为未成年人的，成年人介入时，应当优先选择劝阻、制止的方式；劝阻、制止无效的，在隔离、控制或制服侵害人时，应当注意手段和行为强度的适度。

检察机关办理正当防卫案件遇到争议时，应当根据《最高人民检察院关于实行检察官以案释法制度的规定》，适时、主动进行释法说理工作。对事实认定、法律适用和办案程序等问题进行答疑解惑，开展法治宣传教育，保障当事人和其他诉讼参与人的合法权利，努力做到案结事了。

人民检察院审查逮捕时，应当严把事实关、证据关和法律适用关。根据查明的事实，犯罪嫌疑人的行为属于正当防卫，不负刑事责任的，应当依法作出不批准逮捕的决定，保障无罪的人不受刑事追究。

【相关规定】

《中华人民共和国刑法》第二十条；《中华人民共和国刑事诉讼法》第九十条、第九十二条。

4. 最高人民检察院检例第46号

朱凤山故意伤害（防卫过当）案

（2018年12月18日）

【关键词】

民间矛盾　故意伤害　防卫过当　二审检察

【要旨】

在民间矛盾激化过程中，对正在进行的非法侵入住宅、轻微人身侵害行为，可以进行正当防卫，但防卫行为的强度不具有必要性并致不法侵害人重伤、死亡的，属于明显超过必要限度造成重大损害，应当负刑事责任，但是应当减轻或者免除处罚。

【基本案情】

朱凤山，男，1961年5月6日出生，农民。

朱凤山之女朱某与齐某系夫妻，朱某于2016年1月提起离婚诉讼并与齐某分居，朱某带女儿与朱凤山夫妇同住。齐某不同意离婚，为此经常到朱凤山家吵闹。4月4日，齐某在吵闹过程中，将朱凤山家门窗玻璃和朱某的汽车玻璃砸坏。朱凤山为防止齐某再进入院子，将院子一侧的小门锁上并焊上铁窗。5月8日22时许，齐某酒后驾车到朱凤山家，欲从小门进入院子，未得逞后在大门外叫骂。朱某不在家中，仅朱凤山夫妇带外孙女在家。朱凤山将情况告知齐某，齐某不肯作罢。朱凤山又分别给邻居和齐某的哥哥打电话，请他们将齐某劝离。在邻居的劝说下，齐某驾车离开。23时许，齐某驾车返回，站在汽车引擎盖上摇晃、攀爬院子大门，欲强行进入，朱凤山持铁叉阻拦后报警。齐某爬上院墙，在墙上用瓦片掷砸朱凤山。朱凤山躲到一边，并从屋内拿出宰羊刀防备。随后齐某跳入院内徒手与朱凤山撕扯，朱凤山刺中齐某胸部一刀。朱凤山见齐某受伤把大门打开，民警随后到达。齐某因主动脉、右心房及肺脏被刺破致急性大失血死亡。朱凤山在案发过程中报警，案发后在现场等待民警抓捕，属于自动投案。

一审阶段，辩护人提出朱凤山的行为属于防卫过当，公诉人认为朱凤山的行为不具有防卫性质。一审判决认定，根据朱凤山与齐某的关系及具体案情，齐某的违法行为尚未达到朱凤山必须通过持刀刺扎进行防卫制止的程度，朱凤山的行为不具有防卫性质，不属于防卫过当；朱凤山自动投案后如实供述主要犯罪事实，系自首，依法从轻处罚，朱凤山犯故意伤害罪，判处有期徒刑十五年，剥夺政治权利五年。

朱凤山以防卫过当为由提出上诉。河北省人民检察院二审出庭认为，根据查明的事实，依据《中华人民共和国刑法》第二十条第二款的规定，朱凤山的行为属于防卫过当，应当负刑事责任，但是应当减轻或者免除处罚，朱凤山的上诉理由成立。河北省高级人民法院二审判决认定，朱凤山持刀致死被害人，属防卫过当，应当依法减轻处罚，对河北省人民检察院的出庭意见予以支持，判决撤销一审判决的量刑部分，改判朱凤山有期徒刑七年。

【检察机关二审审查和出庭意见】

检察机关二审审查认为，朱凤山及其辩护人所提防卫过当的意见成立，一审公诉和判决对此未作认定不当，属于适用法律错误，二审应当作出纠正，并据此发表了出庭意见。主要意见和理由如下：

第一，齐某的行为属于正在进行的不法侵害。齐某与朱某已经分居，齐某当晚的行为在时间、方式上也显然不属于探视子女，故在朱凤山拒绝其进院后，其摇晃、攀爬大门并跳入院内，属于非法侵入住宅。齐某先用瓦片掷砸随后进行撕扯，侵犯了朱凤山的人身权利。齐某的这些行为，均属于正在进行的不法侵害。

第二，朱凤山的行为具有防卫的正当性。齐某的行为从吵闹到侵入住宅、侵犯人身，呈现升级趋势，具有一定的危险性。齐某经人劝离后再次返回，执意在深夜时段实施侵害，不法行为具有一定的紧迫性。朱凤山先是找人规劝，继而报警求助，始终没有与齐某斗殴的故意，提前准备工具也是出于防卫的目的，因此其反击行为具有防卫的正当性。

第三，朱凤山的防卫行为明显超过必要限度造成重大损害，属于防卫过当。齐某上门闹事、滋扰的目的是不愿离婚，希望能与朱某和好继续共同生活，这与离婚后可能实施报复的行为有很大区别。齐某虽实施了投掷瓦片、撕扯的行为，但整体仍在闹事的范围内，对朱凤山人身权利的侵犯尚属轻微，没有危及朱凤山及其家人的健康或生命的明显危险。朱凤山已经报警，也有继续周旋、安抚、等待的余地，但却选择使用刀具，在撕扯过程中直接捅刺齐某的要害部位，最终造成了齐某伤重死亡的重大损害。综合来看，朱凤山的防卫行为，在防卫措施的强度上不具有必要性，在防卫结果与所保护的权利对比上也相差悬殊，应当认定为明显超过必要限度造成重大损害，属于防卫过当，依法应当负刑事责任，但是应当减轻或者免除处罚。

【指导意义】

刑法第二十条第二款规定，“正当防卫明显超过必要限度造成重大损害的，应当负刑事责任，但是应当减轻或者免除处罚”。司法实践通常称本款规定的情况为“防卫过当”。

防卫过当中，重大损害是指造成不法侵害人死亡、重伤的后果，造成轻伤及以下损伤的不属于重大损害；明显超过必要限度是指，根据所保护的权利性质、不法侵害的强度和紧迫程度等综合衡量，防卫措施缺乏必要性，防卫强度与侵害程度对比也相差悬殊。司法实践中，重大损害的认定比较好把握，但明显超过必要限度的认定相对复杂，对此应当根据不法侵害的性质、手段、强度和危害程度，以及防卫行为的性质、手段、强度、时机和所处环境等因素，进行综合判断。本案中，朱凤山为保护住宅安宁和免受可能的一定人身侵害，而致侵害人丧失生命，就防卫与侵害的性质、手段、强度和结果等因素的对比来看，既不必要也相差悬殊，属于明显超过必要限度造成重大损害。

民间矛盾引发的案件极其复杂，涉及防卫性质争议的，应当坚持依法、审慎的原则，准确作出判断和认定，从而引导公民理性平和解决争端，避免在争议纠纷中不必要地使用武力。针对实践当中的常见情形，可注意把握以下几点：一是应作整体判断，即分清前因后果和是非曲直，根据查明的事实，当事人的行为具有防卫性质的，应当依法作出认定，不能唯结果论，也不能因矛盾暂时没有化解等因素而不去认定或不敢认定；二是对于近亲属之间发生的不法侵害，对防卫强度必须结合具体案情作出更为严格的限制；三是对于被害人有无过错与是否正在进行的不法侵害，应当通过细节的审查、补查，作出准确的区分和认定。

人民检察院办理刑事案件，必须高度重视犯罪嫌疑人、被告人及其辩护人所提正当防卫或防卫过当的意见，对于所提意见成立的，应当及时予以采纳或支持，依法保障当事人的合法权利。

【相关规定】

《中华人民共和国刑法》第二十条、第二百三十四条；《中华人民共和国刑事诉讼法》第二百三十五条。

5. 最高人民检察院检例第47号

于海明正当防卫案

（2018年12月18日）

【关键词】

行凶　正当防卫　撤销案件

【要旨】

对于犯罪故意的具体内容虽不确定，但足以严重危及人身安全的暴力侵害行为，应当认定为刑法第二十条第三款规定的“行凶”。行凶已经造成严重危及人身安全的紧迫危险，即使没有发生严重的实害后果，也不影响正当防卫的成立。

【基本案情】

于海明，男，1977 年 3 月 18 日出生，某酒店业务经理。

2018 年 8 月 27 日 21 时 30 分许，于海明骑自行车在江苏省昆山市震川路正常行驶，刘某醉酒驾驶小轿车（经检测，血液酒精含量 87mg/100ml），向右强行闯入非机动车道，与于海明险些碰擦。刘某的一名同车人员下车与于海明争执，经同行人员劝解返回时，刘某突然下车，上前推搡、踢打于海明。虽经劝解，刘某仍持续追打，并从轿车内取出一把砍刀（系管制刀具），连续用刀面击打于海明颈部、腰部、腿部。刘某在击打过程中将砍刀甩脱，于海明抢到砍刀，刘某上前争夺，在争夺中于海明捅刺刘某的腹部、臀部，砍击其右胸、左肩、左肘。刘某受伤后跑向轿车，于海明继续追砍 2 刀均未砍中，其中 1 刀砍中轿车。刘某跑离轿车，于海明返回轿车，将车内刘某的手机取出放入自己口袋。民警到达现场后，于海明将手机和砍刀交给处警民警（于海明称，拿走刘某的手机是为了防止对方打电话召集人员报复）。刘某逃离后，倒在附近绿化带内，后经送医抢救无效，因腹部大静脉等破裂致失血性休克于当日死亡。于海明经人身检查，见左颈部条形挫伤 1 处、左胸季肋部条形挫伤 1 处。

8 月 27 日当晚公安机关以“于海明故意伤害案”立案侦查，8 月 31 日公安机关查明了本案的全部事实。9 月 1 日，江苏省昆山市公安局根据侦查查明的事实，依据《中华人民共和国刑法》第二十条第三款的规定，认定于海明的行为属于正当防卫，不负刑事责任，决定依法撤销于海明故意伤害案。其间，公安机关依据相关规定，听取了检察机关的意见，昆山市人民检察院同意公安机关的撤销案件决定。

【检察机关的意见和理由】

检察机关的意见与公安机关的处理意见一致，具体论证情况和理由如下：

第一，关于刘某的行为是否属于“行凶”的问题。在论证过程中有意见提出，刘某仅使用刀面击打于海明，犯罪故意的具体内容不确定，不宜认定为行凶。论证后认为，对行凶的认定，应当遵循刑法第二十条第三款的规定，以“严重危及人身安全的暴力犯罪”作为把握的标准。刘某开始阶段的推搡、踢打行为不属于“行凶”，但从持砍刀击打后，行为性质已经升级为暴力犯罪。刘某攻击行为凶狠，所持凶器可轻易致人死伤，随着事态发展，接下来会造成什么样的损害后果难以预料，于海明的人身安全处于现实的、急迫的和严重的危险之下。刘某具体抱持杀人的故意还是伤害的故意不确定，正是许多行凶行为的特征，而不是认定的障碍。因此，刘某的行为符合“行凶”的认定标准，应当认定为“行凶”。

第二，关于刘某的侵害行为是否属于“正在进行”的问题。在论证过程中有意见提出，于海明抢到砍刀后，刘某的侵害行为已经结束，不属于正在进行。论证后认为，判断侵害行为是否已经结束，应看侵害人是否已经实质性脱离现场以及是否还有继续攻击或再次发动攻击的可能。于海明抢到砍刀后，刘某立刻上前争夺，侵害行为没有停止，刘某受伤后又立刻跑向之前藏匿砍刀的汽车，于海明此时作不间断的追击也符合防卫的需要。于海明追砍两刀均未砍中，刘某从汽车旁边跑开后，于海明也未再追击。因此，在于海明抢得砍刀顺势反击时，刘某既未放弃攻击行为也未实质性脱离现场，不能认为侵害行为已经停止。

第三，关于于海明的行为是否属于正当防卫的问题。在论证过程中有意见提出，于海明本人所受损伤较小，但防卫行为却造成了刘某死亡的后果，二者对比不相适应，于海明的行为属于防卫过当。论证后认为，不法侵害行为既包括实害行为也包括危险行为，对于危险行为同样可以实施正当防卫。认为“于海明与刘某的伤情对比不相适应”的意见，只注意到了实害行为而忽视了危险行为，这种意见实际上是要求防卫人应等到暴力犯罪造成一定的伤害后果才能实施防卫，这不符合及时制止犯罪、让犯罪不能得逞的防卫需要，也不适当地缩小了正当防卫的依法成立范围，是不正确的。本案中，在刘某的行为因具有危险性而属于“行凶”的前提下，于海明采取防卫行为致其死亡，依法不属于防卫过当，不负刑事责任，于海明本人是否受伤或伤情轻重，对正当防卫的认定没有影响。公安机关认定于海明的行为系正当防卫，决定依法撤销案件的意见，完全正确。

【指导意义】

刑法第二十条第三款规定：“对正在进行行凶、杀人、抢劫、强奸、绑架以及其他严重危及人身安全的暴力犯罪，采取防卫行为，造成不法侵害人伤亡的，不属于防卫过当，不负刑事责任。”司法实践通常称这种正当防卫为“特殊防卫”。

刑法作出特殊防卫的规定，目的在于进一步体现“法不能向不法让步”的秩序理念，同时肯定防卫人以对等或超过的强度予以反击，即使造成不法侵害人伤亡，也不必顾虑可能成立防卫过当因而构成犯罪的问题。司法实践中，如果面对不法侵害人“行凶”性质的侵害行为，仍对防卫人限制过苛，不仅有违立法本意，也难以取得制止犯罪，保护公民人身权利不受侵害的效果。

适用本款规定，“行凶”是认定的难点，对此应当把握以下两点：一是必须是暴力犯罪，对于非暴力犯罪或一般暴力行为，不能认定为行凶；二是必须严重危及人身安全，即对人的生命、健康构成严重危险。在具体案件中，有些暴力行为的主观故意尚未通过客观行为明确表现出来，或者行为人本身就是持概括故意予以实施，这类行为的故意内容虽不确定，但已表现出多种故意的可能，其中只要有现实可能造成他人重伤或死亡的，均应当认定为“行凶”。

正当防卫以不法侵害正在进行为前提。所谓正在进行，是指不法侵害已经开始但尚未结束。不法侵害行为多种多样、性质各异，判断是否正在进行，应就具体行为和现场情境作具体分析。判断标准不能机械地对刑法上的着手与既遂作出理解、判断，因为着手与既遂侧重的是侵害人可罚性的行为阶段问题，而侵害行为正在进行，侧重的是防卫人的利益保护问题。所以，不能要求不法侵害行为已经加诸被害人身上，只要不法侵害的现实危险已经迫在眼前，或者已达既遂状态但侵害行为没有实施终了的，就应当认定为正在进行。

需要强调的是，特殊防卫不存在防卫过当的问题，因此不能作宽泛的认定。对于因民间矛盾引发、不法与合法对立不明显以及夹杂泄愤报复成分的案件，在认定特殊防卫时应当十分慎重。

【相关规定】

《中华人民共和国刑法》第二十条

6. 最高人民检察院检例第48号

侯雨秋正当防卫案

（2018年12月18日）

【关键词】

聚众斗殴　故意伤害　正当防卫　不起诉

【要旨】

单方聚众斗殴的，属于不法侵害，没有斗殴故意的一方可以进行正当防卫。单方持械聚众斗殴，对他人的人身安全造成严重危险的，应当认定为刑法第二十条第三款规定的“其他严重危及人身安全的暴力犯罪”。

【基本案情】

侯雨秋，男，1981年5月18日出生，务工人员。

侯雨秋系葛某经营的养生会所员工。2015年6月4日22时40分许，某足浴店股东沈某因怀疑葛某等人举报其店内有人卖淫嫖娼，遂纠集本店员工雷某、柴某等4人持棒球棍、匕首赶至葛某的养生会所。沈某先行进入会所，无故推翻大堂盆栽挑衅，与葛某等人扭打。雷某、柴某等人随后持棒球棍、匕首冲入会所，殴打店内人员，其中雷某持匕首两次刺中侯雨秋右大腿。其间，柴某所持棒球棍掉落，侯雨秋捡起棒球棍挥打，击中雷某头部致其当场倒地。该会所员工报警，公安人员赶至现场，将沈某等人抓获，并将侯雨秋、雷某送医救治。雷某经抢救无效，因严重颅脑损伤于6月24日死亡。侯雨秋的损伤程度构成轻微伤，该会所另有2人被打致轻微伤。

公安机关以侯雨秋涉嫌故意伤害罪，移送检察机关审查起诉。浙江省杭州市人民检察院根据审查认定的事实，依据《中华人民共和国刑法》第二十条第三款的规定，认为侯雨秋的行为属于正当防卫，不负刑事责任，决定对侯雨秋不起诉。

【不起诉的理由】

检察机关认为，本案沈某、雷某等人的行为属于刑法第二十条第三款规定的“其他严重危及人身安全的暴力犯罪”，侯雨秋对此采取防卫行为，造成不法侵害人之一雷某死亡，依法不属于防卫过当，不负刑事责任。主要理由如下：

第一，沈某、雷某等人的行为属于“其他严重危及人身安全的暴力犯罪”。判断不法侵害行为是否属于刑法第二十条第三款规定的“其他”犯罪，应当以本款列举的杀人、抢劫、强奸、绑架为参照，通过比较暴力程度、危险程度和刑法给予惩罚的力度等综合作出判断。本案沈某、雷某等人的行为，属于单方持械聚众斗殴，构成犯罪的法定最低刑虽然不重，与一般伤害罪相同，但刑法第二百九十二条同时规定，聚众斗殴，致人重伤、死亡的，依照刑法关于故意伤害致人重伤、故意杀人的规定定罪处罚。刑法作此规定表明，聚众斗殴行为常可造成他人重伤或者死亡，结合案件具体情况，可以判定聚众斗殴与故意致人伤亡的犯罪在暴力程度和危险程度上是一致的。本案沈某、雷某等共5人聚众持棒球棍、匕首等杀伤力很大的工具进行斗殴，短时间内已经打伤3人，应当认定为“其他严重危及人身安全的暴力犯罪”。

第二，侯雨秋的行为具有防卫性质。侯雨秋工作的养生会所与对方的足浴店，尽管存在生意竞争关系，但侯雨秋一方没有斗殴的故意，本案打斗的起因系对方挑起，打斗的地点也系在本方店内，所以双方攻击与防卫的关系清楚明了。沈某纠集雷某等人聚众斗殴属于正在进行的不法侵害，没有斗殴故意的侯雨秋一方可以进行正当防卫，因此侯雨秋的行为具有防卫性质。

第三，侯雨秋的行为不属于防卫过当，不负刑事责任。本案沈某、雷某等人的共同侵害行为，严重危及他人人身安全，侯雨秋为保护自己和本店人员免受暴力侵害，而采取防卫行为，造成不法侵害人之一雷某死亡，依据刑法第二十条第三款的规定，不属于防卫过当，不负刑事责任。

【指导意义】

刑法第二十条第三款规定的“其他严重危及人身安全的暴力犯罪”的认定，除了在方法上，以本款列举的四种罪行为参照，通过比较暴力程度、危险程度和刑法给予惩罚的力度作出判断以外，还应当注意把握以下几点：一是不法行为侵害的对象是人身安全，即危害人的生命权、健康权、自由权和性权利。人身安全之外的财产权利、民主权利等其他合法权利不在其内，这也是特殊防卫区别于一般防卫的一个重要特征；二是不法侵害行为具有暴力性，且应达到犯罪的程度。对本款列举的杀人、抢劫、强奸、绑架应作广义的理解，即不仅指这四种具体犯罪行为，也包括以此种暴力行为作为手段，而触犯其他罪名的犯罪行为，如以抢劫为手段的抢劫枪支、弹药、爆炸物的行为，以绑架为手段的拐卖妇女、儿童的行为，以及针对人的生命、健康而采取的放火、爆炸、决水等行为；三是不法侵害行为应当达到一定的严重程度，即有可能造成他人重伤或死亡的后果。需要强调的是，不法侵害行为是否已经造成实际伤害后果，不必然影响特殊防卫的成立。此外，针对不法侵害行为对他人人身安全造成的严重危险，可以实施特殊防卫。

在共同不法侵害案件中，“行凶”与“其他严重危及人身安全的暴力犯罪”，在认定上可以有一定交叉，具体可结合全案行为特征和各侵害人的具体行为特征作综合判定。另外，对于寻衅滋事行为，不宜直接认定为“其他严重危及人身安全的暴力犯罪”，寻衅滋事行为暴力程度较高、严重危及他人人身安全的，可分别认定为刑法第二十条第三款规定中的行凶、杀人或抢劫。需要说明的是，侵害行为最终成立何种罪名，对防卫人正当防卫的认定没有影响。

人民检察院审查起诉时，应当严把事实关、证据关和法律适用关。根据查明的事实，犯罪嫌疑人的行为属于正当防卫，不负刑事责任的，应当依法作出不起诉的决定，保障无罪的人不受刑事追究。

【相关规定】

《中华人民共和国刑法》第二十条；《中华人民共和国刑事诉讼法》第一百七十七条。

典型案例

1. 汪天佑正当防卫案

——正当防卫起因条件的把握

《涉正当防卫典型案例》第一号

2020年9月3日

【基本案情】

被告人汪天佑与汪某某系邻居，双方曾因汪某某家建房产生矛盾，后经调解解决。2017年8月6日晚8时许，汪某某的女婿燕某某驾车与赵某、杨某某来到汪天佑家北门口，准备质问汪天佑。下车后，燕某某与赵某敲汪天佑家北门，汪天佑因不认识燕某某和赵某，遂询问二人有什么事，但燕某某等始终未表明身份，汪天佑拒绝开门。燕某某、赵某踹开纱门，闯入汪天佑家过道屋。汪天佑被突然开启的纱门打伤右脸，从过道屋西侧橱柜上拿起一铁质摩托车减震器，与燕某某、赵某厮打。汪天佑用摩托车减震器先后将燕某某和赵某头部打伤，致赵某轻伤一级、燕某某轻微伤。其间，汪天佑的妻子电话报警。

【处理结果】

河北省昌黎县人民法院判决认为：被害人燕某某、赵某等人于天黑时，未经允许，强行踹开纱门闯入被告人汪天佑家过道屋。在本人和家人的人身、财产安全受到不法侵害的情况下，汪天佑为制止不法侵害，将燕某某、赵某打伤，致一人轻伤一级、一人轻微伤的行为属于正当防卫，不负刑事责任。该判决已发生法律效力。

【典型意义】

根据《刑法》第二十条第一款的规定，正当防卫的前提是存在不法侵害，这是正当防卫的起因条件。司法适用中，要准确把握正当防卫的起因条件，既要防止对不法侵害作不当限缩，又要防止将以防卫为名行不法侵害之实的违法犯罪行为错误认定为防卫行为。

第一，准确把握不法侵害的范围。不法侵害既包括侵犯生命、健康权利的行为，也包括侵犯人身自由、公私财产等权利的行为；既包括针对本人的不法侵害，也包括危害国家、公共利益或者针对他人的不法侵害。要防止将不法侵害限缩为暴力侵害或者犯罪行为，进而排除对轻微暴力侵害或者非暴力侵害以及违法行为实行正当防卫。对于非法侵入他人住宅等不法侵害，可以实行防卫。本案中，燕某某、赵某与汪天佑并不相识，且不表明身份、天黑时强行踹开纱门闯入汪天佑家，该非法侵入住宅的行为不仅侵害了他人的居住安宁，而且已对他人的人身、财产造成严重威胁，应当认定为“不法侵害”，可以进行防卫。因此，汪天佑为制止不法侵害，随手拿起摩托车减震器，在双方厮打过程中将燕某某、赵某打伤，致一人轻伤一级、一人轻微伤的行为属于正当防卫。

第二，妥当认定因琐事引发的防卫行为。实践中，对于因琐事发生争执，引发打斗的案件，判断行为人的行为是否系防卫行为，较之一般案件更为困难，须妥当把握。

特别是，不能认为因琐事发生争执、冲突，引发打斗的，就不再存在防卫的空间。双方因琐事发生冲突，冲突结束后，一方又实施不法侵害，对方还击，包括使用工具还击的，一般应当认定为防卫行为。本案中，汪天佑与汪某某系邻居，双方曾因汪某某家建房产生矛盾，但矛盾已经调解解决。此后，汪某某的女婿燕某某驾车与赵某、杨某某来到汪天佑家准备质问纠纷一事，进而实施了非法侵入住宅的行为。综合全案可以发现，汪天佑随手拿起摩托车减震器实施的还击行为，系为制止不法侵害，并无斗殴意图，故最终认定其还击行为属于正当防卫。

2. 盛春平正当防卫案

——正当防卫时间条件、限度条件的把握

《涉正当防卫典型案例》第二号

2020 年 9 月 3 日

【基本案情】

2018 年 7 月 30 日，传销人员郭某（已判刑）以谈恋爱为名将盛春平骗至杭州市桐庐县。根据以“天津天狮”名义活动的传销组织安排，郭某等人接站后将盛春平诱至传销窝点。盛春平进入室内先在客厅休息，郭某、唐某某（已判刑）、成某某等传销人员多次欲将其骗入卧室，意图通过采取“洗脑”、恐吓、体罚、殴打等“抖新人”措施威逼其加入传销组织，盛春平发觉情况异常予以拒绝。后在多次请求离开被拒并遭唐某某等人逼近时，拿出随身携带的水果刀予以警告，同时提出愿交付随身携带的钱财以求离开，但仍遭拒绝。之后，事先躲藏的传销人员邓某某、郭某某、刘某某（已判刑）等人也先后来到客厅。成某某等人陆续向盛春平逼近，盛春平被逼后退，当成某某上前意图夺刀时，盛春平持刀挥刺，划伤成某某右手腕及左颈，刺中成某某的左侧胸部，致心脏破裂。随后，盛春平放弃随身行李趁乱逃离现场。

当晚，传销人员将成某某送医院治疗。医院对成某某伤口进行处治后，嘱咐其回当地医院进行康复治疗。同年 8 月 4 日，成某某出院，未遵医嘱继续进行康复治疗。同年 8 月 11 日，成某某在传销窝点突发昏迷经送医抢救无效于当晚死亡。经法医鉴定：成某某系左胸部遭受锐器刺戳作用致心脏破裂，在愈合过程中继续出血，最终引起心包填塞而死亡。

【处理结果】

公安机关以盛春平涉嫌故意伤害罪（防卫过当）向检察机关移送审查起诉。浙江省杭州市人民检察院认定盛春平的行为构成正当防卫，作出不起诉决定。

【典型意义】

通常认为，成立正当防卫，应当同时符合起因、时间、主观、对象、限度等五个条件。本案在诸多方面，对于正确把握正当防卫的成立条件具有指导和参考意义。

第一，关于正当防卫的起因条件。正当防卫的前提是存在不法侵害。不法侵害既包括侵犯生命、健康权利的行为，也包括侵犯人身自由、公私财产等权利的行为；既包括犯罪行为，也包括违法行为。就本案而言，本案案发开始时和案发过程中盛春平并不知道成某某、郭某等人是传销组织人员，也不了解他们的意图。在整个过程中，盛春平始终不能明确认识到自己陷入的是传销窝点，甚至以为对方要摘自己的器官，其感受到人身安全面临不法侵害是有事实根据的。而且，盛春平进入传销窝点后即被控制，随着成某某、郭某等人行为的持续，盛春平的恐惧感不断增强。盛春平到桐庐是和郭某初次见面，且进入郭某自称的住处后，盛春平提出上厕所、给家里人打电话，均被制止，此时其已经感觉到了危险。之后一名陌生男子不断劝盛春平进入里面房间，而里面又出来一名陌生男子，盛春平感觉到危险升级，拒绝他们靠近。而后房间内又出来三名陌生男子逼近，对盛春平而言，不断升级的危险不仅客观而且紧迫。盛春平拿出随身携带的刀具警告阻吓不法侵害人无效后，精神紧张状态进一步增强。传销人员不断逼近，成某某上前夺刀。从当时情境看，盛春平面临客观存在且威胁、危害程度不断升级的不法侵害，其行为符合正当防卫的起因条件。

第二，关于正当防卫的时间条件。正当防卫必须是针对正在进行的不法侵害。对于不法侵害已经形成现实、紧迫危险的，应当认定为不法侵害已经开始。本案中，传销组织得知盛春平来杭后，一边指令郭某前去接站诱进，一边准备实施以恐吓、体罚、殴打和长期拘禁等违法犯罪行为为主要内容的“抖新人”措施威逼盛春平加入传销组织，系正在进行的有组织侵害行为。盛春平进入案发现场后，即遭多人逼近实施拘禁，其遂拿出随身携带的水果刀，警告阻吓传销人员放其离开，而传销组织人员反而增加人手进一步逼近，侵害手段不断升级。由此可见，本案中的不法侵害已经开始、正在进行，且危险程度不断升级，符合正当防卫的时间条件。

第三，关于正当防卫的对象条件。正当防卫必须针对不法侵害人进行。对于多人共同实施不法侵害的，既可以针对直接实施不法侵害的人进行防卫，也可以针对在现场共同实施不法侵害的人进行防卫。本案中，一群以“天津天狮”为名义的传销人员有组织地共同实施不法侵害。其中，成某某不仅参与围逼盛春平，而且当盛春平拿出随身携带的刀具警告时，还上前意图夺刀。此时，盛春平对其实施防卫，属于该种情境下一般人的正常反应，完全符合正当防卫的对象条件。

第四，关于正当防卫的限度条件。防卫是否“明显超过必要限度”，应当综合不法侵害的性质、手段、强度、危害程度和防卫的时机、手段、强度、损害后果等情节，考虑双方力量对比，立足防卫人防卫时所处情境，结合社会公众的一般认知作出判断。在判断不法侵害的危害程度时，不仅要考虑已经造成的损害，还要考虑造成进一步损害的紧迫危险性和现实可能性。本案中，多名传销组织人员对盛春平实施人身控制，盛春平在多次请求离开被拒并遭唐某某等人逼近时，拿出随身携带的水果刀予以警告，同时提出愿交付随身携带的钱财以求离开，但仍遭拒绝。其后，又有多名传销人员来到客厅。成某某等人陆续向盛春平逼近，并意图夺刀。此种情形下，盛春平持刀挥刺，划伤成某某右手腕及左颈，刺中成某某的左侧胸部，致心脏破裂。成某某受伤后经住院治疗，已经出院，但未遵医嘱继续进行康复治疗，导致心脏在愈合过程中继续出血，最终于出院一周后因心包填塞而死亡。考虑案发当场双方力量对比情况，特别是盛春平所面临的不法侵害的严重程度，同时考虑成某某的死亡过程和原因，应当认为盛春平的防卫行为没有明显超过必要限度，符合正当防卫的限度条件。

3. 陈天杰正当防卫案

——正当防卫与相互斗殴的界分

《涉正当防卫典型案例》第三号

2020年9月3日

【基本案情】

2014年3月12日晚，被告人陈天杰和其妻子孙某某等水泥工在海南省三亚市某工地加班搅拌、运送混凝土。22时许，被害人周某某、容某甲、容某乙（殁年19岁）和纪某某饮酒后，看到孙某某一人卸混凝土，便言语调戏孙某某。陈天杰推着手推车过来装混凝土时，孙某某将被调戏的情况告诉陈天杰。陈天杰便生气地叫容某乙等人离开，但容某乙等人不予理会。此后，周某某摸了一下孙某某的大腿，陈天杰遂与周某某等人发生争吵。周某某冲上去要打陈天杰，陈天杰也准备反击，孙某某和从不远处跑过来的刘某甲站在中间，将双方架开。周某某从工地上拿起一把铁铲（长约2米，木柄），冲向陈天杰，但被孙某某拦住，周某某就把铁铲扔了，空手冲向陈天杰。孙某某在劝架时被周某某推倒在地，哭了起来，陈天杰准备上前去扶孙某某时，周某某、容某乙和纪某某先后冲过来对陈天杰拳打脚踢，陈天杰边退边用拳脚还击。接着，容某乙、纪某某从地上捡起钢管（长约1米，空心，直径约4厘米）冲上去打陈天杰，在场的孙某某、刘某甲、容某甲都曾阻拦，容某甲阻拦周某某时被挣脱，纪某某被刘某甲抱着，但是一直挣扎往前冲。当纪某某和刘某甲挪动到陈天杰身旁时，纪某某将刘某甲甩倒在地并持钢管朝陈天杰的头部打去。因陈天杰头戴黄色安全帽，钢管顺势滑下打到陈天杰的左上臂。在此过程中，陈天杰半蹲着用左手护住孙某某，右手拿出随身携带的一把折叠式单刃小刀（打开长约15厘米，刀刃长约6厘米）乱挥、乱捅，致容某乙、周某某、纪某某、刘某甲受伤。水泥工刘某乙闻讯拿着一把铲子和其他同事赶到现场，周某某、容某乙和纪某某见状便逃离现场，逃跑时还拿石头、酒瓶等物品对着陈天杰砸过来。容某乙被陈天杰持小刀捅伤后跑到工地的地下室里倒地，后因失血过多死亡。经鉴定，周某某的伤情属于轻伤二级；纪某某、刘某甲、陈天杰的伤情均属于轻微伤。

【处理结果】

海南省三亚市城郊人民法院一审判决、三亚市中级人民法院二审裁定认为：被害人容某乙等人酒后滋事，调戏被告人陈天杰的妻子，辱骂陈天杰，不听劝阻，使用足以严重危及他人人身安全的凶器殴打陈天杰。陈天杰在被殴打时，持小刀还击，致容某乙死亡、周某某轻伤、纪某某轻微伤，属于正当防卫，依法不负刑事责任。

【典型意义】

第一，准确区分正当防卫与相互斗殴。正当防卫与相互斗殴在外观上具有相似性，但性质存在本质差异。对于因琐事发生争执，引发打斗的，在判断行为人的行为是互殴还是防卫时，要综合考量案发的起因、对冲突升级是否有过错、是否使用或者准备使用凶器、是否采用明显不相当的暴力、是否纠集他人参与打斗等客观情节，准确判断行为人的主观意图和行为性质。本案中，陈天杰在其妻子孙某某被调戏、其被辱骂的情况下，面对冲上来欲对其殴打的周某某，陈天杰也欲还击，被孙某某和刘某甲拦开。陈天杰在扶劝架时被推倒在地的孙某某时，周某某、容某乙和纪某某先后冲过来对陈天杰拳打脚踢，继而持械殴打陈天杰。陈天杰持刀捅伤被害人时，正是被容某乙等人持械殴打的紧迫期间。因此，陈天杰是在其妻子被羞辱、自己被打后为维护自己与妻子的尊严、保护自己与妻子的人身安全，防止不法侵害而被动进行的还击，其行为属于防卫而非斗殴。

第二，准确把握特殊防卫的起因条件。本案还涉及特殊防卫适用的相关问题。有观点提出，从双方关系和起因、容某乙等人选择打击的部位及强度看，容某乙等人的行为不属于严重危及人身安全的暴力犯罪。根据《刑法》规定，不能要求只有在不法侵害已经对人身安全实际造成严重危害时才能进行特殊防卫，在不法侵害足以严重危及人身安全的情况下就可以进行特殊防卫。本案中，容某乙等人持械击打的是陈天杰的头部，是人体的重要部位，在陈天杰戴安全帽的情况下致头部轻微伤，钢管打到安全帽后滑到手臂，仍致手臂皮内、皮下出血，可见打击力度之大。在当时的情形下，陈天杰只能根据对方的人数、所持的工具来判断自身所面临的处境。容某乙、纪某某、周某某三人都喝了酒，气势汹汹，并持足以严重危及他人重大人身安全的凶器，在场的孙某某、刘某甲都曾阻拦，但孙某某阻拦周某某、刘某甲阻拦纪某某时均被甩倒。而且，陈天杰是半蹲着左手护住其妻孙某某、右手持小刀进行防卫的，这种姿势不是一种主动攻击的姿势，而是一种被动防御的姿势，且手持的是一把刀刃只有 6 厘米左右的小刀，只要对方不主动靠近攻击就不会被捅刺到。综上，应当认为本案符合特殊防卫的适用条件，陈天杰的防卫行为造成不法侵害人伤亡的，不属于防卫过当，不负刑事责任。

第三，要准确把握正当防卫的对象条件。正当防卫必须针对不法侵害人进行。对于多人共同实施不法侵害的，既可以针对直接实施不法侵害的人进行防卫，也可以针对在现场共同实施不法侵害的人进行防卫。本案中，击打到陈天杰头部的虽然只是纪某某，但容某乙当时也围在陈天杰身边，手持钢管殴打陈天杰，亦属于不法侵害人，陈天杰可对其实行防卫。当时陈天杰被围打，疲于应对，场面混乱。容某乙等人持足以严重危及他人人身安全的凶器主动攻击陈天杰，严重侵犯陈天杰、孙某某的人身权利。此时，陈天杰用小刀刺、划正在对其围殴的容某乙等人，符合正当防卫的对象条件，属于正当防卫。

4. 赵宇正当防卫案

——“明显超过必要限度”的认定

《涉正当防卫典型案例》第六号

2020 年 9 月 3 日

【基本案情】

2018 年 12 月 26 日晚 11 时许，李某与在此前相识的女青年邹某一起饮酒后，一同到达福州市晋安区某公寓邹某的暂住处，二人在室内发生争吵，随后李某被邹某关在门外。李某强行踹门而入，谩骂殴打邹某，引来邻居围观。暂住在楼上的赵宇闻声下楼查看，见李某把邹某摁在墙上并殴打其头部，即上前制止并从背后拉拽李某，致李某倒地。李某起身后欲殴打赵宇，威胁要叫人“弄死你们”，赵宇随即将李某推倒在地，朝李某腹部踩一脚，又拿起凳子欲砸李某，被邹某劝阻住，后赵宇离开现场。经鉴定，李某腹部横结肠破裂，伤情属于重伤二级；邹某面部挫伤，伤情属于轻微伤。

【处理结果】

公安机关以赵宇涉嫌故意伤害罪立案侦查，侦查终结后，以赵宇涉嫌过失致人重伤罪向检察机关移送审查起诉。福建省福州市晋安区人民检察院认定赵宇防卫过当，对赵宇作出相对不起诉决定。福州市检察院经审查认定赵宇属于正当防卫，依法指令晋安区人民检察院对赵宇作出绝对不起诉决定。

【典型意义】

根据《刑法》第二十条第二款的规定，防卫过当应当同时具备“明显超过必要限度”和“造成重大损害”两个条件，缺一不可。造成重大损害是指造成不法侵害人重伤、死亡，对此不难判断。实践中较难把握的是相关防卫行为是否明显超过必要限度，不少案件处理中存在认识分歧。司法适用中，要注意综合考虑案件具体情况，结合社会公众的一般认知，对防卫行为是否“明显超过必要限度”作出准确判断。

第一，防卫过当仍属于防卫行为，只是明显超过必要限度并造成重大损害。本案中，李某强行踹门进入他人住宅，将邹某摁在墙上殴打其头部，赵宇闻声下楼查看，为了制止李某对邹某以强欺弱，出手相助，拉拽李某。赵宇的行为属于为了使他人的人身权利免受正在进行的不法侵害，而采取的制止不法侵害的行为，符合正当防卫的起因条件、时间条件、对象条件和意图条件等要件，具有防卫性质。

第二，对防卫行为“明显超过必要限度”的判断，应当坚持综合考量原则。防卫是否“明显超过必要限度”，应当综合不法侵害的性质、手段、强度、危害程度和防卫的时机、手段、强度、损害后果等情节，考虑双方力量对比，立足防卫人防卫时所处情境，结合社会公众的一般认知作出判断。在判断不法侵害的危害程度时，不仅要考虑已经造成的损害，还要考虑造成进一步损害的紧迫危险性和现实可能性。不应当苛求防卫人必须采取与不法侵害基本相当的反击方式和强度，更不能机械地理解为反击行为与不法侵害行为的方式要对等，强度要精准。防卫行为虽然超过必要限度但并不明显的，不能认定为防卫过当。本案虽然造成了李某重伤二级的后果，但是，从赵宇的行为手段、行为目的、行为过程、行为强度等具体情节来看，没有“明显超过必要限度”。赵宇在阻止、拉拽李某的过程中，致李某倒地，在李某起身后欲殴打赵宇，并用言语威胁的情况下，赵宇随即将李某推倒在地，朝李某腹部踩一脚，导致李某横结肠破裂，属于重伤二级。从行为手段上看，双方都是赤手空拳，赵宇的拉拽行为与李某的不法侵害行为基本相当。从赵宇的行为过程来看，赵宇制止李某的不法侵害行为是连续的，自然而然发生的，是在当时场景下的本能反应。李某倒地后，并未完全被制服，仍然存在起身后继续实施不法侵害的现实可能性。此时，赵宇朝李某腹部踩一脚，其目的是阻止李某继续实施不法侵害，并没有泄愤报复等个人目的，应当认定为正当防卫。

5. 陈月浮正当防卫案

——特殊防卫的具体适用

《涉正当防卫典型案例》第七号

2020年9月3日

【基本案情】

2009年1月25日凌晨2时许，被害人陈某某酒后来到被告人陈月浮家，用随身携带的一把菜刀敲击陈月浮家铁门，叫陈月浮出来打架。陈月浮的妻子下楼，佯称陈月浮不在家。陈某某继续敲击铁门，陈月浮便下楼打开铁门，陈某某遂用菜刀砍中陈月浮脸部，致陈月浮轻伤。陈某某再次砍向陈月浮时，被陈月浮挡开，菜刀掉在地上，陈月浮上前拳击陈某某的胸部等部位，二人在地上扭打。后陈某某因钝性物体作用胸部致心包、心脏破裂致失血性休克死亡。

【处理结果】

广东省普宁市人民法院一审判决、揭阳市中级人民法院二审裁定认为：陈某某无故持刀上门砍伤陈月浮，陈月浮为了使本人的人身免受正在进行的不法侵害，对正在进行的危害人身安全的暴力犯罪采取防卫行为，造成不法侵害人陈某某死亡的，不属于防卫过当，不负刑事责任。

【典型意义】

根据《刑法》第二十条第三款的规定，对正在进行行凶、杀人、抢劫、强奸、绑架以及其他严重危及人身安全的暴力犯罪，采取防卫行为，造成不法侵害人伤亡的，不属于防卫过当，不负刑事责任。司法适用中，要妥当把握特殊防卫的起因条件，准确理解和把握“行凶”。

第一，根据《刑法》规定，特殊防卫的起因条件限于正在进行的行凶、杀人、抢劫、强奸、绑架以及其他严重危及人身安全的暴力犯罪。与一般防卫不同，特殊防卫起因条件的实质在于不法侵害系“严重危及人身安全”的暴力犯罪。需要注意的是，行凶、杀人、抢劫、强奸、绑架等不法侵害必须严重危及人身安全且系暴力犯罪，才能实行特殊防卫；相关不法侵害没有严重危及人身安全的，应当适用一般防卫的法律规定。对于相关不法侵害是否严重危及人身安全，应当注意从不法侵害是否具有暴力性、是否严重危及人身安全、是否达到犯罪程度等方面作出判断。本案中，陈某某无故持菜刀凌晨上门砍伤陈月浮，属于使用致命性凶器实施的严重危及他人人身安全的不法侵害，应当认定为“行凶”，对此陈月浮可以实行特殊防卫。

第二，《刑法》第二十条第三款规定的“行凶”，可以是使用致命性凶器实施的严重危及他人人身安全的行为，也可以是以其他形式实施的严重危及他人人身安全的行为。不法侵害人的具体故意内容不确定，但根据侵害行为发生的时间、地点及不法侵害人持有凶器判断，暴力侵害行为足以严重危及人身安全的，防卫人可以实行特殊防卫。本案中，陈某某持菜刀砍中陈月浮脸部致其轻伤，陈某某再次砍向陈月浮时被其挡开，菜刀掉到地上。此时，要求陈月浮被菜刀砍伤后保持高度冷静，在将行凶者打倒之后，还要仔细判断行凶者有没有继续行凶的能力，这对于在黑夜之中高度惊恐的防卫人，是强人所难。因此，综合考虑案件的具体情况，应当认为在陈某某菜刀掉到地上之后仍然可以实行防卫。

第三，准确理解和把握正当防卫的刑法规定和立法精神，对于符合正当防卫认定条件的，坚决依法认定。实践中，受“人死为大”观念的影响，在处理因防卫致人死亡的案件时，办案机关往往面临外部压力，存有心理顾虑，以致有的情况下将原本属于正当防卫的行为认定为防卫过当，甚至连防卫因素也不予认定。这是极端错误的。作为司法机关，严格依法办案是天职，决不能为了所谓的“息事宁人”牺牲法律原则。否则，既不利于维护法律的尊严，也不利于为全社会树立正确导向，对正当防卫人来说更是有失公正。对于确系正当防卫的案件，应当勇于担当，严格公正司法，坚决依法认定。实践证明，只有依法判决，才能赢得好的效果；只要依法判决，就能赢得好的效果。本案就是例证，依法宣判陈月浮不负刑事责任后，获得了社会公众的普遍肯定，弘扬了社会主义核心价值观，实现了法律效果与社会效果的有机统一。

关联规范

1. **《中华人民共和国监狱法》**（2012年10月26日修正）（节录）

第四十六条 人民警察和人民武装警察部队的执勤人员遇有下列情形之一，非使用武器不能制止的，按照国家有关规定，可以使用武器：

（一）罪犯聚众骚乱、暴乱的；

（二）罪犯脱逃或者拒捕的；

（三）罪犯持有凶器或者其他危险物，正在行凶或者破坏，危及他人生命、财产安全的；

（四）劫夺罪犯的；

（五）罪犯抢夺武器的。

使用武器的人员，应当按照国家有关规定报告情况。

2. **《中华人民共和国人民警察法》**（2012年10月26日修正）（节录）

第十条 遇有拒捕、暴乱、越狱、抢夺枪支或者其他暴力行为的紧急情况，公安机关的人民警察依照国家有关规定可以使用武器。

第十一条 为制止严重违法犯罪活动的需要，公安机关的人民警察依照国家有关规定可以使用警械。

第十二条 为侦查犯罪活动的需要，公安机关的人民警察可以依法执行拘留、搜查、逮捕或者其他强制措施。

第十三条 公安机关的人民警察因履行职责的紧急需要，经出示相应证件，可以优先乘坐公共交通工具，遇交通阻碍时，优先通行。

公安机关因侦查犯罪的需要，必要时，按照国家有关规定，可以优先使用机关、团体、企业事业组织和个人的交通工具、通信工具、场地和建筑物，用后应当及时归还，并支付适当费用；造成损失的，应当赔偿。

第十四条 公安机关的人民警察对严重危害公共安全或者他人人身安全的精神病人，可以采取保护性约束措施。需要送往指定的单位、场所加以监护的，应当报请县级以上人民政府公安机关批准，并及时通知其监护人。

第四十九条 人民警察违反规定使用武器、警械，构成犯罪的，依法追究刑事责任；尚不构成犯罪的，应当依法给予行政处分。

3. **《中华人民共和国民用航空法》**（2021年4月29日修正）（节录）

第四十六条 飞行中，对于任何破坏民用航空器、扰乱民用航空器内秩序、危害民用航空器所载人员或者财产安全以及其他危及飞行安全的行为，在保证安全的前提下，机长有权采取必要的适当措施。

飞行中，遇到特殊情况时，为保证民用航空器及其所载人员的安全，机长有权对民用航空器作出处置。

4. **《最高人民法院、最高人民检察院、公安部、司法部关于依法办理家庭暴力犯罪案件的意见》**（2015年3月2日 法发〔2015〕4号）（节录）

19. 准确认定对家庭暴力的正当防卫。为了使本人或者他人的人身权利免受不法侵害，对正在进行的家庭暴力采取制止行为，只要符合刑法规定的条件，就应当依法认定为正当防卫，不负刑事责任。防卫行为造成施暴人重伤、死亡，且明显超过必要限度，属于防卫过当，应当负刑事责任，但是应当减轻或者免除处罚。

认定防卫行为是否"明显超过必要限度"，应当以足以制止并使防卫人免受家庭暴力不法侵害的需要为标准，根据施暴人正在实施家庭暴力的严重程度、手段的残忍程度，防卫人所处的环境、面临的危险程度、采取的制止暴力的手段、造成施暴人重大损害的程度，以及既往家庭暴力的严重程度等进行综合判断。

5. **《最高人民法院、最高人民检察院、公安部关于依法惩治妨害公共交通工具安全驾驶违法犯罪行为的指导意见》**（2019年1月8日 公通字〔2019〕1号）（节录）

一、准确认定行为性质，依法从严惩处妨害安全驾驶犯罪

（四）对正在进行的妨害安全驾驶的违法犯罪行为，乘客等人员有权采取措施予以制止。制止行为造成违法犯罪行为人损害，符合法定条件的，应当认定为正当防卫。

6. **《最高人民法院、最高人民检察院、公安部关于依法适用正当防卫制度的指导意见》**（2020年8月28日 法发〔2020〕31号）（节录）

一、总体要求

1. 把握立法精神，严格公正办案。正当防卫是法律赋予公民的权利。要准确理解和把握正当防卫的法律规定和立法精神，对于符合正当防卫成立条件的，坚决依法认定。要切实防止"谁能闹谁有理""谁死伤谁有理"的错误做法，坚决捍卫"法不能向不法让步"的法治精神。

2. 立足具体案情，依法准确认定。要立足防卫人防卫时的具体情境，综合考虑案件发生的整体经过，结合一般人在类似情境下的可能反应，依法准确把握防卫的时间、限度等条件。要充分考虑防卫人面临不法侵害时的紧迫状态和紧张心理，防止在事后以正常情况下冷静理性、客观精确的标准去评判防卫人。

3. 坚持法理情统一，维护公平正义。认定是否构成正当防卫、是否防卫过当以及对防卫过当裁量刑罚时，要注重查明前因后果，分清是非曲直，确保案件处理于法有据、于理应当、于情相容，符合人民群众的公平正义观念，实现法律效果与社会效果的有机统一。

4. 准确把握界限，防止不当认定。对于以防卫为名行不法侵害之实的违法犯罪行为，要坚决避免认定为正当防卫或者防卫过当。对于虽具有防卫性质，但防卫行为明显超过必要限度造成重大损害的，应当依法认定为防卫过当。

二、正当防卫的具体适用

5. 准确把握正当防卫的起因条件。正当防卫的前提是存在不法侵害。不法侵害既包括侵犯生命、健康权利的行为，也包括侵犯人身自由、公私财产等权利的行为；既包括犯罪行为，也包括违法行为。不应将不法侵害不当限缩为暴力侵害或者犯罪行为。对于非法限制他人人身自由、非法侵入他人住宅等不法侵害，可以实行防卫。不法侵害既包括针对本人的不法侵害，也包括危害国家、公共利益或者针对他人的不法侵害。对于正在进行的拉拽方向盘、殴打司机等妨害安全驾驶、危害公共安全的违法犯罪行为，可以实行防卫。成年人对于未成年人正在实施的针对其他未成年人的不法侵害，应当劝阻、制止；劝阻、制止无效的，可以实行防卫。

6. 准确把握正当防卫的时间条件。正当防卫必须是针对正在进行的不法侵害。对于不法侵害已经形成现实、紧迫危险的，应当认定为不法侵害已经开始；对于不法侵害虽然暂时中断或者被暂时制止，但不法侵害人仍有继续实施侵害的现实可能性的，应当认定为不法侵害仍在进行；在财产犯罪中，不法侵害人虽已取得财物，但通过追赶、阻击等措施能够追回财物的，可以视为不法侵害仍在进行；对于不法侵害人确已失去侵害能力或者确已放弃侵害的，应当认定为不法侵害已经结束。对于不法侵害是否已经开始或者结束，应当立足防卫人在防卫时所处情境，按照社会公众的一般认知，依法作出合乎情理的判断，不能苛求防卫人。对于防卫人因为恐慌、紧张等心理，对不法侵害是否已经开始或者结束产生错误认识的，应当根据主客观相统一原则，依法作出妥当处理。

7. 准确把握正当防卫的对象条件。正当防卫必须针对不法侵害人进行。对于多人共同实施不法侵害的，既可以针对直接实施不法侵害的人进行防卫，也可以针对在现场共同实施不法侵害的人进行防卫。明知侵害人是无刑事责任能力人或者限制刑事责任能力人的，应当尽量使用其他方式避免或者制止侵害；没有其他方式可以避免、制止不法侵害，或者不法侵害严重危及人身安全的，可以进行反击。

8. 准确把握正当防卫的意图条件。正当防卫必须是为了使国家、公共利益、本人或者他人的人身、财产和其他权利免受不法侵害。对于故意以语言、行为等挑动对方侵害自己再予以反击的防卫挑拨，不应认定为防卫行为。

9. 准确界分防卫行为与相互斗殴。防卫行为与相互斗殴具有外观上的相似性，准确区分两者要坚持主客观相统一原则，通过综合考量案发起因、对冲突升级是否有过错、是否使用或者准备使用凶器、是否采用明显不相当的暴力、是否纠集他人参与打斗等客观情节，准确判断行为人的主观意图和行为性质。

因琐事发生争执，双方均不能保持克制而引发打斗，对于有过错的一方先动手且手段明显过激，或者一方先动手，在对方努力避免冲突的情况下仍继续侵害的，还击一方的行为一般应当认定为防卫行为。

双方因琐事发生冲突，冲突结束后，一方又实施不法侵害，对方还击，包括使用工具还击的，一般应当认定为防卫行为。不能仅因行为人事先进行防卫准备，就影响对其防卫意图的认定。

10. 防止将滥用防卫权的行为认定为防卫行为。对于显著轻微的不法侵害，行为人在可以辨识的情况下，直接使用足以致人重伤或者死亡的方式进行制止的，不应认定为防卫行为。不法侵害系因行为人的重大过错引发，行为人在可以使用其他手段避免侵害的情况下，仍故意使用足以致人重伤或者死亡的方式还击的，不应认定为防卫行为。

三、防卫过当的具体适用

11. 准确把握防卫过当的认定条件。根据刑法第二十条第二款的规定，认定防卫过当应当同时具备“明显超过必要限度”和“造成重大损害”两个条件，缺一不可。

12. 准确认定“明显超过必要限度”。防卫是否“明显超过必要限度”，应当综合不法侵害的性质、手段、强度、危害程度和防卫的时机、手段、强度、损害后果等情节，考虑双方力量对比，立足防卫人防卫时所处情境，结合社会公众的一般认知作出判断。在判断不法侵害的危害程度时，不仅要考虑已经造成的损害，还要考虑造成进一步损害的紧迫危险性和现实可能性。不应当苛求防卫人必须采取与不法侵害基本相当的反击方式和强度。通过综合考量，对于防卫行为与不法侵害相差悬殊、明显过激的，应当认定防卫明显超过必要限度。

13. 准确认定“造成重大损害”。“造成重大损害”是指造成不法侵害人重伤、死亡。造成轻伤及以下损害的，不属于重大损害。防卫行为虽然明显超过必要限度但没有造成重大损害的，不应认定为防卫过当。

14. 准确把握防卫过当的刑罚裁量。防卫过当应当负刑事责任，但是应当减轻或者免除处罚。要综合考虑案件情况，特别是不法侵害人的过错程度、不法侵害的严重程度以及防卫人面对不法侵害的恐慌、紧张等心理，确保刑罚裁量适当、公正。对于因侵害人实施严重贬损他人人格尊严、严重违反伦理道德的不法侵害，或者多次、长期实施不法侵害所引发的防卫过当行为，在量刑时应当充分考虑，以确保案件处理既经得起法律检验，又符合社会公平正义观念。

四、特殊防卫的具体适用

15. 准确理解和把握“行凶”。根据刑法第二十条第三款的规定，下列行为应当认定为“行凶”：（1）使用致命性凶器，严重危及他人人身安全的；（2）未使用凶器或者未使用致命性凶器，但是根据不法侵害的人数、打击部位和力度等情况，确已严重危及他人人身安全的。虽然尚未造成实际损害，但已对人身安全造成严重、紧迫危险的，可以认定为“行凶”。

16. 准确理解和把握“杀人、抢劫、强奸、绑架”。刑法第二十条第三款规定的“杀人、抢劫、强奸、绑架”，是指具体犯罪行为而不是具体罪名。在实施不法侵害过程中存在杀人、抢劫、强奸、绑架等严重危及人身安全的暴力犯罪行为的，如以暴力手段抢劫枪支、弹药、爆炸物或者以绑架手段拐卖妇女、儿童的，可以实行特殊防卫。有关行为没有严重危及人身安全的，应当适用一般防卫的法律规定。

17. 准确理解和把握“其他严重危及人身安全的暴力犯罪”。刑法第二十条第三款规定的“其他严重危及人身安全的暴力犯罪”，应当是与杀人、抢劫、强奸、绑架行为相当，并具有致人重伤或者死亡的紧迫危险和现实可能的暴力犯罪。

18. 准确把握一般防卫与特殊防卫的关系。对于不符合特殊防卫起因条件的防卫行为，致不法侵害人伤亡的，如果没有明显超过必要限度，也应当认定为正当防卫，不负刑事责任。

第二节 犯罪的预备、未遂和中止

第二十一条 紧急避险

为了使国家、公共利益、本人或者他人的人身、财产和其他权利免受正在发生的危险，不得已采取的紧急避险行为，造成损害的，不负刑事责任。

紧急避险超过必要限度造成不应有的损害的，应当负刑事责任，但是应当减轻或者免除处罚。

第一款中关于避免本人危险的规定，不适用于职务上、业务上负有特定责任的人。

条文要旨

本条是关于紧急避险的规定。

理解与适用

紧急避险是指行为人在遇到某种危险的情况下，为了防止国家、公共利益、本人或者他人的合法权利遭受损害，不得已而采取的侵犯另一个较小的合法权利，以保护较大的合法权利的行为。紧急避险制度和正当防卫制度一样，是一项历史悠久的法律制度，对于刑事法律而言，具有排除行为犯罪性的作用。通常情况下，每个人的合法权益都受到法律同等的保护，任何人没有“损人利已”的权利。但在紧急状态下，合法权益必然受损时，由于法律保护权益的平等性，如果不得已损害一个较小的利益，可以将损害降低到最少，从而实现社会利益最大化的，法律也允许采取相应的“损害”另一个合法利益的措施。紧急避险的核心是紧急，只有在紧急状态下实施才不需要承担刑事责任。由于紧急避险是对于另一合法权益的损害，因此，相对于正当防卫制度来说，刑法对紧急避险制度规定了更为严格的限制条件，以最大限度地排除对其他人合法权益的损害。

本条分为三款。第一款是关于什么是紧急避险行为及紧急避险行为不负刑事责任的规定。首先，关于紧急避险的条件。根据本款的规定，采取紧急避险行为应当符合以下条件：（1）避险的目的是使国家、公共利益、本人或者他人的人身、财产和其他权利免受危险。（2）危险正在发生，使上述合法权益受到威胁。对尚未发生的危险、已经结束的危险以及假想的危险或者推测的危险，都不能采取紧急避险行为。（3）紧急避险行为是为了使更多、更大的合法权益免受正在发生的危险，而不得已采取的损害另一种合法权益的行为，因此，紧急避险所造成的损害必须小于避免的损害。这是由紧急避险的性质决定的。其次，关于紧急避险行为的法律后果。由于紧急避险造成的损害必须小于避免的损害，对社会总体上是有益的，不具有刑法意义上的社会危害性而具有合法性，因此本款规定“不得已采取的紧急避险行为，造成损害的，不负刑事责任”。

第二款是关于紧急避险超过必要限度造成不应有的损害的应当负刑事责任和处罚原则的规定。本款规定了两层意思：一是采取紧急避险行为超过必要限度造成不应有的损害的，应当负刑事责任。本款规定的“超过必要限度”是指紧急避险行为超过了使受到正在发生的危险威胁的合法权益免遭损害所必需的强度而造成了不应有的损害。这里规定的“超过必要限度”和“造成不应有的损害”是一致的。所谓“不应有的损害”是指紧急避险行为造成的损害大于避免的损害。造成不应有的损害的，已经失去了紧急避险的意义，具有一定的社会危害性，因此，本款规定紧急避险行为超过必要限度造成不应有的损害的，应当负刑事责任。二是对超过必要限度应当负刑事责任的紧急避险行为，应当减轻或者免除处罚。超过必要限度造成不应有的损害的紧急避险行为，虽然具有一定的社会危害性，但其前提是正当的，行为人主观动机是为了使更多、更大的合法权益摆脱危险、免受损害，其社会危害性相对小于单纯为了侵害他人合法权益的犯罪行为，因此，本款规定对紧急避险超过必要限度造成不应有的损害的，应当减轻或者免除处罚，这也是符合罪责刑相适应原则的。

第三款是关于紧急避险的特殊规定。根据本款规定，为了避免本人危险而采取紧急避险行为，不适用于职务上、业务上负有特定责任的人，即对正在发生的危险负有特定职责的人，不能为了使自己避免这种危险而采取紧急避险的行为。所谓“职务上、业务上负有特定责任”，是指担任的职务或者从事的业务要求其对一定的危险负有排除的职责，同一定危险作斗争是其职业义务。例如，消防员不能因为怕火灾对自身造成损害而拒绝履行灭火职责，负有追捕持枪罪犯职责的公安人员不能为了自己免受枪击而逃离现场，飞机驾驶员不能因飞机发生故障有坠机危险而不顾乘客的安危自己逃生等。

关联规范

《最高人民法院、最高人民检察院、公安部关于依法惩治妨害公共交通工具安全驾驶违法犯罪行为的指导意见》（2019年1月8日　公通字〔2019〕1号）（节录）

一、准确认定行为性质，依法从严惩处妨害安全驾驶犯罪

（五）正在驾驶公共交通工具的驾驶人员遭到妨害安全驾驶行为侵害时，为避免公共交通工具倾覆或者人员伤亡等危害后果发生，采取紧急制动或者躲避措施，造成公共交通工具、交通设施损坏或者人身损害，符合法定条件的，应当认定为紧急避险。

第二十二条　犯罪预备

为了犯罪，准备工具、制造条件的，是犯罪预备。

对于预备犯，可以比照既遂犯从轻、减轻处罚或者免除处罚。

条文要旨

本条是关于犯罪预备的规定。

理解与适用

本条共分两款。第一款是关于犯罪预备定义的规定。根据本款的规定，犯罪预备具有两个主要特征：一是“为了犯罪”，即行为人主观上具有明确的实施犯罪的目的和意图。这种实施犯罪的目的和意图，表明了行为人主观上具有犯罪的故意。行为人为了顺利地进行犯罪，开始实施准备犯罪的活动，其所实施的构成犯罪预备的行为是为了准备犯罪，这一目的和意图体现的是其主观恶性，形成了对预备犯追究刑事责任的主观依据。二是为实行犯罪准备工具、制造条件。准备工具、制造条件是犯罪预备的行为内容，这些客观的行为表现，是为进一步实施犯罪而为，具有一定的社会危害性，形成了对预备犯追究刑事责任的客观依据。“准备工具”是指准备为实施犯罪所用的各种作案工具、器材和其他用品。“准备”包括收集、购买、制造以及非法获取等活动。“工具”在司法实践中有较多表现形式，取决于行为人所预备实施的犯罪行为，一般表现为物品，如用于犯罪的刀具、车辆、器材、设备、仪器、零部件、原材料等。在信息网络时代，还可能为了实施网络相关犯罪而准备数字工具，如专门用于非法侵入、非法控制计算机信息系统的程序和工具等。“制造条件”是指除准备犯罪工具和其他用品以外的，积极创造有利于实现其犯罪目的的各种便利因素的行为，如营造环境、制造机会、犯罪演练等。准备工具、制造条件，都是着手实施犯罪之前，准备犯罪的行为。实践中要注意犯罪预备与单纯犯罪意图流露相区别。行为人为了犯罪准备工具、制造条件的，已经实施了与犯罪有关的相应行为，如为了放火而准备汽油、引火物，为了抢劫而进行尾随，为了诈骗而制作虚假证件以便于隐匿真实身份等。这与只是有犯罪意图而无任何外在行为的思想状态有本质差异，也与通过言语、动作等方式声称实施犯罪但实际上并无实施犯罪打算的犯意表达行为性质完全不同。特别需要注意的是，预备犯尚未着手实施犯罪，其所实施的行为由于不是刑法明确规定的具有类型化特征的构成要件的行为，因而在外在特征上往往不具有明显违法的特征，甚至与一般社会行为会很难区分。比如，购买一把菜刀为杀人准备工具与添置生活用品在行为特征上没有差别，区别两种不同性质行为的依据是行为人购买菜刀的目的和意图，而目的和意图属于主观方面的内容，是否有确凿的凭据可供作出正确判断，事实上存在很大的不确定性和风险。这就要求司法实践中在认定一个行为是否构成犯罪预备时，必须极为谨慎，应严格坚持主客观相统一。行为人实施准备工具、制造条件的客观行为，应与其进行犯罪预备的主观意图相一致。如果行为人没有实施犯罪的主观意愿，相关行为就不属于为了犯罪准备工具、制造条件；而行为人是否有实施犯罪的主观意愿，不能仅凭其本人承认与否，而要有确切的客观外在证据佐证。同时，行为人“为了犯罪”而进行的活动，应当是为犯罪所需，有利于或者便利犯罪实施的，这是其行为具有社会危害性的客观基础。总体上，就犯罪预备对实现犯罪的作用而言，便利了犯罪实施，具有社会危害性，但其危害性尚未达到直接、紧迫的程度，轻于着手实施犯罪。也正是基于此，在对预备犯处罚的力度上，应充分考虑犯罪预备所处的阶段和特点，体现罪责刑相适应。需要注意的是，应当注意划清犯罪预备与犯罪未遂的界限。二者的主要区别是：前者发生在行为人着手实施犯罪行为之前；而后者发生在行为人着手实施犯罪行为之后，即行为人已经着手实施犯罪，但因其意志以外的原因而没有得逞。后者的危害性要大于前者。危害程度不同，处罚也应不同。划清二者的界限，有利于正确适用刑罚，正确处理案件。

第二款是关于对预备犯处罚原则的规定。本款包含两层意思：一是对预备犯，应当追究刑事责任。二是对预备犯，可以比照既遂犯从轻、减轻处罚或者免除处罚。由于预备犯所实施的行为处于犯罪的预备阶段，客观上尚未着手实施刑法规定的犯罪构成要件行为，尚不构成直接、紧迫的危险，其社会危害程度要显著低于既遂犯，因此，本款规定对预备犯可以比照既遂犯从轻、减轻处罚或者免除处罚。对于预备犯有无必要规定免除处罚，在 1979 年立法时曾有争议。有的意见认为，没有必要规定对于犯罪预备免除处罚：其一，对于危害国家安全的犯罪（反革命犯罪），如果规定了预备犯免除处罚，有可能会放纵该类犯罪。其二，对于普通刑事犯罪的预备犯，一般较少诉至人民法院，事实上不会发生由人民法院判决预备犯免予刑事处罚的问题。也有的意见认为，有必要规定对于犯罪预备免除处罚：其一，预备犯出现在普通刑事案件中的可能性比较大，如果不规定免予处罚，就意味着一律应当依法处罚，这与实际情况和刑事政策不一致。其二，实践中，对于普通刑事犯罪中的预备犯，一般的不予处罚，只对少数重大刑事犯罪（故意杀人罪等）的预备犯才予以处罚，符合区别对待的政策精神。其三，对于预备犯的处罚应轻于未遂犯，规定免除处罚可以体现与未遂犯的差别。经认真研究，第二种观点的理由较为充分，因此 1979 年刑法第十九条第二款规定了对于预备犯可以免除处罚。1997 年刑法修订时对该款未作修改，形成了目前对预备犯处罚的原则。

总体上，认定和追究预备犯的刑事责任应当极为慎重，要坚持主客观相统一，体现宽严相济的刑事政策。在准确认定构成预备犯的前提下，在具体决定是否判处刑罚、判处何种刑罚以及决定刑期长短、刑罚轻重的时候，应综合考虑其所准备实施的犯罪的性质、如果犯罪得逞可能造成的社会危害大小、预备行为实施程度、危险性和危害后果等，做到罚当其罪。

第二十三条　犯罪未遂

已经着手实行犯罪，由于犯罪分子意志以外的原因而未得逞的，是犯罪未遂。

对于未遂犯，可以比照既遂犯从轻或者减轻处罚。

条文要旨

本条是关于犯罪未遂的规定。

理解与适用

本条共分两款。第一款是关于什么是犯罪未遂的规定。根据本款的规定，犯罪未遂应当同时具有以下特征：

1. 行为人已经着手实行犯罪。这是同犯罪预备相区别的主要标志，也是判断犯罪过程进行和犯罪停止阶段的重要节点。已经着手实行犯罪，表明行为人已经从犯罪预备阶段进入实行阶段，即行为人从为实施犯罪准备工具、制造条件，进入了实际实施并完成犯罪阶段，其犯罪意图通过着手实行的犯罪行为更为明显地体现出来，并通过实行行为加以实现。一般认为，进入着手实行犯罪阶段，犯罪行为人犯罪行为的主客观方面都有不同于犯罪预备阶段的变化，但也应坚持主客观相统一原则。主观上，行为人的犯罪意图更为明显，引导行为人为实现犯罪目的或者犯罪计划而行动，行为人追求犯罪目的实现，在行为人主观引导下的客观行为的侵害性由可能变为现实。行为更为明确地指向某种犯罪，客观上，着手实行犯罪表明行为人已经开始犯罪的实行行为，对刑法保护的利益加以实际侵害。由于其着手实行的行为是刑法分则明确的某种具体犯罪的构成要件行为，一般情况下相对于犯罪预备，已不难认定其真正的犯罪目的和行为的具体犯罪属性。但在很多情况下，对于因未遂而停止下来的犯罪行为，单凭行为的外在特征，要准确认定属于何罪也存在一定困难。如强奸未遂还是强制猥亵，有的情况下单凭行为人的外部行为不好区分。对此，仍然应当坚持主客观相统一的原则，结合行为人实施犯罪行为的各种主客观方面的情况加以具体认定。需要说明的是，行为人的行为属于犯罪预备还是未遂，需要结合刑法分则关于具体犯罪的构成要件的规定确定，而不是凭行为人自己主观上的判断。如行为人主观认为其已经着手实行犯罪，但是实际上其所实施的行为尚不属于刑法分则规定的某种具体犯罪构成要件的实行行为，仍处于为便利犯罪而制造条件的阶段，则不成立犯罪未遂。

2. 犯罪未得逞，即犯罪行为人没有完成刑法分则规定的具体犯罪的构成要件。这是犯罪未遂与犯罪既遂相区别的主要标志。认定犯罪未得逞也需要坚持主客观相统一原则。在客观上，“未得逞”是犯罪已经停止的状态下，构成某种犯罪所应具备的要件未能齐备。这里不局限于犯罪结果是否实际发生，需要根据刑法分则关于具体犯罪的构成要件判断。对于需要发生特定犯罪结果才算犯罪构成要件完全具备的，如故意杀人造成被害人死亡的结果，行为人的实行行为即杀人行为虽然完成，但由于其意志以外的原因，被害人未死亡的，成立故意杀人未遂。对于刑法分则中规定的不需要发生特定结果的，如构成犯罪的法定的危险状态的出现、法定的行为的完成等，也可能成立犯罪既遂而非未遂。

3. 犯罪未得逞是由于犯罪分子意志以外的原因。这是犯罪未遂与犯罪中止相区别的主要标志。所谓“犯罪分子意志以外的原因”是指不以犯罪分子的主观意志为转移的一切原因。一是犯罪行为人意志以外的客观原因。如被害人的反抗、被害人有效的躲避、第三人的阻止、司法机关的拘捕、自然力的障碍、客观情况的变化等。一般来说，这些客观不利因素需要足以阻止行为人继续完成犯罪。有的情况只是对犯罪行为人继续完成犯罪有一定的妨碍和影响，如被害人轻微的反抗、他人善意的劝告、严厉的斥责等，这些因素虽然对犯罪的完成也有一定的影响，但并不具有阻止行为人继续完成犯罪的效果。在这种情况下，如果行为人本可以继续实施犯罪但未继续进行犯罪而自己决定放弃犯罪的，应成立犯罪中止，不属于犯罪未遂。二是行为人本人的原因。如对自己实施犯罪的能力、经验、方法、手段估计不足，对事实判断错误等。一些情况属于行为人自身的客观原因。比如，犯罪技能拙劣、体力不济等。在这些情况下，行为人仍具有犯罪的意志，但由于事实上不具备或者已经丧失了犯罪能力，而不得不停止犯罪行为。还有一些情况属于行为人主观上的认识错误，即犯罪未能完成是由于行为人主观上对外界客观事实判断错误造成的。比如以下几种情况：其一，对侵害对象出现认识错误。如误以为室内有人，为故意杀人向室内开枪。其二，对使用的工具认识错误。行为人误将不能完成犯罪的工具当作犯罪工具来使用，如误将白糖当作毒药的，客观上不能完成犯罪。其三，对因果关系的认识错误。特定的犯罪结果并未发生，而行为人却误认为已经发生，停止犯罪活动。如实施故意杀人行为，误将他人昏迷视为死亡，停止侵害的。其四，对客观环境认识错误。周围环境不足以阻止犯罪的完成，但行为人却误认为存在阻碍而放弃犯罪的。如行为人因害怕溺水而放弃继续追杀被害人的，实际上河流水位极浅，客观上并不存在障碍。该种事实认识错误而导致的未得逞，也成立犯罪未遂。

实践中还存在一些所谓迷信犯、愚昧犯的情况。主要表现为行为人基于有悖于科学常识的错误知识，而实施“重大无知”行为，如行为人自信诅咒或祈祷可以杀人、伤害等。这种情况下，没有发生行为人所希望的危害后果不是因为“犯罪行为”遇到障碍，而是行为人的所谓犯罪行为根本不可能发生危害后果，行为人的行为不属于刑法分则规定的犯罪构成要件的行为，因而不构成犯罪的未遂。

总体上，犯罪未得逞是违背犯罪分子的意志的。如果是犯罪分子自动放弃继续犯罪，或者自动有效地防止犯罪结果的发生，属于自动中止，而不是犯罪未遂。

实践中，有些情况较为复杂，对未遂犯的认定存有争议，主要包括以下几种情况：一是行为犯是否存在未遂。刑法分则中有些犯罪的构成要件只规定了行为，无须发生特定的危害结果即可成立犯罪既遂。这些行为犯也分为两类：其一，只要行为人着手实施刑法分则规定的行为就构成犯罪既遂，如刑法第二百七十八条规定的煽动暴力抗拒法律实施罪。对于这类犯罪，一般不存在犯罪未遂。其二，行为人着手实施刑法分则规定的行为，需要将行为实施到一定程度，才构成犯罪既遂，如刑法第二百九十二条规定的聚众斗殴罪，行为人不仅需要聚众，还需要实施斗殴才构成犯罪既遂，因此如果仅完成了部分行为，仍可以构成犯罪未遂。二是危险犯是否存在未遂。刑法分则规定的有些犯罪，只要行为人的行为造成一定的危险状态，虽尚未发生特定的实际结果，犯罪即告完成。有的意见认为，对于这种所谓危险犯，只要行为人实施完毕刑法分则规定的特定构成要件行为，犯罪即告既遂，没有成立犯罪未遂的空间。也有的意见认为，由于这类犯罪不要求实际发生特定的危害结果，一般情况下行为人实施刑法分则规定的犯罪行为，其行为造成社会危害的特定危险也就具备了，可以认定犯罪既遂。但是，也不排除在特殊情况下，虽然其行为已经实施完毕，但刑法规定的特定危险状态确实尚未形成的情况，仍可以构成犯罪未遂。上述争议实际上涉及对危险犯的认识和危险是否实际具备的判断标准问题，情况比较复杂。

第二款是对未遂犯处罚原则的规定。根据本款的规定，对于未遂犯，可以比照既遂犯从轻或者减轻处罚。由于犯罪未遂的结果是犯罪未能得逞，其社会危害性要小于犯罪既遂，因此，规定对未遂犯可以比照既遂犯从轻或者减轻处罚。这里规定可以“从轻或者减轻处罚”，是因为在未遂的情况下，往往造成程度不同的危害后果，危害程度不同，处罚也应当不同。规定“可以”从轻或减轻，是指不是一律必须从轻或减轻，而是应当根据案件的具体情况决定是否从轻或减轻。

实务问题

1. 刑法第二十三条第二款具有量刑情节和确定未遂部分法定刑幅度的双重功能

我国刑法分则关于法定刑幅度的设置，是以犯罪既遂形态为标本的。对于未遂犯，根据刑法总则的规定，一般应当予以处罚，只是目前有的司法解释提高了未遂犯的入罪门槛。“两高”于2011年4月8日起施行的《关于办理诈骗刑事案件具体应用法律若干问题的解释》（以下简称《诈骗案件解释》）第五条规定：“诈骗未遂，以数额巨大的财物为诈骗目标的，或者具有其他严重情节的，应当定罪处罚。”2013年4月2日“两高”公布的《关于办理盗窃刑事案件适用法律若干问题的解释》第十二条作了类似的规定。刑法分则并未单独就未遂犯另行设置法定刑幅度，只是在刑法第二十三条第二款规定：“对于未遂犯，可以比照既遂犯从轻或者减轻处罚。”在以往的司法实践中，对于数额犯，无论全案只有未遂，还是并存的既遂部分不够定罪条件，但根据有关司法解释的规定既遂和未遂总数额达到入罪标准，就以犯罪未遂处理，或者说既遂与未遂并存且均构成犯罪的情况下，一直以犯罪总数额确定法定刑幅度，然后认定全案未遂，将未遂作为量刑情节，比照既遂犯从轻或者减轻处罚。在这一过程中，刑法第二十三条第五款的规定，一直作为量刑情节对待，是在法定刑幅度、量刑起点及基准刑确定之后对未遂情节的评价。

《诈骗案件解释》第六条规定：“诈骗既有既遂，又有未遂，分别达到不同量刑幅度的，依照处罚较重的规定处罚；达到同一量刑幅度的，以诈骗罪既遂处罚。”因此，对于诈骗既遂与未遂并存且均构成犯罪的，在确定全案适用的法定刑幅度之前，应当就既遂部分与未遂部分分别对应的法定刑幅度进行比较。也就是说，首先需要确定既遂部分与未遂部分分别对应的法定刑幅度。鉴于刑法分则中的法定刑幅度是针对既遂犯设置的，未遂部分并无直接对应的法定刑幅度，这就给如何确定未遂部分的法定刑幅度带来了问题。我们认为，要准确理解和适用《诈骗案件解释》的上述规定，在既遂与未遂并存且均单独构成犯罪的情况下，确定未遂部分对应的法定刑幅度，应当根据刑法第二十三条第二款的规定，与未遂部分对应的既遂形态（即既遂犯）进行比较，决定是否对单独构成犯罪的未遂部分减轻处罚，即决定是否减轻处罚后选择法定刑幅度，进而确定未遂部分对应的法定刑幅度，再与既遂部分对应的法定刑幅度进行比较。在这一过程中，刑法第二十三条第二款并非作为量刑情节在确定法定刑幅度、量刑起点、基准刑后对全案适用，而是在量刑起点确定之前的法定刑幅度确定过程中适用，这与以往仅将刑法第二十三条第二款理解为量刑情节是截然不同的。也就是说，对于刑法第二十三条第二款，不能仅仅理解为对全案适用的未遂量刑情节，在既遂与未遂并存且均构成犯罪的情况下，还需理解为确定未遂部分对应的法定刑幅度的原则，进而作为对我国刑法分则以犯罪既遂形态设置法定刑幅度这一原则的补充。唯其如此，才能将刑法第二十三条第二款“对于未遂犯，可以比照既遂犯从轻或者减轻处罚”的规定，全面贯彻到具体案件中。据此，刑法第二十三条第二款具有双重功能，在全案未遂的情况下，该规定的适用体现为未遂情节对基准刑的调节功能；在全案认定既遂且未遂部分构成犯罪的情况下，该规定的适用体现为在确定未遂部分法定刑幅度过程中对其对应的既遂犯法定刑幅度的调节功能。

这一问题产生的根源，在于我国刑法理论中关于罪数问题，对于既遂未遂并存的，无论在认识上、评价上还是科刑上，均作为一罪处理。如果在科刑上作为数罪处理，对于刑法第二十三条第二款的规定，仅仅理解为未遂量刑情节即可，无须赋予其对未遂犯对应既遂犯法定刑幅度的调节功能，与以往惯例并无二致。

2. 数额犯既遂与未遂并存的，应择一重确定法定刑幅度

《诈骗案件解释》之前，对于数额犯，实践中一直以既遂和未遂的总数额作为犯罪数额，进而确定全案的法定刑幅度，将未遂部分作为未遂情节对全案适用。例如，在有关办理生产、销售伪劣商品刑事案件等个别司法解释中，明确规定既遂数额不够定罪条件的情况下，将未遂的入罪数额标准提高到既遂的入罪数额标准的 3 倍以上。但该司法解释只是提高了全案未遂的入罪数额标准，对于既遂与未遂并存且已够定罪条件的情况下，实践中同样以既遂和未遂的总数额作为犯罪数额，进而确定全案的法定刑幅度，将未遂部分作为未遂情节对全案适用。2001 年 4 月 9 日《最高人民法院、最高人民检察院关于办理生产、销售伪劣商品刑事案件具体应用法律若干问题的解释》第二条第二款规定：“伪劣商品尚未销售，货值金额达到刑法第一百四十条规定销售金额 3 倍以上的，以生产、销售伪劣产品罪（未遂）定罪处罚。”2010 年 3 月 2 日《最高人民法院、最高人民检察院关于办理非法生产、销售烟草专卖品等刑事案件应用法律若干问题的解释》中也有类似规定。上述司法解释将未遂的入罪数额标准提高到既遂的入罪数额标准的 3 倍。但根据犯罪形态的一般理论，在既遂与未遂并存且既遂部分构成犯罪的情况下，由于部分行为已经既遂且构成犯罪，整个犯罪就已经既遂，就不存在未遂的问题。为了解决实践中存在的部分行为已经既遂且既遂部分已经达到定罪数额标准的情况下，仅因存在未遂部分又认定整个犯罪属于未遂的理论困境，同时避免因对全案运用部分行为未遂的未遂情节减轻处罚导致量刑畸轻，《诈骗案件解释》第六条确定了以既遂部分和未遂部分分别对应的法定刑幅度择一重的处理原则，而不以既遂和未遂累计的犯罪总数额确定法定刑幅度。对于《诈骗案件解释》就既遂与未遂并存且均构成犯罪情况下法定刑幅度确定思路的转变，有观点认为，是以重行为对轻行为的吸收关系为基础（不能理解为既遂行为对未遂行为的吸收）。我们认为，姑且不论刑法理论中吸收犯的成立侵害的法益是否必须为同一法益（既遂与未遂并存的情况下，侵害数个法益的情况很常见），但是对于上述解释第六条中的“达到同一量刑幅度的，以诈骗罪既遂处罚”的规定，显然不能认为达到同一量刑幅度的未遂行为一定比既遂行为轻，前述有关吸收犯的理论无法在该解释中一以贯之。该解释对既遂与未遂并存且均构成犯罪情况下法定刑幅度确定思路的转变，出发点是为了解决实践中利用部分未遂对全案大幅度减轻的量刑畸轻问题，是对量刑过程中的自由裁量权进行规范，是在不违背刑法总则第二十三条第二款规定的情况下，对以往不当量刑方法的纠正。

此后，“两高”出台的有关办理知识产权刑事案件，非法生产、销售烟草专卖品刑事案件，盗窃刑事案件等司法解释重申了这一处理原则。据此，尽管“两高”没有明确办理合同诈骗案件是否贯彻这一原则，但按照在没有特殊规定的情况下，对于同类问题应当同样处理的原则，对于处理其他既遂与未遂并存的案件，在既遂数额、未遂数额均达到定罪标准的情况下，也应当贯彻这一处理原则。即比较既遂数额、未遂数额所对应的法定刑幅度，在较重法定刑幅度内量刑。

在只有既遂或者只有未遂的情况下，确定法定刑幅度的数额与犯罪数额是一致的，但是在既遂与未遂并存的情况下，确定法定刑幅度的数额不再是既遂和未遂累计的犯罪总数额，而分别是既遂部分的犯罪数额或者未遂部分的犯罪数额。具体而言，有以下几种情形：

（1）全案只有既遂或者只有未遂的。这种情况下，确定法定刑幅度的数额与全案犯罪数额是一致的。

（2）既遂与未遂并存但只有一者符合定罪条件的。这种情况下，确定法定刑幅度的数额为构成犯罪的既遂数额或者未遂数额，不构成犯罪的既遂部分或者未遂部分并不存在确定法定刑幅度的问题。

（3）既遂与未遂并存二者均符合定罪条件的。这种情况下，既遂部分与未遂部分均对应相应的法定刑幅度。根据《诈骗案件解释》的规定，全案的法定刑幅度根据二者中对应的法定刑幅度较重的确定；在二者对应的法定刑幅度一致的情况下，以既遂处罚，即根据既遂部分对应的法定刑幅度确定全案的法定刑幅度。该种情形下，决定全案适用的法定刑幅度的数额并非全案犯罪总数额，而是既遂部分数额或者未遂部分数额。

（4）既遂与未遂并存，均未单独构成犯罪但总数额符合定罪条件的。对于这种情况能否作为犯罪处理，认识上并不统一，实践中做法也不尽一致，目前只有最高人民法院、最高人民检察院于2010年3月公布的《关于办理非法生产、销售烟草专卖品等刑事案件具体应用法律若干问题的解释》予以明确。该解释第二条规定：“伪劣卷烟、雪茄烟等烟草专卖品尚未销售，货值金额达到刑法第一百四十条规定的销售金额定罪起点数额标准的3倍以上的，或者销售金额未达到5万元，但与未销售货值金额合计达到15万元以上的，以生产、销售伪劣产品罪（未遂）定罪处罚。”对于这种情况，根据既遂与未遂累计的犯罪总数额确定全案适用的法定刑幅度，并认定全案具有未遂情节。这里需要注意的是，该种处理方式仅仅适用于解决既遂与未遂均不够定罪条件但总数额已够定罪条件的入罪问题，只涉及第一刑档。如果未遂部分已经达到第二量刑档次，则依据上文的第二种处理原则处理。

决定全案法定刑幅度的数额，也就是选择刑罚档次的数额，为了表述的方便，可以称之为刑档数额，以便与犯罪数额相区别。《诈骗案件解释》公布后，在既遂与未遂并存的情况下，刑档数额与犯罪总数额并不完全一致，也不能等同于既遂数额或者未遂数额。在具体案件中，应当根据上述不同情形分别确定刑档数额。

3. 在既遂与未遂并存且未遂部分对应的法定刑幅度重于既遂部分的，如何确定未遂部分对应的法定刑幅度

在既遂与未遂并存且未遂部分对应的法定刑幅度重于既遂部分对应的法定刑幅度的情况下，比较难处理的是如何确定未遂部分对应的法定刑幅度。尽管《诈骗案件解释》规定了既遂与未遂并存以分别对应的法定刑幅度择一重的处理原则，但并没有明确如何确定未遂部分对应的法定刑幅度，以及能否对未遂部分减轻、如何减轻等具体问题。对此，实践中存在不同看法。

一种意见认为，直接根据未遂部分的犯罪数额确定对应的法定刑幅度，与既遂部分比较后，择一重确定全案适用的法定刑幅度。如果未遂部分对应的法定刑幅度重，将既遂部分与未遂部分的未遂情节在量刑过程中综合予以评价；如果既遂部分对应的法定刑幅度重或者一样，则将未遂部分及未遂情节在量刑过程中综合评价。这种方法在实践中简单易行，便于操作。该意见仍然是将未遂部分的未遂情节作为包括既遂部分在内的整个犯罪的未遂情节对待，进而对整个犯罪从轻或者减轻处罚。

我们认为，未遂部分的未遂情节应当仅适用于未遂部分，不能适用于整个犯罪。应当根据未遂情节对未遂部分先进行是否减轻的评价后，确定未遂部分对应的法定刑幅度，再与既遂部分进行比较，确定全案适用的法定刑幅度，并将未作出评价的既遂数额在量刑时予以考虑。主要理由是：

（1）当未遂部分对应的法定刑幅度重于既遂部分时，在二者对应的法定刑幅度差别较大的情况下，允许减轻处罚，能够防止量刑畸重。以诈骗罪为例，如果行为人诈骗50.5万元，其中5000元既遂，50万元未遂，则需要在诈骗5000元既遂和诈骗50万元未遂分别对应的法定刑幅度之间择一重。如果对诈骗50万元未遂部分，确定法定刑幅度之前不进行未遂情节的减轻与否的评价，则确定的法定刑幅度为第三量刑档次（即10年以上有期徒刑或者无期徒刑），与诈骗5000元既遂部分所对应的第一量刑档次（即3年有期徒刑以下刑罚）比较后，对被告人量刑的法定刑幅度则为第三量刑档次，即10年以上有期徒刑或者无期徒刑。由于整个犯罪已经既遂，对全案不能适用未遂情节，那么在对既遂部分及未遂部分的未遂情节综合评价后，在没有其他法定减轻情节并排除特别减轻的前提下，即使从轻幅度再大，最低也要判处10年有期徒刑。而如果行为人诈骗500万元或更多，且未遂，即使无其他法定减轻情节，也可以根据未遂情节减轻判处10年有期徒刑以下刑罚。然后，就二者的社会危害性比较，实践中很难作出诈骗500万元（或者犯罪数额更大）未遂的社会危害性北诈骗50万元未遂、5000元既遂的社会危害性更大的判断，从而导致后者的量刑畸重。所以，在此情况下，在确定与既遂部分比较的未遂部分对应的法定刑幅度时，应当允许先行考虑未遂部分是否需要减轻处罚。

（2）当未遂部分对应的法定刑幅度重于既遂部分时，在二者对应的法定刑幅度差别较小的情况下，先考虑未遂部分是否减轻处罚，有利于发挥既遂部分对未遂部分从宽幅度过大的限制功能，避免量刑畸轻。同样以诈骗为例。如行为人诈骗既遂部分49万元，未遂部分500万元，且没有其他法定减轻情节。在确定未遂部分500万元应当对应（而非直接对应）的法定刑幅度过程中，如不予减轻选择法定刑幅度，自然避免了量刑畸轻情况的发生。这里关注的是，如果综合全案其他案件事实，予以减轻选择法定刑幅度，即刑法第二百六十六条的第二量刑档次（即有期徒刑3年以上10年以下），那么就与诈骗既遂部分49万元对应的法定刑幅度一致，根据《诈骗案件解释》第五条的规定，以诈骗罪既遂处罚，也就是以既遂部分犯罪数额作为刑档数额确定法定刑幅度，将未遂部分在量刑中予以考虑。在此过程中，既遂部分体现出了对未遂部分在量刑上从宽幅度过大的限制功能，从而有利于避免量刑畸轻。而在前一种意见中，未遂500万元的未遂情节对全案适用，既遂49万元仅作为量刑过程中的因素之一影响未遂情节的从宽幅度，而非直接以既遂部分的49万元作为刑档数额且将未遂500万元作为从重因素，既遂部分对未遂部分从宽幅度的限制功能就难以得到有效发挥。

（3）在既遂部分对应的法定刑幅度重于未遂部分或者二者一致时，这样处理能够避免在未遂问题上的自相矛盾。对未遂部分，在与既遂部分比较法定刑幅度轻重时，先进行是否减轻的评价，而不是与既遂部分对应的法定刑幅度进行比较后进行是否减轻的评价，能够将对未遂部分是否减轻的评价限定于未遂部分，而不扩展到包括既遂部分在内的全案犯罪事实，从而避免了既认定全案既遂又将未遂部分的未遂情节作为全案未遂情节的情况。

（4）这样处理符合办理类似案件司法解释的要求。上述第二种意见与《诈骗案件解释》第五条规定的精神以及该解释起草者对该条文的阐释是相符的。在该解释的理解与适用文章中，起草者对《诈骗案件解释》第五条进行了阐释，在诈骗既遂与未遂并存且均构成犯罪的情形下，“对于此类案件，首先要分别根据行为人的既遂数额和未遂数额判定其各自所对应的法定刑幅度，未遂部分还需同时考虑可以从轻或者减轻处罚；之后根据比较结果，如果既遂部分所对应的量刑幅度较重，或者既、未遂所对应的量刑幅度相同的，以既遂部分所对应的量刑幅度为基础酌情从重处罚；反之，如未遂部分对应的量刑幅度较重的，则以该量刑幅度为基础，酌情从重处罚”。合同诈骗是从诈骗中分离出来的，二者诸多相似，可以参照适用诈骗的有关规定。

（5）这样做也符合《最高人民法院关于常见犯罪的量刑指导意见》的规定精神。最高人民法院2013年12月23日印发的该意见规定，具有未成年人犯罪、老年人犯罪、限制行为能力的精神病人犯罪、又聋又哑的人或者盲人犯罪，防卫过当、避险过当、犯罪预备、犯罪未遂、犯罪中止，从犯、胁从犯和教唆犯等量刑情节的，先适用该量刑情节对基准刑进行调节，在此基础上，再适用其他量刑情节进行调节。

4. 在既遂与未遂并存且均构成犯罪的情况下，如何体现未遂部分的未遂情节

根据《最高人民法院关于常见犯罪的量刑指导意见》中关于量刑步骤的相关规定，量刑过程分为三个不同阶段，分别为“根据基本犯罪构成事实在相应的法定刑幅度内确定量刑起点；根据其他影响犯罪构成的犯罪数额、犯罪次数、犯罪后果等犯罪事实，在量刑起点的基础上增加刑罚量确定基准刑；根据量刑情节调节基准刑，并综合考虑全案情况，依法确定宣告刑”。据此，如全案认定未遂，则将未遂情节在量刑的第三阶段即根据量刑情节调节基准刑的过程中进行评价。这里需要探讨的是，在既遂与未遂并存且均构成犯罪的情况下，如何体现未遂部分的未遂情节。根据《诈骗案件解释》第五条的规定及前述第二种意见，在既遂与未遂并存且均构成犯罪的情况下，不能将全案认定为未遂，未遂部分的未遂情节不再作为全案量刑情节在量刑的第三阶段即根据量刑情节调节基准刑的过程中进行评价，而是在前两个阶段进行评价，并且由于决定全案适用的法定刑幅度的刑档数额可能是既遂数额也可能是未遂数额，未遂部分的未遂情节的适用在不同案件中就会出现不同的适用情况，从而需要进行具体探讨。

（1）根据既遂数额确定法定刑幅度。在确定量刑起点阶段，首先要根据基本犯罪构成事实确定全案适用的法定刑幅度。对于既遂与未遂并存且均构成犯罪的，由于决定全案适用的法定刑幅度的刑档数额可能是既遂数额，也可能是未遂数额，所以确定量刑起点的基本犯罪构成事实既可能是既遂部分犯罪事实，也可能是未遂部分犯罪事实。对于以既遂部分犯罪事实作为基本犯罪构成事实确定量刑起点的，未遂部分犯罪事实作为其他影响犯罪构成的犯罪数额、犯罪次数、犯罪后果等犯罪事实，在根据既遂部分犯罪事实确定的量刑起点的基础上增加刑罚量进而确定基准刑。也就是说，在此过程中，未遂部分犯罪事实连同该部分的未遂情节是作为增加刑罚量的因素即量刑中的从重因素得以体现，这与将未遂情节作为全案适用的量刑情节进行从宽处罚是截然不同的。

（2）根据未遂数额确定法定刑幅度。对于以未遂部分犯罪事实作为基本犯罪构成事实确定量刑起点的，未遂部分犯罪事实作为其他影响犯罪构成的犯罪数额、犯罪次数、犯罪后果等犯罪事实，在根据未遂部分犯罪事实确定的量刑起点的基础上增加刑罚量，进而确定基准刑。这种情况下，未遂部分的未遂情节是在量刑的第一阶段即确定量刑起点阶段进行评价，由于这里不涉及既遂部分犯罪事实，对未遂部分未遂情节的评价仅仅局限于未遂部分犯罪事实范围内，在该阶段对未遂部分未遂情节的评价类似于全案未遂中对未遂情节的评价。因此，无论是否根据未遂部分的未遂情节对确定全案适用的法定刑幅度进行减轻选择，未遂部分的未遂情节在该阶段体现的都是对未遂部分犯罪事实的从宽处罚。这与以既遂部分犯罪事实作为基本犯罪构成事实确定量刑起点后对未遂部分未遂情节的评价是不同的。

在根据未遂数额确定全案适用的法定刑幅度过程中，根据《诈骗案件解释》第五条的规定及前述第二种意见，在与既遂部分对应的法定刑幅度进行轻重比较时，需要就未遂部分的未遂情节是否对未遂数额直接对应的法定刑幅度进行减轻的评价。这里要区分两种情形：第一种情形是不予减轻选择法定刑幅度。在这种情形中，未遂部分的未遂情节并未在法定刑幅度确定过程中得到实际体现，仅仅作为基本犯罪构成事实的一部分在确定量刑起点过程中予以评价；第二种情形是予以减轻选择法定刑幅度。在这种情形中，未遂部分的未遂情节在法定刑幅度确定过程中得到了实际体现，但由于这种体现限于法定刑幅度的减轻选择，未遂情节究竟应从宽到何种程度并未完全体现。因此，要就未遂情节进行完全评价，在减轻选择法定刑幅度之外，还需在之后确定量刑起点的过程中，作为基本犯罪构成事实的一部分进行评价。在这一过程中，对未遂部分的未遂情节进行了两次评价，但并不属于重复评价，只有将两次评价结合起来，才能对未遂部分的未遂情节评价充分。

指导案例

最高人民法院指导案例62号

王新明合同诈骗案

（最高人民法院审判委员会讨论通过 2016年6月30日发布）

关键词 刑事 合同诈骗 数额犯 既遂 未遂

裁判要点

在数额犯中，犯罪既遂部分与未遂部分分别对应不同法定刑幅度的，应当先决定对未遂部分是否减轻处罚，确定未遂部分对应的法定刑幅度，再与既遂部分对应的法定刑幅度进行比较，选择适用处罚较重的法定刑幅度，并酌情从重处罚；二者在同一量刑幅度的，以犯罪既遂酌情从重处罚。

相关法条

《中华人民共和国刑法》第23条

基本案情

2012年7月29日，被告人王新明使用伪造的户口本、身份证，冒充房主即王新明之父的身份，在北京市石景山区链家房地产经纪有限公司古城公园店，以出售该区古城路28号楼一处房屋为由，与被害人徐某签订房屋买卖合同，约定购房款为100万元，并当场收取徐某定金1万元。同年8月12日，王新明又收取徐某支付的购房首付款29万元，并约定余款过户后给付。后双方在办理房产过户手续时，王新明虚假身份被石景山区住建委工作人员发现，余款未取得。2013年4月23日，王新明被公安机关查获。次日，王新明的亲属将赃款退还被害人徐某，被害人徐某对王新明表示谅解。

裁判结果

北京市石景山区人民法院经审理于2013年8月23日作出（2013）石刑初字第239号刑事判决，认为被告人王新明的行为已构成合同诈骗罪，数额巨大，同时鉴于其如实供述犯罪事实，在亲属帮助下退赔全部赃款，取得了被害人的谅解，依法对其从轻处罚。公诉机关北京市石景山区人民检察院指控罪名成立，但认为数额特别巨大且系犯罪未遂有误，予以更正。遂认定被告人王新明犯合同诈骗罪，判处有期徒刑六年，并处罚金人民币六千元。宣判后，公诉机关提出抗诉，认为犯罪数额应为100万元，数额特别巨大，而原判未评价70万元未遂，仅依据既遂30万元认定犯罪数额巨大，系适用法律错误。北京市人民检察院第一分院的支持抗诉意见与此一致。王新明以原判量刑过重为由提出上诉，在法院审理过程中又申请撤回上诉。北京市第一中级人民法院经审理于2013年12月2日作出（2013）一中刑终字第4134号刑事裁定：准许上诉人王新明撤回上诉，维持原判。

裁判理由

法院生效裁判认为：王新明以非法占有为目的，冒用他人名义签订合同，其行为已构成合同诈骗罪。一审判决事实清楚，证据确实、充分，定性准确，审判程序合法，但未评价未遂70万元的犯罪事实不当，予以纠正。根据刑法及司法解释的有关规定，考虑王新明合同诈骗既遂30万元，未遂70万元但可对该部分减轻处罚，王新明如实供述犯罪事实，退赔全部赃款取得被害人的谅解等因素，原判量刑在法定刑幅度之内，且抗诉机关亦未对量刑提出异议，故应予维持。北京市石景山区人民检察院的抗诉意见及北京市人民检察院第一分院的支持抗诉意见，酌予采纳。鉴于二审期间王新明申请撤诉，撤回上诉的申请符合法律规定，故二审法院裁定依法准许撤回上诉，维持原判。

本案争议焦点是，在数额犯中犯罪既遂与未遂并存时如何量刑。最高人民法院、最高人民检察院《关于办理诈骗刑事案件具体应用法律若干问题的解释》第六条规定："诈骗既有既遂，又有未遂，分别达到不同量刑幅度的，依照处罚较重的规定处罚；达到同一量刑幅度的，以诈骗罪既遂处罚。"因此，对于数额犯中犯罪行为既遂与未遂并存且均构成犯罪的情况，在确定全案适用的法定刑幅度时，先就未遂部分进行是否减轻处罚的评价，确定未遂部分所对应的法定刑幅度，再与既遂部分对应的法定刑幅度比较，确定全案适用的法定刑幅度。如果既遂部分对应的法定刑幅度较重或者二者相同的，应当以既遂部分对应的法定刑幅度确定全案适用的法定刑幅度，将包括未遂部分在内的其他情节作为确定量刑起点的调节要素进而确定基准刑。如果未遂部分对应的法定刑幅度较重的，应当以未遂部分对应的法定刑幅度确定全案适用的法定刑幅度，将包括既遂部分在内的其他情节，连同未遂部分的未遂情节一并作为量刑起点的调节要素进而确定基准刑。

本案中，王新明的合同诈骗犯罪行为既遂部分为30万元，根据司法解释及北京市的具体执行标准，对应的法定刑幅度为有期徒刑三年以上十年以下；未遂部分为70万元，结合本案的具体情况，应当对该未遂部分减一档处罚，未遂部分法定刑幅度应为有期徒刑三年以上十年以下，与既遂部分30万元对应的法定刑幅度相同。因此，以合同诈骗既遂30万元的基本犯罪事实确定对王新明适用的法定刑幅度为有期徒刑三年以上十年以下，将未遂部分70万元的犯罪事实，连同其如实供述犯罪事实、退赔全部赃款、取得被害人谅解等一并作为量刑情节，故对王新明从轻处罚，判处有期徒刑六年，并处罚金人民币六万元。

（生效裁判审判人员：高嵩、吕晶、王岩）

第二十四条　犯罪中止

在犯罪过程中，自动放弃犯罪或者自动有效地防止犯罪结果发生的，是犯罪中止。

对于中止犯，没有造成损害的，应当免除处罚；造成损害的，应当减轻处罚。

条文要旨

本条是关于犯罪中止的规定。

理解与适用

本条共分两款。第一款是关于什么是犯罪中止的规定。根据本款的规定，犯罪中止应当同时具备以下特征：

一是犯罪中止发生在犯罪过程中。犯罪中止是故意犯罪发展过程中的一种犯罪形态，它可能发生在犯罪的预备阶段，也可能发生在犯罪的实行阶段。所谓“犯罪过程中”是犯罪既遂之前的整个犯罪过程。犯罪一旦既遂，就不能再成立中止。既遂后的主动弥补损失的行为，也是值得肯定和鼓励的，但都不是犯罪中止，而是犯罪后的悔罪表现。

二是犯罪中止必须是犯罪行为人自动放弃犯罪或者自动有效地防止犯罪结果的发生。

所谓“自动放弃犯罪”，根据其放弃犯罪时犯罪所处的阶段不同，可以分为两种情况：其一，在犯罪尚处于犯罪预备阶段时主动放弃犯罪，即犯罪行为人在为犯罪准备工具、制造条件，尚未着手实施刑法分则规定的具体犯罪的构成要件行为时，主动放弃；其二，犯罪行为人已经着手实施构成要件行为，但犯罪尚未完成之前主动放弃继续犯罪，中止犯罪行为。

认定行为人“自动”放弃犯罪的主观心态，关键在于“主动性”。对此，需要注意以下两点：其一，从行为人内心对犯罪继续进行的可能性的认知看，其自认为可以继续实施和完成犯罪。因此，即使行为人所进行的犯罪客观上已经不可能完成，但行为人不了解这一情况，而“主动”放弃继续犯罪，由于其是在主观上仍然认为可以完成犯罪的情况下放弃继续犯罪的，其放弃犯罪的“主动性”也应当予以认定。例如，行为人去仓库实施盗窃，因内心畏惧中途折返，主动放弃犯罪，虽然事实上当时仓库内货物已经搬离，即使行为人不放弃犯罪也无法实施盗窃，但是也属于自动放弃犯罪。与此相反，如果犯罪客观上可以完成，但行为人自己主观上误认为犯罪遇到障碍无法完成，因而“被迫”停止继续实施犯罪的行为的，由于其停止犯罪缺乏主观上的“主动性”，不属于自动放弃犯罪。以强奸案件为例，行为人遇有被害人经期、怀孕、哀求、轻微反抗等情况，因而产生不安、同情、怜悯等情绪，进而放弃强奸的，由于这些因素客观上并不足以阻止行为人的犯罪意志和活动，行为人放弃犯罪是出于自己的选择，因此应属于自动放弃犯罪。如果行为人在实施强奸过程中，听到附近有人走过，以为被发现而仓皇逃走，行为人放弃犯罪是以为犯罪将被阻止，应属于被迫而非自动放弃犯罪。其二，行为人必须出于本人意愿放弃犯罪。如果行为人不是出于本人意愿，而是在外力强制或主观上被强制的情况下停止犯罪的，不属于犯罪中止。行为人产生放弃犯罪的意愿有多种情况，有的表现为幡然醒悟、认罪悔罪；有的表现为畏惧法律威严，害怕案发受到制裁；有的表现为经亲友劝说、教育，对被害人心生怜悯等。总之，行为人是在自由意志的状态下，自愿放弃犯罪的。

本款规定的“自动有效地防止犯罪结果的发生”是指犯罪人在已经着手实施犯罪后、犯罪结果发生之前主动放弃继续犯罪，并主动采取积极措施防止了犯罪结果的发生。例如，杀人未杀死，但造成被害人重伤，如果这时犯罪人悔悟，在完全有条件把被害人杀死的情况下，主动放弃继续犯罪并将被害人送往医院抢救，避免了被害人死亡的结果，犯罪人的上述行为就构成了犯罪中止；如果犯罪人虽然采取了积极措施，但是没有避免被害人死亡的结果，则不能认定为犯罪中止。在共同犯罪的情况下，“自动有效地防止犯罪结果的发生”同样是判断行为人犯罪中止的重要依据。具体有以下两种情况：其一，共同犯罪中部分行为人决定中止犯罪后，积极劝说其他人放弃犯罪，其他人经劝说放弃犯罪，且有效防止结果发生的，共同犯罪的所有行为人均构成犯罪中止；其二，共同犯罪中部分行为人决定中止犯罪后，积极劝说其他人放弃犯罪未果，但是采取有效措施避免了危害结果发生的，该部分行为人构成犯罪中止。

司法实践中，有些情况下能否认定犯罪中止情况较为复杂，存在一定的争议：

一是自动放弃犯罪是为了实施另一种犯罪，对放弃的行为能否认定中止。例如，出于盗窃的目的入室后，自动放弃盗窃，转而实施强奸；出于故意杀人的目的，在杀人过程中放弃杀人转而实施伤害等。有的认为，对于这种情况，当行为人放弃的犯罪与新的犯罪属于不同性质时，行为人的犯意和行为都发生了根本变化，新的犯罪与当场放弃的犯罪之间不具有紧密的联系，可以分开判断，即可以认定放弃的犯罪成立犯罪中止；如果行为人当场放弃的犯罪与新的犯罪属于同一性质，通常不能否定二者之间的连续性，可将前后行为按照一罪论处，不必再讨论前行为是否构成中止的问题。不同意见认为，考虑行为人放弃的犯罪与实施的新的犯罪之间的联系，以决定是否成立中止。这种思路有一定道理，但是对于前后两罪是否属于同一性质，并没有一个明确的标准，不具备可操作性。上述问题情况非常复杂，理论上难以提出一个简单易行的解决方案，只能在实践中结合具体案件的情况具体认定。

二是对重复侵害行为如何认定中止。即行为人实施了侵害行为，因意志以外的原因没有发生危害结果，出于主观意愿放弃继续进行侵害的，能否认定构成犯罪中止。例如，行为人枪杀他人，第一枪未中，在有机会开第二枪的情况下，行为人自己决意放弃杀害他人的计划，放弃开第二枪。对此，需要坚持主客观相统一进行分析。客观上，行为人存在继续实施并完成犯罪的条件，其可以自主控制犯罪进程，不受其他外在因素的影响。因主动放弃并最终未发生危害后果的，符合犯罪中止自动放弃犯罪的要件。如果行为人放弃重复侵害未能阻止危害结果发生的，如上述案件中开第一枪未击中要害而将人击伤后，决意放弃继续杀害他人的计划，停止开第二枪，但被害人终因失血过多而死亡的，则不成立犯罪中止。如果行为人放弃重复侵害后，最终结果的发生与行为人先前行为没有必然联系的，仍可以认定构成犯罪中止。如上述案件中被害人被击伤后，行为人将其送医救治，被害人本无生命危险，伤愈出院前由于医院发生火灾致死的，则行为人仍构成犯罪中止。主观上，认定犯罪中止需要行为人自认为犯罪尚未既遂且主动放弃犯罪。如果行为人基于错误认识，误认为已经犯罪既遂，放弃原先计划的后续重复侵害的，如上述案例中，第一枪击中被害人非要害部位，被害人倒地后，行为人本打算再补一枪，但误以为被害人死亡，遂放弃继续侵害，这种情形下，行为人放弃重复侵害是基于错误认识，不是为了避免危害结果发生的主动放弃，不构成犯罪中止。

第二款是关于对中止犯处罚原则的规定。根据本款的规定，对于中止犯，没有造成损害的，应当免除处罚；造成损害的，应当减轻处罚。这样规定，体现了我国刑法罪责刑相适应的原则，有利于鼓励犯罪分子中止犯罪，减少犯罪造成的社会危害。

第三节　共同犯罪

第二十五条 共同犯罪

共同犯罪是指二人以上共同故意犯罪。

二人以上共同过失犯罪，不以共同犯罪论处；应当负刑事责任的，按照他们所犯的罪分别处罚。

条文要旨

本条是关于共同犯罪的规定。

理解与适用

本条共分两款。第一款是关于什么是共同犯罪的规定。根据本款的规定，共同犯罪应当具备以下两个特征：第一，主体数量特征。共同犯罪的犯罪主体必须是二人以上。第二，罪质特征。共同犯罪必须是共同故意犯罪。所谓“共同故意犯罪”，应当具备以下三个条件：

一是主观方面。数个犯罪人必须有共同犯罪故意。这里有两层意思：其一，数个犯罪人对自己实施的危害行为都持故意的心理状态，即几个犯罪人都明知自己的行为会发生危害社会的结果，并希望或者有意放任这种结果的发生。其二，数个犯罪人对行为的共同性是明知的，即数个犯罪人都认识到自己和其他行为人在共同进行犯罪活动。这里并不要求犯罪人认识到自己和其他行为人实施的是完全相同的具体活动，只要明知自己正在实施的行为与他人的行为属于一个共同的犯罪活动即可。行为人主观上符合以上两方面的情况，构成了犯罪人的共同故意。

二是几个犯罪人必须有共同的犯罪行为。所谓共同的犯罪行为，是指各个犯罪人的犯罪行为具有共同的指向性。即犯罪人各自的犯罪行为都是在他们的共同故意支配下，围绕共同的犯罪对象，为实现共同的犯罪目的而实施的。这里各个共同犯罪人的犯罪行为，既可能以分担的方式施行同一犯罪行为，也可能是部分共同犯罪人施行同一犯罪行为，部分共同犯罪行为人根据共同犯罪的目的，实施该犯罪行为以外的其他犯罪行为。总体看，各个共同犯罪人所实施的犯罪行为都同危害结果具有因果关系，是完成统一犯罪活动的组成部分。

三是共同犯罪具有共同的犯罪对象。即共同犯罪人的犯罪行为必须最终指向同一犯罪对象，这是构成共同犯罪必须有共同的犯罪故意和共同的犯罪行为的必然要求。

第二款是关于二人以上共同过失犯罪，不以共同犯罪论处及对其如何处罚的规定。

这是对共同犯罪概念的重要补充。本款规定了两层意思：一是二人以上共同过失犯罪，不以共同犯罪论处，即二人以上由于过失造成同一危害结果的，不以共同犯罪定罪处刑。这是从另一个角度进一步说明共同犯罪主要是指共同故意犯罪。二是二人以上由于过失造成危害结果，应当负刑事责任的，按照他们所犯的罪分别处罚，即按照行为人各自的罪责分别处罚，而不以共同犯罪论处。这是共同过失犯罪的处罚原则。具体有以下几种情形：其一，分别定罪且罪名相同。共同过失行为人，先后或同时出现过失行为，共同造成危害结果发生的，如果违反的是同一类性质的注意义务，则应以相同的罪名分别惩处。其二，分别定罪但罪名不同。共同过失行为人先后或同时出现过失行为，共同造成危害结果发生的，但是由于过失行为人的主体、行为等不同情况，分别违反了不同性质的注意义务，应以不同罪名定罪处罚。比如，国家机关工作人员和国有企业负责人共同负责一项涉外重大资产投资项目，结果失职被骗。对此，国家机关工作人员的严重不负责任，应以玩忽职守罪定罪处罚；国有企业负责人的严重不负责任，应以签订合同失职被骗罪定罪处罚。其三，发生数个过失行为，能够区分数个过失行为对危害结果具有不同程度的作用的，应根据各个过失行为对结果发生的作用，认定各自的责任，分别处罚。对结果发生起主要作用的过失行为认定较重的责任，对结果发生起次要作用的过失行为认定较轻的责任。

关联规范

1. **《中华人民共和国反有组织犯罪法》**（2021 年 12 月 24 日）

第二条　本法所称有组织犯罪，是指《中华人民共和国刑法》第二百九十四条规定的组织、领导、参加黑社会性质组织犯罪，以及黑社会性质组织、恶势力组织实施的犯罪。

本法所称恶势力组织，是指经常纠集在一起，以暴力、威胁或者其他手段，在一定区域或者行业领域内多次实施违法犯罪活动，为非作恶，欺压群众，扰乱社会秩序、经济秩序，造成较为恶劣的社会影响，但尚未形成黑社会性质组织的犯罪组织。

境外的黑社会组织到中华人民共和国境内发展组织成员、实施犯罪，以及在境外对中华人民共和国国家或者公民犯罪的，适用本法。

第三条　反有组织犯罪工作应当坚持总体国家安全观，综合运用法律、经济、科技、文化、教育等手段，建立健全反有组织犯罪工作机制和有组织犯罪预防治理体系。

第四条　反有组织犯罪工作应当坚持专门工作与群众路线相结合，坚持专项治理与系统治理相结合，坚持与反腐败相结合，坚持与加强基层组织建设相结合，惩防并举、标本兼治。

第五条　反有组织犯罪工作应当依法进行，尊重和保障人权，维护公民和组织的合法权益。

第六条　监察机关、人民法院、人民检察院、公安机关、司法行政机关以及其他有关国家机关，应当根据分工，互相配合，互相制约，依法做好反有组织犯罪工作。

有关部门应当动员、依靠村民委员会、居民委员会、企业事业单位、社会组织，共同开展反有组织犯罪工作。

第七条 任何单位和个人都有协助、配合有关部门开展反有组织犯罪工作的义务。国家依法对协助、配合反有组织犯罪工作的单位和个人给予保护。

2.**《最高人民法院关于审理贪污、职务侵占案件如何认定共同犯罪几个问题的解释》**（2000年6月30日　法释〔2000〕15号）（节录）

第一条 行为人与国家工作人员勾结，利用国家工作人员的职务便利，共同侵吞、窃取、骗取或者以其他手段非法占有公共财物的，以贪污罪共犯论处。

第二条 行为人与公司、企业或者其他单位的人员勾结，利用公司、企业或者其他单位人员的职务便利，共同将该单位财物非法占为己有，数额较大的，以职务侵占罪共犯论处。

第三条 公司、企业或者其他单位中，不具有国家工作人员身份的人与国家工作人员勾结，分别利用各自的职务便利，共同将本单位财物非法占为己有的，按照主犯的犯罪性质定罪。

3.**《最高人民法院、最高人民检察院、公安部、国家烟草专卖局关于办理假冒伪劣烟草制品等刑事案件适用法律问题座谈会纪要》**（2003年12月23日　高检会〔2003〕4号）（节录）

四、关于共犯问题

知道或者应当知道他人实施本《纪要》第一条至第三条规定的犯罪行为，仍实施下列行为之一的，应认定为共犯，依法追究刑事责任：

1. 直接参与生产、销售假冒伪劣烟草制品或者销售假冒烟用注册商标的烟草制品或者直接参与非法经营烟草制品并在其中起主要作用的；

2. 提供房屋、场地、设备、车辆、贷款、资金、账号、发票、证明、技术等设施和条件，用于帮助生产、销售、储存、运输假冒伪劣烟草制品、非法经营烟草制品的；

3. 运输假冒伪劣烟草制品的。

上述人员中有检举他人犯罪经查证属实，或者提供重要线索，有立功表现的，可以从轻或减轻处罚；有重大立功表现的，可以减轻或者免除处罚。

4.**《最高人民法院关于印发〈全国部分法院审理毒品犯罪案件工作座谈会纪要〉的通知》**（2008年12月1日　法〔2008〕324号）（节录）

九、毒品案件的共同犯罪问题

毒品犯罪中，部分共同犯罪人未到案，如现有证据能够认定已到案被告人为共同犯罪，或者能够认定为主犯或者从犯的，应当依法认定。没有实施毒品犯罪的共同故意，仅在客观上为相互关联的毒品犯罪上下家，不构成共同犯罪，但为了诉讼便利可并案审理。审理毒品共同犯罪案件应当注意以下几个方面的问题：

一是要正确区分主犯和从犯。区分主犯和从犯，应当以各共同犯罪人在毒品工同犯罪中的地位和作用为根据。要从犯意提起、具体行为分工、出资和实际分得毒赃多少以及共犯之间相互关系等方面，比较各个共同犯罪人在共同犯罪中的地位和作用。在毒品共同犯罪中，为主出资者、毒品所有者或者起意、策划、纠集、组织、雇佣、指使他人参与犯罪以及其他起主要作用的是主犯；起次要或者辅助作用的是从犯。受雇佣、受指使实施毒品犯罪的，应根据其在犯罪中实际发挥的作用具体认定为主犯或者从犯。对于确有证据证明在共同犯罪中起次要或者辅助作用的，不能因为其他共同犯罪人未到案而不认定为从犯，甚至将其认定为主犯或者按主犯处罚。只要认定为从犯，无论主犯是否到案，均应依照刑法关于从犯的规定从轻、减轻或者免除处罚。

二是要正确认定共同犯罪案件中主犯和从犯的毒品犯罪数量。对于毒品犯罪集团的首要分子，应按集团毒品犯罪的总数量处罚；对一般共同犯罪的主犯，应按其所参与的或者组织、指挥的毒品犯罪数量处罚；对于从犯，应当按照其所参与的毒品犯罪的数量处罚。

三是要根据行为人在共同犯罪中的作用和罪责大小确定刑罚。不同案件不能简单类比，一个案件的从犯参与犯罪的毒品数量可能比另一案件的主犯参与犯罪的毒品数量大，但对这一案件从犯的处罚不是必然重于另一案件的主犯。共同犯罪中能分清主从犯的，不能因为涉案的毒品数量特别巨大，就不分主从犯而一律将被告人认定为主犯或者实际上都按主犯处罚，一律判处重刑甚至死刑。对于共叵犯罪中有多人主犯或者共同犯罪人的，处罚上也应做到区别对待。应当全面考察各主犯或者共同犯罪人在共同犯罪中实际发挥作用的差别，主观恶性和人身危险性方面的差异，对罪责或者人身危险性更大的主犯或者共同犯罪人依法判处更重的刑罚。

5.《最高人民法院关于印发〈全国部分法院审理毒品犯罪审判工作座谈会纪要〉的通知》（2015年5月18日　法〔2015〕129号）（节录）

（二）共同犯罪认定问题

办理贩卖毒品案件，应当准确认定居间介绍买卖毒品行为，并与居中倒卖毒品行为相区别。居间介绍者在毒品交易中处于中间人地位，发挥介绍联络作用，通常与交易一方构成共同犯罪，但不能牟利为要件；居中倒卖者属于毒品交易主体，与前后环节的交易对象是上下家关系，直接参与毒品交易并从中获利。居间介绍者受贩毒者委托，为其介绍联络购毒者的，与贩毒者构成贩毒品罪的共同犯罪；明知购毒者以贩卖为目的购买毒品，受委托为其介绍联络贩毒者的，与购毒者构成贩卖毒品罪的共同犯罪；受以吸食为目的的购毒者委托，为其介绍联络贩互毒者，毒品数量达到刑法第三百四十八条规定的最低数量标准的，一般与购毒者构成非法持有毒品罪的共同犯罪时与贩毒者、购毒者共谋，联络促成双方交易的，通常认定与贩毒者构成贩卖毒品罪的共同犯罪。居间介绍者实施为毒品交易主体提供交易信息、介绍交易对象等帮助行为，对促成交易起次要、辅助作用的，应当认定为从；对于以居间介绍者的身份介入毒品交易，但在交易中超出居间介绍者的地位，对交易的发起和达成起重要作用的被告人，可以认定为主犯。

两人以上同行运输毒品的，应当从是否明知他人带有毒品、有无共同运输毒品的意思联络，有无实施配合、掩护他人运输毒品的行为等方面综合审查认定是否构成共同犯罪。受雇于同一雇主同行运输毒品，但受雇者之间没有共司犯罪故意，或者虽然明知他人受雇运输毒品，但各自的运输行为相对独立，既没有实施配合、掩护他人运输毒品的行为，又分别按照各自运输的毒品数量领取报酬的，不应认定为共同犯罪。

受雇于同一雇主分段运输同一宗毒品，但受雇者之间没有犯罪共谋的，也不应认定为共同犯罪。雇用他人运输毒品的雇主，及其他对受雇者起到一定组织、指挥作用的人员，与各受雇者分别构成运输毒品罪的共同犯罪，对运输的全部毒品数量承担刑事责任。

2. 毒品共同犯罪、上下家犯罪的死刑适用

毒品共同犯罪案件的死刑适用应当与该案的毒品数量、社会危害及被告人的犯罪情节、主观恶性、人身危险性相适应。涉案毒品数量刚超过实际掌握的死刑数量标准，依法应当适用死刑的，要尽量区分主犯间的罪责大小，一般只对其中罪责最大的一名主犯判处死刑共同犯罪人地位作用相当，或者罪责大小难以区分的，可以不判处被告人死刑；二名主犯的罪责均很突出，且均具有法定从重处罚情节的，也要尽可能比较其主观恶性、人身危险性方面的差异，判处二人死刑要特别慎重。涉案毒品数量达到巨大以上，二名以上主犯的罪责均很突出，或者罪责稍次的主犯具有法定、重大酌定从重处罚情节，判处二人以上死刑符合罪刑相适应原则，并有利于全安量刑平衡的，可以依法判处。

对于部分共同犯罪人未到案的案件，在案被告人与未到案共同犯罪人均属罪行极其严重，即使共同犯罪人到案也不影响对在案被告人适用死刑的，可以依法判处在案被告人死刑；在案被告人的罪行不足以判处死刑，或者共同犯罪人归案后全案只宜判处其一人死刑的，不能因为共同犯罪人未到案而对在案被告人适用死刑；在案被告人与未到案共同犯罪人的罪责大小难以准确认定，进而影响准确适用死刑的，不应对在案被告人判处死刑。

对于贩卖毒品案件中的上下家，要结合其贩毒数量、次数及对象范围，犯罪的主动性，对促成交易所发挥的作用，犯罪行为的危害后果等因素，综合考虑其主观恶性和人身危险性，慎重、稳妥地决定死刑适用。对于买卖同宗毒品的上下家，涉案毒品数量刚超过实际掌握的死刑数量标准的，一般不能同时判处死刑；上家主动联络销售毒品，积极促成毒品交易的，通常可以判处上家死刑；下家积极筹资，主动向上家约购毒品，对促成毒品交易起更大作用的，可以考虑判处下家死刑。涉案毒品数量达到巨大以上的，也要综合上述因素决定死刑适用，同时判处上下家死刑符合罪刑相适应原则，并有利于全案量刑平衡的，可以依法判处。

一案中有多名共同犯罪人、上下家针对同宗毒品实施犯罪的，可以综合运用上述毒品共同犯罪、上下家犯罪的死刑适用原则予以处理。

办理毒品犯罪案件，应当尽量将共同犯罪案件或者密切关联的上下游案件进行并案审理；因客观原因造成分案处理的，办案时应当及时了解关联案件的审理进展和处理结果，注重量刑平衡。

第二十六条 主犯和犯罪集团及其处罚

组织、领导犯罪集团进行犯罪活动的或者在共同犯罪中起主要作用的，是主犯。

三人以上为共同实施犯罪而组成的较为固定的犯罪组织，是犯罪集团。

对组织、领导犯罪集团的首要分子，按照集团所犯的全部罪行处罚。

对于第三款规定以外的主犯，应当按照其所参与的或者组织、指挥的全部犯罪处罚。

条文要旨

本条是关于主犯、犯罪集团及对犯罪集团首要分子和其他主犯处刑原则的规定。

理解与适用

本条共分四款。第一款是关于什么是主犯的规定。根据本款规定，主犯包括两种人：一种是组织、领导犯罪集团进行犯罪活动的，即组织犯罪集团，领导、策划、指挥犯罪集团成员进行犯罪活动的组织、领导者，可能是一个人，也可能是数个人。另一种是在共同犯罪中起主要作用的人。所谓“起主要作用的人”是指在共同犯罪中，实际起到出谋划策、组织指挥、积极实施等重要作用，或者对发生危害结果起重要作用的人。

第二款是关于犯罪集团的定义的规定。根据本款规定，犯罪集团应当具备三个条件：一是必须由三人以上组成；二是为了共同进行犯罪活动；三是有较为固定的组织形式。所谓“固定”包括参与犯罪的人员的基本固定和犯罪组织形式的基本固定。

第三款是关于对组织、领导犯罪集团的首要分子处罚原则的规定。根据本款规定，对组织、领导犯罪集团的首要分子，按照集团所犯的全部罪行处罚，即首要分子要对他所组织、领导的犯罪集团的全部罪行承担刑事责任。所谓“组织、领导犯罪集团的首要分子”是指在犯罪集团进行的犯罪活动中，起组织、领导、策划、指挥作用的主犯。

第四款是关于对其他主犯处罚原则的规定。根据本款规定，对除组织、领导犯罪集团的首要分子以外的其他主犯，应当按照该主犯在共同犯罪活动中所参与的或者由他组织、指挥的全部罪行处罚。由于其他主犯有的是在犯罪集团中首要分子的组织、领导下，积极从事犯罪活动或者在犯罪活动中起到重要作用的人员，有的是在一般的共同犯罪或者尚不构成犯罪集团的犯罪团伙中起主要作用的人员，其行为的社会危害性相对犯罪集团的首要分子来说要小些，因此，本条规定了与首要分子有所差别的处罚原则。但是，从罪责刑相适应原则的要求看，其精神是一致的，即都是对自己应当负责的行为承担刑事责任，体现了刑法责任自负的基本要求。

指导案例

1. **最高人民检察院检例第19号**

张某、沈某某等七人抢劫案

（2013年11月8日）

【关键词】

第二审程序刑事抗诉　未成年人与成年人共同犯罪　分案起诉　累犯

【基本案情】

被告人沈某某，男，1995年1月出生。2010年3月因抢劫罪被判拘役六个月，缓刑六个月，并处罚金五百元。

被告人胡某某，男，1995年4月出生。

被告人许某，男，1993年1月出生。2008年6月因抢劫罪被判有期徒刑六个月，并处罚金五百元；2010年1月因犯盗窃罪被判有期徒刑七个月，并处罚金一千四百元。

另四名被告人张某、吕某、蒋某、杨某，均为成年人。

被告人张某为牟利，介绍沈某某、胡某某、吕某、蒋某认识，教唆他们以暴力方式劫取助力车，并提供砍刀等犯罪工具，事后负责联系销赃分赃。2010年3月，被告人沈某某、胡某某、吕某、蒋某经被告人张某召集，并伙同被告人许某、杨某等人，经预谋，相互结伙，持砍刀、断线钳、撬棍等作案工具，在上海市内公共场所抢劫助力车。其中，被告人张某、沈某某、胡某某参与抢劫四次；被告人吕某、蒋某参与抢劫三次；被告人许某参与抢劫二次；被告人杨某参与抢劫一次。具体如下：

1.2010年3月4日11时许，沈某某、胡某某、吕某、蒋某随身携带砍刀，至上海市长寿路699号国美电器商场门口，由吕、沈撬窃停放在该处的一辆黑色本凌牌助力车，当被害人甲制止时，沈、胡、蒋拿出砍刀威胁，沈砍击被害人致其轻伤。后吕、沈等人因撬锁不成，砸坏该车外壳后逃离现场。经鉴定，该助力车价值人民币1930元。

2.2010年3月4日12时许，沈某某、胡某某、吕某、蒋某随身携带砍刀，结伙至上海市老沪太路万荣路路口的临时菜场门口，由胡、吕撬窃停放在该处的一辆白色南方雅马哈牌助力车，当被害人乙制止时，沈、蒋等人拿出砍刀威胁，沈砍击被害人致其轻微伤，后吕等人撬开锁将车开走。经鉴定，该助力车价值人民币2058元。

3.2010年3月11日14时许，沈某某、胡某某、吕某、蒋某、许某随身携带砍刀，结伙至上海市胶州路669号东方典当行门口，由沈撬窃停放在该处的一辆黑色宝雕牌助力车，当被害人丙制止时，胡、蒋、沈拿出砍刀将被害人逼退到东方典当行店内，许则在一旁接应，吕上前帮助撬开车锁后由胡将车开走。经鉴定，该助力车价值人民币2660元。

4.2010年3月18日14时许，沈某某、胡某某、许某、杨某及王某（男，13岁）随身携带砍刀，结伙至上海市上大路沪太路路口地铁七号线出口处的停车点，由胡持砍刀威胁该停车点的看车人员，杨在旁接应，沈、许等人则当场劫得助力车三辆。其中被害人丁的一辆黑色珠峰牌助力车，经鉴定，该助力车价值人民币2090元。

【诉讼过程】

2010年3、4月，张某、吕某、蒋某、杨某以及三名未成年人沈某某、胡某某、许某因涉嫌抢劫罪先后被刑事拘留、逮捕。2010年6月21日，上海市公安局静安分局侦查终结，以犯罪嫌疑人张某、沈某某、胡某某、吕某、蒋某、许某、杨某等七人涉嫌抢劫罪向静安区人民检察院移送审查起诉。静安区人民检察院经审查认为，本案虽系未成年人与成年人共同犯罪案件，但鉴于本案多名未成年人系共同犯罪中的主犯，不宜分案起诉。2010年9月25日，静安区人民检察院以上述七名被告人犯抢劫罪依法向静安区人民法院提起公诉。

2010年12月15日，静安区人民法院一审认为，七名被告人行为均构成抢劫罪，其中许某系累犯。依法判决：（一）对未成年被告人量刑如下：沈某某判处有期徒刑五年六个月，并处罚金人民币五千元，撤销缓刑，决定执行有期徒刑五年六个月，罚金人民币五千元；胡某某判处有期徒刑七年，并处罚金人民币七千元；许某判处有期徒刑五年，并处罚金人民币五千元。（二）对成年被告人量刑如下：张某判处有期徒刑十四年，剥夺政治权利二年，并处罚金人民币一万五千元；吕某判处有期徒刑十二年六个月，剥夺政治权利一年，并处罚金人民币一万二千元；蒋某判处有期徒刑十二年，剥夺政治权利一年，并处罚金人民币一万二千元；杨某判处有期徒刑二年，并处罚金人民币二千元。

2010年12月30日，上海市静安区人民检察院认为一审判决适用法律错误，对未成年被告人的量刑不当，遂依法向上海市第二中级人民法院提出抗诉。张某以未参与抢劫，量刑过重为由，提出上诉。2011年6月16日，上海市第二中级人民法院二审判决采纳抗诉意见，驳回上诉，撤销原判决对原审被告人沈某某、胡某某、许某抢劫罪量刑部分，依法予以改判。

【抗诉理由】

一审宣判后，上海市静安区人民检察院审查认为，一审判决对犯罪情节相对较轻的胡某某判处七年有期徒刑量刑失衡，对未成年被告人沈某某、胡某某、许某判处罚金刑未依法从宽处罚，属适用法律错误，量刑不当，遂依法向上海市第二中级人民法院提出抗诉；上海市人民检察院第二分院支持抗诉。抗诉和支持抗诉的理由是：

1. 一审判决量刑失衡，对被告人胡某某量刑偏重。本案中，被告人胡某某、沈某某均参与了四次抢劫犯罪，虽然均系主犯，但是被告人胡某某行为的社会危害性及人身危险性均小于被告人沈某某。从犯罪情节看，沈某某实施抢劫过程中直接用砍刀造成一名被害人轻伤，一名被害人轻微伤；被告人胡某某只有持刀威胁及撬车锁的行为。从犯罪时年龄看，沈某某已满十五周岁，胡某某尚未满十五周岁。从人身危险性看，沈某某因抢劫罪于2010年3月4日被判处拘役六个月，缓刑六个月，缓刑期间又犯新罪；胡某某系初犯。一审判决分别以抢劫罪判胡某某有期徒刑七年、沈某某有期徒刑五年六个月，属于量刑不当。

2. 一审判决适用法律错误，对未成年被告人罚金刑的适用既没有体现依法从宽，也没有体现与成年被告人罚金刑适用的区别。根据最高人民法院《关于适用财产刑若干问题的规定》《关于审理未成年人刑事案件具体应用法律若干问题的解释》的规定，对未成年人犯罪应当从轻或者减轻判处罚金。一审判决对未成年被告人判处罚金未依法从宽，均是按照同案成年被告人罚金的标准判处五千元以上的罚金，属于适用法律错误。

此外，2010 年 12 月 21 日一审判决认定未成年被告人许某系累犯正确，但审判后刑法有所修改。根据 2011 年 2 月全国人大常委会通过的《中华人民共和国刑法修正案（八）》和 2011 年 5 月《最高人民法院关于〈中华人民共和国刑法修正案（八）时间效力问题的解释〉》的有关规定，被告人许某实施犯罪时不满十八周岁，依法不构成累犯。

【终审判决】

上海市第二中级人民法院二审认为，原审判决认定抢劫罪事实清楚，定性准确，证据确实、充分。鉴于胡某某在抢劫犯罪中的地位作用略低于沈某某及对未成年犯并处罚金应当从轻或减轻处罚等实际情况，原判对胡某某主刑及对沈某某、胡某某、许某罚金刑的量刑不当，应予纠正。检察机关的抗诉意见正确，应予支持。另依法认定许某不构成累犯。据此，依法判决：撤销一审判决对原审三名未成年被告人沈某某、胡某某、许某的量刑部分；改判沈某某犯抢劫罪，处有期徒刑五年六个月，并处罚金人民币二千元，撤销缓刑，决定执行有期徒刑五年六个月，罚金人民币二千元；胡某某犯抢劫罪，处有期徒刑五年，罚金人民币二千元；许某犯抢劫罪，处有期徒刑四年，罚金人民币一千五百元。

【要旨】

1. 办理未成年人与成年人共同犯罪案件，一般应当将未成年人与成年人分案起诉，但对于未成年人系犯罪集团的组织者或者其他共同犯罪中的主犯，或者具有其他不宜分案起诉情形的，可以不分案起诉。

2. 办理未成年人与成年人共同犯罪案件，应当根据未成年人在共同犯罪中的地位、作用，综合考量未成年人实施犯罪行为的动机和目的、犯罪时的年龄、是否属于初犯、偶犯、犯罪后的悔罪表现、个人成长经历和一贯表现等因素，依法从轻或者减轻处罚。

3. 未成年人犯罪不构成累犯。

【相关法律规定】

《中华人民共和国刑法》第二百六十三条、第二十五条、第二十六条、第六十一条、第六十五条、第七十七条；《中华人民共和国刑事诉讼法》第二百一十七条、第二百二十五条第一款第二项。

2. 最高人民检察院检例第 67 号

张凯闵等 52 人电信网络诈骗案

（2020 年 4 月 8 日）

【关键词】

跨境电信网络诈骗　境外证据审查　电子数据　引导取证

【要旨】

跨境电信网络诈骗犯罪往往涉及大量的境外证据和庞杂的电子数据。对境外获取的证据应着重审查合法性，对电子数据应着重审查客观性。主要成员固定，其他人员有一定流动性的电信网络诈骗犯罪组织，可认定为犯罪集团。

【基本案情】

被告人张凯闵，男，1981 年 11 月 21 日出生，中国台湾地区居民，无业。

林金德等其他被告人、被不起诉人基本情况略。

2015 年 6 月至 2016 年 4 月间，被告人张凯闵等 52 人先后在印度尼西亚共和国和肯尼亚共和国参加对中国大陆居民进行电信网络诈骗的犯罪集团。在实施电信网络诈骗过程中，各被告人分工合作，其中部分被告人负责利用电信网络技术手段对大陆居民的手机和座机电话进行语音群呼，群呼的主要内容为“有快递未签收，经查询还有护照签证即将过期，将被限制出境管制，身份信息可能遭泄露”等。当被害人按照语音内容操作后，电话会自动接通冒充快递公司客服人员的一线话务员。一线话务员以帮助被害人报案为由，在被害人不挂断电话时，将电话转接至冒充公安局办案人员的二线话务员。二线话务员向被害人谎称“因泄露的个人信息被用于犯罪活动，需对被害人资金流向进行调查”，欺骗被害人转账、汇款至指定账户。如果被害人对二线话务员的说法仍有怀疑，二线话务员会将电话转给冒充检察官的三线话务员继续实施诈骗。

至案发，张凯闵等被告人通过上述诈骗手段骗取 75 名被害人钱款共计人民币 2300 余万元。

【指控与证明犯罪】

（一）介入侦查引导取证

由于本案被害人均是中国大陆居民，根据属地管辖优先原则，2016 年 4 月，肯尼亚将 76 名电信网络诈骗犯罪嫌疑人（其中大陆居民 32 人，台湾地区居民 44 人）遣返中国大陆。经初步审查，张凯闵等 41 人与其他被遣返的人分属互不关联的诈骗团伙，公安机关依法分案处理。2016 年 5 月，北京市人民检察院第二分院经指定管辖本案，并应公安机关邀请，介入侦查引导取证。

鉴于肯尼亚在遣返犯罪嫌疑人前已将起获的涉案笔记本电脑、语音网关（指能将语音通信集成到数据网络中实现通信功能的设备）、手机等物证移交我国公安机关，为确保证据的客观性、关联性和合法性，检察机关就案件证据需要达到的证明标准以及涉外电子数据的提取等问题与公安机关沟通，提出提取、恢复涉案的 Skype 聊天记录、Excel 和 Word 文档、网络电话拨打记录清单等电子数据，并对电子数据进行无污损鉴定的意见。在审查电子数据的过程中，检察人员与侦查人员在恢复的 Excel 文档中找到多份“返乡订票记录单”以及早期大量的 Skype 聊天记录。依据此线索，查实部分犯罪嫌疑人在去肯尼亚之前曾在印度尼西亚两度针对中国大陆居民进行诈骗，诈骗数额累计达 2000 余万元人民币。随后，11 名曾在印度尼西亚参与张凯闵团伙实施电信诈骗，未赴肯尼亚继续诈骗的犯罪嫌疑人陆续被缉捕到案。至此，张凯闵案 52 名犯罪嫌疑人全部到案。

（二）审查起诉

审查起诉期间，在案犯罪嫌疑人均表示认罪，但对其在犯罪集团中的作用和参与犯罪数额各自作出辩解。

经审查，北京市人民检察院第二分院认为现有证据足以证实张凯闵等人利用电信网络实施诈骗，但案件证据还存在以下问题：一是电子数据无污损鉴定意见的鉴定起始基准时间晚于犯罪嫌疑人归案的时间近11个小时，不能确定在此期间电子数据是否被增加、删除、修改。二是被害人与诈骗犯罪组织间的关联性证据调取不完整，无法证实部分被害人系本案犯罪组织所骗。三是台湾地区警方提供的台湾地区犯罪嫌疑人出入境记录不完整，北京市公安局出入境管理总队出具的出入境记录与犯罪嫌疑人的供述等其他证据不尽一致，现有证据不能证实各犯罪嫌疑人参加诈骗犯罪组织的具体时间。

针对上述问题，北京市人民检察院第二分院于2016年12月17日、2017年3月7日两次将案件退回公安机关补充侦查，并提出以下补充侦查意见：一是通过中国驻肯尼亚大使馆确认抓获犯罪嫌疑人和外方起获物证的具体时间，将此时间作为电子数据无污损鉴定的起始基准时间，对电子数据重新进行无污损鉴定，以确保电子数据的客观性。二是补充调取犯罪嫌疑人使用网络电话与被害人通话的记录、被害人向犯罪嫌疑人指定银行账户转账汇款的记录、犯罪嫌疑人的收款账户交易明细等证据，以准确认定本案被害人。三是调取各犯罪嫌疑人护照，由北京市公安局出入境管理总队结合护照，出具完整的出入境记录，补充讯问负责管理护照的犯罪嫌疑人，核实部分犯罪嫌疑人是否中途离开过诈骗窝点，以准确认定各犯罪嫌疑人参加犯罪组织的具体时间。补充侦查期间，检察机关就补侦事项及时与公安机关加强当面沟通，落实补证要求。与此同时，检察人员会同侦查人员共赴国家信息中心电子数据司法鉴定中心，就电子数据提取和无污损鉴定等问题向行业专家咨询，解决了无污损鉴定的具体要求以及提取、固定电子数据的范围、程序等问题。检察机关还对公安机关以《司法鉴定书》记录电子数据勘验过程的做法提出意见，要求将《司法鉴定书》转化为勘验笔录。通过上述工作，全案证据得到进一步完善，最终形成补充侦查卷21册，为案件的审查和提起公诉奠定了坚实基础。

检察机关经审查认为，根据肯尼亚警方出具的《调查报告》、我国驻肯尼亚大使馆出具的《情况说明》以及公安机关出具的扣押决定书、扣押清单等，能够确定境外获取的证据来源合法，移交过程真实、连贯、合法。国家信息中心电子数据司法鉴定中心重新作出的无污损鉴定，鉴定的起始基准时间与肯尼亚警方抓获犯罪嫌疑人并起获涉案设备的时间一致，能够证实电子数据的真实性。涉案笔记本电脑和手机中提取的Skype账户登录信息等电子数据与犯罪嫌疑人的供述相互印证，能够确定犯罪嫌疑人的网络身份和现实身份具有一致性。75名被害人与诈骗犯罪组织间的关联性证据已补充到位，具体表现为：网络电话、Skype聊天记录等与被害人陈述的诈骗电话号码、银行账号等证据相互印证；电子数据中的聊天时间、通话时间与银行交易记录中的转账时间相互印证；被害人陈述的被骗经过与被告人供述的诈骗方式相互印证。本案的75名被害人被骗的证据均满足上述印证关系。

（三）出庭指控犯罪

2017年4月1日，北京市人民检察院第二分院根据犯罪情节，对该诈骗犯罪集团中的52名犯罪嫌疑人作出不同处理决定。对张凯闵等50人以诈骗罪分两案向北京市第二中级人民法院提起公诉，对另 2 名情节较轻的犯罪嫌疑人作出不起诉决定。7 月 18 日、7 月 19 日，北京市第二中级人民法院公开开庭审理了本案。

庭审中，50 名被告人对指控的罪名均未提出异议，部分被告人及其辩护人主要提出以下辩解及辩护意见：一是认定犯罪集团缺乏法律依据，应以被告人实际参与诈骗成功的数额认定其犯罪数额。二是被告人系犯罪组织雇用的话务员，在本案中起次要和辅助作用，应认定为从犯。三是检察机关指控的犯罪金额证据不足，没有形成完整的证据链条，不能证明被害人是被告人所骗。

针对上述辩护意见，公诉人答辩如下：

一是该犯罪组织以共同实施电信网络诈骗犯罪为目的而组建，首要分子虽然没有到案，但在案证据充分证明该犯罪组织在首要分子的领导指挥下，有固定人员负责窝点的组建管理、人员的召集培训，分工担任一线、二线、三线话务员，该诈骗犯罪组织符合刑法关于犯罪集团的规定，应当认定为犯罪集团。

二是在案证据能够证实二线、三线话务员不仅实施了冒充警察、检察官接听拨打电话的行为，还在犯罪集团中承担了组织管理工作，在共同犯罪中起主要作用，应认定为主犯。对从事一线接听拨打诈骗电话的被告人，已作区别对待。该犯罪集团在印度尼西亚和肯尼亚先后设立 3 个窝点，参加过 2 个以上窝点犯罪的一线人员属于积极参加犯罪，在犯罪中起主要作用，应认定为主犯；仅参加其中一个窝点犯罪的一线人员，参与时间相对较短，实际获利较少，可认定为从犯。

三是本案认定诈骗犯罪集团与被害人之间关联性的证据主要有：犯罪集团使用网络电话与被害人电话联系的通话记录；犯罪集团的 Skype 聊天记录中提到了被害人姓名、公民身份证号码等个人信息；被害人向被告人指定银行账户转账汇款的记录。起诉书认定的 75 名被害人至少包含上述一种关联方式，实施诈骗与被骗的证据能够形成印证关系，足以认定 75 名被害人被本案诈骗犯罪组织所骗。

（四）处理结果

2017 年 12 月 21 日，北京市第二中级人民法院作出一审判决，认定被告人张凯闵等 50 人以非法占有为目的，参加诈骗犯罪集团，利用电信网络技术手段，分工合作，冒充国家机关工作人员或其他单位工作人员，诈骗被害人钱财，各被告人的行为均已构成诈骗罪，其中 28 人系主犯，22 人系从犯。法院根据犯罪事实、情节并结合各被告人的认罪态度、悔罪表现，对张凯闵等 50 人判处十五年至一年零九个月不等有期徒刑，并处剥夺政治权利及罚金。张凯闵等部分被告人以量刑过重为由提出上诉。2018 年 3 月，北京市高级人民法院二审裁定驳回上诉，维持原判。

【指导意义】

（一）对境外实施犯罪的证据应着重审查合法性

对在境外获取的实施犯罪的证据，一是要审查是否符合我国刑事诉讼法的相关规定，对能够证明案件事实且符合刑事诉讼法规定的，可以作为证据使用。二是对基于有关条约、司法互助协定、两岸司法互助协议或通过国际组织委托调取的证据，应注意审查相关办理程序、手续是否完备，取证程序和条件是否符合有关法律文件的规定。对不具有规定规范的，一般应当要求提供所在国公证机关证明，由所在国中央外交主管机关或其授权机关认证，并经我国驻该国使、领馆认证。三是对委托取得的境外证据，移交过程中应注意审查过程是否连续、手续是否齐全、交接物品是否完整、双方的交接清单记载的物品信息是否一致、交接清单与交接物品是否一一对应。四是对当事人及其辩护人、诉讼代理人提供的来自境外的证据材料，要审查其是否按照条约等相关规定办理了公证和认证，并经我国驻该国使、领馆认证。

（二）对电子数据应重点审查客观性

一要审查电子数据存储介质的真实性。通过审查存储介质的扣押、移交等法律手续及清单，核实电子数据存储介质在收集、保管、鉴定、检查等环节中是否保持原始性和同一性。二要审查电子数据本身是否客观、真实、完整。通过审查电子数据的来源和收集过程，核实电子数据是否从原始存储介质中提取，收集的程序和方法是否符合法律和相关技术规范。对从境外起获的存储介质中提取、恢复的电子数据应当进行无污损鉴定，将起获设备的时间作为鉴定的起始基准时间，以保证电子数据的客观、真实、完整。三要审查电子数据内容的真实性。通过审查在案言词证据能否与电子数据相互印证，不同的电子数据间能否相互印证等，核实电子数据包含的案件信息能否与在案的其他证据相互印证。

（三）紧紧围绕电话卡和银行卡审查认定案件事实

办理电信网络诈骗犯罪案件，认定被害人数量及诈骗资金数额的相关证据，应当紧紧围绕电话卡和银行卡等证据的关联性来认定犯罪事实。一是通过电话卡建立被害人与诈骗犯罪组织间的关联。通过审查诈骗犯罪组织使用的网络电话拨打记录清单、被害人接到诈骗电话号码的陈述以及被害人提供的通话记录详单等通讯类证据，认定被害人与诈骗犯罪组织间的关联性。二是通过银行卡建立被害人与诈骗犯罪组织间的关联。通过审查被害人提供的银行账户交易明细、银行客户通知书、诈骗犯罪集团指定银行账户信息等书证以及诈骗犯罪组织使用的互联网软件聊天记录，核实聊天记录中是否出现被害人的转账账户，以确定被害人与诈骗犯罪组织间的关联性。三是将电话卡和银行卡结合起来认定被害人及诈骗数额。审查被害人接到诈骗电话的时间、向诈骗犯罪组织指定账户转款的时间，诈骗犯罪组织手机或电脑中储存的聊天记录中出现的被害人的账户信息和转账时间是否印证。相互关联印证的，可以认定为案件被害人，被害人实际转账的金额可以认定为诈骗数额。

（四）有明显首要分子，主要成员固定，其他人员有一定流动性的电信网络诈骗犯罪组织，可以认定为诈骗犯罪集团

实施电信网络诈骗犯罪，大都涉案人员众多、组织严密、层级分明、各环节分工明确。对符合刑法关于犯罪集团规定，有明确首要分子，主要成员固定，其他人员有一定流动性的电信网络诈骗犯罪组织，依法可以认定为诈骗犯罪集团。对出资筹建诈骗窝点、掌控诈骗所得资金、制定犯罪计划等起组织、指挥管理作用的，依法可以认定为诈骗犯罪集团首要分子，按照集团所犯的全部罪行处罚。对负责协助首要分子组建窝点、招募培训人员等起积极作用的，或加入时间较长，通过接听拨打电话对被害人进行诱骗，次数较多、诈骗金额较大的，依法可以认定为主犯，按照其参与或组织、指挥的全部犯罪处罚。对诈骗次数较少、诈骗金额较小，在共同犯罪中起次要或者辅助作用的，依法可以认定为从犯，依法从轻、减轻或免除处罚。

【相关规定】

《中华人民共和国刑法》第六条、第二十六条、第二百六十六条；《中华人民共和国刑事诉讼法》第十八条、第二十五条；《中华人民共和国国际刑事司法协助法》第九条、第十条、第二十五条、第二十六条、第三十九条、第四十条、第四十一条、第六十八条；《最高人民法院、最高人民检察院关于办理诈骗刑事案件具体应用法律若干问题的解释》第一条、第二条；《最高人民法院、最高人民检察院、公安部关于办理电信网络诈骗等刑事案件适用法律若干问题的意见》；《最高人民法院、最高人民检察院、公安部关于办理刑事案件收集提取和审查判断电子数据若干问题的规定》；《检察机关办理电信网络诈骗案件指引》；《最高人民法院关于适用〈中华人民共和国刑事诉讼法〉的解释》第四百零五条。

关联规范

1.《最高人民法院、最高人民检察院、公安部关于当前办理集团犯罪案件中具体应用法律的若干问题的解答》（1984年6月15日 〔1984〕法研字第9号）（节录）

一、怎样办理团伙犯罪的案件？

办理团伙犯罪的重大案件，应当在党的方针政策指导下，依照刑法和《全国人民代表大会常务委员会关于严惩严重危害社会治安的犯罪分子的决定》的有关规定执行。鉴于在刑法和全国人大常委会的有关决定中，只有共同犯罪和犯罪集团的规定，在法律文书中，应当统一使用法律规定的提法。即：

办理团伙犯罪案件，凡其中符合刑事犯罪集团基本特征的，应按犯罪集团处理；不符合犯罪集团基本特征的，就按一般共同犯罪处理，并根据其共同犯罪的事实和情节，该重判的重判，该轻判的轻判。

对犯罪团伙既要坚决打击，又必须打准。不要把三人以上共同犯罪，但罪行较轻，危害较小的案件当作犯罪团伙，进而当做“犯罪集团”来严厉打击。

二、在办案实践中怎样认定刑事犯罪集团？

刑事犯罪集团一般应具备下列基本特征：（1）人数较多（三人以上），重要成员固定或基本固定。（2）经常纠集一起进行一种或数种严重的刑事犯罪活动。（3）有明显的首要分子。有的首要分子是在纠集过程中形成的，有的首要分子在纠集开始时就是组织者和领导者。（4）有预谋地实施犯罪活动。（5）不论作案次数多少，对社会造成的危害或其具有的危险性都很严重。

刑事犯罪集团的首要分子，是指在该集团中起组织、策划、指挥作用的犯罪分子（见刑法第二十三条、第八十六条）。首要分子可以是一名，也可以不只一名。首要分子应对该集团经过预谋、有共同故意的全部罪行负责。集团的其他成员，应按其地位和作用，分别对其参与实施的具体罪行负责。如果某个成员实施了该集团共同故意犯罪范围以外的其他犯罪，则应由他个人负责。

对单一的犯罪集团，应按其所犯的罪定性；对一个犯罪集团犯多种罪的，应按其主罪定性；犯罪集团成员或一般共同犯罪的共犯，犯数罪的，分别按数罪并罚的原则处罚。

三、为什么对共同犯罪的案件必须坚持全案审判?

办理共同犯罪案件特别是集团犯罪案件，除对其中已逃跑的成员可以另案处理外，一定要把全案的事实查清，然后对应当追究刑事责任的同案人，全案起诉，全案判处。切不要全案事实还没有查清，就急于杀掉首要分子或主犯，或者把案件拆散，分开处理。这样做，不仅可能造成定罪不准，量刑失当，而且会造成死无对证，很容易漏掉同案成员的罪行，甚至漏掉罪犯，难以做到依法“从重从快，一网打尽”。

四、办理犯罪集团和一般共同犯罪中的重大案件，怎样执行党的政策，做到区别对待?

办理上述两类案件，应根据犯罪分子在犯罪活动中的地位、作用及危害大小，依照党的政策和刑法、全国人大常委会有关决定的规定，实行区别对待。

对犯罪集团的首要分子和其他主犯，一般共同犯罪中的重大案件的主犯，应依法从重严惩，其中罪行特别严重、不杀不足以平民愤的，应依法判处死刑。

上述两类案件的从犯，应根据其不同的犯罪情节，比照主犯依法从轻、减轻或者免除刑罚。对于胁从犯，应比照从犯依法减轻处罚或免除处罚。犯罪情节轻微，不需要追究刑事责任的，可以免予起诉或由公安部门作其他处理。

对于同犯罪集团成员有一般来往，而无犯罪行为的人，不要株连。

五、有些犯罪分子参加几起共同犯罪活动，应如何办理这些案件?

对这类案件，应分案判处，不能凑合成一案处理。某罪犯主要参加那个案件的共同犯罪活动，就列入那个案件去处理（在该犯参加的其他案件中可注明该犯已另案处理)。

2.**《最高人民法院印发〈全国部分法院审理毒品犯罪案件工作座谈会纪要〉的通知》**（2008年12月1日　法〔2008〕324号）（节录）

九、毒品案件的共同犯罪问题

毒品犯罪中，部分共同犯罪人未到案，如现有证据能够认定已到案被告人为共同犯罪，或者能够认定为主犯或者从犯的，应当依法认定。没有实施毒品犯罪的共同故意，仅在客观上为相互关联的毒品犯罪上下家，不构成共同犯罪，但为了诉讼便利可并案审理。审理毒品共同犯罪案件应当注意以下几个方面的问题：

一是要正确区分主犯和从犯。区分主犯和从犯，应当以各共同犯罪人在毒品共同犯罪中的地位和作用为根据。要从犯意提起、具体行为分工、出资和实际分得毒赃多少以及共犯之间相互关系等方面，比较各个共同犯罪人在共同犯罪中的地位和作用。在毒品共同犯罪中，为主出资者、毒品所有者或者起意、策划、纠集、组织、雇佣、指使他人参与犯罪以及其他起主要作用的是主犯；起次要或者辅助作用的是从犯。受雇佣、受指使实施毒品犯罪的，应根据其在犯罪中实际发挥的作用具体认定为主犯或者从犯。对于确有证据证明在共同犯罪中起次要或者辅助作用的，不能因为其他共同犯罪人未到案而不认定为从犯，甚至将其认定为主犯或者按主犯处罚。只要认定为从犯，无论主犯是否到案，均应依照刑法关于从犯的规定从轻、减轻或者免除处罚。

二是要正确认定共同犯罪案件中主犯和从犯的毒品犯罪数量。对于毒品犯罪集团的首要分子，应按集团毒品犯罪的总数量处罚；对一般共同犯罪的主犯，应按其所参与的或者组织、指挥的毒品犯罪数量处罚；对于从犯，应当按照其所参与的毒品犯罪的数量处罚。

三是要根据行为人在共同犯罪中的作用和罪责大小确定刑罚。不同案件不能简单类比，一个案件的从犯参与犯罪的毒品数量可能比另一案件的主犯参与犯罪的毒品数量大，但对这一案件从犯的处罚不是必然重于另一案件的主犯。共同犯罪中能分清主从犯的，不能因为涉案的毒品数量特别巨大，就不分主从犯而一律将被告人认定为主犯或者实际上都按主犯处罚，一律判处重刑甚至死刑。对于共同犯罪中有多个主犯或者共同犯罪人的，处罚上也应做到区别对待。应当全面考察各主犯或者共同犯罪人在共同犯罪中实际发挥作用的差别，主观恶性和人身危险性方面的差异，对罪责或者人身危险性更大的主犯或者共同犯罪人依法判处更重的刑罚。

3. **《最高人民法院关于贯彻宽严相济刑事政策的若干意见》**（2010年2月8日　法发〔2010〕9号）（节录）

四、准确把握和正确适用宽严“相济”的政策要求

30. 对于恐怖组织犯罪、邪教组织犯罪、黑社会性质组织犯罪和进行走私、诈骗、贩毒等犯罪活动的犯罪集团，在处理时要分别情况，区别对待：对犯罪组织或集团中的为首组织、指挥、策划者和骨干分子，要依法从严惩处，该判处重刑或死刑的要坚决判处重刑或死刑；对受欺骗、胁迫参加犯罪组织、犯罪集团或只是一般参加者，在犯罪中起次要、辅助作用的从犯，依法应当从轻或减轻处罚，符合缓刑条件的，可以适用缓刑。

对于群体性事件中发生的杀人、放火、抢劫、伤害等犯罪案件，要注意重点打击其中的组织、指挥、策划者和直接实施犯罪行为的积极参与者；对因被煽动、欺骗、裹胁而参加，情节较轻，经教育确有悔改表现的，应当依法从宽处理。

31. 观恶性和人身危险性方面的不同，根据事实和证据能分清主从犯的，都应当认定主从犯。有多名主犯的，应在主犯中进一步区分出罪行最为严重者。对于多名被告人共同致死一名被害人的案件，要进一步分清各被告人的作用，准确确定各被告人的罪责，以做到区别对待；不能以分不清主次为由，简单地一律判处重刑。

33. 在共同犯罪案件中，对于主犯或首要分子检举、揭发同案地位、作用较次犯罪分子构成立功的，从轻或者减轻处罚应当从严掌握，如果从轻处罚可能导致全案量刑失衡的，一般不予从轻处罚；如果检举、揭发的是其他犯罪案件中罪行同样严重的犯罪分子，或者协助抓获的是同案中的其他主犯、首要分子的，原则上应予依法从轻或者减轻处罚。对于从犯或犯罪集团中的一般成员立功，特别是协助抓获主犯、首要分子的，应当充分体现政策，依法从轻、减轻或者免除处罚。

第二十七条 从犯及其处罚

在共同犯罪中起次要或者辅助作用的，是从犯。
对于从犯，应当从轻、减轻处罚或者免除处罚。

条文要旨

本条是关于从犯及其处刑原则的规定。

理解与适用

本条共分两款。第一款是关于什么是从犯的规定。根据本款规定，从犯有两种情况：一是在共同犯罪中起次要作用的。所谓“起次要作用”是指在整个共同犯罪活动中，处于从属于主犯的地位，对主犯的犯罪意图表示赞成、附和、服从，听从主犯的领导、指挥，不参与有关犯罪的决策和谋划；在实施具体犯罪中，在主犯的组织、指挥下进行某一方面的犯罪活动，情节较轻，对整个犯罪结果的发生只起了次要的作用。二是在共同犯罪中起辅助作用的。这种从犯实际上是帮助犯，其特点是不直接参与具体犯罪行为的实施，在共同犯罪活动中，为完成共同犯罪只起了提供物质或者精神帮助的作用，如提供作案工具、为实行犯踩点望风、指示犯罪地点和犯罪对象、消除犯罪障碍等。他们的行为对完成共同犯罪只起了辅助作用。

第二款是关于对从犯如何处罚的规定。根据本款的规定，对于从犯，应当根据其参与犯罪的性质、情节及其在共同犯罪中所起的作用等具体情况，或者从轻处罚，或者减轻处罚，或者免除处罚。对从犯应当从轻、减轻处罚或者免除处罚，是符合我国刑法罪责刑相适应原则的。

关联规范

《最高人民法院关于印发〈全国法院毒品犯罪审判工作座谈会纪要〉的通知》（2015年5月18日　法〔2015〕129号）（节录）

居间介绍者实施为毒品交易主体提供交易信息、介绍交易对象等帮助行为，对促成交易起次要、辅助作用的，应当认定为从犯；对于以居间介绍者的身份介入毒品交易，但在交易中超出居间介绍者的地位，对交易的发起和达成起重要作用的被告人，可以认定为主犯。

第二十八条 胁从犯及其处罚

对于被胁迫参加犯罪的，应当按照他的犯罪情节减轻处罚或者免除处罚。

条文要旨

本条是关于胁从犯及其处罚原则的规定。

理解与适用

根据本条规定，对于被胁迫参加犯罪的，应当按照他的犯罪情节减轻处罚或者免除处罚。所谓“被胁迫参加犯罪”，是指行为人在他人对其施加精神强制，处于恐惧状态下，不敢不参加犯罪。根据本条规定，对胁从犯应当根据他的犯罪情节减轻处罚或者免除处罚。所谓“应当”，就是只要认定其属于胁从犯，就应予以减轻或者免除处罚。所谓“按照他的犯罪情节”减轻或者免除处罚，是指在决定具体予以减轻处罚还是免除处罚时，要根据被胁迫犯罪的人参与实施犯罪行为的程度、对危害后果的发生所起到的实际作用大小等情况确定。例如，《最高人民法院、最高人民检察院关于办理组织、利用邪教组织破坏法律实施等刑事案件适用法律若干问题的解释》第九条规定，组织、利用邪教组织破坏国家法律、行政法规实施，符合该司法解释第四条的相关规定，但行为人能够真诚悔罪，明确表示退出邪教组织、不再从事邪教活动的，可以不起诉或者免予刑事处罚。其中，行为人系受蒙蔽、胁迫参加邪教组织的，可以不作为犯罪处理。

实践中对胁从犯的认定要综合考虑各方面的情况，以判断行为人是“被胁迫参加犯罪”。具体而言，可以从胁迫的时间、胁迫的程度、胁迫的对象、胁迫的现实紧迫性等方面综合考量。

第二十九条 教唆犯及其处罚

教唆他人犯罪的，应当按照他在共同犯罪中所起的作用处罚。教唆不满十八周岁的人犯罪的，应当从重处罚。

如果被教唆的人没有犯被教唆的罪，对于教唆犯，可以从轻或者减轻处罚。

条文要旨

本条是关于教唆犯及其处刑原则的规定。

理解与适用

本条共分两款。第一款是关于对教唆他人犯罪的处罚原则和从重处罚情节的规定。根据本款的规定，对教唆犯，应当按照他在共同犯罪中所起的作用处罚。教唆犯“在共同犯罪中所起的作用”是指教唆犯罪的人教唆的方法、手段及教唆的程度对完成共同犯罪所起的作用，即在实行所教唆的犯罪中所起的作用。教唆犯在共同犯罪中起主要作用的，按主犯处罚；起次要作用的，按从犯处罚。另外，出于对未成年人的保护，考虑到未成年人阅历浅，思想尚未成熟，容易被教唆而走上歧途，教唆未成年人犯罪的行为具有更大的社会危害性，因此，本款同时明确规定对“教唆不满十八周岁的人犯罪的，应当从重处罚”。实际上，对于教唆未成年人犯罪、利用未成年人犯罪的，司法实践中一般也是作为从重处罚的情节处理的。例如，2016 年《最高人民法院关于审理毒品犯罪案件适用法律若干问题的解释》第五条规定，非法持有毒品达到刑法第三百四十八条或者该司法解释第二条规定的“数量较大”标准，且利用、教唆未成年人非法持有毒品的，应当认定为刑法第三百四十八条规定的“情节严重”，体现从重处罚。

第二款是关于被教唆的人没有犯被教唆的罪的，对教唆犯从轻或者减轻处罚的规定。教唆犯对他人实施教唆行为后，因为种种原因，被教唆的人没有实施其所教唆的犯罪的情况实践中也是比较常见的。这种情况下，按照罪责刑相适应原则的要求，对教唆者应当给予相对较轻的处理。同时，刑法规定对教唆犯按照其在共同犯罪中所起的作用处罚，被教唆者没有实施犯罪的情况下，确定教唆者的教唆行为所起的作用以确定对其的处罚，操作上存在一定的困难。因此，对这种情况有必要明确规定处理的原则。根据本款规定，如果被教唆的人没有犯被教唆的罪，对于教唆犯，可以从轻或者减轻处罚。所谓“被教唆的人没有犯被教唆的罪”主要包括以下一些情况：一是教唆犯的教唆对被教唆人没有起到促成犯意、实施犯罪的作用，被教唆的人既没有实施教唆犯教唆的犯罪，也没有实施其他犯罪，其教唆行为没有造成直接的犯罪结果；二是被教唆的人没有犯所教唆的罪，而犯了其他罪；三是被教唆的人实施了犯罪，但是其本来就独立形成了犯意，教唆行为没有起到任何促致犯意的作用。不论哪一种情况，教唆他人实施犯罪的教唆行为已经实施，教唆者应当承担刑事责任。但是由于被教唆的人没有实施所教唆的罪，教唆犯的教唆行为的社会危害性要小，因此，本款规定对于上述教唆犯，可以从轻或者减轻处罚。这里规定“可以”，是因为被教唆的人没有犯被教唆的罪的实际情况复杂，对于教唆犯不能一律从轻或者减轻处罚，应当根据案件的具体情况决定是否从轻或减轻处罚。

第四节　单位犯罪

第三十条　单位犯罪

公司、企业、事业单位、机关、团体实施的危害社会的行为，法律规定为单位犯罪的，应当负刑事责任。

条文要旨

本条是关于单位犯罪的规定。

理解与适用

1. 单位犯罪的主体包括公司、企业、事业单位、机关、团体。本条规定的“公司、企业”包括全民所有制、集体所有制等各种所有制的公司、企业以及其他形式的公司、企业。根据民法典的规定，公司、企业法人主要属于营利法人。民法典第七十六条第二款规定的营利法人包括有限责任公司、股份有限公司和其他企业法人等。根据2019年国务院《企业法人登记管理条例》第二条规定，具备法人条件的下列企业，应当依照本条例的规定办理企业法人登记：（1）全民所有制企业；（2）集体所有制企业；（3）联营企业；（4）在中华人民共和国境内设立的中外合资经营企业、中外合作经营企业和外资企业；（5）私营企业；（6）依法需要办理企业法人登记的其他企业。这些依法登记的企业法人，应属于本条规定的公司、企业。关于本条规定的“事业单位”。根据国务院《事业单位登记管理暂行条例》第二条的规定，事业单位是指国家为了社会公益目的，由国家机关举办或者其他组织利用国有资产举办的，从事教育、科技、文化、卫生等活动的社会服务组织。另外，事业单位依法举办的营利性经营组织，必须实行独立核算，依照国家有关公司、企业等经营组织的法律、法规登记管理，实质属于前述的“公司、企业”。本条规定的“机关”是指各级各类国家机关和有关机关。本条规定的“团体”主要是指为了一定宗旨组成进行某种社会活动的合法组织，实践中主要是社会团体、基金会、专业合作社、供销合作社等单位。这里的社会团体，包括根据民法典第九十条规定的，依法登记成立，取得社会团体法人资格的团体；同时，也包括依法不需要办理法人登记的，从成立之日起，具有社会团体法人资格的团体。此外，本条的“团体”还包括农民专业合作组织、农村集体经济组织、城镇农村的合作经济组织、社会服务机构等其他单位。

2. 上述单位实施的危害社会的行为，法律规定为单位犯罪的，应当负刑事责任。这样规定是从单位犯罪的实际情况出发的。自改革开放以来，我国经济不断发展，对外开放力度不断加大，出现了不少违法犯罪的新情况和新问题。这些违法犯罪行为是否存在单位犯罪，情况十分复杂，还需要仔细研究和分析。基于此，刑法对实践中比较突出，社会危害较大，罪与非罪的界限较容易划清的单位危害社会的行为在分则中作了规定。因此，本条规定单位实施的危害社会的行为，法律规定为单位犯罪的，应当负刑事责任。这里的“法律规定”，主要是指刑法分则的规定，如果其他有关法律或者相关决定作出了专门规定的，也包括相应规定。包含两层意思：其一，根据刑法分则的规定，一些犯罪明确了作为犯罪主体的单位的类型，这些犯罪可以由相应的单位构成，如刑法第一百八十八条违规出具金融票证罪规定的银行或者其他金融机构。其二，追究单位刑事责任，需要法律明确规定。刑法明确规定单位的刑事责任主要有以下三种模式：首先，在一个条文中先以一款规定自然人犯罪的罪状与法定刑，再用一款专门规定单位犯罪，如刑法第三百二十六条倒卖文物罪；其次，在刑法某节最后一条中对单位犯本节数个条文的罪作出单位犯罪的专门规定，如刑法第二百二十条、第三百六十六条；最后，在条文罪状中明确规定是单位犯罪，如刑法第一百八十五条之一背信运用受托财产罪。

此外，司法机关反映，在实际生活中存在着公司、企业等单位组织员工实施相关犯罪，而刑法没有对该犯罪规定单位犯罪的情况，比如为单位实施窃电行为等。对于这种情况，按照本条规定不能追究单位的刑事责任，但是否能够追究实施相关犯罪的单位员工的刑事责任，有必要通过法律解释或者其他方式予以明确，以指导和规范司法实践。立法机关经认真研究认为，刑法主要针对一些涉及经济领域的犯罪规定了单位犯罪。对于一些传统的侵犯人身财产权利的犯罪，如杀人、伤害、抢劫、普通的诈骗、盗窃等，刑法分则没有规定单位犯罪。对这些没有规定单位犯罪的，不应当追究单位的刑事责任，但对组织、策划、直接实施这些法律明文规定为犯罪行为的人，应当按照自然人犯罪依法追究刑事责任。对此，2014 年第十二届全国人大常委会第八次会议通过的《全国人民代表大会常务委员会关于〈中华人民共和国刑法〉第三十条的解释》规定：“公司、企业、事业单位、机关、团体等单位实施刑法规定的危害社会的行为，刑法分则和其他法律未规定追究单位的刑事责任的，对组织、策划、实施该危害社会行为的人依法追究刑事责任。”

指导案例

最高人民检察院检例第 81 号

无锡 F 警用器材公司虚开增值税专用发票案

（2020 年 11 月 24 日）

【关键词】

单位认罪认罚　不起诉　移送行政处罚　合规经营

【要旨】

民营企业违规经营触犯刑法情节较轻，认罪认罚的，对单位和直接责任人员依法能不捕的不捕，能不诉的不诉。检察机关应当督促认罪认罚的民营企业合法规范经营。拟对企业作出不起诉处理的，可以通过公开听证听取意见。对被不起诉人（单位）需要给予行政处罚、处分或者需要没收其违法所得的，应当依法提出检察意见，移送有关主管机关处理。

【基本案情】

被不起诉单位，无锡 F 警用器材新技术有限公司（以下简称“F 警用器材公司”），住所地江苏省无锡市。

被不起诉人乌某某，男，F 警用器材公司董事长。

被不起诉人陈某某，女，F 警用器材公司总监。

被不起诉人倪某，男，F 警用器材公司采购员。

被不起诉人杜某某，女，无锡 B 科技有限公司法定代表人。

2015 年 12 月间，乌某某、陈某某为了 F 警用器材公司少缴税款，商议在没有货物实际交易的情况下，从其他公司虚开增值税专用发票抵扣税款，并指使倪某通过公司供应商杜某某等人介绍，采用伪造合同、虚构交易、支付开票费等手段，从王某某（另案处理）实际控制的商贸公司、电子科技公司虚开增值税专用发票 24 份，税额计人民币 377344. 79 元，后 F 警用器材公司从税务机关抵扣了税款。

乌某某、陈某某、倪某、杜某某分别于 2018 年 11 月 22 日、23 日至公安机关投案，均如实供述犯罪事实。11 月 23 日，公安机关对乌某某等四人依法取保候审。案发后，F 警用器材公司补缴全部税款并缴纳滞纳金。2019 年 11 月 8 日，无锡市公安局新吴分局以 F 警用器材公司及乌某某等人涉嫌虚开增值税专用发票罪移送检察机关审查起诉。检察机关经审查，综合案件情况拟作出不起诉处理，举行了公开听证。该公司及乌某某等人均自愿认罪认罚，在律师的见证下签署了《认罪认罚具结书》。2020 年 3 月 6 日，无锡市新吴区人民检察院依据《中华人民共和国刑事诉讼法》第一百七十七条第二款规定，对该公司及乌某某等四人作出不起诉决定，就没收被不起诉人违法所得及对被不起诉单位予以行政处罚向公安机关和税务机关分别提出检察意见。后公安机关对倪某、杜某某没收违法所得共计人民币 45503 元，税务机关对该公司处以行政罚款人民币 466131. 8 元。

【检察履职情况】

1. 开展释法说理，促使被不起诉单位和被不起诉人认罪认罚。新吴区人民检察院受理案件后，向 F 警用器材公司及乌某某等四人送达《认罪认罚从宽制度告知书》，结合案情进行释法说理，并依法听取意见。乌某某等四人均表示认罪认罚，该公司提交了书面意见，表示对本案事实及罪名不持异议，愿意认罪认罚，请求检察机关从宽处理。

2. 了解企业状况，评估案件对企业生产经营的影响。检察机关为全面评估案件的处理对企业生产经营的影响，通过实地走访、调查，查明该公司成立于 1997 年，系科技创新型民营企业，无违法经营处罚记录，近三年销售额人民币 7000 余万元，纳税额人民币 692 万余元。该公司拥有数十项专利技术、计算机软件著作权和省级以上科学技术成果，曾参与制定 10 项公共安全行业标准，在业内有较好的技术创新影响力。审查起诉期间，公司参与研发的项目获某创新大赛金奖。

3. 提出检察建议，考察涉罪企业改进合规经营情况。该企业发案前有基本的经营管理制度，但公司治理制度尚不健全。在评估案件情况后，检察机关围绕如何推动企业合法规范经营提出具体的检察建议，督促涉罪企业健全完善公司管理制度。该公司根据检察机关建议，制定合规经营方案，修订公司规章制度，明确岗位职责，对员工开展合法合规管理培训，并努力完善公司治理结构。结合该企业上述改进情况，根据单位犯罪特点，在检察机关主持下，由单位诉讼代表人签字、企业盖章，在律师见证下签署《认罪认罚具结书》。

4. 举行公开听证，听取各方意见后作出不起诉决定，并提出检察意见。考虑到本案犯罪情节较轻且涉罪企业和直接责任人员认罪认罚，检察机关拟对涉罪企业及有关人员作出不起诉处理。为提升不起诉决定的公信力和公正性，新吴区人民检察院举行公开听证会，邀请侦查机关代表、人民监督员、特约检察员参加听证，通知涉罪企业法定代表人、犯罪嫌疑人、辩护人到场听证。经听取各方意见，新吴区人民检察院依法作出不起诉决定，同时依法向公安机关、税务机关提出行政处罚的检察意见。公安机关、税务机关对该公司作出相应行政处罚，并没收违法所得。

【指导意义】

1. 对犯罪情节较轻且认罪认罚的涉罪民营企业及其有关责任人员，应当依法从宽处理。检察机关办理涉罪民营企业刑事案件，应当充分考虑促进经济发展，促进职工就业，维护国家和社会公共利益的需要，积极做好涉罪企业及其有关责任人员的认罪认罚工作，促使涉罪企业退缴违法所得、赔偿损失、修复损害、挽回影响，从而将犯罪所造成的危害降到最低。对犯罪情节较轻且认罪认罚、积极整改的企业及其相关责任人员，符合不捕、不诉条件的，坚持能不捕的不捕，能不诉的不诉，符合判处缓刑条件的要提出适用缓刑的建议。

2. 把建章立制落实合法规范经营要求，作为悔罪表现和从宽处罚的考量因素。检察机关在办理企业涉罪案件过程中，通过对自愿认罪认罚的民营企业进行走访、调查，查明企业犯罪的诱发因素、制度漏洞、刑事风险等，提出检察建议。企业通过主动整改、建章立制落实合法规范经营要求体现悔罪表现。检察机关可以协助和督促企业执行，帮助企业增强风险意识，规范经营行为，有效预防犯罪并据此作为从宽处罚的考量因素。

3. 依法做好刑事不起诉与行政处罚、处分有效衔接。检察机关依法作出不起诉决定的案件，要执行好《中华人民共和国刑事诉讼法》第一百七十七条第三款的规定，对被不起诉人需要给予行政处罚、处分或者需要没收其违法所得的，应当提出检察意见，移送有关主管机关处理。有关主管机关应当将处理结果及时通知人民检察院。有关主管机关未及时通知处理结果的，人民检察院应当依法予以督促。

【相关规定】

《中华人民共和国刑法》第三十七条、第二百零五条；《中华人民共和国刑事诉讼法》第十五条、第一百七十三条、第一百七十四条、第一百七十七条；《人民检察院刑事诉讼规则》第三百七十三条；最高人民法院、最高人民检察院、公安部、国家安全部、司法部《关于适用认罪认罚从宽制度的指导意见》；最高人民法院《关于虚开增值税专用发票定罪量刑标准有关问题的通知》第二条。

关联规范

1.《**全国人民代表大会常务委员会关于〈中华人民共和国刑法〉第三十条的解释**》（2014年4月24日）（节录）

全国人民代表大会常务委员会根据司法实践中遇到的情况，讨论了刑法第三十条的含义及公司、企业、事业单位、机关、团体等单位实施刑法规定的危害社会的行为，法律未规定追究单位的刑事责任的，如何适用刑法有关规定的问题，解释如下：

公司、企业、事业单位、机关、团体等单位实施刑法规定的危害社会的行为，《刑法》分则和其他法律未规定追究单位的刑事责任的，对组织、策划、实施该危害社会行为的人依法追究刑事责任。

2.《**最高人民法院关于审理单位犯罪案件具体应用法律有关问题的解释**》（1999年6月25日　法释〔1999〕14号）（节录）

第一条　刑法第三十条规定的“公司、企业、事业单位”，既包括国有、集体所有的公司、企业、事业单位，也包括依法设立的合资经营、合作经营企业和具有法人资格的独资、私营等公司、企业、事业单位。

第二条　个人为进行违法犯罪活动而设立的公司、企业、事业单位实施犯罪的，或者公司、企业、事业单位设立后，以实施犯罪为主要活动的，不以单位犯罪论处。

第三条　盗用单位名义实施犯罪，违法所得由实施犯罪的个人私分的，依照刑法有关自然人犯罪的规定定罪处罚。

3.《**最高人民法院关于审理单位犯罪案件对其直接负责的主管人员和其他直接责任人员是否区分主犯、从犯问题的批复**》（2000年9月30日　法释〔2000〕31号）（节录）

在审理单位故意犯罪案件时，对其直接负责的主管人员和其他直接责任人员，可不区分主犯、从犯，按照其在单位犯罪中所起的作用判处刑罚。

4.《**全国法院审理金融犯罪案件工作座谈会纪要**》（2001年1月21日　法〔2001〕8号）（节录）

（一）关于单位犯罪问题

根据刑法和《最高人民法院关于审理单位犯罪案件具体应用法律有关问题的解释》的规定，以单位名义实施犯罪，违法所得归单位所有的，是单位犯罪。

1. 单位的分支机构或者内设机构、部门实施犯罪行为的处理。以单位的分支机构或者内设机构、部门的名义实施犯罪，违法所得亦归分支机构或者内设机构、部门所有的，应认定为单位犯罪。不能因为单位的分支机构或者内设机构、部门没有可供执行罚金的财产，就不将其认定为单位犯罪，而按照个人犯罪处理。

2. 单位犯罪直接负责的主管人员和其他直接责任人员的认定：直接负责的主管人员，是在单位实施的犯罪中起决定、批准、授意、纵容、指挥等作用的人员，一般是单位的主管负责人，包括法定代表人。其他直接责任人员，是在单位犯罪中具体实施犯罪并起较大作用的人员，既可以是单位的经营管理人员，也可以是单位的职工，包括聘任、雇佣的人员。应当注意的是，在单位犯罪中，对于受单位领导指派或奉命而参与实施了一定犯罪行为的人员，一般不宜作为直接责任人员追究刑事责任。对单位犯罪中的直接负责的主管人员和其他直接责任人员，应根据其在单位犯罪中的地位、作用和犯罪情节，分别处以相应的刑罚，主管人员与直接责任人员，在个案中，不是当然的主、从犯关系，有的案件，主管人员与直接责任人员在实施犯罪行为的主从关系不明显的，可不分主、从犯。但具体案件可以分清主、从犯，且不分清主、从犯，在同一法定刑档次、幅度内量刑无法做到罪刑相适应的，应当分清主、从犯，依法处罚。

3. 对未作为单位犯罪起诉的单位犯罪案件的处理。对于应当认定为单位犯罪的案件，检察机关只作为自然人犯罪案件起诉的，人民法院应及时与检察机关协商，建议检察机关对犯罪单位补充起诉。如检察机关不补充起诉的，人民法院仍应依法审理，对被起诉的自然人根据指控的犯罪事实、证据及庭审查明的事实，依法按单位犯罪中的直接负责的主管人员或者其他直接责任人员追究刑事责任，并应引用刑罚分则关于单位犯罪追究直接负责的主管人员和其他直接责任人员刑事责任的有关条款。

4. 单位共同犯罪的处理。两个以上单位以共同故意实施的犯罪，应根据各单位在共同犯罪中的地位、作用大小，确定犯罪单位的主、从犯。

5.《最高人民法院研究室关于外国公司、企业、事业单位在我国领域内犯罪如何适用法律问题的答复》（2003年10月15日　法研〔2003〕153号）（节录）

符合我国法人资格条件的外国公司、企业、事业单位，在我国领域内实施危害社会的行为，依照我国《刑法》构成犯罪的，应当依照我国《刑法》关于单位犯罪的规定追究刑事责任。

个人为在我国领域内进行违法犯罪活动而设立的外国公司、企业、事业单位实施犯罪的，或者外国公司、企业、事业单位设立后在我国领域内以实施违法犯罪为主要活动的，不以单位犯罪论处。

6.《公安部关于村民委员会可否构成单位犯罪主体问题的批复》（2007年3月1日　公复字〔2007〕1号）（节录）

根据《刑法》第三十条的规定，单位犯罪主体包括公司、企业、事业单位、机关、团体。按照《村民委员会组织法》第二条的规定，村民委员会是村民自我管理、自我教育、自我服务的基层群众性自治组织，不属于《刑法》第三十条列举的范围。因此，对以村民委员会名义实施犯罪的，不应以单位犯罪论，可以依法追究直接负责的主管人员和其他直接责任人员的刑事责任。

7.《最高人民法院关于适用〈中华人民共和国刑事诉讼法〉的解释》（2021年1月26日　法释〔2021〕1号）（节录）

第三百四十五条　审判期间，被告单位合并、分立的，应当将原单位列为被告单位，并注明合并、分立情况。对被告单位所判处的罚金以其在新单位的财产及收益为限。

第三百四十四条　审判期间，被告单位被吊销营业执照、宣告破产但尚未完成清算、注销登记的，应当继续审理；被告单位被撤销、注销的，对单位犯罪直接负责的主管人员和其他直接责任人员应当继续审理。

第三十一条　单位犯罪的处罚

单位犯罪的，对单位判处罚金，并对其直接负责的主管人员和其他直接责任人员判处刑罚。本法分则和其他法律另有规定的，依照规定。

条文要旨

本条是关于单位犯罪的处刑原则的规定。

理解与适用

根据本条规定，对单位犯罪，一般采取双罚制的原则，即单位犯罪的，对单位判处罚金，同时对单位直接负责的主管人员和其他直接责任人员判处刑罚。这是我国刑法对单位犯罪比较普遍适用的处罚原则。本条同时规定，本法分则和其他法律另有规定的，依照规定。这主要是考虑到单位犯罪的情况比较复杂，一律适用双罚制，有时候刑罚效果未必好，有时候不能准确体现罪责刑相适应的原则。因此，本条对单位犯罪除规定一般采取双罚原则外，还规定了例外的情况。为与本条规定相衔接，刑法分则一些罪名规定的单位犯罪，只处罚直接负责的主管人员和其他直接责任人员，而不对单位判处罚金，如刑法第一百六十二条妨害清算罪。

关联规范

1. **《最高人民法院研究室关于企业犯罪后被合并应当如何追究刑事责任问题的答复》**（1998年11月18日）（节录）

人民检察院起诉时该犯罪企业已被合并到一个新企业的，仍应依法追究原犯罪企业及其直接负责的主管人员和其他直接人员的刑事责任。人民法院审判时，对被告单位应列原犯罪企业名称，但注明已被并入新的企业，对被告单位所判处的罚金数额以其并入新的企业的财产及收益为限。

2. **《最高人民法院关于审理单位犯罪案件对其直接负责的主管人员和其他直接责任人员是否区分主犯、从犯问题的批复》**（2000年9月30日　法释〔2000〕31号）（节录）

在审理单位故意犯罪案件时，对其直接负责的主管人员和其他直接责任人员，可不区分主犯、从犯，按照其在单位犯罪中所起的作用判处刑罚。

3. **《全国法院审理金融犯罪案件工作座谈会纪要》**（2001年1月21日　法〔2001〕8号）（节录）

二、座谈会重点研究讨论了人民法院审理金融犯罪案件中遇到的一些有关适用法律问题。与会同志认为，对于修订后的刑法实施过程中遇到的具体适用法律问题，在最高人民法院相应的新的司法解释出台前，原有司法解释与现行刑法不相冲突的仍然可以参照执行。对于法律和司法解释没有具体规定或规定不够明确，司法实践中又亟需解决的一些问题，与会同志结合审判实践进行了深入的探讨，并形成了一致意见：

（一）关于单位犯罪问题

根据刑法和《最高人民法院关于审理单位犯罪案件具体应用法律有关问题的解释》的规定，以单位名义实施犯罪，违法所得归单位所有的，是单位犯罪。

1. 单位的分支机构或者内设机构、部门实施犯罪行为的处理。以单位的分支机构或者内设机构、部门的名义实施犯罪，违法所得亦归分支机构或者内设机构、部门所有的，应认定为单位犯罪。不能因为单位的分支机构或者内设机构、部门没有可供执行罚金的财产，就不将其认定为单位犯罪，而按照个人犯罪处理：

2. 单位犯罪直接负责的主管人员和其他直接责任人员的认定：直接负责的主管人员，是在单位实施的犯罪中起决定、批准、授意、纵容、指挥等作用的人员，一般是单位的主管负责人，包括法定代表人。其他直接责任人员，是在单位犯罪中具体实施犯罪并起较大作用的人员，既可以是单位的经营管理人员，也可以是单位的职工，包括聘任、雇佣的人员。应当注意的是，在单位犯罪中，对于受单位领导指派或奉命而参与实施了一定犯罪行为的人员，一般不宜作为直接责任人员追究刑事责任。对单位犯罪中的直接负责的主管人员和其他直接责任人员，应根据其在单位犯罪中的地位、作用和犯罪情节，分别处以相应的刑罚，主管人员与直接责任人员，在个案中，不是当然的主、从犯关系，有的案件，主管人员与直接责任人员在实施犯罪行为的主从关系不明显的，可不分主、从犯。但具体案件可以分清主、从犯，且不分清主、从犯，在同一法定刑档次、幅度内量刑无法做到罪刑相适应的，应当分清主、从犯，依法处罚。

3. 对未作为单位犯罪起诉的单位犯罪案件的处理。对于应当认定为单位犯罪的案件，检察机关只作为自然人犯罪案件起诉的，人民法院应及时与检察机关协商，建议检察机关对犯罪单位补充起诉。如检察机关不补充起诉的，人民法院仍应依法审理，对被起诉的自然人根据指控的犯罪事实、证据及庭审查明的事实，依法按单位犯罪中的直接负责的主管人员或者其他直接责任人员追究刑事责任，并应引用刑罚分则关于单位犯罪追究直接负责的主管人员和其他直接责任人员刑事责任的有关条款。

4. 单位共同犯罪的处理。两个以上单位以共同故意实施的犯罪，应根据各单位在共同犯罪中的地位、作用大小，确定犯罪单位的主、从犯。

4.《最高人民检察院关于涉嫌犯罪单位被撤销、注销、吊销营业执照或者宣告破产的应如何进行追诉问题的批复》（2002年7月9日　高检发释字〔2002〕4号）（节录）

涉嫌犯罪的单位被撤销、注销、吊销营业执照或者宣告破产的，应当根据刑法关于单位犯罪的相关规定，对实施犯罪行为的该单位直接负责的主管人员和其他直接责任人员追究刑事责任，对该单位不再追诉。

第三章　刑　罚

【本章概要】

本章从第三十二条至第六十条，共三十条，规定刑罚。全章分为八节：第一节，刑罚的种类；第二节，管制；第三节，拘役；第四节，有期徒刑，无期徒刑；第五节，死刑；第六节，罚金；第七节，剥夺政治权利；第八节，没收财产。

一、刑罚的种类

本法所规定的刑罚体系，由主刑和附加刑两部分组成。主刑包括管制、拘役、有期徒刑、无期徒刑、死刑；附加刑包括罚金、剥夺政治权利、没收财产、驱逐出境。

（一）主刑

主刑是对犯罪分子适用的主要的刑罚方法。主刑只能独立适用，不能附加适用，即一个罪不能同时判处两种或两种以上的主刑。这种刑罚就是主刑。根据本法的规定，主刑有五种，即管制、拘役、有期徒刑、无期徒刑、死刑。

1. 管制

管制是对犯罪分子不实行关押，但限制其一定自由，由人民法院判决后，依法实行社区矫正的刑罚。

管制主要适用于罪行较轻，可不予关押的危害国家安全的犯罪分子和其他刑事犯罪分子。管制具有以下特点：（1）对犯罪分子不实行关押，不剥夺其人身自由，而只是限制一定自由；（2）被管制的犯罪分子虽然有人身自由，但他必须遵守法律法规，服从监督，在原单位或居住地接受公安机关的管束和人民群众的监督。

管制由人民法院判处，依法实行社区矫正。判处管制，可以根据犯罪情况，同时禁止犯罪分子在执行期间从事特定活动，进入特定区域、场所，接触特定的人。被管制分子因其表现需要减刑的，由执行机关向中级以上人民法院提出减刑建议书，由人民法院组成合议庭进行审理，予以裁定。对于在管制期间发现漏罪或又犯新罪的，由执行机关移送人民检察院按诉讼程序处理。

被判处管制的犯罪分子在管制期间的义务是：（1）遵守法律、行政法规，服从监督；（2）未经执行机关批准，不得行使言论、出版、集会、结社、游行、示威自由的权利；（3）按照执行机关的规定，报告自己的活动情况；（4）遵守公安机关关于会客的规定；（5）离开所居住的市、县或者迁居，应当报经执行机关批准。

对于被判处管制的犯罪分子，在劳动中应当同工同酬。

被管制的犯罪分子不能外出经商。在管制期间，若原所在单位确有特殊情况不能安排工作的，在不影响对其实行监督考察的情况下，经工商管理部门批准，可以在常住户口所在地自谋生计；家在农村的，亦可就地从事或承包一些农副业生产。

管制期满，执行机关应即向本人和其所在单位或居住地的群众宣布解除管制。

管制期限为三个月以上，二年以下，数罪并罚时，不能超过三年。管制的刑期从判决执行之日起开始计算；判决执行前先行羁押的，羁押一日折抵刑期二日。

2. 拘役

拘役，是短期剥夺犯罪分子的人身自由，就近实行劳动改造的刑罚方法。拘役是剥夺人身自由刑中最轻的一种。

拘役的适用对象是罪行较轻，但仍需要短期关押的犯罪分子。由人民法院判处，公安机关执行，就近实行劳动改造，可以适当发给报酬；拘役执行期间，被判处拘役的犯罪分子，每月可以回家一至二天。

拘役的期限是一个月以上，六个月以下，数罪并罚最高不能超过一年。

3. 有期徒刑

有期徒刑是对犯罪分子剥夺一定期限的自由，实行强迫教育改造的刑罚方法。这是一种适用频率最高的刑种。

有期徒刑的期限为六个月以上十五年以下，在数罪并罚的情况下，最高不能超过二十年，死缓减为有期徒刑的，最高也不能超过二十年。有期徒刑的刑期从判决之日起计算，判决以前先行羁押的，羁押一日折抵刑期一日。

有期徒刑与拘役的区别表现在以下几个方面：

（1）适用对象不同，有期徒刑适用于罪行比较严重的犯罪分子，拘役适用于罪行较轻的犯罪分子；

（2）期限不同，有期徒刑期限长，起点高，幅度大，拘役期限短，起点低，幅度小；

（3）执行场所和待遇不同，有期徒刑在监狱执行，拘役就近执行，一个月可以回家一至二天；被判处有期徒刑的犯罪分子参加劳动是无偿的，被判处拘役的犯罪分子参加劳动的，酌量发给报酬；

（4）法律后果不同，被判处有期徒刑的罪犯，在刑罚执行完毕或者赦免以后，在五年内再犯应当判处有期徒刑以上刑罚的，构成累犯，拘役不产生这样的法律后果。

4. 无期徒刑

无期徒刑是对犯罪分子剥夺终身自由、实行强迫劳动改造的刑罚方法。

无期徒刑适用于罪行严重，但又没有必要判处死刑的犯罪分子，使其永久与社会隔离，不再危害社会。但这并不意味着一旦被判处无期徒刑，犯罪分子就永远也不能恢复自由。犯罪分子在服刑期间，如果真诚悔改、认罪服法、改恶从善、积极劳动，仍然可以通过减刑、假释重获自由。

无期徒刑与有期徒刑都是剥夺犯罪分子人身自由的刑罚，但二者有以下几点区别：

（1）适用对象不同，无期徒刑适用于罪刑严重的犯罪分子，有期徒刑适用于罪刑比较严重或较轻的犯罪分子；

（2）严厉程度不同，无期徒刑是剥夺自由刑中最严厉的一种；

（3）期限有所不同，无期徒刑是剥夺犯罪分子终身自由，有期徒刑是六个月以上十五年以下，数罪并罚最高不超过二十年。

5. 死刑

死刑是剥夺犯罪分子生命的刑罚方法。是本法规定的最为严厉的刑种。我国对于死刑的方针是，既不废除死刑，又要严格限制死刑的适用。

本法第四十八条规定："死刑只适用于罪行极其严重的犯罪分子。"

本法第四十九条规定："犯罪的时候不满十八周岁的人和审判的时候怀孕的妇女，不适用死刑。审判的时候已满七十五周岁的人，不适用死刑，但以特别残忍手段致人死亡的除外。"这一规定表明对不满十八周岁的人犯罪的，一律不适用死刑，对审判时怀孕的妇女也一律不适用死刑，对审判的时候已满七十五周岁的老年人一般不适用死刑。在这里一律不适用死刑包括既不判处死刑立即执行，也不判处死刑缓期二年执行。这里所指的十八周岁，应以公历实足年龄计算，即从过了十八周岁生日的次日起算。

本法第四十八条第二款规定："死刑除依法由最高人民法院判决的以外，都应当报请最高人民法院核准。"

对于判处死刑的犯罪分子，如果不是必须立即执行的，可以判处死刑同时宣告缓期二年执行。此即对于死刑适用的死缓制度。

死刑缓期执行的，可以由高级人民法院判决或核准。

关于死缓二年期满之后的处理，本法第五十条规定，判处死刑缓期执行的，在死刑缓期执行期间，如果没有故意犯罪，二年期满以后，减为无期徒刑；如果确有重大立功表现，二年期满以后，减为二十五年有期徒刑；如果故意犯罪，情节恶劣的，报请最高人民法院核准后执行死刑；对于故意犯罪未执行死刑的，死刑缓刑执行的期间重新计算，并报最高人民法院备案。对被判处死刑缓期执行的累犯以及因故意杀人、强奸、抢劫、绑架、放火、爆炸、投放危险物质或者有组织的暴力性犯罪被判处死刑缓期执行的犯罪分子，人民法院根据犯罪情节等情况可以同时决定对其限制减刑。

死刑缓期执行的期间，从判决确定之日起计算。死刑缓期执行减为无期徒刑的刑期，从死刑缓期执行期满之日起计算。死刑缓期执行减为有期徒刑的刑期，从死刑缓期执行期满之日起计算。可见，死缓判决确定之前的羁押时间，不计入缓期二年期限之内；缓期二年期满后至裁定减刑为有期徒刑之日前关押天数，计算在减刑后的有期徒刑的刑期内，即无论何时裁定减为有期徒刑，有期徒刑的刑期都自死缓期满之日起计算。这一规定体现了保障人权的法制精神。

(二) 附加刑

附加刑是既可以独立适用又可以附加适用的刑罚方法。即对同一犯罪行为可以在主刑之后附加判处一个或两个以上的附加刑，也可以独立判处一个或两个以上的附加刑。

本法所规定的附加刑有以下几种：

1. 罚金

罚金是人民法院判处犯罪分子向国家缴纳一定数额金钱的刑罚方法。

罚金的数额，本法第五十二条规定："判处罚金，应当根据犯罪情节决定罚金数额。"刑法分则采用了规定最高罚金数额和根据违法所得数额或犯罪所涉及的数额的倍数决定罚金数额两种模式，即采用限额罚金制和倍比罚金制两种模式，分别规定了应罚数额。

缴纳方式有：(1) 限期一次缴纳；(2) 限期分期缴纳；(3) 强制缴纳。期满不缴纳的，可以强制缴纳；(4) 追缴缴纳。对于不能全部缴纳罚金的，人民法院在任何时候发现被执行人有可以执行的财产，应随时追缴；(5) 减少或免除缴纳。如果由于遭受不能抗拒的灾祸，缴纳确有困难的，可以酌情减少或免除。

2. 剥夺政治权利

剥夺政治权利是剥夺犯罪分子参加国家管理和政治活动权利的刑罚方法。

本法第五十四条所规定的政治权利，包括以下内容：(1) 选举权和被选举权；(2) 言论、出版、集会、结社、游行、示威自由权利；(3) 担任国家机关职务的权利；(4) 担任国有公司、企业、事业单位和人民团体领导职务的权利。

剥夺政治权利既可以单独适用也可以附加适用。在独立适用时，是作为一种轻刑，它可以根据本法分则的规定而独立适用；在附加适用时，通常作为严厉的刑罚适用于重罪。本法第五十六条规定："对于危害国家安全的犯罪分子应当附加剥夺政治权利；对于故意杀人、强奸、放火、爆炸、投毒、抢劫等严重破坏社会秩序的犯罪分子，可以附加剥夺政治权利。"

剥夺政治权利的期限分为几种情形：

（1）判处死刑、无期徒刑的，剥夺政治权利终身；

（2）判处管制附加剥夺政治权利的，剥夺政治权利的期限与管制期限相等；

（3）原判处死刑缓期二年执行减为有期徒刑或者无期徒刑，或者无期徒刑减为有期徒刑的，附加剥夺政治权利的期限相应改为三年以上十年以下；

（4）独立适用剥夺政治权利或者判处有期徒刑、拘役而附加剥夺政治权利的，剥夺政治权利的期限为一年以上五年以下。

剥夺政治权利的刑期起算：

（1）主刑是死刑（包括死缓）、无期徒刑而附加剥夺政治权利的，从判处死刑（含死缓）、无期徒刑宣告附加剥夺政治权利的判决或裁定发生法律效力之日起开始。死缓减为有期徒刑，或者无期徒刑减为有期徒刑时，剥夺政治权利的期限依法相应减为三年以上十年以下，其剥夺政治权利的刑期应当从减刑后的有期徒刑执行完毕之日或者假释之日起算。在有期徒刑执行期间，当然也不能享有政治权利；

（2）主刑是管制的，附加剥夺政治权利的刑期计算，从判决之日同时起算，同时执行，管制期满解除管制，政治权利同时恢复；

（3）独立适用剥夺政治权利的，从判决确定之日起执行；

（4）主刑是有期徒刑、拘役的，附加剥夺政治权利的刑期起算，从徒刑、拘役执行完毕之日或者从假释之日起算，剥夺政治权利的效力，当然适用于主刑执行期间。需要指出的是，被判处有期徒刑、拘役、管制而没有附加剥夺政治权利的，仍应享有政治权利。依照《全国人民代表大会常务委员会关于县级以下人民代表大会代表直接选举的若干规定》应准许他们行使选举权。被判处管制而未附加剥夺政治权利的，对于行使言论、出版、集会、结社、游行、示威自由权利要经过公安机关批准。否则，不得行使这项民主权利。

3. 没收财产

没收财产是将犯罪分子个人所有财产的一部或全部没收的刑罚方法。

没收财产的范围，根据刑法第五十九条的规定，可以没收其一部或全部。只准没收属于犯罪分子个人所有的财产，不得没收犯罪分子家属所有或应有的财产，并且应当对犯罪分子个人及其扶养的家属留下必需的生活费用。

没收财产的对象，主要是危害国家安全的犯罪，生产、销售伪劣商品的犯罪，走私罪，伪造国家货币或者贩运伪造国家货币罪，金融诈骗罪，贪污罪，受贿罪等。

没收财产前犯罪分子的正当债务，需要用没收的财产偿还的，经债权人请求，查明属实后应当偿还。

4. 驱逐出境

驱逐出境是将犯罪的外国人或无国籍人，逐出我国边境的刑罚方法。驱逐出境只对于犯罪的外国人或无国籍人适用。

驱逐出境既可以独立适用，也可附加于主刑之后适用。如果作为附加于主刑之后附加适用的，要等主刑执行完毕，才能执行驱逐出境。

刑法上所规定的驱逐出境与《中华人民共和国出境入境管理法》所规定的驱逐出境不同，具体表现在以下几个方面：

（1）法律性质不同，前者是刑罚方法，后者是行政措施；

（2）适用对象不同，前者适用于犯罪的外国人，后者适用于违反我国出境入境管理法的外国人；

（3）适用机关不同，前者由人民法院适用，后者由公安部作出决定。

二、非刑罚处理方法

非刑罚处理方法是对于犯罪分子判处刑罚以外的其他方法的总称。本法规定的非刑罚处理方法共四类：

（一）判处赔偿经济损失或责令赔偿损失

这两种方法都是刑事附带民事的强制处分，是令犯罪人给被害人所造成的经济损失以一定赔偿的处理方法。前者适用于被判处刑罚的犯罪分子，后者适用于犯罪情节轻微，不需要判处刑罚而免予刑事处罚的犯罪分子。

判处赔偿经济损失的，必须是被害人的经济损失与犯罪行为存在因果关系，并且行为人必须被判处刑罚。如果承担民事赔偿责任的犯罪分子，同时被判处罚金，其财产不足以全部支付的，或者被判处没收财产的，应当先承担对被害人的民事赔偿责任。这是本法第三十六条所确立的民事赔偿优先原则，即在刑事责任、民事责任竞合而且犯罪分子的财产不足以全部支付的情况下，民事赔偿优先。

（二）训诫、责令具结悔过及赔礼道歉

这是几种适用于免予刑事处罚者的几种教育方法。

训诫是对其当庭进行公开谴责的一种教育方法。

责令具结悔过是责令其用书面方式，保证悔改、不再重犯的一种教育

方法。

责令赔礼道歉是责令其承认错误、向被害人表示歉意的一种教育方法。

（三）由主管部门予以行政处罚或者行政处分

这是人民法院根据案情向被告人所在单位提出行政处罚或行政处分的建议，由主管部门给予被告人以一定的行政处罚或者行政处分。至于如何进行行政处罚或行政处分，人民法院只能建议，不能直接作出决定。

训诫、责令具结悔过、赔礼道歉、赔偿损失，建议由主管部门予以行政处罚或者行政处分的，必须是行为构成犯罪，但可以免予刑事处罚，但又需要给予适当处理的才可以适用。

（四）禁止从事相关职业

刑法为了惩罚罪犯预防再犯的目的，对因利用职业便利或违背职业义务实施犯罪行为者接受刑罚处罚后，禁止其在刑罚执行完毕或假释后的3~5年内继续从事特定职业；公安机关可对违反职业禁止义务的罪犯依法予以处罚，如果情节严重则可予以刑事处罚；法律、行政法规等对职业禁止另有规定的，从其规定。刑法增加从业禁止措施的规定，正是出于实现加强对特定职业犯罪分子的动态监管和预防其再次犯罪的法律目的。

非刑罚处理方法与刑罚方法互相配合、交相为用，有利于维护法律的严肃性和社会矛盾的妥善处理，体现了惩罚与保护相结合的立法精神，对于刑法任务的完成有重要的补充作用。

第一节　刑罚的种类

第三十二条　刑罚种类

刑罚分为主刑和附加刑。

条文要旨

本条是关于刑罚种类的规定。

理解与适用

根据本条的规定，刑罚分为主刑和附加刑。所谓“主刑”是对犯罪分子进行惩罚的主要刑种，它只能独立适用，不能相互附加适用。对一个犯罪，只能判处一个主刑，不能同时适用两种以上主刑。我国刑法规定的主刑有五种，分为两大类：自由刑和生命刑。自由刑包括管制、拘役、有期徒刑和无期徒刑；生命刑，即死刑，包括死刑立即执行和死缓，即判处死刑的同时宣告缓期二年执行。“附加刑”是补充主刑惩罚罪犯的刑种，既能附加主刑适用，又可以独立适用，可以同时适用两种以上的附加刑。在刑法条文中，通常是采用判处主刑，并处或者单处附加刑的表述方式。

对一个犯罪，只能判处一个主刑，不能同时适用两种以上主刑，但可以同时适用两种以上的附加刑。

附加刑无论附加适用还是单独适用，均应当以刑法分则条文有明文规定为准，凡未规定可以适用附加刑的，则不能附加或者独立适用附加。

第三十三条 主刑种类

主刑的种类如下：

（一）管制；

（二）拘役；

（三）有期徒刑；

（四）无期徒刑；

（五）死刑。

条文要旨

本条是关于主刑种类的规定。

理解与适用

本条规定了五种主刑，以适应不同的犯罪及同种犯罪的不同情节。

1. 管制。“管制”是对犯罪分子不实行关押，但对其自由和权利依照法律规定作出一定的限制，并在社会上开放的环境下实行矫正的一种刑罚方法。对犯罪分子，不需要关押，不剥夺其人身自由，这是管制刑与拘役、徒刑刑罚执行方法的重要区别。

2. 拘役。“拘役”是对犯罪分子短期剥夺人身自由，实行就近关押，并进行教育改造的刑罚方法，适用于罪行较轻的犯罪分子。被判处拘役的人，根据情况参加劳动，参加劳动的，酌量发给报酬。

3. 有期徒刑。“有期徒刑”是对犯罪分子剥夺一定时期人身自由，并进行教育改造的刑罚方法。有期徒刑是我国刑罚种类中适用最广泛的一种刑罚，主要内容是剥夺犯罪人一定时期的人身自由，有劳动能力的，应当参加劳动。刑法总则对有期徒刑的上下限等基本内容作出规定，刑法分则根据具体罪名的情况，设置了长短不一的有期徒刑刑期幅度，有利于人民法院量定刑罚时做到罪责刑相适应。

4. 无期徒刑。“无期徒刑”是终身剥夺犯罪分子人身自由的刑罚方法，是仅次于死刑的一种严厉的刑罚方法，只适用于严重的犯罪。虽然无期徒刑属于终身剥夺人身自由的刑罚，但我国刑法根据惩罚与教育相结合的原则，在刑罚执行制度中规定了减刑、假释制度，减刑、假释也适用于被判处无期徒刑的罪犯。被判处无期徒刑的罪犯在服刑期间，如果能够认真遵守监规，接受教育改造，确有悔改表现的，或者有立功表现的，依法可以得到减刑。从刑罚执行的实际情况看，大多数被判处无期徒刑的罪犯，在刑罚执行期间都能够积极悔改，被减为有期徒刑，最终刑满释放。

5. 死刑。“死刑”是剥夺犯罪分子生命的刑罚方法，是一种最严厉的刑罚，适用于罪行极其严重的犯罪分子。

刑罚是行为人因实施犯罪应当承担的法律后果。对犯罪人判处刑罚，既是为了惩罚犯罪进而预防和减少犯罪，也是为了对犯罪人进行惩戒和教育，将其教育改造为守法公民。因此，适用刑罚也要考虑刑罚的教育功能，要根据罪犯实施犯罪的事实、性质、情节、社会危害程度，做到罪责刑相适应，体现刑罚个别化。同时，在刑罚执行当中，也要坚持惩罚与教育相结合的原则，既依法严格执行刑罚，对犯罪行为人予以应有的惩戒，也要鼓励犯罪人积极改造，顺利回归社会。就刑罚的运用和刑罚的执行而言，刑法总则设置了不同的刑种，规定了附条件不予执行刑罚的缓刑制度、实际减少刑罚执行期限的减刑制度，以及附条件的提前解除监禁的假释制度等；刑法分则根据犯罪的具体情况，设置了具有较大裁量空间的刑罚幅度。这些制度为人民法院准确量定刑罚，监狱等刑罚执行机关依法正确执行刑罚，提供了法律依据。

第三十四条 附加刑种类

附加刑的种类如下：

（一）罚金；

（二）剥夺政治权利；

（三）没收财产。

附加刑也可以独立适用。

条文要旨

本条是关于附加刑的种类及适用的规定。

理解与适用

本条分为两款。第一款是关于附加刑种类的规定。根据本款的规定，附加刑有以下几种：

1. 罚金。“罚金”是强制犯罪分子向国家缴纳一定数额的金钱，对罪犯进行经济制裁的一种刑罚方法。罚金的作用在于通过剥夺犯罪人一定数额的金钱，起到惩罚和教育的作用，并限制其利用资金再次犯罪的能力。因此，罚金刑主要适用于破坏社会主义市场经济秩序的犯罪和其他非法牟利的犯罪。罚金是世界各国较为普遍采用的一种刑罚方法，很多国家罚金适用非常普遍，成为人身自由刑罚的替代刑种。

2. 剥夺政治权利。“剥夺政治权利”是指依法剥夺犯罪分子一定期限参加国家管理和政治活动权利的刑罚方法。剥夺政治权利属于资格刑，剥夺的是犯罪分子依照宪法法律享有的特定参与公共事务管理、公共表达的权利，也就是参加国家管理和政治活动的权利、资格。剥夺政治权利虽然属于不剥夺或者限制罪犯人身自由的一种开放性刑罚方法，但在现代社会，这种刑罚对犯罪的公民的否定性评价和惩罚程度也是很严厉的。因此，剥夺政治权利刑罚主要适用于危害国家安全和其他严重危害社会治安的犯罪分子。

3. 没收财产。“没收财产”是指将犯罪分子个人财产的一部分或者全部强行无偿地收归国家所有的一种刑罚方法。没收财产是对罪犯经济上的制裁，与刑法中规定的作为刑事措施的追缴、没收违法所得或用于犯罪的工具等，性质不同，应注意区分。作为刑罚方法的没收财产，没收的是犯罪人本人所有的合法财产。一般而言，相对于罚金，没收财产刑更为严厉，主要适用于危害国家安全罪、破坏社会主义市场经济秩序罪、侵犯财产罪及妨害社会管理秩序罪中较严重的犯罪。

第二款是关于附加刑可以独立适用的规定。根据本条规定，附加刑一般是随主刑附加适用的，但也可以独立适用。这里规定的“可以独立适用”是指依照刑法分则单处附加刑的规定适用，而不是随意适用。

附加刑主要是配合主刑适用，以更好地做到罪责刑相适应和刑罚个别化，有效发挥刑罚的作用。同时，刑法规定附加刑可以独立适用，主要是考虑到实践中案件情况的复杂性，对于有些情节相对较轻或者有特殊情况的案件，单独适用附加刑可以做到罪责刑相适应的，依法独立适用附加刑更为适宜。这样，附加刑的独立使用，实际上扩大了人民法院在判处刑罚时的选择空间，更有利于实现刑罚目的。因此，附加刑独立适用，一般限于犯罪性质、情节较轻的犯罪。罪行比较严重的犯罪，不独立适用附加刑。另外，刑法分则有些犯罪的法定刑设定中，对相关附加刑规定了“并处”“可以并处”的不同情况，对此应当严格按照刑法的规定执行。就罚金而言，对于刑法规定“并处罚金”的，人民法院在判处主刑的同时，应当一并依法判处罚金；对于刑法规定“可以并处罚金”的，人民法院应当根据案件具体情况及犯罪分子的财产情况，决定是否并处罚金。

关联规范

《最高人民法院关于刑事第二审判决改变第一审判决认定的罪名后能否加重附加刑的批复》（2008年6月6日 法释〔2008〕8号）（节录）

根据刑事诉讼法第一百九十条的规定，第二审人民法院审判被告人或者他的法定代理人、辩护人、近亲属上诉的案件，不得加重被告人的刑罚。因此，第一审人民法院没有判处附加刑的，第二审人民法院判决改变罪名后，不得判处附加刑；第一审人民法院原判附加刑较轻的，第二审人民法院不得改判较重的附加刑，也不得以事实不清或者证据不足发回第一审人民法院重新审理；必须依法改判的，应当在第二审判决、裁定生效后，按照审判监督程序重新审判。

第三十五条 驱逐出境

对于犯罪的外国人，可以独立适用或者附加适用驱逐出境。

条文要旨

本条是关于对犯罪的外国人，可以独立适用或者附加适用驱逐出境的规定。

理解与适用

根据本条的规定，对于犯罪的外国人，可以独立适用或者附加适用驱逐出境。

“对于犯罪的外国人”具有两层含义：一是驱逐出境只适用于外国人，不适用于中国公民；二是刑法上的驱逐出境只适用于犯罪的外国人。在我国境内的外国人，必须遵守我国的法律、法规，不得有侵害我国国家利益和公民利益等违法犯罪行为。如果外国人在我国有犯罪行为的，依照我国刑法第六条关于属地原则的规定，除享有外交特权和豁免权的外国人，通过外交途径解决等法律有特别规定的以外，依照我国刑法定罪处罚，这也是我国司法自主权的体现。“可以独立适用或者附加适用驱逐出境”，是指对于犯罪的外国人不是一律适用驱逐出境，而是根据其犯罪的性质、情节及犯罪分子本人的情况，结合对外交往的形势和需要综合考虑。可以适用驱逐出境，也可以不适用驱逐出境；可以独立适用驱逐出境，也可以附加适用驱逐出境。

除了刑法中规定了驱逐出境以外，我国其他一些法律中也有规定。这里需要注意，虽然相关法律都使用了“驱逐出境”这一用语，但是其根据、适用对象、法律性质都有所不同。刑法上的驱逐出境是对犯罪的外国人的一种刑事措施。其他相关法律是将驱逐出境作为一种行政措施规定的。例如，出境入境管理法规定，对于违反出境入境管理法的外国人可以处驱逐出境。反间谍法第三十四条规定：“境外人员违反本法的，可以限期离境或者驱逐出境。”境外非政府组织境内活动管理法第五十条规定：“境外人员违反本法规定的，有关机关可以依法限期出境、遣送出境或者驱逐出境。”可见，虽然上述法律中规定的驱逐出境，在名称上和刑法规定相同，具体内容也都是强制相关外国人离开国（边）境，但就其性质而言，是一种行政措施，适用于行政违法并且情节严重的外国人。

关联规范

1. **《最高人民法院、最高人民检察院、公安部、外交部、司法部、财政部关于强制外国人出境的执行办法的规定》**（1992 年 7 月 31 日　公发〔1992〕18 号）（节录）

一、适用范围

有下列情形之一需要强制出境的外国人，均按本规定执行：

（一）依据我国刑法的规定，由人民法院对犯罪的外国人判处独立适用或者附加适用驱逐出境刑罚的；

……

二、执行机关

执行和监视强制外国人出境的工作，由公安机关依据有关法律文书或者公文进行：

（一）对判处独立适用驱逐出境刑罚的外国人，人民法院应当自该判决生效之日起十五日内，将对该犯的刑事判决书、执行通知书的副本交付所在地省级公安机关，由省级公安机关指定的公安机关执行。

（二）被判处徒刑的外国人，其主刑执行期满后应执行驱逐出境加刑的应在主刑刑期届满的一个月前，由原羁押监狱的主管部门将该犯的原判决书、执行通知书副本或者复印本送交所在地省级公安机关，由省级公安机关指定的公安机关执行。

2. **《公安机关办理刑事案件程序规定》**（2020年7月20日修正）（节录）

第三百七十一条　对判处独立适用驱逐出境刑罚的外国人，省级公安机关在收到人民法院的刑事判决书、执行通知书的副本后，应当指定该外国人所在地的设区的市一级公安机关执行。

被判处徒刑的外国人，主刑执行期满后应当执行驱逐出境附加刑的，省级公安机关在收到执行监狱的上级主管部门转交的刑事判决书、执行通知书副本或者复印件后，应当通知该外国人所在地的设区的市一级公安机关或者指定有关公安机关执行。

我国政府已按照国际条约或者《中华人民共和国外交特权与豁免条例》的规定，对实施犯罪，但享有外交或者领事特权和豁免权的外国人宣布为不受欢迎的人，或者不可接受并拒绝承认其外交或者领事人员身份，责令限期出境的人，无正当理由逾期不自动出境的，由公安部凭外交部公文指定该外国人所在地的省级公安机关负责执行或者监督执行。

第三十六条 赔偿经济损失与民事优先原则

由于犯罪行为而使被害人遭受经济损失的，对犯罪分子除依法给予刑事处罚外，并应根据情况判处赔偿经济损失。

承担民事赔偿责任的犯罪分子，同时被判处罚金，其财产不足以全部支付的，或者被判处没收财产的，应当先承担对被害人的民事赔偿责任。

条文要旨

本条是关于犯罪行为造成经济损失的赔偿的规定。

理解与适用

本条分为两款。第一款是关于因犯罪行为造成被害人经济损失的，应当予以赔偿的规定。根据本款的规定，由于犯罪行为使被害人遭受经济损失的，对犯罪分子除给予刑事处罚外，还应当根据情况判处赔偿经济损失。这里规定的“由于犯罪行为而使被害人遭受经济损失的”，既包括由于犯罪行为直接侵害被害人的财产而造成的物质损失，如毁坏财物、盗窃、诈骗等直接侵害财产的情形，也包括由于犯罪行为侵害被害人的人身等权利，给被害人造成其他直接的经济上的损失，如伤害行为，不仅使被害人身体健康受到损害，而且使被害人遭受支出医疗费用等经济损失。“并应根据情况判处赔偿经济损失”，是指人民法院在对犯罪分子判处刑事处罚的同时，根据犯罪分子的犯罪性质、情节，被害人遭受损失的程度，被告人的经济状况等具体情况，一并判处犯罪分子赔偿被害人遭受的经济损失。

第二款是关于被判处财产刑，同时被判处赔偿被害人经济损失的犯罪分子，应当先承担民事赔偿责任的规定。根据本款的规定，犯罪分子先承担民事赔偿责任的，有两种情况：一是犯罪行为人被判处罚金，同时被判处赔偿经济损失的，这里既包括判处其他主刑并处罚金的，也包括单处罚金的。不论是单处还是并处罚金，同时被判处赔偿经济损失的，只要犯罪分子的财产不足以全部支付的，就应当先承担民事赔偿责任。二是犯罪行为人被判处没收财产，同时被判处赔偿被害人经济损失的，不论其财产多少，都应当先承担对被害人的民事赔偿责任。这一规定确定了在有被害人的案件中，对判处财产刑的，执行时采用民事优先的原则，以加强对被害人合法权利的保护。

关联规范

1. **《中华人民共和国刑事诉讼法》**（2018 年 10 月 26 日修正）

第一百零一条 被害人由于被告人的犯罪行为而遭受物质损失的，在刑事诉讼过程中，有权提起附带民事诉讼。被害人死亡或者丧失行为能力的，被害人的法定代理人、近亲属有权提起附带民事诉讼。

如果是国家财产、集体财产遭受损失的，人民检察院在提起公诉的时候，可以提起附带民事诉讼。

2.《**中华人民共和国反不正当竞争法**》（2019年4月23日修正）

第二十七条　经营者违反本法规定，应当承担民事责任、行政责任和刑事责任，其财产不足以支付的，优先用于承担民事责任。

3.《**中华人民共和国民法典**》（2020年5月28日）

第一百八十七条　民事主体因同一行为应当承担民事责任、行政责任和刑事责任的，承担行政责任或者刑事责任不影响承担民事责任；民事主体的财产不足以支付的，优先用于承担民事责任。

4.《**最高人民法院关于审理未成年人刑事案件具体应用法律若干问题的解释**》（2006年1月11日　法释〔2006〕1号）（节录）

第十九条　刑事附带民事案件的未成年被告人有个人财产的，应当由本人承担民事赔偿责任，不足部分由监护人予以赔偿，但单位担任监护人的除外。

被告人对被害人物质损失的赔偿情况，可以作为量刑情节予以考虑。

5.《**最高人民法院关于刑事裁判涉财产部分执行的若干规定**》（2014年10月3日　法释〔2014〕13号）（节录）

第一条　本规定所称刑事裁判涉财产部分的执行，是指发生法律效力的刑事裁判主文确定的下列事项的执行：

（一）罚金、没收财产；

（二）责令退赔；

（三）处置随案移送的赃款赃物；

（四）没收随案移送的供犯罪所用本人财物；

（五）其他应当由人民法院执行的相关事项。

刑事附带民事裁判的执行，适用民事执行的有关规定。

第二条　刑事裁判涉财产部分，由第一审人民法院执行。第一审人民法院可以委托财产所在地的同级人民法院执行。

第三条　人民法院办理刑事裁判涉财产部分执行案件的期限为六个月。有特殊情况需要延长的，经本院院长批准，可以延长。

第四条　人民法院刑事审判中可能判处被告人财产刑、责令退赔的，刑事审判部门应当依法对被告人的财产状况进行调查；发现可能隐匿、转移财产的，应当及时查封、扣押、冻结其相应财产。

第五条　刑事审判或者执行中，对于侦查机关已经采取的查封、扣押、冻结，人民法院应当在期限届满前及时续行查封、扣押、冻结。人民法院续行查封、扣押、冻结的顺位与侦查机关查封、扣押、冻结的顺位相同。

对侦查机关查封、扣押、冻结的财产，人民法院执行中可以直接裁定处置，无需侦查机关出具解除手续，但裁定中应当指明侦查机关查封、扣押、冻结的事实。

第六条 刑事裁判涉财产部分的裁判内容，应当明确、具体。涉案财物或者被害人人数较多，不宜在判决主文中详细列明的，可以概括叙明并另附清单。

判处没收部分财产的，应当明确没收的具体财物或者金额。

判处追缴或者责令退赔的，应当明确追缴或者退赔的金额或财物的名称、数量等相关情况。

第十条 对赃款赃物及其收益，人民法院应当一并追缴。

被执行人将赃款赃物投资或者置业，对因此形成的财产及其收益，人民法院应予追缴。

被执行人将赃款赃物与其他合法财产共同投资或者置业，对因此形成的财产中与赃款赃物对应的份额及其收益，人民法院应予追缴。

对于被害人的损失，应当按照刑事裁判认定的实际损失予以发还或者赔偿。

第十三条 被执行人在执行中同时承担刑事责任、民事责任，其财产不足以支付的，按照下列顺序执行：

（一）人身损害赔偿中的医疗费用；

（二）退赔被害人的损失；

（三）其他民事债务；

（四）罚金；

（五）没收财产。

债权人对执行标的依法享有优先受偿权，其主张优先受偿的，人民法院应当在前款第（一）项规定的医疗费用受偿后，予以支持。

6.**《最高人民法院关于在审理经济纠纷案件中涉及经济犯罪嫌疑若干问题的规定》**（2020年12月23日修正）（节录）

第一条 同一自然人、法人或非法人组织因不同的法律事实，分别涉及经济纠纷和经济犯罪嫌疑的，经济纠纷案件和经济犯罪嫌疑案件应当分开审理。

第二条 单位直接负责的主管人员和其他直接责任人员，以为单位骗取财物为目的，采取欺骗手段对外签订经济合同，骗取的财物被该单位占有、使用或处分构成犯罪的，除依法追究有关人员的刑事责任，责令该单位返还骗取的财物外，如给被害人造成经济损失的，单位应当承担赔偿责任。

第三条 单位直接负责的主管人员和其他直接责任人员，以该单位的名义对外签订经济合同，将取得的财物部分或全部占为己有构成犯罪的，除依法追究行为人的刑事责任外，该单位对行为人因签订、履行该经济合同造成的后果，依法应当承担民事责任。

第四条 个人借用单位的业务介绍信、合同专用章或者盖有公章的空白合同书，以出借单位名义签订经济合同，骗取财物归个人占有、使用、处分或者进行其他犯罪活动，给对方造成经济损失构成犯罪的，除依法追究借用人的刑事责任外，出借业务介绍信、合同专用章或者盖有公章的空白合同书的单位，依法应当承担赔偿责任。但是，有证据证明被害人明知签订合同对方当事人是借用行为，仍与之签订合同的除外。

第五条　行为人盗窃、盗用单位的公章、业务介绍信、盖有公章的空白合同书，或者私刻单位的公章签订经济合同，骗取财物归个人占有、使用、处分或者进行其他犯罪活动构成犯罪的，单位对行为人该犯罪行为所造成的经济损失不承担民事责任。

行为人私刻单位公章或者擅自使用单位公章、业务介绍信、盖有公章的空白合同书以签订经济合同的方法进行的犯罪行为，单位有明显过错，且该过错行为与被害人的经济损失之间具有因果关系的，单位对该犯罪行为所造成的经济损失，依法应当承担赔偿责任。

第六条　企业承包、租赁经营合同期满后，企业按规定办理了企业法定代表人的变更登记，而企业法人未采取有效措施收回其公章、业务介绍信、盖有公章的空白合同书，或者没有及时采取措施通知相对人，致原企业承包人、租赁人得以用原承包、租赁企业的名义签订经济合同，骗取财物占为己有构成犯罪的，该企业对被害人的经济损失，依法应当承担赔偿责任。但是，原承包人、承租人利用擅自保留的公章、业务介绍信、盖有公章的空白合同书以原承包、租赁企业的名义签订经济合同，骗取财物占为己有构成犯罪的，企业一般不承担民事责任。

单位聘用的人员被解聘后，或者受单位委托保管公章的人员被解除委托后，单位未及时收回其公章，行为人擅自利用保留的原单位公章签订经济合同，骗取财物占为己有构成犯罪，如给被害人造成经济损失的，单位应当承担赔偿责任。

第七条　单位直接负责的主管人员和其他直接责任人员，将单位进行走私或其他犯罪活动所得财物以签订经济合同的方法予以销售，买方明知或者应当知道的，如因此造成经济损失，其损失由买方自负。但是，如果买方不知该经济合同的标的物是犯罪行为所得财物而购买的，卖方对买方所造成的经济损失应当承担民事责任。

第八条　根据《中华人民共和国刑事诉讼法》第一百零一条第一款的规定，被害人或其法定代理人、近亲属对本规定第二条因单位犯罪行为造成经济损失的，对第四条、第五条第一款、第六条应当承担刑事责任的被告人未能返还财物而遭受经济损失提起附带民事诉讼的，受理刑事案件的人民法院应当依法一并审理。被害人或其法定代理人、近亲属因被害人遭受经济损失也有权对单位另行提起民事诉讼。若被害人或其法定代理人、近亲属另行提起民事诉讼的，有管辖权的人民法院应当依法受理。

7. **《最高人民法院关于适用〈中华人民共和国刑事诉讼法〉的解释》**（2021 年 1 月 26 日　法释〔2021〕1 号）（节录）

第一百七十五条　被害人因人身权利受到犯罪侵犯或者财物被犯罪分子毁坏而遭受物质损失的，有权在刑事诉讼过程中提起附带民事诉讼；被害人死亡或者丧失行为能力的，其法定代理人、近亲属有权提起附带民事诉讼。

因受到犯罪侵犯，提起附带民事诉讼或者单独提起民事诉讼要求赔偿精神损失的，人民法院一般不予受理。

第三十七条 非刑罚处置措施

对于犯罪情节轻微不需要判处刑罚的，可以免予刑事处罚，但是可以根据案件的不同情况，予以训诫或者责令具结悔过、赔礼道歉、赔偿损失，或者由主管部门予以行政处罚或者行政处分。

条文要旨

本条是关于免予刑事处罚的，给予相应非刑罚处置措施的规定。

理解与适用

本条包含两层意思：

1. 对于犯罪情节轻微不需要判处刑罚的犯罪分子，可以免予刑事处罚。这里的“犯罪情节轻微”和“不需要判处刑罚”是“可以免予刑事处罚”必须同时具备的两个条件。也就是说，只有在既“犯罪情节轻微”又“不需要判处刑罚”的情况下，对犯罪分子才“可以免予刑事处罚”。“犯罪情节轻微”是指已经构成犯罪，但犯罪的性质、情节及危害后果都很轻。“不需要判处刑罚”是指犯罪情节轻微，犯罪人认罪、悔罪，从刑罚目的看，对其不判处刑罚也能达到惩戒和教育作用，因而没有判处刑罚的必要。

2. 对免予刑事处罚的犯罪分子，可以根据案件的不同情况，采用非刑罚方法处理。根据本条的规定，可以采用的非刑罚方法包括两种情况：一是在人民法院判处免予刑事处罚的同时，根据案件的不同情况，对犯罪分子予以训诫或者责令具结悔过、赔礼道歉、赔偿损失。其中，“训诫”是对犯罪人当庭进行公开谴责的一种教育方法；“责令具结悔过”是责令其用书面方式保证悔改、不再重犯；“责令赔礼道歉”是责令其承认错误，向被害人表示歉意的教育方法；对于因被告人的犯罪行为遭受经济损失的被害人，可以责令被告人给予被害人一定的经济赔偿。二是由人民法院交由主管部门予以行政处罚或者行政处分。“主管部门”主要是指管辖该案件的公安机关、犯罪分子所在单位或者基层组织。“行政处罚”主要是指行政执法机关依照行政法律、法规的规定，给予被免予刑事处罚的犯罪分子以经济处罚或者限制人身自由的处罚，如罚款、行政拘留等。“行政处分”是指犯罪分子的所在单位或者基层组织，依照规章、制度，对免予刑事处罚的犯罪分子予以行政纪律处分，如开除、记过、警告等。

关联规范

1. **《中华人民共和国刑事诉讼法》**（2018年10月26日修正）（节录）

第一百七十七条 犯罪嫌疑人没有犯罪事实，或者有本法第十六条规定的情形之一的，人民检察院应当作出不起诉决定。

对于犯罪情节轻微，依照刑法规定不需要判处刑罚或者免除刑罚的，人民检察院可以作出不起诉决定。

人民检察院决定不起诉的案件，应当同时对侦查中查封、扣押、冻结的财物解除查封、扣押、冻结。对被不起诉人需要给予行政处罚、处分或者需要没收其违法所得的，人民检察院应当提出检察意见，移送有关主管机关处理。有关主管机关应当将处理结果及时通知人民检察院。

2.**《最高人民法院关于审理未成年人刑事案件具体应用法律若干问题的解释》**（2006年1月11日 法释〔2006〕1号）（节录）

第十七条 未成年罪犯根据其所犯罪行，可能被判处拘役、三年以下有期徒刑，如果悔罪表现好，并具有下列情形之一的，应当依照刑法第三一七条的规定免予刑事处罚：

（一）系又聋又哑的人或者盲人；

（二）防卫过当或者避险过当；

（三）犯罪预备、中止或者未遂；

（四）共同犯罪中从犯、胁从犯；

（五）犯罪后自首或者有立功表现；

（六）其他犯罪情节轻微不需要判处刑罚的。

3.**《最高人民法院关于贯彻宽严相济刑事政策的若干意见》**（2010年2月8日 法发〔2010〕9号）（节录）

三、准确把握和正确适用依法从“宽”的政策要求

15.被告人的行为已经构成犯罪，但犯罪情节轻微，或者未成年人、在校学生实施的较轻犯罪，或者被告人具有犯罪预备、犯罪中止、从犯、胁从犯、防卫过当、避险过当等情节，依法不需要判处刑罚的，可以免予刑事处罚。对免予刑事处罚的，应当根据刑法第三十七条规定，做好善后、帮教工作或者交由有关部门进行处理，争取更好的社会效果。

4.**《最高人民检察院关于办理当事人达成和解的轻微刑事案件的若干意见》**（2011年1月29日 高检发研字〔2011〕2号）（节录）

二、关于适用范围和条件

对于依法可能判处三年以下有期徒刑、拘役、管制或者单处罚金的刑事公诉案件，可以适用本意见。

上述范围内的刑事案件必须同时符合下列条件：

1.属于侵害特定被害人的故意犯罪或者有直接被害人的过失犯罪；

2.案件事实清楚，证据确实、充分；

3.犯罪嫌疑人、被告人真诚认罪，并且已经切实履行和解协议。对于和解协议不能即时履行的，已经提供有效担保或者调解协议经人民法院确认；

4.当事人双方就赔偿损失、恢复原状、赔礼道歉、精神抚慰等事项达成和解；

5.被害人及其法定代理人或者近亲属明确表示对犯罪嫌疑人、被告人予以谅解，要求或者同意对犯罪嫌疑人、被告人依法从宽处理。

以下案件不适用本意见：

1. 严重侵害国家、社会公共利益，严重危害公共安全或者危害社会公共秩序的犯罪案件；

2. 国家工作人员职务犯罪案件；

3. 侵害不特定多数人合法权益的犯罪案件。

……

六、关于检察机关对当事人达成和解案件的处理

对于公安机关提请批准逮捕的案件，符合本意见规定的适用范围和条件的. 应当作为无逮捕必要的重要因素予以考虑，一般可以作出不批准逮捕的决定；已经批准逮捕，公安机关变更强制措施通知人民检察院的，应当依法实行监督；审查起诉阶段，在不妨碍诉讼顺利进行的前提下，可以依法变更强制措施。

对于公安机关立案侦查并移送审查起诉的刑事诉讼法第一百七十条第二项规定的轻微刑事案件，符合本意见规定的适用范围和条件的，一般可以决定不起诉。

对于其他轻微刑事案件，符合本意见规定的适用范围和条件的，作为犯罪情节轻微，不需要判处刑罚或者免除刑罚的重要因素予以考虑，一般可以决定不起诉。对于依法必须提起公诉的，可以向人民法院提出在法定幅度范围内从宽处理的量刑建议。

……

对于依法可能判处三年以上有期徒刑刑罚的案件，当事人双方达成和解协议的，在提起公诉时，可以向人民法院提出在法定幅度范围内从宽处理的量刑建议。对于情节特别恶劣，社会危害特别严重的犯罪，除了考虑和解因素，还应注重发挥刑法的教育和预防作用。

5.《最高人民检察院关于印发〈人民检察院办理未成年人刑事案件的规定〉的通知》（2013 年 12 月 27 日　高检发研字〔2013〕7 号）（节录）

第二十七条　对于未成年人实施的轻伤害案件、初次犯罪、过失犯罪、犯罪未遂的案件以及被诱骗或者被教唆实施的犯罪案件等，情节轻微，犯罪嫌疑人确有悔罪表现，当事人双方自愿就民事赔偿达成协议并切实履行或者经被害人同意并提供有效担保，符合刑法第三十七条规定的，人民检察院可以依照刑事诉讼法第一百七十三条第二款的规定作出不起诉决定，并可以根据案件的不同情况，予以训诫或者责令具结悔过、赔礼道歉、赔偿损失，或者由主管部门予以行政处罚。

6.《人民检察院刑事诉讼规则》（2019 年 12 月 30 日　高检发释字〔2019〕4 号）（节录）

第三百七十条　人民检察院对于犯罪情节轻微，依照刑法规定不需要判处刑罚或者免除刑罚的，经检察长批准，可以作出不起诉决定。

第三百七十一条　人民检察院直接受理侦查的案件，以及监察机关移送起诉的案件，拟作不起诉决定的，应当报请上一级人民检察院批准。

应当报请上一级人民检察院批准。

第三百七十三条　人民检察院决定不起诉的案件，可以根据案件的不同情况，对被不起诉人予以训诫或者责令具结悔过、赔礼道歉、赔偿损失。

对被不起诉人需要给予行政处罚、政务处分或者其他处分的，经检察长批准，人民检察院应当提出检察意见，连同不起诉决定书一并移送有关主管机关处理，并要求有关主管机关及时通报处理情况。

第三十七条之一 从业禁止

因利用职业便利实施犯罪，或者实施违背职业要求的特定义务的犯罪被判处刑罚的，人民法院可以根据犯罪情况和预防再犯罪的需要，禁止其自刑罚执行完毕之日或者假释之日起从事相关职业，期限为三年至五年。

被禁止从事相关职业的人违反人民法院依照前款规定作出的决定的，由公安机关依法给予处罚；情节严重的，依照本法第三百一十三条的规定定罪处罚。

其他法律、行政法规对其从事相关职业另有禁止或者限制性规定的，从其规定。

条文要旨

本条是关于禁止从事相关职业的预防性措施的规定。

理解与适用

本条共分三款。第一款是关于禁止从事相关职业的预防性措施的适用对象、程序和期限的规定。禁止从事相关职业的预防性措施或者称为从业禁止，是指人民法院对于实施特定犯罪被判处刑罚的人，依法禁止其在一定期限内从事相关职业以预防其再犯罪的法律措施。这种措施，是刑法从预防再犯罪的角度针对已被定罪判刑的人规定的一种预防性措施，不是新增加的刑罚种类。本款共作了三个方面的规定：

1. 关于禁止从事相关职业的预防性措施的适用对象。根据本款规定，禁止从事相关职业的预防性措施，适用于因为利用职业便利实施犯罪，或者实施违背职业要求的特定义务的犯罪，被判处刑罚的罪犯。本款规定的“利用职业便利实施犯罪”，是指利用自己从事该职业所形成的管理、经手、权力、地位等便利条件实施犯罪。例如，犯罪行为人利用职业便利实施的职务侵占犯罪，从事证券业、银行业、保险业等人员利用职业便利实施妨害对公司、企业管理秩序罪或破坏金融管理秩序罪等。本款规定的“实施违背职业要求的特定义务的犯罪”，是指违背一些特定行业、领域有关特定义务的要求，违背职业道德、职业信誉所实施的犯罪。例如，从事食品行业的人，实施生产、销售不符合安全标准的食品罪，生产、销售有毒、有害食品罪；从事化学品生产、销售、运输或者储存的人，违反有关要求实施环境污染犯罪等；对未成年人、老年人、患病的人、残疾人等负有监护、看护职责的人，虐待被监护、看护的人，犯虐待被监护、看护人罪等。利用职业便利实施犯罪和实施违背职业要求的特定义务的犯罪，两者之间在范围上可能有相互覆盖、相互交叉的地方。本款规定的“被判处刑罚”，包括被判处主刑和附加刑。单处罚金或者独立适用剥夺政治权利的，属于本款规定的“被判处刑罚”。对于依照刑法第三十七条规定予以定罪，但免予刑事处罚的犯罪分子，不适用从业禁止的规定。

2．关于禁止从事相关职业的预防性措施的适用程序。根据本款规定，人民法院可以根据犯罪情况和预防再犯罪的需要，对犯罪行为人决定适用从业禁止。这里规定的“可以”，是指对于因利用职业便利实施犯罪或者实施违背职业要求的特定义务的犯罪被判处刑罚的人，不是一律都要予以从业禁止，而是要根据犯罪情况和预防再犯罪的需要，具体决定是否适用从业禁止。“根据犯罪情况和预防再犯罪的需要”，主要是指根据犯罪的事实、性质、情节、社会危害程度等，以及犯罪分子的主观恶性、再次犯罪的可能性等确定。对于故意实施犯罪主观恶性较大、犯罪情节恶劣，不适用从业禁止可能严重影响人民群众安全感，不利于预防其再次犯罪的，依法适用从业禁止的预防性措施。对于主观恶性较小、犯罪情节较轻、再犯罪可能性较小的，可以不适用从业禁止的预防性措施。从业禁止应当在判决中同时确定，从业禁止的具体内容和时间应当体现在裁判中，具有强制性的法律效力，被禁止从事相关职业的人必须遵守。

3．关于禁止从事相关职业的期限。根据本款规定，从业禁止的预防性措施，其起始时间是自刑罚执行完毕或者假释之日起。根据刑罚设置从业禁止的立法目的，其效力当然适用于刑罚执行期间。对于被判处有期徒刑、无期徒刑被假释的犯罪分子，从业禁止从假释之日起计算。从业禁止的期限是三年至五年。人民法院可以根据犯罪情况和预防再犯罪的需要，在三年和五年之间，酌情确定从业禁止的具体期限。

第二款是关于违反禁止从事相关职业的预防性措施的法律后果的规定。为保证禁止从事相关职业的预防性措施的规定在实际执行中能够落实到位，本款从两个方面规定了违反从业禁止决定的法律后果：一是被禁止从事相关职业的人违反人民法院依法作出的从业禁止的决定的，由公安机关依法给予处罚。这种情形主要是针对违反人民法院作出的从业禁止决定，但情节比较轻微，尚不构成犯罪的。二是情节严重的，依照刑法第三百一十三条拒不执行判决、裁定罪的规定定罪处罚。这里规定的“情节严重”，主要是指违反人民法院从业禁止决定，经有关方面劝告、责令改正仍不改正的，因违反从业禁止决定受到行政处罚又违反的，或者违反从业禁止决定且在从业过程中又有违法行为的等情形，具体需要结合行为人违反从业禁止决定的具体情况，根据刑法第三百一十三条拒不执行人民法院生效判决、裁定罪的规定确定。

第三款是关于其他法律、行政法规对从事相关职业另有禁止或者限制性规定时，如何处理的规定。据不完全统计，我国现行有二十多部法律和有关法律问题的决定中，对受过刑事处罚人员规定了从事相关职业的禁止或者限制性规定，包括规定禁止或者限制担任一定公职、禁止或者限制从事特定职业以及禁止或者限制从事特定活动等。刑法之外的这些相关领域的法律、行政法规规定的禁止或者限制从事相关职业、活动，都属于行政性的预防性措施，与本条规定的从业禁止在适用条件、禁止期限等方面存在一定差异。例如，有的规定从业禁止只适用于特定犯罪，有的规定适用于被判处特定刑罚的人，有的规定禁止或者限制的期限是终身，有的规定了一定的期限。根据本条规定，对于其他法律、行政法规对从事相关职业另有禁止或者限制性规定的，从其规定，即依照这些法律、行政法规的规定处理。

关于作为行政措施的从业禁止与刑事措施的从业禁止的衔接问题。我国对于很多违法行为，在法律责任上有区分一般行政违法和刑事违法的“二元制”法制传统。从行政管理的实践看，对于很多发展比较成熟的行业，往往都已经建立了较为严格的资格准入制度，如执业医师、执业药师、金融从业资格等。对于违反有关法律、行政法规的行为人，也都在规定给予行政处罚之外，规定了不同程度的限制或者剥夺相关从业资格的措施。因此，《刑法修正案（九）》增加从业禁止性规定，是考虑到在这些法律、行政法规之外，还有一些职业和领域虽然尚未建立规范的资格准入制度，但有的也有根据情况禁止其一定期限内从业的必要性。对这些法律、行政法规尚未规定职业资格准入制度的领域、行业，可以由刑法作出规定，并限定在一个合理的期限之内。因此，刑法关于职业禁止的规定，相对于其他专门的法律、行政法规的规定而言，具有一定的补充性。对于法律、行政法规已经有相应规定的，直接由主管部门依照相关法律、行政法规作出禁止从业的决定；对于尚无相关法律、行政法规，而又有予以一定期限内禁止从业的必要的，人民法院可以根据被告人犯罪情况和预防再犯罪的需要，依照本条规定作出从业禁止的裁判。因此，这里的“从其规定”，不仅是指从业禁止的期限依照有关法律、行政法规的规定，而且包括给予从业禁止的主体、条件等也应依照有关法律、行政法规的规定，而不是指人民法院可以不受本条规定的三年至五年的期限限制，直接根据有关法律、行政法规规定的期限，给予从业禁止的裁判。

实务问题

1. 禁止从事相关职业措施的适用建议

人民检察院在提起公诉时，对因利用职业便利实施犯罪，或者实施违背职业要求的特定义务的犯罪的被告人，可以根据犯罪情况和预防再犯罪的需要，提出适用从业禁止措施的建议。当事人、辩护人、诉讼代理人可以就应否对被告人适用从业禁止措施提出意见，并说明理由。公安机关在移送审查起诉时，也可以根据犯罪情况和预防再犯罪的需要，就应否适用从业禁止措施，向人民检察院提出意见。

2. 禁止从事相关职业措施的裁判文书格式

考虑到司法惯例，借鉴禁止令的裁判文书格式，从业禁止措施宜在裁判文书主文部分作为一项单独内容予以宣告，即不宜在裁判文书之外另行制定从业禁止措施文书。具体可考虑采取以下方式：

“一、被告人×××犯××罪，判处……（写明主刑、附加刑）。（刑期从判决执行之日起计算。判决以前先行羁押的，羁押一日折抵刑期一日，即自××××年××月××日起至××××年××月××日止）。

“二、禁止被告人×××在×××（写明期限）内……（写明禁止从事相关职业）（从业禁止期限从刑罚执行完毕或者假释之日起计算）。”

此外，适用从业禁止措施的，裁判文书应当引用相关法律条文，并说明理由。

关联规范

1.《中华人民共和国教师法》（2009 年 8 月 27 日修正）（节录）

第十四条 受到剥夺政治权利或者故意犯罪受到有期徒刑以上刑事处罚的，不能取得教师资格；已经取得教师资格的，丧失教师资格。

2.《中华人民共和国执业医师法》（2009 年 8 月 27 日修正）（节录）

第十五条 有下列情形之一的，不予注册：

（一）不具有完全民事行为能力的；

（二）因受刑事处罚，自刑罚执行完毕之日起至申请注册之日止不满二年的；

（三）受吊销医师执业证书行政处罚，自处罚决定之日起至申请注册之日止不满二年的；

（四）有国务院卫生行政部门规定不宜从事医疗、预防、保健业务的其他情形的。

受理申请的卫生行政部门对不符合条件不予注册的，应当自收到申请之日起三十日内书面通知申请人，并说明理由。申请人有异议的，可以自收到通知之日起十五日内，依法申请复议或者向人民法院提起诉讼。

3.《中华人民共和国注册会计师法》（2014 年 8 月 31 日修正）（节录）

第十条 有下列情形之一的，受理申请的注册会计师协会不予注册：

（一）不具有完全民事行为能力的；

（二）因受刑事处罚，自刑罚执行完毕之日起至申请注册之日止不满五年的；

（三）因在财务、会计、审计、企业管理或者其他经济管理工作中犯有严重错误受行政处罚、撤职以上处分，自处罚、处分决定之日起至申请注册之日止不满二年的；

（四）受吊销注册会计师证书的处罚，自处罚决定之日起至申请注册之日止不满五年的；

（五）国务院财政部门规定的其他不予注册的情形的。

4.《中华人民共和国拍卖法》（2015 年 4 月 24 日修正）（节录）

第十五条 拍卖师应当具备下列条件：

（一）具有高等院校专科以上学历和拍卖专业知识；

（二）在拍卖企业工作两年以上；

（三）品行良好。

被开除公职或者吊销拍卖师资格证书未满五年的，或者因故意犯罪受过刑事处罚的，不得担任拍卖师。

5.《中华人民共和国慈善法》（2016 年 3 月 16 日）（节录）

第十六条 有下列情形之一的，不得担任慈善组织的负责人：

（一）无民事行为能力或者限制民事行为能力的；

（二）因故意犯罪被判处刑罚，自刑罚执行完毕之日起未逾五年的；

（三）在被吊销登记证书或者被取缔的组织担任负责人，自该组织被吊销登记证书或者被取缔之日起未逾五年的；

（四）法律、行政法规规定的其他情形。

6.《中华人民共和国律师法》（2017年9月1日修正）（节录）

第七条 申请人有下列情形之一的，不予颁发律师执业证书：

（一）无民事行为能力或者限制民事行为能力的；

（二）受过刑事处罚的，但过失犯罪的除外；

（三）被开除公职或者被吊销律师、公证执业证书的。

7.《中华人民共和国公司法》（2018年10月26日修正）（节录）

第一百四十六条 有下列情形之一的，不得担任公司的董事、监事、高级管理人员：

（一）无民事行为能力或者限制民事行为能力；

（二）因贪污、贿赂、侵占财产、挪用财产或者破坏社会主义市场经济秩序，被判处刑罚，执行期满未逾五年，或者因犯罪被剥夺政治权利，执行期满未逾五年；

（三）担任破产清算的公司、企业的董事或者厂长、经理，对该公司、企业的破产负有个人责任的，自该公司、企业破产清算完结之日起未逾三年；

（四）担任因违法被吊销营业执照、责令关闭的公司、企业的法定代表人，并负有个人责任的，自该公司、企业被吊销营业执照之日起未逾三年；

（五）个人所负数额较大的债务到期未清偿。

公司违反前款规定选举、委派董事、监事或者聘任高级管理人员的，该选举、委派或者聘任无效。

董事、监事、高级管理人员在任职期间出现本条第一款所列情形的，公司应当解除其职务。

8.《中华人民共和国证券法》（2019年12月28日修订）（节录）

第二百二十一条 违反法律、行政法规或者国务院证券监督管理机构的有关规定，情节严重的，国务院证券监督管理机构可以对有关责任人员采取证券市场禁入的措施。

前款所称证券市场禁入，是指在一定期限内直至终身不得从事证券业务、证券服务业务，不得担任证券发行人的董事、监事、高级管理人员，或者一定期限内不得在证券交易所、国务院批准的其他全国性证券交易场所交易证券的制度。

9.《中华人民共和国动物防疫法》（2021年1月22日修订）（节录）

第九十七条 违反本法第二十九条规定，屠宰、经营、运输动物或者生产、经营、加工、贮藏、运输动物产品的，由县级以上地方人民政府农业农村主管部门责令改正、采取补救措施，没收违法所得、动物和动物产品，并处同类检疫合格动物、动物产品货值金额十五倍以上三十倍以下罚款；同类检疫合格动物、动物产品货值金额不足一万元的，并处五万元以上十五万元以下罚款；其中依法应当检疫而未检疫的，依照本法第一百条的规定处罚。

前款规定的违法行为人及其法定代表人（负责人）、直接负责的主管人员和其他直接责任人员，自处罚决定作出之日起五年内不得从事相关活动；构成犯罪的，终身不得从事屠宰、经营、运输动物或者生产、经营、加工、贮藏、运输动物产品等相关活动。

10. **《中华人民共和国食品安全法》**（2021年4月29日修正）（节录）

第一百三十五条 被吊销许可证的食品生产经营者及其法定代表人、直接负责的主管人员和其他直接责任人员自处罚决定作出之日起五年内不得申请食品生产经营许可，或者从事食品生产经营管理工作、担任食品生产经营企业食品安全管理人员。

因食品安全犯罪被判处有期徒刑以上刑罚的，终身不得从事食品生产经营管理工作，也不得担任食品生产经营企业食品安全管理人员。

食品生产经营者聘用人员违反前两款规定的，由县级以上人民政府食品安全监督管理部门吊销许可证。

第一百三十八条 违反本法规定，食品检验机构、食品检验人员出具虚假检验报告的，由授予其资质的主管部门或者机构撤销该食品检验机构的检验资质，没收所收取的检验费用，并处检验费用五倍以上十倍以下罚款，检验费用不足一万元的，并处五万元以上十万元以下罚款；依法对食品检验机构直接负责的主管人员和食品检验人员给予撤职或者开除处分；导致发生重大食品安全事故的，对直接负责的主管人员和食品检验人员给予开除处分。

违反本法规定，受到开除处分的食品检验机构人员，自处分决定作出之日起十年内不得从事食品检验工作；因食品安全违法行为受到刑事处罚或者因出具虚假检验报告导致发生重大食品安全事故受到开除处分的食品检验机构人员，终身不得从事食品检验工作。食品检验机构聘用不得从事食品检验工作的人员的，由授予其资质的主管部门或者机构撤销该食品检验机构的检验资质。

食品检验机构出具虚假检验报告，使消费者的合法权益受到损害的，应当与食品生产经营者承担连带责任。

11. **《中华人民共和国道路交通安全法》**（2021年4月29日修正）（节录）

第一百零一条 违反道路交通安全法律、法规的规定，发生重大交通事故，构成犯罪的，依法追究刑事责任，并由公安机关交通管理部门吊销机动车驾驶证。

造成交通事故后逃逸的，由公安机关交通管理部门吊销机动车驾驶证，且终生不得重新取得机动车驾驶证。

12. **《中华人民共和国反有组织犯罪法》**（2021年12月24日）

第六十八条 对有组织犯罪的罪犯，人民法院可以依照《中华人民共和国刑法》有关从业禁止的规定，禁止其从事相关职业，并通报相关行业主管部门。

13. **《最高人民法院关于〈中华人民共和国刑法修正案（九）〉时间效力问题的解释》**（2015年10月29日　法释〔2015〕19号）（节录）

第一条　对于2015年10月31日以前因利用职业便利实施犯罪，或者实施违背职业要求的特定义务的犯罪的，不适用修正后刑法第三十七条之一第一款的规定。其他法律、行政法规另有规定的，从其规定。

14. **《最高人民法院、最高人民检察院关于办理危害生产安全刑事案件适用法律若干问题的解释》**（2015年12月14日　法释〔2015〕22号）（节录）

第十六条　对于实施危害生产安全犯罪适用缓刑的犯罪分子，可以根据犯罪情况，禁止其在缓刑考验期限内从事与安全生产相关联的特定活动；对于被判处刑罚的犯罪分子，可以根据犯罪情况和预防再犯罪的需要，禁止其自刑罚执行完毕之日或者假释之日起三年至五年内从事与安全生产相关的职业。

第二节　管　制

第三十八条　管制的期限与执行

管制的期限，为三个月以上二年以下。

判处管制，可以根据犯罪情况，同时禁止犯罪分子在执行期间从事特定活动，进入特定区域、场所，接触特定的人。

对判处管制的犯罪分子，依法实行社区矫正。

违反第二款规定的禁止令的，由公安机关依照《中华人民共和国治安管理处罚法》的规定处罚。

条文要旨

本条是关于管制刑期、管制禁止令以及依法实行社区矫正的规定。

理解与适用

本条共分四款。第一款是关于管制期限的规定。根据本款的规定，管制的期限，最高为二年，最低为三个月。

第二款是关于对被判处管制的犯罪分子作出禁止令的规定。根据本款规定，人民法院可以根据犯罪情况，在判处行为人管制的同时，作出禁止其在管制期间从事特定活动，进入特定区域、场所，接触特定的人的禁止令。何为“特定”，法律未作具体规定，是因为实践中情况比较复杂，难以在法律中作出详尽规定，需要人民法院根据每一起案件的具体情况，主要是根据个案中犯罪的性质、情节，行为人犯罪的原因，维护社会秩序、保护被害人免遭再次侵害、预防行为人再次犯罪的需要等情况，在判决时作出具体的禁止性规定。人民法院作出禁止令，可以只涉及一个方面的事项，如只禁止行为人从事特定活动，也可以同时涉及三个方面的事项，即同时禁止其从事特定活动，进入特定区域、场所，接触特定的人，具体根据案件情况和需要确定。法律规定“可以”根据案件情况作出禁止令，并非所有案件均要作出禁止令。是否作出禁止令的裁量权赋予人民法院，根据则在于案件情况确有需要。

需要注意的是，虽然法律对人民法院的禁止令可以禁止的事项只是作了原则性规定，但并不意味着人民法院可以对被判处管制的犯罪分子任意设置禁止令。人民法院作出禁止令，要按照法律规定的原则和精神，从维护社会秩序、保护被害人合法权益、预防再犯罪的需要出发。首先，是否有必要作出禁止令，需要结合具体案件的情况，并非所有判处管制的案件均要作出禁止令。其次，对需要作出禁止令的，禁止令的内容也要符合法律规定，有利于犯罪分子教育改造和重新回归社会，不得损害其合法权益。2011 年发布的《最高人民法院、最高人民检察院、公安部、司法部关于对判处管制、宣告缓刑的犯罪分子适用禁止令有关问题的规定（试行）》对禁止令的具体适用作了规定。根据该规定，禁止从事特定活动包括个人为进行违法犯罪活动而设立公司、企业、事业单位或者在设立公司、企业、事业单位后以实施犯罪为主要活动的，禁止设立公司、企业、事业单位；附带民事赔偿义务未履行完毕，违法所得未追缴、退赔到位，或者罚金尚未足额缴纳的，禁止从事高消费活动；等等。禁止进入特定区域、场所包括禁止进入夜总会、酒吧、迪厅、网吧等娱乐场所；未经执行机关批准，禁止进入举办大型群众性活动的场所；等等。禁止接触特定的人包括未经对方同意，禁止接触被害人及其法定代理人、近亲属；未经对方同意，禁止接触证人及其法定代理人、近亲属；等等。

第三款是关于对被判处管制的犯罪分子，依法实行社区矫正的规定。刑法原规定，被判处管制的犯罪分子，由公安机关执行。《刑法修正案（八）》将该规定修改为依法实行社区矫正。当时作出这一规定的背景情况是：2003 年以来，有关部门在一些地方开展社区矫正试点工作，各方面反映较好，2009 年有关部门又进一步在全国试行社区矫正。“社区矫正”是将符合法定条件的罪犯置于社区内，由有关机构在相关社会团体、民间组织和社会志愿者的协助下，在判决、裁定或决定确定的期限内，矫正其犯罪心理和行为恶习，促进其顺利回归社会的非监禁的刑事执行活动。《刑法修正案（八）》的这一修改，为当时正在进行的社区矫正试点工作提供了法律依据。社区矫正是一项综合性很强的工作，需要各有关部门分工配合，并充分动员社会各方面力量，共同做好工作。虽然《刑法修正案（八）》将刑法原来规定的“由公安机关执行”修改为“依法实行社区矫正”，但这并非意味着公安机关不再承担对被判处管制的犯罪分子的监督管理职责。在社区矫正工作中，公安机关也承担着重要的职责。例如，在社区矫正对象失去联系时，公安机关要配合社区矫正机构组织查找；社区矫正对象在社区矫正期间有违反监督管理规定行为的，公安机关要依照治安管理处罚法的规定给予处罚；社区矫正对象殴打、威胁、侮辱、骚扰、报复社区矫正工作人员和其他依法参与社区矫正工作的人员及其近亲属尚不构成犯罪的，公安机关应依法给予治安管理处罚。在积累社区矫正经验的基础上，2019 年全国人大常委会通过了社区矫正法。社区矫正法第二条规定，被判处管制的犯罪分子，依法实行社区矫正。第八条规定，国务院司法行政部门主管全国的社区矫正工作。县级以上地方人民政府司法行政部门主管本行政区域内的社区矫正工作。人民法院、人民检察院、公安部和其他有关部门依照各自职责，依法做好社区矫正工作。

第四款是关于被判处管制的犯罪分子违反禁止令的法律责任的规定。为了加强对被判处管制的犯罪分子的监督管理，本条第二款增加了人民法院对被判处管制的犯罪分子，可以禁止其在管制期间从事特定活动，进入特定区域、场所，接触特定的人。对违反禁止令规定的应当如何追究其法律责任，本款作了具体规定，即由公安机关依照治安管理处罚法的规定予以处罚。根据治安管理处罚法第六十条的规定，被依法执行管制、剥夺政治权利或者在缓刑、暂予监外执行中的罪犯或者被依法采取刑事强制措施的人，有违反法律、行政法规或者国务院有关部门的监督管理规定的行为的，处五日以上十日以下拘留，并处二百元以上五百元以下罚款。

实务问题

1. 禁止令应根据犯罪情况在“确有必要”的情况下作出，防止滥用

根据刑法新的规定，对管制犯、缓刑犯是“可以”而非“应当”适用禁止令。人民法院作出禁止令，应当综合考虑犯罪分子的犯罪事实、性质、情节、对社会的危害程度及犯罪分子的个人情况、认罪悔罪表现等，判断其有无再次危害社会，包括滋扰、侵害被害人、证人等的可能；应当从是否有利于促进犯罪分子教育矫正和有效维护社会秩序两个角度予以考量，只有在确有必要的情况下，才作出禁止令。

2. 禁止令具体内容与犯罪分子所犯罪行应有关联性

根据犯罪分子的犯罪原因、犯罪性质等有针对性地确定禁止令的具体内容。如犯罪分子是因长期在网吧上网，形成网瘾，进而走上犯罪道路的，可考虑对其适用禁止进入网吧的禁止令；反之，则不宜作出这样的禁止令。

3. 作出禁止令应考虑维护犯罪分子的基本生活条件

鉴于判处管制、宣告缓刑的犯罪分子罪行较轻，人民法院作出禁止令，应考虑维护其基本生活条件，既要有利于预防犯罪，保护被害人、证人等相关人员，维护居住社区安定，又要有利于教育改造犯罪分子，促使其尽快融入社会。

4. 能否同时包括多项禁止性内容

人民法院作出禁止令，可以单独或同时适用禁止犯罪分子在管制执行期间和缓刑考验期内从事特定活动，进入特定区域、场所，接触特定的人。

5. 禁止令的期限

禁止令的期限可以与管制执行期限及缓刑考验期相同，也可以更短。但判处管制的，禁止令的期限最短不得少于三个月，宣告缓刑的，禁止令的期限最短不得少于二个月。适用禁止令，从管制、缓刑执行之日起计算。判处管制的犯罪分子在判决执行以前先行羁押以致管制执行的期限少于三个月的，适用禁止令不受上述最短期限的限制。

禁止令的期限之所以可以等于、也可以短于管制期间、缓刑考验期限，是因为具体案件情况复杂，如有的案件中，犯罪人与被害人、证人等特定人员存在一定亲属关系，若规定禁止令的期限须一律与管制期间、缓刑考验期限相同，则意味着要在较长时间内禁止犯罪人与相关人员接触，可能并不利于双方关系的融合，不利于社会和谐。

禁止令应当设置一个最短期限底线。禁止令的期限如果过短，如仅为一天，一则会失去实际意义，二则也有损裁判的严肃性。考虑到管制与缓刑考验期的最短期限分别为三个月和二个月，因此对管制犯、缓刑犯适用禁止令的最低期限分别限定为三个月、二个月为宜。另外，虽然拘役的缓刑考验期最短为二个月，而有期徒刑的缓刑考

验期最短为一年，但考虑到对有期徒刑缓刑犯也可能没有必要适用一年以上的禁止令，故对拘役缓刑犯和有期徒刑缓刑犯的禁止令期限不必细分，一律设置为两个月以上为宜。

司法实践中可能存在管制犯判决执行以前先行羁押的刑期折抵引起的禁止令期限无法达到三个月的最短期限要求的现象。例如，判决执行以前先行羁押一个月，现被判处管制三个月，折抵后只需执行管制一个月，故禁止令最多只能执行一个月，造成期限过短，使禁止令效果失去实际意义，也有损裁判的严肃性，因此，判处管制的犯罪分子在判决执行以前先行羁押以致管制执行的期限少于三个月的，适用禁止令不受前述最短期限的限制。

6. 对禁止令的提起和抗辩

人民检察院在提出量刑建议时，对可能判处管制、宣告缓刑的犯罪分子可以提出适用禁止令的建议；被害人、证人等相关人员也可以向人民法院提出适用禁止令的申请；被告人、辩护人在庭审中可以对适用禁止令进行答辩。

7. 禁止令的法律性质

禁止令不是一种新的刑罚，只是对管制犯、缓刑犯具体执行监管措施的完善，是附带的行刑条件。

由于禁止令增加了管制犯、缓刑犯的义务，人民法院对判处管制、宣告缓刑的被告人适用禁止令的，应当在裁判文书主文部分单独作为一项予以宣告，并明确禁止令的起止日期自判决生效之日起算，裁判文书应当引用相关法律和司法解释条文，并说明理由。不能在裁判文书之外另行制作禁止令。

8. 对禁止令是否可以上诉问题

主流观点认为，禁止令的性质不是一种新的刑罚，而是管制、缓刑的执行监管措施。另外，人民法院在决定是否适用禁止令时，可以询问被告人能否遵守。被告人若不能遵守，就应当调整禁止令的具体内容，或者依法不判处管制、不宣告缓刑，禁止令不能提起上诉，也不能抗诉。但也有观点认为，禁止令由一审法院在判决时作出。被告人不服的，可以上诉。二审法院对禁止令的必要性、适当性进行审查，并根据全案审理后应适用判决或裁定的具体情况，作出维持、变更或者撤销禁止令的判决或裁定。

9. 对禁止令是否适用上诉不加刑原则问题

主流观点认为，“禁止令”只是对管制犯、缓刑犯执行、考验方式的修改，只是针对目前对管制犯、缓刑犯监管不力而对监管、考验方式的完善，并未加重犯罪人的义务和刑罚，因此对禁止令不适用上诉不加刑原则。但也有观点认为，“禁止令”是在管制执行、缓刑考验之外附加了新的义务，是加重了被告人的刑罚，因此，被告人上诉的案件，二审法院不得加重禁止令的内容。一审法院未作出禁止令的，二审法院不得作出禁止令，但一审法院判处被告人监禁刑以上实刑，二审法院改判被告人管制、缓刑的，可以同时作出禁止令。

10. 作出禁止令应先征求社区矫正机构意见，作出后及时送达

社区矫正机构是禁止令的执行机关和考察机关，人民法院作出禁止令之前，应当听取负责执行、考察的社区矫正机构的意见，作出生效禁止令后，应当及时将裁判文书送达社区矫正机构。适用禁止令的内容属于裁判文书主文部分的单独一项，因此，关于将裁判文书送达执行机关和抄送检察机关，可以直接适用刑事诉讼法及相关规范性文件中关于裁判文书送达的规定或者司法实践中的一贯做法。

11. 对执行机构的法律监督

人民检察院对社区矫正机构执行禁止令的活动实行监督。发现有违反法律规定的情况，应当通知社区矫正机构纠正。人民法院应当将裁判文书及时抄送同级人民检察院。

12. 对管制犯违反禁止令，以及缓刑犯违反禁止令情节不严重的情形的处罚

判处管制的犯罪分子违反禁止令的，或者被宣告缓刑的犯罪分子，在缓刑考验期限内，违反禁止令尚未达到情节严重的，应当由社区矫正机构报请社区所属公安机关，依照《治安管理处罚法》第六十条的规定，处五日以上十日以下拘留，并处200元以上500元以下罚款。

13. 群众对禁止令执行的监督、举报程序

群众发现犯罪分子违反禁止令的，可向相应的社区矫正机构举报，社区矫正机构应调查核实，根据具体情况报请公安机关或人民法院予以处罚；群众也可以直接向公安机关、人民检察院及人民法院举报，接到举报的单位应及时将举报材料转交社区矫正机构予以调查核实，社区矫正机构应将调查结果及时反馈给上述司法机关；举报材料流转的过程中，为保护举报人人身安全，有关单位有责任为举报人保守身份秘密。

14. 禁止令的变更

适用禁止令的犯罪分子被依法减刑时，禁止令的期限也应相应缩短，由人民法院在减刑裁定中明确新的禁止令期限。减刑裁定应当及时送达执行机关、同级人民检察院以及犯罪分子本人。

15. 提前解除禁止令应在社区公布

社区矫正机构应在收到人民法院作出提前解除禁止令的裁判文书后三日内，在犯罪分子的居住社区予以公布。

指导案例

最高人民法院指导案例 14 号

董某某、宋某某抢劫案

（最高人民法院审判委员会讨论通过　2013 年 1 月 31 日发布）

关键词　刑事　抢劫罪　未成年人犯罪　禁止令

裁判要点

对判处管制或者宣告缓刑的未成年被告人，可以根据其犯罪的具体情况以及禁止事项与所犯罪行的关联程度，对其适用“禁止令”。对于未成年人因上网诱发犯罪的，可以禁止其在一定期限内进入网吧等特定场所。

相关法条

《中华人民共和国刑法》第七十二条第二款

基本案情

被告人董某某、宋某某（时年 17 周岁）迷恋网络游戏，平时经常结伴到网吧上网，时常彻夜不归。2010 年 7 月 27 日 11 时许，因在网吧上网的网费用完，二被告人即伙同王某（作案时未达到刑事责任年龄）到河南省平顶山市红旗街社区健身器材处，持刀对被害人张某某和王某某实施抢劫，抢走张某某 5 元现金及手机一部。后将所抢的手机卖掉，所得赃款用于上网。

裁判结果

河南省平顶山市新华区人民法院于 2011 年 5 月 10 日作出（2011）新刑未初字第 29 号刑事判决，认定被告人董某某、宋某某犯抢劫罪，分别判处有期徒刑二年六个月，缓刑三年，并处罚金人民币 1000 元。同时禁止董某某和宋某某在 36 个月内进入网吧、游戏机房等场所。宣判后，二被告人均未上诉，判决已发生法律效力。

裁判理由

法院生效裁判认为：被告人董某某、宋某某以非法占有为目的，以暴力威胁方法劫取他人财物，其行为均已构成抢劫罪。鉴于董某某、宋某某系持刀抢劫；犯罪时不满十八周岁，且均为初犯，到案后认罪悔罪态度较好，宋某某还是在校学生，符合缓刑条件，决定分别判处二被告人有期徒刑二年六个月，缓刑三年。考虑到被告人主要是因上网吧需要网费而诱发了抢劫犯罪；二被告人长期迷恋网络游戏，网吧等场所与其犯罪有密切联系；如果将被告人与引发其犯罪的场所相隔离，有利于家长和社区在缓刑期间对其进行有效管教，预防再次犯罪；被告人犯罪时不满十八周岁，平时自我控制能力较差，对其适用禁止令的期限确定为与缓刑考验期相同的三年，有利于其改过自新，因此，依法判决禁止二被告人在缓刑考验期内进入网吧等特定场所。

关联规范

1.《中华人民共和国刑事诉讼法》（2018 年 10 月 26 日修正）（节录）

第二百六十九条　对被判处管制、宣告缓刑、假释或者暂予监外执行的罪犯，依法实行社区矫正，由社区矫正机构负责执行。

2.《中华人民共和国社区矫正法》（2019 年 12 月 28 日）（节录）

第二条　对被判处管制、宣告缓刑、假释和暂予监外执行的罪犯，依法实行社区矫正。

对社区矫正对象的监督管理、教育帮扶等活动，适用本法。

第二十三条　社区矫正对象在社区矫正期间应当遵守法律、行政法规，履行判决、裁定、暂予监外执行决定等法律文书确定的义务，遵守国务院司法行政部门关于报告、会客、外出、迁居、保外就医等监督管理规定，服从社区矫正机构的管理。

第二十七条　社区矫正对象离开所居住的市、县或者迁居，应当报经社区矫正机构批准。社区矫正机构对于有正当理由的，应当批准；对于因正常工作和生活需要经常性跨市、县活动的，可以根据情况，简化批准程序和方式。

因社区矫正对象迁居等原因需要变更执行地的，社区矫正机构应当按照有关规定作出变更决定。社区矫正机构作出变更决定后，应当通知社区矫正决定机关和变更后的社区矫正机构，并将有关法律文书抄送变更后的社区矫正机构。变更后的社区矫正机构应当将法律文书转送所在地的人民检察院、公安机关。

第二十八条　社区矫正机构根据社区矫正对象的表现，依照有关规定对其实施考核奖惩。社区矫正对象认罪悔罪、遵守法律法规、服从监督管理、接受教育表现突出的，应当给予表扬。社区矫正对象违反法律法规或者监督管理规定的，应当视情节依法给予训诫、警告、提请公安机关予以治安管理处罚，或者依法提请撤销缓刑、撤销假释、对暂予监外执行的收监执行。

对社区矫正对象的考核结果，可以作为认定其是否确有悔改表现或者是否严重违反监督管理规定的依据。

第二十九条　社区矫正对象有下列情形之一的，经县级司法行政部门负责人批准，可以使用电子定位装置，加强监督管理：

（一）违反人民法院禁止令的；

（二）无正当理由，未经批准离开所居住的市、县的；

（三）拒不按照规定报告自己的活动情况，被给予警告的；

（四）违反监督管理规定，被给予治安管理处罚的；

（五）拟提请撤销缓刑、假释或者暂予监外执行收监执行的。

前款规定的使用电子定位装置的期限不得超过三个月。对于不需要继续使用的，应当及时解除；对于期限届满后，经评估仍有必要继续使用的，经过批准，期限可以延长，每次不得超过三个月。

社区矫正机构对通过电子定位装置获得的信息应当严格保密，有关信息只能用于社区矫正工作，不得用于其他用途。

第三十三条 社区矫正对象符合刑法规定的减刑条件的，社区矫正机构应当向社区矫正执行地的中级以上人民法院提出减刑建议，并将减刑建议书抄送同级人民检察院。

人民法院应当在收到社区矫正机构的减刑建议书后三十日内作出裁定，并将裁定书送达社区矫正机构，同时抄送人民检察院、公安机关。

第四十四条 社区矫正对象矫正期满或者被赦免的，社区矫正机构应当向社区矫正对象发放解除社区矫正证明书，并通知社区矫正决定机关、所在地的人民检察院、公安机关。

第四十五条 社区矫正对象被裁定撤销缓刑、假释，被决定收监执行，或者社区矫正对象死亡的，社区矫正终止。

第四十六条 社区矫正对象具有刑法规定的撤销缓刑、假释情形的，应当由人民法院撤销缓刑、假释。

对于在考验期限内犯新罪或者发现判决宣告以前还有其他罪没有判决的，应当由审理该案件的人民法院撤销缓刑、假释，并书面通知原审人民法院和执行地社区矫正机构。

对于有第二款规定以外的其他需要撤销缓刑、假释情形的，社区矫正机构应当向原审人民法院或者执行地人民法院提出撤销缓刑、假释建议，并将建议书抄送人民检察院。社区矫正机构提出撤销缓刑、假释建议时，应当说明理由，并提供有关证据材料。

第五十二条 社区矫正机构应当根据未成年社区矫正对象的年龄、心理特点、发育需要、成长经历、犯罪原因、家庭监护教育条件等情况，采取针对性的矫正措施。

社区矫正机构为未成年社区矫正对象确定矫正小组，应当吸收熟悉未成年人身心特点的人员参加。

对未成年人的社区矫正，应当与成年人分别进行。

第五十七条 未成年社区矫正对象在复学、升学、就业等方面依法享有与其他未成年人同等的权利，任何单位和个人不得歧视。有歧视行为的，应当由教育、人力资源和社会保障等部门依法作出处理。

第五十八条 未成年社区矫正对象在社区矫正期间年满十八周岁的，继续按照未成年人社区矫正有关规定执行。

3.**《中华人民共和国社区矫正实施办法》**（2020年6月18日　司发通〔2020〕59号）（节录）

第二十四条 社区矫正对象应当按照有关规定和社区矫正机构的要求，定期报告遵纪守法、接受监督管理、参加教育学习、公益活动和社会活动等情况。发生居所变化、工作变动、家庭重大变故以及接触对其矫正可能产生不利影响人员等情况时，应当及时报告。被宣告禁止令的社区矫正对象应当定期报告遵守禁止令的情况。

暂予监外执行的社区矫正对象应当每个月报告本人身体情况。保外就医的，应当到省级人民政府指定的医院检查，每三个月向执行地县级社区矫正机构、受委托的司法所提交病情复查情况。执行地县级社区矫正机构根据社区矫正对象的病情及保证人等情况，可以调整报告身体情况和提交复查情况的期限。延长一个月至三个月以下的，报上一级社区矫正机构批准；延长三个月以上的，逐级上报省级社区矫正机构批准。批准延长的，执行地县级社区矫正机构应当及时通报同级人民检察院。

社区矫正机构根据工作需要，可以协调对暂予监外执行的社区矫正对象进行病情诊断、妊娠检查或者生活不能自理的鉴别。

第二十五条　未经执行地县级社区矫正机构批准，社区矫正对象不得接触其犯罪案件中的被害人、控告人、举报人，不得接触同案犯等可能诱发其再犯罪的人。

第二十六条　社区矫正对象未经批准不得离开所居住市、县。确有正当理由需要离开的，应当经执行地县级社区矫正机构或者受委托的司法所批准。

社区矫正对象外出的正当理由是指就医、就学、参与诉讼、处理家庭或者工作重要事务等。

前款规定的市是指直辖市的城市市区、设区的市的城市市区和县级市的辖区。在设区的同一市内跨区活动的，不属于离开所居住的市、县。

第二十七条　社区矫正对象确需离开所居住的市、县的，一般应当提前三日提交书面申请，并如实提供诊断证明、单位证明、入学证明、法律文书等材料。

申请外出时间在七日内的，经执行地县级社区矫正机构委托，可以由司法所批准，并报执行地县级社区矫正机构备案；超过七日的，由执行地县级社区矫正机构批准。执行地县级社区矫正机构每次批准外出的时间不超过三十日。

因特殊情况确需外出超过三十日的，或者两个月内外出时间累计超过三十日的，应报上一级社区矫正机构审批。上一级社区矫正机构批准社区矫正对象外出的，执行地县级社区矫正机构应当及时通报同级人民检察院。

第二十八条　在社区矫正对象外出期间，执行地县级社区矫正机构、受委托的司法所应当通过电话通讯、实时视频等方式实施监督管理。

执行地县级社区矫正机构根据需要，可以协商外出目的地社区矫正机构协助监督管理，并要求社区矫正对象在到达和离开时向当地社区矫正机构报告，接受监督管理。外出目的地社区矫正机构在社区矫正对象报告后，可以通过电话通讯、实地查访等方式协助监督管理。

社区矫正对象应在外出期限届满前返回居住地，并向执行地县级社区矫正机构或者司法所报告，办理手续。因特殊原因无法按期返回的，应及时向社区矫正机构或者司法所报告情况。发现社区矫正对象违反外出管理规定的，社区矫正机构应当责令其立即返回，并视情节依法予以处理。

4.《最高人民法院关于〈中华人民共和国刑法修正案（八）〉时间效力问题的解释》（2011年4月25日　法释〔2011〕9号）（节录）

第一条　对于2011年4月30日以前犯罪，依法应当判处管制或者宣告缓刑的，人民法院根据犯罪情况，认为确有必要同时禁止犯罪分子在管制期间或者缓刑考验期内从事特定活动，进入特定区域、场所，接触特定人的，适用修正后刑法第三十八条第二款或者第七十二条第二款的规定。

犯罪分子在管制期间或者缓刑考验期内，违反人民法院判决中的禁止令的，适用修正后刑法第三十八条第四款或者第七十七条第二款的规定。

5.《最高人民法院、最高人民检察院、公安部、司法部关于对判处管制、宣告缓刑的犯罪分子适用禁止令有关问题的规定（试行）》（2011年4月28日　法发〔2011〕9号）（节录）

第一条　对判处管制、宣告缓刑的犯罪分子，人民法院根据犯罪情况，认为从促进犯罪分子教育矫正、有效维护社会秩序的需要出发，确有必要禁止其在管制执行期间、缓刑考验期限内从事特定活动，进入特定区域、场所，接触特定人的，可以根据刑法第三十八条第二款、第七十二条第二款的规定，同时宣告禁止令。

第二条　人民法院宣告禁止令，应当根据犯罪分子的犯罪原因、犯罪性质、犯罪手段、犯罪后的悔罪表现、个人一贯表现等情况，充分考虑与犯罪分子所犯罪行的关联程度，有针对性地决定禁止其在管制执行期间、缓刑考验期限内"从事特定活动，进入特定区域、场所，接触特定的人"的一项或者几项内容。

第三条　人民法院可以根据犯罪情况，禁止判处管制、宣告缓刑的犯罪分子在管制执行期间、缓刑考验期限内从事以下一项或者几项活动：

（一）个人为进行违法犯罪活动而设立公司、企业、事业单位或者在设立公司、企业、事业单位后以实施犯罪为主要活动的，禁止设立公司、企业、事业单位；

（二）实施证券犯罪、贷款犯罪、票据犯罪、信用卡犯罪等金融犯罪的，禁止从事证券交易、申领贷款、使用票据或者申领、使用信用卡等金融活动；

（三）利用从事特定生产经营活动实施犯罪的，禁止从事相关生产经营活动；

（四）附带民事赔偿义务未履行完毕，违法所得未追缴、退赔到位，或者罚金尚未足额缴纳的，禁止从事高消费活动；

（五）其他确有必要禁止从事的活动。

第四条　人民法院可以根据犯罪情况，禁止判处管制、宣告缓刑的犯罪分子在管制执行期间、缓刑考验期限内进入以下一类或者几类区域、场所：

（一）禁止进入夜总会、酒吧、迪厅、网吧等娱乐场所；

（二）未经执行机关批准，禁止进入举办大型群众性活动的场所；

（三）禁止进入中小学校区、幼儿园园区及周边地区，确因本人就学、居住等原因，经执行机关批准的除外；

（四）其他确有必要禁止进入的区域、场所。

第五条　人民法院可以根据犯罪情况，禁止判处管制、宣告缓刑的犯罪分子在管制执行期间、缓刑考验期限内接触以下一类或者几类人员：

（一）未经对方同意，禁止接触被害人及其法定代理人、近亲属；

（二）未经对方同意，禁止接触证人及其法定代理人、近亲属；

（三）未经对方同意，禁止接触控告人、批评人、举报人及其法定代理人、近亲属；

（四）禁止接触同案犯；

（五）禁止接触其他可能遭受其侵害、滋扰的人或者可能诱发其再次危害社会的人。

第六条　禁止令的期限，既可以与管制执行、缓刑考验的期限相同，也可以短于管制执行、缓刑考验的期限，但判处管制的，禁止令的期限不得少于三个月，宣告缓刑的，禁止令的期限不得少于二个月。

判处管制的犯罪分子在判决执行以前先行羁押以致管制执行的期限少于三个月的，禁止令的期限不受前款规定的最短期限的限制。

禁止令的执行期限，从管制、缓刑执行之日起计算。

第七条　人民检察院在提起公诉时，对可能判处管制、宣告缓刑的被告人可以提出宣告禁止令的建议。当事人、辩护人、诉讼代理人可以就应否对被告人宣告禁止令提出意见，并说明理由。

公安机关在移送审查起诉时，可以根据犯罪嫌疑人涉嫌犯罪的情况，就应否宣告禁止令及宣告何种禁止令，向人民检察院提出意见。

第八条　人民法院对判处管制、宣告缓刑的被告人宣告禁止令的，应当在裁判文书主文部分单独作为一项予以宣告。

第九条　禁止令由司法行政机关指导管理的社区矫正机构负责执行。

第十条　人民检察院对社区矫正机构执行禁止令的活动实行监督。发现有违反法律规定的情况，应当通知社区矫正机构纠正。

第十一条　判处管制的犯罪分子违反禁止令，或者被宣告缓刑的犯罪分子违反禁止令尚不属情节严重的，由负责执行禁止令的社区矫正机构所在地的公安机关依照《中华人民共和国治安管理处罚法》第六十条的规定处罚。

第十三条　被宣告禁止令的犯罪分子被依法减刑时，禁止令的期限可以相应缩短，由人民法院在减刑裁定中确定新的禁止令期限。

6.《最高人民法院、最高人民检察院、公安部、司法部关于全面推进社区矫正工作的意见》（2014 年 8 月 27 日　司发〔2014〕13 号）（节录）

三、全面推进社区矫正工作的主要任务

全面推进社区矫正，标志着社区矫正工作进入了一个新的发展阶段。各地要适应新形势新任务的要求，抓住机遇，顺势而为，依法规范履行职责，积极稳妥推进工作。

（一）全面落实社区矫正工作基本任务。严格执行刑罚，加强监督管理、教育矫正和社会适应性帮扶，是社区矫正的基本任务，也是全面推进社区矫正工作的前提和条件。要切实加强监督管理。严格落实监管制度，防止社区服刑人员脱管、漏管和重新违法犯罪。严格检查考核，及时准确掌握社区服刑人员的改造情况，按规定实施分级处遇，调动社区服刑人员的改造积极性。大力创新管理方式，充分发挥矫正小组的作用，充分利用现代科技手段，进一步推广手机定位、电子腕带等信息技术在监管中的应用，提高监管的可靠性和有效性。强化应急处置，健全完善应急处置预案，确保突发事件防范有力、处置迅速。要切实加强教育矫正。认真组织开展思想道德、法制、时事政治等教育，帮助社区服刑人员提高道德修养，增强法制观念，自觉遵纪守法。要组织开展社区服务，培养社区服刑人员正确的劳动观念，增强社会责任感，帮助他们修复社会关系，更好地融入社会。大力创新教育方式方法，实行分类教育和个别教育，普遍开展心理健康教育，做好心理咨询和心理危机干预，不断增强教育矫治效果。建立健全教育矫正质量评估体系，分阶段对社区服刑人员进行评估，并及时调整完善矫正对策措施，增强教育矫正的针对性和实效性。要切实加强社会适应性帮扶工作。制定完善并认真落实帮扶政策，协调解决社区服刑人员就业、就学、最低生活保障、临时救助、社会保险等问题，为社区服刑人员安心改造并融入社会创造条件。广泛动员企事业单位、社会团体、志愿者等各方面力量，发挥社会帮扶的综合优势，努力形成社会合力，提高帮扶效果。

（二）积极推进社区矫正制度化规范化法制化建设。积极推进社区矫正立法，努力从法律层面解决有关重大问题，为社区矫正工作长远发展提供法律保障。加强规章制度建设，在《社区矫正实施办法》基础上，进一步健全完善工作规定，使社区矫正工作制度覆盖调查评估、交付接收、管理教育、考核奖惩、收监执行、解除矫正等各个环节，确保社区矫正工作规范运行。深入推进社区矫正执法规范化建设，健全执法机制、完善执法流程、加强执法检查，切实规范执法行为，维护社区服刑人员合法权益，努力在每一个执法环节、每一起执法案件办理上使人民群众、社区服刑人员及其家属感受到公平正义。

（三）进一步健全社区矫正工作领导体制和工作机制。理顺社区矫正工作体制机制。建立和完善党委政府统一领导，司法行政部门组织实施、指导管理，法院、检察院、公安等相关部门协调配合，社会力量广泛参与的社区矫正领导体制和工作机制。进一步完善社区矫正联席会议制度、信息共享制度、情况通报制度等协作配合机制，及时发现和解决社区矫正全面推进过程中出现的新情况和新问题，共同制定和完善有关规章制度。司法行政机关要加强对社区矫正工作的组织实施、指导管理，完善监管教育制度，创新工作方法，依法规范、积极有序推进社区矫正工作。人民法院要依法适用社区矫正，对符合条件的被告人、罪犯，依法及时作出适用、变更社区矫正的判决、裁定；在社区矫正适用前，可委托司法行政机关进行调查评估；判决、裁定生效后，及时与社区矫正机构办理社区服刑人员及法律文书等相关移送手续，积极参与对社区服刑人员的回访和帮教。人民检察院要依法加强对社区矫正的法律监督，对违反法律规定的，及时提出纠正意见和检察建议，维护刑罚执行公平正义，维护社区服刑人员的合法权益，保障社区矫正依法公正进行。公安机关对重新犯罪、应予治安管理处罚的社区服刑人员，要依法及时处理。司法所、公安派出所、派驻乡镇检察室、人民法庭要建立健全社区矫正工作衔接配合机制，及时协调解决社区矫正工作中遇到的实际问题，确保社区矫正工作顺利推进。积极争取立法、编制、民政、财政、人力资源和社会保障等部门支持，为社区矫正工作全面推进创造有利条件。

（四）切实加强社区矫正机构和队伍建设。加强社区矫正机构建设，建立健全省、市、县三级社区矫正机构，重点加强县级司法行政机关社区矫正专门机构建设，切实承担起社区矫正工作职责。切实加强社区矫正工作队伍建设，着力加强县、乡两级专职队伍建设，配齐配强工作人员，保证执法和管理工作需要。各地要从各自实际出发，积极研究探索采取政府购买服务的方式，充实社区矫正机构工作人员，坚持专群结合，发展社会工作者和社会志愿者队伍，组织和引导企事业单位、社会团体、社会工作者和志愿者参与社区矫正工作。大力加强思想政治建设，教育引导社区矫正工作者坚定理想信念，牢固树立执法为民、公正执法的理念，培育职业良知，忠诚履行职责。大力加强执法能力和作风建设，加大业务培训力度，开展经常性岗位练兵活动，不断提高业务素质和工作能力，努力建设一支高素质的社区矫正工作队伍。切实加强司法所建设，改善装备条件，做好社区矫正日常工作。加强村（居）社区矫正工作站建设，落实帮教帮扶措施。

（五）进一步加强社区矫正工作保障能力建设。切实抓好社区矫正经费落实，按照财政部、司法部关于进一步加强社区矫正经费保障工作的意见，将社区矫正经费纳入各级财政预算，并探索建立动态增长机制，以适应社区矫正工作发展需要。大力推进场所设施建设，多形式、多渠道建立社区矫正场所设施，对社区服刑人员进行接收宣告、集中学习和培训。大力加强社区矫正信息化建设，科学规划，统一规范，健全完善全国社区服刑人员数据库，建立社区矫正信息平台，与有关部门互联互通、资源共享，推动实施对社区服刑人员网上监管、网上教育、网上服务帮扶，不断提升社区矫正工作的信息化水平。

四、切实加强对全面推进社区矫正工作的组织领导

要紧紧依靠党委政府的领导，把社区矫正工作纳入经济社会发展总体规划，及时研究解决工作中的重大问题。要加强部门之间的沟通协调和衔接配合，落实各项政策措施，确保社区矫正工作全面推进。要切实加强调查研究，持续跟踪社区矫正工作发展，及时研究解决社区矫正工作中出现的新情况新问题，尤其要围绕健全组织机构、完善工作制度、落实经费场所设施保障、加强队伍建设等，深入调查研究，切实解决问题，推动社区矫正工作不断深入。要加大社区矫正工作宣传力度。及时总结推广社区矫正工作的好经验好做法，充分发挥典型示范作用。大力表彰社区矫正工作中涌现出来的先进事迹，激励广大社区矫正工作者和社会各方力量在教育矫正社区服刑人员、维护社会和谐稳定中建功立业。要坚持改革创新，创造性地开展工作，创新监督管理方法手段，丰富教育矫正内容，注重社会适应性帮扶的针对性和实效性。要坚持求真务实、真抓实干，发扬钉钉子精神，把社区矫正工作各项任务落到实处、见到实效，切实提高社区矫正工作水平。

7.《最高人民法院、最高人民检察院、公安部、司法部关于进一步加强社区矫正工作衔接配合管理的意见》（2016年8月30日　司发通〔2016〕88号）（节录）

一、加强社区矫正适用前的衔接配合管理

1. 人民法院、人民检察院、公安机关、监狱对拟适用或者提请适用社区矫正的被告人、犯罪嫌疑人或者罪犯，需要调查其对所居住社区影响的，可以委托其居住地县级司法行政机关调查评估。对罪犯提请假释的，应当委托其居住地县级司法行政机关调查评估。对拟适用社区矫正的被告人或者罪犯，裁定或者决定机关应当核实其居住地。

委托调查评估时，委托机关应当发出调查评估委托函，并附下列材料：

（1）人民法院委托时，应当附带起诉书或者自诉状；

（2）人民检察院委托时，应当附带起诉意见书；

（3）看守所、监狱委托时，应当附带判决书、裁定书、执行通知书、减刑裁定书复印件以及罪犯在服刑期间表现情况材料。

2. 调查评估委托函应当包括犯罪嫌疑人、被告人、罪犯及其家属等有关人员的姓名、住址、联系方式、案由以及委托机关的联系人、联系方式等内容。

调查评估委托函不得通过案件当事人、法定代理人、诉讼代理人或者其他利害关系人转交居住地县级司法行政机关。

3. 居住地县级司法行政机关应当自收到调查评估委托函及所附材料之日起10个工作日内完成调查评估，提交评估意见。对于适用刑事案件速裁程序的，居住地县级司法行政机关应当在5个工作日内完成调查评估，提交评估意见。评估意见同时抄送居住地县级人民检察院。

需要延长调查评估时限的，居住地县级司法行政机关应当与委托机关协商，并在协商确定的期限内完成调查评估。

调查评估意见应当客观公正反映被告人、犯罪嫌疑人、罪犯适用社区矫正对其所居住社区的影响。委托机关应当认真审查调查评估意见，作为依法适用或者提请适用社区矫正的参考。

4. 人民法院在作出暂予监外执行决定前征求人民检察院意见时，应当附罪犯的病情诊断、妊娠检查或者生活不能自理的鉴别意见等有关材料。

二、加强对社区服刑人员交付接收的衔接配合管理

5. 对于被判处管制、宣告缓刑、假释的罪犯，人民法院、看守所、监狱应当书面告知其到居住地县级司法行政机关报到的时间期限以及逾期报到的后果，并在规定期限内将有关法律文书送达居住地县级司法行政机关，同时抄送居住地县级人民检察院和公安机关。

社区服刑人员前来报到时，居住地县级司法行政机关未收到法律文书或者法律文书不齐全，可以先记录在案，并通知人民法院、监狱或者看守所在5日内送达或者补齐法律文书。

6. 人民法院决定暂予监外执行或者公安机关、监狱管理机关批准暂予监外执行的，交付时应当将罪犯的病情诊断、妊娠检查或者生活不能自理的鉴别意见等有关材料复印件一并送达居住地县级司法行政机关。

7. 人民法院、公安机关、司法行政机关在社区服刑人员交付接收工作中衔接脱节，或者社区服刑人员逃避监管、未按规定时间期限报到，造成没有及时执行社区矫正的，属于漏管。

8. 居住地社区矫正机构发现社区服刑人员漏管，应当及时组织查找，并由居住地县级司法行政机关通知有关人民法院、公安机关、监狱、居住地县级人民检察院。

社区服刑人员逃避监管、不按规定时间期限报到导致漏管的，居住地县级司法行政机关应当给予警告；符合收监执行条件的，依法提出撤销缓刑、撤销假释或者对暂予监外执行收监执行的建议。

9. 人民检察院应当加强对社区矫正交付接收中有关机关履职情况的监督，发现有下列情形之一的，依法提出纠正意见：

（1）人民法院、公安机关、监狱未依法送达交付执行法律文书，或者未向社区服刑人员履行法定告知义务；

（2）居住地县级司法行政机关依法应当接收社区服刑人员而未接收；

（3）社区服刑人员未在规定时间期限报到，居住地社区矫正机构未及时组织查找；

（4）人民法院决定暂予监外执行，未通知居住地社区矫正机构与有关公安机关，致使未办理交接手续；

（5）公安机关、监狱管理机关批准罪犯暂予监外执行，罪犯服刑的看守所、监狱未按规定与居住地社区矫正机构办理交接手续；

（6）其他未履行法定交付接收职责的情形。

三、加强对社区服刑人员监督管理的衔接配合

10. 社区服刑人员在社区矫正期间脱离居住地社区矫正机构的监督管理下落不明，或者虽能查找到其下落但拒绝接受监督管理的，属于脱管。

11. 居住地社区矫正机构发现社区服刑人员脱管，应当及时采取联系本人、其家属亲友，走访有关单位和人员等方式组织追查，做好记录，并由县级司法行政机关视情形依法给予警告、提请治安管理处罚、提请撤销缓刑、撤销假释或者对暂予监外执行的提请收监执行。

12. 人民检察院应当加强对社区矫正监督管理活动的监督，发现有下列情形之一的，依法提出纠正意见：

（1）社区服刑人员报到后，居住地县级司法行政机关未向社区服刑人员履行法定告知义务，致使其未按照有关规定接受监督管理；

（2）居住地社区矫正机构违反规定批准社区服刑人员离开所居住的市、县，或者违反人民法院禁止令的内容批准社区服刑人员进入特定区域或者场所；

（3）居住地县级司法行政机关对违反社区矫正规定的社区服刑人员，未依法给予警告、提请治安管理处罚；

（4）其他未履行法定监督管理职责的情形。

13. 司法行政机关应当会同人民法院、人民检察院、公安机关健全完善联席会议制度、情况通报制度，每月通报核对社区服刑人员人数变动、漏管脱管等数据信息，及时协调解决工作中出现的问题。

14. 司法行政机关应当建立完善社区服刑人员的信息交换平台，推动与人民法院、人民检察院、公安机关互联互通，利用网络及时准确传输交换有关法律文书，根据需要查询社区服刑人员脱管漏管、被治安管理处罚、犯罪等情况，共享社区矫正工作动态信息，实现网上办案、网上监管、网上监督。对社区服刑人员采用电子定位方式实施监督，应当采用相应技术，防止发生人机分离，提高监督管理的有效性和安全性。

15. 社区服刑人员被依法决定行政拘留、司法拘留、收容教育、强制隔离戒毒等或者因涉嫌犯新罪、发现判决宣告前还有其他罪没有判决被采取强制措施的，决定机关应当自作出决定之日起3日内将有关情况通知居住地县级司法行政机关和居住地县级人民检察院。

四、加强对社区服刑人员收监执行的衔接配合管理

16. 社区服刑人员符合收监执行条件的，居住地社区矫正机构应当及时按照规定，向原裁判人民法院或者公安机关、监狱管理机关送达撤销缓刑、撤销假释建议书或者对暂予监外执行的收监执行建议书并附相关证明材料。人民法院、公安机关、监狱管理机关应当在规定期限内依法作出裁定或者决定，并将法律文书送达居住地县级司法行政机关，同时抄送居住地县级人民检察院、公安机关。

17. 社区服刑人员因违反监督管理规定被依法撤销缓刑、撤销假释或者暂予监外执行被决定收监执行的，应当本着就近、便利、安全的原则，送交其居住地所属的省（区、市）的看守所、监狱执行刑罚。

18. 社区服刑人员被裁定撤销缓刑的，居住地社区矫正机构应当向看守所、监狱移交撤销缓刑裁定书和执行通知书、撤销缓刑建议书以及原判决书、裁定书和执行通知书、起诉书副本、结案登记表以及社区矫正期间表现情况等文书材料。

社区服刑人员被裁定撤销假释的，居住地社区矫正机构应当向看守所、监狱移交撤销假释裁定书和执行通知书，撤销假释建议书、社区矫正期间表现情况材料，原判决书、裁定书和执行通知书、起诉书副本、结案登记表复印件等文书材料。罪犯收监后，居住地社区矫正机构通知罪犯原服刑看守所、监狱将罪犯假释前的档案材料移交撤销假释后的服刑看守所、监狱。

暂予监外执行社区服刑人员被人民法院决定收监执行的，居住地社区矫正机构应当向看守所、监狱移交收监执行决定书和执行通知书以及原判决书、裁定书和执行通知书、起诉书副本、结案登记表、社区矫正期间表现等文书材料。

暂予监外执行社区服刑人员被公安机关、监狱管理机关决定收监执行的，居住地社区矫正机构应当向看守所、监狱移交社区服刑人员在接受矫正期间的表现情况等文书材料。

19. 撤销缓刑、撤销假释裁定书或者对暂予监外执行罪犯收监执行决定书应当在居住地社区矫正机构教育场所公示。属于未成年或者犯罪的时候不满十八周岁被判处五年有期徒刑以下刑罚的社区服刑人员除外。

20. 被裁定、决定收监执行的社区服刑人员在逃的，居住地社区矫正机构应当在收到人民法院、公安机关、监狱管理机关的裁定、决定后，立即通知居住地县级公安机关，由其负责实施追捕。

撤销缓刑、撤销假释裁定书和对暂予监外执行罪犯收监执行决定书，可以作为公安机关网上追逃依据。公安机关根据案情决定是否实施网上追逃。

21. 社区服刑人员被行政拘留、司法拘留、收容教育、强制隔离戒毒等行政处罚或者强制措施期间，人民法院、公安机关、监狱管理机关依法作出对其撤销缓刑、撤销假释的裁定或者收监执行决定的，居住地社区矫正机构应当将人民法院、公安机关、监狱管理机关的裁定书、决定书送交作出上述决定的机关，由有关部门依法收监执行刑罚。

22. 人民检察院应当加强对社区矫正收监执行活动的监督，发现有下列情形之一的，依法提出纠正意见：

（1）居住地县级司法行政机关未依法向人民法院、公安机关、监狱管理机关提出撤销缓刑、撤销假释建议或者对暂予监外执行的收监执行建议；

（2）人民法院、公安机关、监狱管理机关未依法作出裁定、决定，或者未依法送达；

（3）居住地县级司法行政机关、公安机关未依法将罪犯送交看守所、监狱，或者未依法移交被收监执行罪犯的文书材料；

（4）看守所、监狱未依法收监执行；

（5）公安机关未依法协助送交收监执行罪犯，或者未依法对在逃的收监执行罪犯实施追捕；

（6）其他违反收监执行规定的情形。

23. 对社区服刑人员实行社区矫正，本意见未明确的程序和事项，按照有关法律法规以及最高人民法院、最高人民检察院、公安部、司法部《社区矫正实施办法》，最高人民法院、最高人民检察院、公安部、司法部、国家卫生计生委《暂予监外执行规定》等执行。

8.《最高人民检察院关于印发〈未成年人刑事检察工作指引（试行）〉的通知》（2017年3月2日　高检发未检字〔2017〕1号）

第二百一十五条　人民检察院根据未成年被告人的犯罪原因、犯罪性质、犯罪手段、犯罪后的认罪悔罪表现、个人一贯表现等情况，充分考虑与未成年被告人所犯罪行的关联程度，可以有针对性地建议人民法院判处未成年被告人在管制执行期间、缓刑考验期限内适用禁止令：

（一）禁止从事以下一项或者几项活动：

1. 因无监护人监管或监护人监管不力，经常夜不归宿的，禁止在未经社区矫正机构批准的情况下在外留宿过夜；

2. 因沉迷暴力、色情等网络游戏诱发犯罪的，禁止接触网络游戏；

3. 附带民事赔偿义务未履行完毕，违法所得未追缴、退赔到位，或者罚金尚未足额缴纳的，禁止进行高消费活动。高消费的标准可根据当地居民人均收入和支出水平确定；

4. 其他确有必要禁止从事的活动。

（二）禁止进入以下一类或者几类区域、场所：

1. 因出入未成年人不宜进入的场所导致犯罪的，禁止进入夜总会、歌舞厅、酒吧、迪厅、营业性网吧、游戏机房、溜冰场等场所；

2. 经常以大欺小、以强凌弱进行寻衅滋事，在学校周边实施违法犯罪行为的，禁止进入中小学校区、幼儿园园区及周边地区。确因本人就学、居住等原因的除外；

3. 其他确有必要禁止进入的区域、场所。

（三）禁止接触以下一类或者几类人员：

1. 因受同案犯不良影响导致犯罪的，禁止除正常工作、学习外接触同案犯；

2. 为保护特定人员，禁止在未经对方同意的情况下接触被害人、证人、控告人、举报人及其近亲属；

3. 禁止接触其他可能遭受其侵害、滋扰的人或者可能诱发其再次危害社会的人。

建议适用禁止令，应当把握好禁止令的针对性、可行性和预防性，并向未成年被告人及其法定代理人阐明适用禁止令的理由，督促法定代理人协助司法机关加强监管，促进未成年被告人接受矫治和回归社会。

9.《最高人民法院关于适用〈中华人民共和国刑事诉讼法〉的解释》（2021 年 1 月 26 日　法释〔2021〕1 号）（节录）

第三百二十五条　审理被告人或者其法定代理人、辩护人、近亲属提出上诉的案件，不得加重被告人的刑罚，并应当执行下列规定：

（一）同案审理的案件，只有部分被告人上诉的，既不得加重上诉人的刑罚，也不得加重其他同案被告人的刑罚；

（二）原判事实清楚，证据确实、充分，只是认定的罪名不当的，可以改变罪名，但不得加重刑罚；

（三）原判对被告人实行数罪并罚的，不得加重决定执行的刑罚，也不得加重数罪中某罪的刑罚；

（四）原判对被告人宣告缓刑的，不得撤销缓刑或者延长缓刑考验期；

（五）原判没有宣告禁止令的，不得增加宣告；原判宣告禁止令的，不得增加内容、延长期限；

（六）原判对被告人判处死刑缓期执行没有限制减刑的，不得限制减刑；

（七）原判事实清楚，证据确实、充分，但判处的刑罚畸轻、应当适用附加刑而没有适用的，不得直接加重刑罚、适用附加刑，也不得以事实不清、证据不足为由发回第一审人民法院重新审判。必须依法改判的，应当在第二审判决、裁定生效后，依照审判监督程序重新审判。

人民检察院抗诉或者自诉人上诉的案件，不受前款规定的限制。

第三十九条 被管制罪犯的义务与权利

被判处管制的犯罪分子，在执行期间，应当遵守下列规定：

（一）遵守法律、行政法规，服从监督；

（二）未经执行机关批准，不得行使言论、出版、集会、结社、游行、示威自由的权利；

（三）按照执行机关规定报告自己的活动情况；

（四）遵守执行机关关于会客的规定；

（五）离开所居住的市、县或者迁居，应当报经执行机关批准。

对于被判处管制的犯罪分子，在劳动中应当同工同酬。

条文要旨

本条是关于对被判处管制的犯罪分子的要求和对被判处管制的犯罪分子如何支付劳动报酬的规定。

理解与适用

本条分为两款。第一款是关于对被判处管制的犯罪分子的要求的规定。根据本款的规定，被判处管制的犯罪分子，在执行期间，应当遵守下列规定：

1. 遵守法律、行政法规，服从监督。这一规定要求被判处管制的犯罪分子自觉地遵守宪法、法律和行政法规；对于执行机关对其实行的监督，被判处管制的罪犯必须服从。

2. 未经执行机关批准，被管制的犯罪分子不得行使言论、出版、集会、结社、游行、示威自由的权利。在犯罪分子被管制期间，限制其行使上述权利，有利于加强对他们的监督管理，防止他们以行使自由权利为借口，继续危害社会。

3. 按照执行机关规定报告自己的活动情况。这样规定主要是为了及时掌握被管制的犯罪分子的动态和情况，防止其失去联系，以更好地教育改造犯罪分子，防止其继续实施违法犯罪行为。

4. 遵守执行机关关于会客的规定。这样规定有利于防止服刑人受外界的不良影响、干扰，以致再犯罪。

5. 离开所居住的市、县或者迁居，应当报经执行机关批准。这项规定的意义与第三项相同。

第二款是关于对被判处管制的犯罪分子如何支付劳动报酬的规定。根据本款的规定，对被判处管制的犯罪分子，在劳动中应当同工同酬。

关联规范

1. **《最高人民法院、最高人民检察院、公安部、劳动人事部关于被判处管制、剥夺政治权利和宣告缓刑、假释的犯罪分子能否外出经商等问题的通知》**（1986年11月8日 〔86〕高检会〔三〕字第2号）（节录）

一、对被判处管制、剥夺政治权利和宣告缓刑、假释的犯罪分子，公安机关和有关单位要依法对其实行经常性的监督改造或考察。被管制、假释的犯罪分子，不能外出经商；被剥夺政治权利和宣告缓刑的犯罪分子，按现行规定，属于允许经商范围之内的，如外出经商，需事先经公安机关允许。

二、犯罪分子在被管制、剥夺政治权利、缓刑、假释期间，若原所在单位确有特殊情况不能安排工作的，在不影响对其实行监督考察的情况下，经工商管理部门批准，可以在常住户口所在地自谋生计；家在农村的，亦可就地从事或承包一些农副业生产。

三、犯罪分子在被管制、剥夺政治权利、缓刑、假释期间，不能担任国营或集体企事业单位的领导职务。

2. **《最高人民检察院关于被判处管制、剥夺政治权利和宣告缓刑、假释的犯罪分子能否担任中外合资、合作经营企业领导职务问题的答复》**（1991年9月25日 高检发研字〔1991〕4号）（节录）

最高人民法院、最高人民检察院、公安部、劳动人事部〔86〕高检会（三）字第2号《关于被判处管制、剥夺政治权利和宣告缓刑、假释的犯罪分子能否外出经商等问题的通知》第三条所规定的不能担任领导职务的原则，可适用于中外合资、中外合作企业（包括我方与港、澳、台客商合资、合作企业）。

3. **《公安机关办理刑事案件程序规定》**（2020年7月20日修正）（节录）

第三百零二条 对被判处管制、宣告缓刑、假释或者暂予监外执行的罪犯，已被羁押的，由看守所将其交付社区矫正机构执行。

对被判处剥夺政治权利的罪犯，由罪犯居住地的派出所负责执行。

第四十条　管制的解除

被判处管制的犯罪分子，管制期满，执行机关应即向本人和其所在单位或者居住地的群众宣布解除管制。

条文要旨

本条是关于管制解除的规定。

理解与适用

本条规定包含两层意思：

1. 解除管制的前提是管制期满，即被判处的管制刑执行完毕。

2. 管制期满，执行机关应即向本人和其所在单位或者居住地的群众宣布解除管制。宣布解除应当以让被判处管制的犯罪分子明确知晓和向其所在单位或者居住地的群众明示为标准，可以采取当面宣布、电话、信函等形式。这一规定有利于防止拖延管制期限，损害被解除管制人的合法权利，也有利于及时宣传法制，教育群众，保证法律的正确实施。实践中需要注意的是，刑法规定向本人和所在单位或者居住地的群众宣布，是为了维护管制期满解除管制的人的合法权益，防止因为有关方面不了解管制已经期满的事实而继续限制其相关权利的情况发生，因此，在宣布的时候，应当注意方式方法，避免歧视性做法，以有利于其重新回归社会。

第四十一条 管制刑期的计算和折抵

管制的刑期，从判决执行之日起计算；判决执行以前先行羁押的，羁押一日折抵刑期二日。

条文要旨

本条是管制刑期计算的规定。

理解与适用

根据本条的规定，管制的刑期从判决执行之日起计算，即判决开始执行的当日起计算，当日包括在刑期之内；判决执行以前先行羁押的，羁押一日折抵管制刑期二日。这里规定的"先行羁押"是指判决开始执行以前，针对被判处刑罚的同一行为而实行的关押。

关联规范

1. **《中华人民共和国监察法》**（2018 年 3 月 20 日）（节录）

第四十四条 对被调查人采取留置措施后，应当在二十四小时以内，通知被留置人员所在单位和家属，但有可能毁灭、伪造证据，干扰证人作证或者串供等有碍调查情形的除外。有碍调查的情形消失后，应当立即通知被留置人员所在单位和家属。

监察机关应当保障被留置人员的饮食、休息和安全，提供医疗服务。讯问被留置人员应当合理安排讯问时间和时长，讯问笔录由被讯问人阅看后签名。

被留置人员涉嫌犯罪移送司法机关后，被依法判处管制、拘役和有期徒刑的，留置一日折抵管制二日，折抵拘役、有期徒刑一日。

2. **《中华人民共和国刑事诉讼法》**（2018 年 10 月 26 日修正）（节录）

第七十六条 指定居所监视居住的期限应当折抵刑期。被判处管制的，监视居住一日折抵刑期一日；被判处拘役、有期徒刑的，监视居住二日折抵刑期一日。

3. **《最高人民法院研究室关于因错判在服刑期"脱逃"后确有犯罪其错判服刑期限可否与后判刑期折抵问题的电话答复》**（1983 年 8 月 31 日）（节录）

对被错判徒刑的在服刑期间"脱逃"的行为，可不以脱逃论罪判刑；但在脱逃期间犯罪的，应依法定罪判刑；对被错判已服刑的日期与后来犯罪所判处的刑期不宜折抵，可在量刑时酌情考虑从轻或减轻处罚。

4.《最高人民法院关于刑事裁判文书中刑期起止日期如何表述问题的批复》（2000年2月29日　法释〔2000〕7号）（节录）

根据刑法第四十一条、第四十四条、第四十七条和《法院刑事诉讼文书样式》（样本）的规定，判处管制、拘役、有期徒刑的，应当在刑事裁判文书中写明刑种、刑期和主刑刑期的起止日期及折抵办法。刑期从判决执行之日起计算。判决执行以前先行羁押的，羁押一日折抵刑期一日〈判处管制刑的，羁押一日折抵刑期二日〉，即自××××年××月××日〈羁押之日〉起至××××年××月××日止。羁押期间取保候审的，刑期的终止日顺延。

5.《最高人民法院关于刑事案件终审判决和裁定何时发生法律效力问题的批复》（2004年7月26日　法释〔2004〕7号）（节录）

根据《中华人民共和国刑事诉讼法》第一百六十三条、第一百九十五条和第二百零八条规定的精神，终审的判决和裁定自宣告之日起发生法律效力。

第三节　拘　役

第四十二条　拘役期限

拘役的期限，为一个月以上六个月以下。

条文要旨

本条是关于拘役刑期限的规定。

理解与适用

拘役是一种短期剥夺罪犯的人身自由的刑罚，是我国主刑之一，在我国刑罚体系中轻于有期徒刑，重于管制，适用于罪行较轻但仍需短期关押改造的罪犯。对主观恶性较小的罪犯适用短期自由刑，既体现刑法罪责刑相适应的原则，也有利于促使罪犯反省悔罪、重新做人、回归社会。作为一种相对轻缓的监禁刑，拘役不仅在期限上较有期徒刑为短，性质上也是完全不同的，与之相应，相关的法律后果也有很大差异。比如，刑法第六十五条关于累犯的规定，就是以前、后罪都是被判处有期徒刑为构成累犯的条件的，被判处拘役的罪犯，服刑期满后再犯罪的，不作为累犯处理。因此，实践中对于一些本来应当适用拘役的案件，不能因为判处较短的有期徒刑，实际期限相差不大，就处以有期徒刑。根据本条的规定，拘役的期限为一个月以上六个月以下，最低刑期为一个月，便于与羁押日期相折抵的执行；最高刑期为六个月，与有期徒刑的最低期限六个月相衔接。拘役的期限虽然比管制刑短，但它属于剥夺人身自由的一种刑罚。在刑法分则中除了过失致人死亡罪没有规定可以适用拘役，绝大多数过失犯罪都可以适用拘役。在这样的条文中，拘役既可以适用于犯罪情节轻微，不需要判处有期徒刑的犯罪，也可以适用于本应判处有期徒刑、但具有从轻情节的犯罪，或者本应判处管制、但具有从重情节的犯罪。拘役作为一种短期自由刑，丰富了我国刑罚手段，使我国刑罚体系轻重有序，配套衔接。

第四十三条 拘役的执行

被判处拘役的犯罪分子，由公安机关就近执行。

在执行期间，被判处拘役的犯罪分子每月可以回家一天至两天；参加劳动的，可以酌量发给报酬。

条文要旨

本条是关于拘役刑的执行的规定。

理解与适用

本条共分两款。第一款是关于拘役刑由公安机关就近执行的规定。根据本款规定，拘役刑由公安机关执行，而不是交给作为刑罚执行机关的监狱执行。拘役刑由公安机关执行，主要是指在公安机关管理的特定场所进行教育和改造。执行拘役期间，罪犯的人身自由处于被剥夺状态，并由执行人员看管，应当遵守相关管理规定。对于剥夺人身自由的监禁刑，各国一般都是由监狱执行的。我国刑法第四十六条规定，被判处有期徒刑、无期徒刑的犯罪分子，在监狱或者其他执行场所执行。刑法之所以规定拘役由公安机关就近执行，主要是考虑到拘役虽然也是剥夺人身自由的一种刑罚，但刑期较短，而且被判处拘役的犯罪分子，有的已在侦查、审查起诉、审判过程中因为被采取刑事强制措施而先期羁押，这样，将先期羁押的时间折抵刑期后，剩余的需要实际执行拘役的刑期更短，如果也交由监狱执行，有关机关之间办理法律交接手续、押解等都需要时间，成本比较高，也不安全。同时，也是考虑到罪责刑相适应的原则，毕竟拘役刑主要适用于情节较轻的犯罪，其严厉程度相较有期徒刑相对也较轻，执行内容也应以教育改造为主。与之相关的，对判处有期徒刑罪犯中交付执行时剩余刑期较短的，也是由看守所就近执行的。对此，刑事诉讼法第二百六十四条有明确规定，即对被判处有期徒刑的罪犯，在被交付执行刑罚前，剩余刑期在三个月以下的，由看守所代为执行。刑事诉讼法的规定，也是考虑到剩余刑期较短，不同机关办理换押手续、路途押解等成本、风险等因素。因此，对被判处拘役的罪犯，不必送交监狱，而由公安机关就近执行也是妥当的。

这里所说的“就近执行”，一般是指判决时犯罪分子所在的县、市或市辖区的看守所执行。由犯罪分子判决时所在的看守所执行，符合就近的原则，节约司法资源，也便利其家属探视以及执行中经允许回家一至两天等，从而有利于依法执行刑罚和教育改造罪犯。

关于拘役刑的执行场所，实践中主要经历了以下两个阶段：1979 年刑法实施期间，公安机关根据法律规定设置了拘役所，负责拘役刑的执行。对于一些尚未设立拘役所的地方，规定就近放置于看守所或者劳改队执行。2005 年 12 月 27 日，《公安部关于做好撤销拘役所有关工作的通知》决定撤销拘役所，对于被判处拘役的罪犯，统一由看守所执行。之所以撤销拘役所，统一由看守所执行拘役刑，主要是长期以来各地拘役所设置很不规范，基础设施条件差、安全系数低，影响了拘役刑执行工作的顺利进行。同时，由于被判处拘役罪犯的数量相对较少，单独设置拘役所关押拘役罪犯有限，致使拘役所普遍以关押留所服刑罪犯为主，名不符实。

第二款是关于被判处拘役的犯罪分子每月可回家一至两天和酌量发给劳动报酬的规定。根据本条规定，被判处拘役的犯罪分子，每月回家的天数应当计算在刑期之内。同时，在拘役执行期间，执行机关应注意对犯罪分子进行教育。组织参加生产劳动的，根据他们的劳动表现、技术水平等情况酌量发给报酬，这与被判处管制的犯罪分子在劳动中“同工同酬”的规定是有差别的。

关于拘役罪犯参加生产劳动，国务院1990年发布的《看守所条例》第三十三条规定，看守所应当对人犯进行法制、道德以及必要的形势和劳动教育。公安部2013年修订的《看守所留所执行刑罚罪犯管理办法》第八十条规定，看守所应当组织罪犯参加劳动，培养劳动技能，积极创造条件，组织罪犯参加各类职业技术教育培训。第八十二条规定，看守所对于参加劳动的罪犯，可以酌量发给报酬并执行国家有关劳动保护的规定。2017年，公安部负责起草的《看守所法（草案）》向社会公开征求意见，其中第八十三条规定，看守所不得强迫犯罪嫌疑人、被告人从事生产劳动。自愿参加劳动的，应当给予适当的报酬。目前，看守所法已经列入十三届全国人大常委会立法规划。

关联规范

1. **《公安部关于对被判处拘役的罪犯在执行期间回家问题的批复》**（2001年1月31日　公复字〔2001〕2号）（节录）

《刑法》第四十三条第二款规定：“在执行期间，被判处拘役的犯罪分子每月可以回家一天至两天。”根据上述规定，是否准许被判处拘役的罪犯回家，应当根据其在服刑期间表现以及准许其回家是否会影响剩余刑期的继续执行等情况综合考虑，由负责执行的拘役所、看守所提出建议，报其所属的县级以上公安机关决定。被判处拘役的外国籍罪犯提出回家申请的，由地市级以上公安机关决定，并由决定机关将有关情况报上级公安机关备案。对于准许回家的，应当发给回家证明，告知其应当按时返回监管场所和不按时返回将要承担的法律责任，并将准许回家的决定送同级人民检察院。被判处拘役的罪犯在决定机关辖区内有固定住处的，可允许其回固定住处，没有固定住处的，可在决定机关为其指定的居所每月与其家人团聚一天至两天。拘役所、看守所根据被判处拘役的罪犯在服刑及回家期间表现，认为不宜继续准许其回家的，应当提出建议，报原决定机关决定。对于被判处拘役的罪犯在回家期间逃跑的，应当按照《刑法》第三百一十六条的规定以脱逃罪追究其刑事责任。

2. **《看守所留所执行刑罚罪犯管理办法》**（2013年10月23日修订）（节录）

第五十四条　被判处拘役的罪犯每月可以回家一至二日，由罪犯本人提出申请，管教民警签署意见，经看守所所长审核后，报所属公安机关批准。

第五十五条 被判处拘役的外国籍罪犯提出探亲申请的，看守所应当报设区的市一级以上公安机关审批。设区的市一级以上公安机关作出批准决定的，应当报上一级公安机关备案。

被判处拘役的外国籍罪犯探亲时，不得出境。

第五十六条 对于准许回家的拘役罪犯，看守所应当发给回家证明，并告知应当遵守的相关规定。

罪犯回家时间不能集中使用，不得将刑期末期作为回家时间，变相提前释放罪犯。

第八十一条 看守所对罪犯的劳动时间，参照国家有关劳动工时的规定执行。

罪犯有在法定节日和休息日休息的权利。

第八十二条 看守所对于参加劳动的罪犯，可以酌量发给报酬并执行国家有关劳动保护的规定。

第八十三条 罪犯在劳动中致伤、致残或者死亡的，由看守所参照国家劳动保险的有关规定处理。

3. **《公安机关办理刑事案件程序规定》**（2020 年 7 月 20 日修正）（节录）

第三百零一条 对被判处有期徒刑的罪犯，在被交付执行刑罚前，剩余刑期在三个月以下的，由看守所根据人民法院的判决代为执行。

对被判处拘役的罪犯，由看守所执行。

第三百零二条 对被判处管制、宣告缓刑、假释或者暂予监外执行的罪犯，已被羁押的，由看守所将其交付社区矫正机构执行。

对被判处剥夺政治权利的罪犯，由罪犯居住地的派出所负责执行。

第三百零三条 对被判处有期徒刑由看守所代为执行和被判处拘役的罪犯，执行期间如果没有再犯新罪，执行期满，看守所应当发给刑满释放证明书。

第三百零四条 公安机关在执行刑罚中，如果认为判决有错误或者罪犯提出申诉，应当转请人民检察院或者原判人民法院处理。

第四十四条 拘役刑期的计算和折抵

拘役的刑期，从判决执行之日起计算；判决执行以前先行羁押的，羁押一日折抵刑期一日。

条文要旨

本条是关于拘役的刑期计算与折抵的规定。

理解与适用

本条规定了拘役执行期限的计算方法，以及判决执行以前先行羁押的日期折抵拘役刑期的方法，这是司法实践中准确适用拘役、确保执法统一的必要条件。根据本条规定，拘役的刑期从判决执行之日起计算，即从犯罪分子实际执行拘役开始计算。对于虽已作出拘役判决，但犯罪分子尚未交付公安机关执行的，还不能算判决执行之日，不能开始计算刑期。

由于在侦查、审查起诉、审判等刑事诉讼过程中可能会对犯罪嫌疑人采取拘留、逮捕等强制措施，如果经过人民法院审判后判决被告人有罪的，势必涉及其先前诉讼过程中被羁押时间如何处理，能否折抵其应当服刑的期限问题。另外，从确定具体刑罚执行的起止日期看，刑罚开始执行的时间未必是判决作出或者判决生效之日，其间可能会有因为手续交接等各种需要，实际开始执行刑罚的时间要晚于判决确定的时间。这一判决确定之后，等待刑罚执行期间的羁押时间，也需要考虑如何处理。

对先行羁押时间予以刑期折抵，是指将被判刑人在判决执行前被羁押的期间换算为已执行刑期，被判刑人只需继续执行剩余刑期的制度。刑期折抵是各国普遍采用的一项重要的刑罚适用制度，体现了公正、理性、权利保障原则和刑法的人道主义。

关于具体折抵的标准，根据本条规定，拘役刑的折抵标准为“羁押一日折抵刑期一日”。这里说的“先行羁押”，主要是指在刑事诉讼过程中被采取刑事拘留、逮捕强制措施。罪犯在判决执行以前被刑事拘留后关押的，以及被采取逮捕措施的，羁押一日折抵刑期一日。此外，需要特别注意的是，其他法律还规定有应当进行刑期折抵的情况：

1. 指定居所监视居住。刑事诉讼法第七十六条规定，指定居所监视居住的期限应当折抵刑期。被判处拘役、有期徒刑的，监视居住二日折抵刑期一日。因此，对于被判处拘役的罪犯，如果其在之前的刑事诉讼期间被采取了指定居所监视居住的强制措施的，也应当折抵刑期，只是折抵标准为监视居住二日折抵一日。

2. 因同一行为已经受过行政拘留处罚的。行政处罚法第二十八条规定，违法行为构成犯罪，人民法院判处拘役或者有期徒刑时，行政机关已经给予当事人行政拘留的，应当依法折抵相应刑期。因此，如果被判处拘役的罪犯在被追究刑事责任之前，其同一违法行为被行政机关作为行政违法行为给予了行政拘留处罚，随后发现构成犯罪，又被依法追究刑事责任的，之前的被行政拘留的时间应当予以折抵刑期。这主要是因为，我国法律对很多违法行为根据情节严重程度区分为一般行政违法行为和犯罪行为，即所谓“二元的法律责任”体系。这种体系之下，行政违法行为与犯罪行为性质是完全不同的。因此，被判处刑罚的犯罪行为是之前被作为行政违法行为给予行政拘留处罚的，属于同一违法行为，如果不予折抵，相当于对同一个行为既作为犯罪定罪量刑，又作为行政违法行为给予行政处罚，混淆了行为的性质和界限，法律适用上属于重复评价，有违法律的公正性。关于折抵的标准，行政处罚法没有明确规定，但行政处罚法规定了“依法折抵相应刑期”，对此，应结合罪犯被判处的刑罚的种类合理确定何为“相应”。考虑到行政拘留是一定时间内完全剥夺行为人人身自由的行政处罚，被行政拘留的日期应按照拘留一日折抵拘役一日的标准折抵刑期为宜。

3. 被监察机关留置的。监察法第四十四条第三款规定，被留置人员涉嫌犯罪移送司法机关后，被依法判处管制、拘役和有期徒刑的，留置一日折抵管制二日，折抵拘役、有期徒刑一日。因此，如果被判处拘役的罪犯在之前的监察调查期间被采取过留置措施的，留置的期限应当折抵刑期，折抵标准为留置一日折抵拘役一日。

关联规范

1. **《中华人民共和国刑事诉讼法》**（2018 年 10 月 26 日修正）（节录）

第七十六条　指定居所监视居住的期限应当折抵刑期。被判处管制的，监视居住一日折抵刑期一日；被判处拘役、有期徒刑的，监视居住二日折抵刑期一日。

2. **《中华人民共和国社区矫正法》**（2019 年 12 月 28 日）（节录）

第四十八条　人民法院应当在收到社区矫正机构撤销缓刑、假释建议书后三十日内作出裁定，将裁定书送达社区矫正机构和公安机关，并抄送人民检察院。

人民法院拟撤销缓刑、假释的，应当听取社区矫正对象的申辩及其委托的律师的意见。

人民法院裁定撤销缓刑、假释的，公安机关应当及时将社区矫正对象送交监狱或者看守所执行。执行以前被逮捕的，羁押一日折抵刑期一日。

人民法院裁定不予撤销缓刑、假释的，对被逮捕的社区矫正对象，公安机关应当立即予以释放。

第四节　有期徒刑、无期徒刑

第四十五条 有期徒刑的期限

有期徒刑的期限，除本法第五十条、第六十九条规定外，为六个月以上十五年以下。

条文要旨

本条是关于有期徒刑期限的规定。

理解与适用

有期徒刑是剥夺犯罪分子一定期限的人身自由的刑罚，是我国主刑之一。在我国刑法规定的自由刑中，有期徒刑下接拘役刑上承无期徒刑，既可以适用于性质较轻的犯罪，又可以适用于性质居中的犯罪，还可适用于性质比较严重的犯罪，其适用的广泛性远高于其他刑罚，在整个刑罚体系中居于核心重要位置。

根据本条规定，有期徒刑的最低期限为六个月，与拘役相衔接；最高期限为十五年。有期徒刑刑期的范围，是保证司法实践中准确适用有期徒刑的必要条件。在刑法分则条文中没有指明有期徒刑上限或者下限的情况下，均应结合本条规定确定适用刑罚的期限。本条规定了两种除外情形：一是根据刑法第五十条的规定，被判处死刑缓期执行的罪犯，在死缓执行期间，如果确有重大立功表现，二年期满以后，减为二十五年有期徒刑；二是根据刑法第六十九条第一款的规定，对犯罪分子实行数罪并罚，除判处死刑和无期徒刑的以外，应当在总和刑期以下、数刑中最高刑期以上，酌情决定执行的刑期，有期徒刑总和刑期不满三十五年的，最高不能超过二十年，总和刑期在三十五年以上的，最高不能超过二十五年。这两条规定的有期徒刑的最高期限，属于有期徒刑一般刑期的例外规定。

刑法总则关于有期徒刑的上下限的规定，是从总体上对有期徒刑这一刑种的设定和规范。根据刑罚具体运用的需要，还应当在刑法分则中根据不同犯罪性质、类型等，具体设定适用于不同罪名的具体刑罚幅度。这也是体现罪刑法定原则，规范刑罚裁量，避免和减少实践中自由裁量权过大、裁判标准不一致等问题，实现罪责刑相适应的必然要求。在刑法分则的条文中，有期徒刑的法定刑幅度主要有：一年以下、一年以上七年以下；两年以下、两年以上五年以下、两年以上七年以下；三年以下、三年以上七年以下、三年以上十年以下；五年以下、五年以上十年以下、五年以上；七年以上十年以下、七年以上；十年以上；十五年。由以上可以看出，我国刑法关于有期徒刑的设定具有很强的可分性，这样能够使得不同的法定刑适用于不同程度社会危害性的犯罪，便于司法机关在办理案件时根据犯罪事实、性质、情节和对社会的危害程度等案件具体情况，对罪犯在法定刑幅度内适用适当的有期徒刑，以实现罪责刑相适应。

我国刑法关于有期徒刑刑期的规定，总体上幅度比较大，赋予了法官较大的自由裁量权。这样有利于法官根据个案情况，准确裁量刑罚，做到刑罚个别化和罪责刑相适应，但较大的自由裁量权也难免带来实践中一些个案量刑相差悬殊的情况。同时，司法实践中长期一定程度存在的重定罪、轻量刑的习惯也加剧了这种现象。近年来，为了回应社会各方面对于司法公开、“同案同判”等呼声，人民法院依法进行量刑规范化改革，通过司法解释等规范性文件对量刑标准作出了细化规定。2020 年 7 月 31 日，《最高人民法院关于统一法律适用加强类案检索的指导意见（试行）》开始实施，作为进一步推进我国量刑程序改革的一部分。这些举措都有利于提高审判质量，体现刑罚均衡和公正，努力实现“同案同判”。另一方面，需要注意的是，没有一个案件是与其他案件完全相同的，每个案件都有自身的情况，犯罪行为人的有关情况，案件发生的时间、地点，犯罪的动机、过程、结果以及对社会的影响等，都可能影响案件刑罚的裁量。相同情况相同对待，不同情况不同对待，也是量刑公平的必然要求。具体案件的量刑，既要尽可能做到类似情况大体均衡，也要考虑不同情况和差异，依法体现量刑的个别化。因此，在量刑规范化过程中，要避免简单套用指标、机械适用规则，导致量刑僵化、有失公正的情况。这对于人民法院量刑工作提出了很高的要求。量刑工作的核心，是依法量刑，做到过罚相当，体现罪责刑相适应。对此，必须要充分发挥法官的主观能动性，提高法官准确掌握刑事政策和正确适用法律的能力水平。

总之，在实践中如何满足人民群众对司法公正和司法平等的双重期待，在量刑规范化与量刑合目的性之间做好平衡，需要我们在立法、司法、释法等多方面统筹推进；既要尊重法官的自由裁量权，又要以明确的标准予以规制，避免权力滥用。对于有期徒刑这种幅度跨度大、适用广泛的自由刑，需要深入考察刑法分则不同罪名下法定刑的设定和执行情况，在惩治和教育罪犯方面的实际效果，梳理研究实践经验和反映出来的问题，结合刑罚结构调整和刑罚执行制度改革，不断完善有期徒刑制度。

第四十六条 有期徒刑与无期徒刑的执行

被判处有期徒刑、无期徒刑的犯罪分子，在监狱或者其他执行场所执行；凡有劳动能力的，都应当参加劳动，接受教育和改造。

条文要旨

本条是关于有期徒刑和无期徒刑具体执行的规定。

理解与适用

本条包括执行场所和执行内容，即在监狱或者其他执行场所执行，以劳动与教育和改造为内容。

有期徒刑、无期徒刑是实践中运用最广泛的刑罚，适用于较严重的犯罪，对这些犯罪分子有必要实行集中关押，在监狱等专门刑罚执行场所中执行刑罚。犯罪分子通过参加劳动，改造思想，认罪悔罪，成为守法公民。同时，为了使他们能掌握一技之长，在刑满释放后顺利回归社会，本条规定的教育既包括思想教育、文化教育等，也包括劳动技能和社会适应能力等方面的教育。

根据本条规定，被判处有期徒刑、无期徒刑的犯罪分子，在监狱或者其他执行场所执行。这里所说的“监狱”，是指被判处有期徒刑、无期徒刑、死刑缓期二年执行的罪犯服刑的场所，是国家的刑罚执行机关。“其他执行场所”，这里是指看守所、未成年犯管教所。根据监狱法的规定，罪犯在被交付执行刑罚前，剩余刑期在三个月以下的，由看守所代为执行；对未成年犯在未成年犯管教所执行刑罚。

被判处有期徒刑、无期徒刑的犯罪分子，凡有劳动能力的，都应当参加劳动，接受教育和改造。该规定的目的是使罪犯在劳动中认识自己的罪行，矫正恶习，并学会和掌握基本的生产知识和职业技能，为刑满释放后的就业谋生创造条件。这里所说的“有劳动能力的”，是指根据罪犯身体健康状况可以进行劳动。对于年老体迈、有严重疾病，不具有劳动能力的不应再安排其进行劳动。对于参加劳动的罪犯，其劳动时间应当参照国家有关劳动工时的规定执行；在季节性生产等特殊情况下，可以调整劳动时间。罪犯有在法定节日和休息日休息的权利。监狱对参加劳动的罪犯，应当按照有关规定给予报酬并执行国家有关劳动保护的规定。罪犯在劳动中致伤、致残或者死亡的，由监狱参照国家劳动保险的有关规定处理。“教育”，是指对罪犯进行思想教育、文化教育、职业技术教育。所谓思想教育，是指对罪犯进行法制、道德、形势、政策等内容的教育；所谓文化教育，是指根据罪犯的不同情况，对其进行扫盲教育、初等教育和中等教育等；所谓职业技术教育，是指根据监狱生产和罪犯释放后就业的需要，对罪犯实行职业技术培训，使其掌握一技之长。根据监狱法的规定，教育改造罪犯，要实行因人施教、分类教育、以理服人的原则，采取集体教育与个别教育相结合、狱内教育与社会教育相结合的方法，使罪犯认罪服法，改恶从善，成为守法的公民。

关联规范

1.《中华人民共和国监狱法》（2012年10月26日修正）（节录）

第二条 监狱是国家的刑罚执行机关。

依照刑法和刑事诉讼法的规定，被判处死刑缓期二年执行、无期徒刑、有期徒刑的罪犯，在监狱内执行刑罚。

第十五条 人民法院对被判处死刑缓期二年执行、无期徒刑、有期徒刑的罪犯，应当将执行通知书、判决书送达羁押该罪犯的公安机关，公安机关应当自收到执行通知书、判决书之日起一个月内将该罪犯送交监狱执行刑罚。

罪犯在被交付执行刑罚前，剩余刑期在三个月以下的，由看守所代为执行。

第十六条 罪犯被交付执行刑罚时，交付执行的人民法院应当将人民检察院的起诉书副本、人民法院的判决书、执行通知书、结案登记表同时送达监狱。监狱没有收到上述文件的，不得收监；上述文件不齐全或者记载有误的，作出生效判决的人民法院应当及时补充齐全或者作出更正；对其中可能导致错误收监的，不予收监。

第十七条 罪犯被交付执行刑罚，符合本法第十六条规定的，应当予以收监。罪犯收监后，监狱应当对其进行身体检查。经检查，对于具有暂予监外执行情形的，监狱可以提出书面意见，报省级以上监狱管理机关批准。

第十八条 罪犯收监，应当严格检查其人身和所携带的物品。非生活必需品，由监狱代为保管或者征得罪犯同意退回其家属，违禁品予以没收。

女犯由女性人民警察检查。

第十九条 罪犯不得携带子女在监内服刑。

第二十条 罪犯收监后，监狱应当通知罪犯家属。通知书应当自收监之日起五日内发出。

第二十五条 对于被判处无期徒刑、有期徒刑在监内服刑的罪犯，符合刑事诉讼法规定的监外执行条件的，可以暂予监外执行。

第二十六条 暂予监外执行，由监狱提出书面意见，报省、自治区、直辖市监狱管理机关批准。批准机关应当将批准的暂予监外执行决定通知公安机关和原判人民法院，并抄送人民检察院。

人民检察院认为对罪犯适用暂予监外执行不当的，应当自接到通知之日起一个月内将书面意见送交批准暂予监外执行的机关，批准暂予监外执行的机关接到人民检察院的书面意见后，应当立即对该决定进行重新核查。

第二十七条 对暂予监外执行的罪犯，依法实行社区矫正，由社区矫正机构负责执行。原关押监狱应当及时将罪犯在监内改造情况通报负责执行的社区矫正机构。

第二十八条 暂予监外执行的罪犯具有刑事诉讼法规定的应当收监的情形的，社区矫正机构应当及时通知监狱收监；刑期届满的，由原关押监狱办理释放手续。罪犯在暂予监外执行期间死亡的，社区矫正机构应当及时通知原关押监狱。

第六十一条 教育改造罪犯，实行因人施教、分类教育、以理服人的原则，采取集体教育与个别教育相结合、狱内教育与社会教育相结合的方法。

第六十二条 监狱应当对罪犯进行法制、道德、形势、政策、前途等内容的思想教育。

第六十三条 监狱应当根据不同情况，对罪犯进行扫盲教育、初等教育和初级中等教育，经考试合格的，由教育部门发给相应的学业证书。

第六十四条 监狱应当根据监狱生产和罪犯释放后就业的需要，对罪犯进行职业技术教育，经考核合格的，由劳动部门发给相应的技术等级证书。

第六十五条 监狱鼓励罪犯自学，经考试合格的，由有关部门发给相应的证书。

第六十六条 罪犯的文化和职业技术教育，应当列入所在地区教育规划。监狱应当设立教室、图书阅览室等必要的教育设施。

第六十七条 监狱应当组织罪犯开展适当的体育活动和文化娱乐活动。

第六十八条 国家机关、社会团体、部队、企业事业单位和社会各界人士以及罪犯的亲属，应当协助监狱做好对罪犯的教育改造工作。

第六十九条 有劳动能力的罪犯，必须参加劳动。

第七十条 监狱根据罪犯的个人情况，合理组织劳动，使其矫正恶习，养成劳动习惯，学会生产技能，并为释放后就业创造条件。

第七十一条 监狱对罪犯的劳动时间，参照国家有关劳动工时的规定执行；在季节性生产等特殊情况下，可以调整劳动时间。

罪犯有在法定节日和休息日休息的权利。

第七十二条 监狱对参加劳动的罪犯，应当按照有关规定给予报酬并执行国家有关劳动保护的规定。

第七十三条 罪犯在劳动中致伤、致残或者死亡的，由监狱参照国家劳动保险的有关规定处理。

第七十四条 对未成年犯应当在未成年犯管教所执行刑罚。

第七十五条 对未成年犯执行刑罚应当以教育改造为主。未成年犯的劳动，应当符合未成年人的特点，以学习文化和生产技能为主。

监狱应当配合国家、社会、学校等教育机构，为未成年犯接受义务教育提供必要的条件。

第七十六条 未成年犯年满十八周岁时，剩余刑期不超过二年的，仍可以留在未成年犯管教所执行剩余刑期。

第七十七条 对未成年犯的管理和教育改造，本章未作规定的，适用本法的有关规定。

2. **《中华人民共和国刑事诉讼法》**（2018 年 10 月 26 日修正）（节录）

第二百六十四条 罪犯被交付执行刑罚的时候，应当由交付执行的人民法院在判决生效后十日以内将有关的法律文书送达公安机关、监狱或者其他执行机关。

对被判处死刑缓期二年执行、无期徒刑、有期徒刑的罪犯，由公安机关依法将该罪犯送交监狱执行刑罚。对被判处有期徒刑的罪犯，在被交付执行刑罚前，剩余刑期在三个月以下的，由看守所代为执行。对被判处拘役的罪犯，由公安机关执行。

对未成年犯应当在未成年犯管教所执行刑罚。

执行机关应当将罪犯及时收押，并且通知罪犯家属。

判处有期徒刑、拘役的罪犯，执行期满，应当由执行机关发给释放证明书。

3. **《最高人民法院关于审理未成年人刑事案件具体应用法律若干问题的解释》**（2006 年 1 月 11 日　法释〔2006〕1 号）（节录）

第十三条　未成年人犯罪只有罪行极其严重的，才可以适用无期徒刑。对已满十四周岁不满十六周岁的人犯罪一般不判处无期徒刑。

4. **《暂予监外执行规定》**（2014 年 10 月 24 日　司发通〔2014〕112 号）（节录）

第二条　对罪犯适用暂予监外执行，分别由下列机关决定或者批准：

（一）在交付执行前，由人民法院决定；

（二）在监狱服刑的，由监狱审查同意后提请省级以上监狱管理机关批准；

（三）在看守所服刑的，由看守所审查同意后提请设区的市一级以上公安机关批准。

对有关职务犯罪罪犯适用暂予监外执行，还应当依照有关规定逐案报请备案审查。

第三条　对暂予监外执行的罪犯，依法实行社区矫正，由其居住地的社区矫正机构负责执行。

第四条　罪犯在暂予监外执行期间的生活、医疗和护理等费用自理。

罪犯在监狱、看守所服刑期间因参加劳动致伤、致残被暂予监外执行的，其出监、出所后的医疗补助、生活困难补助等费用，由其服刑所在的监狱、看守所按照国家有关规定办理。

第五条　对被判处有期徒刑、拘役或者已经减为有期徒刑的罪犯，有下列情形之一，可以暂予监外执行：

（一）患有属于本规定所附《保外就医严重疾病范围》的严重疾病，需要保外就医的；

（二）怀孕或者正在哺乳自己婴儿的妇女；

（三）生活不能自理的。

对被判处无期徒刑的罪犯，有前款第二项规定情形的，可以暂予监外执行。

第六条　对需要保外就医或者属于生活不能自理，但适用暂予监外执行可能有社会危险性，或者自伤自残，或者不配合治疗的罪犯，不得暂予监外执行。

对职务犯罪、破坏金融管理秩序和金融诈骗犯罪、组织（领导、参加、包庇、纵容）黑社会性质组织犯罪的罪犯适用保外就医应当从严审批，对患有高血压、糖尿病、心脏病等严重疾病，但经诊断短期内没有生命危险的，不得暂予监外执行。

对在暂予监外执行期间因违法违规被收监执行或者因重新犯罪被判刑的罪犯，需要再次适用暂予监外执行的，应当从严审批。

第七条　对需要保外就医或者属于生活不能自理的累犯以及故意杀人、强奸、抢劫、绑架、放火、爆炸、投放危险物质或者有组织的暴力性犯罪的罪犯，原被判处死刑缓期二年执行或者无期徒刑的，应当在减为有期徒刑后执行有期徒刑七年以上方可适用暂予监外执行；原被判处十年以上有期徒刑的，应当执行原判刑期三分之一以上方可适用暂予监外执行。

对未成年罪犯、六十五周岁以上的罪犯、残疾人罪犯，适用前款规定可以适度从宽。

对患有本规定所附《保外就医严重疾病范围》的严重疾病，短期内有生命危险的罪犯，可以不受本条第一款规定关于执行刑期的限制。

第八条 对在监狱、看守所服刑的罪犯需要暂予监外执行的，监狱、看守所应当组织对罪犯进行病情诊断、妊娠检查或者生活不能自理的鉴别。罪犯本人或者其亲属、监护人也可以向监狱、看守所提出书面申请。

监狱、看守所对拟提请暂予监外执行的罪犯，应当核实其居住地。需要调查其对所居住社区影响的，可以委托居住地县级司法行政机关进行调查。

监狱、看守所应当向人民检察院通报有关情况。人民检察院可以派员监督有关诊断、检查和鉴别活动。

第九条 对罪犯的病情诊断或者妊娠检查，应当委托省级人民政府指定的医院进行。医院出具的病情诊断或者检查证明文件，应当由两名具有副高以上专业技术职称的医师共同作出，经主管业务院长审核签名，加盖公章，并附化验单、影像学资料和病历等有关医疗文书复印件。

对罪犯生活不能自理情况的鉴别，由监狱、看守所组织有医疗专业人员参加的鉴别小组进行。鉴别意见由组织鉴别的监狱、看守所出具，参与鉴别的人员应当签名，监狱、看守所的负责人应当签名并加盖公章。

对罪犯进行病情诊断、妊娠检查或者生活不能自理的鉴别，与罪犯有亲属关系或者其他利害关系的医师、人员应当回避。

第十条 罪犯需要保外就医的，应当由罪犯本人或者其亲属、监护人提出保证人，保证人由监狱、看守所审查确定。

罪犯没有亲属、监护人的，可以由其居住地的村（居）民委员会、原所在单位或者社区矫正机构推荐保证人。

保证人应当向监狱、看守所提交保证书。

第十一条 保证人应当同时具备下列条件：

（一）具有完全民事行为能力，愿意承担保证人义务；

（二）人身自由未受到限制；

（三）有固定的住处和收入；

（四）能够与被保证人共同居住或者居住在同一市、县。

第十二条 罪犯在暂予监外执行期间，保证人应当履行下列义务：

（一）协助社区矫正机构监督被保证人遵守法律和有关规定；

（二）发现被保证人擅自离开居住的市、县或者变更居住地，或者有违法犯罪行为，或者需要保外就医情形消失，或者被保证人死亡的，立即向社区矫正机构报告；

（三）为被保证人的治疗、护理、复查以及正常生活提供帮助；

（四）督促和协助被保证人按照规定履行定期复查病情和向社区矫正机构报告的义务。

第十三条 监狱、看守所应当就是否对罪犯提请暂予监外执行进行审议。经审议决定对罪犯提请暂予监外执行的，应当在监狱、看守所内进行公示。对病情严重必须立即保外就医的，可以不公示，但应当在保外就医后三个工作日以内在监狱、看守所内公告。

公示无异议或者经审查异议不成立的，监狱、看守所应当填写暂予监外执行审批表，连同有关诊断、检查、鉴别材料、保证人的保证书，提请省级以上监狱管理机关或者设区的市一级以上公安机关批准。已委托进行核实、调查的，还应当附县级司法行政机关出具的调查评估意见书。

监狱、看守所审议暂予监外执行前，应当将相关材料抄送人民检察院。决定提请暂予监外执行的，监狱、看守所应当将提请暂予监外执行书面意见的副本和相关材料抄送人民检察院。人民检察院可以向决定或者批准暂予监外执行的机关提出书面意见。

第十四条 批准机关应当自收到监狱、看守所提请暂予监外执行材料之日起十五个工作日以内作出决定。批准暂予监外执行的，应当在五个工作日以内将暂予监外执行决定书送达监狱、看守所，同时抄送同级人民检察院、原判人民法院和罪犯居住地社区矫正机构。暂予监外执行决定书应当上网公开。不予批准暂予监外执行的，应当在五个工作日以内将不予批准暂予监外执行决定书送达监狱、看守所。

第十五条 监狱、看守所应当向罪犯发放暂予监外执行决定书，及时为罪犯办理出监、出所相关手续。

在罪犯离开监狱、看守所之前，监狱、看守所应当核实其居住地，书面通知其居住地社区矫正机构，并对其进行出监、出所教育，书面告知其在暂予监外执行期间应当遵守的法律和有关监督管理规定。罪犯应当在告知书上签名。

第十六条 监狱、看守所应当派员持暂予监外执行决定书及有关文书材料，将罪犯押送至居住地，与社区矫正机构办理交接手续。监狱、看守所应当及时将罪犯交接情况通报人民检察院。

第十七条 对符合暂予监外执行条件的，被告人及其辩护人有权向人民法院提出暂予监外执行的申请，看守所可以将有关情况通报人民法院。对被告人、罪犯的病情诊断、妊娠检查或者生活不能自理的鉴别，由人民法院依照本规定程序组织进行。

第十八条 人民法院应当在执行刑罚的有关法律文书依法送达前，作出是否暂予监外执行的决定。

人民法院决定暂予监外执行的，应当制作暂予监外执行决定书，写明罪犯基本情况、判决确定的罪名和刑罚、决定暂予监外执行的原因、依据等，在判决生效后七日以内将暂予监外执行决定书送达看守所或者执行取保候审、监视居住的公安机关和罪犯居住地社区矫正机构，并抄送同级人民检察院。

人民法院决定不予暂予监外执行的，应当在执行刑罚的有关法律文书依法送达前，通知看守所或者执行取保候审、监视居住的公安机关，并告知司级人民检察院。监狱、看守所应当依法接收罪犯，执行刑罚。

人民法院在作出暂予监外执行决定前，应当征求人民检察院的意见。

第十九条 人民法院决定暂予监外执行，罪犯被羁押的，应当通知罪犯居住地社区矫正机构，社区矫正机构应当派员持暂予监外执行决定书及时与看守所办理交接手续，接收罪犯档案；罪犯被取保候审、监视居住的，由社区矫正机构与执行取保候审、监视居住的公安机关办理交接手续。

第二十条 罪犯原服刑地与居住地不在同一省、自治区、直辖市，需要回居住地暂予监外执行的，原服刑地的省级以上监狱管理机关或者设区的市一级以上公安机关监所管理部门应当书面通知罪犯居住地的监狱管理机关、公安机关监所管理部门，由其指定一所监狱、看守所接收罪犯档案，负责办理罪犯收监、刑满释放等手续，并及时书面通知罪犯居住地社区矫正机构。

第二十一条 社区矫正机构应当及时掌握暂予监外执行罪犯的身体状况以及疾病治疗等情况，每三个月审查保外就医罪犯的病情复查情况，并根据需要向批准、决定机关或者有关监狱、看守所反馈情况。

第二十二条 罪犯在暂予监外执行期间因犯新罪或者发现判决宣告以前还有其他罪没有判决的，侦查机关应当在对罪犯采取强制措施后二十四小时以内，将有关情况通知罪犯居住地社区矫正机构；人民法院应当在判决、裁定生效后，及时将判决、裁定的结果通知罪犯居住地社区矫正机构和罪犯原服刑或者接收其档案的监狱、看守所。

罪犯按前款规定被判处监禁刑罚后，应当由原服刑的监狱、看守所收监执行；原服刑的监狱、看守所与接收其档案的监狱、看守所不一致的，应当由接收其档案的监狱、看守所收监执行。

第二十三条 社区矫正机构发现暂予监外执行罪犯依法应予收监执行的，应当提出收监执行的建议，经县级司法行政机关审核同意后，报决定或者批准机关。决定或者批准机关应当进行审查，作出收监执行决定的，将有关的法律文书送达罪犯居住地县级司法行政机关和原服刑或者接收其档案的监狱、看守所，并抄送同级人民检察院、公安机关和原判人民法院。

人民检察院发现暂予监外执行罪犯依法应予收监执行而未收监执行的，由决定或者批准机关同级的人民检察院向决定或者批准机关提出收监执行的检察建议。

第二十四条 人民法院对暂予监外执行罪犯决定收监执行的，决定暂予监外执行时剩余刑期在三个月以下的，由居住地公安机关送交看守所收监执行；决定暂予监外执行时剩余刑期在三个月以上的，由居住地公安机关送交监狱收监执行。

监狱管理机关对暂予监外执行罪犯决定收监执行的，原服刑或者接收其档案的监狱应当立即赴羁押地将罪犯收监执行。

公安机关对暂予监外执行罪犯决定收监执行的，由罪犯居住地看守所将罪犯收监执行。

监狱、看守所将罪犯收监执行后，应当将收监执行的情况报告决定或者批准机关，并告知罪犯居住地县级人民检察院和原判人民法院。

第二十五条 被决定收监执行的罪犯在逃的，由罪犯居住地县级公安机关负责追捕。公安机关将罪犯抓捕后，依法送交监狱、看守所执行刑罚。

第二十六条 被收监执行的罪犯有法律规定的不计入执行刑期情形的，社区矫正机构应当在收监执行建议书中说明情况，并附有关证明材料。批准机关进行审核后，应当及时通知监狱、看守所向所在地的中级人民法院提出不计入执行刑期的建议书。人民法院应当自收到建议书之日起一个月以内依法对罪犯的刑期重新计算作出裁定。

人民法院决定暂予监外执行的，在决定收监执行的同时应当确定不计入刑期的期间。

人民法院应当将有关的法律文书送达监狱、看守所，同时抄送同级人民检察院。

第二十七条　罪犯暂予监外执行后，刑期即将届满的，社区矫正机构应当在罪犯刑期届满前一个月以内，书面通知罪犯原服刑或者接收其档案的监狱、看守所按期办理刑满释放手续。

人民法院决定暂予监外执行罪犯刑期届满的，社区矫正机构应当及时解除社区矫正，向其发放解除社区矫正证明书，并将有关情况通报原判人民法院。

第二十八条　罪犯在暂予监外执行期间死亡的，社区矫正机构应当自发现之日起五日以内，书面通知决定或者批准机关，并将有关死亡证明材料送达罪犯原服刑或者接收其档案的监狱、看守所，同时抄送罪犯居住地同级人民检察院。

第二十九条　人民检察院发现暂予监外执行的决定或者批准机关、监狱、看守所、社区矫正机构有违法情形的，应当依法提出纠正意见。

第三十条　人民检察院认为暂予监外执行不当的，应当自接到决定书之日起一个月以内将书面意见送交决定或者批准暂予监外执行的机关，决定或者批准暂予监外执行的机关接到人民检察院的书面意见后，应当立即对该决定进行重新核查。

第三十一条　人民检察院可以向有关机关、单位调阅有关材料、档案，可以调查、核实有关情况，有关机关、单位和人员应当予以配合。

人民检察院认为必要时，可以自行组织或者要求人民法院、监狱、看守所对罪犯重新组织进行诊断、检查或者鉴别。

第三十二条　在暂予监外执行执法工作中，司法工作人员或者从事诊断、检查、鉴别等工作的相关人员有玩忽职守、徇私舞弊、滥用职权等违法违纪行为的，依法给予相应的处分；构成犯罪的，依法追究刑事责任。

第三十三条　本规定所称生活不能自理，是指罪犯因患病、身体残疾或者年老体弱，日常生活行为需要他人协助才能完成的情形。

生活不能自理的鉴别参照《劳动能力鉴定—职工工伤与职业病致残等级分级》（GB/T 16180－2006）执行。进食、翻身、大小便、穿衣洗漱、自主行动等五项日常生活行为中有三项需要他人协助才能完成，且经过六个月以上治疗、护理和观察，自理能力不能恢复的，可以认定为生活不能自理。六十五周岁以上的罪犯，上述五项日常生活行为有一项需要他人协助才能完成即可视为生活不能自理。

5. **《公安机关办理刑事案件程序规定》**（2020 年 7 月 20 日修正）

第三百条　公安机关接到人民法院生效的判处死刑缓期二年执行、无期徒刑、有期徒刑的判决书、裁定书以及执行通知书后，应当在一个月以内将罪犯送交监狱执行。

对未成年犯应当送交未成年犯管教所执行刑罚。

第三百零一条　对被判处有期徒刑的罪犯，在被交付执行刑罚前，剩余刑期在三个月以下的，由看守所根据人民法院的判决代为执行。

对被判处拘役的罪犯，由看守所执行。

第四十七条 有期徒刑刑期计算与折抵

有期徒刑的刑期，从判决执行之日起计算；判决执行以前先行羁押的，羁押一日折抵刑期一日。

条文要旨

本条是关于有期徒刑刑期的计算与折抵的规定。

理解与适用

本条规定了有期徒刑执行期限的计算方法以及判决执行以前先行羁押的折抵方法，对确保司法实践中准确适用有期徒刑是非常必要的。

根据本条的规定，有期徒刑的刑期，从判决执行之日起计算。这里所说的“判决执行之日”，是指罪犯被送交监狱或者其他执行机关开始执行刑罚之日，而不是指判决生效的日期。以判决执行之日作为刑期开始计算之日，同时辅之以先行羁押日期折抵刑期制度，既简便易行，有利于工作衔接和刑期计算，也有利于保障服刑罪犯的合法权益。另外，对于一些在逃的罪犯，虽然刑事判决已经生效，但由于一直未被收监或送交至其他执行机关，刑期应当待其归案交付执行后再开始计算。需要说明的是，无期徒刑没有具体的刑期，因此，其执行应自开始执行之日径自执行即可。但是我国刑法规定有减刑制度，如果被判处无期徒刑的犯罪分子依法减为有期徒刑，减刑之后的有期徒刑的刑期，按照刑法第八十条从裁定减刑之日起计算。

根据本条的规定，判决执行以前先行羁押的，即判决执行之前犯罪分子被采取刑事拘留、逮捕等剥夺人身自由措施的，羁押一日折抵刑期一日。刑期折抵，是指将被判刑人在判决执行前已被羁押的期间换算为已执行刑期，被判刑人只需继续执行剩余刑期的制度。先行羁押的几种主要情形，已经在上文拘役刑的计算和折抵中有所涉及，不再赘述。本条是关于有期徒刑刑期计算的一般规定，因此，这里规定的“羁押”，是指“判决执行以前”所采取的拘留、逮捕、留置等剥夺人身自由的强制措施。除此之外，还有一些特殊情况也会涉及有期徒刑的刑期折抵问题：一是被判处有期徒刑适用缓刑的罪犯违反监督管理规定需要撤销缓刑执行刑罚的，在刑罚执行之前申请撤销缓刑期间有可能会被采取羁押待审的措施；二是被假释的有期徒刑罪犯因为违反假释管理规定需要撤销假释执行剩余刑期的，在申请撤销假释期间可能会被采取羁押待审的措施；三是暂予监外执行的有期徒刑罪犯违反监督管理规定需要收监执行的，有的可能在办理收监执行手续期间被采取羁押措施。因为上述撤销缓刑、假释而临时羁押被限制人身自由的，不属于本条规定的“先行羁押”，但也应当按照社区矫正法的规定，在人民法院裁定撤销缓刑、假释并送交执行后，对其开始执行以前被羁押的日期，按照一日折抵刑期一日。

实务问题

监视居住期间能否折抵刑期

在司法实践中，存在这样的问题：监视居住期间能否折抵刑期？监视居住是我国刑事诉讼法中明确规定的五种强制措施之一，在司法实践中的适用较为广泛。福建省高院曾经遇到被监视居住人许某提出请求确认监视居住的期间予以折抵刑期的问题。对此问题的处理，主要存在两种不同意见。一种意见认为，有关办案部门对许某刑事拘留前在指定地点监视居住六个月，实际上完全限制了人身自由，是对其采取的一种羁押措施，因此，可以对罪犯许某被监视居住的六个月予以折抵刑期；另一种意见认为，监视居住并未完全剥夺犯罪嫌疑人的人身自由，不宜折抵刑期。

最高人民法院刑事审判庭编辑出版的《刑事审判参考》对此问题给予了回答。根据刑事诉讼法第七十五条的规定，监视居住并未完全剥夺犯罪嫌疑人、被告人的人身自由。因此，监视居住的期间，不能折抵刑期。具体的理由是：刑事诉讼法中规定的五种强制措施，按照强制性制度从低到高来看，大体可以分为三个层次：第一层次是拘传；第二个层次是取保候审和监视居住；第三个层次是拘留和逮捕。这三个层次中，拘传的强制性程度最低，仅仅是根据案件情况，强制犯罪嫌疑人接受讯问，或者强制被告人到庭；拘留和逮捕完全剥夺人身自由，强制性程度最高，也最为严厉；取保候审和监视居住的强制性介于二者之间，比拘传的强制性要严厉，但没有拘留和逮捕那么严厉，其中监视居住比取保候审的限制要多。

刑法中关于羁押期间折抵刑期的规定，是因为拘留和逮捕这两种强制措施完全剥夺了人身自由，其强制和严厉程度与有期徒刑一样。因此，为了避免使当事人实际服刑期间超过其应当承担刑事责任的刑期，刑法第四十七条明确规定，有期徒刑的刑期，从判决执行之日起计算，判决执行以前先行羁押的，羁押一日折抵刑期一日。而监视居住作为强制措施，只是一定程度地限制了犯罪嫌疑人、被告人的自由，并未完全剥夺犯罪嫌疑人、被告人的人身自由。依照刑事诉讼法第七十五条的规定，被采取监视居住的犯罪嫌疑人或者被告人，应当遵守以下规定：（1）未经执行机关批准不得离开执行监视居住的处所；（2）未经执行机关批准不得会见他人或者通信；（3）在传讯的时候及时到案；（4）不得以任何形式干扰证人作证；（5）不得毁灭、伪造证据或者串供；（6）将护照等出入境证件、身份证件、驾驶证件交执行机关保存。显然，监视居住是与羁押的性质和严厉程度不同的强制措施，没有达到拘留和逮捕等羁押的程度，因此，监视居住的期间不能折抵刑期。

关联规范

1. **《中华人民共和国行政处罚法》**（2017 年 9 月 1 日修正）（节录）

第二十八条　违法行为构成犯罪，人民法院判处拘役或者有期徒刑时，行政机关已经给予当事人行政拘留的，应当依法折抵相应刑期。

违法行为构成犯罪，人民法院判处罚金时，行政机关已经给予当事人罚款的，应当折抵相应罚金。

2.《最高人民法院关于收容审查决定经行政判决撤销后，被收审人又因同一事实被判刑原收审日期应否折抵刑期问题的答复》（1995年9月13日　法明传〔1995〕382号）（节录）

公安机关的收容审查决定经人民法院行政判决撤销，被收审人依法获得赔偿后，又因同一事实被人民法院判处刑罚的，其被收容审查的日期不予折抵刑期。

3.《最高人民法院研究室关于对刑罚已执行完毕，由于发现新的证据，又因同一事实被以新的罪名重新起诉的案件，应适用何种程序进行审理等问题的答复》（2002年7月31日）（节录）

你院《请示》中涉及的案件是共同犯罪案件，因此，对于先行判决且刑罚已经执行完毕，由于同案犯归案发现新的证据，又因同一事实被以新的罪名重新起诉的被告人，原判人民法院应当按照审判监督程序撤销原判决、裁定，并将案件移送有管辖权的人民法院，按照第一审程序与其他同案被告人并案审理。

该被告人已经执行完毕的刑罚，由收案的人民法院在对被指控的新罪作出判决时依法折抵，被判处有期徒刑的，原执行完毕的刑期可以折抵刑期。

4.《公安部关于刑事拘留时间可否折抵行政拘留时间问题的批复》（2004年3月4日　公复字〔2004〕1号）（节录）

如果行为人依法被刑事拘留的行为与依法被行政拘留的行为系同一行为，公安机关在依法对其裁决行政拘留时，应当将其刑事拘留的时间折抵行政拘留时间。如果行为人依法被刑事拘留的时间已超过依法被裁决的行政拘留时间的，则其行政拘留不再执行，但必须将行政拘留裁决书送达被处罚人。

对没有犯罪事实或者没有事实证明有犯罪重大嫌疑的人错误刑事拘留的，应当依法给予国家赔偿。但是，如果因同一行为依法被裁决行政拘留，且刑事拘留时间已经折抵行政拘留时间的，已经折抵的刑事拘留时间不再给予国家赔偿。

第五节 死 刑

第四十八条 死刑的适用条件和核准程序

死刑只适用于罪行极其严重的犯罪分子。对于应当判处死刑的犯罪分子，如果不是必须立即执行的，可以判处死刑同时宣告缓期二年执行。

死刑除依法由最高人民法院判决的以外，都应当报请最高人民法院核准。死刑缓期执行的，可以由高级人民法院判决或者核准。

条文要旨

本条是关于死刑、死缓及其核准程序的规定。

理解与适用

本条共分两款。第一款是关于死刑适用条件的规定。根据本款规定，死刑只适用于罪行极其严重的犯罪分子。所谓“罪行极其严重”，是指所犯罪行对国家和人民的利益危害特别严重、情节特别恶劣的。根据这一规定，刑法分则对于可以适用死刑的条文作了严格的限制，如对可以判处死刑的，都规定了“对国家和人民危害特别严重、情节特别恶劣的”“致人重伤、死亡或者使公私财产遭受重大损失的”“造成严重后果的”“情节特别严重的”“数额特别巨大并且给国家和人民利益造成特别重大损失的”等。为了限制适用死刑，本条还规定，对于应当判处死刑的犯罪分子，如果不是必须立即执行的，可以判处死刑同时宣告缓期二年执行，即死刑缓期二年执行的制度。死刑缓期二年执行并不是一个独立的刑种，而是死刑的一种执行方式。判处死刑缓期二年执行的前提同判处死刑立即执行一样，必须是“罪行极其严重”，应当判处死刑的。如果法律对该罪没有规定死刑，或者所犯罪行不该判处死刑，就不能适用“死缓”。判处“死缓”，是根据案件的具体情况和犯罪分子的悔罪表现，可以不立即执行死刑的。这里所说的“不是必须立即执行”，是区分死刑立即执行与死刑缓期执行的原则界限。至于什么属于“不是必须立即执行”，法律没有作具体规定。根据司法实践经验，一般是指该罪犯罪行虽然极其严重，但民愤尚不特别大；犯罪分子投案自首或者有立功表现的；共同犯罪中有多名主犯，其中的首要分子或者罪行最严重的主犯已被判处死刑立即执行，其他主犯不具有立即执行必要的；被害人在犯罪发生前或者发生过程中有明显过错的；等等。

第二款是关于死刑核准程序的规定。根据本款规定，死刑除依法由最高人民法院判决的以外，都应当报请最高人民法院核准。这对于统一死刑适用标准，严格控制和慎重适用死刑，防止冤假错案的发生，具有重要作用。对于死刑缓期执行的，可以由高级人民法院判决或者核准，即既可由高级人民法院直接判决后核准，也可由中级人民法院判决，然后报高级人民法院核准。

指导案例

1. **最高人民检察院检例第2号**

忻元龙绑架案

（2010年12月31日）

【要旨】

对于死刑案件的抗诉，要正确把握适用死刑的条件，严格证明标准，依法履行刑事审判法律监督职责。

【基本案情】

被告人忻元龙，男，1959年2月1日出生，汉族，浙江省宁波市人，高中文化。2005年9月15日，因涉嫌绑架罪被刑事拘留，2005年9月27日被逮捕。

被告人忻元龙因经济拮据而产生绑架儿童并勒索家长财物的意图，并多次到浙江省慈溪市进行踩点和物色被绑架人。2005年8月18日上午，忻元龙驾驶自己的浙B3C751通宝牌面包车从宁波市至慈溪市浒山街道团圈支路老年大学附近伺机作案。当日下午1时许，忻元龙见女孩杨某某（女，1996年6月1日出生，浙江省慈溪市浒山东门小学三年级学生，因本案遇害，殁年9岁）背着书包独自一人经过，即以“陈老师找你”为由将杨某某骗上车，将其扣在一个塑料洗澡盆下，开车驶至宁波市东钱湖镇“钱湖人家”后山。当晚10时许，忻元龙从杨某某处骗得其父亲的手机号码和家中的电话号码后，又开车将杨某某带至宁波市北仑区新碶镇算山村防空洞附近，采用捂口、鼻的方式将杨某某杀害后掩埋。8月19日，忻元龙乘火车到安徽省广德县购买了一部波导1220型手机，于20日凌晨0时许拨打杨某某家电话，称自己已经绑架杨某某并要求杨某某的父亲于当月25日下午6时前带60万元赎金到浙江省湖州市长兴县交换其女儿。尔后，忻元龙又乘火车到安徽省芜湖市打勒索电话，因其将记录电话的纸条丢失，将被害人家的电话号码后四位2353误记为7353，电话接通后听到接电话的人操宁波口音，而杨某某的父亲讲普通话，由此忻元龙怀疑是公安人员已介入，遂停止了勒索。2005年9月15日忻元龙被公安机关抓获，忻元龙供述了绑架杀人经过，并带领公安人员指认了埋尸现场，公安机关起获了一具尸骨，从其浙B3C751通宝牌面包车上提取了杨某某头发两根（经法医学DNA检验鉴定，是被害人杨某某的尸骨和头发）。公安机关从被告人忻元龙处扣押波导1220型手机一部。

【诉讼过程】

被告人忻元龙绑架一案，由浙江省慈溪市公安局立案侦查，于2005年11月21日移送慈溪市人民检察院审查起诉。慈溪市人民检察院于同年11月22日告知了忻元龙有权委托辩护人等诉讼权利，也告知了被害人的近亲属有权委托诉讼代理人等诉讼权利。

按照案件管辖的规定，同年11月28日，慈溪市人民检察院将案件报送宁波市人民检察院审查起诉。宁波市人民检察院依法讯问了被告人忻元龙，审查了全部案件材料。2006年1月4日，宁波市人民检察院以忻元龙涉嫌绑架罪向宁波市中级人民法院提起公诉。

2006年1月17日，浙江省宁波市中级人民法院依法组成合议庭，公开审理了此案。法庭审理认为：被告人忻元龙以勒索财物为目的，绑架并杀害他人，其行为已构成绑架罪。手段残忍、后果严重，依法应予严惩。检察机关指控的罪名成立。

2006年2月7日，宁波市中级人民法院作出一审判决：一、被告人忻元龙犯绑架罪，判处死刑，剥夺政治权利终身，并处没收个人全部财产。二、被告人忻元龙赔偿附带民事诉讼原告人杨宝风、张玉彬应得的被害人死亡赔偿金317640元、丧葬费11380元，合计人民币329020元。三、供被告人忻元龙犯罪使用的浙B3C751通宝牌面包车一辆及波导1220型手机一部，予以没收。

忻元龙对一审刑事部分的判决不服，向浙江省高级人民法院提出上诉。

2006年10月12日，浙江省高级人民法院依法组成合议庭，公开审理了此案。法庭审理认为：被告人忻元龙以勒索财物为目的，绑架并杀害他人，其行为已构成绑架罪。犯罪情节特别严重，社会危害极大，依法应予严惩。但鉴于本案的具体情况，对忻元龙判处死刑，可不予立即执行。2007年4月28日，浙江省高级人民法院作出二审判决：一、撤销浙江省宁波市中级人民法院（2006）甬刑初字第16号刑事附带民事判决中对忻元龙的量刑部分，维持判决的其余部分；二、被告人忻元龙犯绑架罪，判处死刑，缓期二年执行，剥夺政治权利终身。

被害人杨某某的父亲不服，于2007年6月25日向浙江省人民检察院申诉，请求提出抗诉。

浙江省人民检察院经审查认为，浙江省高级人民法院二审判决改判忻元龙死刑缓期二年执行确有错误，于2007年8月10日提请最高人民检察院按照审判监督程序提出抗诉。最高人民检察院派员到浙江专门核查了案件相关情况。最高人民检察院检察委员会两次审议了该案，认为被告人忻元龙绑架犯罪事实清楚，证据确实、充分，依法应当判处死刑立即执行，浙江省高级人民法院以“鉴于本案具体情况”为由改判忻元龙死刑缓期二年执行确有错误，应予纠正。理由如下：

一、忻元龙绑架犯罪事实清楚，证据确实、充分。本案定案的物证、书证、证人证言、被告人供述、鉴定结论、现场勘查笔录等证据能够形成完整的证据体系。公安机关根据忻元龙的供述找到被害人杨某某尸骨，忻元龙供述的诸多隐蔽细节，如埋尸地点、尸体在土中的姿势、尸体未穿鞋袜、埋尸坑中没有书包、打错勒索电话的原因、打勒索电话的通话次数、通话内容、接电话人的口音等，得到了其他证据的印证。

二、浙江省高级人民法院二审判决确有错误。二审改判是认为本案证据存在两个疑点。一是卖给忻元龙波导1220型手机的证人傅世红在证言中讲该手机的串号与公安人员扣押在案手机的串号不一致，手机的同一性存有疑问；二是证人宋丽娟和艾力买买提尼牙孜证实，在案发当天看见一中年妇女将一个与被害人特征相近的小女孩带走，不能排除有他人作案的可能。经审查，这两个疑点均能够排除。一是关于手机同一性问题。经审查，公安人员在询问傅世红时，将波导1220型手机原机主洪义军的身份证号码误记为手机的串号。宁波市人民检察院移送给宁波市中级人民法院的《随案移送物品文件清单》中写明波导1220型手机的串号是350974114389275，且洪义军将手机卖给傅世红的《旧货交易凭证》等证据，清楚地证明了从忻元龙身上扣押的手机即是索要赎金时使用的手机，且手机就在宁波市中级人民法院，手机同一性的疑点能够排除。二是关于是否存在中年妇女作案问题。案卷原有证据能够证实宋丽娟、艾力买买提尼牙孜证言证明的“中年妇女带走小女孩”与本案无关。宋丽娟、艾力买买提尼牙孜证言证明的中年妇女带走小女孩的地点在绑架现场东侧200米左右，与忻元龙绑架杨某某并非同一地点。艾力买买提尼牙孜证言证明的是迪欧咖啡厅南边的电脑培训学校门口，不是忻元龙实施绑架的地点；宋丽娟证言证明的中年妇女带走小女孩的地点是迪欧咖啡厅南边的十字路口，而不是老年大学北围墙外的绑架现场，因为宋丽娟所在位置被建筑物阻挡，看不到老年大学北围墙外的绑架现场，此疑问也已经排除。此外，二人提到的小女孩的外貌特征等细节也与杨某某不符。

三、忻元龙所犯罪行极其严重，对其应当判处死刑立即执行。一是忻元龙精心预谋犯罪、主观恶性极深。忻元龙为实施绑架犯罪进行了精心预谋，多次到慈溪市“踩点”，并选择了相对僻静无人的地方作为行车路线。忻元龙以“陈老师找你”为由将杨某某骗上车实施绑架，与慈溪市老年大学剑桥英语培训班负责人陈老师的姓氏相符。忻元龙居住在宁波市的鄞州区，选择在宁波市的慈溪市实施绑架，选择在宁波市的北仑区杀害被害人，之后又精心实施勒索赎金行为，赴安徽省广德县购买波导1220型手机，使用异地购买的手机卡，赴安徽省宣城市、芜湖市打勒索电话并要求被害人父亲到浙江省长兴县交付赎金。二是忻元龙犯罪后果极其严重、社会危害性极大。忻元龙实施绑架犯罪后，为使自己的罪行不被发现，在得到被害人家庭信息后，当天就将年仅9岁的杨某某杀害，并烧掉了杨某某的书包，扔掉了杨某某挣扎时脱落的鞋子，实施了毁灭罪证的行为。忻元龙归案后认罪态度差。开始不供述犯罪，并隐瞒作案所用手机的来源，后来虽供述犯罪，但编造他人参与共同作案。忻元龙的犯罪行为不仅剥夺了被害人的生命、给被害人家属造成了无法弥补的巨大痛苦，也严重影响了当地群众的安全感。三是二审改判忻元龙死刑缓期二年执行不被被害人家属和当地群众接受。被害人家属强烈要求判处忻元龙死刑立即执行，当地群众对二审改判忻元龙死刑缓期二年执行亦难以接受，要求司法机关严惩忻元龙。

2008年10月22日，最高人民检察院依照《中华人民共和国刑事诉讼法》第二百零五条第三款之规定，向最高人民法院提出抗诉。2009年3月18日，最高人民法院指令浙江省高级人民法院另行组成合议庭，对忻元龙案件进行再审。

2009年5月14日，浙江省高级人民法院另行组成合议庭公开开庭审理本案。法庭审理认为：被告人忻元龙以勒索财物为目的，绑架并杀害他人，其行为已构成绑架罪，且犯罪手段残忍、情节恶劣，社会危害极大，无任何悔罪表现，依法应予严惩。检察机关要求纠正二审判决的意见能够成立。忻元龙及其辩护人要求维持二审判决的意见，理由不足，不予采纳。

2009年6月26日，浙江省高级人民法院依照《中华人民共和国刑事诉讼法》第二百零五条第二款、第二百零六条、第一百八十九条第二项，《中华人民共和国刑法》第二百三十九条第一款、第五十七条第一款、第六十四条之规定，作出判决：一、撤销浙江省高级人民法院（2006）浙刑一终字第146号刑事判决中对原审被告人忻元龙的量刑部分，维持该判决的其余部分和宁波市中级人民法院（2006）甬刑初字第16号刑事附带民事判决；二、原审被告人忻元龙犯绑架罪，判处死刑，剥夺政治权利终身，并处没收个人全部财产，并依法报请最高人民法院核准。

最高人民法院复核认为：被告人忻元龙以勒索财物为目的，绑架并杀害他人的行为已构成绑架罪。其犯罪手段残忍，情节恶劣，后果严重，无法定从轻处罚情节。浙江省高级人民法院再审判决认定的事实清楚，证据确实、充分，定罪准确，量刑适当，审判程序合法。

2009年11月13日，最高人民法院依照《中华人民共和国刑事诉讼法》第一百九十九条和《最高人民法院关于复核死刑案件若干问题的规定》第二条第一款之规定，作出裁定：核准浙江省高级人民法院（2009）浙刑再字第3号以原审被告人忻元龙犯绑架罪，判处死刑，剥夺政治权利终身，并处没收个人全部财产的刑事判决。

2009年12月11日，被告人忻元龙被依法执行死刑。

2. 最高人民检察院检例第18号

郭明先参加黑社会性质组织、故意杀人、故意伤害案

（2014年9月15日）

【关键词】

第二审程序刑事抗诉　故意杀人　罪行极其严重　死刑立即执行

【基本案情】

被告人郭明先，男，四川省人，1972年出生，无业。1997年9月因犯盗窃罪被判有期徒刑五年六个月，2001年12月刑满释放。

2003年5月7日，李泽荣（另案处理，已判刑）等人在四川省三台县“经典歌城”唱歌结账时与该歌城老板何春发生纠纷，被告人郭明先受李泽荣一方纠集，伙同李泽荣、王成鹏、王国军（另案处理，均已判刑）打砸“经典歌城”，郭明先持刀砍人，致何春重伤、顾客吴启斌轻伤。

2008年1月1日，闵思金（另案处理，已判刑）与王元军在四川省三台县里程乡岩崖坪发生交通事故，双方因闵思金摩托车受损赔偿问题发生争执。王元军电话通知被害人兰金、李西秀等人，闵思金电话召集郭明先及闵思勇、陈强（另案处理，均已判刑）等人。闵思勇与其朋友代安全、兰在伟先到现场，因代安全、兰在伟与争执双方均认识，即进行劝解，事情已基本平息。后郭明先、陈强等人亦分别骑摩托车赶至现场。闵思金向郭明先指认兰金后，郭明先持菜刀欲砍兰金，被路过并劝架的被害人蓝继宇（殁年26岁）阻拦，郭明先遂持菜刀猛砍蓝继宇头部，致蓝继宇严重颅脑损伤死亡。兰金、李西秀等见状，持木棒击打郭明先，郭明先持菜刀乱砍，致兰金重伤，致李西秀轻伤。后郭明先搭乘闵思勇所驾摩托车逃跑。

2008年5月，郭明先负案潜逃期间，应同案被告人李进（犯组织、领导黑社会性质组织罪、故意伤害罪等，被判处有期徒刑十四年）的邀约，到四川省绵阳市安县参

加了同案被告人王术华（犯组织、领导黑社会性质组织罪、故意伤害罪等罪名，被判处有期徒刑二十年）组织、领导的黑社会性质组织，充当打手。因王术华对胡建不满，让李进安排人教训胡建及其手下。2009 年 5 月 17 日，李进见胡建两名手下范平、张选辉在安县花荄镇姜记烧烤店吃烧烤，便打电话叫来郭明先。经指认，郭明先蒙面持菜刀砍击范平、张选辉，致该二人轻伤。

【诉讼过程】

2009 年 7 月 28 日，郭明先因涉嫌故意伤害罪被四川省绵阳市安县公安局刑事拘留，同年 8 月 18 日被逮捕，经查犯罪嫌疑人郭明先还涉嫌王术华等人黑社会性质组织系列犯罪案件。四川省绵阳市安县公安局侦查终结后，移送四川省绵阳市安县人民检察院审查起诉。该院受理后，于 2010 年 1 月 3 日报送四川省绵阳市人民检察院审查起诉。2010 年 7 月 19 日，四川省绵阳市人民检察院对王术华等人参与的黑社会性质组织系列犯罪案件向绵阳市中级人民法院提起公诉，其中指控该案被告人郭明先犯参加黑社会性质组织罪、故意伤害罪和故意杀人罪。

2010 年 12 月 17 日，绵阳市中级人民法院一审认为，被告人郭明先 1997 年因犯盗窃罪被判处有期徒刑，2001 年 12 月 26 日刑满释放后，又于 2003 年故意伤害他人，2008 年故意杀人、参加黑社会性质组织，均应判处有期徒刑以上刑罚，系累犯，应当从重处罚。依法判决：被告人郭明先犯参加黑社会性质组织罪，处有期徒刑两年；犯故意杀人罪，处死刑，缓期二年执行，剥夺政治权利终身；犯故意伤害罪，处有期徒刑五年；数罪并罚，决定执行死刑，缓期二年执行，剥夺政治权利终身。

2010 年 12 月 30 日，四川省绵阳市人民检察院认为一审判决对被告人郭明先量刑畸轻，依法向四川省高级人民法院提出抗诉。2012 年 4 月 16 日，四川省高级人民法院二审判决采纳抗诉意见，改判郭明先死刑立即执行。2012 年 10 月 26 日，最高人民法院裁定核准四川省高级人民法院对被告人郭明先的死刑判决。2012 年 11 月 22 日，被告人郭明先被执行死刑。

【抗诉理由】

一审宣判后，四川省绵阳市人民检察院经审查认为原审判决对被告人郭明先量刑畸轻，依法向四川省高级人民法院提出抗诉；四川省人民检察院支持抗诉。抗诉和支持抗诉理由是：一审判处被告人郭明先死刑，缓期二年执行，量刑畸轻。郭明先 1997 年因犯盗窃罪被判有期徒刑五年六个月，2001 年 12 月刑满释放后，不思悔改，继续犯罪。于 2003 年 5 月 7 日，伙同他人打砸三台县“经典歌城”，并持刀行凶致一人重伤，一人轻伤，其行为构成故意伤害罪。负案潜逃期间，于 2008 年 1 月 1 日在三台县里程乡岩崖坪持刀行凶，致一人死亡，一人重伤，一人轻伤，其行为构成故意杀人罪和故意伤害罪。此后，又积极参加黑社会性质组织，充当他人打手，并于 2009 年 5 月 17 日受该组织安排，蒙面持刀行凶，致两人轻伤，其行为构成参加黑社会性质组织罪和故意伤害罪。根据本案事实和证据，被告人郭明先的罪行极其严重、犯罪手段残忍、犯罪后果严重，主观恶性极大，根据罪责刑相适应原则，应当依法判处其死刑立即执行。

【终审结果】

四川省高级人民法院二审认为，本案事实清楚，证据确实、充分，原审被告人郭明先犯参加黑社会性质组织罪、故意杀人罪、故意伤害罪，系累犯，主观恶性极深，依法应当从重处罚。检察机关认为"原判对郭明先量刑畸轻"的抗诉理由成立。据此，依法撤销一审判决关于原审被告人郭明先量刑部分，改判郭明先犯参加黑社会性质组织罪，处有期徒刑两年；犯故意杀人罪，处死刑；犯故意伤害罪，处有期徒刑五年；数罪并罚，决定执行死刑，并剥夺政治权利终身。经报最高人民法院核准，已被执行死刑。

【要旨】

死刑依法只适用于罪行极其严重的犯罪分子。对故意杀人、故意伤害、绑架、爆炸等涉黑、涉恐、涉暴刑事案件中罪行极其严重，严重危害国家安全和公共安全、严重危害公民生命权，或者严重危害社会秩序的被告人，依法应当判处死刑，人民法院未判处死刑的，人民检察院应当依法提出抗诉。

【相关法律规定】

《中华人民共和国刑法》第二百三十二条、第二百三十四条、第二百九十四条；《中华人民共和国刑事诉讼法》第二百一十七条、第二百二十五条第一款第二项。

关联规范

1. **《中华人民共和国人民法院组织法》**（2018 年 10 月 26 日修订）（节录）

第十六条 最高人民法院审理下列案件：

（一）法律规定由其管辖的和其认为应当由自己管辖的第一审案件；

（二）对高级人民法院判决和裁定的上诉、抗诉案件；

（三）按照全国人民代表大会常务委员会的规定提起的上诉、抗诉案件；

（四）按照审判监督程序提起的再审案件；

（五）高级人民法院报请核准的死刑案件。

第十七条 死刑除依法由最高人民法院判决的以外，应当报请最高人民法院核准。

2. **《中华人民共和国刑事诉讼法》**（2018 年 10 月 26 日修正）（节录）

第二百四十六条 死刑由最高人民法院核准。

第二百四十七条 中级人民法院判处死刑的第一审案件，被告人不上诉的，应当由高级人民法院复核后，报请最高人民法院核准。高级人民法院不同意判处死刑的，可以提审或者发回重新审判。

高级人民法院判处死刑的第一审案件被告人不上诉的，和判处死刑的第二审案件，都应当报请最高人民法院核准。

第二百四十八条 中级人民法院判处死刑缓期二年执行的案件，由高级人民法院核准。

第二百四十九条 最高人民法院复核死刑案件，高级人民法院复核死刑缓期执行的案件，应当由审判员三人组成合议庭进行。

第二百五十条 最高人民法院复核死刑案件，应当作出核准或者不核准死刑的裁定。对于不核准死刑的，最高人民法院可以发回重新审判或者予以改判。

第二百五十一条 最高人民法院复核死刑案件，应当讯问被告人，辩护律师提出要求的，应当听取辩护律师的意见。

在复核死刑案件过程中，最高人民检察院可以向最高人民法院提出意见。最高人民法院应当将死刑复核结果通报最高人民检察院。

3.**《最高人民法院、最高人民检察院、公安部、司法部关于进一步严格依法办案确保办理死刑案件质量的意见》**（2007年3月9日　法发〔2007〕11号）（节录）

一、充分认识确保办理死刑案件质量的重要意义

1．死刑是剥夺犯罪分子生命的最严厉的刑罚。中央决定将死刑案件核准权统一收归最高人民法院行使，是构建社会主义和谐社会，落实依法治国基本方略，尊重和保障人权的重大举措，有利于维护社会政治稳定，有利于国家法制统一，有利于从制度上保证死刑裁判的慎重和公正，对于保障在全社会实现公平和正义，巩固人民民主专政的政权，全面建设小康社会，具有十分重要的意义。

2．最高人民法院统一行使死刑案件核准权，对人民法院、人民检察院、公安机关和司法行政机关的工作提出了新的、更高的要求。办案质量是人民法院、人民检察院、公安机关、司法行政机关工作的生命线，死刑案件人命关天，质量问题尤为重要。确保办理死刑案件质量，是中央这一重大决策顺利实施的关键，也是最根本的要求。各级人民法院、人民检察院、公安机关和司法行政机关必须高度重视，统一思想，提高认识，将行动统一到中央决策上来，坚持以邓小平理论和“三个代表”重要思想为指导，全面落实科学发展观，牢固树立社会主义法治理念，依法履行职责，严格执行刑法和刑事诉讼法，切实把好死刑案件的事实关、证据关、程序关、适用法律关，使办理的每一起死刑案件都经得起历史的检验。

二、办理死刑案件应当遵循的原则要求

（一）坚持惩罚犯罪与保障人权相结合

3．我国目前正处于全面建设小康社会、加快推进社会主义现代化建设的重要战略机遇期，同时又是人民内部矛盾凸显、刑事犯罪高发、对敌斗争复杂的时期，维护社会和谐稳定的任务相当繁重，必须继续坚持“严打”方针，正确运用死刑这一刑罚手段同严重刑事犯罪作斗争，有效遏制犯罪活动猖獗和蔓延势头。同时，要全面落实“国家尊重和保障人权”宪法原则，切实保障犯罪嫌疑人、被告人的合法权益。坚持依法惩罚犯罪和依法保障人权并重，坚持罪刑法定、罪刑相适应、适用刑法人人平等和审判公开、程序法定等基本原则，真正做到有罪依法惩处，无罪不受刑事追究。

（二）坚持保留死刑，严格控制和慎重适用死刑

4．“保留死刑，严格控制死刑”是我国的基本死刑政策。实践证明，这一政策是完全正确的，必须继续贯彻执行。要完整、准确地理解和执行“严打”方针，依法严厉打击严重刑事犯罪，对极少数罪行极其严重的犯罪分子，坚决依法判处死刑。我国现在还不能废除死刑，但应逐步减少适用，凡是可杀可不杀的，一律不杀。办理死刑案件，必须根据构建社会主义和谐社会和维护社会稳定的要求，严谨审慎，既要保证根据证据正确认定案件事实，杜绝冤错案件的发生，又要保证定罪准确，量刑适当，做到少杀、慎杀。

（三）坚持程序公正与实体公正并重，保障犯罪嫌疑人、被告人的合法权利

5. 人民法院、人民检察院和公安机关进行刑事诉讼，既要保证案件实体处理的正确性，也要保证刑事诉讼程序本身的正当性和合法性。在侦查、起诉、审判等各个阶段，必须始终坚持依法进行诉讼，坚决克服重实体、轻程序，重打击、轻保护的错误观念，尊重犯罪嫌疑人、被告人的诉讼地位，切实保障犯罪嫌疑人、被告人充分行使辩护权等诉讼权利，避免因剥夺或者限制犯罪嫌疑人、被告人的合法权利而导致冤错案件的发生。

（四）坚持证据裁判原则，重证据、不轻信口供

6. 办理死刑案件，要坚持重证据、不轻信口供的原则。只有被告人供述，没有其他证据的，不能认定被告人有罪；没有被告人供述，其他证据确实充分的，可以认定被告人有罪。对刑讯逼供取得的犯罪嫌疑人供述、被告人供述和以暴力、威胁等非法方法收集的被害人陈述、证人证言，不能作为定案的根据。对被告人作出有罪判决的案件，必须严格按照刑事诉讼法第一百六十二条的规定，做到“事实清楚，证据确实、充分”。证据不足，不能认定被告人有罪的，应当作出证据不足、指控的犯罪不能成立的无罪判决。

（五）坚持宽严相济的刑事政策

7. 对死刑案件适用刑罚时，既要防止重罪轻判，也要防止轻罪重判，做到罪刑相当，罚当其罪，重罪重判，轻罪轻判，无罪不罚。对罪行极其严重的被告人必须依法惩处，严厉打击；对具有法律规定“应当”从轻、减轻或者免除处罚情节的被告人，依法从宽处理；对具有法律规定“可以”从轻、减轻或者免除处罚情节的被告人，如果没有其他特殊情节，原则上依法从宽处理；对具有酌定从宽处罚情节的也依法予以考虑。

4.《最高人民法院、司法部关于充分保障律师依法履行辩护职责，确保死刑案件办理质量的若干规定》（2008年5月21日　法发〔2008〕14号）（节录）

一、人民法院对可能被判处死刑的被告人，应当根据刑事诉讼法的规定，充分保障其辩护权及其他合法权益，并充分保障辩护律师依法履行辩护职责。司法行政机关、律师协会应当加强对死刑案件辩护工作的指导，积极争取政府财政部门落实并逐步提高法律援助工作经费。律师办理死刑案件应当恪尽职守，切实维护被告人的合法权益。

二、被告人可能被判处死刑而没有委托辩护人的，人民法院应当通过法律援助机构指定律师为其提供辩护。被告人拒绝指定的律师为其辩护，有正当理由的，人民法院应当准许，被告人可以另行委托辩护人；被告人没有委托辩护人的，人民法院应当通知法律援助机构为其另行指定辩护人；被告人无正当理由再次拒绝指定的律师为其辩护的，人民法院应当不予准许并记录在案。

三、法律援助机构在收到指定辩护通知书三日以内，指派具有刑事案件出庭辩护经验的律师担任死刑案件的辩护人。

四、被指定担任死刑案件辩护人的律师，不得将案件转由律师助理办理；有正当理由不能接受指派的，经法律援助机构同意，由法律援助机构另行指派其他律师办理。

五、人民法院受理死刑案件后，应当及时通知辩护律师查阅案卷，并积极创造条

件，为律师查阅、复制指控犯罪事实的材料提供方便。

人民法院对承办法律援助案件的律师复制涉及被告人主要犯罪事实并直接影响定罪量刑的证据材料的复制费用，应当免收或者按照复制材料所必需的工本费减收。

律师接受委托或者被指定担任死刑案件的辩护人后，应当及时到人民法院阅卷；对于查阅的材料中涉及国家秘密、商业秘密、个人隐私、证人身份等情况的，应当保守秘密。

六、律师应当在开庭前会见在押的被告人，征询是否同意为其辩护，并听取被告人的陈述和意见。

七、律师书面申请人民法院收集、调取证据，申请通知证人出庭作证，申请鉴定或者补充鉴定、重新鉴定的，人民法院应当及时予以书面答复并附卷。

八、第二审开庭前，人民检察院提交新证据、进行重新鉴定或者补充鉴定的，人民法院应当至迟在开庭三日以前通知律师查阅。

九、律师出庭辩护应当认真做好准备工作，围绕案件事实、证据、适用法律、量刑、诉讼程序等，从被告人无罪、罪轻或者减轻、免除其刑事责任等方面提出辩护意见，切实保证辩护质量，维护被告人的合法权益。

十、律师接到人民法院开庭通知后，应当保证准时出庭。人民法院应当按时开庭。法庭因故不能按期开庭，或者律师确有正当理由不能按期出庭的，人民法院应当在不影响案件审理期限的情况下，另行安排开庭时间，并于开庭三日前通知当事人、律师和人民检察院。

十一、人民法院应当加强审判场所的安全保卫，保障律师及其他诉讼参与人的人身安全，确保审判活动的顺利进行。

十二、法官应当严格按照法定诉讼程序进行审判活动，尊重律师的诉讼权利，认真听取控辩双方的意见，保障律师发言的完整性。对于律师发言过于冗长、明显重复或者与案件无关，或者在公开开庭审理中发言涉及国家秘密、个人隐私，或者进行人身攻击的，法官应当提醒或者制止。

十三、法庭审理中，人民法院应当如实、详细地记录律师意见。法庭审理结束后，律师应当在闭庭三日以内向人民法院提交书面辩护意见。

十四、人民法院审理被告人可能被判处死刑的刑事附带民事诉讼案件，在对赔偿事项进行调解时，律师应当在其职责权限范围内，根据案件和当事人的具体情况，依法提出有利于案件处理、切实维护当事人合法权益的意见，促进附带民事诉讼案件调解解决。

十五、人民法院在裁判文书中应当写明指派律师担任辩护人的法律援助机构、律师姓名及其所在的执业机构。对于律师的辩护意见，合议庭、审判委员会在讨论案件时应当认真进行研究，并在裁判文书中写明采纳与否的理由。

人民法院应当按照有关规定将裁判文书送达律师。

十六、人民法院审理案件过程中，律师提出会见法官请求的，合议庭根据案件具体情况，可以在工作时间和办公场所安排会见、听取意见。会见活动，由书记员制作笔录，律师签名后附卷。

十七、死刑案件复核期间，被告人的律师提出当面反映意见要求或者提交证据材料的，人民法院有关合议庭应当在工作时间和办公场所接待，并制作笔录附卷。律师提出的书面意见，应当附卷。

十八、司法行政机关和律师协会应当加强对律师的业务指导和培训，以及职业道德和执业纪律教育，不断提高律师办理死刑案件的质量，并建立对律师从事法律援助工作的考核机制。

5.《最高人民法院关于贯彻宽严相济刑事政策的若干意见》（2010年2月8日 法发〔2010〕9号）（节录）

29. 要准确理解和严格执行“保留死刑，严格控制和慎重适用死刑”的政策。对于罪行极其严重的犯罪分子，论罪应当判处死刑的，要坚决依法判处死刑。要依法严格控制死刑的适用，统一死刑案件的裁判标准，确保死刑只适用于极少数罪行极其严重的犯罪分子。拟判处死刑的具体案件定罪或者量刑的证据必须确实、充分，得出唯一结论。对于罪行极其严重，但只要是依法可不立即执行的，就不应当判处死刑立即执行。

6.《最高人民法院、最高人民检察院关于对死刑判决提出上诉的被告人在上诉期满后宣判前提出撤回上诉人民法院是否准许的批复》（2010年8月6日 法释〔2010〕10号）（节录）

第一审被判处死刑立即执行的被告人提出上诉，在上诉期满后第二审开庭以前申请撤回上诉的，依照《最高人民法院 最高人民检察院关于死刑第二审案件开庭审理程序若干问题的规定（试行）》第四条的规定处理。在第二审开庭以后宣告裁判前申请撤回上诉的，第二审人民法院应当不准许撤回上诉，继续按照上诉程序审理。

最高人民法院、最高人民检察院以前发布的司法解释、规范性文件与本批复不一致的，以本批复为准。

7.《最高人民检察院关于印发〈人民检察院刑事抗诉工作指引〉的通知》（2018年2月14日 高检发诉字〔2018〕2号）（节录）

第十条 下列案件一般不提出抗诉：

（一）原审判决或裁定认定事实、采信证据有下列情形之一的：

1. 被告人提出罪轻、无罪辩解或者翻供后，认定犯罪性质、情节或者有罪的证据之间的矛盾无法排除，导致人民法院未认定起诉指控罪名或者相关犯罪事实的；

2. 刑事判决改变起诉指控罪名，导致量刑差异较大，但没有足够证据或者法律依据证明人民法院改变罪名错误的；

3. 案件定罪事实清楚，因有关量刑情节难以查清，人民法院在法定刑幅度内从轻处罚的；

4. 依法排除非法证据后，证明部分或者全部案件事实的证据达不到确实、充分的标准，人民法院不予认定该部分案件事实或者判决无罪的。

（二）原审判决或裁定适用法律有下列情形之一的：

1. 法律规定不明确、存有争议，抗诉的法律依据不充分的；

2. 具有法定从轻或者减轻处罚情节，量刑偏轻的；

3. 被告人系患有严重疾病、生活不能自理的人，怀孕或者正在哺乳自己婴儿的妇女，生活不能自理的人的唯一扶养人，量刑偏轻的；

4. 被告人认罪并积极赔偿损失，取得被害方谅解，量刑偏轻的。

（三）人民法院审判活动违反法定诉讼程序，其严重程度不足以影响公正裁判，或者判决书、裁定书存在技术性差错，不影响案件实质性结论的，一般不提出抗诉。必要时以纠正审理违法意见书形式监督人民法院纠正审判活动中的违法情形，或者以检察建议书等形式要求人民法院更正法律文书中的差错。

（四）人民法院判处被告人死刑缓期二年执行的案件，具有下列情形之一，除原判决认定事实、适用法律有严重错误或者社会反响强烈的以外，一般不提出判处死刑立即执行的抗诉：

1. 被告人有自首、立功等法定从轻、减轻处罚情节的；

2. 定罪的证据确实、充分，但影响量刑的主要证据存有疑问的；

3. 因婚姻家庭、邻里纠纷等民间矛盾激化引发的案件，因被害方的过错行为引起的案件，案发后被告人真诚悔罪、积极赔偿被害方经济损失并取得被害方谅解的；

4. 罪犯被送交监狱执行刑罚后，认罪服法，狱中表现较好，且死缓考验期限将满的。

（五）原审判决或裁定适用的刑罚虽与法律规定有偏差，但符合罪刑相适应原则和社会认同的。

（六）未成年人轻微刑事犯罪案件量刑偏轻的。

8.《最高人民法院关于死刑复核及执行程序中保障当事人合法权益的若干规定》（2019 年 8 月 8 日　法释〔2019〕12 号）（节录）

第一条　高级人民法院在向被告人送达依法作出的死刑裁判文书时，应当告知其在最高人民法院复核死刑阶段有权委托辩护律师，并将告知情况记入宣判笔录；被告人提出由其近亲属代为委托辩护律师的，除因客观原因无法通知的以外，高级人民法院应当及时通知其近亲属，并将通知情况记录在案。

第二条　最高人民法院复核死刑案件，辩护律师应当自接受委托或者受指派之日起十日内向最高人民法院提交有关手续，并自接受委托或者指派之日起一个半月内提交辩护意见。

第三条　辩护律师提交相关手续、辩护意见及证据等材料的，可以经高级人民法院代收并随案移送，也可以寄送至最高人民法院。

第四条　最高人民法院复核裁定作出后，律师提交辩护意见及证据材料的，应当接收并出具接收清单；经审查，相关意见及证据材料可能影响死刑复核结果的，应当暂停交付执行或者停止执行，但不再办理接收委托辩护手续。

第五条　最高人民法院复核裁定下发后，受委托进行宣判的人民法院应当在宣判后五日内将裁判文书送达辩护律师。

对被害人死亡的案件，被害人近亲属申请获取裁判文书的，受委托进行宣判的人民法院应当提供。

第六条　第一审人民法院在执行死刑前，应当告知罪犯可以申请会见其近亲属。

罪犯申请会见并提供具体联系方式的，人民法院应当通知其近亲属。对经查找确实无法与罪犯近亲属取得联系的，或者其近亲属拒绝会见的，应当告知罪犯。罪犯提出通过录音录像等方式留下遗言的，人民法院可以准许。

通知会见的相关情况，应当记录在案。

第七条　罪犯近亲属申请会见的，人民法院应当准许，并在执行死刑前及时安排，但罪犯拒绝会见的除外。

罪犯拒绝会见的情况，应当记录在案并及时告知其近亲属，必要时应当进行录音录像。

第八条　罪犯提出会见近亲属以外的亲友，经人民法院审查，确有正当理由的，可以在确保会见安全的情况下予以准许。

第九条　罪犯申请会见未成年子女的，应当经未成年子女的监护人同意；会见可能影响未成年人身心健康的，人民法院可以采取视频通话等适当方式安排会见，且监护人应当在场。

第十条　会见由人民法院负责安排，一般在罪犯羁押场所进行。

第十一条　会见罪犯的人员应当遵守羁押场所的规定。违反规定的，应当予以警告；不听警告的，人民法院可以终止会见。

实施威胁、侮辱司法工作人员，或者故意扰乱羁押场所秩序，妨碍执行公务等行为，情节严重的，依法追究法律责任。

第十二条　会见情况应当记录在案，附卷存档。

9. **《公安机关办理刑事案件程序规定》**（2020年7月20日修正）（节录）

第二百九十九条　对被判处死刑的罪犯，公安机关应当依据人民法院执行死刑的命令，将罪犯交由人民法院执行。

第三百条（第一款）　公安机关接到人民法院生效的判处死刑缓期二年执行、无期徒刑、有期徒刑的判决书、裁定书以及执行通知书后，应当在一个月以内将罪犯送交监狱执行。

10. **《最高人民法院关于适用〈中华人民共和国刑事诉讼法〉的解释》**（2021年1月26日　法释〔2021〕1号）（节录）

第四百二十三条　报请最高人民法院核准死刑的案件，应当按照下列情形分别处理：

（一）中级人民法院判处死刑的第一审案件，被告人未上诉、人民检察院未抗诉的，在上诉、抗诉期满后十日以内报请高级人民法院复核。高级人民法院同意判处死刑的，应当在作出裁定后十日以内报请最高人民法院核准；认为原判认定的某一具体事实或者引用的法律条款等存在瑕疵，但判处被告人死刑并无不当的，可以在纠正后作出核准的判决、裁定；不同意判处死刑的，应当依照第二审程序提审或者发回重新审判；

（二）中级人民法院判处死刑的第一审案件，被告人上诉或者人民检察院抗诉，高级人民法院裁定维持的，应当在作出裁定后十日以内报请最高人民法院核准；

（三）高级人民法院判处死刑的第一审案件，被告人未上诉、人民检察院未抗诉的，应当在上诉、抗诉期满后十日以内报请最高人民法院核准。

高级人民法院复核死刑案件，应当讯问被告人。

第四百二十四条 中级人民法院判处死刑缓期执行的第一审案件，被告人未上诉、人民检察院未抗诉的，应当报请高级人民法院核准。

高级人民法院复核死刑缓期执行案件，应当讯问被告人。

第四百二十五条 报请复核的死刑、死刑缓期执行案件，应当一案一报。报送的材料包括报请复核的报告，第一、二审裁判文书，案件综合报告各五份以及全部案卷、证据。案件综合报告，第一、二审裁判文书和审理报告应当附送电子文本。

同案审理的案件应当报送全案案卷、证据。

曾经发回重新审判的案件，原第一、二审案卷应当一并报送。

第四百二十六条 报请复核死刑、死刑缓期执行的报告，应当写明案由、简要案情、审理过程和判决结果。

案件综合报告应当包括以下内容：

（一）被告人、被害人的基本情况。被告人有前科或者曾受过行政处罚、处分的，应当写明；

（二）案件的由来和审理经过。案件曾经发回重新审判的，应当写明发回重新审判的原因、时间、案号等；

（三）案件侦破情况。通过技术调查、侦查措施抓获被告人、侦破案件，以及与自首、立功认定有关的情况，应当写明；

（四）第一审审理情况。包括控辩双方意见，第一审认定的犯罪事实，合议庭和审判委员会意见；

（五）第二审审理或者高级人民法院复核情况。包括上诉理由、人民检察院的意见，第二审审理或者高级人民法院复核认定的事实，证据采信情况及理由，控辩双方意见及采纳情况；

（六）需要说明的问题。包括共同犯罪案件中另案处理的同案犯的处理情况，案件有无重大社会影响，以及当事人的反应等情况；

（七）处理意见。写明合议庭和审判委员会的意见。

第四百二十七条 复核死刑、死刑缓期执行案件，应当全面审查以下内容：

（一）被告人的年龄，被告人有无刑事责任能力、是否系怀孕的妇女；

（二）原判认定的事实是否清楚，证据是否确实、充分；

（三）犯罪情节、后果及危害程度；

（四）原判适用法律是否正确，是否必须判处死刑，是否必须立即执行；

（五）有无法定、酌定从重、从轻或者减轻处罚情节；

（六）诉讼程序是否合法；

（七）应当审查的其他情况。

复核死刑、死刑缓期执行案件，应当重视审查被告人及其辩护人的辩解、辩护意见。

第四百二十八条　高级人民法院复核死刑缓期执行案件，应当按照下列情形分别处理：

（一）原判认定事实和适用法律正确、量刑适当、诉讼程序合法的，应当裁定核准；

（二）原判认定的某一具体事实或者引用的法律条款等存在瑕疵，但判处被告人死刑缓期执行并无不当的，可以在纠正后作出核准的判决、裁定；

（三）原判认定事实正确，但适用法律有错误，或者量刑过重的，应当改判；

（四）原判事实不清、证据不足的，可以裁定不予核准，并撤销原判，发回重新审判，或者依法改判；

（五）复核期间出现新的影响定罪量刑的事实、证据的，可以裁定不予核准，并撤销原判，发回重新审判，或者依照本解释第二百七十一条的规定审理后依法改判；

（六）原审违反法定诉讼程序，可能影响公正审判的，应当裁定不予核准，并撤销原判，发回重新审判。

复核死刑缓期执行案件，不得加重被告人的刑罚。

第四百二十九条　最高人民法院复核死刑案件，应当按照下列情形分别处理：

（一）原判认定事实和适用法律正确、量刑适当、诉讼程序合法的，应当裁定核准；

（二）原判认定的某一具体事实或者引用的法律条款等存在瑕疵，但判处被告人死刑并无不当的，可以在纠正后作出核准的判决、裁定；

（三）原判事实不清、证据不足的，应当裁定不予核准，并撤销原判，发回重新审判；

（四）复核期间出现新的影响定罪量刑的事实、证据的，应当裁定不予核准，并撤销原判，发回重新审判；

（五）原判认定事实正确、证据充分，但依法不应当判处死刑的，应当裁定不予核准，并撤销原判，发回重新审判；根据案件情况，必要时，也可以依法改判；

（六）原审违反法定诉讼程序，可能影响公正审判的，应当裁定不予核准，并撤销原判，发回重新审判。

第四百三十条　最高人民法院裁定不予核准死刑的，根据案件情况，可以发回第二审人民法院或者第一审人民法院重新审判。

对最高人民法院发回第二审人民法院重新审判的案件，第二审人民法院一般不得发回第一审人民法院重新审判。

第一审人民法院重新审判的，应当开庭审理。第二审人民法院重新审判的，可以直接改判；必须通过开庭查清事实、核实证据或者纠正原审程序违法的，应当开庭审理。

第四百三十一条　高级人民法院依照复核程序审理后报请最高人民法院核准死刑，最高人民法院裁定不予核准，发回高级人民法院重新审判的，高级人民法院可以依照第二审程序提审或者发回重新审判。

第四百三十二条　最高人民法院裁定不予核准死刑，发回重新审判的案件，原审人民法院应当另行组成合议庭审理，但本解释第四百二十九条第四项、第五项规定的案件除外。

第四百三十三条 依照本解释第四百三十条、第四百三十一条发回重新审判的案件，第一审人民法院判处死刑、死刑缓期执行的，上一级人民法院依照第二审程序或者复核程序审理后，应当依法作出判决或者裁定，不得再发回重新审判。但是，第一审人民法院有刑事诉讼法第二百三十八条规定的情形或者违反刑事诉讼法第二百三十九条规定的除外。

第四百三十四条 死刑复核期间，辩护律师要求当面反映意见的，最高人民法院有关合议庭应当在办公场所听取其意见，并制作笔录；辩护律师提出书面意见的，应当附卷。

第四百三十五条 死刑复核期间，最高人民检察院提出意见的，最高人民法院应当审查，并将采纳情况及理由反馈最高人民检察院。

第四百三十六条 最高人民法院应当根据有关规定向最高人民检察院通报死刑案件复核结果。

第四十九条　死刑适用对象的限制

犯罪的时候不满十八周岁的人和审判的时候怀孕的妇女，不适用死刑。

审判的时候已满七十五周岁的人，不适用死刑，但以特别残忍手段致人死亡的除外。

条文要旨

本条是关于限制死刑适用对象的规定。

理解与适用

本条共分两款。第一款是关于对未成年人和怀孕的妇女不适用死刑的规定。根据本款规定，对下列两种人不能适用死刑：一是犯罪时不满十八周岁的未成年人。未成年人由于其生理和心理尚未发育成熟，社会阅历、社会经验也有限，规定对其不适用死刑（包括死刑缓期二年执行），主要是出于对未成年人保护和刑事责任能力角度的考虑，且也与我国已经批准加入的《儿童权利公约》和已经签署的《公民权利和政治权利国际公约》中的有关规定相一致。“犯罪时不满十八周岁的”，是指实施犯罪行为时的年龄，对于犯罪时不满十八周岁但审判时已满十八周岁的，适用本条规定。“不满十八周岁”，是决定不适用死刑的年龄界限，在司法实践中应当一律按公历年、月、日计算实足年龄。必须是过了十八周岁生日的第二天起才认为已满十八周岁，在此之前则为不满十八周岁。二是对于在审判的时候怀孕的妇女不适用死刑。这一规定主要是出于人道主义考虑，未出生的胎儿是无辜的，不能因其母亲犯罪而剥夺其出生的权利。所谓“审判的时候怀孕的妇女”，是指在人民法院审判的时候被告人是怀孕的妇女，也包括审判前在羁押时已经怀孕的妇女。因此，对于犯罪的怀孕妇女，无论是在被羁押或者受审期间怀孕的，都应视同审判时怀孕的妇女，不能适用死刑。

在实际执行中，对犯罪时不满十八周岁的人和审判时怀孕的妇女“不适用死刑”，是指绝对不适用死刑。也就是说，只要满足法定条件，即使等到行为人年满十八周岁或者妇女流产、分娩以后也不能执行死刑。根据最高人民法院的相关批复，怀孕妇女因涉嫌犯罪在羁押期间自然流产后，又因同一事实被起诉、交付审判的，应当视为“审判的时候怀孕的妇女”，依法不适用死刑。这也符合立法精神。

第二款是关于对老年人不适用死刑的规定。本款规定的“审判的时候已满七十五周岁的人”，是指犯罪行为人作为被告人接受人民法院审判的阶段年满七十五周岁的情况。如果实施犯罪行为时尚不满七十五周岁，到审判阶段年满七十五周岁的，属于本款规定的情况。“以特别残忍手段致人死亡”是指犯罪手段凶残、冷酷，如以肢解、残酷折磨、毁人容貌等特别残忍的手段致使被害人死亡的。本款规定的不适用死刑，也包括不适用死刑缓期二年执行。在实际适用本款规定时应当注意，只要被告人在人民法院作出判决前已年满七十五周岁的，就应适用本款规定。

实践中有情况反映，有的犯了严重罪行的妇女，在羁押期间通过设法怀孕逃避被判处死刑，还有的犯罪组织专门利用怀孕妇女从事运输毒品等犯罪。上述利用刑法中的人道主义规定逃避严厉制裁的情况确实存在，但刑法的规定是明确的，即只要符合本条规定的条件，一律不适用死刑。同时，对于前者，应当严格羁押场所管理，依法追究相关责任人的责任，杜绝这种情况的发生。对于后一种情况，虽然不能适用死刑，但是依法运用刑法现有规定和刑罚手段也能起到严厉惩处严重犯罪作用，如可以适用无期徒刑、限制减刑和假释等多种刑罚手段对犯罪分子予以惩处。

实务问题

1. 如何把握行为人审判的时候已满七十五周岁

对行为人审判的时候已满七十五周岁这一要件的认定，关键在于正确理解“审判的时候”。有意见认为，“审判的时候已满七十五周岁”是指行为人被羁押的时候已满75周岁。因为，最高人民法院研究室《关于如何理解“审判的时候怀孕的妇女不适用死刑”问题的电话答复》（1991年3月18日）以及最高人民法院《关于对怀孕妇女在羁押期间自然流产审判时是否可以适用死刑问题的批复》（1998年8月13日），对怀孕作出了扩大解释，相当宽泛，行为人在羁押期间妊娠，无论妊娠后自然流产、人为流产、顺产、剖腹产均可视为“审判的时候怀孕的妇女”，对其就不能适用死刑。“人的年龄”和“人的妊娠”都是一种生理现象，人的年龄时刻与人的妊娠开始时刻都是一个“点”。不同的是，妊娠开始以后，还有一个孕育的时间段。而年龄具有时间的一维性，此时刻达到七十五周岁，超过此时刻就是七十五周岁以上。或者说，此时刻未达到七十五周岁，但过一段时间以后便可达到七十五周岁。因此，可以借鉴对“审判的时候怀孕的妇女”的认定，将“审判的时候已满七十五周岁”理解为被羁押的时候已满七十五周岁。另外，由于时间的一维性特点，不能将被羁押一段时间以后，甚至在审查起诉、开庭审理期间年满七十五周岁的人列为不适用死刑的对象。如此理解，既可预防腐败，又有利于实现刑罚目的，增加社会和谐因素。如果将被羁押一段时间以后年满七十五周岁的人作为不适用死刑的对象，不仅可能产生腐败现象，故意拖延办案期限，以便使行为人达到七十五周岁，还有可能引起被害人一方的不满，以不公平为由上诉上访，增加新的不和谐因素。为此，该意见还建议将“审判的时候已满七十五周岁”修改为“犯罪的时候已满七十五周岁”，以从立法上堵塞漏洞。

上述观点对防止司法腐败有一定的作用，不无道理，但有违立法本意。之所以规定是“审判的时候”而不是“犯罪的时候”已满七十五周岁的人不适用死刑，是为了体现人道主义精神，与部分国家或地区对老年人不适用死刑的精神是一致的。因此，“审判的时候已满七十五周岁”是指判决发生法律效力前的一审、二审和死刑复核期间已满七十五周岁。死刑案件必须报经最高人民法院核准后才发生法律效力，死刑复核期间当然属于审判时，因此，一审、二审时如果被告人接近七十五周岁就不应判处死刑了，否则案件进入死刑复核阶段被告人就已满七十五周岁，依法不适用死刑了。

2. 如何理解和把握“以特别残忍手段致人死亡”的情节

我们认为，正确理解“以特别残忍手段致人死亡”，在审判实践中应当注意把握以下三点：第一，正确考量行为人的罪过形式和内容。行为人以特别残忍的手段实施危害行为是故意的，对死亡结果的发生只有直接故意或间接故意两种情况，不可能是过失，这是由特别残忍手段的性质决定的。否则，如果是过失，行为人的手段行为不可能称作“特别残忍”。第二，必须有特别残忍手段。判定特别残忍手段应从以下几个方面着手：一是从手段的种类上来看，在行为人实施伤害前，就具有致人死亡的故意，包括间接故意，如挖他人眼睛、割他人耳鼻、砍他人手足、剜去他人膝盖骨、挑断他人脚筋或者使用硫酸等腐蚀性极强的溶液毁人容貌以及电击、烧烫他人要害部位等，从而导致死亡结果发生的。二是从行为持续的时间和次数来看，行为人是在实施伤害行为过程中伤害时间过长，多次，甚至十次以上，包括多人同时和分别对一人或者多人的殴打、烧、烫等，对受害者身体折磨和精神摧残，最后导致死亡结果发生的。三是从行为方法上来看，行为人在对受害人身体实施伤害行为后，受害人已失去反抗能力，而行为人又继续使用其他方法对受害人进行折磨，如往伤口上撒盐、用烟头烧烫等，以加重受害人生不如死的痛苦程度，最后导致死亡结果发生的。以上三种情形都属于特别残忍的手段。第三，必须有故意致人死亡结果的发生。即使致他人重伤并造成严重残疾或者过失致人死亡的实际后果，也不符合“以特别残忍手段致人死亡”规定的要求。

关联规范

1.《最高人民法院研究室关于如何理解“审判的时候怀孕的妇女不适用死刑”问题的电话答复》（1991年3月18日）（节录）

在羁押期间已是孕妇的被告人，无论其怀孕是否属于违反国家计划生育政策，也不论其是否自然流产或者经人工流产以及流产后移送起诉或审判期间的长短，仍应执行我院〔83〕法研字第18号《关于人民法院审判严重刑事犯罪案件中具体应用法律的若干问题的答复》中对第三个问题的答复：“对于这类案件，应当按照刑法第四十四条和刑事诉讼法第一百五十四条的规定办理，即：人民法院对‘审判的时候怀孕的妇女，不适用死刑’。如果人民法院在审判时发现，在羁押受审时已是孕妇的，仍应依照上述法律规定，不适用死刑。”

2.《最高人民法院关于对怀孕妇女在羁押期间自然流产审判时是否可以适用死刑问题的批复》（1998年8月7日 法释〔1998〕18号）（节录）

怀孕妇女因涉嫌犯罪在羁押期间自然流产后，又因同一事实被起诉、交付审判的，应当视为“审判的时候怀孕的妇女”，依法不适用死刑。

第五十条 死缓变更情形、死缓限制减刑

判处死刑缓期执行的，在死刑缓期执行期间，如果没有故意犯罪，二年期满以后，减为无期徒刑；如果确有重大立功表现，二年期满以后，减为二十五年有期徒刑；如果故意犯罪，情节恶劣的，报请最高人民法院核准后执行死刑；对于故意犯罪未执行死刑的，死刑缓期执行的期间重新计算，并报最高人民法院备案。

对被判处死刑缓期执行的累犯以及因故意杀人、强奸、抢劫、绑架、放火、爆炸、投放危险物质或者有组织的暴力性犯罪被判处死刑缓期执行的犯罪分子，人民法院根据犯罪情节等情况可以同时决定对其限制减刑。

条文要旨

本条是关于被判处死刑缓期执行的罪犯减刑或者执行死刑的条件及程序的规定。

理解与适用

本条共分两款。如前文所述，死刑缓期执行不是独立的刑种，而是死刑的一种执行方式。被判处死刑缓期执行的罪犯存在着执行死刑和不再执行死刑的两种可能性。为了正确处理判处死刑缓期执行的案件，本条第一款对于被判处死刑缓期执行的罪犯减刑和执行死刑的条件以及程序作了明确的规定。

第一款规定“判处死刑缓期执行的，在死刑缓期执行期间，如果没有故意犯罪，二年期满以后，减为无期徒刑”。这里所说的“故意犯罪”，依照刑法第十四条的规定，是指明知自己的行为会发生危害社会的结果，并且希望或者放任这种结果发生，因而构成犯罪的，不包括过失犯罪。是否构成“故意犯罪”，具体要看行为人的行为是否符合刑法分则关于个罪犯罪构成的要件的规定。判处死刑缓期执行的，在死刑缓期执行期间，“如果确有重大立功表现的，二年期满以后，减为二十五年有期徒刑”。这里所说的“重大立功表现”，是指刑法第七十八条所列的重大立功表现之一：阻止他人重大犯罪活动的；检举监狱内外重大犯罪活动，经查证属实的；有发明创造或者重大技术革新的；在日常生产、生活中舍己救人的；在抗御自然灾害或者排除重大事故中，有突出表现的；对国家和社会有其他重大贡献的。

判处死刑缓期执行的，在死刑缓期执行期间，“如果故意犯罪，情节恶劣的，报请最高人民法院核准后执行死刑”。所谓“故意犯罪”，需要经人民法院审判确定。根据刑事诉讼法的有关规定，被判处死刑缓期执行的罪犯，在死刑缓期执行期间故意犯罪的，应当由监狱进行侦查，人民检察院提起公诉，罪犯服刑地的中级人民法院依法审判，所作的判决可以上诉、抗诉。所谓“情节恶劣”，需要结合犯罪的动机、手段、危

害、造成的后果等犯罪情节，以及罪犯在缓期执行期间的改造、悔罪表现等综合确定。对于故意犯罪、情节恶劣的，在认定构成故意犯罪的判决、裁定发生法律效力后，应当层报最高人民法院核准执行死刑后执行死刑。判处死刑缓期执行的，在死刑缓期执行期间，“对于故意犯罪未执行死刑的，死刑缓期执行的期间重新计算”。这里所规定的“故意犯罪未执行死刑的”，是指故意犯罪，但不属于情节恶劣，因而不执行死刑的。在这种情况下，死刑缓期执行期间重新计算，自故意犯罪的判决确定之日起计算。之所以规定重新计算缓期执行期间，是因为罪犯在原缓期执行期间故意犯罪，虽然依法不需要执行死刑，但属于在二年缓期执行期间仍具有明显社会危险的情形，需要重新确定一个缓期执行期间，再根据在新的缓期执行期内的表现，决定是执行死刑、减为无期徒刑还是减为二十五年有期徒刑。为保证严格执行法律规定，保证对这类案件的审判质量，发挥最高人民法院的监督作用，本款明确规定，对于故意犯罪未执行死刑的，应当将案件情况报最高人民法院备案。最高人民法院发现法律适用确有错误的，应当依法予以纠正。需要注意的是，本款规定的故意犯罪，必须发生在死刑缓期执行期间，如果发生在死刑缓期执行期满后，不适用本款规定，而应当依照刑法第六十九条、第七十一条有关数罪并罚的规定处理。故意犯罪发生在死刑缓期执行期间，司法机关在缓期执行期满以后发现犯罪事实的，适用本款的规定。

第二款是《刑法修正案（八）》所增加的内容。根据本款规定，对一些罪行严重的犯罪分子，人民法院根据犯罪情节等情况可以同时决定对其限制减刑。这些罪行严重的犯罪分子包括：被判处死刑缓期执行的累犯以及因故意杀人、强奸、抢劫、绑架、放火、爆炸、投放危险物质或者有组织的暴力性犯罪被判处死刑缓期执行的犯罪分子。其中，累犯没有犯罪性质的限制。有组织的暴力性犯罪，不限于本款所列举的几种暴力犯罪，包括有组织地实施故意伤害、破坏交通工具、以危险方法危害公共安全、黑社会性质的组织犯罪等。需要指出的是，上述规定只是划定了一个可以限制减刑的人员的范围，并不是上述被判处死刑缓期执行的九类罪犯都要限制减刑，应由人民法院根据其所实施犯罪的具体情况等综合考虑决定。这里的“同时”，是指判处死刑缓期执行的同时，不是在死刑缓期执行二年期满以后减刑的“同时”。“限制减刑”，是指对犯罪分子虽然可以适用减刑，但其实际执行刑期比其他被判处死刑缓期执行的罪犯减刑后的实际执行刑期更长。根据刑法第七十八条的规定，对于判处死刑缓期二年执行，人民法院依照本款规定限制减刑的犯罪分子，缓期执行期满后依法减为无期徒刑的，实际执行的刑期不能少于二十五年，缓期执行期满后依法减为二十五年有期徒刑的，实际执行的刑期不能少于二十年。

实务问题

1. 对刑法第五十条第二款的适用应注意的问题

根据《刑法修正案（八）》对第五十条的修改，增设第二款规定了对减刑的限制。对被判处死刑缓期执行的累犯以及因故意杀人、强奸、抢劫、绑架、放火、爆炸、投放危险物质或者有组织的暴力性犯罪被判处死刑缓期执行的犯罪分子，人民法院根据犯罪情节等情况可以同时决定对其限制减刑。这主要是考虑到以往我国刑法对减刑未作次数限制，有些死缓犯被减为无期徒刑或有期徒刑后，在执行过程中被不断减刑，最后实际执行的刑期被过于缩短。因此，《刑法修正案（八）》规定法院可以根据犯罪情节等情况决定对罪犯限制减刑。这种做法一方面遏制了减刑次数过多、幅度过大导致的生刑过轻的问题；另一方面，也避免了一律禁止减刑造成的消极后果，是一种较为灵活妥当的解决办法。在实践中，对刑法第五十条第二款的适用要注意两个问题。第一，是法院要注意的问题。该款规定因故意杀人、强奸、抢劫、绑架、放火、爆炸、投放危险物质或者有组织的暴力性犯罪的死缓犯可以限制减刑。这里的故意杀人、强奸、抢劫、绑架、放火、爆炸、投放危险物质等7种犯罪并不要求以暴力手段实施，而有组织犯罪要求以暴力手段实施。第二，法院和狱政管理部门都需要注意的是，该款规定的“限制减刑”显然不是限制从死缓减为无期徒刑或有期徒刑，而是指狭义的减刑制度。同时注意，这里是“限制减刑”而非“不得减刑”，所以对这些严重的死缓犯是可以减刑的，只是应当有所限制。

2. 对死刑缓期执行罪犯适用限制减刑的年龄限制

判处死刑缓期执行并限制减刑的罪犯，其实际服刑期一般在二十五年以上，是一种极为严厉的刑罚。从立法本意和人道主义考虑，有必要从被告人年龄角度对限制减刑的适用范围作出适当限定。我们认为，审判工作中可以这样把握：（1）对于犯罪时刚满十八周岁的人被判处死刑缓期执行的，除犯罪情节特别恶劣、人身危险性极大的情形外，一般不适用限制减刑；（2）对于犯罪时已满六十周岁的人被判处死刑缓期执行的，一般不适用限制减刑。

作出这种年龄限定的主要理由是：（1）刚满十八周岁的人虽已成年，但心智发育并不很成熟，与即将满十八周岁的人的心智成熟度实际上差别不大，一旦对其限制减刑，则意味着其人生的黄金期均在监狱度过，从人道主义和教育改造的角度考虑，宜规定原则上不适用限制减刑。不过，实践中确实有一部分刚满十八周岁的人犯罪手段十分残忍、人身危险性极大，有的还可能是黑社会性质组织的积极参加者，判处死缓后，也确有必要限制减刑，以剥夺其再犯能力，故可以作为例外情形对其限制减刑。（2）年满六十周岁的人因犯故意杀人等暴力性犯罪被判处死刑缓期执行的案件，实践中并不多，对这类被告人限制减刑，对于发挥刑罚的预防犯罪功能，意义不大。并且，根据刑法和相关司法解释的规定，对于判处死刑缓期执行的被告人，即使不限制减刑，其实际服刑期最低也不少于十四年，出狱后也至少七十四周岁，年事已高，体力衰退，再犯可能性很小，故从防止再犯的角度看，原则上也没有必要限制减刑。当然，也不能完全排除实践中可能出现由六十周岁以上的被告人实施的犯罪手段特别残忍、后果极其严重的案件，对被告人判处死缓后有必要限制减刑。如遇到此类案件，作出裁判时应当慎之又慎。（3）符合相关法律规定和指导文件的精神。对于老年人犯罪适当从宽处罚，在司法实践中一直有所体现。最高人民法院2010年印发的《关于贯彻宽严相济刑事政策的若干意见》第二十一条在总结实践经验的基础上明确提出：“对老年人犯罪，要充分考虑其犯罪的动机、目的、情节、后果以及悔罪表现等，并结合其人身危险性和再犯可能性，酌情予以从宽处罚。”为体现社会文明进步和人道主义精神，《刑法修正案（八）》增加了一些对老年人犯罪从宽处罚的规定。如第17条之一规定：“已满七十五周岁的人故意犯罪的，可以从轻或者减轻处罚；过失犯罪的，应当从轻或者减刑处罚。”第四十九条第二款规定：“审判的时候已满七十五周岁的人，不适用死刑，但以特别残忍手段致人死亡的除外。”根据这些规定的精神，鉴于判处死缓并限制减刑的严厉性，审判工作中对老年人犯罪宜尽量避免适用限制减刑。

需要注意的是，对于何谓“刚满十八周岁”，理解和执行中可能会产生争议。我们认为，一般应理解为已满十八周岁但不满十九周岁。对于刚满十九周岁的人被判处死缓的，是否适用限制减刑，应根据案件具体情况决定，原则上不必与刚满十八周岁的人同等对待。

关联规范

1.《中华人民共和国刑事诉讼法》（2018 年 10 月 26 日修正）（节录）

第二百六十一条　最高人民法院判处和核准的死刑立即执行的判决，应当由最高人民法院院长签发执行死刑的命令。

被判处死刑缓期二年执行的罪犯，在死刑缓期执行期间，如果没有故意犯罪，死刑缓期执行期满，应当予以减刑的，由执行机关提出书面意见，报请高级人民法院裁定；如果故意犯罪，情节恶劣，查证属实，应当执行死刑的，由高级人民法院报请最高人民法院核准；对于故意犯罪未执行死刑的，死刑缓期执行的期间重新计算，并报最高人民法院备案。

2.《最高人民法院关于死刑缓期执行限制减刑案件审理程序若干问题的规定》（2011 年 4 月 25 日　法释〔2011〕8 号）（节录）

第一条　根据刑法第五十条第二款的规定，对被判处死刑缓期执行的累犯以及因故意杀人、强奸、抢劫、绑架、放火、爆炸、投放危险物质或者有组织的暴力性犯罪被判处死刑缓期执行的犯罪分子，人民法院根据犯罪情节、人身危险性等情况，可以在作出裁判的同时决定对其限制减刑。

第二条　被告人对第一审人民法院作出的限制减刑判决不服的，可以提出上诉。被告人的辩护人和近亲属，经被告人同意，也可以提出上诉。

第三条　高级人民法院审理或者复核判处死刑缓期执行并限制减刑的案件，认为原判对被告人判处死刑缓期执行适当，但判决限制减刑不当的，应当改判，撤销限制减刑。

第四条　高级人民法院审理判处死刑缓期执行没有限制减刑的上诉案件，认为原判事实清楚、证据充分，但应当限制减刑的，不得直接改判，也不得发回重新审判。确有必要限制减刑的，应当在第二审判决、裁定生效后，按照审判监督程序重新审判。

高级人民法院复核判处死刑缓期执行没有限制减刑的案件，认为应当限制减刑的，不得以提高审级等方式对被告人限制减刑。

第五条　高级人民法院审理判处死刑的第二审案件，对被告人改判死刑缓期执行的，如果符合刑法第五十条第二款的规定，可以同时决定对其限制减刑。

高级人民法院复核判处死刑后没有上诉、抗诉的案件，认为应当改判死刑缓期执行并限制减刑的，可以提审或者发回重新审判。

第六条 最高人民法院复核死刑案件，认为对被告人可以判处死刑缓期执行并限制减刑的，应当裁定不予核准，并撤销原判，发回重新审判。

一案中两名以上被告人被判处死刑，最高人民法院复核后，对其中部分被告人改判死刑缓期执行的，如果符合刑法第五十条第二款的规定，可以同时决定对其限制减刑。

第七条 人民法院对被判处死刑缓期执行的被告人所作的限制减刑决定，应当在判决书主文部分单独作为一项予以宣告。

第八条 死刑缓期执行限制减刑案件审理程序的其他事项，依照刑事诉讼法和有关司法解释的规定执行。

3. **《最高人民法院关于〈中华人民共和国刑法修正案（八）〉时间效力问题的解释》**（2011年4月25日　法释〔2011〕9号）（节录）

第二条 2011年4月30日以前犯罪，判处死刑缓期执行的，适用修正前刑法第五十条的规定。

被告人具有累犯情节，或者所犯之罪是故意杀人、强奸、抢劫、绑架、放火、爆炸、投放危险物质或者有组织的暴力性犯罪，罪行极其严重，根据修正前刑法判处死刑缓期执行不能体现罪刑相适应原则，而根据修正后刑法判处死刑缓期执行同时决定限制减刑可以罚当其罪的，适用修正后刑法第五十条第二款的规定。

4. **《最高人民法院关于〈中华人民共和国刑法修正案（九）〉时间效力问题的解释》**（2015年10月29日　法释〔2015〕19号）（节录）

第二条 对于被判处死刑缓期执行的犯罪分子，在死刑缓期执行期间，且在2015年10月31日以前故意犯罪的，适用修正后刑法第五十条第一款的规定。

5. **《最高人民法院关于适用〈中华人民共和国刑事诉讼法〉的解释》**（2021年1月26日　法释〔2021〕1号）（节录）

第四百九十七条 被判处死刑缓期执行的罪犯，在死刑缓期执行期间犯罪的，应当由罪犯服刑地的中级人民法院依法审判，所作的判决可以上诉、抗诉。

认定故意犯罪，情节恶劣，应当执行死刑的，在判决、裁定发生法律效力后，应当层报最高人民法院核准执行死刑。

对故意犯罪未执行死刑的，不再报高级人民法院核准，死刑缓期执行的期间重新计算，并层报最高人民法院备案。备案不影响判决、裁定的生效和执行。

最高人民法院经备案审查，认为原判不予执行死刑错误，确需改判的，应当依照审判监督程序予以纠正。

第五十一条 死缓期间的计算及死缓减为有期徒刑刑期的计算

死刑缓期执行的期间，从判决确定之日起计算。死刑缓期执行减为有期徒刑的刑期，从死刑缓期执行期满之日起计算。

条文要旨

本条是关于死缓执行的期间及死缓减为有期徒刑的刑期计算的规定。

理解与适用

根据本条规定，死刑缓期执行的期间，从判决确定之日起计算。这里所说的“判决确定之日”，即判决生效之日，而不是指判决执行之日。因此，罪犯在判决生效后尚未送监执行的期限应当计入二年考验期内。但是，对罪犯在判决生效前先行羁押的日期不能折抵在二年考验期内。“死刑缓期执行减为有期徒刑的，从死刑缓期执行期满之日起计算”，是指对确有重大立功表现直接减为有期徒刑的，其有期徒刑的刑期从死刑缓期执行期满之日起计算。如果减刑裁定在死刑缓期执行期满以后生效，死刑缓期执行期满之日至裁定减刑之日之间相隔的时间应计入有期徒刑的刑期内，但罪犯在死缓判决生效前先行羁押的日期和缓期执行的二年考验期不能计入有期徒刑的期限内。

根据刑法规定，死刑缓期二年执行中的“二年”考验期是确定的，从判决确定之日起计算，不存在中止、中断或者延长等情况。按照刑法的规定，死缓罪犯二年考验期满之后减刑的，存在依法减为无期徒刑、依法减为有期徒刑两种可能。另外，在死缓考验期间，也有可能因为故意犯罪，情节恶劣而被核准执行死刑，或者未核准执行死刑。本条只规定了死缓期满依法减为有期徒刑的刑期计算，对于死缓期满依法减为无期徒刑的，由于无期徒刑不存在刑期起算问题，无须在立法中明文规定。对于被核准执行死刑的，则依照刑事诉讼法规定的程序执行死刑，不存在刑期计算问题；对于死缓期间故意犯罪，情节恶劣，但是未核准执行死刑的，其死缓考验期依法需要重新计算。

关联规范

《最高人民法院关于〈中华人民共和国刑法修正案（九）〉时间效力问题的解释》（2015年10月29日 法释〔2015〕19号）（节录）

第二条 对于被判处死刑缓期执行的犯罪分子，在死刑缓期执行期间，且在2015年10月31日以前故意犯罪的，适用修正后刑法第五十条第一款的规定。

第六节　罚　金

第五十二条　罚金数额的确定

判处罚金，应当根据犯罪情节决定罚金数额。

条文要旨

本条是关于如何确定罚金数额的规定。

理解与适用

根据本条规定，决定罚金数额的依据是犯罪情节。所谓“犯罪情节”，主要是指影响犯罪行为人罪行的危害程度、主观恶性的大小、手段是否恶劣、非法所得的多少、后果是否严重等与犯罪有关的各种情况。同时，犯罪行为人的经济负担能力也需要作为考虑的因素。如果罚金数额过多，超过了犯罪行为人的实际负担能力，犯罪行为人无法缴纳，这对教育改造犯罪行为人不利；同时，由于罚金刑无法得到实际执行，也损害了法律的严肃性。如果罚金数额过少，则会使犯罪行为人感受不到经济惩罚，对犯罪行为人起不到惩戒作用。

刑法分则根据本条规定的原则，结合各有关犯罪的具体情况，对于可以判处罚金的犯罪的罚金数额作出不同规定，有的条文未具体规定罚金数额，对有的犯罪规定了一定幅度或者倍数、比例。根据本条规定，无论是刑法分则明确规定了罚金刑幅度的，还是没有明确规定罚金刑幅度的，判处罚金刑时都应当根据犯罪情节决定罚金数额。

从近年来几个刑法修正案的情况看，在修改刑法分则有关条文时，在罚金刑幅度的规定方面，有不少条文删去了原来对于罚金具体数额幅度或者倍数、比例的规定，改为原则规定“并处罚金”“并处或者单处罚金”。这主要是考虑到实际情况比较复杂，为了适应实践中惩治有关犯罪的需要，便于司法机关在处理各种不同情节的案件时，根据个案的实际情况合理决定罚金数额。对于这些没有具体的罚金裁量幅度的案件，司法机关在决定判处罚金的数额时，也还是应当按照本条规定的原则，根据犯罪情节审慎地行使自由裁量权，做到罚当其罪，罪责刑相适应。

关联规范

1. **《最高人民法院关于审理未成年人刑事案件具体应用法律若干问题的解释》**（2006年1月11日　法释〔2006〕1号）（节录）

第十五条　对未成年罪犯实施刑法规定的“并处”没收财产或者罚金的犯罪，应当依法判处相应的财产刑；对未成年罪犯实施刑法规定的“可以并处”没收财产或者罚金的犯罪，一般不判处财产刑。

对未成年罪犯判处罚金刑时，应当依法从轻或者减轻判处，并根据犯罪情节，综合考虑其缴纳罚金的能力，确定罚金数额。但罚金的最低数额不得少于五百元人民币。

对被判处罚金刑的未成年罪犯，其监护人或者其他人自愿代为垫付罚金的，人民法院应当允许。

2. **《最高人民法院关于适用财产刑若干问题的规定》**（2000 年 12 月 3 日　法释〔2000〕45 号）（节录）

第一条　刑法规定“并处”没收财产或者罚金的犯罪，人民法院在对犯罪分子判处主刑的同时，必须依法判处相应的财产刑；刑法规定“可以并处”没收财产或者罚金的犯罪，人民法院应当根据案件具体情况及犯罪分子的财产状况，决定是否适用财产刑。

第二条　人民法院应当根据犯罪情节，如违法所得数额、造成损失的大小等，并综合考虑犯罪分子缴纳罚金的能力，依法判处罚金。刑法没有明确规定罚金数额标准的，罚金的最低数额不能少于一千元。

对未成年人犯罪应当从轻或者减轻判处罚金，但罚金的最低数额不能少于五百元。

第三条　依法对犯罪分子所犯数罪分别判处罚金的，应当实行并罚，将所判处的罚金数额相加，执行总和数额。

一人犯数罪依法同时并处罚金和没收财产的，应当合并执行；但并处没收全部财产的，只执行没收财产刑。

第四条　犯罪情节较轻，适用单处罚金不致再危害社会并具有下列情形之一的，可以依法单处罚金：

（一）偶犯或者初犯；

（二）自首或者有立功表现的；

（三）犯罪时不满十八周岁的；

（四）犯罪预备、中止或者未遂的；

（五）被胁迫参加犯罪的；

（六）全部退赃并有悔罪表现的；

（七）其他可以依法单处罚金的情形。

第五条　刑法第五十三条规定的“判决指定的期限”应当在判决书中予以确定；“判决指定的期限”应为从判决发生法律效力第二日起最长不超过三个月。

第六条　刑法第五十三条规定的“由于遭遇不能抗拒的灾祸缴纳确实有困难的”，主要是指因遭受火灾、水灾、地震等灾祸而丧失财产；罪犯因重病、伤残等而丧失劳动能力，或者需要罪犯抚养的近亲属患有重病，需支付巨额医药费等，确实没有财产可供执行的情形。

具有刑法第五十三条规定“可以酌情减少或者免除”事由的，由罪犯本人、亲属或者犯罪单位向负责执行的人民法院提出书面申请，并提供相应的证明材料。人民法院审查以后，根据实际情况，裁定减少或者免除应当缴纳的罚金数额。

第七条 刑法第六十条规定的“没收财产以前犯罪分子所负的正当债务”，是指犯罪分子在判决生效前所负他人的合法债务。

第八条 罚金刑的数额应当以人民币为计算单位。

第九条 人民法院认为依法应当判处被告人财产刑的，可以在案件审理过程中，决定扣押或者冻结被告人的财产。

第十条 财产刑由第一审人民法院执行。

犯罪分子的财产在异地的，第一审人民法院可以委托财产所在地人民法院代为执行。

第十一条 自判决指定的期限届满第二日起，人民法院对于没有法定减免事由不缴纳罚金的，应当强制其缴纳。

对于隐藏、转移、变卖、损毁已被扣押、冻结财产情节严重的，依照刑法第三百一十四条的规定追究刑事责任。

3.**《全国法院审理金融犯罪案件工作座谈会纪要》**（2001年1月21日 法〔2001〕8号）（节录）

（五）财产刑的适用

金融犯罪是图利型犯罪，惩罚和预防此类犯罪，应当注重同时从经济上制裁犯罪分子。刑法对金融犯罪都规定了财产刑，人民法院应当严格依法判处。罚金的数额，应当根据被告人的犯罪情节，在法律规定的数额幅度内确定。对于具有从轻、减轻或者免除处罚情节的被告人，对于本应并处的罚金刑原则上也应当从轻、减轻或者免除。

单位金融犯罪中直接负责的主管人员和其他直接责任人员，是否适用罚金刑，应当根据刑法的具体规定。《刑法》分则条文规定有罚金刑，并规定对单位犯罪中直接负责的主管人员和其他直接责任人员依照自然人犯罪条款处罚的，应当判处罚金刑，但是对直接负责的主管人员和其他直接责任人员判处罚金的数额，应当低于对单位判处罚金的数额；《刑法》分则条文明确规定对单位犯罪中直接负责的主管人员和其他直接责任人员只判处自由刑的，不能附加判处罚金刑。

第五十三条 罚金的缴纳

罚金在判决指定的期限内一次或者分期缴纳。期满不缴纳的，强制缴纳。对于不能全部缴纳罚金的，人民法院在任何时候发现被执行人有可以执行的财产，应当随时追缴。

由于遭遇不能抗拒的灾祸等原因缴纳确实有困难的，经人民法院裁定，可以延期缴纳、酌情减少或者免除。

条文要旨

本条是关于如何缴纳罚金的规定。

理解与适用

本条规定分为两款。第一款是关于如何缴纳罚金和追缴罚金的规定。根据本款的规定，罚金应当按照判决指定的期限缴纳，可以一次缴纳，也可以分期缴纳。人民法院在判处罚金时，应当同时指定缴纳的期限，并明确是一次缴纳还是分期缴纳。一般说来，罚金数额不多，或者罚金数额虽然较多，但缴纳并不困难的，可以限期一次缴纳；罚金数额较多，根据罪犯的经济状况，无力一次缴纳的，可以限定时间分期缴纳。至于罚金的缴纳期限，应当根据罪犯的经济状况和缴纳的可能性确定。对于罪犯期满不缴纳的，包括未缴纳完毕的，由人民法院强制缴纳。所谓“强制缴纳”，是指人民法院采取查封、拍卖罪犯的财产，冻结、扣划存款，扣留、收缴工资或者其他收入等办法，强制罪犯缴纳罚金。对于根据上述规定采取强制缴纳措施仍未能全部缴纳罚金的，人民法院在任何时候发现被执行人有可以执行的财产，包括主刑执行完毕后发现的，应当随时追缴。所谓“追缴”，是指人民法院对没有缴纳或者没有全部缴纳罚金的被执行人，在发现其有可供执行的财产时，予以追回上缴国库。这种情况下追缴财产，实际上仍是执行原判决判处的罚金刑。这样规定，就使得那些在人民法院执行罚金刑时采用各种手段转移、隐匿财产，逃避承担罚金刑的罪犯，或者在人民法院执行罚金刑时，一时不能缴纳或者全部缴纳，但事后有了执行能力的罪犯的刑事责任不至于落空。另外，赋予人民法院随时追缴的权力，也增强了罚金刑执行的威慑力。

第二款是关于延期缴纳、酌情减少或者免除罚金的规定。根据本款规定，罪犯由于遭遇不能抗拒的灾祸等原因缴纳罚金确实有困难的，经人民法院裁定，可以延期缴纳、酌情减少或者免除。所谓“不能抗拒的灾祸等原因”，就是通常所说的“天灾人祸”，如遭遇火灾、水灾、地震等自然灾害或者罪犯及其家属重病、伤残等，以及其他一些导致缴纳罚金确实有困难的情形。对存在这些情形的，根据本款规定，可以延期缴纳、酌情减少或者免除。需要注意的是，遭遇不能抗拒的灾祸等是延期缴纳或者减免罚金的条件，但并不是凡有上述情况都可以延期缴纳或者减免罚金。只有由于遭遇不可抗拒的灾祸等原因造成缴纳罚金确实有困难的，才可以延期缴纳、酌情减少罚金数额或者免除全部罚金。“延期缴纳”，是指期满不能缴纳或者全部缴纳的，给予一定的延长期限缴纳罚金。具体延长多长时间，由人民法院根据罪犯的犯罪情节、经济状况、缴纳困难原因预期消除的时间等因素确定。延期缴纳罚金、酌情减少罚金或者免除罚金，均涉及对原判决的变更，程序上应当严格。根据本款规定，罚金延期缴纳、减少或者免除，需经人民法院裁定。根据《最高人民法院关于适用〈中华人民共和国刑事诉讼法〉的解释》有关规定，被执行人根据本款规定提出罚金减少或者免除申请的，应当提交相关证明材料。人民法院应当在收到申请后一个月内作出裁定。符合法定条件的，应当准许；不符合条件的，驳回申请。人民法院也可以依职权对符合本条规定条件的作出罚金延期缴纳、减少或者免除的裁定。

实务问题

1. 刑法关于罚金刑的适用中，“并处”“可以并处”的规定把握

刑法规定“并处”罚金的犯罪，人民法院在对犯罪分子判处主刑的同时，必须依法判处相应的罚金；刑法规定“可以并处”罚金的犯罪，人民法院应当根据案件具体情况及犯罪分子的财产状况，决定是否适用罚金。有两点值得特别注意：（1）对于刑法规定并处罚金的犯罪，即使被告人经济状况决定了罚金实际上无法执行的，目前仍应当判处，而不能突破法律现有规定不判处罚金。但是，此种情况下，在确定具体的罚金数额时要充分考虑被告人的经济状况，原则上按照下限确定罚金数额，以降低将来执行的难度。（2）对于刑法规定可以并处罚金的犯罪，只要被告人有财产，或者以牟利为目的的，一般也要判处罚金。但是，在确定具体罚金数额时应当考虑到经济状况。对于确因被告人经济状况无法缴纳罚金的案件，可以考虑不判处罚金。

2. 罚金刑的适用中，被告人经济状况的调查

《刑法修正案（九）》未明确罚金刑判处应当考虑被告人的经济状况。需要注意的是，罚金刑与有期徒刑、无期徒刑等自由刑不同，由于罪犯的财产状况不同，刑罚所发挥的作用会有显著差异。无论罪犯的情况如何，自由刑都会剥夺其人身自由，刑罚的作用是相近的。但是，对于有数千万财产的罪犯和数万财产的罪犯，均判处10万元的罚金，对于罪犯的影响会完全不同。不考虑经济状况裁量罚金刑，会使得罚金刑的适用陷入实质不公正的局面。因此，基于罪责刑相适应的原则和罚金刑执行的需要，在判处罚金前宜对被告人的经济状况进行调查。

在具体的实践操作中，在考虑犯罪情节的基础上，如何根据被告人的经济状况合理确定具体罚金数额呢？我们认为，应当考虑如下因素：（1）被告人当前的财产状况，即被告人个人全部财产的数额，这对于确定罚金数额有关键作用。（2）被告人的收入状况，对于被告人虽然财产较少，但正常收入较多的，对于罚金数额的确定也会有影响。因为，罚金一次难以缴纳的，可以分期缴纳，在确定具体数额时也可以适当考虑罪犯的预期收入。（3）其他对被告人经济状况有影响的因素。除了被告人的财产状况和收入状况外，其他因素也可能对其经济状况有影响，应当在确定罚金数额时综合考虑。例如，被告人需要抚养年幼的孩子和无经济来源的老人的，被告人身患重病的，这些因素也应当作为确定罚金刑数额的因素。

就实践操作而言，对被告人经济状况的调查可以通过以下两个途径实现：（1）由公检法机关对被告人的经济状况进行调查。实际上，对被告人经济状况的调查，最适宜在审判前，即在侦查、审查起诉阶段进行。主要考虑是：其一，在审判阶段进行调查，由于审限的限制，人民法院很难自行或者委托部门提供一份客观全面、确有价值的调查报告，容易导致调查流于形式，甚至失真失实。其二，公安机关在对犯罪嫌疑人的犯罪事实进行调查取证时，可以顺带对其经济状况进行调查。其三，检察机关对罚金刑适用提出量刑建议的，就应当同时提供调查报告，因为这是其提出量刑建议的重要参考。在实践中，法院应当加强与公安、检察机关的沟通、协调，促进他们更多承担起这方面工作，减轻审判的压力，也确保罚金刑裁判更符合被告人的经济状况和罪责刑相适应原则的要求。（2）注意听取辩方关于被告人经济状况的反映和相关材料。对于被告人及其辩护人提供的关于被告人经济状况的材料，人民法院应当接受，并进行审查。需要注意的是，基于利益考虑，此种材料必然会反映被告人的经济状况有限，一定程度上真实性难以保证，实践中要慎重审查，以免采信失实的材料，从而导致罚金数额过低的情况出现。

3. 罚金刑的适用中，无罚金数额标准犯罪的罚金刑的确定

对于刑法分则规定的有罚金刑幅度的犯罪，判处罚金时直接按照比例、倍数、数额，综合考虑犯罪情节和被告人的经济状况，确定罚金刑数额，可操作性较强。实践中，对于未规定罚金限额的犯罪，如何确定罚金刑数额，操作难度相对较大。在此主要对此种情形予以探讨：（1）无限额罚金的底限。根据规定，刑法没有明确规定罚金数额标准的，罚金的最低数额不能少于1000元，对未成年人犯罪的，罚金的最低数额不能少于500元。（2）无限额罚金的上限。目前，对于刑法没有明确规定罚金数额标准的犯罪，适用罚金的最高数额没有限制。但是，我们认为，从法定刑轻重的角度而言，无限额罚金的上限不能超过被告人个人全部财产。主要考虑如下：其一，根据刑法规定和通行法理，罚金刑的严厉程度轻于没收个人全部财产。而如果对被告人判处超过其个人全部财产的罚金，则在强制缴纳其个人全部财产后还需要随时缴纳未执行完毕的罚金，这明显不合理。其二，此种不合理的数额的罚金判处，会进一步导致罚金刑的执行难和“空判”。实际上，通过追缴被告人全部财产后，再执行剩余的罚金，基本上没有可能，这样的判决陷入“空判”恐怕是必然的。法院在裁量罚金刑数额时应当尽力避免这种结局。

4. 对单位犯罪直接负责的主管人员和其他直接责任人员应否判处罚金

刑法分则对一些单位犯罪直接负责的主管人员和其他直接责任人员明确了具体罚则，如刑法第一百六十二条之二规定，犯虚假破产罪的，“对其直接负责的主管人员和其他直接责任人员，处五年以下有期徒刑或者拘役，并处或者单处二万元以上二十万元以下罚金。”此类条文明确对单位犯罪直接负责的主管人员和其他直接责任人员应当判处罚金，适用中并无争议。

而在刑法分则其他一些条文中，对应否对直接负责的主管人员和其他直接责任人员并处罚金没有单独表述，既没有明确并处罚金，也没用明确不处罚金，导致司法适用中出现分歧。例如，刑法第二百二十五条规定，犯非法经营罪的，处五年以下有期徒刑或者拘役，并处或者单处违法所得一倍以上五倍以下罚金；而刑法第二百三十一条规定，单位犯非法经营罪的，“对单位判处罚金，并对其直接负责的主管人员和其他直接责任人员，依照本节各该条的规定处罚”。此种情况下，对于单位犯非法经营罪的，在对单位判处罚金的同时，是否还需对主要负责的主管人员和其他直接责任人员判处罚金，存在不同认识。有观点认为，此种情形下，直接负责的主管人员和其他直接责任人员只需要承担自由刑，而无须再承担罚金刑。此种观点的主要理由是：“单位犯罪案件和自然人犯罪案件有本质的不同，单位犯罪案件中单位是真正的犯罪主体，既然对单位已经判处了罚金刑，就不能基于同一事实再对个人判处罚金刑。从单位犯罪的特点考虑，个人行为是为单位谋取利益，获利都归单位，与自然人为个人利益而犯罪有本质不同，如果按照个人犯罪的标准对单位犯罪中直接负责的主管人员和其他直接责任人员判处罚金，抹杀了单位犯罪与个人犯罪的区别。”

经研究认为，综观刑法条文之间的关系，难以得出上述结论。以非法经营罪为例，刑法第二百三十一条明确规定，除对单位判处罚金外，对直接负责的主管人员和其他直接责任人员“依照本节各该条的规定”（即刑法第二百二十五条）处罚。而刑法第二百二十五条明确规定，犯非法经营罪的，除自由刑外，“并处或者单处违法所得一倍以上五倍以下罚金”。因此，没有理由在对单位判处罚金的情形下不再对单位直接负责的主管人员和其他直接责任人员判处罚金。基于此，《全国法院审理金融犯罪案件工作座谈会纪要》规定：“单位金融犯罪中直接负责的主管人员和其他直接责任人员，是否适用罚金刑，应当根据刑法的具体规定。刑法分则条文规定有罚金刑，并规定对单位犯罪中直接负责的主管人员和其他直接责任人员依照自然人犯罪条款处罚的，应当判处罚金刑。”这一原则不仅适用于单位金融犯罪领域，对于其他单位犯罪也可以参照适用。

5. 对单位犯罪直接负责的主管人员和其他直接责任人员如何确定罚金数额

司法实践中需要注意的是，对于单位犯罪中直接负责的主管人员和其他直接责任人员的罚金数额，应当低于对单位判处的罚金。究其原因，“这是考虑到单位犯罪是体现了单位意志，个人只是代表单位行事，其所获取的非法利益基本由单位所有，个人所得非常有限。”而从罚金刑的本质来思考，其主要是为了惩罚犯罪人通过犯罪获取非法经济利益，剥夺其再犯罪的经济能力。从该角度出发，对于非法获利较少的单位犯罪直接负责的主管人员和其他直接责任人员，自然应当少判罚金。基于此，《全国法院审理金融犯罪案件工作座谈会纪要》规定：“对直接负责的主管人员和其他直接责任人员判处罚金的数额，应当低于对单位判处罚金的数额。”这一原则不仅适用于单位金融犯罪领域，在其他单位犯罪案件中对直接负责的主管人员和其他直接责任人员确定罚金数额时也应当遵循这一规则。

关联规范

1.**《最高人民法院关于适用财产刑若干问题的规定》**（2000 年 12 月 3 日　法释〔2000〕45 号）（节录）

第五条　刑法第五十三条规定的“判决指定的期限”应当在判决书中予以确定；“判决指定的期限”应为从判决发生法律效力第二日起最长不超过三个月。

第六条　刑法第五十三条规定的“由于遭遇不能抗拒的灾祸缴纳确实有困难的”，主要是指因遭受火灾、水灾、地震等灾祸而丧失财产；罪犯因重病、伤残等而丧失劳动能力，或者需要罪犯抚养的近亲属患有重病，需支付巨额医药费等，确实没有财产可供执行的情形。

具有刑法第五十三条规定“可以酌情减少或者免除”事由的，由罪犯本人、亲属或者犯罪单位向负责执行的人民法院提出书面申请，并提供相应的证明材料。人民法院审查以后，根据实际情况，裁定减少或者免除应当缴纳的罚金数额。

第八条　罚金刑的数额应当以人民币为计算单位。

第十一条　自判决指定的期限届满第二日起，人民法院对于没有法定减免事由不缴纳罚金的，应当强制其缴纳。

对于隐藏、转移、变卖、损毁已被扣押、冻结财产情节严重的，依照刑法第三百一十四条的规定追究刑事责任。

2.**《最高人民法院关于审理未成年人刑事案件具体应用法律若干问题的解释》**（2006 年 1 月 11 日　法释〔2006〕1 号）（节录）

第十五条　对未成年罪犯实施刑法规定的“并处”没收财产或者罚金的犯罪，应当依法判处相应的财产刑；对未成年罪犯实施刑法规定的“可以并处”没收财产或者罚金的犯罪，一般不判处财产刑。

对未成年罪犯判处罚金刑时，应当依法从轻或者减轻判处，并根据犯罪情节，综合考虑其缴纳罚金的能力，确定罚金数额。但罚金的最低数额不得少于五百元人民币。

对被判处罚金刑的未成年罪犯，其监护人或者其他人自愿代为垫付罚金的，人民法院应当允许。

3.**《最高人民法院关于刑事裁判涉财产部分执行的若干规定》**（2014 年 10 月 30 日　法释〔2014〕13 号）（节录）

第九条　判处没收财产的，应当执行刑事裁判生效时被执行人合法所有的财产。

执行没收财产或罚金刑，应当参照被扶养人住所地政府公布的上年度当地居民最低生活费标准，保留被执行人及其所扶养家属的生活必需费用。

第十三条　被执行人在执行中同时承担刑事责任、民事责任，其财产不足以支付的，按照下列顺序执行：

（一）人身损害赔偿中的医疗费用；

（二）退赔被害人的损失；

（三）其他民事债务；

（四）罚金；

（五）没收财产。

债权人对执行标的依法享有优先受偿权，其主张优先受偿的，人民法院应当在前款第（一）项规定的医疗费用受偿后，予以支持。

4.**《最高人民法院关于适用〈中华人民共和国刑事诉讼法〉的解释》**（2021年1月26日　法释〔2021〕1号）（节录）

第五百二十三条　罚金在判决规定的期限内一次或者分期缴纳。期满无故不缴纳或者未足额缴纳的，人民法院应当强制缴纳。经强制缴纳仍不能全部缴纳的，在任何时候，包括主刑执行完毕后，发现被执行人有可供执行的财产的，应当追缴。

行政机关对被告人就同一事实已经处以罚款的，人民法院判处罚金时应当折抵，扣除行政处罚已执行的部分。

第五百二十四条　因遭遇不能抗拒的灾祸等原因缴纳罚金确有困难，被执行人申请延期缴纳、酌情减少或者免除罚金的，应当提交相关证明材料。人民法院应当在收到申请后一个月以内作出裁定。符合法定条件的，应当准许；不符合条件的，驳回申请。

第七节　剥夺政治权利

第五十四条　剥夺政治权利的内容

剥夺政治权利是剥夺下列权利：

（一）选举权和被选举权；

（二）言论、出版、集会、结社、游行、示威自由的权利；

（三）担任国家机关职务的权利；

（四）担任国有公司、企业、事业单位和人民团体领导职务的权利。

条文要旨

本条是关于剥夺政治权利内容的规定。

理解与适用

根据本条规定，剥夺政治权利包括剥夺以下四项权利：

1. 选举权和被选举权。所谓“选举权”，是指宪法和选举法规定的，公民参加选举活动，按照本人的自由意志投票选举人民代表等职务的权利，即参加投票选举的权利；“被选举权”，是指根据宪法和选举法的规定，公民可以被提名为人民代表大会代表等职务的候选人，当选为人民代表等职务的权利。选举权和被选举权是公民的基本政治权利，是公民参与国家管理的必要前提和有效途径，被剥夺政治权利的犯罪行为人当然不能享有此项权利。

2. 言论、出版、集会、结社、游行、示威自由的权利。所谓言论自由，是公民以言语表达意思的自由；出版自由，是指以文字、音像、绘画等形式出版作品，向社会表达思想的自由；结社自由，是指公民为一定宗旨组成某种社会组织的自由；集会自由和游行、示威自由，都是公民表达自己见解和意愿的自由，只是表达的方式不同。这六项自由，是我国宪法规定的公民的基本政治自由，是人民发表意见、参加政治活动和国家管理的自由权利，被依法剥夺政治权利的人不能享有这些自由。

3. 担任国家机关职务的权利。“国家机关”包括国家各级权力机关、行政机关、监察机关、司法机关以及军事机关等。所谓“担任国家机关职务”，是指在上述国家机关中担任领导职务，或者领导职务以外的其他职务，如担任审判人员、检察人员、书记员或者其他行政职务。被剥夺政治权利的人，不能担任这些职务。

4. 担任国有公司、企业、事业单位和人民团体领导职务的权利。根据本条规定，被剥夺政治权利的人可以在国有公司、企业、事业单位和人民团体中继续工作，但是不能担任领导职务。

担任集体、私营企业和事业单位领导职务的权利不属于剥夺政治权利的范围，其他法律规定或者人民法院判决的禁止令、职业禁止另有要求的，按其要求执行。

关联规范

1.《中华人民共和国全国人民代表大会和地方各级人民代表大会选举法》（2020年10月17日修正）（节录）

第四条 中华人民共和国年满十八周岁的公民，不分民族、种族、性别、职业、家庭出身、宗教信仰、教育程度、财产状况和居住期限，都有选举权和被选举权。

依照法律被剥夺政治权利的人没有选举权和被选举权。

2.《最高人民法院、最高人民检察院、公安部、劳动人事部关于被判处管制、剥夺政治权利和宣告缓刑、假释的犯罪分子能否外出经商等问题的通知》（1986年11月8日 〔1986〕高检会〔三〕字第2号）（节录）

一、对被判处管制、剥夺政治权利和宣告缓刑、假释的犯罪分子，公安机关和有关单位要依法对其实行经常性的监督改造或考察。被管制、假释的犯罪分子，不能外出经商；被剥夺政治权利和宣告缓刑的犯罪分子，按现行规定，属于允许经商范围之内的，如外出经商，需事先经公安机关允许。

二、犯罪分子在被管制、剥夺政治权利、缓刑、假释期间，若原所在单位确有特殊情况不能安排工作的，在不影响对其实行监督考察的情况下，经工商管理部门批准，可以在常住户口所在地自谋生计；家在农村的，亦可就地从事或承包一些农副业生产。

三、犯罪分子在被管制、剥夺政治权利、缓刑、假释期间，不能担任国营或集体企事业单位的领导职务。

3.《最高人民检察院关于被判处管制、剥夺政治权利和宣告缓刑、假释的犯罪分子能否担任中外合资、合作经营企业领导职务问题的答复》（1991年9月25日 高检发研字〔1991〕4号）（节录）

最高人民法院、最高人民检察院、公安部、劳动人事部〔86〕高检会（三）字第2号《关于被判处管制、剥夺政治权利和宣告缓刑、假释的犯罪分子能否外出经商等问题的通知》第三条所规定的不能担任领导职务的原则，可适用于中外合资、中外合作企业（包括我方与港、澳、台客商合资、合作企业）。

4.《最高人民法院关于审理未成年人刑事案件具体应用法律若干问题的解释》（2006年1月11日 法释〔2006〕1号）（节录）

第十四条 除刑法规定“应当”附加剥夺政治权利外，对未成年罪犯一般不判处附加剥夺政治权利。

如果对未成年罪犯判处附加剥夺政治权利的，应当依法从轻判处。

对实施被指控犯罪时未成年、审判时已成年的罪犯判处附加剥夺政治权利，适用前款的规定。

第五十五条　剥夺政治权利的期限

剥夺政治权利的期限，除本法第五十七条规定外，为一年以上五年以下。

判处管制附加剥夺政治权利的，剥夺政治权利的期限与管制的期限相等，同时执行。

条文要旨

本条是关于剥夺政治权利期限的规定。

理解与适用

本条共分为两款。第一款是关于剥夺政治权利期限的一般性规定。根据本款规定，除刑法第五十七条规定的死刑、无期徒刑以及死刑缓期执行、无期徒刑减为有期徒刑附加剥夺政治权利的期限外，剥夺政治权利的期限为一年以上五年以下。这里包括了单处剥夺政治权利和附加剥夺政治权利两种情况，附加剥夺政治权利的，又包括有期徒刑附加剥夺政治权利和拘役附加剥夺政治权利两种情形。在司法实践中，对罪犯判处剥夺政治权利的时候，应当根据犯罪的性质、危害程度以及情节轻重决定剥夺政治权利的期限，尤其是附加剥夺政治权利的刑期，应与所判处的主刑轻重相适应。

第二款是关于判处管制附加剥夺政治权利的期限规定。本款规定有两层意思。一是剥夺政治权利的期限与管制的期限相等，即在判处管制的同时附加判处剥夺政治权利的，判处管制的期限与判处附加剥夺政治权利的期限长短完全相同。根据本法第三十八条的规定，管制的期限为三个月以上二年以下，管制刑附加的剥夺政治权利的期限也是三个月以上二年以下。二是管制与附加的剥夺政治权利同时执行，是指剥夺政治权利的刑罚不是要等管制期满后再执行，而是应在管制开始时就一同执行，当罪犯管制期满解除管制时，政治权利也同时恢复。

根据本条第二款的规定，管制附加剥夺政治权利的，两种刑罚期限相同，同时执行。但根据刑法、刑事诉讼法、社区矫正法等法律的有关规定，管制和剥夺政治权利两种刑罚的执行机关不同。管制由社区矫正机构负责执行，剥夺政治权利由公安机关负责执行。对于罪犯被判处管制附加剥夺政治权利的，社区矫正机构和公安机关应当加强协调配合，共同做好监督执行工作，确保两种刑罚同时执行到位。

关联规范

《最高人民法院关于在执行附加刑剥夺政治权利期间犯新罪应如何处理的批复》(2009年5月25日　法释〔2009〕10号)(节录)

三、对判处有期徒刑的罪犯,主刑已执行完毕,在执行附加刑剥夺政治权利期间又犯新罪,如果所犯新罪也剥夺政治权利的,依照刑法第五十五条、第五十七条、第七十一条的规定并罚。

第五十六条 剥夺政治权利的适用对象

对于危害国家安全的犯罪分子应当附加剥夺政治权利；对于故意杀人、强奸、放火、爆炸、投毒、抢劫等严重破坏社会秩序的犯罪分子，可以附加剥夺政治权利。

独立适用剥夺政治权利的，依照本法分则的规定。

条文要旨

本条是关于剥夺政治权利适用对象的规定。

理解与适用

本条共分为两款。第一款是关于附加剥夺政治权利适用对象的规定。根据本款规定，附加剥夺政治权利的对象主要是两种人：一是危害国家安全的犯罪分子，即实施刑法分则第一章所规定的危害国家安全犯罪和刑法分则其他章节中规定的性质上属于危害国家安全犯罪行为的犯罪分子。二是对于故意杀人、强奸、放火、爆炸、投毒、抢劫等严重破坏社会秩序的犯罪分子，可以附加剥夺政治权利。根据本款的规定，可以附加剥夺政治权利的犯罪主要是上述这几种犯罪，但并不局限于所列这几种犯罪，其他危害严重的破坏社会秩序的故意犯罪，也可以依法附加剥夺政治权利。需要注意的是，全国人大常委会于2001年12月29日通过了《刑法修正案（三）》，其中对刑法第一百一十四条、第一百一十五条进行了修改，将“投毒”改为“投放毒害性、放射性、传染病病原体等物质”。因此，对本款规定的“投毒”，应当结合《刑法修正案（三）》的有关规定进行理解。

第二款是关于独立适用剥夺政治权利的规定。根据本款规定，独立适用剥夺政治权利的，依照刑法分则的规定。刑法分则规定独立适用剥夺政治权利的对象主要有以下几种犯罪：（1）危害国家安全罪中的分裂国家罪，煽动分裂国家罪，武装叛乱、暴乱罪，颠覆国家政权罪，叛逃煽动颠覆国家政权罪，资助危害国家安全犯罪活动罪，叛逃罪，为境外窃取、刺探、收买、非法提供国家秘密、情报罪。（2）危害公共安全罪中的涉恐怖活动的相关犯罪。（3）侵犯公民人身权利、民主权利罪中的非法拘禁罪，侮辱、诽谤罪，煽动民族仇恨、民族歧视罪，破坏选举罪。（4）妨害社会管理秩序罪中的煽动暴力抗拒法律实施罪，招摇撞骗罪，伪造、变造、买卖国家机关公文、证件、印章罪，盗窃、抢夺、毁灭国家机关公文、证件、印章罪，伪造公司、企业、事业单位、人民团体印章罪，伪造、变造、买卖身份证件罪，非法获取国家秘密罪，聚众扰乱社会秩序罪，聚众冲击国家机关罪，参加黑社会性质组织罪，非法集会、游行、示威罪，非法携带武器、管制刀具、爆炸物参加集会、游行、示威罪，破坏集会、游行、示威罪，侮辱国旗、国徽罪，侮辱国歌罪。（5）危害国防利益罪中的聚众冲击军事禁区罪，聚众扰乱军事管理区秩序罪，冒充军人招摇撞骗罪，伪造、变造、买卖武装部队公文、证件、印章罪，盗窃、抢夺武装部队公文、证件、印章罪。刑法分则条文中没有规定剥夺政治权利的犯罪，不得独立适用剥夺政治权利。

剥夺政治权利涉及对公民重要宪法权利的剥夺，司法机关在适用这一刑罚，尤其是对法律规定“可以附加剥夺政治权利”的犯罪决定是否附加剥夺政治权利时，既要考虑严厉惩治有关严重犯罪的需要，也要准确审慎掌握刑罚适用的标准。

关联规范

1. **《最高人民法院关于对故意伤害、盗窃等严重破坏社会秩序的犯罪分子能否附加剥夺政治权利问题的批复》**（1997年12月31日　法释〔1997〕11号）（节录）

根据刑法第五十六条规定，对于故意杀人、强奸、放火、爆炸、投毒、抢劫等严重破坏社会秩序的犯罪分子，可以附加剥夺政治权利。对故意伤害、盗窃等其他严重破坏社会秩序的犯罪，犯罪分子主观恶性较深、犯罪情节恶劣、罪行严重的，也可以依法附加剥夺政治权利。

2. **《最高人民法院、最高人民检察院关于办理组织、利用邪教组织破坏法律实施等刑事案件适用法律若干问题的解释》**（2017年1月25日　法释〔2017〕3号）（节录）

第十四条　对于犯组织、利用邪教组织破坏法律实施罪、组织、利用邪教组织致人重伤、死亡罪，严重破坏社会秩序的犯罪分子，根据刑法第五十六条的规定，可以附加剥夺政治权利。

3. **《公安机关办理刑事案件程序规定》**（2020年7月20日修正）（节录）

第三百一十一条　负责执行剥夺政治权利的派出所应当按照人民法院的判决，向罪犯及其所在单位、居住地基层组织宣布其犯罪事实、被剥夺政治权利的期限，以及罪犯在执行期间应当遵守的规定。

第三百一十二条　被剥夺政治权利的罪犯在执行期间应当遵守下列规定：

（一）遵守国家法律、行政法规和公安部制定的有关规定，服从监督管理；

（二）不得享有选举权和被选举权；

（三）不得组织或者参加集会、游行、示威、结社活动；

（四）不得出版、制作、发行书籍、音像制品；

（五）不得接受采访，发表演说；

（六）不得在境内外发表有损国家荣誉、利益或者其他具有社会危害性的言论；

（七）不得担任国家机关职务；

（八）不得担任国有公司、企业、事业单位和人民团体的领导职务。

第五十七条　对死刑、无期徒刑罪犯剥夺政治权利的适用

对于被判处死刑、无期徒刑的犯罪分子，应当剥夺政治权利终身。

在死刑缓期执行减为有期徒刑或者无期徒刑减为有期徒刑的时候，应当把附加剥夺政治权利的期限改为三年以上十年以下。

【条文要旨】

本条是关于被判处死刑、无期徒刑的罪犯如何附加适用剥夺政治权利的规定。

【理解与适用】

本条共分为两款。第一款是关于被判处死刑、无期徒刑的犯罪分子应当剥夺政治权利终身的规定。根据本款规定，被判处死刑、无期徒刑的罪犯，从判处死刑、无期徒刑的判决或者裁定发生法律效力之日起就被终身剥夺政治权利。这里所说的死刑，包括被判处死刑缓期二年执行的情况。根据本款规定，被判处死刑缓期二年执行的犯罪分子，如果在死缓考验期满后被减为无期徒刑的，附加的剥夺政治权利期限仍为终身。

第二款是关于死刑缓期执行、无期徒刑减为有期徒刑时附加剥夺政治权利期限的规定。根据本款规定，原判处死刑缓期执行减为有期徒刑或者无期徒刑减为有期徒刑的，附加剥夺政治权利的期限应由原判终身剥夺改为三年以上十年以下。根据刑法第五十八条的规定，这种情况下剥夺政治权利的期限，应从罪犯主刑执行完毕之日或者从假释之日起再开始计算；同时，剥夺政治权利的效力也应自然及于其减刑以后确定的主刑执行期间。

关联规范

《最高人民法院关于在执行附加刑剥夺政治权利期间犯新罪应如何处理的批复》（2009 年 5 月 25 日　法释〔2009〕10 号）（节录）

三、对判处有期徒刑的罪犯，主刑已执行完毕，在执行附加刑剥夺政治权利期间又犯新罪，如果所犯新罪也剥夺政治权利的，依照刑法第五十五条、第五十七条、第七十一条的规定并罚。

第五十八条 剥夺政治权利的刑期计算、效力与执行

附加剥夺政治权利的刑期，从徒刑、拘役执行完毕之日或者从假释之日起计算；剥夺政治权利的效力当然施用于主刑执行期间。

被剥夺政治权利的犯罪分子，在执行期间，应当遵守法律、行政法规和国务院公安部门有关监督管理的规定，服从监督；不得行使本法第五十四条规定的各项权利。

条文要旨

本条是关于附加剥夺政治权利的刑期如何计算和被剥夺政治权利的罪犯应当遵守的管理规定的规定。

理解与适用

本条共分为两款。第一款是对附加剥夺政治权利的刑期如何计算和在主刑执行期间对罪犯是否剥夺政治权利的规定。根据本款规定，判处有期徒刑、拘役而附加剥夺政治权利的，剥夺政治权利的刑期从主刑执行完毕之日或者从假释之日起计算，即从主刑执行完毕刑满释放或者假释开始，再计算附加的剥夺政治权利的刑期。但是，剥夺政治权利的效力则从主刑执行之日起开始发生，即在主刑执行期间，也应同时剥夺政治权利。在这种情况下，附加剥夺政治权利的罪犯实际被剥夺政治权利的时间要比判决中确定的剥夺政治权利的期限长，等于罪犯主刑刑期和剥夺政治权利刑期的总和。应当注意的是，被判处有期徒刑、拘役而没有附加剥夺政治权利的罪犯，以及被羁押的犯罪嫌疑人、被告人，在刑罚执行或者羁押期间仍应享有政治权利。依照《全国人民代表大会常务委员会关于县级以下人民代表大会代表直接选举的若干规定》的规定，应准许他们行使选举权。这些人员参加选举，由选举委员会和执行监禁、羁押的机关共同决定，可以在流动票箱投票，或者委托有选举权的亲属或者其他选民代为投票。被判处拘役的人也可以在选举日回原选区参加选举。

第二款是关于被剥夺政治权利的罪犯应当遵守的有关管理规定的规定。根据本款规定，被剥夺政治权利的罪犯，在执行期间应当遵守以下规定：一是遵守法律、行政法规和国务院公安部门有关监督管理的规定，服从监督。“遵守法律、行政法规”，是指被剥夺政治权利的罪犯在执行期间必须遵守国家法律、行政法规，不得有违法行为。同时，根据刑事诉讼法第二百七十条的规定，对于被剥夺政治权利的罪犯，由公安机关执行。因此，被剥夺政治权利的罪犯在执行期间还应遵守公安部对剥夺政治权利的罪犯监督管理的有关规定，自觉服从居住地公安机关及公安机关委托的罪犯所在单位

或者居住地的基层组织的监管、教育。公安部制定的《公安机关办理刑事案件程序规定》对公安机关对被剥夺政治权利的罪犯监督管理的具体措施作了规定。二是不得行使刑法第五十四条规定的各项权利。刑法第五十四条规定的是应剥夺的政治权利的内容，被剥夺政治权利的罪犯在执行期间当然不能行使。只有在执行期满，罪犯被恢复政治权利以后，才能行使刑法第五十四条规定的各项政治权利。被剥夺政治权利的罪犯违反本款规定，如不服从公安机关的监督管理，行使刑法第五十四条规定的政治权利的，根据治安管理处罚法第六十条的规定，可以由公安机关处五日以上十日以下拘留，并处二百元以上五百元以下罚款；情节严重，构成刑法规定的拒不执行判决、裁定罪的，还可以依法追究刑事责任。

根据刑法有关规定，剥夺政治权利这种刑罚是剥夺罪犯参与政治活动和公共事务的有关权利，对被剥夺政治权利的人的人身自由，法律上并没有特别的限制。这与对被判处管制、宣告缓刑、假释的罪犯是不同的。公安机关对被剥夺政治权利的人的监督管理，也主要是监督他们不得行使有关政治权利，与社区矫正机构对社区矫正对象的监管措施不同。实践中公安机关应当正确执行有关监管措施，不应当对被剥夺政治权利的人的人身自由作不当的限制。

关联规范

1. **《中华人民共和国刑事诉讼法》**（2018年10月26日修正）（节录）

第二百七十条　对被判处剥夺政治权利的罪犯，由公安机关执行。执行期满，应当由执行机关书面通知本人及其所在单位、居住地基层组织。

2. **《最高人民法院关于在执行附加刑剥夺政治权利期间犯新罪应如何处理的批复》**（2009年5月25日　法释〔2009〕10号）（节录）

二、前罪尚未执行完毕的附加刑剥夺政治权利的刑期从新罪的主刑有期徒刑执行之日起停止计算，并依照刑法第五十八条规定从新罪的主刑有期徒刑执行完毕之日或者假释之日起继续计算；附加刑剥夺政治权利的效力施用于新罪的主刑执行期间。

3. **《公安机关办理刑事案件程序规定》**（2020年7月20日修正）（节录）

第三百零二条　对被判处管制、宣告缓刑、假释或者暂予监外执行的罪犯，已被羁押的，由看守所将其交付社区矫正机构执行。

对被判处剥夺政治权利的罪犯，由罪犯居住地的派出所负责执行。

第三百一十一条　负责执行剥夺政治权利的派出所应当按照人民法院的判决，向罪犯及其所在单位、居住地基层组织宣布其犯罪事实、被剥夺政治权利的期限，以及罪犯在执行期间应当遵守的规定。

第三百一十二条　被剥夺政治权利的罪犯在执行期间应当遵守下列规定：

（一）遵守国家法律、行政法规和公安部制定的有关规定，服从监督管理；

（二）不得享有选举权和被选举权；

（三）不得组织或者参加集会、游行、示威、结社活动；

（四）不得出版、制作、发行书籍、音像制品；

（五）不得接受采访，发表演说；

（六）不得在境内外发表有损国家荣誉、利益或者其他具有社会危害性的言论；

（七）不得担任国家机关职务；

（八）不得担任国有公司、企业、事业单位和人民团体的领导职务。

第三百一十三条 被剥夺政治权利的罪犯违反本规定第三百一十二条的规定，尚未构成新的犯罪的，公安机关依法可以给予治安管理处罚。

第三百一十四条 被剥夺政治权利的罪犯，执行期满，公安机关应当书面通知本人及其所在单位、居住地基层组织。

第八节　没收财产

第五十九条　没收财产的范围

没收财产是没收犯罪分子个人所有财产的一部或者全部。没收全部财产的，应当对犯罪分子个人及其扶养的家属保留必需的生活费用。

在判处没收财产的时候，不得没收属于犯罪分子家属所有或者应有的财产。

条文要旨

本条是关于没收财产的规定。

理解与适用

本条共分为两款。第一款是关于如何适用没收财产刑的规定。本款首先明确了刑法规定的没收财产刑的含义，即司法机关依据刑法的有关规定，将犯罪分子个人所有财产的一部分或者全部强制无偿地收归国家所有。只有对于刑法分则中明确规定有没收财产刑的犯罪，才能适用这种刑罚。没收财产一般适用于严重的犯罪，如危害国家安全罪，生产、销售伪劣商品罪，破坏金融管理秩序罪，金融诈骗罪，危害税收征管罪，贪污罪，受贿罪，绑架罪等都有关于没收财产的规定。没收财产，只能是没收犯罪分子个人所有财产的一部分或者全部。这句话有以下两层含义：一是没收的只能是属于犯罪分子本人所有的财产。犯罪分子本人所有的财产，是指属于犯罪分子本人所有的财物及其在与他人共有财产中依法应有的份额。在处理这类案件时，应当依据有关的民事法律界定犯罪分子个人所有的财产，严格划清犯罪分子本人财产与其家属或者他人财产的界限。只有依法确定为犯罪分子个人所有的财产，才能予以没收。这里的财产包括动产和不动产。二是对于犯罪分子本人所有的财产是没收一部分还是全部，应当根据犯罪的性质、情节、对社会的危害程度以及案件的具体情况确定。不论是没收一部分还是全部，都应当对没收的财产名称、数量等在判决中写明，以便于负责执行的机构执行，不能笼统地写判决没收一部分或者全部。决定没收犯罪分子本人的全部财产时，应当在没收的财产中给犯罪分子本人以及其所扶养的家属保留必要的生活费用。这里所说的“其扶养的家属”，根据民事法律的有关规定，既包括由其扶养的配偶，也包括由其抚养的子女和由其赡养的老人。

在适用没收财产的刑罚时，应当注意以下两点：

1．必须严格执行刑法分则的有关规定。我国的刑法分则对于什么性质的犯罪、具备什么样的条件才能适用没收财产的刑罚都作出了明确的规定。司法机关在办理具体案件时，要充分认识没收财产对于从经济上惩罚犯罪的重要意义，必须严格执行法律，凡是刑法分则条文中有没收财产规定的，就应当正确运用这一刑罚手段。凡是刑法分则条文中没有没收财产规定的，也不得随意扩大没收财产的适用范围。

2. 注意区分没收财产同刑法第六十四条规定的没收犯罪分子违法所得的财物和供犯罪所用的犯罪分子本人的财物的区别。刑法第六十四条的规定是对犯罪分子违法所得、供犯罪所用的本人财物以及违禁品的强制处理方法，而不是一种刑罚。它适用于一切犯罪，不论犯罪分子犯什么罪，判什么刑，只要犯罪分子违法所得的一切财物和供犯罪用的本人财物都要追缴或者没收，而本条规定的没收财产则是一种刑罚。

第二款是关于不得没收属于犯罪分子家属所有或应有的财产的规定。属于犯罪分子家属的财产，是指属于与犯罪分子共同生活的家庭成员个人所有的财产和在家庭共有财产中应当占有的份额。只要依法确定属于犯罪分子家属所有或者应有的财产，就不能予以没收。要严格执行本款的规定，就要求负责执行没收财产刑的机关，在执行没收财产，特别是没收个人全部财产的刑罚时，按照有关民事法律和执行规定，对被执行人的家庭财产进行析产，准确区分被执行人本人的财产和其家属所有和应有的财产，在此基础上再进行执行。

关联规范

1. **《中华人民共和国刑事诉讼法》**（2018年10月26日修正）（节录）

第二百七十二条 没收财产的判决，无论附加适用或者独立适用，都由人民法院执行；在必要的时候，可以会同公安机关执行。

2. **《最高人民法院关于适用财产刑若干问题的规定》**（2000年12月3日 法释〔2000〕45号）（节录）

第一条 刑法规定“并处”没收财产或者罚金的犯罪，人民法院在对犯罪分子判处主刑的同时，必须依法判处相应的财产刑；刑法规定“可以并处”没收财产或者罚金的犯罪，人民法院应当根据案件具体情况及犯罪分子的财产状况，决定是否适用财产刑。

第九条 人民法院认为依法应当判处被告人财产刑的，可以在案件审理过程中，决定扣押或者冻结被告人的财产。

第十条 财产刑由第一审人民法院执行。

犯罪分子的财产在异地的，第一审人民法院可以委托财产所在地人民法院代为执行。

3. **《最高人民法院关于审理未成年人刑事案件具体应用法律若干问题的解释》**（2006年1月23日 法释〔2006〕1号）（节录）

第十五条第一款 对未成年罪犯实施刑法规定的“并处”没收财产或者罚金的犯罪，应当依法判处相应的财产刑；对未成年罪犯实施刑法规定的“可以并处”没收财产或者罚金的犯罪，一般不判处财产刑。

4.《**最高人民法院关于刑事裁判涉财产部分执行的若干规定**》（2014年10月30日　法释〔2014〕13号）（节录）

第六条　刑事裁判涉财产部分的裁判内容，应当明确、具体。涉案财物或者被害人人数较多，不宜在判决主文中详细列明的，可以概括叙明并另附清单。

判处没收部分财产的，应当明确没收的具体财物或者金额。

判处追缴或者责令退赔的，应当明确追缴或者退赔的金额或财物的名称、数量等相关情况。

第九条　判处没收财产的，应当执行刑事裁判生效时被执行人合法所有的财产。

执行没收财产或罚金刑，应当参照被扶养人住所地政府公布的上年度当地居民最低生活费标准，保留被执行人及其所扶养家属的生活必需费用。

5.《**最高人民法院关于适用〈中华人民共和国刑事诉讼法〉的解释**》（2021年1月26日　法释〔2021〕1号）（节录）

第五百二十五条　判处没收财产的，判决生效后，应当立即执行。

第五百二十六条　执行财产刑，应当参照被扶养人住所地政府公布的上年度当地居民最低生活费标准，保留被执行人及其所扶养人的生活必需费用。

第五百二十七条　被判处财产刑，同时又承担附带民事赔偿责任的被执行人，应当先履行民事赔偿责任。

第六十条 犯罪分子所负正当债务的偿还

没收财产以前犯罪分子所负的正当债务，需要以没收的财产偿还的，经债权人请求，应当偿还。

条文要旨

本条是关于在没收犯罪分子财产时，如何处理犯罪分子所负的正当债务的规定。

理解与适用

根据本条规定，犯罪分子所负债务是否应当以没收的财产偿还，需要符合四个方面的条件：一是债务产生时间是在没收财产以前。根据《最高人民法院关于适用财产刑若干问题的规定》的有关规定，本条规定的“没收财产以前犯罪分子所负的正当债务”，是指犯罪分子在判决生效前所负他人的合法债务。如果犯罪分子所负债务发生在没收财产的判决生效以后，即使属于合法债务，也不能以没收的财产偿还。二是债务的性质是犯罪分子所负的正当债务，即合法债务，如犯罪分子在犯罪前与他人（包括单位）因为合法的租赁、买卖、借贷、承包等关系所产生的正当债务。如果不属于这种正当的债务关系，而是因违法行为所负的债务，如因赌博所欠的赌债、违法高利放贷产生的债务等，不属于正当债务，也就不能以没收的财产偿还。三是该债务需要以没收的财产偿还。对于犯罪分子被判处没收部分财产的，如果犯罪分子还有其他财产可用以偿还债务而不是必须以没收的财产偿还的，不应适用本条规定。四是债权人提出申请。债权人应当向人民法院提出申请，申请的时间可以是在审判程序中，也可以是在没收财产刑执行程序中。人民法院接到债权人的申请后，经审查属于正当债务且符合本条规定的，应当予以偿还。

实践中存在有的犯罪分子为逃避财产刑的执行，与他人恶意串通，虚构债权债务关系，以偿还债务为名非法转移财产的情况。对这类情形，人民法院应当加强对申请偿还的债务的真实性、合法性的审查，发现有关违法犯罪情形的，及时依法处理。

关联规范

1.**《最高人民法院关于适用财产刑若干问题的规定》**（2000年12月3日 法释〔2000〕45号）（节录）

第七条 刑法第六十条规定的“没收财产以前犯罪分子所负的正当债务”，是指犯罪分子在判决生效前所负他人的合法债务。

2.《最高人民法院关于刑事裁判涉财产部分执行的若干规定》（2014 年 10 月 30 日　法释〔2014〕13 号）（节录）

第十三条　被执行人在执行中同时承担刑事责任、民事责任，其财产不足以支付的，按照下列顺序执行：

（一）人身损害赔偿中的医疗费用；

（二）退赔被害人的损失；

（三）其他民事债务；

（四）罚金；

（五）没收财产。

债权人对执行标的依法享有优先受偿权，其主张优先受偿的，人民法院应当在前款第（一）项规定的医疗费用受偿后，予以支持。

3.《最高人民法院关于适用〈中华人民共和国刑事诉讼法〉的解释》（2021 年 1 月 26 日　法释〔2021〕1 号）（节录）

第四百四十一条　被判处财产刑，同时又承担附带民事赔偿责任的被执行人，应当先履行民事赔偿责任。

判处财产刑之前被执行人所负正当债务，需要以被执行的财产偿还的，经债权人请求，应当偿还。

第四章　刑罚的具体运用

【本章概要】

本章从第六十一条至第八十九条，共二十八条，规定刑罚的具体运用。

一、量刑的基本原则

刑罚裁量，是指人民法院对于犯罪分子的犯罪行为，依法裁量决定或免除刑罚的活动。裁量刑罚是在查清犯罪事实的基础上，依法决定对犯罪行为是否需要判处刑罚，判处何种刑罚，判多重的刑罚的活动。

我国人民法院对于刑事审判工作的基本要求是：事实清楚，证据确凿，定性准确，量刑适当，程序合法。量刑适当是指量刑轻重适度，做到轻罪轻判，重罪重判，罪刑相当。

量刑的基本原则是整个审判活动必须遵循的基本准则。本法第六十一条所规定的量刑的基本准则是“对于犯罪分子决定刑罚的时候，应当根据犯罪的事实、犯罪性质、情节和对于社会的危害程度，依照本法的有关规定判处”。这一基本原则是我国在长期审判实践中总结出来的“以事实为根据、以法律为准绳”的审判方针的具体体现。本法所规定的量刑的基本准则包括两项基本内容。

（一）量刑必须以事实为根据

犯罪事实是量刑的客观基础，没有犯罪事实也就谈不上量刑。

犯罪事实有广义、狭义之分，广义的犯罪事实包括犯罪的事实、性质、情节和对社会的危害程度四个方面，狭义的犯罪事实是指构成犯罪的各种情况的总和，它由构成犯罪所必需的各种犯罪构成要件所组成。人民法院对犯罪分子的犯罪行为进行量刑的时候，必须实事求是地查明犯罪事实。

犯罪的性质，是指犯什么罪，应当以什么罪名定罪。犯罪的性质是确定重罪轻罪、此罪彼罪的重要依据。在我国，犯罪构成是承担刑事责任的基础。准确认定犯罪的性质就是准确认定犯罪的类别和具体罪名，性质不同的犯罪所判处的刑罚的轻重也应不同，如同是非法占有他人财物，抢劫罪的性质比侵占罪的性质严重；同是剥夺他人生命，过失致人死亡比故意杀人的性质要轻。

犯罪的情节是符合犯罪构成必要要件的基本事实之外的其他影响社会危害程度的各种具体事实情况。相同的犯罪，由于情节不同，社会危害性大小也不同。因此，所判刑罚也应当有所不同。如同是强奸罪，但手段、后果各有不同，在量刑的时候也应当区别对待。只有区别对待，才能罚当其罪。

在依法定情节不同而区别对待的同时，贯彻党和国家的刑事政策。如对累犯从严，对自首、立功从宽体现了宽严相济的刑事政策。

犯罪行为对社会的危害程度，是指犯罪行为对社会造成或者可能造成的损害的大小。相同性质的犯罪行为的现实的社会危害性并不完全相同，如同是故意伤害罪，有的致人重伤，有的致人死亡，如同是没有出现死亡结果的故意杀人罪，犯罪中止与犯罪未遂的社会危害性各不相同。在分析犯罪行为的社会危害性的时候，必须坚持主客观相统一原则，既要考察犯罪行为在客观上已经造成或者可能造成的危害，又要考察行为人的主观恶性，全面考察犯罪的事实、性质、情节，还要考察当时国家的政治、经济形势、社会治安状况等，进行综合判断。只有认识全面而实际，才能做到量刑准确。

（二）裁量刑罚必须依照刑法的规定

本法第六十一条明确规定，量刑要“依照本法的有关规定判处”。对此，要注意以下几点：

1. 本法分则性规定。要在本法分则所确定的刑种和量刑幅度内确定应当判处的刑罚。

2. 本法总则关于量刑法定情节的规定。如从轻、从重、减轻、免除处罚的规定。

3. 本法总则有关刑罚方法适用范围、适用制度的规定。如本法总则规定对于犯罪时不满十八周岁的人和审判时怀孕的妇女，不适用死刑；对于累犯不得宣告缓刑；对于危害国家安全的犯罪分子，应当附加剥夺政治权利；对于被判处死刑、无期徒刑的罪犯，应当剥夺政治权利终身等，量刑时都必须遵照执行。

二、量刑的情节

刑罚裁量情节，是指人民法院在对犯罪分子量刑时，作为决定判处刑罚轻重或免除处罚所根据的各种情况。我国在司法实践中，影响量刑的情节分为两类，即法定情节和酌定情节。

（一）法定情节

法定情节，是本法明文规定的刑罚裁量情节。其中包括在总则规定的，对各种犯罪共同适用的和在本法分则规定的对特别犯罪适用的情节，共4种，即从重、从轻、减轻、免除处罚。

从重处罚是指在法定刑幅度内，对犯罪分子适用相对较重的刑种或相对较长的刑期。

从轻处罚是指在法定刑幅度内，对犯罪分子选择适用相对较轻的刑种或相对较短的刑期。

从轻、从重的标准是在不考虑从轻或从重的情况下，根据该犯罪行为的事实、性质、情节及对社会的危害程度，该当判处的刑罚，并在此基础上，在法定刑的种类和幅度内，决定判处较轻或较重的刑罚。

减轻处罚是指在法定刑以下判处刑罚。减轻处罚情节分为两种情况：一种是法律明文规定的减轻处罚情节，另一种是犯罪分子不具备法定的减轻处罚情节，但是根据案件的具体情况判处法定最低刑仍然过重的，也可以减轻处罚。为避免减轻处罚的随意性，本法第六十三条第二款规定“经最高人民法院核准”也可以减轻处罚。减轻处罚是在法定最低刑以下判处，但不包括本数，否则就成了从轻处罚。

免除处罚是指对犯罪分子作有罪宣告，但免除其刑罚处罚。免除处罚是以行为人的行为构成犯罪，应受刑事处罚为前提的，只是因为情节轻微，不需要判处刑罚，或存在其他免除处罚的情节，才免除处罚。对于免除处罚的犯罪分子，可以适用非刑罚方法，以妥善处理由于犯罪行为所引起的各种矛盾。

上述4种情节，根据对量刑影响力的大小又分为应当从重、应当从轻、应当减轻、应当免除处罚的情节和可以从重、可以从轻、可以减轻、可以免除处罚的情节。前者是绝对的，人民法院在量刑时必须严格执行，否则即属违法，后者是相对的，由人民法院选择适用。

（二）酌定情节

酌定情节是指法律没有明文规定，由人民法院根据立法精神和审判实践，灵活掌握的对量刑有影响的事实情况。这些情节也有4种，酌情从重、酌情从轻、酌情减轻、酌情免除。对于不具备法定减轻处罚的犯罪分子，根据案件的特殊情况，本法第六十三条规定经最高人民法院核准，也可以在法定刑以下判处；对于犯罪情节轻微不需要判处刑罚的，本法第三十七条规定可以免予刑事处罚。由此可见，在酌定情节中应当包括酌情减轻、酌情免除处罚的情节。在司法实践中，酌定情节通常表现为以下几种形式：犯罪动机、犯罪目的、犯罪手段、犯罪人的一贯表现、犯罪的后果、犯罪时所受刺激、被害人是否有过错、犯罪后的态度等等。

三、累犯自首和立功

（一）累犯

累犯是指被判处一定刑罚，在刑罚执行完毕或者赦免以后，在一定期限内或者在任何时候，再犯应当判处一定刑罚之罪或某一特定犯罪的犯罪分子。

累犯是一种法定从重处罚的情节。

根据本法第六十五条、第六十六条的规定，累犯分为一般累犯和特殊累犯。

1. 一般累犯

一般累犯是指被判处有期徒刑以上刑罚之故意犯罪的犯罪分子，刑罚执行完毕或者赦免以后，在五年以内再犯应当判处有期徒刑以上刑罚之故意犯罪的犯罪分子。

一般累犯的构成条件有：

（1）前罪和后罪都是故意犯罪。如果前罪与后罪是两个过失犯罪或者一个是过失犯罪，另一个是故意犯罪，不构成累犯。

（2）前罪和后罪判处的刑罚，都是有期徒刑以上之刑罚。

（3）后罪发生在前罪刑罚执行或赦免以后的五年以内。后罪必须发生在前罪刑罚执行完毕或赦免以后，才构成累犯，后罪如果发生在前罪刑罚执行期间，应按数罪并罚原则处理。“五年以内”的期限的起算，已经执行刑罚或者被赦免的犯罪分子，从刑罚执行完毕或赦免之日起计算；被假释的犯罪分子，从假释期满之日起计算。

2. 特殊累犯

特殊累犯是指危害国家安全犯罪、恐怖活动犯罪、黑社会性质的组织犯罪的犯罪分子，在刑罚执行完毕或者赦免以后，在任何时候再犯上述任一类罪的情形。

特殊累犯的构成条件是：

（1）前罪和后罪都必须是危害国家安全犯罪、恐怖活动犯罪、黑社会性质的组织犯罪。如果前罪或后罪中，只有一个是危害国家安全犯罪、恐怖活动犯罪或黑社会性质的组织犯罪，按照一般累犯的条件，确定是否构成累犯；

（2）后罪发生在前罪刑罚执行完毕或赦免以后的任何时候。前罪和后罪之间没有时间限制条件，但是，必须在前罪刑罚执行完毕或赦免以后。如果发生在前罪刑罚执行期内，应按数罪并罚原则处理。前罪和后罪所判刑罚的种类和轻重，对于特殊累犯的构成也不发生影响。

累犯的处罚原则是，对累犯应当从重处罚。

（二）自首

自首是指犯罪以后自动投案，如实供述自己罪行的行为。

自首是一个重要的量刑法定情节。

自首的构成条件是：

1. 自动投案

在通常情况下，自动投案是犯罪分子主动、直接向公安、检察或者审判机关投案。但是在下列几种情况也应视为自动投案：犯罪分子向其所在单位、城乡基层组织或者其他有关负责人员投案的；犯罪分子因病、伤或者为了减轻犯罪后果，委托他人先代为投案，或者先以信电投案的；犯罪后逃跑，在通缉追捕过程中，主动投案的；经查实犯罪分子确已准备去投案，或者正在投案途中被公安机关捕获的，均属自动投案。

"送子女或亲友归案"的，虽然并不是出于犯罪分子主动，而是在家长、亲友规劝、陪同之下才投案的，或者是在公安机关通知犯罪分子家长之后，家长送犯罪分子归案的，都视为自动投案。

被采取强制措施的犯罪嫌疑人、被告人和正在服刑的罪犯，如实供述司法机关还未掌握的其他罪行的，也以自首论，即也应视为自动投案。

自动投案的时间，是在犯罪以后，犯罪被发觉之前，或者是犯罪之后，犯罪已被发现的期间。具体说来，包括以下几种情况：(1)犯罪事实和犯罪人均未被发觉；(2)犯罪事实已被发现，犯罪人尚未查清；(3)犯罪事实已被司法机关发觉，仅因形迹可疑而被有关组织查询、教育之后；(4)在犯罪事实和犯罪分子均已被发觉，而司法机关尚未对犯罪分子进行讯问或者采取强制措施以前；(5)犯罪之后逃跑，在被通缉、追捕过程中；(6)经查证属实，确实犯罪分子已准备去投案，或者正在投案的途中，被公安机关捕获的。凡在上述几种时间内投案的，都符合关于自首投案的时间的规定。

2. 如实供述自己的罪行

如实供述自己的罪行，是指供述自己的全部犯罪事实，至少要供述自己主要犯罪事实。如果犯罪分子对犯罪事实，部分供述不实，但是供述了主要的、基本的犯罪事实，就应当被认为如实供述了自己的罪行。如果是共同犯罪，还应当如实供述自己所知道的其他同案犯参与的共同犯罪的罪行。

自首与坦白的区别。自首与坦白在诸多方面有相似之处，都是犯罪分子犯罪之后，向司法机关如实交代自己的罪行，都接受国家的审查和裁判，并且都会受到从宽处理，但二者也有很大的区别，主要表现在以下三个方面：(1)自首是以"自动投案"为法定条件，坦白是被动归案；(2)自首是法定量刑情节，坦白是酌定量刑情节；(3)发生的时间和范围不同，坦白是在罪行已被有关组织或司法机关发觉，并对其进行传讯或者采取强制措施之后，如实供认自己的已被司法机关掌握的罪行，自首时间和供述罪行的范围则要宽得多。

按照本法第六十七条的规定，对于自首的犯罪分子，可以从轻或者减轻处罚。其中，犯罪较轻的，可以免除处罚。

（三）立功

立功是指犯罪分子归案之后，揭发他人的犯罪行为，其中包括揭发同案犯中实施共同犯罪之外的其他犯罪行为，查证属实的，提供重要线索，从而得以侦破其他案件的；协助司法机关抓捕其他罪犯（包括同案犯）；在押期间制止他人犯罪活动等行为。

本法第六十八条采取列举方式列举了2种立功行为，即揭发他人犯罪行为，查证属实的；提供重要线索，从而得以侦破其他案件的，并用“等”字概括其他立功表现。

立功可以分为一般立功和重大立功两类。

一般立功，是指犯罪分子揭发他人犯罪行为，查证属实，或者提供重要线索，从而得以侦破其他案件等行为。

重大立功，是指犯罪分子有揭发他人重大犯罪行为，查证属实的；提供重要线索，从而得以侦破其他重大案件的；协助司法机关抓捕其他重要罪犯（包括同案犯）的；在押期间制止他人重大犯罪活动的；在押期间对国家和社会有其他突出贡献等。此外，根据本法第七十八条的规定，被判处管制、拘役、有期徒刑、无期徒刑的犯罪分子，在执行期间有下列情形之一的，也属重大立功表现：（1）阻止他人重大犯罪活动的；（2）检举监狱内外重大犯罪活动，经查证属实的；（3）有发明创造或者重大技术革新的；（4）在日常生产、生活中舍己救人的；（5）在抗御自然灾害或者排除重大事故中，有突出表现的；（6）对国家和社会有其他重大贡献的。

本法第六十八条规定，有一般立功表现的，可以从轻或者减轻处罚；有重大立功表现的，可以减轻或者免除处罚。

（四）坦白

坦白是指犯罪人在被动归案后能如实交代已被司法机关掌握的犯罪事实。坦白，可以从轻处罚；因其如实供述自己罪行，避免特别严重后果发生的，可以减轻处罚。

被动归案后如实供述司法机关还未掌握的本人其他同种罪行的，属于坦白还是自首。对此，本法第六十七条第二款规定：“被采取强制措施的犯罪嫌疑人、被告人和正在服刑的罪犯，如实供述司法机关还未掌握的本人其他罪行的，以自首论”。但《最高人民法院关于处理自首和立功具体应用法律若干问题的解释》将“其他罪行”限定为“不同种罪行”，而对如实供述司法机关还未掌握的本人其他“同种罪行”的情况属于自首还是坦白采取了回避的态度，只规定了可以酌情从轻处罚，如实供述的“同种余罪”较重的，一般应从轻处罚。

四、数罪并罚

数罪并罚，是指对同一人犯数罪的合并处罚的制度，即指同一犯罪人，在判决宣告以前犯数罪的，或者在判决以后，在缓刑、假释考验期限内，在刑罚执行中又发现漏判之罪，或者又犯新罪的，应将数罪按照本法的规定依法合并处理的制度。

本法第六十九条规定了我国对于数罪并罚的原则。“判决宣告以前一人犯数罪的，除判处死刑和无期徒刑的以外，应当在总和刑期以下、数刑中最高刑期以上，酌情决定执行的刑期，但是管制最高不能超过三年，拘役最高不能超过一年，有期徒刑总和刑期不满三十五年的，最高不能超过二十年，总和刑期在三十五年以上的，最高不能超过二十五年。数罪中有判处有期徒刑和拘役的，执行有期徒刑。数罪中有判处有期徒刑和管制，或者拘役和管制的，有期徒刑、拘役执行完毕后，管制仍须执行。数罪中有判处附加刑的，附加刑仍须执行，其中附加刑种类相同的，合并执行，种类不同的，分别执行。”

这一规定表明，对于死刑、无期徒刑采用吸收原则，对于附加刑采取并科原则，对于管制、拘役、有期徒刑采取限制加重原则。根据本法第六十九条之规定，本法所规定的数罪并罚原则是综合原则。

判决宣告以前犯数罪的，按照本法第六十九条所规定的一般原则实行数罪并罚。

判决宣告以后，刑罚执行完毕以前，发现被判刑的犯罪分子在判决宣告以前还有其他罪没有判决的，应当对新发现的罪作出判决，把前后两个判决所判的刑罚，依照本法第六十九条的规定，决定执行的刑罚。已经执行的刑期，应当计算在新判决决定的刑罚以内。即先并后减，将漏罪直接判处刑罚，并按照本法第六十九条所确定的原则确定应判处的刑罚，从中减去原已执行的刑期，即应执行的刑期。

判决宣告之后，刑罚执行完毕之前，被判刑的犯罪分子又犯罪的，应当对新犯的罪作出判决，犯前罪没有执行的刑罚和后罪所判刑罚，依照本法第六十九条之规定进行并罚。即先减后并，将新罪判处的刑罚与原判刑罚剩余的刑期相加，然后按照本法第六十九条之规定确定应当判处的刑罚。按照先减后并的方法，所确定的前后相继的实际执行的刑期，有可能超过本法第六十九条所规定的管制不超过三年，拘役不超过一年，有期徒刑不超过二十五年的最高限。

五、缓刑

（一）缓刑的条件

缓刑，是指在一定的法定条件下，暂缓执行或不执行原判刑罚或撤销原判的制度。

缓刑的特点在于在认定有罪的基础上，判处刑罚，同时宣告缓期执行，但又在一定期限内保留执行原判刑罚的可能性。

缓刑的效力不及于附加刑，被宣告缓刑的犯罪分子，如果被判处附加刑，附加刑仍需执行。

根据本法第七十二条之规定，一般缓刑制度，是指人民法院对于被判处拘役、三年以下有期徒刑的犯罪分子，犯罪情节较轻，有悔罪表现，没有再犯罪的危险，宣告缓刑对所居住社区没有重大不良影响的，规定一定的考验期，暂缓其刑罚的执行，如果被判刑的犯罪分子在考验期内没有再犯新罪，没有被发现判决宣告前还有其他没有判决的行为，没有情节严重的违反法律、行政法规或者国务院公安部门有关缓刑的监督管理规定的行为，缓刑考验期满，原判刑罚就不再执行的制度。

一般缓刑适用条件是：（1）适用的对象是被判处拘役或三年以下有期徒刑的犯罪分子；（2）犯罪情节较轻，有悔罪表现，没有再犯罪的危险，宣告缓刑对所居住社区没有重大不良影响；（3）犯罪分子不是累犯和犯罪集团的首要分子。累犯和犯罪集团的首要分子，不论判处刑罚轻重，均不得适用缓刑。

（二）缓刑的考验期限

缓刑考验期限，是指对被宣告缓刑的犯罪分子的考验期限。

本法第七十三条规定："拘役的缓刑考验期限为原判刑期以上一年以下，但不能少于二个月。有期徒刑的缓刑考验期限为原判刑期以上五年以下，但是不能少于一年。缓刑考验期，从判决确定之日起计算。"

判决确定之前，犯罪分子被羁押的日期不折抵缓刑考验期限。如果被宣告缓刑的犯罪分子一审宣判后仍在羁押的，可以先作出变更强制措施的决定，改为监视居住或取保候审，并将决定通知有关公安机关，待判决生效后，再依法交缓刑执行部门考察，并通知所在单位或者基层组织配合。

被宣告缓刑的犯罪分子，在缓刑考验期内，如果认真遵守有关监督管理规定，接受教育改造，确有悔改表现或者有立功表现的，可以减刑，同时相应缩短缓刑考验期限。减刑后的刑期不能少于原判刑期的1/2，减刑后相应缩短的缓刑考验期限不能低于减刑后的刑期。但是，判处拘役的，缓刑考验期限不能少于二个月；判处有期徒刑的缓刑考验期限，不能少于一年。

（三）缓刑的撤销

缓刑撤销是在具备法定条件的情况下，对犯罪分子所作的缓刑宣告应当撤销，执行原判刑罚，根据刑法第七十七条之规定，撤销缓刑的条件是：

1. 被宣告缓刑的犯罪分子，在缓刑考验期内又犯新罪；

2. 被宣告缓刑的犯罪分子，在缓刑考验期内，发现判决宣告前还有其他罪没有判决；

3. 被宣告缓刑的犯罪分子，在缓刑考验期限内，违反法律、行政法规或者国务院有关部门关于缓刑的监督管理规定，或者违反人民法院判决中的禁止令，情节严重。

具备上述三个条件之一者，即可撤销缓刑，执行原判刑罚。

六、减刑

（一）减刑的条件

减刑是指对被判处管制、拘役、有期徒刑、无期徒刑的犯罪分子，因其在刑罚执行期间认真遵守监规，接受教育改造，确有悔改或立功表现，而适当减轻其原判刑罚的制度。

“减轻原判刑罚”包括将原判刑期减短和将无期徒刑减为有期徒刑。但是，有期徒刑不能减为拘役、管制，拘役也不能减为管制。

减刑的依据是被判处管制、拘役、有期徒刑的犯罪分子，在执行期间确有悔改或立功表现，并不是原判决在事实认定或适用法律上发生错误，因此，减刑并不是改判。

适用减刑的条件是：

1. 减刑的对象必须是被判处管制、拘役、有期徒刑、无期徒刑的犯罪分子；

2. 减刑适用于在刑罚执行过程中确有悔改或有立功和重大立功表现的犯罪分子。区别其程度，分为可以减刑和应当减刑两类。可以减刑的条件是被判处管制、拘役、有期徒刑、无期徒刑的犯罪分子，认真遵守监规，接受改造，确有悔改或立功表现的罪犯。应当减刑的条件是被判处管制、拘役、有期徒刑、无期徒刑的犯罪分子，在刑罚执行过程中，有重大立功表现。

所谓“确有悔改表现”是指同时具备以下四个方面的情形：认罪悔罪；认真遵守法律法规及监规，接受教育改造；积极参加思想、文化、职业技术教育；积极参加劳动，努力完成劳动任务。

所谓“立功表现”是指具有下列情形之一的：

（1）阻止他人实施犯罪活动的；

（2）检举、揭发监狱内外犯罪活动，或者提供重要的破案线索，经查证属实的；

（3）协助司法机关抓捕其他犯罪嫌疑人（包括同案犯）的；

（4）在生产、科研中进行技术革新，成绩突出的；

（5）在抢险救灾或者排除重大事故中表现突出的；

（6）对国家和社会有其他贡献的。

具有下列情形之一的，应当认定为有“重大立功表现”：

（1）阻止他人实施重大犯罪活动的；

（2）检举监狱内外重大犯罪活动，经查证属实的；

（3）协助司法机关抓捕其他重大犯罪嫌疑人（包括同案犯）的；

（4）有发明创造或者重大技术革新的；

（5）在日常生产、生活中舍己救人的；

（6）在抗御自然灾害或者排除重大事故中，有特别突出表现的；

（7）对国家和社会有其他重大贡献的。

（二）减刑的限度

减刑以后实际执行的刑期，判处管制、拘役、有期徒刑的，不能少于原判刑期的1/2；判处无期徒刑的，不能少于十三年；人民法院依照本法第五十条第二款规定限制减刑的死刑缓期执行的犯罪分子，缓期执行期满后依法减为无期徒刑的，不能少于二十五年，缓期执行期满后依法减为二十五年有期徒刑的，不能少于二十年。

关于减刑的幅度，《最高人民法院关于办理减刑、假释案件具体应用法律的规定》作了如下说明：

第一，有期徒刑罪犯在刑罚执行期间，符合减刑条件的，减刑幅度为：确有悔改表现，或者有立功表现的，一次减刑一般不超过一年有期徒刑；确有悔改表现并有立功表现，或者有重大立功表现的，一次减刑一般不超过二年有期徒刑。

有期徒刑罪犯的减刑起始时间和间隔时间为：被判处五年以上有期徒刑的罪犯，一般在执行一年六个月以上方可减刑，两次减刑之间一般应当间隔一年以上。被判处不满五年有期徒刑的罪犯，可以比照上述规定，适当缩短起始和间隔时间。

确有重大立功表现的，可以不受上述减刑起始和间隔时间的限制。

有期徒刑的减刑起始时间自判决执行之日起计算。

第二，无期徒刑罪犯在刑罚执行期间，确有悔改表现，或者有立功表现的，服刑二年以后，可以减刑。减刑幅度为：确有悔改表现，或者有立功表现的，一般可以减为二十年以上二十二年以下有期徒刑；有重大立功表现的，可以减为十五年以上二十年以下有期徒刑。

无期徒刑罪犯经过一次或几次减刑后，其实际执行的刑期不能少于十三年，起始时间应当自无期徒刑判决确定之日起计算。

死刑缓期执行罪犯减为无期徒刑后，确有悔改表现，或者有立功表现的，服刑二年以后可以减为二十五年有期徒刑；有重大立功表现的，服刑二年以后可以减为二十三年有期徒刑。

第三，死刑缓期执行罪犯经过一次或几次减刑后，其实际执行的刑期不能少于十五年，死刑缓期执行期间不包括在内。

死刑缓期执行罪犯在缓期执行期间抗拒改造，尚未构成犯罪的，此后减刑时可以适当从严。

被限制减刑的死刑缓期执行罪犯，缓期执行期满后依法被减为无期徒刑的，或者因有重大立功表现被减为二十五年有期徒刑的，应当比照未被限制减刑的死刑缓期执行罪犯在减刑的起始时间、间隔时间和减刑幅度上从严掌握。

第四，判处管制、拘役的罪犯，以及判决生效后剩余刑期不满一年有期徒刑的罪犯，符合减刑条件的，可以酌情减刑，其实际执行的刑期不能少于原判刑期的二分之一。

有期徒刑罪犯减刑时，对附加剥夺政治权利的期限可以酌减。酌减后剥夺政治权利的期限，不能少于一年。

判处拘役或者三年以下有期徒刑并宣告缓刑的罪犯，一般不适用减刑。

前款规定的罪犯在缓刑考验期限内有重大立功表现的，可以参照刑法第七十八条的规定，予以减刑，同时应依法缩减其缓刑考验期限。拘役的缓刑考验期限不能少于二个月，有期徒刑的缓刑考验期限不能少于一年。

被判处十年以上有期徒刑、无期徒刑的罪犯在刑罚执行期间又犯罪，被判处有期徒刑以下刑罚的，自新罪判决确定之日起二年内一般不予减刑；新罪被判处无期徒刑的，自新罪判决确定之日起三年内一般不予减刑。

七、假释

假释是指被判处有期徒刑、无期徒刑的犯罪分子，在执行一定刑期后，确有悔改表现，不致再危害社会，附条件提前释放的一种刑罚制度。

（一）假释的适用条件

根据本法第八十一条之规定，适用假释的条件是：

1. 适用假释的对象是被判处有期徒刑和无期徒刑的犯罪分子

对于被判处死缓的罪犯不能直接适用假释。死缓不是独立的刑种，只有在二年期满减为有期徒刑或无期徒刑后，才可以适用假释。根据本法第八十一条第二款的规定，在被判处有期徒刑和无期徒刑的犯罪分子中，对累犯以及因故意杀人、强奸、抢劫、绑架、放火、爆炸、投放危险物质或者有组织的暴力性犯罪被判处十年以上有期徒刑、无期徒刑的犯罪分子，不得假释。

2. 适用假释的犯罪分子，必须执行一定期限的刑期

被判处有期徒刑的，执行原判刑期1/2以上，被判处无期徒刑的犯罪分子，实际执行刑期十三年以上可以适用假释。

本法第八十一条又规定："如果有特殊情况，经最高人民法院核准，可以不受上述执行期限的限制。"据2012年7月1日在《最高人民法院关于办理减刑、假释案件具体应用法律若干问题的规定》中的解释，所谓"特殊情况"一般是指与国家、社会利益有重要关系的情况，这些都可以不受执行期限的限制。

罪犯减刑后又假释的间隔时间，一般为一年；对一次减去二年有期徒刑后，决定假释的，间隔时间不能少于二年。

3. 适用假释的犯罪分子，必须确有悔改表现，没有再犯罪的危险

"没有再犯罪的危险"是适用假释最重要的实质性条件。判断其适用假释没有再犯罪的危险的根据是在劳动改造期间认真遵守监规，接受教育改造，确已具备悔改表现，不致重新犯罪。对犯罪分子决定假释时，应当考虑其假释后对所居住社区的影响。对犯罪时未成年的罪犯的假释，在掌握标准上可以比照成年罪犯依法适度放宽。

未成年罪犯能认罪悔罪，遵守法律法规及监规，积极参加学习、劳动的，应视为确有悔改表现，减刑的幅度可以适当放宽，起始时间、间隔时间可以相应缩短。符合刑法第八十一条第一款规定的，可以假释。

基本丧失劳动能力、生活难以自理的老年、身体残疾、患严重疾病的罪犯，能够认真遵守法律法规及监规，接受教育改造，应视为确有悔改表现，减刑的幅度可以适当放宽，起始时间、间隔时间可以相应缩短。假释后生活确有着落的，除法律和本解释规定不得假释的情形外，可以依法假释。

对身体残疾罪犯和患严重疾病罪犯进行减刑、假释，其残疾、疾病程度应由法定鉴定机构依法作出认定。

（二）假释考验期限及在考验期限内对假释犯的考察

假释考验期限，是指对假释罪犯在宣布假释时依法同时宣布的考验期限。在假释考验期内，如无法律所规定的情况出现，就认为原判刑罚已经执行完毕。根据本法第八十三条之规定，有期徒刑的假释考验期限为没有执行完毕的刑期；无期徒刑的假释考验期限为十年。

在假释考验期内，被宣告假释的犯罪分子应当遵守下列规定：（1）遵守法律、行政法规，服从监督；（2）按照监督机关的规定报告自己的活动情况；（3）遵守监督机关关于会客的规定；（4）离开所居住的县、市或者迁居应当报经负有监督职责的公安机关批准。

在假释考验期内，如果没有发现应当撤销缓刑的法定情况，假释考验期满，就认为原判刑罚已经执行完毕，并且应当由公安机关公开宣布。

（三）假释的撤销

假释是对被判处有期徒刑、无期徒刑的犯罪分子附条件地提前释放。出现了下列法律禁止的情况，即应撤销假释，继续收监执行尚未执行完毕的刑期。

1. 被假释的犯罪分子，在假释考验期内犯新罪，应当撤销假释；

2. 在假释考验期内，发现被假释的犯罪分子在判决宣告以前还有其他罪没有判决的，应当撤销假释；

3. 被假释的犯罪分子，在假释考验期限内，有违反法律、行政法规或者国务院有关部门关于假释的监督管理规定的行为，尚未构成新的犯罪的，应当依照法定程序撤销假释，收监执行未执行完毕的刑罚。

（四）假释的程序

适用假释，必须由执行机关制作提请假释意见书，并将假释意见书提交当地中级以上人民法院。将无期徒刑犯的假释意见书，报请本省、自治区、直辖市司法厅（局）审核同意后，再报请当地中级以上人民法院。由人民法院组成合议庭进行审理。符合规定的，裁定假释。将假释裁定书送达罪犯所在监狱或其他执行机关，执行机关应当公开宣布。假释时，应将有关材料转送罪犯居住地公安机关，以便对其监督考察。假释裁定书还应送达原审人民法院以及对罪犯所在刑罚执行机关负有检察职责的人民检察院。人民检察院认为适用假释不当时，可以按照审判监督程序提请纠正。

撤销假释区别情况，做法有所不同。对于在假释考验期内又犯新罪或发现判决宣告前的漏罪的罪犯，应按案件管辖范围，依法进行侦查、起诉、审判。如果属于自诉案件，则由人民法院直接受理。人民法院应当在判决书上对犯罪分子宣布撤销假释。对于在考验期内有违反法律、法规、公安机关有关监督管理假释罪犯规定，尚未构成犯罪的，仍需撤销假释，由负责监督考察的公安机关，向原作出假释裁定的人民法院提出撤销假释意见书。人民法院审理并作出撤销假释裁定后，由公安机关将罪犯移交原来所在的刑罚执行机关，并将撤销假释裁定书一并移交。

八、时效

（一）本法上的追诉时效

本法上的时效是指本法所规定的国家对犯罪人的刑事追诉权和刑罚执行权在一定期限内有效的制度。超过一定期限，对犯罪人不得追诉，或刑罚不得执行。

本法上的时效分为追诉时效和行刑时效。追诉时效是指本法规定的，对犯罪人追究刑事责任的有效期限；行刑时效，是指本法所规定的对判处刑罚的犯罪人执行刑罚的有效期限。

本法只规定了追诉时效，没有规定行刑时效。本法中的追诉时效，是指本法规定的对犯罪分子追究刑事责任的有效期限。除有特别规定之外，超过法定追诉期限的，不得对犯罪分子进行追诉，已经追诉的，应当撤销案件，或者不起诉，或者终止审理。

根据本法第八十七条规定，犯罪经过下列期限不再追诉：

1. 法定最高刑不满五年有期徒刑的，经过五年；

2. 法定最高刑为五年以上不满十年有期徒刑的，经过十年；

3. 法定最高刑为十年以上有期徒刑的，经过十五年；

4. 法定最高刑为无期徒刑、死刑的，经过二十年。如果超过二十年以后必须追诉的，须报请最高人民检察院核准。

对于追诉期限的计算，本法第八十九条分别两种情况作了规定。既成犯的追诉期限，“从犯罪之日起计算”；犯罪行为有连续或继续状态的，“从犯罪行为终了之日起计算。”这里的“犯罪之日”是指犯罪成立之日，“犯罪行为终了”是指连续犯的最后一次犯罪之日，继续犯的持续状态结束之日。

（二）我国刑法追诉时效的中断和延长

追诉时效的中断，是指在追诉时效进行期间，因发生法律规定的事由而使已经经过的时效归于无效，追诉期限从法律规定的事由发生之日起重新开始计算的制度。本法第八十九条第二款规定：“在追诉期限以内又犯罪的，前罪追诉的期限从犯后罪之日起计算。”

追诉时效的延长，是指由于发生了法律所规定的事由，追诉期限无限延伸的制度。本法第八十八条规定：“在人民检察院、公安机关、国家安全机关立案侦查或者在人民法院受理案件以后，逃避侦查或审判的，不受追诉期限的限制。被害人在追诉期限内提出控告，人民法院、人民检察院、公安机关应当立案而不予立案的，不受追诉期限的限制。”

第一节　量　刑

第六十一条　量刑的一般原则

对于犯罪分子决定刑罚的时候，应当根据犯罪的事实、犯罪的性质、情节和对于社会的危害程度，依照本法的有关规定判处。

条文要旨

本条是关于人民法院对犯罪行为人量刑原则的规定。

理解与适用

根据本条规定，对于犯罪行为人决定刑罚的时候，应当遵循以下原则：

1. 根据犯罪的事实。这里所说的“犯罪的事实”，应是广义的犯罪事实，包括与犯罪有关的全部事实：犯罪的主体是否为具有完全刑事责任能力者，以及是否符合特定犯罪对特殊主体的特别要求；犯罪的主观方面，是故意还是过失，以及犯罪的动机、目的等主观要素；犯罪的客观方面，危害社会的行为、手段、危害社会的后果、行为和后果之间的因果关系以及犯罪的时间、地点和方法等。要求量刑根据犯罪的事实，这是我国以事实为根据的基本司法原则的必然要求。犯罪事实既是定罪的事实基础，也是正确量刑的客观事实基础。要正确量刑，首先必须要以实事求是的态度，搞清楚犯罪的事实真相，然后才能在此基础上做到准确确定罪名，进而根据各项具体的犯罪事实，准确衡量其社会危害性和犯罪人本人的人身危险性，并对其量处恰当的刑罚，做到无罪不罚，有罪量罚，重罪重罚，轻罪轻罚，罚当其罪。

2. 根据犯罪的性质。“犯罪的性质”，就是认定行为人的犯罪行为构成什么犯罪，应当确定什么样的罪名。我国刑法分则根据犯罪行为的性质和社会危害程度，分十章对不同性质的犯罪作了规定，在每一章中又根据情况规定了各种不同的罪名，并为各个具体罪名设定了不同的刑罚。因此，只有正确认定犯罪性质，才能准确确定罪名和相应的法定刑幅度，这是准确裁量刑罚的前提。

3. 根据犯罪的情节。“犯罪的情节”，是指实施犯罪的有关具体情况，包括犯罪过程、手段等，这也是人民法院决定刑罚轻重的重要依据。一般按照犯罪情节是否在刑法中作了明确规定，可以把量刑情节分为以下两类：

一是法定情节，即法律中明确加以规定的从重、从轻、减轻以及免除处罚的情节。刑法在总则中规定了具有某些犯罪情节时应当或者可以从重、从轻、减轻、免除处罚，在分则中规定具体犯罪和法定刑时也针对某些情节规定了从重、从轻、减轻、免除处罚。(1)法定从轻、减轻、免除处罚情节，包括应当或者可以从轻、减轻、免除处罚。例如，总则中规定的犯罪的预备、未遂、中止，正当防卫和紧急避险超过必要限度，未成年人犯罪，已满七十五周岁的老年人犯罪，限制行为能力的精神病人犯罪，坦白、自首、立功，共同犯罪中的从犯、胁从犯等。又如，分则中规定的行贿人在被追诉前主动交代行贿行为；非法种植毒品原植物，在收获前自动铲除的；收买被拐卖的妇女、儿童，对被买儿童没有虐待行为，不阻碍其进行解救，或者按照被买妇女的意愿，不阻碍其返回原居住地的。(2)法定从重处罚情节，包括应当或者可以从重处罚。例如，总则中规定的累犯，教唆未成年人犯罪；分则中规定的奸淫不满十四周岁的幼女的，猥亵儿童的，组织、强迫未成年人卖淫的，武装掩护走私的，索贿的。对于犯罪行为具有法定情节的，必须依法确定其量刑的轻重。

二是酌定情节，即不是法律中明确规定的情节，而是人民法院根据实际情况和审判实践，在量刑时予以考虑的情节。在司法实践中，酌定情节主要包括：犯罪的动机；犯罪的手段；犯罪时的环境和条件；犯罪的损害结果；犯罪侵害的对象；犯罪分子的个人情况和一贯表现；犯罪分子的认罪态度等。(1)酌定从轻处罚情节，如犯罪没有造成危害结果或者危害结果较轻的，偶犯、初犯，犯罪分子为老年人、残疾人、孕妇等弱势人员，认罪态度较好，采取积极的措施消除或者减轻由其犯罪所造成的危害结果等。(2)酌定从重处罚情节，如造成一定危害结果或者危害结果较重的，危害行为持续时间较长的，犯罪方法手段残忍，犯罪人是具有犯罪经验和犯罪技能的人，有犯罪前科，犯罪目的、犯罪动机卑劣的，在重大自然灾害或者预防、控制突发传染病疫情等灾害期间故意犯罪的。

4. 根据犯罪行为对于社会的危害程度。“对于社会的危害程度”，是指犯罪行为对法律保护的社会关系损害的程度。对社会的危害程度一般包括两方面的内容：一是犯罪行为直接造成的危害结果。二是犯罪行为虽未直接造成实际的危害结果，但存在造成实际危害结果的危险性的，这也是犯罪行为的社会危害性的具体体现。如刑法分则中规定的“足以使火车、汽车、电车、船只、航空器发生倾覆、毁坏危险”“足以造成严重食物中毒事故或者其他严重食源性疾病”“足以严重危害人体健康”等。根据不同的犯罪对社会的不同危害程度，刑法规定了不同的刑罚或者划分了不同的量刑幅度。

5. 依照本法的有关规定判处。所谓“本法的有关规定”，包括定罪量刑依据的刑法分则中的有关规定，也包括刑法总则中的有关规定。根据这些规定，来确定对于被告人是否要处以刑罚，处以何种刑罚以及适用刑期的长短、刑罚的执行方式等。在具体适用刑法分则的有关规定时，如果该规定有不同的量刑幅度，应当选择与所犯罪行相应的量刑幅度。在适用总则的有关规定时，要根据犯罪的事实和情节，正确适用从重、从轻、减轻、免除刑罚的有关规定。

关联规范

1. **《最高人民法院关于审理未成年人刑事案件具体应用法律若干问题的解释》**(2006年1月11日 法释〔2006〕1号)(节录)

第十一条 对未成年罪犯适用刑罚，应当充分考虑是否有利于未成年罪犯的教育和矫正。

对未成年罪犯量刑应当依照刑法第六十一条的规定，并充分考虑未成年人实施犯罪行为的动机和目的、犯罪时的年龄、是否初次犯罪、犯罪后的悔罪表现、个人成长经历和一贯表现等因素。对符合管制、缓刑、单处罚金或者免予刑事处罚适用条件的未成年罪犯，应当依法适用管制、缓刑、单处罚金或者免予刑事处罚。

2.《最高人民检察院关于在检察工作中贯彻宽严相济刑事司法政策的若干意见》（2007年1月15日　高检发研字〔2007〕2号）（节录）

二、在履行法律监督职能中全面贯彻宽严相济刑事司法政策

5. 依法严厉打击严重危害社会治安的犯罪和严重破坏市场经济秩序等犯罪。“严打”是宽严相济刑事司法政策的重要内容和有机组成部分，是贯彻宽严相济刑事司法政策的重要体现，必须坚定不移地坚持。必须依法从重从快打击黑社会性质组织犯罪、恐怖犯罪、毒品犯罪以及杀人、爆炸、抢劫、强奸、绑架、投放危险物质等严重危害社会治安的刑事犯罪，依法严厉惩治严重破坏金融秩序、侵犯知识产权、制售严重危害人身安全和人体健康的伪劣商品等严重破坏社会主义市场经济秩序的犯罪，依法打击重大环境污染等破坏环境资源犯罪。该批捕的要坚决批捕，该起诉的要坚决起诉，及时、准确、有力地予以打击。

6. 依法严肃查处贪污贿赂、渎职侵权等国家工作人员职务犯罪。加大对职务犯罪的查处力度，提高侦破率，降低漏网率，有效遏制、震慑职务犯罪。严肃查办党政领导干部的职务犯罪，国家工作人员利用人事权、司法权、行政审批权、行政执法权进行权钱交易的职务犯罪，充当黑恶势力“保护伞”的职务犯罪，重大安全责任事故所涉及的职务犯罪，放纵制售伪劣商品的职务犯罪，企业改制、征地拆迁、资源审批和社会保障等工作中侵害国家利益和人民群众切身利益的职务犯罪，发生在基层或者社会关注的行业以及人民群众反映强烈的职务犯罪。对罪行严重、拒不认罪、拒不退赃或者负案潜逃以及进行串供、毁证等妨害诉讼活动的，要果断采取必要的侦查、控制手段或者拘留、逮捕等措施。对于罪行较轻、真诚悔罪、证据稳定的，特别是其中的过失犯罪，可以依法不予逮捕或者及时变更强制措施。

7. 严格把握“有逮捕必要”的逮捕条件，慎重适用逮捕措施。逮捕是最严厉的刑事强制措施，能用其他强制措施的尽量使用其他强制措施。审查批捕要严格依据法律规定，在把握事实证据条件、可能判处刑罚条件的同时，注重对“有逮捕必要”条件的正确理解和把握。具体可以综合考虑以下因素：一是主体是否属于未成年人或者在校学生、老年人、严重疾病患者、盲聋哑人、初犯、从犯或者怀孕、哺乳自己婴儿的妇女等；二是法定刑是否属于较轻的刑罚；三是情节是否具有中止、未遂、自首、立功等法定从轻、减轻或者免除处罚等情形；四是主观方面是否具有过失、受骗、被胁迫等；五是犯罪后是否具有认罪、悔罪表现，是否具有重新危害社会或者串供、毁证、妨碍作证等妨害诉讼进行的可能；六是犯罪嫌疑人是否属于流窜作案、有无固定住址及帮教、管教条件；七是案件基本证据是否已经收集固定、是否有翻供翻证的可能等。对于罪行严重、主观恶性较大、人身危险性大或者有串供、毁证、妨碍作证等妨害诉讼顺利进行可能，符合逮捕条件的，应当批准逮捕。对于不采取强制措施或者采取其他强制措施不致于妨害诉讼顺利进行的，应当不予批捕。对于可捕可不捕的坚决不捕。

8. 正确把握起诉和不起诉条件，依法适用不起诉。在审查起诉工作中，严格依法掌握起诉条件，充分考虑起诉的必要性，可诉可不诉的不诉。对于初犯、从犯、预备犯、中止犯、防卫过当、避险过当、未成年人犯罪、老年人犯罪以及亲友、邻里、同学同事等纠纷引发的案件，符合不起诉条件的，可以依法适用不起诉，并可以根据案件的不同情况，对被不起诉人予以训诫或者责令具结悔过、赔礼道歉、赔偿损失。确需提起公诉的，可以依法向人民法院提出从宽处理、适用缓刑等量刑方面的意见。

9. 突出立案监督的重点。完善立案监督机制，将监督的重点放在严重犯罪或者社会影响恶劣以及违法立案造成严重后果的案件上，加强对侦查机关落实立案监督情况的跟踪监督，确保违法立案案件及时得到纠正。

10. 在抗诉工作中正确贯彻宽严相济的刑事司法政策。既要重视对有罪判无罪、量刑畸轻的案件及时提出抗诉，又要重视对无罪判有罪、量刑畸重的案件及时提出抗诉。对于被告人认罪并积极赔偿损失、被害人谅解的案件、未成年人犯罪案件以及具有法定从轻、减轻情节的案件，人民法院处罚偏轻的，一般不提出抗诉。对于第一审宣判后人民检察院在法定期限内未提出抗诉，或者判决、裁定发生法律效力后六个月内未提出抗诉的案件，没有发现新的事实或者证据的，一般也不得为加重被告人刑罚而依照审判监督程序提出抗诉。

11. 对未成年人犯罪案件依法从宽处理。办理未成年人犯罪案件，应当坚持“教育、感化、挽救”的方针和“教育为主、惩罚为辅”的原则。要对未成年犯罪嫌疑人的情况进行调查，了解未成年人的性格特点、家庭情况、社会交往、成长经历以及有无帮教条件等情况，除主观恶性大、社会危害严重的以外，根据案件具体情况，可捕可不捕的不捕，可诉可不诉的不诉。对确需提起公诉的未成年被告人，应当根据情况依法向人民法院提出从宽处理、适用缓刑等量刑方面的意见。

12. 对因人民内部矛盾引发的轻微刑事案件依法从宽处理。对因亲友、邻里及同学同事之间纠纷引发的轻微刑事案件，要本着“冤家宜解不宜结”的精神，着重从化解矛盾、解决纠纷的角度正确处理。对于轻微刑事案件中犯罪嫌疑人认罪悔过、赔礼道歉、积极赔偿损失并得到被害人谅解或者双方达成和解并切实履行，社会危害性不大的，可以依法不予逮捕或者不起诉。确需提起公诉的，可以依法向人民法院提出从宽处理的意见。对属于被害人可以提起自诉的轻微刑事案件，由公安机关立案侦查并提请批捕、移送起诉的，人民检察院可以促使双方当事人在民事赔偿和精神抚慰方面和解，及时化解矛盾，依法从宽处理。

13. 对轻微犯罪中的初犯、偶犯依法从宽处理。对于初次实施轻微犯罪、主观恶性小的犯罪嫌疑人，特别是对因生活无着偶然发生的盗窃等轻微犯罪，犯罪嫌疑人人身危险性不大的，一般可以不予逮捕；符合法定条件的，可以依法不起诉。确需提起公诉的，可以依法向人民法院提出从宽处理的意见。

14. 正确处理群体性事件中的犯罪案件。处理群体性事件中的犯罪案件，应当坚持惩治少数，争取、团结、教育大多数的原则。对极少数插手群体性事件，策划、组织、指挥闹事的严重犯罪分子以及进行打砸抢等犯罪活动的首要分子或者骨干分子，要依法严厉打击。对一般参与者，要慎重适用强制措施和提起公诉；确需提起公诉的，可以依法向人民法院提出从宽处理的意见。

3.《**最高人民法院、最高人民检察院关于办理职务犯罪案件认定自首、立功等量刑情节若干问题的意见**》(2009年3月12日　法发〔2009〕13号)(节录)

四、关于赃款赃物追缴等情形的处理

贪污案件中赃款赃物全部或者大部分追缴的，一般应当考虑从轻处罚。

受贿案件中赃款赃物全部或者大部分追缴的，视具体情况可以酌定从轻处罚。

犯罪分子及其亲友主动退赃或者在办案机关追缴赃款赃物过程中积极配合的，在量刑时应当与办案机关查办案件过程中依职权追缴赃款赃物的有所区别。

职务犯罪案件立案后，犯罪分子及其亲友自行挽回的经济损失，司法机关或者犯罪分子所在单位及其上级主管部门挽回的经济损失，或者因客观原因减少的经济损失，不予扣减，但可以作为酌情从轻处罚的情节。

4.《**最高人民法院关于贯彻宽严相济刑事政策的若干意见**》(2010年2月8日　法发〔2010〕9号)(节录)

一、贯彻宽严相济刑事政策的总体要求

1. 贯彻宽严相济刑事政策，要根据犯罪的具体情况，实行区别对待，做到该宽则宽，当严则严，宽严相济，罚当其罪，打击和孤立极少数，教育、感化和挽救大多数，最大限度地减少社会对立面，促进社会和谐稳定，维护国家长治久安。

2. 要正确把握宽与严的关系，切实做到宽严并用。既要注意克服重刑主义思想影响，防止片面从严，也要避免受轻刑化思想影响，一味从宽。

3. 贯彻宽严相济刑事政策，必须坚持严格依法办案，切实贯彻落实罪刑法定原则、罪刑相适应原则和法律面前人人平等原则，依照法律规定准确定罪量刑。从宽和从严都必须依照法律规定进行，做到宽严有据，罚当其罪。

4. 要根据经济社会的发展和治安形势的变化，尤其要根据犯罪情况的变化，在法律规定的范围内，适时调整从宽和从严的对象、范围和力度。要全面、客观把握不同时期不同地区的经济社会状况和社会治安形势，充分考虑人民群众的安全感以及惩治犯罪的实际需要，注重从严打击严重危害国家安全、社会治安和人民群众利益的犯罪。对于犯罪性质尚不严重，情节较轻和社会危害性较小的犯罪，以及被告人认罪、悔罪，从宽处罚更有利于社会和谐稳定的，依法可以从宽处理。

5. 贯彻宽严相济刑事政策，必须严格依法进行，维护法律的统一和权威，确保良好的法律效果。同时，必须充分考虑案件的处理是否有利于赢得广大人民群众的支持和社会稳定，是否有利于瓦解犯罪，化解矛盾，是否有利于罪犯的教育改造和回归社会，是否有利于减少社会对抗，促进社会和谐，争取更好的社会效果。要注意在裁判文书中充分说明裁判理由，尤其是从宽或从严的理由，促使被告人认罪服法，注重教育群众，实现案件裁判法律效果和社会效果的有机统一。

5.《最高人民法院、最高人民检察院、公安部、国家安全部、司法部关于加强协调配合积极推进量刑规范化改革的通知》（2010年11月6日　法发〔2010〕47号）（节录）

二、更新执法理念，加强协作配合，深入推进量刑规范化改革

2. 要更新刑事执法理念。量刑规范化改革是一项新的工作，对执法人员的执法理念、程序意识、执法能力都提出了新的更高的要求。各级人民法院、人民检察院、公安机关、国家安全机关和司法行政机关要通过深入开展社会主义法治理念教育，彻底清理和摒弃那些不符合、不适应社会主义法治理念要求的陈旧观念，牢固树立打击犯罪与保障人权并重、定罪与量刑并重、实体公正与程序公正并重的社会主义刑事执法理念，切实提高执法办案的能力和水平，实现办案法律效果和社会效果有机统一。

3. 要高度重视调查取证工作。侦查机关、检察机关不但要注重收集各种证明犯罪嫌疑人、被告人有罪、罪重的证据，而且要注重收集各种证明犯罪嫌疑人、被告人无罪、罪轻的证据；不但要注重收集各种法定量刑情节，而且要注重查明各种酌定量刑情节，比如案件起因、被害人过错、退赃退赔、民事赔偿、犯罪嫌疑人、被告人一贯表现等，确保定罪量刑事实清楚，证据确实充分。为量刑规范化和公正量刑，以及做好调解工作、化解社会矛盾奠定基础。

4. 要进一步强化审查起诉工作。人民检察院审查案件，要客观全面审查案件证据，既要注重审查定罪证据，也要注重审查量刑证据；既要注重审查法定量刑情节，也要注重审查酌定量刑情节；既要注重审查从重量刑情节，也要注重审查从轻、减轻、免除处罚量刑情节。在审查案件过程中，可以要求侦查机关提供法庭审判所必需的与量刑有关的各种证据材料。对于量刑证据材料的移送，依照有关规定进行。

5. 要全面执行刑事诉讼法规定的各种强制措施。在侦查活动中，对于罪行较轻，社会危害性较小的犯罪嫌疑人，如果符合取保候审、监视居住条件，要尽量适用取保候审、监视居住等强制措施，减少羁押性强制措施的适用；人民检察院、人民法院在审查起诉、审判过程中，发现羁押期限可能超过所应判处刑罚的，可以根据案件情况变更强制措施，避免羁押期超过判处的刑期，切实保障被告人的合法权益。

6. 要继续完善量刑建议制度。检察机关要坚持积极、慎重、稳妥的原则，由易到难，边实践边总结，逐步扩大案件适用范围。要依法规范提出量刑建议，注重量刑建议的质量和效果。提出量刑建议，一般应当制作量刑建议书。对于人民检察院不派员出席法庭的简易程序案件，应当制作量刑建议书。量刑建议一般应当具有一定的幅度，但对于敏感复杂的案件、社会关注的案件、涉及国家安全和严重影响局部地区稳定的案件等，可以不提出具体的量刑建议，而仅提出依法从重、从轻、减轻处罚等概括性建议。

7. 要加强律师辩护工作指导，加大法律援助工作力度。各级司法行政机关、律师协会要加强对律师辩护工作的指导，完善律师办理刑事案件业务规则，规范律师执业行为。律师办理刑事案件，要依法履行辩护职责，切实维护犯罪嫌疑人、被告人的合法权益。司法机关应当充分保障律师执业权利，重视辩护律师提出的量刑证据和量刑意见。司法行政机关要进一步扩大法律援助范围，加大法律援助投入，壮大法律援助队伍，尽可能地为那些不认罪或者对量刑建议有争议、因经济困难或者其他原因没有委托辩护人的被告人提供法律援助，更好地保护被告人的辩护权。

8. 要进一步提高法庭审理的质量和水平。在法庭审理中，应当保障量刑程序的相对独立性，要合理安排定罪量刑事实调查顺序和辩论重点，对于被告人对指控的犯罪事实和罪名没有异议的案件，可以主要围绕量刑和其他有争议的问题进行调查和辩论；对于被告人不认罪或者辩护人作无罪辩护的案件，应当先查明定罪事实和量刑事实，再围绕定罪和量刑问题进行辩论。公诉人、辩护人要积极参与法庭调查和法庭辩论。审判人员对量刑证据有疑问的，可以对证据进行调查核实，必要时也可以要求人民检察院补充调查核实。人民检察院应当补充调查核实有关证据，必要时可以要求侦查机关提供协助。

6.《最高人民法院关于在审判执行工作中切实规范自由裁量权行使保障法律统一适用的指导意见》（2012年2月28日　法发〔2010〕7号）（节录）

二、自由裁量权的行使条件。人民法院在审理案件过程中，对下列情形依法行使自由裁量权：（一）法律规定由人民法院根据案件具体情况进行裁量的；（二）法律规定由人民法院从几种法定情形中选择其一进行裁量，或者在法定的范围、幅度内进行裁量的；（三）根据案件具体情况需要对法律精神、规则或者条文进行阐释的；（四）根据案件具体情况需要对证据规则进行阐释或者对案件涉及的争议事实进行裁量认定的；（五）根据案件具体情况需要行使自由裁量权的其他情形。

三、自由裁量权的行使原则。（一）合法原则。要严格依据法律规定，遵循法定程序和正确裁判方法，符合法律、法规和司法解释的精神以及基本法理的要求，行使自由裁量权。不能违反法律明确、具体的规定。（二）合理原则。要从维护社会公平正义的价值观出发，充分考虑公共政策、社会主流价值观念、社会发展的阶段性、社会公众的认同度等因素，坚持正确的裁判理念，努力增强行使自由裁量权的确定性和可预测性，确保裁判结果符合社会发展方向。（三）公正原则。要秉持司法良知，恪守职业道德，坚持实体公正与程序公正并重。坚持法律面前人人平等，排除干扰，保持中立，避免偏颇。注重裁量结果与社会公众对公平正义普遍理解的契合性，确保裁判结果符合司法公平正义的要求。（四）审慎原则。要严把案件事实关、程序关和法律适用关，在充分理解法律精神、依法认定案件事实的基础上，审慎衡量、仔细求证，同时注意司法行为的适当性和必要性，努力实现办案的法律效果和社会效果的有机统一。

四、正确运用证据规则。行使自由裁量权，要正确运用证据规则，从保护当事人合法权益、有利查明事实和程序正当的角度，合理分配举证责任，全面、客观、准确认定证据的证明力，严格依证据认定案件事实，努力实现法律事实与客观事实的统一。

五、正确运用法律适用方法。行使自由裁量权，要处理好上位法与下位法、新法与旧法、特别法与一般法的关系，正确选择所应适用的法律；难以确定如何适用法律的，应按照立法法的规定报请有关机关裁决，以维护社会主义法制的统一。对同一事项同一法律存在一般规定和特别规定的，应优先适用特别规定。要正确把握法律、法规和司法解释中除明确列举之外的概括性条款规定，确保适用结果符合立法原意。

六、正确运用法律解释方法。行使自由裁量权，要结合立法宗旨和立法原意、法律原则、国家政策、司法政策等因素，综合运用各种解释方法，对法律条文作出最能实现社会公平正义、最具现实合理性的解释。

七、正确运用利益衡量方法。行使自由裁量权，要综合考量案件所涉各种利益关系，对相互冲突的权利或利益进行权衡与取舍，正确处理好公共利益与个人利益、人身利益与财产利益、生存利益与商业利益的关系，保护合法利益，抑制非法利益，努力实现利益最大化、损害最小化。

八、强化诉讼程序规范。行使自由裁量权，要严格依照程序法的规定，充分保障各方当事人的诉讼权利。要充分尊重当事人的处分权，依法保障当事人的辩论权，对可能影响当事人实体性权利或程序性权利的自由裁量事项，应将其作为案件争议焦点，充分听取当事人的意见；要完善相对独立的量刑程序，将量刑纳入庭审过程；要充分保障当事人的知情权，并根据当事人的要求，向当事人释明行使自由裁量权的依据、考量因素等事项。

九、强化审判组织规范。要进一步强化合议庭审判职责，确保全体成员对案件审理、评议、裁判过程的平等参与，充分发挥自由裁量权行使的集体把关机制。自由裁量权的行使涉及对法律条文的阐释、对不确定概念的理解、对证据规则的把握以及其他可能影响当事人重大实体性权利或程序性权利事项，且有重大争议的，可报请审判委员会讨论决定，确保法律适用的统一。

十、强化裁判文书规范。要加强裁判文书中对案件事实认定理由的论证，使当事人和社会公众知悉法院对证据材料的认定及采信理由。要公开援引和适用的法律条文，并结合案件事实阐明法律适用的理由，充分论述自由裁量结果的正当性和合理性，提高司法裁判的公信力和权威性。

7. 《最高人民法院关于人民法院办理接收在台湾地区服刑的大陆居民回大陆服刑案件的规定》（2016 年 4 月 27 日　法释〔2016〕11 号）（节录）

第五条　人民法院应当在立案后一个月内就是否准予接收被判刑人作出裁定，情况复杂、特殊的，可以延长一个月。

人民法院裁定准予接收的，应当依据台湾地区法院判决认定的事实并参考其所定罪名，根据刑法就相同或者最相似犯罪行为规定的法定刑，按照下列原则对台湾地区法院确定的无期徒刑或者有期徒刑予以转换：

（一）原判处刑罚未超过刑法规定的最高刑，包括原判处刑罚低于刑法规定的最低刑的，以原判处刑罚作为转换后的刑罚；

（二）原判处刑罚超过刑法规定的最高刑的，以刑法规定的最高刑作为转换后的刑罚；

（三）转换后的刑罚不附加适用剥夺政治权利。

前款所称的最高刑，如台湾地区法院认定的事实依据刑法应当认定为一个犯罪的，是指刑法对该犯罪规定的最高刑；如应当认定为多个犯罪的，是指刑法对数罪并罚规定的最高刑。

对人民法院立案前，台湾地区有关业务主管部门对被判刑人在服刑期间作出的减轻刑罚决定，人民法院应当一并予以转换，并就最终应当执行的刑罚作出裁定。

第六十二条 从重处罚与从轻处罚

犯罪分子具有本法规定的从重处罚、从轻处罚情节的，应当在法定刑的限度以内判处刑罚。

条文要旨

本条是关于犯罪分子具有本法规定的从重、从轻处罚情节的应当如何适用刑罚的规定。

理解与适用

根据本条规定，从重处罚、从轻处罚都应当在法定刑的限度内判处刑罚。

1. 从重处罚。所谓“从重处罚”，是指在法定刑的幅度内，对犯罪分子适用相对较重的刑种或者处以相对较长的刑期。我国刑法总则规定有从重处罚的情节，如教唆不满十八周岁的人犯罪、累犯等。刑法分则也规定了从重处罚情节，如奸淫不满十四周岁的幼女；利用、教唆未成年人走私、贩卖、运输毒品或者向未成年人出售毒品；非法拘禁他人或者以其他方法非法剥夺他人人身自由的犯罪中，具有殴打、侮辱情节的；等等。对于从重处罚应当注意把握以下两点：一是应当在法定刑幅度内适用相对较重的刑罚，也就是在犯罪分子所犯罪行应适用的法定刑幅度内相对从重，而不能在法定最高刑之上判处刑罚。如果刑法分则对某罪名规定了数个刑罚幅度的，首先要依法确定该犯罪分子应适用的幅度，然后在该幅度内从重。二是从重处罚并不意味着一律判处该幅度的最高刑罚，而是要根据犯罪分子的具体犯罪行为和情节、危害后果等，相对于其如果没有该从重情节的情况下应判处的刑罚适当从重，也就是对于具有从重情节的犯罪分子所判处的刑罚比对不具有该从重情节时所应判处的刑罚要相对重些，而不是一律判处法定最高刑或者一律适用较重的刑种、较长的刑期或者一律在法定刑的平均刑期以上判处刑罚。

2. 从轻处罚。所谓“从轻处罚”，是指在法定刑的幅度内，对犯罪分子适用相对较轻的刑种或者处以较短的刑期。我国刑法规定的从轻处罚的情节大多数见之于刑法总则。例如，犯罪形态中的预备犯、未遂犯、中止犯，未成年人犯罪，共同犯罪中的从犯、胁从犯，又聋又哑的人或者盲人犯罪，防卫过当、紧急避险超过必要限度的，被教唆的人未犯被教唆的罪的，犯罪后有自首、立功情节的，等等。刑法分则也有个别条款规定了从轻处罚的情节。例如，收买被拐卖的妇女、儿童，对被买儿童没有虐待行为，不阻碍对其进行解救，或者按照被买妇女的意愿，不阻碍其返回原居住地的；行贿人在被追诉前主动交代行贿行为的等。刑法规定的从轻处罚的情节可以分为两类：一类是应当从轻处罚；另一类是可以从轻处罚。对于刑法规定应当从轻处罚的，人民法院在量刑时应充分考虑该情节，并必须处以相对较轻的刑罚；对于刑法规定可以从轻处罚的情节，人民法院在量刑时也应当充分考虑该情节，并综合全案情况，决定是否予以从轻处罚以及从轻的幅度。如果犯罪分子同时具备从轻、从重处罚情节的，人民法院应当综合全案情况，在罪刑相适应原则的指导下，处以合理的刑罚。对于从轻处罚也同样应当注意把握以下两点：一是应当在法定刑幅度内适用相对较轻的刑罚，而不能在法定最低刑以下判处刑罚；二是从轻处罚并不意味着一律判处该幅度的最低刑罚，而是要根据犯罪分子的具体犯罪行为和情节、危害后果等，相对于其他没有从轻情节的情况下应判处的刑罚适当从轻。

根据本条规定，对于具有本法规定的从重、从轻处罚情节的，应当对犯罪分子在法定刑的限度以内判处刑罚。所谓“法定刑的限度以内”，是指刑法分则针对某种特定的犯罪的特定情节规定的量刑幅度，既包括适用的刑种，也包括该条文具体规定的刑期。人民法院在决定量刑时，应当根据犯罪的事实、情节、社会危害程度以及刑罚的具体量刑幅度，判处相应的刑罚，不得超出法定最低刑和法定最高刑判处。

关联规范

1.《中华人民共和国监狱法》（2012 年 10 月 26 日修正）（节录）

第五十九条　罪犯在服刑期间故意犯罪的，依法从重处罚。

2.《最高人民法院关于贯彻宽严相济刑事政策的若干意见》（2010 年 2 月 8 日　法发〔2010〕9 号）（节录）

二、准确把握和正确适用依法从“严”的政策要求

6. 宽严相济刑事政策中的从“严”，主要是指对于罪行十分严重、社会危害性极大，依法应当判处重刑或死刑的，要坚决地判处重刑或死刑；对于社会危害大或者具有法定、酌定从重处罚情节，以及主观恶性深、人身危险性大的被告人，要依法从严惩处。在审判活动中通过体现依法从“严”的政策要求，有效震慑犯罪分子和社会不稳定分子，达到有效遏制犯罪、预防犯罪的目的。

7. 贯彻宽严相济刑事政策，必须毫不动摇地坚持依法严惩严重刑事犯罪的方针。对于危害国家安全犯罪、恐怖组织犯罪、邪教组织犯罪、黑社会性质组织犯罪、恶势力犯罪、故意危害公共安全犯罪等严重危害国家政权稳固和社会治安的犯罪，故意杀人、故意伤害致人死亡、强奸、绑架、拐卖妇女儿童、抢劫、重大抢夺、重大盗窃等严重暴力犯罪和严重影响人民群众安全感的犯罪，走私、贩卖、运输、制造毒品等毒害人民健康的犯罪，要作为严惩的重点，依法从重处罚。尤其对于极端仇视国家和社会，以不特定人为侵害对象，所犯罪行特别严重的犯罪分子，该重判的要坚决依法重判，该判处死刑的要坚决依法判处死刑。

8. 对于国家工作人员贪污贿赂、滥用职权、失职渎职的严重犯罪，黑恶势力犯罪、重大安全责任事故、制售伪劣食品药品所涉及的国家工作人员职务犯罪，发生在社会保障、征地拆迁、灾后重建、企业改制、医疗、教育、就业等领域严重损害群众利益、社会影响恶劣、群众反映强烈的国家工作人员职务犯罪，发生在经济社会建设重点领域、重点行业的严重商业贿赂犯罪等，要依法从严惩处。

对于国家工作人员职务犯罪和商业贿赂犯罪中性质恶劣、情节严重、涉案范围广、影响面大的，或者案发后隐瞒犯罪事实、毁灭证据、订立攻守同盟、负案潜逃等拒不认罪悔罪的，要坚决依法从严惩处。

对于被告人犯罪所得数额不大，但对国家财产和人民群众利益造成重大损失、社会影响极其恶劣的职务犯罪和商业贿赂犯罪案件，也应依法从严惩处。

要严格掌握职务犯罪法定减轻处罚情节的认定标准与减轻处罚的幅度，严格控制依法减轻处罚后判处三年以下有期徒刑适用缓刑的范围，切实规范职务犯罪缓刑、免予刑事处罚的适用。

9. 当前和今后一段时期，对于集资诈骗、贷款诈骗、制贩假币以及扰乱、操纵证券、期货市场等严重危害金融秩序的犯罪，生产、销售假药、劣药、有毒有害食品等严重危害食品药品安全的犯罪，走私等严重侵害国家经济利益的犯罪，造成严重后果的重大安全责任事故犯罪，重大环境污染、非法采矿、盗伐林木等各种严重破坏环境资源的犯罪等，要依法从严惩处，维护国家的经济秩序，保护广大人民群众的生命健康安全。

10. 严惩严重刑事犯罪，必须充分考虑被告人的主观恶性和人身危险性。对于事先精心预谋、策划犯罪的被告人，具有惯犯、职业犯等情节的被告人，或者因故意犯罪受过刑事处罚、在缓刑、假释考验期内又犯罪的被告人，要依法严惩，以实现刑罚特殊预防的功能。

11. 要依法从严惩处累犯和毒品再犯。凡是依法构成累犯和毒品再犯的，即使犯罪情节较轻，也要体现从严惩处的精神。尤其是对于前罪为暴力犯罪或被判处重刑的累犯，更要依法从严惩处。

12. 要注重综合运用多种刑罚手段，特别是要重视依法适用财产刑，有效惩治犯罪。对于法律规定有附加财产刑的，要依法适用。对于侵财型和贪利型犯罪，更要注重通过依法适用财产刑使犯罪分子受到经济上的惩罚，剥夺其重新犯罪的能力和条件。要切实加大财产刑的执行力度，确保刑罚的严厉性和惩罚功能得以实现。被告人非法占有、处置被害人财产不能退赃的，在决定刑罚时，应作为重要情节予以考虑，体现从严处罚的精神。

13. 对于刑事案件被告人，要严格依法追究刑事责任，切实做到不枉不纵。要在确保司法公正的前提下，努力提高司法效率。特别是对于那些严重危害社会治安，引起社会关注的刑事案件，要在确保案件质量的前提下，抓紧审理，及时宣判。

三、准确把握和正确适用依法从“宽”的政策要求

14. 宽严相济刑事政策中的从“宽”，主要是指对于情节较轻、社会危害性较小的犯罪，或者罪行虽然严重，但具有法定、酌定从宽处罚情节，以及主观恶性相对较小、人身危险性不大的被告人，可以依法从轻、减轻或者免除处罚；对于具有一定社会危害性，但情节显著轻微危害不大的行为，不作为犯罪处理；对于依法可不监禁的，尽量适用缓刑或者判处管制、单处罚金等非监禁刑。

15. 被告人的行为已经构成犯罪，但犯罪情节轻微，或者未成年人、在校学生实施的较轻犯罪，或者被告人具有犯罪预备、犯罪中止、从犯、胁从犯、防卫过当、避险过当等情节，依法不需要判处刑罚的，可以免予刑事处罚。对免予刑事处罚的，应当根据刑法第三十七条规定，做好善后、帮教工作或者交由有关部门进行处理，争取更好的社会效果。

16. 对于所犯罪行不重、主观恶性不深、人身危险性较小、有悔改表现、不致再危害社会的犯罪分子，要依法从宽处理。对于其中具备条件的，应当依法适用缓刑或者管制、单处罚金等非监禁刑。同时配合做好社区矫正，加强教育、感化、帮教、挽救工作。

17. 对于自首的被告人，除了罪行极其严重、主观恶性极深、人身危险性极大，或者恶意地利用自首规避法律制裁者以外，一般均应当依法从宽处罚。

对于亲属以不同形式送被告人归案或协助司法机关抓获被告人而认定为自首的，原则上都应当依法从宽处罚；有的虽然不能认定为自首，但考虑到被告人亲属支持司法机关工作，促使被告人到案、认罪、悔罪，在决定对被告人具体处罚时，也应当予以充分考虑。

18. 对于被告人检举揭发他人犯罪构成立功的，一般均应当依法从宽处罚。对于犯罪情节不是十分恶劣，犯罪后果不是十分严重的被告人立功的，从宽处罚的幅度应当更大。

19. 对于较轻犯罪的初犯、偶犯，应当综合考虑其犯罪的动机、手段、情节、后果和犯罪时的主观状态，酌情予以从宽处罚。对于犯罪情节轻微的初犯、偶犯，可以免予刑事处罚；依法应当予以刑事处罚的，也应当尽量适用缓刑或者判处管制、单处罚金等非监禁刑。

20. 对于未成年人犯罪，在具体考虑其实施犯罪的动机和目的、犯罪性质、情节和社会危害程度的同时，还要充分考虑其是否属于初犯，归案后是否悔罪，以及个人成长经历和一贯表现等因素，坚持“教育为主、惩罚为辅”的原则和“教育、感化、挽救”的方针进行处理。对于偶尔盗窃、抢夺、诈骗，数额刚达到较大的标准，案发后能如实交代并积极退赃的，可以认定为情节显著轻微，不作为犯罪处理。对于罪行较轻的，可以依法适当多适用缓刑或者判处管制、单处罚金等非监禁刑；依法可免予刑事处罚的，应当免予刑事处罚。对于犯罪情节严重的未成年人，也应当依照刑法第十七条第三款的规定予以从轻或者减轻处罚。对于已满十四周岁不满十六周岁的未成年犯罪人，一般不判处无期徒刑。

21. 对于老年人犯罪，要充分考虑其犯罪的动机、目的、情节、后果以及悔罪表现等，并结合其人身危险性和再犯可能性，酌情予以从宽处罚。

22. 对于因恋爱、婚姻、家庭、邻里纠纷等民间矛盾激化引发的犯罪，因劳动纠纷、管理失当等原因引发、犯罪动机不属恶劣的犯罪，因被害方过错或者基于义愤引发的或者具有防卫因素的突发性犯罪，应酌情从宽处罚。

23. 被告人案发后对被害人积极进行赔偿，并认罪、悔罪的，依法可以作为酌定量刑情节予以考虑。因婚姻家庭等民间纠纷激化引发的犯罪，被害人及其家属对被告人表示谅解的，应当作为酌定量刑情节予以考虑。犯罪情节轻微，取得被害人谅解的，可以依法从宽处理，不需判处刑罚的，可以免予刑事处罚。

24. 对于刑事被告人，如果采取取保候审、监视居住等非羁押性强制措施足以防止发生社会危险性，且不影响刑事诉讼正常进行的，一般可不采取羁押措施。对人民检察院提起公诉而被告人未被采取逮捕措施的，除存在被告人逃跑、串供、重新犯罪等具有人身危险性或者可能影响刑事诉讼正常进行的情形外，人民法院一般可不决定逮捕被告人。

第六十三条 减轻处罚

犯罪分子具有本法规定的减轻处罚情节的，应当在法定刑以下判处刑罚；本法规定有数个量刑幅度的，应当在法定量刑幅度的下一个量刑幅度内判处刑罚。

犯罪分子虽然不具有本法规定的减轻处罚情节，但是根据案件的特殊情况，经最高人民法院核准，也可以在法定刑以下判处刑罚。

条文要旨

本条是关于减轻处罚的规定。

理解与适用

本条共分两款。第一款是关于具有法定减轻处罚情节的如何适用刑罚的规定。本款规定包含两个方面的内容：

第一，犯罪分子具有本法规定的减轻处罚情节的，应当在法定刑以下判处刑罚。所谓“减轻处罚”，是指在法定最低刑以下判处刑罚。我国刑法规定的减轻处罚的情节有预备犯、未遂犯、中止犯、从犯、胁从犯，犯罪后自首、立功，未成年人犯罪，等等。刑法规定的减轻处罚的情节包括两类：一类是应当予以减轻处罚的，另一类是可以予以减轻处罚的。不论哪种情形，都必须先根据犯罪的事实、犯罪的性质、情节和对社会的危害程度，依照刑法有关规定确定对犯罪分子应当判处的法定刑。对于具有刑法规定的应当减轻处罚的情节的，人民法院在量刑时必须在该法定刑的量刑幅度最低刑以下判处刑罚。对于具有刑法规定的可以予以减轻处罚情节的，人民法院应当综合全案的情况决定是否予以减轻处罚和减轻处罚的幅度。

第二，本法规定有数个量刑幅度的，应当在法定量刑幅度的下一个量刑幅度内判处刑罚。刑法中的减轻处罚的情节往往是以复合形式规定的，如“应当从轻、减轻或者免除处罚”“可以从轻、减轻处罚”等，因此，人民法院在量刑时首先要综合全案情况，决定对犯罪分子是从轻还是减轻处罚，然后才能根据刑法的有关规定判处适当的刑罚。对于已经确定予以减轻处罚，刑法规定有数个量刑幅度的，应当在法定量刑幅度的下一个量刑幅度内判处刑罚，即刑法规定此罪有两个以上量刑幅度的，减轻处罚只能在法定量刑幅度紧接着的下一个量刑幅度内判处刑罚，而不能跨越一个量刑幅度去判处刑罚；如果法定量刑幅度已经是最轻的，则减轻处罚也只能在此幅度内判处较轻或最轻的刑罚；对于已经确定予以减轻处罚，刑法只规定了一个量刑幅度的，则只能在此量刑幅度内判处较轻或最轻的刑罚。

第二款是关于犯罪分子没有法定减轻处罚的情节，但是根据案件的特殊情况，也可以在法定刑以下判处刑罚的规定。

本款规定的权力是为了赋予人民法院在特殊情况下，根据案件的特殊情况作出特殊处理。“经最高人民法院核准”，主要是为了防止实践中扩大适用范围或滥用减轻处罚的规定，造成不良的影响和后果。本款规定的“案件特殊情况”，主要是指案件本身的特殊性，如涉及政治、国防、外交等特殊情况。对于有上述特殊情况的案件，虽然犯罪分子不具有刑法规定的减轻处罚的情节，但是确有需要的，地方各级人民法院经报最高人民法院核准，也可以在法定刑以下判处刑罚。需要特别注意的是，这是刑法对减轻处罚的特殊规定，实践中在具体适用上应当非常慎重。

实务问题

1. 减轻处罚能否改变刑罚条款中附加刑的种类

减轻处罚时，附加刑能否一并减轻？比如，被告人丙与他人共同运输300克甲基苯丙胺，系从犯，依照刑法第三百四十七条的规定，法定刑是“处十五年有期徒刑、无期徒刑或者死刑的，并处没收财产”，拟对被告人丙减轻处罚，但如何并处财产刑，存在两种意见：第一种意见认为，只要主刑在有期徒刑十五年以下，就可以改变该刑法条款中“并处没收财产”的规定，并处其罚金。第二种意见认为，依照罪刑法定原则，只能并处没收财产，如果变为并处罚金，没有法律依据。经研究认为，根据刑法第六十三条的规定，犯罪分子具有本法规定的减轻处罚情节的，应当在法定刑以下判处刑罚。而刑法规定的刑罚分为主刑和附加刑。“在法定刑以下判处刑罚”中的“法定刑”，应当既包括主刑，也包括附加刑。因此，减轻处罚时，法定刑中的附加刑也可以在减轻之列。按照刑法第三百四十七条的规定，处十五年有期徒刑、无期徒刑或者死刑的，并处没收财产；处低于十五年有期徒刑的主刑的，并处罚金。故对丙可并处罚金。具体理由如下：（1）减轻处罚应当同时适用于主刑和附加刑。如刑法中的一个刑罚幅度由主刑和附加刑构成，则该刑罚幅度是一个固定组合。减轻处罚应当同时适用于主刑和附加刑组合而成的法定量刑幅度整体。（2）刑法第六十三条规定：“犯罪分子具有本法规定的减轻处罚情节的，应当在法定刑以下判处刑罚。”这里的“在法定刑以下”应当同样适用于附加刑，是指在主刑和附加刑组成的量刑幅度以下，而不应仅指在主刑以下。（3）刑法规定的附加刑往往是附加于主刑而规定的，一般根据主刑的轻重而规定轻重不同的附加刑。减轻处罚应先确定主刑的减轻处罚，然后在主刑减轻后适用的法定刑幅度内确定适用附加刑的刑种、幅度以及是否单独适用。（4）如果主刑在较低的量刑幅度内量刑，而附加刑却在原量刑幅度内量刑，这将造成刑罚适用的混乱，也不符合罪责刑相适应原则。

2. 减轻处罚能否判处刑法分则条文没有规定的刑种

比如，被告人陈某抢劫未遂，法定刑是三年以上十年以下有期徒刑，但其犯罪情节较轻，未造成任何后果，拟对其减轻处罚，对其能否判处三年以下有期徒刑、拘役或者管制？一种意见认为，不能超越刑法分则规定的刑种减轻处罚。法定最低刑为三年有期徒刑时，如果减轻处罚，只可以在有期徒刑范围内减轻处罚，即最多可以减轻到六个月有期徒刑，而不能减轻到拘役或者管制。另一种意见认为，减轻处罚可以超越刑法分则规定的刑种处罚。因为对于一些特殊案件来说，判处六个月有期徒刑仍然过重，假如被告人陈某还具有立功情节，对其判处六个月有期徒刑仍显过重，而免除处罚又太轻，就可以对其判处拘役或者管制。对此问题，1994 年 2 月 5 日《最高人民法院研究室关于适用刑法第 59 条第 2 款减轻处罚能否判处刑法分则条文没有规定的刑罚问题的答复》作出规定："在法定刑以下判处刑罚，包括判处刑法分则条文没有规定的不同刑种的刑罚。如，法定最低刑为三年有期徒刑时，可以判处不满三年有期徒刑、拘役或者管制。"《答复》所指刑法第五十九条第二款，就是修订后刑法第六十三条第二款，既然酌定减轻可以突破分则条文规定的刑种减轻处罚，那么有法定减轻处罚情节的情况下也应当可以突破。所以，减轻处罚可以判处刑法分则条文没有规定的刑种，对被告人陈某可以判处拘役或者管制。

关联规范

1. **《最高人民法院研究室关于如何理解“在法定刑以下判处刑罚”问题的答复》**（2012 年 5 月 30 日　法研〔2012〕67 号）（节录）

刑法第六十三条第一款规定的“在法定刑以下判处刑罚”，是指在法定量刑幅度的最低刑以下判处刑罚。刑法分则中规定的“处十年以上有期徒刑、无期徒刑或者死刑”，是一个量刑幅度，而不是“十年以上有期徒刑”、“无期徒刑”和“死刑”三个量刑幅度。

2. **《最高人民法院关于适用〈中华人民共和国刑事诉讼法〉的解释》**（2021 年 1 月 26 日　法释〔2021〕1 号）（节录）

第四百一十四条　报请最高人民法院核准在法定刑以下判处刑罚的案件，应当按照下列情形分别处理：

（一）被告人未上诉、人民检察院未抗诉的，在上诉、抗诉期满后三日以内报请上一级人民法院复核。上级人民法院同意原判的，应当书面层报最高人民法院核准；不同意的，应当裁定发回重新审判，或者按照第二审程序提审；

（二）被告人上诉或者人民检察院抗诉的，上一级人民法院维持原判，或者改判后仍在法定刑以下判处刑罚的，应当依照前项规定层报最高人民法院核准。

第四百一十五条　对符合刑法第六十三条第二款规定的案件，第一审人民法院未在法定刑以下判处刑罚的，第二审人民法院可以在法定刑以下判处刑罚，并层报最高人民法院核准。

第四百一十六条　报请最高人民法院核准在法定刑以下判处刑罚的案件，应当报送判决书、报请核准的报告各五份，以及全部案卷、证据。

第四百一十七条　对在法定刑以下判处刑罚的案件，最高人民法院予以核准的，应当作出核准裁定书；不予核准的，应当作出不核准裁定书，并撤销原判决、裁定，发回原审人民法院重新审判或者指定其他下级人民法院重新审判。

第六十四条 涉案财物的处理

犯罪分子违法所得的一切财物，应当予以追缴或者责令退赔；对被害人的合法财产，应当及时返还；违禁品和供犯罪所用的本人财物，应当予以没收。没收的财物和罚金，一律上缴国库，不得挪用和自行处理。

条文要旨

本条是关于追缴违法所得，没收违禁品和供犯罪所用的本人财物的规定。

理解与适用

1. 犯罪分子违法所得的一切财物，应当予以追缴或者责令退赔。所谓“违法所得的一切财物”，是指犯罪分子因实施犯罪活动而取得的全部财物，包括金钱或者物品，如盗窃得到的金钱或者物品，贪污得到的金钱或者物品等。所谓“追缴”，是指将犯罪分子的违法所得强制收缴。例如，在刑事诉讼过程中，对犯罪分子的违法所得进行追查、收缴；对于在办案过程中发现的犯罪分子已转移、隐藏的赃物追查下落，予以收缴。“责令退赔”，是指犯罪分子已将违法所得使用、挥霍或者毁坏的，也要责令其按违法所得财物的价值退赔。

2. 对于追缴和退赔的违法所得，如果是属于被害人的合法财产，应当及时返还。这里所说的“被害人”，是指遭受犯罪行为侵害的个人和单位。“合法财产”，是指依照法律规定属于被害人所有的动产和不动产，如被害人的财物、金钱、房屋等。根据本条规定，对于被害人的合法财产，原物存在的，应当及时返还；原物不存在或者损坏的，应当折价退赔。

3. 对于违禁品和供犯罪所用的本人财物，应当没收。所谓“违禁品”，是指依照国家规定，公民不得私自留存、使用的物品，如枪支、弹药、毒品以及淫秽物品等。对违禁品，不管属于谁所有，法律规定都应予以没收。“供犯罪所用的本人财物”，是指供犯罪分子进行犯罪活动而使用的属于他本人所有的钱款和物品，如用于走私的运输工具等。如果这些财物不是犯罪分子本人的，而是借用或者擅自使用的他人财物，财物所有人事前不知是供犯罪使用的，应当予以返还。但是，对司法机关作为证据扣押的，需要等案件审理结束后，再发还给财物所有人。如果通过照片、录像资料能够使原物充分发挥证据作用的，也可以将原物发还财物所有人，只保存照片、录像资料。

4. 对于依法没收的财物和罚金，一律上缴国库，不得私自挪用或者自行处理。这里所说的“上缴国库”，是指结案以后，由最后结案的单位统一上缴国家财政，不得挪作他用，如不能用于单位盖办公楼等；也不得随便处理，即不得私自低价变卖或者分给单位职工等。

关联规范

1. **《最高人民法院关于被告人亲属主动为被告人退缴赃款应如何处理的批复》**(1987年8月26日　法〔研〕复〔1987〕32号)(节录)

一、被告人是成年人，其违法所得都由自己挥霍，无法追缴的，应责令被告人退赔，其家属没有代为退赔的义务。

被告人在家庭共同财产中有其个人应有部分的，只能在其个人应有部分的范围内，责令被告人退赔。

二、如果被告人的违法所得有一部分用于家庭日常生活，对这部分违法所得，被告人和家属均有退赔的义务。

三、如果被告人对责令其本人退赔的违法所得已无实际上的退赔能力，但其亲属应被告人的请求，或者主动提出并征得被告人的同意，自愿代被告人退赔部分或者全部违法所得的，法院也可考虑具体情况，收下其亲属自愿代被告人退赔的款项，并视为被告人主动退赔的款项。

四、属于以上三种情况，已作了退赔的，均可视为被告人退赃较好，可以酌情从宽处罚。

五、如果被告人的罪行应当判处死刑，并必须执行，属于以上第一、二两种情况的，法院可以接收退赔的款项；属于以上第三种情况的，其亲属自愿代为退赔的款项，法院不应接收。

2. **《最高人民法院关于审理骗购外汇、非法买卖外汇刑事案件具体应用法律若干问题的解释》**(1998年8月28日　法释〔1998〕20号)(节录)

第七条　根据刑法第六十四条规定，骗购外汇、非法买卖外汇的，其违法所得予以追缴，用于骗购外汇、非法买卖外汇的资金予以没收，上缴国库。

3. **《最高人民法院、最高人民检察院关于办理行贿刑事案件具体应用法律若干问题的解释》**(2013年1月1日　法释〔2012〕22号)(节录)

第十一条　行贿犯罪取得的不正当财产性利益应当依照刑法第六十四条的规定予以追缴、责令退赔或者返还被害人。

因行贿犯罪取得财产性利益以外的经营资格、资质或者职务晋升等其他不正当利益，建议有关部门依照相关规定予以处理。

4. **《最高人民法院关于适用刑法第六十四条有关问题的批复》**(2013年10月21日　法〔2013〕229号)(节录)

根据刑法第六十四条和《最高人民法院关于适用〈中华人民共和国刑事诉讼法〉的解释》第一百三十八条、第一百三十九条的规定，被告人非法占有、处置被害人财产的，应当依法予以追缴或者责令退赔。据此，追缴或者责令退赔的具体内容，应当在判决主文中写明；其中，判决前已经发还被害人的财产，应当注明。被害人提起附带民事诉讼，或者另行提起民事诉讼请求返还被非法占有、处置的财产的，人民法院不予受理。

5.《**最高人民法院关于刑事裁判涉财产部分执行的若干规定**》(2014年10月30日　法释〔2014〕13号)(节录)

第六条　刑事裁判涉财产部分的裁判内容，应当明确、具体。涉案财物或者被害人人数较多，不宜在判决主文中详细列明的，可以概括叙明并另附清单。

判处没收部分财产的，应当明确没收的具体财物或者金额。

判处追缴或者责令退赔的，应当明确追缴或者退赔的金额或财物的名称、数量等相关情况。

第十条　对赃款赃物及其收益，人民法院应当一并追缴。

被执行人将赃款赃物投资或者置业，对因此形成的财产及其收益，人民法院应予追缴。

被执行人将赃款赃物与其他合法财产共同投资或者置业，对因此形成的财产中与赃款赃物对应的份额及其收益，人民法院应予追缴。

对于被害人的损失，应当按照刑事裁判认定的实际损失予以发还或者赔偿。

6.《**最高人民检察院关于印发〈人民检察院刑事诉讼涉案财物管理规定〉的通知**》(2015年3月6日　高检发〔2015〕6号)(节录)

第三条　违法所得的一切财物，应当予以追缴或者责令退赔。对被害人的合法财产，应当依照有关规定返还。违禁品和供犯罪所用的财物，应当予以查封、扣押、冻结，并依法处理。

第四条　人民检察院查封、扣押、冻结、保管、处理涉案财物，必须严格依照刑事诉讼法、《人民检察院刑事诉讼规则(试行)》以及其他相关规定进行。不得查封、扣押、冻结与案件无关的财物。凡查封、扣押、冻结的财物，都应当及时进行审查；经查明确实与案件无关的，应当在三日内予以解除、退还，并通知有关当事人。

严禁以虚假立案或者其他非法方式采取查封、扣押、冻结措施。对涉案单位违规的账外资金但与案件无关的，不得查封、扣押、冻结，可以通知有关主管机关或者其上级单位处理。

查封、扣押、冻结涉案财物，应当为犯罪嫌疑人、被告人及其所扶养的亲属保留必需的生活费用和物品，减少对涉案单位正常办公、生产、经营等活动的影响。

第五条　严禁在立案之前查封、扣押、冻结财物。立案之前发现涉嫌犯罪的财物，符合立案条件的，应当及时立案，并采取查封、扣押、冻结措施，以保全证据和防止涉案财物转移、损毁。

个人或者单位在立案之前向人民检察院自首时携带涉案财物的，人民检察院可以根据管辖规定先行接收，并向自首人开具接收凭证，根据立案和侦查情况决定是否查封、扣押、冻结。

人民检察院查封、扣押、冻结涉案财物后，应当对案件及时进行侦查，不得在无法定理由情况下撤销案件或者停止对案件的侦查。

第六条 犯罪嫌疑人到案后，其亲友受犯罪嫌疑人委托或者主动代为向检察机关退还或者赔偿涉案财物的，参照《人民检察院刑事诉讼规则（试行）》关于查封、扣押、冻结的相关程序办理。符合相关条件的，人民检察院应当开具查封、扣押、冻结决定书，并由检察人员、代为退还或者赔偿的人员和有关规定要求的其他人员在清单上签名或者盖章。

代为退还或者赔偿的人员应当在清单上注明系受犯罪嫌疑人委托或者主动代为犯罪嫌疑人退还或者赔偿。

第七条 人民检察院实行查封、扣押、冻结、处理涉案财物与保管涉案财物相分离的原则，办案部门与案件管理、计划财务装备等部门分工负责、互相配合、互相制约。侦查监督、公诉、控告检察、刑事申诉检察等部门依照刑事诉讼法和其他相关规定对办案部门查封、扣押、冻结、保管、处理涉案财物等活动进行监督。

办案部门负责对涉案财物依法进行查封、扣押、冻结、处理，并对依照本规定第十条第二款、第十二条不移送案件管理部门或者不存入唯一合规账户的涉案财物进行管理；案件管理部门负责对办案部门和其他办案机关移送的涉案物品进行保管，并依照有关规定对查封、扣押、冻结、处理涉案财物工作进行监督管理；计划财务装备部门负责对存入唯一合规账户的扣押款项进行管理。

人民检察院监察部门依照有关规定对查封、扣押、冻结、保管、处理涉案财物工作进行监督。

第八条 人民检察院查封、扣押、冻结、处理涉案财物，应当使用最高人民检察院统一制定的法律文书，填写必须规范、完整。禁止使用不符合规定的文书查封、扣押、冻结、处理涉案财物。

第九条 查封、扣押、冻结、保管、处理涉及国家秘密、商业秘密、个人隐私的财物，应当严格遵守有关保密规定。

第二章 涉案财物的移送与接收

第十条 人民检察院办案部门查封、扣押、冻结涉案财物及其孳息后，应当及时按照下列情形分别办理，至迟不得超过三日，法律和有关规定另有规定的除外：

（一）将扣押的款项存入唯一合规账户；

（二）将扣押的物品和相关权利证书、支付凭证以及具有一定特征能够证明案情的现金等，送案件管理部门入库保管；

（三）将查封、扣押、冻结涉案财物的清单和扣押款项存入唯一合规账户的存款凭证等，送案件管理部门登记；案件管理部门应当对存款凭证复印保存，并将原件送计划财务装备部门。

扣押的款项或者物品因特殊原因不能按时存入唯一合规账户或者送案件管理部门保管的，经检察长批准，可以由办案部门暂时保管，在原因消除后及时存入或者移交，但应当将扣押清单和相关权利证书、支付凭证等依照本条第一款规定的期限送案件管理部门登记、保管。

第十一条 案件管理部门接收人民检察院办案部门移送的涉案财物或者清单时，应当审查是否符合下列要求：

（一）有立案决定书和相应的查封、扣押、冻结法律文书以及查封、扣押清单，并填写规范、完整，符合相关要求；

（二）移送的财物与清单相符；

（三）移送的扣押物品清单，已经依照《人民检察院刑事诉讼规则（试行）》有关扣押的规定注明扣押财物的主要特征；

（四）移送的外币、金银珠宝、文物、名贵字画以及其他不易辨别真伪的贵重物品，已经依照《人民检察院刑事诉讼规则（试行）》有关扣押的规定予以密封，检察人员、见证人和被扣押物品持有人在密封材料上签名或者盖章，经过鉴定的，附有鉴定意见复印件；

（五）移送的存折、信用卡、有价证券等支付凭证和具有一定特征能够证明案情的现金，已经依照《人民检察院刑事诉讼规则（试行）》有关扣押的规定予以密封，注明特征、编号、种类、面值、张数、金额等，检察人员、见证人和被扣押物品持有人在密封材料上签名或者盖章；

（六）移送的查封清单，已经依照《人民检察院刑事诉讼规则（试行）》有关查封的规定注明相关财物的详细地址和相关特征，检察人员、见证人和持有人签名或者盖章，注明已经拍照或者录像及其权利证书是否已被扣押，注明财物被查封后由办案部门保管或者交持有人或者其近亲属保管，注明查封决定书副本已送达相关的财物登记、管理部门等。

第十二条　人民检察院办案部门查封、扣押的下列涉案财物不移送案件管理部门保管，由办案部门拍照或者录像后妥善管理或者及时按照有关规定处理：

（一）查封的不动产和置于该不动产上不宜移动的设施等财物，以及涉案的车辆、船舶、航空器和大型机械、设备等财物，及时依照《人民检察院刑事诉讼规则（试行）》有关查封、扣押的规定扣押相关权利证书，将查封决定书副本送达有关登记、管理部门，并告知其在查封期间禁止办理抵押、转让、出售等权属关系变更、转移登记手续；

（二）珍贵文物、珍贵动物及其制品、珍稀植物及其制品，按照国家有关规定移送主管机关；

（三）毒品、淫秽物品等违禁品，及时移送有关主管机关，或者根据办案需要严格封存，不得擅自使用或者扩散；

（四）爆炸性、易燃性、放射性、毒害性、腐蚀性等危险品，及时移送有关部门或者根据办案需要委托有关主管机关妥善保管；

（五）易损毁、灭失、变质等不宜长期保存的物品，易贬值的汽车、船艇等物品，经权利人同意或者申请，并经检察长批准，可以及时委托有关部门先行变卖、拍卖，所得款项存入唯一合规账户。先行变卖、拍卖应当做到公开、公平。

人民检察院办案部门依照前款规定不将涉案财物移送案件管理部门保管的，应当将查封、扣押清单以及相关权利证书、支付凭证等依照本规定第十条第一款的规定送案件管理部门登记、保管。

第十三条　人民检察院案件管理部门接收其他办案机关随案移送的涉案财物的，参照本规定第十一条、第十二条的规定进行审查和办理。

对移送的物品、权利证书、支付凭证以及具备一定特征能够证明案情的现金，案件管理部门审查后认为符合要求的，予以接收并入库保管。对移送的涉案款项，由其他办案机关存入检察机关指定的唯一合规账户，案件管理部门对转账凭证进行登记并联系计划财务装备部门进行核对。其他办案机关直接移送现金的，案件管理部门可以告知其存入指定的唯一合规账户，也可以联系计划财务装备部门清点、接收并及时存入唯一合规账户。计划财务装备部门应当在收到款项后三日以内将收款凭证复印件送案件管理部门登记。

对于其他办案机关移送审查起诉时随案移送的有关实物，案件管理部门经商公诉部门后，认为属于不宜移送的，可以依照刑事诉讼法第二百三十四条第一款、第二款的规定，只接收清单、照片或者其他证明文件。必要时，人民检察院案件管理部门可以会同公诉部门与其他办案机关相关部门进行沟通协商，确定不随案移送的实物。

第十四条 案件管理部门应当指定专门人员，负责有关涉案财物的接收、管理和相关信息录入工作。

第十五条 案件管理部门接收密封的涉案财物，一般不进行拆封。移送部门或者案件管理部门认为有必要拆封的，由移送人员和接收人员共同启封、检查、重新密封，并对全过程进行录像。根据《人民检察院刑事诉讼规则（试行）》有关扣押的规定应当予以密封的涉案财物，启封、检查、重新密封时应当依照规定有见证人、持有人或者单位负责人等在场并签名或者盖章。

第十六条 案件管理部门对于接收的涉案财物、清单及其他相关材料，认为符合条件的，应当及时在移送清单上签字并制作入库清单，办理入库手续。认为不符合条件的，应当将原因告知移送单位，由移送单位及时补送相关材料，或者按照有关规定进行补正或者作出合理解释。

第三章 涉案财物的保管

第十七条 人民检察院对于查封、扣押、冻结的涉案财物及其孳息，应当如实登记，妥善保管。

第十八条 人民检察院计划财务装备部门对扣押款项及其孳息应当逐案设立明细账，严格收付手续。

计划财务装备部门应当定期对唯一合规账户的资金情况进行检查，确保账实相符。

第十九条 案件管理部门对收到的物品应当建账设卡，一案一账，一物一卡（码）。对于贵重物品和细小物品，根据物品种类实行分袋、分件、分箱设卡和保管。

案件管理部门应当定期对涉案物品进行检查，确保账实相符。

第二十条 涉案物品专用保管场所应当符合下列防火、防盗、防潮、防尘等要求：

（一）安装防盗门窗、铁柜和报警器、监视器；

（二）配备必要的储物格、箱、袋等设备设施；

（三）配备必要的除湿、调温、密封、防霉变、防腐烂等设备设施；

（四）配备必要的计量、鉴定、辨认等设备设施；

（五）需要存放电子存储介质类物品的，应当配备防磁柜；

（六）其他必要的设备设施。

第二十一条 人民检察院办案部门人员需要查看、临时调用涉案财物的，应当经办案部门负责人批准；需要移送、处理涉案财物的，应当经检察长批准。案件管理部门对于审批手续齐全的，应当办理查看、出库手续并认真登记。

对于密封的涉案财物，在查看、出库、归还时需要拆封的，应当遵守本规定第十五条的要求。

第四章　涉案财物的处理

第二十二条　对于查封、扣押、冻结的涉案财物及其孳息，除按照有关规定返还被害人或者经查明确实与案件无关的以外，不得在诉讼程序终结之前上缴国库或者作其他处理。法律和有关规定另有规定的除外。

在诉讼过程中，对权属明确的被害人合法财产，凡返还不损害其他被害人或者利害关系人的利益、不影响诉讼正常进行的，人民检察院应当依法及时返还。权属有争议的，应当在决定撤销案件、不起诉或者由人民法院判决时一并处理。

在扣押、冻结期间，权利人申请出售被扣押、冻结的债券、股票、基金份额等财产的，以及扣押、冻结的汇票、本票、支票的有效期即将届满的，人民检察院办案部门应当依照《人民检察院刑事诉讼规则（试行）》的有关规定及时办理。

第二十三条　人民检察院作出撤销案件决定、不起诉决定或者收到人民法院作出的生效判决、裁定后，应当在三十日以内对涉案财物作出处理。情况特殊的，经检察长批准，可以延长三十日。

前款规定的对涉案财物的处理工作，人民检察院决定撤销案件的，由侦查部门负责办理；人民检察院决定不起诉或者人民法院作出判决、裁定的案件，由公诉部门负责办理；对人民检察院直接立案侦查的案件，公诉部门可以要求侦查部门协助配合。

人民检察院按照本规定第五条第二款的规定先行接收涉案财物，如果决定不予立案的，侦查部门应当按照本条第一款规定的期限对先行接收的财物作出处理。

第二十四条　处理由案件管理部门保管的涉案财物，办案部门应当持经检察长批准的相关文书或者报告，到案件管理部门办理出库手续；处理存入唯一合规账户的涉案款项，办案部门应当持经检察长批准的相关文书或者报告，经案件管理部门办理出库手续后，到计划财务装备部门办理提现或者转账手续。案件管理部门或者计划财务装备部门对于符合审批手续的，应当及时办理。

对于依照本规定第十条第二款、第十二条的规定未移交案件管理部门保管或者未存入唯一合规账户的涉案财物，办案部门应当依照本规定第二十三条规定的期限报经检察长批准后及时作出处理。

第二十五条　对涉案财物，应当严格依照有关规定，区分不同情形，及时作出相应处理：

（一）因犯罪嫌疑人死亡而撤销案件、决定不起诉，依照刑法规定应当追缴其违法所得及其他涉案财产的，应当按照《人民检察院刑事诉讼规则（试行）》有关犯罪嫌疑人逃匿、死亡案件违法所得的没收程序的规定办理；对于不需要追缴的涉案财物，应当依照本规定第二十三条规定的期限及时返还犯罪嫌疑人、被不起诉人的合法继承人；

（二）因其他原因撤销案件、决定不起诉，对于查封、扣押、冻结的犯罪嫌疑人违法所得及其他涉案财产需要没收的，应当依照《人民检察院刑事诉讼规则（试行）》有关撤销案件时处理犯罪嫌疑人违法所得的规定提出检察建议或者依照刑事诉讼法第一百七十三条第三款的规定提出检察意见，移送有关主管机关处理；未认定为需要没收并移送有关主管机关处理的涉案财物，应当依照本规定第二十三条规定的期限及时返还犯罪嫌疑人、被不起诉人；

（三）提起公诉的案件，在人民法院作出生效判决、裁定后，对于冻结在金融机构的涉案财产，由人民法院通知该金融机构上缴国库；对于查封、扣押且依法未随案移送人民法院的涉案财物，人民检察院根据人民法院的判决、裁定上缴国库；

（四）人民检察院侦查部门移送审查起诉的案件，起诉意见书中未认定为与犯罪有关的涉案财物；提起公诉的案件，起诉书中未认定或者起诉书认定但人民法院生效判决、裁定中未认定为与犯罪有关的涉案财物，应当依照本条第二项的规定移送有关主管机关处理或者及时返还犯罪嫌疑人、被不起诉人、被告人；

（五）对于需要返还被害人的查封、扣押、冻结涉案财物，应当按照有关规定予以返还。

人民检察院应当加强与人民法院、公安机关、国家安全机关的协调配合，共同研究解决涉案财物处理工作中遇到的突出问题，确保司法工作顺利进行，切实保障当事人合法权益。

第二十六条 对于应当返还被害人的查封、扣押、冻结涉案财物，无人认领的，应当公告通知。公告满六个月无人认领的，依法上缴国库。上缴国库后有人认领，经查证属实的，人民检察院应当向人民政府财政部门申请退库予以返还。原物已经拍卖、变卖的，应当退回价款。

第二十七条 对于贪污、挪用公款等侵犯国有资产犯罪案件中查封、扣押、冻结的涉案财物，除人民法院判决上缴国库的以外，应当归还原单位或者原单位的权利义务继受单位。犯罪金额已经作为损失核销或者原单位已不存在且无权利义务继受单位的，应当上缴国库。

第二十八条 查封、扣押、冻结的涉案财物应当依法上缴国库或者返还有关单位和个人的，如果有孳息，应当一并上缴或者返还。

7.**《公安机关涉案财物管理若干规定》**（2015年7月22日　公通字〔2015〕21号）（节录）

第二条 本规定所称涉案财物，是指公安机关在办理刑事案件和行政案件过程中，依法采取查封、扣押、冻结、扣留、调取、先行登记保存、抽样取证、追缴、收缴等措施提取或者固定，以及从其他单位和个人接收的与案件有关的物品、文件和款项，包括：

（一）违法犯罪所得及其孳息；

（二）用于实施违法犯罪行为的工具；

（三）非法持有的淫秽物品、毒品等违禁品；

（四）其他可以证明违法犯罪行为发生、违法犯罪行为情节轻重的物品和文件。

第三条 涉案财物管理实行办案与管理相分离、来源去向明晰、依法及时处理、全面接受监督的原则。

第四条 公安机关管理涉案财物，必须严格依法进行。任何单位和个人不得贪污、挪用、私分、调换、截留、坐支、损毁、擅自处理涉案财物。

对于涉及国家秘密、商业秘密、个人隐私的涉案财物，应当保密。

第五条　对涉案财物采取措施，应当严格依照法定条件和程序进行，履行相关法律手续，开具相应法律文书。严禁在刑事案件立案之前或者行政案件受案之前对财物采取查封、扣押、冻结、扣留措施，但有关法律、行政法规另有规定的除外。

第六条　公安机关对涉案财物采取措施后，应当及时进行审查。经查明确实与案件无关的，应当在三日以内予以解除、退还，并通知有关当事人。对与本案无关，但有证据证明涉及其他部门管辖的违纪、违法、犯罪行为的财物，应当依照相关法律规定，连同有关线索移送有管辖权的部门处理。

对涉案财物采取措施，应当为违法犯罪嫌疑人及其所扶养的亲属保留必需的生活费用和物品；根据案件具体情况，在保证侦查活动正常进行的同时，可以允许有关当事人继续合理使用有关涉案财物，并采取必要的保值保管措施，以减少侦查办案对正常办公和合法生产经营的影响。

第七条　公安机关对涉案财物进行保管、鉴定、估价、公告等，不得向当事人收取费用。

第二章　涉案财物的保管

第八条　公安机关应当完善涉案财物管理制度，建立办案部门与保管部门、办案人员与保管人员相互制约制度。

公安机关应当指定一个部门作为涉案财物管理部门，负责对涉案财物实行统一管理，并设立或者指定专门保管场所，对各办案部门经手的全部涉案财物或者价值较大、管理难度较高的涉案财物进行集中保管。涉案财物集中保管的范围，由地方公安机关根据本地区实际情况确定。

对于价值较低、易于保管，或者需要作为证据继续使用，以及需要先行返还被害人、被侵害人的涉案财物，可以由办案部门设置专门的场所进行保管。

办案部门应当指定不承担办案工作的民警负责本部门涉案财物的接收、保管、移交等管理工作；严禁由办案人员自行保管涉案财物。

第九条　公安机关应当设立或者指定账户，作为本机关涉案款项管理的唯一合规账户。

办案部门扣押涉案款项后，应当立即将其移交涉案财物管理部门。涉案财物管理部门应当对涉案款项逐案设立明细账，存入唯一合规账户，并将存款回执交办案部门附卷保存。但是，对于具有特定特征、能够证明某些案件事实而需要作为证据使用的现金，应当交由涉案财物管理部门或者办案部门涉案财物管理人员，作为涉案物品进行管理，不再存入唯一合规账户。

第十条　公安机关应当建立涉案财物集中管理信息系统，对涉案财物信息进行实时、全程录入和管理，并与执法办案信息系统关联。涉案财物管理人员应当对所有涉案财物逐一编号，并将案由、来源、财物基本情况、保管状态、场所和去向等信息录入信息系统。

第十一条　对于不同案件、不同种类的涉案财物，应当分案、分类保管。

涉案财物保管场所和保管措施应当适合被保管财物的特性，符合防火、防盗、防潮、防蛀、防磁、防腐蚀等安全要求。涉案财物保管场所应当安装视频监控设备，并配备必要的储物容器、一次性储物袋、计量工具等物品。有条件的地方，可以会同人民法院、人民检察院等部门，建立多部门共用的涉案财物管理中心，对涉案财物进行统一管理。

对于易燃、易爆、毒害性、放射性等危险物品，鲜活动植物，大宗物品，车辆、船舶、航空器等大型交通工具，以及其他对保管条件、保管场所有特殊要求的涉案财物，应当存放在符合条件的专门场所。公安机关没有具备保管条件的场所的，可以委托具有相应条件、资质或者管理能力的单位代为保管。

依法对文物、金银、珠宝、名贵字画等贵重财物采取查封、扣押、扣留等措施的，应当拍照或者录像，并及时鉴定、估价；必要时，可以实行双人保管。

未经涉案财物管理部门或者管理涉案财物的办案部门负责人批准，除保管人员以外的其他人员不得进入涉案财物保管场所。

第十二条 办案人员依法提取涉案财物后，应当在二十四小时以内按照规定将其移交涉案财物管理部门或者本部门的涉案财物管理人员，并办理移交手续。

对于采取查封、冻结、先行登记保存等措施后不在公安机关保管的涉案财物，办案人员应当在采取有关措施后的二十四小时以内，将相关法律文书和清单的复印件移交涉案财物管理人员予以登记。

第十三条 因情况紧急，需要在提取后的二十四小时以内开展鉴定、辨认、检验、检查等工作的，经办案部门负责人批准，可以在上述工作完成后的二十四小时以内将涉案财物移交涉案财物管理人员，并办理移交手续。

异地办案或者在偏远、交通不便地区办案的，应当在返回办案单位后的二十四小时以内办理移交手续；行政案件在提取后的二十四小时以内已将涉案财物处理完毕的，可以不办理移交手续，但应当将处理涉案财物的相关手续附卷保存。

第十四条 涉案财物管理人员对办案人员移交的涉案财物，应当对照有关法律文书当场查验核对、登记入册，并与办案人员共同签名。

对于缺少法律文书、法律文书对必要事项记载不全或者实物与法律文书记载严重不符的，涉案财物管理人员可以拒绝接收涉案财物，并应当要求办案人员补齐相关法律文书、信息或者财物。

第十五条 因讯问、询问、鉴定、辨认、检验、检查等办案工作需要，经办案部门负责人批准，办案人员可以向涉案财物管理人员调用涉案财物。调用结束后，应当在二十四小时以内将涉案财物归还涉案财物管理人员。

因宣传教育等工作需要调用涉案财物的，应当经公安机关负责人批准。

涉案财物管理人员应当详细登记调用人、审批人、时间、事由、期限、调用的涉案财物状况等事项。

第十六条 调用人应当妥善保管和使用涉案财物。调用人归还涉案财物时，涉案财物管理人员应当进行检查、核对。对于有损毁、短少、调换、灭失等情况的，涉案财物管理人员应当如实记录，并报告调用人所属部门负责人和涉案财物管理部门负责人。因鉴定取样等事由导致涉案财物出现合理损耗的，不需要报告，但调用人应当向涉案财物管理人员提供相应证明材料和书面说明。

调用人未按照登记的调用时间归还涉案财物的，涉案财物管理人员应当报告调用人所属部门负责人；有关负责人应当责令调用人立即归还涉案财物。确需继续调用涉案财物的，调用人应当按照原批准程序办理延期手续，并交由涉案财物管理人员留存。

第十七条　办案部门扣押、扣留涉案车辆时，应当认真查验车辆特征，并在清单或者行政强制措施凭证中详细载明当事人的基本情况、案由、厂牌型号、识别代码、牌照号码、行驶里程、重要装备、车身颜色、车辆状况等情况。

对车辆内的物品，办案部门应当仔细清点。对与案件有关，需要作为证据使用的，应当依法扣押；与案件无关的，通知当事人或者其家属、委托的人领取。

公安机关应当对管理的所有涉案车辆进行专门编号登记，严格管理，妥善保管，非因法定事由并经公安机关负责人批准，不得调用。

对船舶、航空器等交通工具采取措施和进行管理，参照前三款规定办理。

第三章　涉案财物的处理

第十八条　公安机关应当依据有关法律规定，及时办理涉案财物的移送、返还、变卖、拍卖、销毁、上缴国库等工作。

对刑事案件中作为证据使用的涉案财物，应当随案移送；对于危险品、大宗大型物品以及容易腐烂变质等不宜随案移送的物品，应当移送相关清单、照片或者其他证明文件。

第十九条　有关违法犯罪事实查证属实后，对于有证据证明权属明确且无争议的被害人、被侵害人合法财产及其孳息，凡返还不损害其他被害人、被侵害人或者利害关系人的利益，不影响案件正常办理的，应当在登记、拍照或者录像和估价后，报经县级以上公安机关负责人批准，开具发还清单并返还被害人、被侵害人。办案人员应当在案卷材料中注明返还的理由，并将原物照片、发还清单和被害人、被侵害人的领取手续存卷备查。

领取人应当是涉案财物的合法权利人或者其委托的人，办案人员或者公安机关其他工作人员不得代为领取。

第二十条　对于刑事案件依法撤销、行政案件因违法事实不能成立而作出不予行政处罚决定的，除依照法律、行政法规有关规定另行处理的以外，公安机关应当解除对涉案财物采取的相关措施并返还当事人。

人民检察院决定不起诉、人民法院作出无罪判决，涉案财物由公安机关管理的，公安机关应当根据人民检察院的书面通知或者人民法院的生效判决，解除对涉案财物采取的相关措施并返还当事人。

人民法院作出有罪判决，涉案财物由公安机关管理的，公安机关应当根据人民法院的生效判决，对涉案财物作出处理。人民法院的判决没有明确涉案财物如何处理的，公安机关应当征求人民法院意见。

第二十一条　对于因自身材质原因易损毁、灭失、腐烂、变质而不宜长期保存的食品、药品及其原材料等物品，长期不使用容易导致机械性能下降、价值贬损的车辆、船舶等物品，市场价格波动大的债券、股票、基金份额等财产和有效期即将届满的汇票、本票、支票等，权利人明确的，经其本人书面同意或者申请，并经县级以上公安机关主要负责人批准，可以依法变卖、拍卖，所得款项存入本单位唯一合规账户；其中，对于冻结的债券、股票、基金份额等财产，有对应的银行账户的，应当将变现后的款项继续冻结在对应账户中。

对涉案财物的变卖、拍卖应当坚持公开、公平原则，由县级以上公安机关商本级人民政府财政部门统一组织实施，严禁暗箱操作。

善意第三人等案外人与涉案财物处理存在利害关系的，公安机关应当告知其相关诉讼权利。

第二十二条 公安机关在对违法行为人、犯罪嫌疑人依法作出限制人身自由的处罚或者采取限制人身自由的强制措施时，对其随身携带的与案件无关的财物，应当按照《公安机关代为保管涉案人员随身财物若干规定》有关要求办理。

第二十三条 对于违法行为人、犯罪嫌疑人或者其家属、亲友给予被害人、被侵害人退、赔款物的，公安机关应当通知其向被害人、被侵害人或者其家属、委托的人直接交付，并将退、赔情况及时书面告知公安机关。公安机关不得将退、赔款物作为涉案财物扣押或者暂存，但需要作为证据使用的除外。

被害人、被侵害人或者其家属、委托的人不愿意当面接收的，经其书面同意或者申请，公安机关可以记录其银行账号，通知违法行为人、犯罪嫌疑人或者其家属、亲友将退、赔款项汇入该账户。

公安机关应当将双方的退赔协议或者交付手续复印附卷保存，并将退赔履行情况记录在案。

8. **《最高人民法院、最高人民检察院关于办理贪污贿赂刑事案件适用法律若干问题的解释》**（2016年4月18日　法释〔2016〕9号）（节录）

第十八条 贪污贿赂犯罪分子违法所得的一切财物，应当依照刑法第六十四条的规定予以追缴或者责令退赔，对被害人的合法财产应当及时返还。对尚未追缴到案或者尚未足额退赔的违法所得，应当继续追缴或者责令退赔。

9. **《最高人民法院、最高人民检察院关于适用犯罪嫌疑人、被告人逃匿、死亡案件违法所得没收程序若干问题的规定》**（2017年1月4日　法释〔2017〕1号）（节录）

第一条 下列犯罪案件，应当认定为刑事诉讼法第二百八十条第一款规定的“犯罪案件”：

（一）贪污、挪用公款、巨额财产来源不明、隐瞒境外存款、私分国有资产、私分罚没财物犯罪案件；

（二）受贿、单位受贿、利用影响力受贿、行贿、对有影响力的人行贿、对单位行贿、介绍贿赂、单位行贿犯罪案件；

（三）组织、领导、参加恐怖组织，帮助恐怖活动，准备实施恐怖活动，宣扬恐怖主义、极端主义、煽动实施恐怖活动，利用极端主义破坏法律实施，强制穿戴宣扬恐怖主义、极端主义服饰、标志，非法持有宣扬恐怖主义、极端主义物品犯罪案件；

（四）危害国家安全、走私、洗钱、金融诈骗、黑社会性质的组织、毒品犯罪案件。

电信诈骗、网络诈骗犯罪案件，依照前款规定的犯罪案件处理。

第二条 在省、自治区、直辖市或者全国范围内具有较大影响，或者犯罪嫌疑人、被告人逃匿境外的，应当认定为刑事诉讼法第二百八十条第一款规定的“重大”。

第三条 犯罪嫌疑人、被告人为逃避侦查和刑事追究潜逃、隐匿，或者在刑事诉讼过程中脱逃的，应当认定为刑事诉讼法第二百八十条第一款规定的“逃匿”。

犯罪嫌疑人、被告人因意外事故下落不明满二年，或者因意外事故下落不明，经有关机关证明其不可能生存的，依照前款规定处理。

第四条 犯罪嫌疑人、被告人死亡，依照刑法规定应当追缴其违法所得及其他涉案财产的，人民检察院可以向人民法院提出没收违法所得的申请。

第五条 公安机关发布通缉令或者公安部通过国际刑警组织发布红色国际通报，应当认定为刑事诉讼法第二百八十条第一款规定的“通缉”。

第六条 通过实施犯罪直接或者间接产生、获得的任何财产，应当认定为刑事诉讼法第二百八十条第一款规定的“违法所得”。

违法所得已经部分或者全部转变、转化为其他财产的，转变、转化后的财产应当视为前款规定的“违法所得”。

来自违法所得转变、转化后的财产收益，或者来自已经与违法所得相混合财产中违法所得相应部分的收益，应当视为第一款规定的“违法所得”。

第七条 刑事诉讼法第二百八十一条第三款规定的“利害关系人”包括犯罪嫌疑人、被告人的近亲属和其他对申请没收的财产主张权利的自然人和单位。

刑事诉讼法第二百八十一条第二款、第二百八十二条第二款规定的“其他利害关系人”是指前款规定的“其他对申请没收的财产主张权利的自然人和单位”。

第八条 人民检察院向人民法院提出没收违法所得的申请，应当制作没收违法所得申请书。

没收违法所得申请书应当载明以下内容：

（一）犯罪嫌疑人、被告人的基本情况；

（二）案由及案件来源；

（三）犯罪嫌疑人、被告人涉嫌犯罪的事实及相关证据材料；

（四）犯罪嫌疑人、被告人逃匿、被通缉、脱逃、下落不明、死亡的情况；

（五）申请没收的财产的种类、数量、价值、所在地以及已查封、扣押、冻结财产清单和相关法律手续；

（六）申请没收的财产属于违法所得及其他涉案财产的相关事实及证据材料；

（七）提出没收违法所得申请的理由和法律依据；

（八）有无利害关系人以及利害关系人的姓名、身份、住址、联系方式；

（九）其他应当载明的内容。

上述材料需要翻译件的，人民检察院应当将翻译件随没收违法所得申请书一并移送人民法院。

第九条 对于没收违法所得的申请，人民法院应当在三十日内审查完毕，并根据以下情形分别处理：

（一）属于没收违法所得申请受案范围和本院管辖，且材料齐全、有证据证明有犯罪事实的，应当受理；

（二）不属于没收违法所得申请受案范围或者本院管辖的，应当退回人民检察院；

（三）对于没收违法所得申请不符合“有证据证明有犯罪事实”标准要求的，应当通知人民检察院撤回申请，人民检察院应当撤回；

（四）材料不全的，应当通知人民检察院在七日内补送，七日内不能补送的，应当退回人民检察院。

第十条 同时具备以下情形的，应当认定为本规定第九条规定的“有证据证明有犯罪事实”：

（一）有证据证明发生了犯罪事实；

（二）有证据证明该犯罪事实是犯罪嫌疑人、被告人实施的；

（三）证明犯罪嫌疑人、被告人实施犯罪行为的证据真实、合法。

第十一条 人民法院受理没收违法所得的申请后，应当在十五日内发布公告，公告期为六个月。公告期间不适用中止、中断、延长的规定。

公告应当载明以下内容：

（一）案由、案件来源以及属于本院管辖；

（二）犯罪嫌疑人、被告人的基本情况；

（三）犯罪嫌疑人、被告人涉嫌犯罪的事实；

（四）犯罪嫌疑人、被告人逃匿、被通缉、脱逃、下落不明、死亡的情况；

（五）申请没收的财产的种类、数量、价值、所在地以及已查封、扣押、冻结财产的清单和相关法律手续；

（六）申请没收的财产属于违法所得及其他涉案财产的相关事实；

（七）申请没收的理由和法律依据；

（八）利害关系人申请参加诉讼的期限、方式以及未按照该期限、方式申请参加诉讼可能承担的不利法律后果；

（九）其他应当公告的情况。

第十二条 公告应当在全国公开发行的报纸、信息网络等媒体和最高人民法院的官方网站刊登、发布，并在人民法院公告栏张贴。必要时，公告可以在犯罪地、犯罪嫌疑人、被告人居住地或者被申请没收财产所在地张贴。公告最后被刊登、发布、张贴日期为公告日期。人民法院张贴公告的，应当采取拍照、录像等方式记录张贴过程。

人民法院已经掌握境内利害关系人联系方式的，应当直接送达含有公告内容的通知；直接送达有困难的，可以委托代为送达、邮寄送达。经受送达人同意的，可以采用传真、电子邮件等能够确认其收悉的方式告知其公告内容，并记录在案；人民法院已经掌握境外犯罪嫌疑人、被告人、利害关系人联系方式，经受送达人同意的，可以采用传真、电子邮件等能够确认其收悉的方式告知其公告内容，并记录在案；受送达人未作出同意意思表示，或者人民法院未掌握境外犯罪嫌疑人、被告人、利害关系人联系方式，其所在地国（区）主管机关明确提出应当向受送达人送达含有公告内容的通知的，受理没收违法所得申请案件的人民法院可以决定是否送达。决定送达的，应当将公告内容层报最高人民法院，由最高人民法院依照刑事司法协助条约、多边公约，或者按照对等互惠原则，请求受送达人所在地国（区）的主管机关协助送达。

第十三条　利害关系人申请参加诉讼的，应当在公告期间内提出，并提供与犯罪嫌疑人、被告人关系的证明材料或者证明其可以对违法所得及其他涉案财产主张权利的证据材料。

利害关系人可以委托诉讼代理人参加诉讼。利害关系人在境外委托的，应当委托具有中华人民共和国律师资格并依法取得执业证书的律师，依照《最高人民法院关于适用〈中华人民共和国刑事诉讼法〉的解释》第四百零三条的规定对授权委托进行公证、认证。

利害关系人在公告期满后申请参加诉讼，能够合理说明理由的，人民法院应当准许。

第十四条　人民法院在公告期满后由合议庭对没收违法所得申请案件进行审理。

利害关系人申请参加及委托诉讼代理人参加诉讼的，人民法院应当开庭审理。利害关系人及其诉讼代理人无正当理由拒不到庭，且无其他利害关系人和其他诉讼代理人参加诉讼的，人民法院可以不开庭审理。

人民法院对没收违法所得申请案件开庭审理的，人民检察院应当派员出席。

人民法院确定开庭日期后，应当将开庭的时间、地点通知人民检察院、利害关系人及其诉讼代理人、证人、鉴定人员、翻译人员。通知书应当依照本规定第十二条第二款规定的方式至迟在开庭审理三日前送达；受送达人在境外的，至迟在开庭审理三十日前送达。

第十五条　出庭的检察人员应当宣读没收违法所得申请书，并在法庭调查阶段就申请没收的财产属于违法所得及其他涉案财产等相关事实出示、宣读证据。

对于确有必要出示但可能妨碍正在或者即将进行的刑事侦查的证据，针对该证据的法庭调查不公开进行。

利害关系人及其诉讼代理人对申请没收的财产属于违法所得及其他涉案财产等相关事实及证据有异议的，可以提出意见；对申请没收的财产主张权利的，应当出示相关证据。

第十六条　人民法院经审理认为，申请没收的财产属于违法所得及其他涉案财产的，除依法应当返还被害人的以外，应当予以没收；申请没收的财产不属于违法所得或者其他涉案财产的，应当裁定驳回申请，解除查封、扣押、冻结措施。

第十七条　申请没收的财产具有高度可能属于违法所得及其他涉案财产的，应当认定为本规定第十六条规定的“申请没收的财产属于违法所得及其他涉案财产”。

巨额财产来源不明犯罪案件中，没有利害关系人对违法所得及其他涉案财产主张权利，或者利害关系人对违法所得及其他涉案财产虽然主张权利但提供的相关证据没有达到相应证明标准的，应当视为本规定第十六条规定的“申请没收的财产属于违法所得及其他涉案财产”。

第十八条　利害关系人非因故意或者重大过失在第一审期间未参加诉讼，在第二审期间申请参加诉讼的，人民法院应当准许，并发回原审人民法院重新审判。

第十九条　犯罪嫌疑人、被告人逃匿境外，委托诉讼代理人申请参加诉讼，且违法所得或者其他涉案财产所在地国（区）主管机关明确提出意见予以支持的，人民法院可以准许。

人民法院准许参加诉讼的，犯罪嫌疑人、被告人的诉讼代理人依照本规定关于利害关系人的诉讼代理人的规定行使诉讼权利。

第二十条 人民检察院、利害关系人对第一审裁定认定的事实、证据没有争议的，第二审人民法院可以不开庭审理。

第二审人民法院决定开庭审理的，应当将开庭的时间、地点书面通知同级人民检察院和利害关系人。

第二审人民法院应当就上诉、抗诉请求的有关事实和适用法律进行审查。

第二十一条 第二审人民法院对不服第一审裁定的上诉、抗诉案件，经审理，应当按照下列情形分别处理：

（一）第一审裁定认定事实清楚和适用法律正确的，应当驳回上诉或者抗诉，维持原裁定；

（二）第一审裁定认定事实清楚，但适用法律有错误的，应当改变原裁定；

（三）第一审裁定认定事实不清的，可以在查清事实后改变原裁定，也可以撤销原裁定，发回原审人民法院重新审判；

（四）第一审裁定违反法定诉讼程序，可能影响公正审判的，应当撤销原裁定，发回原审人民法院重新审判。

第一审人民法院对于依照前款第三项规定发回重新审判的案件作出裁定后，第二审人民法院对不服第一审人民法院裁定的上诉、抗诉，应当依法作出裁定，不得再发回原审人民法院重新审判。

第二十二条 违法所得或者其他涉案财产在境外的，负责立案侦查的公安机关、人民检察院等侦查机关应当制作查封、扣押、冻结的法律文书以及协助执行查封、扣押、冻结的请求函，层报公安、检察院等各系统最高上级机关后，由公安、检察院等各系统最高上级机关依照刑事司法协助条约、多边公约，或者按照对等互惠原则，向违法所得或者其他涉案财产所在地国（区）的主管机关请求协助执行。

被请求国（区）的主管机关提出，查封、扣押、冻结法律文书的制发主体必须是法院的，负责立案侦查的公安机关、人民检察院等侦查机关可以向同级人民法院提出查封、扣押、冻结的申请，人民法院经审查同意后制作查封、扣押、冻结令以及协助执行查封、扣押、冻结令的请求函，层报最高人民法院后，由最高人民法院依照刑事司法协助条约、多边公约，或者按照对等互惠原则，向违法所得或者其他涉案财产所在地国（区）的主管机关请求协助执行。

请求函应当载明以下内容：

（一）案由以及查封、扣押、冻结法律文书的发布主体是否具有管辖权；

（二）犯罪嫌疑人、被告人涉嫌犯罪的事实及相关证据，但可能妨碍正在或者即将进行的刑事侦查的证据除外；

（三）已发布公告的，发布公告情况、通知利害关系人参加诉讼以及保障诉讼参与人依法行使诉讼权利等情况；

（四）请求查封、扣押、冻结的财产的种类、数量、价值、所在地等情况以及相关法律手续；

（五）请求查封、扣押、冻结的财产属于违法所得及其他涉案财产的相关事实及证据材料；

（六）请求查封、扣押、冻结财产的理由和法律依据；

（七）被请求国（区）要求载明的其他内容。

第二十三条　违法所得或者其他涉案财产在境外，受理没收违法所得申请案件的人民法院经审理裁定没收的，应当制作没收令以及协助执行没收令的请求函，层报最高人民法院后，由最高人民法院依照刑事司法协助条约、多边公约，或者按照对等互惠原则，向违法所得或者其他涉案财产所在地国（区）的主管机关请求协助执行。

请求函应当载明以下内容：

（一）案由以及没收令发布主体具有管辖权；

（二）属于生效裁定；

（三）犯罪嫌疑人、被告人涉嫌犯罪的事实及相关证据，但可能妨碍正在或者即将进行的刑事侦查的证据除外；

（四）犯罪嫌疑人、被告人逃匿、被通缉、脱逃、死亡的基本情况；

（五）发布公告情况、通知利害关系人参加诉讼以及保障诉讼参与人依法行使诉讼权利等情况；

（六）请求没收违法所得及其他涉案财产的种类、数量、价值、所在地等情况以及查封、扣押、冻结相关法律手续；

（七）请求没收的财产属于违法所得及其他涉案财产的相关事实及证据材料；

（八）请求没收财产的理由和法律依据；

（九）被请求国（区）要求载明的其他内容。

第二十四条　单位实施本规定第一条规定的犯罪后被撤销、注销，单位直接负责的主管人员和其他直接责任人员逃匿、死亡，导致案件无法适用刑事诉讼普通程序进行审理的，依照本规定第四条的规定处理。

10.《最高人民检察院、公安部关于公安机关办理经济犯罪案件的若干规定》（2017年11月24日　公通字〔2017〕25号）（节录）

第五十四条　犯罪分子违法所得的一切财物及其孳息，应当予以追缴或者责令退赔。

发现犯罪嫌疑人将经济犯罪违法所得和其他涉案财物用于清偿债务、转让或者设定其他权利负担，具有下列情形之一的，应当依法查封、扣押、冻结：

（一）他人明知是经济犯罪违法所得和其他涉案财物而接受的；

（二）他人无偿或者以明显低于市场价格取得上述财物的；

（三）他人通过非法债务清偿或者违法犯罪活动取得上述财物的；

（四）他人通过其他恶意方式取得上述财物的。

他人明知是经济犯罪违法所得及其产生的收益，通过虚构债权债务关系、虚假交易等方式予以窝藏、转移、收购、代为销售或者以其他方法掩饰、隐瞒，构成犯罪的，应当依法追究刑事责任。

11.《最高人民法院关于适用〈中华人民共和国刑事诉讼法〉的解释》(2021 年 1 月 26 日　法释〔2021〕1 号)(节录)

第一百七十六条　被告人非法占有、处置被害人财产的，应当依法予以追缴或者责令退赔。被害人提起附带民事诉讼的，人民法院不予受理。追缴、退赔的情况，可以作为量刑情节考虑。

第二节　累　犯

第六十五条　一般累犯

被判处有期徒刑以上刑罚的犯罪分子，刑罚执行完毕或者赦免以后，在五年以内再犯应当判处有期徒刑以上刑罚之罪的，是累犯，应当从重处罚，但是过失犯罪和不满十八周岁的人犯罪的除外。

前款规定的期限，对于被假释的犯罪分子，从假释期满之日起计算。

条文要旨

本条是关于累犯的概念以及对累犯如何处罚的规定。

理解与适用

本条共分两款。第一款是关于累犯的概念以及对累犯从重处罚的规定。

一般来说，“累犯”可以是指符合特定条件的再次犯罪的人，也可以是指需要依法考虑的一种量刑的情节，还可以理解为对特定对象的一种量刑制度。累犯涉及犯罪行为人的刑罚轻重，对累犯的构成条件以及量刑方法，应当由法律作出明确规定。根据本条第一款的规定，“累犯”是指在刑罚执行完毕或者赦免以后，在法定的期限内又犯应当判处刑罚之罪，依法应当予以从重处罚的情况。根据本款规定，构成累犯应当同时具备以下四个条件：

第一，行为人因前罪被判处有期徒刑以上刑罚，其所实施的新罪依法也应当被判处有期徒刑以上刑罚，即前后罪的刑罚都是有期徒刑以上的刑罚。这里的“有期徒刑以上刑罚”包括被判处有期徒刑、无期徒刑和死刑的情况。需要注意的是，后罪应当判处有期徒刑以上刑罚，是指根据后罪的性质、情节、社会危害程度等，属于应判处有期徒刑以上刑罚的情况，而不是指该罪的法定刑幅度中包含有期徒刑以上的刑罚。因此，如果后罪的法定刑当中规定了有期徒刑，但按照案件的具体情况，对行为人应当判处的刑罚为拘役、管制、单处罚金等的，则不符合作为累犯的条件。

第二，前罪和后罪的间隔时间不超过五年。后罪发生的时间必须在前罪的刑罚执行完毕或者赦免以后五年以内，即后罪犯罪行为实施之日，至前罪刑罚执行完毕释放之日或者赦免释放之日不满五年。在刑罚执行期间再犯罪的，不适用本款的规定，应当依照刑法关于数罪并罚的规定处罚。关于如何理解本条规定的“刑罚执行完毕”，实践中存在不同的认识。有的认为，“刑罚”是指主刑，而不包括附加刑，主刑执行完毕以后五年内再犯罪的，构成累犯。有的认为，“刑罚”不仅包括主刑，也包括附加刑，因为主刑和附加刑是一个统一的刑罚整体，不可割裂。除对“刑罚”是指主刑还是也包括附加刑的问题在认识上存在分歧以外，2015年通过的《刑法修正案（九）》对数罪并罚制度的修改，又进一步增加了对上述主刑是仅指有期徒刑以上刑罚，还是也包括管制在内的争议。《刑法修正案（九）》在刑法第六十九条中增加一款，规定“数罪中有判处有期徒刑和管制……有期徒刑……执行完毕后，管制仍须执行”。这一修改，使得一个罪犯可能会被判处两个主刑，即有期徒刑和管制，那么对于犯罪分子同时被判处有期徒刑和管制的，都是主刑，其刑罚执行完毕的期限应当从有期徒刑执行完毕还是应当从管制执行完毕计算，也出现了不同认识。有的认为，被同时判处有期徒刑和管制的，根据刑法第六十九条规定，有期徒刑执行完毕后，管制仍须执行，也就是说有期徒刑虽然执行完毕，但管制还在执行，并不能认为刑罚已经执行完毕，累犯的起算时间应当从管制执行完毕开始计算。我们认为，这里所说的“刑罚执行完毕”应当是有期徒刑以上刑罚执行完毕。因为刑法中“刑罚执行完毕”在数个条文中都有规定，在理解其含义时，必须结合刑法的具体规定，分析其本来含义和应有之意，不宜脱离刑法规定的具体制度，简单化地一刀切。具体到累犯条件中“刑罚执行完毕”的理解，自然应当根据刑法有关累犯制度的规定，结合累犯制度的立法目的等因素确定其含义。以有期徒刑执行完毕之日作为累犯的起算时间的主要理由有两个：一是根据本条规定，只有判处有期徒刑以上刑罚的犯罪分子才可能构成累犯，也就是说被判处拘役、管制或者单处罚金、剥夺政治权利等刑罚的，都不能构成累犯，因此，累犯的起算时间不适宜从拘役、管制或者单处罚金、剥夺政治权利等刑罚执行完毕之日开始计算。二是既然本条规定的是被判处有期徒刑以上刑罚的犯罪分子构成累犯，这体现了刑法在累犯构成条件上对前后罪的严重程度作了一定的限制，设置了构成累犯的“门槛”，即不是所有犯罪都作为构成累犯的条件予以考虑，那么刑罚执行完毕也应当是指所犯有期徒刑之罪的刑罚即有期徒刑执行完毕。有期徒刑执行完毕后犯罪分子已经被释放，根据刑法有关规定，被判处管制的，依法实行社区矫正，是在社会上服刑；罚金等附加刑也可以在社会上执行。因此，累犯的起算时间从有期徒刑执行完毕开始计算是适宜的，即使管制或者罚金等附加刑尚未执行完毕，也不影响累犯的起算时间。关于赦免，一般将赦免分为特赦和大赦，我国宪法只规定了特赦而没有规定大赦，因此，这里的“赦免以后”，应是指特赦以后。

第三，前罪和后罪必须都是故意犯罪。累犯不包括过失犯罪。前后罪中如果有一个罪是过失犯罪，就不符合累犯的条件。

第四，犯罪分子在犯前罪和后罪时必须都是年满十八周岁以上的人。如果犯前罪时是不满十八周岁的未成年人，即使犯后罪时年满十八周岁，也不可以将未满十八周岁时所犯的前罪与后罪一起计算，构成累犯。

根据本款规定，对于累犯应当从重处罚，即应当在法定刑的幅度内处以更重的刑罚。具体应当在犯罪行为人所犯罪行应适用的法定刑幅度内，适用相对没有累犯情节的情况下更重的刑罚。从重处罚不能超越应当适用的刑罚幅度予以加重处罚，也不简单意味着在应当适用的刑罚幅度内一律判处最高刑罚，即“顶格”量刑。具体需要在依法确定行为人如果不属于累犯的情况下，应当适用的量刑幅度和应当判处的刑罚的基础上，进一步量定更为严厉的刑罚，要罚当其罪，体现罪责刑相适应。

第二款是关于被假释的罪犯，在认定是否构成累犯时，如何计算前后罪时间间隔是否在五年以内的规定。

根据本款的规定，对于被假释的犯罪分子，应当从假释期满之日起计算第一款规定的五年期限。刑法第八十一条中规定，被判处有期徒刑的犯罪分子，执行原判刑期二分之一以上，被判处无期徒刑的犯罪分子，实际执行十三年以上，如果认真遵守监规，接受教育改造，确有悔改表现，没有再犯罪的危险的，可以假释。第八十五条规定，对假释的犯罪分子，在假释考验期限内，依法实行社区矫正，如果没有本法第八十六条规定的情形，假释考验期满，就认为原判刑罚已经执行完毕。根据上述规定，假释考验期满就视为刑罚执行完毕，因此，对于被假释的犯罪分子，在认定是否构成累犯时，对其前后之间间隔时间的起算时间，从其假释考验期满之日起计算。

实务问题

累犯是对犯罪分子的评价，而不是对罪行的评价

关于累犯是对犯罪行为的评价还是对犯罪分子的评价，实践中有不同意见。比如，张三在刑满释放后五年内再犯盗窃罪，五年后又继续盗窃，且还实施了抢劫犯罪。对于张三在刑满释放五年后实施的盗窃部分以及抢劫罪是否也应当依法从重处罚。这就涉及累犯是对人还是对罪的评价问题。

第一种意见认为，累犯是对罪的评价。累犯仅针对刑罚执行完毕后五年内所犯应当判处有期徒刑以上刑罚之罪，不适用于刑罚执行完毕后五年内所犯应当判处有期徒刑以上刑罚之不同种罪。其理由主要有：（1）从刑法关于累犯的规定来看，累犯虽然是行为人人身危险性的表征，但作为一种与行为人自身的特定犯罪行为密切关联的量刑制度，具有罪行的特指性。这一点与自首制度相似，而不同于立功制度。故刑法第六十五条规定的累犯“应当从重处罚”，应当是针对“在五年以内再犯应当判处有期徒刑以上刑罚之罪”而言的；刑法第六十六条规定的危害国家安全犯罪、恐怖活动犯罪、黑社会性质的组织犯罪的犯罪分子构成累犯，也仅指对再犯的特定罪行应当从重处罚。（2）从立法旨义来看，规定累犯主要是为了对经过监狱管教的屡教不改者从重处罚。由此来看，屡次服刑后再犯罪的，显然重于一次服刑后再犯罪的。因此，刑罚执行完毕后五年内再犯应当判处有期徒刑以上刑罚之罪的，虽构成累犯，但不应适用于刑罚执行完毕后五年之后的所有犯罪，否则将会出现多次服刑完毕后五年后再犯罪不构成累犯、而一次服刑完毕后五年之后再犯罪构成累犯的罪刑不均衡现象。（3）累犯作为一种量刑制度，有其适用范围的限制。让犯罪人因一次犯罪构成累犯就永远背着累犯身份显然不妥。（4）累犯和自首仅适用于特定罪行，与《最高人民法院关于处理自首和立功具体应用法律若干问题的解释》第一条“犯有数罪的犯罪嫌疑人仅如实供述所犯数罪中部分犯罪的，只对如实供述部分犯罪的行为，认定为自首”的规定和实践中的一贯做法相一致。（5）若累犯可适用于刑罚执行完毕后五年后所犯应当判处有期徒刑以上刑罚之不同种罪，则有违反刑法第六十五条“五年以内”的限制性规定之嫌。（6）作为法定从轻情节的自首仅适用于如实供述部分的罪行，若作为法定从重情节的累犯可扩大适用于犯罪人的所有罪行，在理论上显然有矛盾，对犯罪人也有失公平。

第二种意见认为，累犯是对人的评价。累犯不仅适用于刑罚执行完毕五年内所犯应当判处有期徒刑以上刑罚之罪，而且适用于刑罚执行完毕五年后继续所犯应当判处有期徒刑以上刑罚之不同种罪。其理由主要有：（1）刑法第六十五条规定："被判处有期徒刑以上刑罚的犯罪分子，刑罚执行完毕或者赦免以后，在五年以内再犯应当判处有期徒刑以上刑罚之罪的，是累犯，应当从重处罚"，因此，累犯是对犯罪分子的评价，而不是对罪行的评价。犯罪分子在前罪刑罚执行完毕或者赦免五年内再犯罪依法构成累犯后，就具有了"累犯"身份，此身份不会在前罪刑罚执行完毕或者赦免五年后自行消失。犯罪分子构成累犯后实施的其他故意犯罪，不管是同种罪还是不同种罪，也不管是"五年内"实施还是"五年后"实施，均应当依法对犯罪分子从重处罚。（2）刑法第七十四条"对于累犯，不适用缓刑"及第八十一条对累犯不得假释的规定，均表明累犯是对犯罪分子的评价，"累犯"身份一旦构成，就一直延续到后罪刑罚执行阶段。后罪刑罚执行完毕或者赦免后，"累犯"身份才消失。（3）如果依第一种意见，部分犯罪认定为累犯，而部分犯罪不认定为累犯，则不易被公众理解和接受，也不便于刑罚的执行。比如，犯罪分子犯有数罪，有些罪是累犯，有些罪不是累犯，数罪并罚后决定执行的刑罚，在刑罚执行阶段，究竟能不能假释，就值得讨论了。

我们初步研究认为，对于一般累犯，倾向于后一种意见，即累犯是对犯罪分子的评价，而不是对罪行的评价，"累犯"身份一旦构成，其后实施的其他故意犯罪，均应当依法对犯罪分子从重处罚。但是，对于特殊累犯，是否有一定的特殊性，即累犯是对罪行的评价，还可以进一步研究。

关联规范

1.《**最高人民法院关于贯彻宽严相济刑事政策的若干意见**》（2010年2月8日　法发〔2010〕9号）（节录）

11. 要依法从严惩处累犯和毒品再犯。凡是依法构成累犯和毒品再犯的，即使犯罪情节较轻，也要体现从严惩处的精神。尤其是对于前罪为暴力犯罪或被判处重刑的累犯，更要依法从严惩处。

2.《**最高人民法院关于〈中华人民共和国刑法修正案（八）〉时间效力问题的解释**》（2011年4月25日　法释〔2011〕9号）（节录）

第三条　被判处有期徒刑以上刑罚，刑罚执行完毕或者赦免以后，在2011年4月30日以前再犯应当判处有期徒刑以上刑罚之罪的，是否构成累犯，适用修正前刑法第六十五条的规定；但是，前罪实施时不满十八周岁的，是否构成累犯，适用修正后刑法第六十五条的规定。

曾犯危害国家安全犯罪，刑罚执行完毕或者赦免以后，在2011年4月30日以前再犯危害国家安全犯罪的，是否构成累犯，适用修正前刑法第六十六条的规定。

曾被判处有期徒刑以上刑罚，或者曾犯危害国家安全犯罪、恐怖活动犯罪、黑社会性质的组织犯罪，在2011年5月1日以后再犯罪的，是否构成累犯，适用修正后刑法第六十五条、第六十六条的规定。

3.《最高人民检察院关于认定累犯如何确定刑罚执行完毕以后“五年以内”起始日期的批复》（2018年12月28日）（节录）

刑法第六十五条第一款规定的“刑罚执行完毕”，是指刑罚执行到期应予释放之日。认定累犯，确定刑罚执行完毕以后“五年以内”的起始日期，应当从刑满释放之日起计算。

4.《最高人民法院、最高人民检察院关于缓刑犯在考验期满后五年内再犯应当判处有期徒刑以上刑罚之罪应否认定为累犯问题的批复》（2020年1月17日　高检发释字〔2020〕1号）（节录）

被判处有期徒刑宣告缓刑的犯罪分子，在缓刑考验期满后五年内再犯应当判处有期徒刑以上刑罚之罪的，因前罪判处的有期徒刑并未执行，不具备刑法第六十五条规定的“刑罚执行完毕”的要件，故不应认定为累犯，但可作为对新罪确定刑罚的酌定从重情节予以考虑。

第六十六条 特殊累犯

危害国家安全犯罪、恐怖活动犯罪、黑社会性质的组织犯罪的犯罪分子，在刑罚执行完毕或者赦免以后，在任何时候再犯上述任一类罪的，都以累犯论处。

条文要旨

本条是关于危害国家安全犯罪、恐怖活动犯罪、黑社会性质的组织犯罪累犯的特殊规定。

理解与适用

根据本条规定，认定危害国家安全犯罪、恐怖活动犯罪、黑社会性质的组织犯罪的累犯，应当注意以下三个特点：

1. 犯罪分子所犯的前罪和后罪都是危害国家安全犯罪、恐怖活动犯罪、黑社会性质的组织犯罪。前罪或者后罪中一罪不属于上述犯罪范围的，不能构成本条规定的特殊累犯。但是，根据本条的规定，犯危害国家安全犯罪、恐怖活动犯罪、黑社会性质的组织犯罪的行为人，只要再犯这三类犯罪中的任一类犯罪的，均构成累犯。即前罪和后罪不需要同属一类犯罪，如犯危害国家安全犯罪者，再犯恐怖活动犯罪的，就构成累犯。

2. 不受刑法第六十五条关于构成累犯的前罪和后罪都应是“判处有期徒刑以上刑罚”的刑种条件限制。即前罪只要判处刑罚即可，后罪只要构成犯罪即可。

3. 不受刑法第六十五条关于构成累犯应在“刑罚执行完毕或者赦免以后，在五年以内再犯”的时间条件限制。即危害国家安全犯罪、恐怖活动犯罪、黑社会性质的组织犯罪的犯罪分子，在前罪的刑罚执行完毕或者赦免之后，不论何时再犯危害国家安全犯罪、恐怖活动犯罪、黑社会性质的组织犯罪的，都构成累犯，不受五年期限的限制。

实务问题

1. 恐怖活动犯罪的认定

由于刑法中没有明确规定“恐怖活动犯罪”的概念，且“恐怖组织”实施的犯罪也并非都是恐怖活动犯罪，因此，对于什么是“恐怖活动犯罪”争议颇多。只有正确认定恐怖活动犯罪，才能正确适用特殊累犯制度。如何认定恐怖活动犯罪，应当把握如下几点：

（1）“制造社会恐怖”是恐怖活动犯罪特有的犯罪目的

恐怖活动犯罪之所以被称为“恐怖活动犯罪”，是因为这类犯罪会在社会上造成恐怖的效果，而不论恐怖组织或者实施恐怖活动的个人最终追求的目标是什么，造成这种效果都是他们首先要努力实现的目标。所以，“制造社会恐怖的目的”不仅是一切恐怖活动犯罪所共有，同时也是恐怖活动犯罪区别于一般刑事犯罪所独有的特征。所谓“社会恐怖”，是指由恐怖活动犯罪所造成的，在犯罪行为直接受害人以外的一般社会公众中普遍存在的，以严重担心、害怕类似的犯罪会继续发生为主要内容的恐怖心理。对恐怖活动犯罪的行为人来说，直接加害或者威胁被害人，都只具有犯罪手段的意义；在恐怖活动犯罪被害人以外的其他社会成员中，造成担心自己或者其他社会成员会受到同样侵害的恐惧心理，才是恐怖分子实施恐怖活动犯罪希望实现的直接目的。

（2）恐怖活动犯罪特有犯罪目的的认定

恐怖活动犯罪主观方面特有的“制造社会恐怖的目的”，必然会通过恐怖活动犯罪客观方面的典型特征表现出来。首先，支配行为人实施恐怖活动犯罪的罪过结构。除“制造社会恐怖”外，恐怖活动犯罪的罪过结构一般还应该包括以下三方面的内容：其一，追求某种具体的犯罪结果发生的直接故意。除组织、领导、参加恐怖组织罪外，一般恐怖活动犯罪只能以普通刑事犯罪为表现形式。所以，恐怖活动犯罪所特有的“制造社会恐怖的目的”，只能通过实施一般的刑事犯罪，如杀人罪、爆炸罪、绑架罪才能实现。恐怖活动犯罪的主观方面必须以实施其他刑事犯罪的直接故意为必要内容。如果行为人在实施某种具体的刑事犯罪时，对该罪的危害结果不是持希望发生的态度，该行为就完全可以排除出恐怖活动犯罪的范畴。其二，追求实现特定社会价值的最终目的。无论以恐怖组织或者个人形式出现的恐怖活动犯罪，恐怖分子的目的一般都不会仅仅停留在“为了制造社会恐怖”而“制造社会恐怖”这一层次上，努力追求某种社会价值的实现，才是他们实施恐怖活动犯罪的最终目标。当然，这里的社会价值，往往不是行为人所在国家或者所处社会普遍认同的主流价值，而是某些社会群体追求的政治、经济等社会地位、或者某些特定的社会群体在政治理想、宗教信仰或者伦理道德等方面追求的价值观念。在司法实践中，只要查明某组织或者个人实施的暴力性犯罪，以实现一定社会群体特有的社会价值为最终目标，就基本上可以认定该组织或者个人实施的犯罪具有“制造社会恐怖的目的”。其三，恐怖活动犯罪动机的社会性。由于进行恐怖活动犯罪的组织或者个人一般都以“实现特定社会价值”为最终目的，这就在更深的层次上决定了恐怖活动犯罪的动机通常都具有社会性的特点。这里的“社会性”，也称“非利己性”或者广义的“政治性”，是指行为人实施恐怖活动犯罪的主要动因一般都是基于维护自己所属的社会群体的团体利益或者实现自己所追求的某种“社会理想”，而不像一般的刑事犯罪主要是为了满足某种纯个人的、利己性需要，如追求个人的财富、权势、名誉地位，满足个人的肉欲，或者基于个人恩怨的报复、嫉妒等。恐怖活动犯罪的“社会性”动机，既是恐怖活动犯罪追求实现特定社会价值这一最终目的的产生源泉，也是认定恐怖活动犯罪最终目的的重要依据。因此，证明某组织或者某个人实施的严重威胁公民人身、财产安全的犯罪，是得到了自己所属社会群体、外国政府或者政治性团体资助的证据，一般也可以用来证明该组织或者个人实施的行为具有恐怖活动犯罪特有的犯罪目的。

其次，恐怖活动犯罪对象的典型特征。恐怖活动犯罪主观方面特有的“制造社会恐怖的目的”，不仅决定了恐怖活动犯罪的主要动机具有社会性的内容，也决定了恐怖活动犯罪所指向的对象通常都具有以下两个典型的特点：其一，犯罪对象与犯罪行为对象相分离。恐怖活动犯罪一般都具有两个相互独立的对象，即恐怖活动犯罪直接加害的对象和恐怖活动犯罪企图影响的对象。前者是直接受到恐怖活动犯罪侵害的被害人，后者是因前者受害而感到自己的安全受到威胁的其他社会成员。也可以说，前者是恐怖活动犯罪的行为对象，后者是恐怖活动犯罪的犯罪对象。对实施恐怖活动犯罪的组织或者个人来说，对前者的直接侵害只是制造社会恐怖的手段，在后者中造成恐怖气氛才是其实施恐怖活动犯罪的真正目的。恐怖活动犯罪必然具有行为对象与犯罪对象相分离的特点。其二，犯罪的直接受害人与犯罪分子之间一般不具有个人利害冲突。行为人与加害对象之间存在个人利害冲突，是一般刑事犯罪通常具有的特点。但是，在恐怖活动犯罪中，如何才能最大限度地实现制造社会恐怖的目的，是行为人实施恐怖活动犯罪时选择加害对象的主要标准，而行为人与被害人之间个人的利害冲突，一般都不是恐怖活动犯罪的直接被害人成为加害对象的原因。所以，恐怖活动犯罪直接加害的对象一般都具有与实施恐怖活动犯罪的组织或者个人没有直接利害冲突的特点。对那些严重危害人身或者重大财产安全的暴力性犯罪，如果查明犯罪行为所要影响的主要目标不是直接的受害人，而是其他与恐怖组织或者个人无个人利害冲突的社会组织或者一般的社会成员，通常也是认定某暴力性犯罪具有“制造社会恐怖目的”的有力证据。

再次，恐怖活动犯罪客观方面的典型特征。主要可以从以下几个方面来把握。其一，犯罪行为的暴力性。恐怖活动犯罪的“暴力性”，是指作为恐怖活动犯罪的客观方面应该具有使用暴力或者以使用暴力相威胁的内容。一个行为在客观方面是否具有“使用或者威胁使用严重危及人身或者财产安全的暴力”的性质，是认定该行为是否具有恐怖活动犯罪特有的“制造社会恐怖目的”的必要条件之一。一个暴力犯罪，不一定是恐怖活动犯罪；但不以使用或者威胁使用暴力为表现形式的犯罪，却绝不可能是恐怖活动犯罪。如果不使用或者不威胁使用能对人身或者财产安全构成重大威胁的暴力，就不可能使一般社会成员产生对恐怖活动犯罪的恐惧心理，因而也就不可能实现恐怖活动犯罪追求的“制造社会恐怖的目的”。其二，犯罪行为的持续性。恐怖活动犯罪一般不以仅仅实施一次暴力性犯罪为结束，而是具有长期或者打算长期多次实施足以造成社会恐怖效果的暴力犯罪的特点。特别是对那些信奉暴力是以实现某种社会目的最佳手段的恐怖组织或者个人来说，在他们所追求的最终目标未实现之前，他们就不会停止用实施恐怖活动作为向社会要挟的手段。暴力行为的持续性，既是恐怖活动犯罪特有目的的基本表现形式，也是认定恐怖活动犯罪主观目的的重要依据。因为不论犯罪分子采用的手法多么残酷，造成的后果多么严重，如果人们确信实施该犯罪的个人或者组织不会再实施类似犯罪，在一般情况下就不可能使一般社会成员产生恐惧心理。其三，犯罪发展阶段的延展性。恐怖活动犯罪不但一般都要完整地经过犯罪的预备、实行、既遂等故意犯罪的发展阶段，而且还有许多围绕恐怖行为展开的其他活动。在一般刑事犯罪中，犯罪分子为了逃避罪责，在事前或者事后往往都会尽可能地采取各种措施来尽力缩小犯罪的影响，以防罪行暴露。但是，由于恐怖活动犯罪的目的是“制造社会恐怖”，是为了在社会一般成员中造成尽可能大的恐怖心理。为了实现这个目的，恐怖组织或者进行恐怖活动的个人就不会像一般刑事犯罪分子那样去竭力防止罪行的暴露。相反，为了追求更大的社会恐怖效果，恐怖组织或者进行恐怖活动的个人一般都会采取事前威胁（如公开说明攻击目标），事后渲染（如公开承认对犯罪负责）等向前或者向后延伸犯罪阶段的手法来扩大影响。即使在被捕后或者审讯中，恐怖活动犯罪的行为人一般都还可能将审判变成一种进行政治宣传或者政治威胁的过程。实践中，如果实施暴力犯罪的组织或者个人有此种为扩大要挟、恐吓社会的效果，而努力将犯罪向暴力犯罪的事前、事后阶段延伸的行为，也是证明该组织或者个人实施的暴力犯罪具有“制造社会恐怖目的”的有力证据。其四，犯罪行为对一般社会成员的威胁性。这里的“威胁”，不是指以直接被害人为对象的“使用暴力相威胁”，而是恐怖活动犯罪对直接被害人以外的其他社会成员的人身或者财产安全的威胁，是恐怖活动犯罪在其他社会成员中产生的担心自己或者自己的亲友也可能成为恐怖活动犯罪侵害对象，自己或者自己亲友的人身、重大财产的安全面临现实危险的感觉。如果暴力性犯罪行为具有使一般社会成员产生自己的人身或者财产安全也受到威胁的客观效果，而且这种效果是行为人努力追求的结果，那么，也可以认定为恐怖活动犯罪。

（3）特殊累犯中“恐怖活动犯罪”的范围

与危害国家安全犯罪不同，刑法中没有恐怖活动犯罪的专门章节，因此，必须准确界定恐怖活动犯罪的范围，以正确适用特殊累犯制度。审判实践中存在的问题主要是：

首先，罪名中含有“恐怖”二字的犯罪是否都属于特殊累犯中的“恐怖活动犯罪”。在罪名中含有“恐怖”字眼的，共有三个，分别是刑法第一百二十条规定的“组织、领导、参加恐怖组织罪”，第一百二十条之一规定的“资助恐怖活动罪”和第二百九十一条之一规定的“编造、故意传播虚假恐怖信息罪”。对于组织、领导、参加恐怖组织罪，毫无疑问可以认定为恐怖活动犯罪，但是，对于资助恐怖活动罪和编造、故意传播虚假恐怖信息罪是否可以认定为恐怖活动犯罪却有分歧意见。肯定论认为，资助恐怖活动罪是恐怖活动犯罪的共犯形式，编造、故意传播虚假恐怖信息罪也部分实现了制造社会恐怖的效果，故可以认定为恐怖活动犯罪；否定论认为，资助恐怖活动罪和编造、故意传播虚假恐怖信息罪与恐怖活动犯罪本身有较大区别，社会危害程度也不同，不能因为其罪名中含有“恐怖”二字就简单地将其认定为恐怖活动犯罪，从而不当地扩大打击面。初步研究认为，刑法之所以将恐怖活动犯罪规定为特殊累犯，其原因主要在于恐怖活动犯罪往往是暴力性犯罪，具有极大的社会危害性，故有必要予以特别严厉打击，而资助恐怖活动罪和编造、故意传播虚假恐怖信息罪的社会危害性远远不如恐怖活动犯罪本身，且其人身危险性也远远不如组织、实施恐怖活动的犯罪分子，因此，目前似无必要将其纳入特殊累犯的范围。当然，如果以后的司法解释明确规定资助恐怖活动罪和编造、故意传播虚假恐怖信息罪都属于恐怖活动犯罪，则遵照其规定。

其次，以制造社会恐怖为目的而实施的故意杀人、爆炸、绑架等犯罪，是否可以认定为特殊累犯中的“恐怖活动犯罪”。对此问题也有分歧意见，肯定论认为，以制造社会恐怖为目的而实施的故意杀人、爆炸、绑架等犯罪，正是恐怖活动犯罪的典型形式，理应纳入特殊累犯的范围；否定论认为，以制造社会恐怖为目的而实施的故意杀人、爆炸、绑架等犯罪，在犯罪认定和罪名表述上与普通犯罪无异，比如在罪名中都不含“恐怖”二字，仅从罪名上无法辨认，在是否构成特殊累犯的认定上存在现实困难，因此，不宜将其纳入特殊累犯的范围。初步研究认为，特殊累犯中使用的是“恐怖活动犯罪”，而不是“恐怖活动的组织犯罪”，说明不要求必须是组织、领导、参加恐怖组织罪或者必须是恐怖组织及其成员实施的恐怖活动犯罪才构成特殊累犯，只要有确凿证据证实是以制造社会恐怖为目的而实施的故意杀人、爆炸、绑架等犯罪，不管是由恐怖组织及其成员实施，还是由其他人实施，均宜认定为特殊累犯中的“恐怖活动犯罪”。当然，是否以制造社会恐怖为目的，必须从严掌握，特别是对于恐怖组织及其成员以外的其他人实施的犯罪，必须有确凿的证据、充分的理由和十足的把握才能认定，否则不宜轻易认定为恐怖活动犯罪，以免不当地扩大打击面。至于否定论提出的仅从罪名无从判定是否属于恐怖活动犯罪的问题，确实存在，必须高度重视、设法解决。初步考虑，修正后刑法实施后，可以在罪名之后用括号注明恐怖二字，如“故意杀人罪（恐怖）”“爆炸罪（恐怖）”等，以示跟普通刑事犯罪的区别。如果以后的司法解释有明确规定的，遵照其规定。另外，之所以将具有制造社会恐怖目的的故意杀人、爆炸、绑架等犯罪纳入特殊累犯中的“恐怖活动犯罪”，原因还在于恐怖活动犯罪是一种国际性犯罪，往往是国外境外的恐怖组织派遣人员到国内进行恐怖活动犯罪，要认定在国内实施具体犯罪的行为人犯有组织、领导、参加恐怖组织罪，存在一定的现实困难。如果规定只有犯组织、领导、参加恐怖组织罪才构成特殊累犯，无疑不利于打击恐怖活动犯罪，也与修正特殊累犯制度的立法目的相悖。

为此，恐怖活动犯罪不仅包括组织、领导、参加恐怖组织罪，还应当包括由恐怖活动组织及其成员或者其他人实施的，以制造社会恐怖为目的的危害公共安全、危害公民人身或者财产权利、危害社会管理秩序等犯罪，例如，放火、决水、爆炸、投放危险物质，非法制造、买卖、运输、储存危险物质，故意杀人、故意伤害、绑架等犯罪。可见，构成特殊累犯的恐怖活动犯罪所涉罪名是比较广泛的。

2. 黑社会性质的组织犯罪的认定

黑社会性质组织是我国特有的法律概念，实际上是黑社会组织的初级形态，指某些犯罪集团已经具有黑社会组织的性质和主要特征，但在组织规模和程度上又未完全达到黑社会组织的标准。关于黑社会性质组织的具体认定标准，修正后的刑法作出明确规定。审判实践中存在的问题主要是，哪些属于特殊累犯中的“黑社会性质的组织犯罪”，即涉黑犯罪是否都属于黑社会性质的组织犯罪？

（1）刑法第二百九十四条规定的犯罪是否都属于黑社会性质的组织犯罪

刑法第二百九十四条规定了三种犯罪，即“组织、领导、参加黑社会性质组织罪”“入境发展黑社会组织成员罪”和“包庇、纵容黑社会性质组织罪”。其中，组织、领导、参加黑社会性质组织罪属于典型的黑社会性质的组织犯罪；入境发展黑社会组织成员罪，严格说来是黑社会组织犯罪，将其纳入特殊累犯的范围当无异议；而包庇、纵容黑社会性质组织罪是否属于黑社会性质的组织犯罪则有争议。

经研究初步认为，包庇、纵容黑社会性质组织罪虽然与黑社会性质组织有着密切的联系，但从其行为主体和行为性质来看，显然不是典型的黑社会性质的组织犯罪，只能称为涉及黑社会性质组织的犯罪。因为所谓包庇、纵容黑社会性质组织罪，是指国家机关工作人员包庇、纵容黑社会性质组织和黑社会性质组织违法犯罪活动的行为。其具有如下特征：犯罪主体是特殊主体，只能是国家机关工作人员；犯罪客体是社会管理秩序和国家机关的正常工作秩序；犯罪的主观方面是故意，即明知自己的包庇、纵容违法犯罪行为会发生危害社会的后果，希望或者放任该结果的发生；犯罪的客观方面，表现为实施包庇、纵容违法犯罪的行为。如果实施包庇、纵容的行为人事前与黑社会性质组织有通谋的故意，则不构成包庇、纵容黑社会性质组织罪，而按后者的共犯处理。包庇、纵容黑社会性质组织罪的社会危害性和行为人的人身危险性都小于黑社会性质的组织犯罪本身，而且，实施包庇、纵容黑社会性质组织犯罪被定罪处理后，原则上就丧失了国家机关工作人员身份，不可能再犯包庇、纵容黑社会性质组织罪，实践中也尚未出现再犯其他可以构成特殊累犯的犯罪的情况，因此，目前似无必要将包庇、纵容黑社会性质组织罪纳入特殊累犯的范围。当然，如果司法解释明确此类犯罪亦属于黑社会性质的组织犯罪，则另当别论。

（2）黑社会性质组织实施的故意伤害、敲诈勒索、强迫交易等其他犯罪行为，是否认定为黑社会性质的组织犯罪

对此问题也有分歧意见，肯定论认为，黑社会性质组织实施的所有犯罪，均属于黑社会性质的组织犯罪，理应纳入特殊累犯的范围；否定论认为，特殊累犯中使用的名词是“黑社会性质的组织犯罪”，而不是“黑社会性质组织的犯罪”，就说明刑法强调的是组织、领导、参加黑社会性质组织的犯罪，而不是黑社会性质组织实施的犯罪。如果将黑社会性质组织实施的所有犯罪都纳入特殊累犯的范围，无疑扩大了特殊累犯的认定范围，将会影响特殊累犯的打击重点。初步研究认为，“黑社会性质组织实施的犯罪”一般是指行为人组织、领导、参加黑社会性质组织后，又实施了其他犯罪行为，此时依法应当依照数罪并罚的规定处罚。如果行为人未犯组织、领导、参加黑社会性质组织罪，而是被黑社会性质组织临时雇佣，或者受蒙蔽参与实施了某些涉黑犯罪，普遍认为该情形不宜纳入特殊累犯的范围。因此，特殊累犯中的“黑社会性质的组织犯罪”与“恐怖活动犯罪”不同，一定是以构成组织、领导、参加黑社会性质组织罪为先决条件的。鉴于此，只要将组织、领导、参加黑社会性质组织罪纳入特殊累犯的范围就可以了，行为人一旦构成了特殊累犯，其所实施的其他涉黑犯罪行为，均可依法从重处罚。

关联规范

1.《最高人民法院关于印发〈全国部分法院审理毒品犯罪案件工作座谈会纪要〉的通知》（2008年12月1日　法〔2008〕324号）（节录）

八、毒品再犯问题

根据刑法第三百五十六条规定，只要因走私、贩卖、运输、制造、非法持有毒品罪被判过刑，不论是在刑罚执行完毕后，还是在缓刑、假释或者暂予监外执行期间，又犯刑法分则第六章第七节规定的犯罪的，都是毒品再犯，应当从重处罚。

因走私、贩卖、运输、制造、非法持有毒品罪被判刑的犯罪分子，在缓刑、假释或者暂予监外执行期间又犯刑法分则第六章第七节规定的犯罪的，应当在对其所犯新

的毒品犯罪适用刑法第三百五十六条从重处罚的规定确定刑罚后，再依法数罪并罚。

对同时构成累犯和毒品再犯的被告人，应当同时引用刑法关于累犯和毒品再犯的条款从重处罚。

2.《最高人民法院关于〈中华人民共和国刑法修正案（八）〉时间效力问题的解释》（2011年4月25日　法释〔2011〕9号）（节录）

第三条　被判处有期徒刑以上刑罚，刑罚执行完毕或者赦免以后，在2011年4月30日以前再犯应当判处有期徒刑以上刑罚之罪的，是否构成累犯，适用修正前刑法第六十五条的规定；但是，前罪实施时不满十八周岁的，是否构成累犯，适用修正后刑法第六十五条的规定。

曾犯危害国家安全犯罪，刑罚执行完毕或者赦免以后，在2011年4月30日以前再犯危害国家安全犯罪的，是否构成累犯，适用修正前刑法第六十六条的规定。

曾被判处有期徒刑以上刑罚，或者曾犯危害国家安全犯罪、恐怖活动犯罪、黑社会性质的组织犯罪，在2011年5月1日以后再犯罪的，是否构成累犯，适用修正后刑法第六十五条、第六十六条的规定。

3.《最高人民法院关于印发〈全国法院毒品犯罪审判工作座谈会纪要〉的通知》（2015年5月18日　法〔2015〕129号）（节录）

（六）累犯、毒品再犯问题

累犯、毒品再犯是法定从重处罚情节，即使本次毒品犯罪情节较轻，也要体现从严惩处的精神。尤其对于曾因实施严重暴力犯罪被判刑的累犯、刑满释放后短期内又实施毒品犯罪的再犯，以及在缓刑、假释、暂予监外执行期间又实施毒品犯罪的再犯，应当严格体现从重处罚。

对于因同一毒品犯罪前科同时构成累犯和毒品再犯的被告人，在裁判文书中应当同时引用刑法关于累犯和毒品再犯的条款，但在量刑时不得重复予以从重处罚。对于因不同犯罪前科同时构成累犯和毒品再犯的被告人，量刑时的从重处罚幅度一般应大于前述情形。

第三节　自首和立功

第六十七条 自首和坦白

犯罪以后自动投案，如实供述自己的罪行的，是自首。对于自首的犯罪分子，可以从轻或者减轻处罚。其中，犯罪较轻的，可以免除处罚。

被采取强制措施的犯罪嫌疑人、被告人和正在服刑的罪犯，如实供述司法机关还未掌握的本人其他罪行的，以自首论。

犯罪嫌疑人虽不具有前两款规定的自首情节，但是如实供述自己罪行的，可以从轻处罚；因其如实供述自己罪行，避免特别严重后果发生的，可以减轻处罚。

条文要旨

本条是关于自首的概念、对自首犯如何处罚，以及对如实供述自己罪行的罪犯如何处罚的规定。

理解与适用

本条共分三款。第一款是关于自首的概念及其处罚原则的规定。根据本款规定，自首必须符合下列条件：

1. 犯罪以后自动投案。所谓“自动投案”，是指犯罪分子犯罪以后但犯罪事实未被司法机关发现以前，或者犯罪事实虽被发现但不知何人所为，或者犯罪事实和犯罪分子均已被发现但尚未受到司法机关的传唤、讯问或者尚未采取强制措施之前，主动、直接到司法机关或者所在单位、基层组织等投案，接受审查和追诉的。这里的“司法机关”应指所有依法负有调查、处理违法犯罪案件相关职责的机关，包括公安机关、国家安全机关、监察机关、人民检察院、人民法院等。需要说明的是，实践中对于法律关于相关司法机关具体职责分工的规定，很多人并不是很清楚或者认知不是很准确。因此，只要犯罪行为人确实出于主动投案，接受法律处理的目的，到有关机关自首，即使该机关不属于相关案件的法定管辖机关，也不因为这一点而影响其自首的成立。例如，行为人实施了间谍行为，为自首到公安机关投案，实际上案件应当由国家安全机关管辖；或者其到人民法院自首，而人民法院是审判机关，并不负责案件的侦查。这些机关接到犯罪行为人投案的，应当将其转交相应的负有案件管辖权的机关处理，这样的情况也不影响其自首的成立。

关于自动投案的具体认定，除了比较典型的自动投案行为以外，实践中还有很多投案的情况比较复杂。为便于司法机关依法适用刑罚，1998 年《最高人民法院关于处理自首和立功具体应用法律若干问题的解释》第一条对自动投案的情形作了解释：（1）犯罪嫌疑人向其所在单位、城乡基层组织或者其他有关负责人员投案的；（2）犯罪嫌疑人因病、伤或者为了减轻犯罪后果，委托他人先代为投案，或者先以信电投案的；（3）罪行未被司法机关发觉，仅因形迹可疑被有关组织或者司法机关盘问、教育后，主动交代自己的罪行的；（4）犯罪后逃跑，在被通缉、追捕过程中，主动投案的；（5）经查实确已准备去投案，或者正在投案途中，被公安机关捕获的，应当视为自动投案；（6）并非出于犯罪嫌疑人主动，而是经亲友规劝、陪同投案的；公安机关通知犯罪嫌疑人的亲友，或者亲友主动报案后，将犯罪嫌疑人送去投案的，应当视为自动投案。2010 年最高人民法院印发的《关于处理自首和立功若干具体问题的意见》第一部分对自动投案的情形又作了补充：（1）犯罪后主动报案，虽未表明自己是作案人，但没有逃离现场，在司法机关询问时交代自己罪行的；（2）明知他人报案而在现场等待，抓捕时无拒捕行为，供认犯罪事实的；（3）在司法机关未确定犯罪嫌疑人，尚在一般性排查询问时主动交代自己罪行的；（4）因特定违法行为被采取行政拘留、司法拘留、强制隔离戒毒等行政、司法强制措施期间，主动向执行机关交代尚未被掌握的犯罪行为；（5）罪行未被有关部门、司法机关发觉，仅因形迹可疑被盘问、教育后，主动交代了犯罪事实的，应当视为自动投案，但有关部门、司法机关在其身上、随身携带的物品、驾乘的交通工具等处发现与犯罪有关的物品的，不能认定为自动投案；（6）交通肇事后保护现场、抢救伤者，并向公安机关报告的，应认定为自动投案，构成自首的，因上述行为同时系犯罪嫌疑人的法定义务，对其是否从宽、从宽幅度要适当从严掌握。交通肇事逃逸后自动投案，如实供述自己罪行的，应认定为自首，但应依法以较重法定刑为基准，视情决定对其是否从宽处罚以及从宽处罚的幅度。

2. 如实供述自己的罪行。所谓“如实供述自己的罪行”，是指犯罪分子投案以后，对于自己所犯的罪行，不管司法机关是否掌握，都必须如实地向司法机关供述，不能有隐瞒。至于有些细节或者情节，犯罪分子记不清楚或者确实无法说清楚的，不能认为是隐瞒。只要基本的犯罪事实和主要情节说清楚就应当认为属于如实供述自己的罪行。如果犯罪分子避重就轻或者供述一部分，还保留一部分，企图蒙混过关，就不能认为是如实供述自己的罪行。对于共同犯罪中的犯罪分子不仅应供述自己的犯罪行为，还应供述与其共同实施犯罪的其他共犯的共同犯罪事实；对于犯有数罪的仅如实供述所犯数罪中部分犯罪的，只对如实供述部分犯罪的行为认定为自首。实践中，有的犯罪嫌疑人自动投案并如实供述自己罪行后又翻供，对这种情况如何认定，《最高人民法院关于处理自首和立功具体应用法律若干问题的解释》第一条中规定，犯罪嫌疑人自动投案并如实供述自己的罪行后又翻供的，不能认定为自首；但在一审判决前又能如实供述的，应当认定为自首。

关于如实供述自己的罪行的具体认定，司法实践中对有些情形是否属于如实供述自己的罪行的认定存在不同认识，为便于司法机关依法适用刑罚，1998 年《最高人民法院关于处理自首和立功具体应用法律若干问题的解释》第一条对如实供述自己的罪行的情形作了解释：（1）犯有数罪的犯罪嫌疑人仅如实供述所犯数罪中部分犯罪的，只对如实供述部分犯罪的行为，认定为自首。（2）共同犯罪案件中的犯罪嫌疑人，除如实供述自己的罪行，还应当供述所知的同案犯，主犯则应当供述所知其他同案的共同犯罪事实，才能认定为自首。（3）犯罪嫌疑人自动投案并如实供述自己的罪行后又翻供的，不能认定为自首，但在一审判决前又能如实供述的，应当认定为自首。2010年最高人民法院印发的《关于处理自首和立功若干具体问题的意见》第二部分对“如实供述自己的罪行”的认定作了补充：（1）如实供述自己的罪行，除供述自己的主要犯罪事实外，还应包括姓名、年龄、职业、住址、前科等情况。（2）犯罪嫌疑人供述的身份等情况与真实情况虽有差别，但不影响定罪量刑的，应认定为如实供述自己的罪行。犯罪嫌疑人自动投案后隐瞒自己的真实身份等情况，影响对其定罪量刑的，不能认定为如实供述自己的罪行。（3）犯罪嫌疑人多次实施同种罪行的，应当综合考虑已交代的犯罪事实与未交代的犯罪事实的危害程度，决定是否认定为如实供述主要犯罪事实。虽然投案后没有交代全部犯罪事实，但如实交代的犯罪情节重于未交代的犯罪情节，或者如实交代的犯罪数额多于未交代的犯罪数额，一般应认定为如实供述自己的主要犯罪事实。无法区分已交代的与未交代的犯罪情节的严重程度，或者已交代的犯罪数额与未交代的犯罪数额相当，一般不认定为如实供述自己的主要犯罪事实。（4）犯罪嫌疑人自动投案时虽然没有交代自己的主要犯罪事实，但在司法机关掌握其主要犯罪事实之前主动交代的，应认定为如实供述自己的罪行。

犯罪以后自动投案，如实供述自己的罪行以后，不能逃避司法机关的处理。虽然本条对此没有明确规定，但是自首的性质本身就包含主动投案，自愿接受法律处理的含义。因此，对于自首的犯罪行为人来说，只有自觉接受法律处理，而不是逃避追究，才能说明其确有悔改的诚意。如果投案后如实供述了自己的罪行，后来又逃跑了，逃避司法机关对其的侦查、起诉和审判，说明其自动投案不彻底，不是真正意义上的自首，不能认定为自首。

根据本款规定，对于自首的犯罪分子可以在法定刑的幅度内从轻或者减轻处罚。如果是犯罪较轻的，也可以免除处罚。具体确定是从轻、减轻还是免除处罚，以及从轻、减轻的幅度，都需要根据案件的具体情况，包括犯罪的事实、性质、情节、对社会的危害程度等，并考虑自首的具体情节、行为人悔罪程度等予以确定。

第二款是关于以自首论的规定。根据本款规定，必须同时具备以下条件的，才能以自首论：

1. 以自首论的对象有以下三种人：已经被司法机关采取强制措施的犯罪嫌疑人、被告人和正在服刑的罪犯。这里的“强制措施”，是指我国刑事诉讼法规定的拘传、拘留、取保候审、监视居住、逮捕。“正在服刑”是指已经人民法院判决，正在执行刑罚的罪犯。

2. 如实供述的内容是司法机关还未掌握的本人其他罪行。这里所说的“司法机关还未掌握的本人其他罪行”，是指司法机关根本不知道、还未掌握犯罪嫌疑人、被告人和正在服刑的罪犯的其他罪行，是司法机关正在追查或已经追究的行为人所犯罪行以外的其他犯罪行为。例如，司法机关正在对行为人的盗窃行为进行侦查，该犯罪嫌疑人又如实交代了司法机关未掌握的抢劫犯罪行为。对于共同犯罪来说，如果供述司法机关未掌握的他人的犯罪不属于这种情况，但是如果这种行为符合立功的条件的，应当按照刑法关于立功的规定处理。根据本款规定，只要符合上述条件，应当以自首论，按照本条第一款规定的原则处罚。应当注意的是，实践中，有的被告人自首后，对自己行为的性质进行辩解，这种情况不影响自首的成立。

第三款是对不具有前两款规定的自首以及以自首论的情节，但是如实供述自己罪行的，可以从轻或者减轻处罚的规定。坦白从宽是我国一贯的刑事政策，但如实供述自己罪行在司法实践中只是作为一种酌定量刑情节，在司法实践中适用时存在许多问题。例如，在侦查阶段的坦白、认罪，有时在审判阶段不被认可，甚至在个别案件中存在因被告人的坦白使得司法机关认定了本来不掌握的罪行，而被判处较重的刑罚的情况，被戏称为“坦白从宽，牢底坐穿”。司法实践表明，到案后能够自愿认罪，也表现了犯罪嫌疑人改恶向善的意愿，相对于负隅顽抗，甚至故意编造谎言误导侦查、审判工作的犯罪嫌疑人而言，自愿认罪者也更易于改造，使用较轻的刑罚即可达到刑罚目的。如最高人民法院印发的《关于处理自首和立功若干具体问题的意见》规定，犯罪嫌疑人被亲友采用捆绑等手段送到司法机关，或者在亲友带领侦查人员前来抓捕时无拒捕行为，并如实供认犯罪事实的，虽然不能认定为自动投案，但可以参照法律对自首的有关规定酌情从轻处罚。这一情节，在《刑法修正案（八)》规定之前，属于酌定从宽情节，现在根据本款规定，已经属于法定从宽情节。

根据本款规定，以下两种情况属于可以从宽处理的情形，但在从宽处理的幅度上有所不同：一是对一般的如实供述自己罪行的，可以从轻处罚；二是因其如实供述自己罪行，避免特别严重后果发生的，可以减轻处罚。其中的“如实供述自己罪行”和前两款的精神是一致的，应指供述自己犯罪的主要事实或者基本事实。“因其如实供述自己罪行，避免特别严重后果发生的”，主要是指行为人已经实施了犯罪行为，但犯罪结果还没有发生或者没有全部发生，由于行为人的供述，使得有关方面能够采取措施避免了特别严重后果发生的情况。本款规定的从宽处理是“可以”从轻、减轻处罚，对行为人虽然如实供述了自己罪行，但犯罪情节比较恶劣的也可以不从轻、减轻处罚。

实务问题

单位自首与单位成员的个人自首

在处理单位自首时，必然会面临这样的疑问，即犯罪单位成立自首时，单位中直接负责的主管人员和其他直接责任人员是否也应当适用自首的规定。换言之，在单位成立自首的情况下，相关责任人员是否可以据此成立个人自首。对此，应根据不同的情况分别对待。以如下案例分析之：

【案例】陈德福走私普通货物罪

被告单位福建省厦门鹭京海台轮物资供应有限公司。

被告人陈德福，原系厦门鹭京海台轮物资供应有限公司总经理。

被告人王建社，原系厦门鹭京海台轮物资供应有限公司同安分公司负责人。

厦门市中级人民法院经公开审理查明：1998 年 1 月，被告单位厦门鹭京海台轮物资供应有限公司（以下简称鹭京海公司）获准在同安刘五店经营对台轮供应 0 #保税柴油业务。被告单位总经理陈德福认为，如果公司按照正常经营，无法对台轮进行供油，公司的业务也无法开展下去。为牟取非法利益，陈德福与王建社商议采用少供多报的方法走私柴油。同年2月至4月间，由王建社负责与台轮联系，在台轮来加油时与台轮船长事先串通好，以给其一定的费用为饵，让台轮船长同意在王建社制作的少供油多填报数量的《供油凭证》上签名盖章。在台轮船长同意后，王建社按谈妥的加油数制作《台轮加油申请表》向海关申报批准加油。之后，王建社又制作由台轮船长签名盖章的多报油数的虚假《供油凭证》，并以虚假的《台轮加油申请表》和《加油凭证》于同年2月至5月间向厦门海关核销0 #保税柴油13958吨，其中，虚报油数8022吨。同时，王建社将每次虚报的供油报告给陈德福，陈于同年2月至11月间将向海关多核销未供台轮的0 #保税柴油8022吨分别销售给航安石化公司、海澳石油公司及吴广西等人，偷逃应缴税额人民币3847092.88元。被告单位用所得款购买了一部帕杰罗V33型三菱吉普车（车牌号闽C－69717）借给海关工作人员使用，其余款项用于公司的其他开支。

侦查机关于1999年10月17日在侦查厦门华航石油公司走私案时，发现与其相邻的被告单位也经营保税柴油业务，且亦有可疑迹象，遂于同月19日对被告单位进行调查。被告单位总经理陈德福在接受调查时主动交代了司法机关尚未掌握的被告单位及其本人和王建社走私0 #保税柴油的犯罪事实。经侦查机关查证，陈交代的事实属实。

厦门市中级人民法院认为，被告单位的行为已构成走私普通货物罪。被告人陈德福在接受调查时主动交代侦查机关尚未掌握的被告单位走私犯罪的事实，陈德福是被告单位的主要决策者，其主动交代被告单位犯罪的行为代表了被告单位的意志，系被告单位行为，且该行为符合《关于处理自首和立功具体应用法律若干问题的解释》第1条的规定，属于单位自首，对被告单位可依法减轻处罚。陈德福系被告单位直接负责的主管人员，王建社是被告单位的直接责任人员，两被告人的行为亦均已构成走私普通货物罪。鉴于陈德福在接受调查时能如实供述司法机关尚未掌握的走私犯罪事实，具有自首情节，且有一定的悔罪表现；王建社受被告单位领导指使参与实施走私犯罪，在走私犯罪中起次要作用，系从犯，因此，对两被告人均可依法减轻处罚。判决如下：被告单位犯走私普通货物罪，判处罚金100万元；被告人陈德福犯走私普通货物罪，判处有期徒刑三年，缓刑三年；被告人王建社犯走私普通货物罪，判处有期徒刑三年，缓刑三年。

一审宣判后，被告单位及两名被告人均未上诉，检察机关也未提出抗诉。

在该案裁判理由的解说中，最高人民法院相关业务庭的工作人员对单位自首与单位中自然人自首之间的关系问题作出了较为细致的论述：

（1）单位犯罪是经由集体研究决定实施的，犯罪单位经由集体研究决定由能够代表单位意志的直接负责的主管人员自动投案并如实交代单位所实施的全部罪行的，或者单位经集体决定委派其他自然人去投案并如实交代单位所实施的全部罪行的，应认定为单位的自首。在犯罪单位集体研究决定自首的情况下，所有参与单位犯罪的自然人，只要能认同单位自首意志，随时接受调查并如实交代个人参与单位犯罪事实的，均可同时认定为个人自首。

（2）单位犯罪事先未经集体研究决定，而是由能够代表单位意志的直接负责的主管人员自行以单位名义决定实施，犯罪所得归单位的，能够代表单位意志的直接负责的主管人员自行决定自动投案，如实供述单位犯罪及其个人全部犯罪事实的，应认定为单位自首和其个人自首。由于该直接负责的主管人员的自行自首，虽可以代表单位意志以及其个人意志，但并不能代表所有参与单位犯罪的自然人的意志，所以其他参与单位犯罪的人如没有主动投案并如实交代自己罪行，则不能认定他们的个人自首。

（3）单位犯罪是由单位直接负责的主管人员和其他直接责任人员共同实施的，其他直接责任人员中有人自行主动投案并如实交代单位犯罪及其个人参与单位犯罪事实，而单位直接负责的主管人员和其他的直接责任人员未自动投案的，由于投案人的投案行为不能代表单位意志，仅系个人意志，因此，只认定自动投案并如实交代自己罪行的直接责任人员的自首，不能认定单位自首和其他参与单位犯罪决策和实施的人员的个人自首。同样，不具有代表单位意志身份的或未参与单位犯罪的单位内部人员举报单位犯罪的，也不能认定单位自首。

本案中，走私犯罪的罪行是由能够代表被告单位鹭京海公司意志的负责人，即公司总经理陈德福直接决定并伙同内部人员王建社共同实施的。作为被告单位总经理的陈德福在接受调查时主动交代了司法机关尚未掌握的鹭京海公司及其自己和王建社的犯罪事实。陈作为被告单位的直接主管人员，是被告单位实施犯罪的主要决策者，其在司法机关未掌握该单位及其本人罪行的情况下，如实交代鹭京海公司及其自己和王建社的犯罪事实的行为，既表现为个人自首的意志与行为，也应视为单位自首的意志和行为，因此，在认定陈个人成立自首的同时，也应认定被告单位成立自首。

前述裁判理由基本上涵盖了单位自首中所遇到的各种情形，对司法实践中单位自首的认定问题具有重要的参考价值。裁判理由表明，犯罪单位的负责人员以单位名义进行的自首行为，一般能够直接认定为单位自首与其个人的自首。不过，该自首不一定能适用于其他主管人员和其他直接责任人员，即后者不一定成立个人自首。

关联规范

1. **《中华人民共和国刑事诉讼法》**（2018 年 10 月 26 日修正）（节录）

第一百八十二条 犯罪嫌疑人自愿如实供述涉嫌犯罪的事实，有重大立功或者案件涉及国家重大利益的，经最高人民检察院核准，公安机关可以撤销案件，人民检察院可以作出不起诉决定，也可以对涉嫌数罪中的一项或者多项不起诉。

根据前款规定不起诉或者撤销案件的，人民检察院、公安机关应当及时对查封、扣押、冻结的财物及其孳息作出处理。

2. **《最高人民法院关于处理自首和立功具体应用法律若干问题的解释》**（1998 年 4 月 6 日 法释〔1998〕8 号）（节录）

第一条 根据刑法第六十七条第一款的规定，犯罪以后自动投案，如实供述自己的罪行的，是自首。

（一）自动投案，是指犯罪事实或者犯罪嫌疑人未被司法机关发觉，或者虽被发觉，但犯罪嫌疑人尚未受到讯问、未被采取强制措施时，主动、直接向公安机关、人民检察院或者人民法院投案。

犯罪嫌疑人向其所在单位、城乡基层组织或者其他有关负责人员投案的；犯罪嫌疑人因病、伤或者为了减轻犯罪后果，委托他人先代为投案，或者先以信电投案的；罪行尚未被司法机关发觉，仅因形迹可疑，被有关组织或者司法机关盘问、教育后，主动交代自己的罪行的；犯罪后逃跑，在被通缉、追捕过程中，主动投案的；经查实确已准备去投案，或者正在投案途中，被公安机关捕获的，应当视为自动投案。

并非出于犯罪嫌疑人主动，而是经亲友规劝、陪同投案的；公安机关通知犯罪嫌疑人的亲友，或者亲友主动报案后，将犯罪嫌疑人送去投案的，也应当视为自动投案。

犯罪嫌疑人自动投案后又逃跑的，不能认定为自首。

（二）如实供述自己的罪行，是指犯罪嫌疑人自动投案后，如实交代自己的主要犯罪事实。

犯有数罪的犯罪嫌疑人仅如实供述所犯数罪中部分犯罪的，只对如实供述部分犯罪的行为，认定为自首。

共同犯罪案件中的犯罪嫌疑人，除如实供述自己的罪行，还应当供述所知的同案犯，主犯则应当供述所知其他同案犯的共同犯罪事实，才能认定为自首。

犯罪嫌疑人自动投案并如实供述自己的罪行后又翻供的，不能认定为自首；但在一审判决前又能如实供述的，应当认定为自首。

第二条 根据刑法第六十七条第二款的规定，被采取强制措施的犯罪嫌疑人、被告人和已宣判的罪犯，如实供述司法机关尚未掌握的罪行，与司法机关已掌握的或者判决确定的罪行属不同种罪行的，以自首论。

第三条 根据刑法第六十七条第一款的规定，对于自首的犯罪分子，可以从轻或者减轻处罚；对于犯罪较轻的，可以免除处罚。具体确定从轻、减轻还是免除处罚，应当根据犯罪轻重，并考虑自首的具体情节。

第四条 被采取强制措施的犯罪嫌疑人、被告人和已宣判的罪犯，如实供述司法机关尚未掌握的罪行，与司法机关已掌握的或者判决确定的罪行属同种罪行的，可以酌情从轻处罚；如实供述的同种罪行较重的，一般应当从轻处罚。

3. **《最高人民法院关于被告人对行为性质的辩解是否影响自首成立问题的批复》**（2004年3月26日 法释〔2004〕2号）（节录）

根据刑法第六十七条第一款和最高人民法院《关于处理自首和立功具体应用法律若干问题的解释》第一条的规定，犯罪以后自动投案，如实供述自己的罪行的，是自首。被告人对行为性质的辩解不影响自首的成立。

4. **《最高人民法院、最高人民检察院关于办理职务犯罪案件认定自首、立功等量刑情节若干问题的意见》**（2009年3月12日 法发〔2009〕13号）（节录）

一、关于自首的认定和处理

根据刑法第六十七条第一款的规定，成立自首需同时具备自动投案和如实供述自己的罪行两个要件。犯罪事实或者犯罪分子未被办案机关掌握，或者虽被掌握，但犯罪分子尚未受到调查谈话、讯问，或者未被宣布采取调查措施或者强制措施时，向办案机关投案的，是自动投案。在此期间如实交代自己的主要犯罪事实的，应当认定为自首。

犯罪分子向所在单位等办案机关以外的单位、组织或者有关负责人员投案的，应当视为自动投案。

没有自动投案，在办案机关调查谈话、讯问、采取调查措施或者强制措施期间，犯罪分子如实交代办案机关掌握的线索所针对的事实的，不能认定为自首。

没有自动投案，但具有以下情形之一的，以自首论：（1）犯罪分子如实交代办案机关未掌握的罪行，与办案机关已掌握的罪行属不同种罪行的；（2）办案机关所掌握线索针对的犯罪事实不成立，在此范围外犯罪分子交代同种罪行的。

单位犯罪案件中，单位集体决定或者单位负责人决定而自动投案，如实交代单位犯罪事实的，或者单位直接负责的主管人员自动投案，如实交代单位犯罪事实的，应当认定为单位自首。单位自首的，直接负责的主管人员和直接责任人员未自动投案，但如实交代自己知道的犯罪事实的，可以视为自首；拒不交代自己知道的犯罪事实或者逃避法律追究的，不应当认定为自首。单位没有自首，直接责任人员自动投案并如实交代自己知道的犯罪事实的，对该直接责任人员应当认定为自首。

对于具有自首情节的犯罪分子，办案机关移送案件时应当予以说明并移交相关证据材料。

对于具有自首情节的犯罪分子，应当根据犯罪的事实、性质、情节和对于社会的危害程度，结合自动投案的动机、阶段、客观环境，交代犯罪事实的完整性、稳定性以及悔罪表现等具体情节，依法决定是否从轻、减轻或者免除处罚以及从轻、减轻处罚的幅度。

5. **《最高人民法院关于贯彻宽严相济刑事政策的若干意见》**（2010年2月8日　法发〔2010〕9号）（节录）

17. 对于自首的被告人，除了罪行极其严重、主观恶性极深、人身危险性极大，或者恶意地利用自首规避法律制裁者以外，一般均应当依法从宽处罚。

对于亲属以不同形式送被告人归案或协助司法机关抓获被告人而认定为自首的，原则上都应当依法从宽处罚；有的虽然不能认定为自首，但考虑到被告人亲属支持司法机关工作，促使被告人到案、认罪、悔罪，在决定对被告人具体处罚时，也应当予以充分考虑。

6. **《最高人民法院关于处理自首和立功若干具体问题的意见》**（2010年12月22日　法发〔2010〕60号）（节录）

一、关于“自动投案”的具体认定

《解释》第一条第（一）项规定七种应当视为自动投案的情形，体现了犯罪嫌疑人投案的主动性和自愿性。根据《解释》第一条第（一）项的规定，犯罪嫌疑人具有以下情形之一的，也应当视为自动投案：1. 犯罪后主动报案，虽未表明自己是作案人，但没有逃离现场，在司法机关询问时交代自己罪行的；2. 明知他人报案而在现场等待，抓捕时无拒捕行为，供认犯罪事实的；3. 在司法机关未确定犯罪嫌疑人，尚在一般性排查询问时主动交代自己罪行的；4. 因特定违法行为被采取劳动教养、行政拘留、司法拘留、强制隔离戒毒等行政、司法强制措施期间，主动向执行机关交代尚未被掌握的犯罪行为的；5. 其他符合立法本意，应当视为自动投案的情形。

罪行未被有关部门、司法机关发觉，仅因形迹可疑被盘问、教育后，主动交代了犯罪事实的，应当视为自动投案，但有关部门、司法机关在其身上、随身携带的物品、驾乘的交通工具等处发现与犯罪有关的物品的，不能认定为自动投案。

交通肇事后保护现场、抢救伤者，并向公安机关报告的，应认定为自动投案，构成自首的，因上述行为同时系犯罪嫌疑人的法定义务，对其是否从宽、从宽幅度要适当从严掌握。交通肇事逃逸后自动投案，如实供述自己罪行的，应认定为自首，但应依法以较重法定刑为基准，视情决定对其是否从宽处罚以及从宽处罚的幅度。

犯罪嫌疑人被亲友采用捆绑等手段送到司法机关，或者在亲友带领侦查人员前来抓捕时无拒捕行为，并如实供认犯罪事实的，虽然不能认定为自动投案，但可以参照法律对自首的有关规定酌情从轻处罚。

二、关于“如实供述自己的罪行”的具体认定

《解释》第一条第（二）项规定如实供述自己的罪行，除供述自己的主要犯罪事实外，还应包括姓名、年龄、职业、住址、前科等情况。犯罪嫌疑人供述的身份等情况与真实情况虽有差别，但不影响定罪量刑的，应认定为如实供述自己的罪行。犯罪嫌疑人自动投案后隐瞒自己的真实身份等情况，影响对其定罪量刑的，不能认定为如实供述自己的罪行。

犯罪嫌疑人多次实施同种罪行的，应当综合考虑已交代的犯罪事实与未交代的犯罪事实的危害程度，决定是否认定为如实供述主要犯罪事实。虽然投案后没有交代全部犯罪事实，但如实交代的犯罪情节重于未交代的犯罪情节，或者如实交代的犯罪数额多于未交代的犯罪数额，一般应认定为如实供述自己的主要犯罪事实。无法区分已交代的与未交代的犯罪情节的严重程度，或者已交代的犯罪数额与未交代的犯罪数额相当，一般不认定为如实供述自己的主要犯罪事实。

犯罪嫌疑人自动投案时虽然没有交代自己的主要犯罪事实，但在司法机关掌握其主要犯罪事实之前主动交代的，应认定为如实供述自己的罪行。

三、关于“司法机关还未掌握的本人其他罪行”和“不同种罪行”的具体认定

犯罪嫌疑人、被告人在被采取强制措施期间，向司法机关主动如实供述本人的其他罪行，该罪行能否认定为司法机关已掌握，应根据不同情形区别对待。如果该罪行已被通缉，一般应以该司法机关是否在通缉令发布范围内作出判断，不在通缉令发布范围内的，应认定为还未掌握，在通缉令发布范围内的，应视为已掌握；如果该罪行已录入全国公安信息网络在逃人员信息数据库，应视为已掌握。如果该罪行未被通缉、也未录入全国公安信息网络在逃人员信息数据库，应以该司法机关是否已实际掌握该罪行为标准。

犯罪嫌疑人、被告人在被采取强制措施期间如实供述本人其他罪行，该罪行与司法机关已掌握的罪行属同种罪行还是不同种罪行，一般应以罪名区分。虽然如实供述的其他罪行的罪名与司法机关已掌握犯罪的罪名不同，但如实供述的其他犯罪与司法机关已掌握的犯罪属选择性罪名或者在法律、事实上密切关联，如因受贿被采取强制措施后，又交代因受贿为他人谋取利益行为，构成滥用职权罪的，应认定为同种罪行。

七、关于自首、立功证据材料的审查

人民法院审查的自首证据材料，应当包括被告人投案经过、有罪供述以及能够证明其投案情况的其他材料。投案经过的内容一般应包括被告人投案时间、地点、方式等。证据材料应加盖接受被告人投案的单位的印章，并有接受人员签名。

人民法院审查的立功证据材料，一般应包括被告人检举揭发材料及证明其来源的材料、司法机关的调查核实材料、被检举揭发人的供述等。被检举揭发案件已立案、侦破，被检举揭发人被采取强制措施、公诉或者审判的，还应审查相关的法律文书。证据材料应加盖接收被告人检举揭发材料的单位的印章，并有接收人员签名。

人民法院经审查认为证明被告人自首、立功的材料不规范、不全面的，应当由检察机关、侦查机关予以完善或者提供补充材料。

上述证据材料在被告人被指控的犯罪一、二审审理时已形成的，应当经庭审质证。

八、关于对自首、立功的被告人的处罚

对具有自首、立功情节的被告人是否从宽处罚、从宽处罚的幅度，应当考虑其犯罪事实、犯罪性质、犯罪情节、危害后果、社会影响、被告人的主观恶性和人身危险性等。自首的还应考虑投案的主动性、供述的及时性和稳定性等。立功的还应考虑检举揭发罪行的轻重、被检举揭发的人可能或者已经被判处的刑罚、提供的线索对侦破案件或者协助抓捕其他犯罪嫌疑人所起作用的大小等。

具有自首或者立功情节的，一般应依法从轻、减轻处罚；犯罪情节较轻的，可以免除处罚。类似情况下，对具有自首情节的被告人的从宽幅度要适当宽于具有立功情节的被告人。

虽然具有自首或者立功情节，但犯罪情节特别恶劣、犯罪后果特别严重、被告人主观恶性深、人身危险性大，或者在犯罪前即为规避法律、逃避处罚而准备自首、立功的，可以不从宽处罚。

对于被告人具有自首、立功情节，同时又有累犯、毒品再犯等法定从重处罚情节的，既要考虑自首、立功的具体情节，又要考虑被告人的主观恶性、人身危险性等因素，综合分析判断，确定从宽或者从严处罚。累犯的前罪为非暴力犯罪的，一般可以从宽处罚，前罪为暴力犯罪或者前、后罪为同类犯罪的，可以不从宽处罚。

在共同犯罪案件中，对具有自首、立功情节的被告人的处罚，应注意共同犯罪人以及首要分子、主犯、从犯之间的量刑平衡。犯罪集团的首要分子、共同犯罪的主犯检举揭发或者协助司法机关抓捕同案地位、作用较次的犯罪分子的，从宽处罚与否应当从严掌握，如果从轻处罚可能导致全案量刑失衡的，一般不从轻处罚；如果检举揭发或者协助司法机关抓捕的是其他案件中罪行同样严重的犯罪分子，一般应依法从宽处罚。对于犯罪集团的一般成员、共同犯罪的从犯立功的，特别是协助抓捕首要分子、主犯的，应当充分体现政策，依法从宽处罚。

7. **《最高人民法院关于〈中华人民共和国刑法修正案（八）〉时间效力问题的解释》**（2011年4月25日　法释〔2011〕9号）（节录）

第四条　2011年4月30日以前犯罪，虽不具有自首情节，但是如实供述自己罪行的，适用修正后刑法第六十七条第三款的规定。

8.《最高人民法院、最高人民检察院、公安部、司法部关于敦促在逃犯罪人员投案自首的通告》（2011年9月21日）（节录）

为贯彻落实宽严相济刑事政策，依法惩处犯罪行为，维护社会治安稳定，保护人民群众生命财产安全，同时给犯罪嫌疑人、被告人、罪犯（以下统称“犯罪人员”）改过自新、争取宽大处理的机会，根据刑法、刑事诉讼法的有关规定，特通告如下：

一、在逃犯罪人员自本通告发布之日起至2011年12月1日前向公安机关、人民检察院、人民法院、监狱或者所在单位、城乡基层组织等有关单位、组织投案自首，如实供述自己罪行的，可以依法从轻或者减轻处罚；犯罪较轻的，可以免除处罚。

二、犯罪人员委托他人先代为投案或者先以信函、电报、电话等方式投案，本人随后到案的，或者仅因形迹可疑被司法机关或者有关组织盘问、教育后，主动交代自己尚未被司法机关发觉的罪行的，视为自动投案。

三、在逃犯罪人员的亲友应当积极规劝其尽快投案自首。经亲友规劝、陪同投案的，或者亲友主动报案后将犯罪人员送去投案的，视为自动投案。

四、犯罪人员有检举、揭发他人犯罪行为，经查证属实的，以及提供重要线索，从而得以侦破其他案件，或者积极协助司法机关抓获其他犯罪人员等立功表现的，可以依法从轻或者减轻处罚；有重大立功表现的，可以依法减轻或者免除处罚。

五、在规定期限内拒不投案自首的，司法机关将依法从严惩处。窝藏、包庇犯罪分子，帮助犯罪分子毁灭、伪造证据的，将依法追究刑事责任。

六、鼓励、保护广大人民群众积极举报在逃犯罪人员，动员、规劝在逃犯罪人员投案自首。对威胁、报复举报人、控告人，构成犯罪的，依法追究刑事责任。

9.《最高人民法院、最高人民检察院关于办理行贿刑事案件具体应用法律若干问题的解释》（2012年12月16日　法释〔2012〕22号）（节录）

第八条　行贿人被追诉后如实供述自己罪行的，依照刑法第六十七条第三款的规定，可以从轻处罚；因其如实供述自己罪行，避免特别严重后果发生的，可以减轻处罚。

10.《最高人民法院、最高人民检察院、公安部、国家安全部、司法部关于适用认罪认罚从宽制度的指导意见》（2019年10月11日）（节录）

三、认罪认罚后“从宽”的把握

8. “从宽”的理解。从宽处理既包括实体上从宽处罚，也包括程序上从简处理。“可以从宽”，是指一般应当体现法律规定和政策精神，予以从宽处理。但可以从宽不是一律从宽，对犯罪性质和危害后果特别严重、犯罪手段特别残忍、社会影响特别恶劣的犯罪犯罪嫌疑人、被告人，认罪认罚不足以从轻处罚的，依法不予从宽处罚。

办理认罪认罚案件，应当依照刑法、刑事诉讼法的基本原则，根据犯罪的事实、性质、情节和对社会的危害程度，结合法定、酌定的量刑情节，综合考虑认罪认罚的具体情况，依法决定是否从宽、如何从宽。对于减轻、免除处罚，应当于法有据；不具备减轻处罚情节的，应当在法定幅度以内提出从轻处罚的量刑建议和量刑；对其中犯罪情节轻微不需要判处刑罚的，可以依法作出不起诉决定或者判决免予刑事处罚。

9. 从宽幅度的把握。办理认罪认罚案件，应当区别认罪认罚的不同诉讼阶段、对查明案件事实的价值和意义、是否确有悔罪表现，以及罪行严重程度等，综合考量确定从宽的限度和幅度。在刑罚评价上，主动认罪优于被动认罪，早认罪优于晚认罪，彻底认罪优于不彻底认罪，稳定认罪优于不稳定认罪。

认罪认罚的从宽幅度一般应当大于仅有坦白，或者虽认罪但不认罚的从宽幅度。对犯罪嫌疑人、被告人具有自首、坦白情节，同时认罪认罚的，应当在法定刑幅度内给予相对更大的从宽幅度。认罪认罚与自首、坦白不作重复评价。

对罪行较轻、人身危险性较小的，特别是初犯、偶犯，从宽幅度可以大一些；罪行较重、人身危险性较大的，以及累犯、再犯，从宽幅度应当从严把握。

11. **《最高人民法院关于适用〈中华人民共和国刑事诉讼法〉的解释》**（2021年1月26日　法释〔2021〕1号）（节录）

第三百五十五条　对认罪认罚案件，人民法院一般应当对被告人从轻处罚；符合非监禁刑适用条件的，应当适用非监禁刑；具有法定减轻处罚情节的，可以减轻处罚。

对认罪认罚案件，应当根据被告人认罪认罚的阶段早晚以及认罪认罚的主动性、稳定性、彻底性等，在从宽幅度上体现差异。

共同犯罪案件，部分被告人认罪认罚的，可以依法对该部分被告人从宽处罚，但应当注意全案的量刑平衡。

第六十八条 立功

犯罪分子有揭发他人犯罪行为，查证属实的，或者提供重要线索，从而得以侦破其他案件等立功表现的，可以从轻或者减轻处罚；有重大立功表现的，可以减轻或者免除处罚。

条文要旨

本条是关于犯罪分子有立功表现应当从宽处理的规定。

理解与适用

根据本条规定，作为量刑情节的立功，其主体是在案件侦查、审查起诉和庭审阶段的犯罪分子，其中庭审阶段包括一审庭审阶段和二审庭审阶段。立功有以下常见表现形式：

一是犯罪分子有揭发他人犯罪行为，查证属实的。“犯罪分子揭发他人犯罪行为”，是指犯罪分子归案以后，主动揭发其他人的犯罪行为，包括共同犯罪案件中的犯罪分子揭发同案犯共同犯罪以外的其他犯罪。揭发他人的犯罪行为，必须经过查证属实。“查证属实”是指必须经过司法机关查证以后，证明犯罪分子揭发的情况确实属实。如果经过查证，犯罪分子揭发的情况不属实或者不属于犯罪行为，那么也不算是犯罪分子有立功表现。

二是提供重要线索，从而得以侦破其他案件的。所谓“提供重要线索”，是指犯罪分子向司法机关提供未被司法机关掌握的重要犯罪线索，如证明犯罪行为的重要事实或提供有关证人等。这种提供必须是犯罪分子自身掌握的，是实事求是的，不能是编造的线索。“从而得以侦破其他案件”，是指司法机关根据犯罪分子提供的线索，查清了犯罪事实，侦破了其他案件。

此外，除上述两种立功表现形式外，实践中有的犯罪分子还有其他有利于国家和社会的突出表现，如阻止他人犯罪活动、协助司法机关抓捕其他犯罪分子（包括同案犯）等，也属于本条规定的立功。

根据本条规定，对于有立功表现的犯罪分子，可以从轻或者减轻处罚；对于有重大立功表现的，可以减轻或者免除处罚。所谓“重大立功表现”，是相对于一般立功表现而言，主要是指：犯罪分子检举、揭发他人的重大犯罪行为，如揭发了一个犯罪集团或犯罪团伙，或者因其提供了犯罪的重要线索，才使一个重大犯罪案件得以侦破；阻止他人重大犯罪活动；协助司法机关抓捕其他重大犯罪分子（包括同案犯）；对国家和社会有其他重大贡献的；等等。一般而言，犯罪分子检举、揭发的他人犯罪，提供侦破其他案件的重要线索，阻止他人的犯罪活动，或者协助司法机关抓捕的其他犯罪嫌疑人，犯罪嫌疑人、被告人依法可能被判处无期徒刑以上刑罚的，应当认定为有重大立功表现。

实务问题

立功的时间问题

刑法第六十八条没有明确规定立功的起始时间，《最高人民法院自首和立功解释》第五条、第七条规定为犯罪分子到案后是立功的起始时间。实践中，有的犯罪人在犯罪后到案前揭发他人犯罪、提供重要线索、协助抓捕其他犯罪人或阻止他人犯罪活动，能否构成立功，存在争议。例如，甲实施抢劫后被公安机关通缉，在逃跑过程中，为了日后被减轻处罚，向公安机关打匿名电话揭发他人的犯罪，然后继续潜逃，后被捕。甲的揭发行为能否构成立功？又如，甲、乙共同实施敲诈勒索后被公安机关通缉。在逃跑过程中，甲为了日后被减轻处罚，向公安机关打匿名电话，告知同案犯乙的藏匿地点，自己继续潜逃。据此，公安机关很快抓捕乙，后也抓捕了甲。甲的行为能否构成立功？再如，甲盗窃了他人汽车，但未被发觉。后来甲因吸毒被强制戒毒，在戒毒期间，甲揭发了他人的贩毒罪行，经查证属实。后甲自首了自己的盗窃罪行。甲揭发他人贩毒罪行能否认定为立功？

否定的观点认为，如果将立功起始时间定为犯罪后到案前，会过分扩大立功的成立范围。到案前的类似立功的行为虽然有利于节约司法资源，但是犯罪人犯罪后却不到案，表明其人身危险性很大，不宜对其此时的行为给予奖励。实际上，自首制度是司法机关给予犯罪人到案前的宽恕机会，立功制度是司法机关给予犯罪人到案后的宽恕机会。到案前揭发他人犯罪的，由于无法体现犯罪分子人身危险性的减小，所以不构成立功。

我们认为，立功时间应当定为犯罪后，而非到案后。一是立功制度的设立根据主要是节约司法资源（政策理由），其次才考虑人身危险性的减小（法律理由）。既然如此，到案前与到案后的立功行为对于节约司法资源没有区别，甚至到案前的立功行为因为时间较早，更有利于节约司法资源。如果要求立功的时间为到案后，这等于告诉犯罪分子，到案前先不要揭发其他犯罪人或提供重要线索，等到被捕后再实施，很显然，这样是不利于及早破案和阻止犯罪。二是所谓自首制度是给予犯罪人到案前的宽恕机会，立功制度是给予犯罪人到案后的宽恕机会。这种看法是人为切割自首和立功的成立时间，不符合实际情况。事实上，犯罪人到案后也可以自首，例如，特殊自首便是如此。三是刑法第六十八条只规定犯罪分子有揭发他人犯罪行为，查证属实的，构成立功，没有规定立功的时间必须是到案后。所谓到案后，是司法解释的规定。在司法解释与刑法典有冲突时，应当优先适用刑法典，也即不要求立功的时间是到案后。况且，犯罪分子这个身份在行为人犯罪后就具备了，而非到案后才具备。

关联规范

1. **《最高人民法院关于处理自首和立功具体应用法律若干问题的解释》**（1998 年 4 月 6 日　法释〔1998〕8 号）（节录）

第五条　根据刑法第六十八条第一款的规定，犯罪分子到案后有检举、揭发他人犯罪行为，包括共同犯罪案件中的犯罪分子揭发同案犯共同犯罪以外的其他犯罪，经查证属实；提供侦破其他案件的重要线索，经查证属实；阻止他人犯罪活动；协助司法机关抓捕其他犯罪嫌疑人（包括同案犯）；具有其他有利于国家和社会的突出表现的，应当认定为有立功表现。

第六条　共同犯罪案件的犯罪分子到案后，揭发同案犯共同犯罪事实的，可以酌情予以从轻处罚。

第七条　根据刑法第六十八条第一款的规定，犯罪分子有检举、揭发他人重大犯罪行为，经查证属实；提供侦破其他重大案件的重要线索，经查证属实；阻止他人重大犯罪活动；协助司法机关抓捕其他重大犯罪嫌疑人（包括同案犯）；对国家和社会有其他重大贡献等表现的，应当认定为有重大立功表现。

前款所称“重大犯罪”“重大案件”“重大犯罪嫌疑人”的标准，一般是指犯罪嫌疑人、被告人可能被判处无期徒刑以上刑罚或者案件在本省、自治区、直辖市或者全国范围内有较大影响等情形。

2.《最高人民法院印发〈全国部分法院审理毒品犯罪案件工作座谈会纪要〉的通知》（2008年12月1日　法〔2008〕324号）（节录）

七、毒品案件的立功问题

共同犯罪中同案犯的基本情况，包括同案犯姓名、住址、体貌特征、联络方式等信息，属于被告人应当供述的范围。公安机关根据被告人供述抓获同案犯的，不应认定其有立功表现。被告人在公安机关抓获同案犯过程中确实起到协助作用的，例如，经被告人现场指认、辨认抓获了同案犯；被告人带领公安人员抓获了同案犯；被告人提供了不为有关机关掌握或者有关机关按照正常工作程序无法掌握的同案犯藏匿的线索，有关机关据此抓获了同案犯；被告人交代了与同案犯的联系方式，又按要求与对方联络，积极协助公安机关抓获了同案犯等，属于协助司法机关抓获同案犯，应认定为立功。

关于立功从宽处罚的把握，应以功是否足以抵罪为标准。在毒品共同犯罪案件中，毒枭、毒品犯罪集团首要分子、共同犯罪的主犯、职业毒犯、毒品惯犯等，由于掌握同案犯、从犯、马仔的犯罪情况和个人信息，被抓获后往往能协助抓捕同案犯，获得立功或者重大立功。对其是否从宽处罚以及从宽幅度的大小，应当主要看功是否足以抵罪，即应结合被告人罪行的严重程度、立功大小综合考虑。要充分注意毒品共同犯罪人以及上、下家之间的量刑平衡。对于毒枭等严重毒品犯罪分子立功的，从轻或者减轻处罚应当从严掌握。如果其罪行极其严重，只有一般立功表现，功不足以抵罪的，可不予从轻处罚；如果其检举、揭发的是其他犯罪案件中罪行同样严重的犯罪分子，或者协助抓获的是同案中的其他首要分子、主犯，功足以抵罪的，原则上可以从轻或者减轻处罚；如果协助抓获的只是同案中的从犯或者马仔，功不足以抵罪，或者从轻处罚后全案处刑明显失衡的，不予从轻处罚。相反，对于从犯、马仔立功，特别是协助抓获毒枭、首要分子、主犯的，应当从轻处罚，直至依法减轻或者免除处罚。

被告人亲属为了使被告人得到从轻处罚，检举、揭发他人犯罪或者协助司法机关抓捕其他犯罪人的，不能视为被告人立功。同监犯将本人或者他人尚未被司法机关掌握的犯罪事实告知被告人，由被告人检举揭发的，如经查证属实，虽可认定被告人立功，但是否从宽处罚、从宽幅度大小，应与通常的立功有所区别。通过非法手段或者非法途径获取他人犯罪信息，如从国家工作人员处贿买他人犯罪信息，通过律师、看守人员等非法途径获取他人犯罪信息，由被告人检举揭发的，不能认定为立功，也不能作为酌情从轻处罚情节。

3.《最高人民法院、最高人民检察院关于办理职务犯罪案件认定自首、立功等量刑情节若干问题的意见》（2009年3月12日　法发〔2009〕13号）（节录）

二、关于立功的认定和处理

立功必须是犯罪分子本人实施的行为。为使犯罪分子得到从轻处理，犯罪分子的亲友直接向有关机关揭发他人犯罪行为，提供侦破其他案件的重要线索，或者协助司法机关抓捕其他犯罪嫌疑人的，不应当认定为犯罪分子的立功表现。

据以立功的他人罪行材料应当指明具体犯罪事实；据以立功的线索或者协助行为对于侦破案件或者抓捕犯罪嫌疑人要有实际作用。犯罪分子揭发他人犯罪行为时没有指明具体犯罪事实的；揭发的犯罪事实与查实的犯罪事实不具有关联性的；提供的线索或者协助行为对于其他案件的侦破或者其他犯罪嫌疑人的抓捕不具有实际作用的，不能认定为立功表现。

犯罪分子揭发他人犯罪行为，提供侦破其他案件重要线索的，必须经查证属实，才能认定为立功。审查是否构成立功，不仅要审查办案机关的说明材料，还要审查有关事实和证据以及与案件定性处罚相关的法律文书，如立案决定书、逮捕决定书、侦查终结报告、起诉意见书、起诉书或者判决书等。

据以立功的线索、材料来源有下列情形之一的，不能认定为立功：（1）本人通过非法手段或者非法途径获取的；（2）本人因原担任的查禁犯罪等职务获取的；（3）他人违反监管规定向犯罪分子提供的；（4）负有查禁犯罪活动职责的国家机关工作人员或者其他国家工作人员利用职务便利提供的。

犯罪分子检举、揭发的他人犯罪，提供侦破其他案件的重要线索，阻止他人的犯罪活动，或者协助司法机关抓捕的其他犯罪嫌疑人，犯罪嫌疑人、被告人依法可能被判处无期徒刑以上刑罚的，应当认定为有重大立功表现。其中，可能被判处无期徒刑以上刑罚，是指根据犯罪行为的事实、情节可能判处无期徒刑以上刑罚。案件已经判决的，以实际判处的刑罚为准。但是，根据犯罪行为的事实、情节应当判处无期徒刑以上刑罚，因被判刑人有法定情节经依法从轻、减轻处罚后判处有期徒刑的，应当认定为重大立功。

对于具有立功情节的犯罪分子，应当根据犯罪的事实、性质、情节和对于社会的危害程度，结合立功表现所起作用的大小、所破获案件的罪行轻重、所抓获犯罪嫌疑人可能判处的法定刑以及立功的时机等具体情节，依法决定是否从轻、减轻或者免除处罚以及从轻、减轻处罚的幅度。

三、关于如实交代犯罪事实的认定和处理

犯罪分子依法不成立自首，但如实交代犯罪事实，有下列情形之一的，可以酌情从轻处罚：（1）办案机关掌握部分犯罪事实，犯罪分子交代了同种其他犯罪事实的；

（2）办案机关掌握的证据不充分，犯罪分子如实交代有助于收集定案证据的。

犯罪分子如实交代犯罪事实，有下列情形之一的，一般应当从轻处罚：（1）办案机关仅掌握小部分犯罪事实，犯罪分子交代了大部分未被掌握的同种犯罪事实的；（2）如实交代对于定案证据的收集有重要作用的。

四、关于赃款赃物追缴等情形的处理

贪污案件中赃款赃物全部或者大部分追缴的，一般应当考虑从轻处罚。

受贿案件中赃款赃物全部或者大部分追缴的，视具体情况可以酌定从轻处罚。

犯罪分子及其亲友主动退赃或者在办案机关追缴赃款赃物过程中积极配合的，在量刑时应当与办案机关查办案件过程中依职权追缴赃款赃物的有所区别。

职务犯罪案件立案后，犯罪分子及其亲友自行挽回的经济损失，司法机关或者犯罪分子所在单位及其上级主管部门挽回的经济损失，或者因客观原因减少的经济损失，不予扣减，但可以作为酌情从轻处罚的情节。

4.**《最高人民法院关于贯彻宽严相济刑事政策的若干意见》**（2010年2月8日　法发〔2010〕9号）（节录）

18．对于被告人检举揭发他人犯罪构成立功的，一般均应当依法从宽处罚。对于犯罪情节不是十分恶劣，犯罪后果不是十分严重的被告人立功的，从宽处罚的幅度应当更大。

5.**《最高人民法院关于处理自首和立功若干具体问题的意见》**（2010年12月22日　法发〔2010〕60号）（节录）

四、关于立功线索来源的具体认定

犯罪分子通过贿买、暴力、胁迫等非法手段，或者被羁押后与律师、亲友会见过程中违反监管规定，获取他人犯罪线索并“检举揭发”的，不能认定为有立功表现。

犯罪分子将本人以往查办犯罪职务活动中掌握的，或者从负有查办犯罪、监管职责的国家工作人员处获取的他人犯罪线索予以检举揭发的，不能认定为有立功表现。

犯罪分子亲友为使犯罪分子“立功”，向司法机关提供他人犯罪线索、协助抓捕犯罪嫌疑人的，不能认定为犯罪分子有立功表现。

五、关于“协助抓捕其他犯罪嫌疑人”的具体认定

犯罪分子具有下列行为之一，使司法机关抓获其他犯罪嫌疑人的，属于《解释》第5条规定的“协助司法机关抓捕其他犯罪嫌疑人”：1．按照司法机关的安排，以打电话、发信息等方式将其他犯罪嫌疑人（包括同案犯）约至指定地点的；2．按照司法机关的安排，当场指认、辨认其他犯罪嫌疑人（包括同案犯）的；3．带领侦查人员抓获其他犯罪嫌疑人（包括同案犯）的；4．提供司法机关尚未掌握的其他案件犯罪嫌疑人的联络方式、藏匿地址的等。

犯罪分子提供同案犯姓名、住址、体貌特征等基本情况，或者提供犯罪前、犯罪中掌握、使用的同案犯联络方式、藏匿地址，司法机关据此抓捕同案犯的，不能认定为协助司法机关抓捕同案犯。

六、关于立功线索的查证程序和具体认定

被告人在一、二审审理期间检举揭发他人犯罪行为或者提供侦破其他案件的重要线索，人民法院经审查认为该线索内容具体、指向明确的，应及时移交有关人民检察院或者公安机关依法处理。

侦查机关出具材料，表明在三个月内还不能查证并抓获被检举揭发的人，或者不能查实的，人民法院审理案件可不再等待查证结果。

被告人检举揭发他人犯罪行为或者提供侦破其他案件的重要线索经查证不属实，又重复提供同一线索，且没有提出新的证据材料的，可以不再查证。

根据被告人检举揭发破获的他人犯罪案件，如果已有审判结果，应当依据判决确认的事实认定是否查证属实；如果被检举揭发的他人犯罪案件尚未进入审判程序，可以依据侦查机关提供的书面查证情况认定是否查证属实。检举揭发的线索经查确有犯罪发生，或者确定了犯罪嫌疑人，可能构成重大立功，只是未能将犯罪嫌疑人抓获归案的，对可能判处死刑的被告人一般要留有余地，对其他被告人原则上应酌情从轻处罚。

被告人检举揭发或者协助抓获的人的行为构成犯罪，但因法定事由不追究刑事责任、不起诉、终止审理的，不影响对被告人立功表现的认定；被告人检举揭发或者协助抓获的人的行为应判处无期徒刑以上刑罚，但因具有法定、酌定从宽情节，宣告刑为有期徒刑或者更轻刑罚的，不影响对被告人重大立功表现的认定。

七、关于自首、立功证据材料的审查

人民法院审查的自首证据材料，应当包括被告人投案经过、有罪供述以及能够证明其投案情况的其他材料。投案经过的内容一般应包括被告人投案时间、地点、方式等。证据材料应加盖接受被告人投案的单位的印章，并有接受人员签名。

人民法院审查的立功证据材料，一般应包括被告人检举揭发材料及证明其来源的材料、司法机关的调查核实材料、被检举揭发人的供述等。被检举揭发案件已立案、侦破，被检举揭发人被采取强制措施、公诉或者审判的，还应审查相关的法律文书。证据材料应加盖接收被告人检举揭发材料的单位的印章，并有接收人员签名。

人民法院经审查认为证明被告人自首、立功的材料不规范、不全面的，应当由检察机关、侦查机关予以完善或者提供补充材料。

上述证据材料在被告人被指控的犯罪一、二审审理时已形成的，应当经庭审质证。

八、关于对自首、立功的被告人的处罚

对具有自首、立功情节的被告人是否从宽处罚、从宽处罚的幅度，应当考虑其犯罪事实、犯罪性质、犯罪情节、危害后果、社会影响、被告人的主观恶性和人身危险性等。自首的还应考虑投案的主动性、供述的及时性和稳定性等。立功的还应考虑检举揭发罪行的轻重、被检举揭发的人可能或者已经被判处的刑罚、提供的线索对侦破案件或者协助抓捕其他犯罪嫌疑人所起作用的大小等。

具有自首或者立功情节的，一般应依法从轻、减轻处罚；犯罪情节较轻的，可以免除处罚。类似情况下，对具有自首情节的被告人的从宽幅度要适当宽于具有立功情节的被告人。

虽然具有自首或者立功情节，但犯罪情节特别恶劣、犯罪后果特别严重、被告人主观恶性深、人身危险性大，或者在犯罪前即为规避法律、逃避处罚而准备自首、立功的，可以不从宽处罚。

对于被告人具有自首、立功情节，同时又有累犯、毒品再犯等法定从重处罚情节的，既要考虑自首、立功的具体情节，又要考虑被告人的主观恶性、人身危险性等因素，综合分析判断，确定从宽或者从严处罚。累犯的前罪为非暴力犯罪的，一般可以从宽处罚，前罪为暴力犯罪或者前、后罪为同类犯罪的，可以不从宽处罚。

在共同犯罪案件中，对具有自首、立功情节的被告人的处罚，应注意共同犯罪人以及首要分子、主犯、从犯之间的量刑平衡。犯罪集团的首要分子、共同犯罪的主犯检举揭发或者协助司法机关抓捕同案地位、作用较次的犯罪分子的，从宽处罚与否应当从严掌握，如果从轻处罚可能导致全案量刑失衡的，一般不从轻处罚；如果检举揭发或者协助司法机关抓捕的是其他案件中罪行同样严重的犯罪分子，一般应依法从宽处罚。对于犯罪集团的一般成员、共同犯罪的从犯立功的，特别是协助抓捕首要分子、主犯的，应当充分体现政策，依法从宽处罚。

6.《最高人民法院关于〈中华人民共和国刑法修正案（八）〉时间效力问题的解释》（2011 年 4 月 25 日　法释〔2011〕9 号）（节录）

第五条　2011 年 4 月 30 日以前犯罪，犯罪后自首又有重大立功表现的，适用修正前刑法第六十八条第二款的规定。

7.《最高人民法院、最高人民检察院关于办理行贿刑事案件具体应用法律若干问题的解释》（2012 年 12 月 16 日　法释〔2012〕22 号）（节录）

第九条　行贿人揭发受贿人与其行贿无关的其他犯罪行为，查证属实的，依照刑法第六十八条关于立功的规定，可以从轻、减轻或者免除处罚。

第四节 数罪并罚

第六十九条 数罪并罚的一般规定

判决宣告以前一人犯数罪的，除判处死刑和无期徒刑的以外，应当在总和刑期以下、数刑中最高刑期以上，酌情决定执行的刑期，但是管制最高不能超过三年，拘役最高不能超过一年，有期徒刑总和刑期不满三十五年的，最高不能超过二十年，总和刑期在三十五年以上的，最高不能超过二十五年。

数罪中有判处有期徒刑和拘役的，执行有期徒刑。数罪中有判处有期徒刑和管制，或者拘役和管制的，有期徒刑、拘役执行完毕后，管制仍须执行。

数罪中有判处附加刑的，附加刑仍须执行，其中附加刑种类相同的，合并执行，种类不同的，分别执行。

条文要旨

本条是关于数罪并罚一般原则的规定。

理解与适用

本条共分三款。第一款是关于判决宣告以前一人犯数罪的应当如何决定执行刑罚的一般性规定。本款规定主要包含以下两个方面的内容：

1. 对数罪中有一罪被判死刑、无期徒刑的，数罪并罚采用吸收原则。对于犯罪分子犯有数罪的，都应对各罪分别作出判决，而不能“估堆”判处刑罚。对犯罪分子的各罪判处的刑罚中，有死刑或者无期徒刑的，由于死刑是以剥夺生命为内容的最严厉的刑罚，而无期徒刑属于终身剥夺自由的刑罚，这两种刑罚的特殊性决定了在适用本款规定的并罚原则时，实际上死刑和无期徒刑就会吸收其他主刑，即在有死刑的数罪中实际执行死刑，在没有判处死刑而有无期徒刑和其他主刑的数罪中实际执行无期徒刑。也就是说：首先，数罪中无论判处几个死刑或者最重刑为死刑时，只执行一个死刑，不再执行其他无期徒刑、有期徒刑、拘役或者管制。其次，数罪中无论判处几个无期徒刑或者最重刑为无期徒刑时，只执行一个无期徒刑，不再执行其他无期徒刑、有期徒刑、拘役或者管制。

2. 对数罪判处数个有期徒刑或者数个拘役或者数个管制的，数罪并罚采用限制加重原则。根据本款规定，对于判决宣告之前一人犯有两种或者两种以上不同的罪，总的处罚原则是：在总和刑期以下，数刑中最高刑期以上酌情决定执行的刑期。有期徒刑、拘役、管制都是有期限的，数罪并罚时的限制加重，其限制主要体现在以下三个方面：一是受总和刑期的限制。"总和刑期"是指将犯罪分子的各个不同的罪，分别依照刑法确定刑期后相加得出的刑期总数。根据本款规定，必须在总和刑期以下决定执行的刑期，也就是说，执行的刑期不能超过总和刑期。二是受数刑中最高刑的限制。根据本款规定，必须在数刑中最高刑期以上决定执行的刑期，也就是说，不能低于数罪中判处的最高刑。"数刑中最高刑期"，是指对数个犯罪确定的刑期中最长的刑期。对于被告人犯有数罪的，人民法院在量刑时，应当先就数罪中的每一种犯罪分别量刑，然后再把每罪判处的刑罚相加，计算出总和刑期，最后在数刑中的最高刑期以上和数刑总和刑期以下决定执行的刑罚。例如，被告人在判决宣告之前犯有强奸罪和抢劫罪，强奸罪判处有期徒刑十年，抢劫罪判处有期徒刑八年，这两种罪中最高刑期为强奸罪所判处的十年，总和刑期为十八年，人民法院应当在十年以上十八年以下决定应执行的刑期。三是受本款确定的相应刑种最高刑期的限制。首先，根据本款规定，管制最高不能超过三年。需要注意的是，刑法第三十八条规定，管制的最高刑期为二年，该最高刑期是对于一罪而言的。根据本款关于管制的数罪并罚的最高刑期的规定，对于数个罪都是被判处管制的，不论管制的总和刑期多少年，决定执行的管制刑期最高不能超过三年。其次，根据本款规定，拘役最高不能超过一年。需要注意的是，刑法第四十二条规定，拘役的最高刑期为六个月，该最高刑期是对于一罪而言的。根据本款关于拘役的数罪并罚的最高刑期的规定，对于数个罪都是被判处拘役的，不论拘役的总和刑期多少年，决定执行的拘役刑期不能超过一年。最后，根据本款规定，有期徒刑总和刑期不满三十五年的，最高不能超过二十年；总和刑期在三十五年以上的，最高不能超过二十五年。需要注意的是，刑法第四十五条规定，有期徒刑的最高刑期为十五年，该最高刑期是对于一罪而言的。根据本款关于有期徒刑的数罪并罚的最高刑期的规定，对于数个罪都是被判处有期徒刑的，将每个犯罪判处的有期徒刑刑期相加计算得出总和刑期：对于总和刑期不满三十五年的，数罪并罚的期限不能超过二十年，即在数刑中最高刑以上、总和刑期（最长为二十年）以下决定执行的刑期；对于总和刑期等于或者超过三十五年的，数罪并罚的期限最高不能超过二十五年，即在数刑中最高刑以上、二十五年以下决定执行的刑期。

第二款是关于被判处有期徒刑、拘役、管制不同种刑罚如何并罚的规定。

本款包含以下两个方面的内容：第一，对数罪中有判处有期徒刑和拘役的，数罪并罚采用吸收原则。根据本款规定，数罪中有判处有期徒刑和拘役的，执行有期徒刑，拘役不再执行，实际上相当于有期徒刑吸收了拘役。也就是说，对于一人因犯数罪被判处有期徒刑和拘役的，只执行有期徒刑，拘役因被吸收而不再执行。第二，数罪中有判处有期徒刑和管制，或者拘役和管制的，数罪并罚采用并科原则，即有期徒刑、拘役执行完毕后，管制仍须执行，也就是说管制刑不能被有期徒刑、拘役所吸收。对于数罪中同时被判处有期徒刑、拘役和管制的，执行有期徒刑，拘役不再执行，但管制仍须执行，也就是说，对该罪犯在执行有期徒刑后，再执行管制。

根据本款规定，数罪中有判处有期徒刑和拘役的，执行有期徒刑，拘役不再执行，在拘役被有期徒刑吸收时，该罪的罚金、剥夺政治权利等附加刑则不能被吸收，附加刑仍然应当要按照本条第三款的规定，种类相同的，合并执行，种类不同的，分别执行。

第三款是关于数罪中有判处附加刑的，附加刑如何执行的规定。

根据本款规定，在数罪中有一个罪判处附加刑，或者数罪都判处附加刑，附加刑种类相同的，合并之后一并执行，种类不同的，同时或者依次分别执行。“合并执行”，是指对于种类相同的多个附加刑，期限或者数额相加之后一并执行。比如，同时判处多个罚金刑的，罚金数额相加之后一并执行；同时判处多个剥夺政治权利的，将数个剥夺政治权利的期限相加执行。需要注意的是，相同种类的多个附加刑并不适用限制加重原则。

实务问题

1.《刑法修正案（九）》对自由刑数罪并罚执行制度的修订

在自由刑数罪并罚的情况下，如何决定执行的刑罚，这在我国刑法中是一个存在争议的问题。对于这个问题，我国原刑法没有明确规定，因此在我国刑法学界对此存在以下六种分歧观点：（1）换算说。认为应先把管制和拘役折算成有期徒刑，比例是两天管制折抵一天有期徒刑，一天拘役折抵一天有期徒刑，然后按照限制加重的原则，在总和刑期以下，数刑中最高刑期以上，决定执行的刑期。（2）并科说。认为在数罪并罚的情况下，除判处死刑和无期徒刑的以外，其余的不同刑种，应当按照限制加重的原则分别并罚，然后逐一执行，而不能换算为另一种刑种处罚。（3）吸收说。对于数罪中同时判处有期徒刑、拘役或者管制，或管制期间又犯新罪被判处拘役或者有期徒刑的，在决定执行刑罚时，可以采取重刑吸收轻刑的办法，只决定执行有期徒刑。这样并罚既体现了法律的严肃性，又符合并罚的原则，且简便易行。（4）分别说。认为可以根据案件的具体情况采取不同的方法：有的可以采取重刑吸收轻刑的办法；有的可以采取执行完有期徒刑以后，再执行拘役和管制的办法。至于究竟采取哪一种办法，要依据罪刑均衡的原则来决定。对于采取重刑吸收轻刑不致轻纵罪犯的，即可采此方法，否则并科。（5）按比例分别执行部分刑期说。认为对于不同种有期自由刑，应从重到轻分别予以执行，但并非分别执行不同种有期自由刑的全部刑期，而是分别执行不同种有期自由刑的一定比例的部分刑期。（6）有限制酌情（或酌量）分别执行说。认为对于不同种有期自由刑，仍应采用体现限制加重原则的方法予以并罚，即在不同种有期自由刑的总和刑以下、最高刑以上，酌情决定执行的刑罚，其结果或仅执行其中一种最高刑的刑期，或酌情分别执行不同种的自由刑。以上观点其说不一，争议纷呈。以往在我国司法实践中，大多采取换算说。但《刑法修正案（九）》对此作出明确规定：“数罪中有判处有期徒刑和拘役的，执行有期徒刑。数罪中有判处有期徒刑和管制，或者拘役和管制的，有期徒刑、拘役执行完毕后，管制仍须执行。”这一规定，采取的是分别说，即对于数罪中有判处有期徒刑和拘役的，采取吸收原则，只执行有期徒刑。但对于数罪中有判处有期徒刑和管制，或者拘役和管制的，采取并科原则，在有期徒刑、拘役执行完毕后，管制仍须执行。这一规定实际修改了对于数个有期自由刑所采取的限制加重原则，而是分别采取吸收原则和并科原则。对于采取吸收原则当然没有问题，但采取并科原则则存在一个法律障碍，即违反了一个判决只能有一个主刑的原则。根据我国刑法的规定，主刑是指只能独立适用不能附加适用的刑罚方法，而附加刑是既可以独立适用又可以附加适用的刑罚方法。因此，在可以独立适用这一点上，主刑和附加刑是相同的。主刑和附加刑的唯一区分就在于：是否可以附加适用。刑罚的独立适用，是指只能判处一个刑罚。而刑罚的附加适用是指可以与其他刑罚共存，例如附加于主刑适用。这一特征就决定了一个判决只能有一个主刑，即主刑只能独立适用。而一个判决却可以有数个附加刑，因为附加刑可以附加适用。如果一个判决存在两个或者两个以上主刑，那么，主刑就不是独立适用而是附加适用，这就抹杀了主刑和附加刑之间的区分。因此，这个问题确实还是一个值得探讨的问题。尽管如此，《刑法修正案（九）》还是作出了明确规定，使司法机关有所依据。

2. 数罪并罚判决宣告后刑罚执行完毕前发现漏罪的并罚

在数罪并罚判决宣告以后，刑罚执行完毕以前，发现被判刑的犯罪分子在判决宣告以前还有其他罪没有判决的，应当如何并罚？对此问题，存在不同看法：有观点认为，原判决是已经发生法律效力的判决，如果对漏罪所判的刑罚不与原判决决定执行的刑罚实行并罚，而是与原判决对数罪分别所宣告的刑罚进行并罚，则意味着推翻了前一判决或者否定前一判决已发生的法律效力，势必影响刑事判决的严肃性。因此，应当对漏罪判处刑罚，并将其与原数罪并罚判决决定执行的刑罚进行并罚，依照相应的规则决定执行的刑罚。另一种观点则认为，判决宣告以前发现数罪的并罚与刑罚执行过程中发现漏罪的并罚，只是并罚的时间不同，所采用的原则和结果都应当是相同的，所实际执行的刑罚也应当相同。而如果按照前一种观点，则可能会出现对有漏罪事实者实施的数罪两次适用限制加重原则进行并罚，进而轻纵犯罪之弊。正确的做法是将原判数罪的宣告刑与漏罪的宣告刑进行并罚，决定执行的刑罚，这并非完全否定前一判决的法律效力，而是强化其准确程度和稳定性。

经研究认为，第一种观点更为可取。主要考虑如下：（1）原判决依照刑法第 69 条的规定对判决宣告以前一人犯数罪的情形进行并罚，决定执行的刑罚，并无不当。而主张将漏罪与原判决对数罪的宣告刑进行并罚、而非决定执行的刑罚，无疑是对已生效的原判决的否定，对于维护生效裁判的稳定性不利。（2）从实证的角度很难说将漏罪宣告的刑罚与原判数罪并罚决定执行的刑罚并罚会出现轻纵犯罪的结果。诚然，此种并罚可能导致总和刑期降低，如出现司法者滥用法律的情况，不排除极少数情况下可能出现轻纵犯罪的情况。但是，任何规则都不可能是完美的，都需要司法者的妥当把握。如果将漏罪宣告的刑罚与原判决对数罪的宣告刑并罚，虽然使得总和刑期升高，但最低刑期却可能降低，如果司法者滥用，在不少情形下可能出现重罪轻判或者轻罪重判的现象。而且，将漏罪宣告的刑罚与原判数罪并罚决定执行的刑罚并罚，多数情况下会将最高刑期上升，一定程度上会约束司法者滥用这一规则轻纵犯罪。因此，权衡利弊，这一规则更为适宜。（3）最高人民法院有关司法文件实际上可资借鉴。如后所述，《最高人民法院关于判决宣告后又发现被判刑的犯罪分子的同种漏罪是否按数罪并罚处理的批复》对于判决宣告并已发生法律效力后，刑罚执行完毕前发现的同种漏罪，确立了数罪并罚的规则。从常理而言，此漏罪如果在判决宣告前发现，不少情况下是无须数罪并罚的。但是，基于维护生效判决确定性和稳定性的角度，该司法文件仍然规定了并罚，并未对原判决进行改变。可见，在数罪并罚司法适用中，维护生效判决的稳定性是一贯的司法立场。基于此，对于数罪并罚判决宣告以后刑罚执行完毕以前发现漏罪的并罚，也应当充分考虑原判决的稳定性，直接将漏罪的宣告刑与原判决决定执行的刑罚并罚即可。

3. 判决宣告后发现同种漏罪的并罚

司法实践中需要注意判决宣告后发现同种漏罪的处理问题。对此，《最高人民法院关于判决宣告后又发现被判刑的犯罪分子的同种漏罪是否按数罪并罚处理的批复》规定："人民法院的判决宣告并已发生法律效力以后，刑罚还没有执行完毕以前，发现被判刑的犯罪分子在判决宣告以前还有其他罪没有判决的，不论新发现的罪与原判决的罪是否属于同种罪，都应当依照刑法第六十五条的规定实行数罪并罚。但如果在第一审人民法院的判决宣告以后，被告人提出上诉或者人民检察院提出抗诉，判决尚未发生法律效力的，第二审人民法院在审理期间，发现原审被告人在第一审判决宣告以前还有同种漏罪没有判决的，第二审人民法院应当依照刑事诉讼法第一百三十六条第三项的规定，裁定撤销原判，发回原审人民法院重新审判，第一审人民法院重新审判时，不适用刑法关于数罪并罚的规定。"此司法解释虽然是 1997 年刑法施行前作出的，但在新的司法解释出台前，其中的精神仍可在具体案件处理中作为参考。

4. 判决宣告后刑罚执行完毕前发现数种漏罪的并罚

判决宣告以后，刑法执行完毕以前，发现被判刑的犯罪分子在判决宣告以前还有其他数个罪没有判决的，如何进行并罚，存在不同认识：有观点认为，应当在对数个漏罪分别定罪量刑的基础上，首先对漏判的数罪合并处罚，然后将所决定执行的刑罚与原判决定执行的刑罚进行并罚，决定执行的刑罚；也有观点认为，应当首先对数个漏罪分别定罪量刑，然后将判决所宣告的数个刑罚与原判决决定执行的刑罚进行并罚，决定执行的刑罚。

经研究，我们赞同第二种观点，即主张以一次并罚的方式对判决宣告后刑罚执行完毕前发现数种漏罪的情况进行处理。主要考虑如下：（1）根据刑法第七十条的规定，对于判决宣告后刑罚执行完毕前发现漏罪的情形，"应当对新发现的罪作出判决，把前后两个判决所判处的刑罚，依照本法第六十九条的规定，决定执行的刑罚。"从整个操作过程来看，宜认为法律要求进行一次并罚，而非两次并罚。而第一种观点无疑是进行了两次并罚，与刑法的有关规定存在不一致之处。（2）第二种观点更符合对刑法进行体系解释得出的结论。从立法表述来看，刑法第七十条规定的"前后两个判决所判处的刑罚"应当根据刑法第六十九条的规定进行并罚。而刑法第六十九条"所谓的数刑均是指宣告刑，因此，应当认定第七十条所规定的'前后两个判决所判处的刑罚'，就是对新发现的数罪分别作出的宣告刑"。（3）第二种观点更便于司法实践操作。如果按照第一种观点，对于判决宣告后刑罚执行完毕前发现数种漏罪的，需要作两次数罪并罚，才能确定决定执行的刑罚。而按照第二种观点进行操作，只需要进行一次并罚，且更能兼顾司法实践的复杂情况，自由裁量的幅度较大，罪责刑相适应原则能够得以充分贯彻、体现。

5. 判决宣告后刑罚执行完毕前又犯数种新罪的数罪并罚

根据刑法第七十一条的规定，判决宣告以后，刑罚执行完毕以前，被判刑的犯罪分子又犯罪的，应当“先减后并”，即对新犯的罪作出判决，把前罪没有执行的刑罚和后罪所判处的刑罚，依照刑法第六十条的规定，决定执行的刑罚。对于在判决宣告以后，刑罚执行完毕以前，再犯一种新罪的，实践操作中并无障碍，直接依照上述规定处理即可。然而，司法实践中还存在在判决宣告以后，刑罚执行完毕以前再犯数种新罪的情况，如何“先减后并”，实践中存在认识问题，有必要作进一步研究。

例如，张某于2011年因犯盗窃罪而被判处有期徒刑二年，其因病而被予以监外执行。监外执行一年后，张某又触犯两个新罪：故意伤害罪和抢夺罪。从其犯罪情节看，故意伤害罪应被判处有期徒刑一年，而抢夺罪应被判处有期徒刑三年。本案中，张某在判决宣告以后，刑罚执行完毕以前，再犯故意伤害罪和抢夺罪两种新罪，如何适用刑法第七十一条关于数罪并罚的规定，则存在不同认识：（1）一种观点主张两次数罪并罚的计算方式，即应当首先对两个新罪按照刑法第六十九条的规定数罪并罚后，再将并罚后的结果与张某未执行完毕的刑期进行并罚。换言之，即对新发现的两个罪并罚后决定执行三年零六个月，随后再将三年零六个月的刑期与前罪未执行完毕的刑期一年进行并罚，因此，决定执行的刑期应当在三年零六个月以上，四年零六个月以下。（2）另一种观点主张一次数罪并罚的计算方式，即根据两个新罪各自的情节分别量刑后，直接与张某未执行完毕的刑期进行并罚。因此，数罪并罚后决定执行的刑期应当在三年以上，五年以下。

经研究认为，第二种观点更为适宜，更符合刑法第七十一条的立法精神。主要考虑如下：

其一，第二种观点更契合刑法的语义。根据刑法第七十一条规定，应当首先对新犯的罪作出判决，再对前罪没有执行的刑罚和新犯的罪所判处的刑罚进行并罚。需要注意的是，刑法第七十一条的表述是“被判刑的犯罪分子又犯罪”，并未明确限定此处的“又犯罪”是只犯一种新罪，从解释论的角度不妨理解为可以包括犯数罪的情形。接下来，刑法第七十一条要求“对新犯的罪作出判决”，也未限定为只能作出一个判决，且未明确对新犯罪的罪可以依照刑法第六十九条并罚的规定，则应当理解为在数个新罪的前提下，只能是对数种新罪分别作出判决，但尚不能直接并罚。最后，根据刑法第七十一条的规定，应当“把前罪没有执行的刑罚和后罪所判处的刑罚，依照本法第六十九条的规定，决定执行的刑罚”，即进行一次数罪并罚。对此，已有论者指出：“从刑法条文表述来看，其只规定要进行一次数罪并罚，而第一种计算方式显然需要进行两次数罪并罚，且第一种方式所得的刑期的上限也显然不是三罪的总和刑期，因此，第二种方式更为符合刑法的规定。”

其二，第二种观点更符合刑法的精神。刑法第七十一条“先减后并”的规定，“是因为犯罪人在刑罚执行期间又犯新罪，说明其再犯罪的可能性很大，需要给予更重的刑罚。此外，先减后并的方法还有一个特点：犯罪人在刑罚执行期间所犯新罪的时间距离前罪所判处刑罚执行完毕的期间越近（即犯罪人再犯新罪时前罪所刑罚的残余刑期越短），数罪并罚时决定执行刑罚的最低期限，以及实际执行的刑期的最低期限就越长。这对巩固教育改造成果、提高刑罚执行效益，具有重要意义。”无疑，按照第二种观点所得出的并罚结果更能体现刑法对刑罚执行期间犯新罪的犯罪分子从严惩处精神。正如有论者所指出的：“就本案而言，若设张某三罪最后的执行刑期为X，张某后触犯的两个新罪的并罚结果为Y（3≤Y≤4），那么按照第一种方式所得出的结果为：Y≤X≤Y+1；而第二种方式的计算结果是：3≤X≤5。可见，第一种计算方式得出的犯罪人的总和刑期是小于第二种方式的。”虽然就最高刑期而言，第二种方式可能等于低于第一种方式，但总和刑期则基本上会高于第一种方式，从而使得确定宣告刑时根据案件具体情况裁量的空间更大，更为合适。

其三，第二种观点更便于司法实践操作。如果按照第一种观点，对于判决宣告后刑罚执行完毕前又犯数种新罪的，需要作两次数罪并罚，才能确定宣告刑。而且，在第一次对所犯数种新罪并罚的过程中，需要考虑多种因素，以防止第一次并罚结果与余刑并罚时出现量刑过低的不合理现象。相反，按照第二种观点，只需要进行一次并罚，且如前所述，裁判者具有较大的裁量空间，更能实现罪责刑相适应原则。因此，从实践操作的角度而言，第二种观点亦更为可取。

6. 缓刑考验期内漏罪与新罪系同种数罪的处理

杨某某因伙同他人于2010年采用神医消灾手法诈骗他人财物48791.8元，被法院以诈骗罪判处有期徒刑三年，缓刑四年，缓刑考验期自2011年5月3日至2015年5月2日止。此外，杨某某于2008年10月伙同他人采用神医消灾手法骗取他人财物89379.68元（同案犯已于2009年被法院定罪判刑），于2013年4月伙同他人采用同样手法骗取他人财物9300余元。根据刑法第七十七条的规定，在缓刑考验期内犯新罪或者发现判决宣告前还有其他罪没有判决的，应当撤销缓刑，对新犯的罪或者新发现的罪作出判决，把前罪和后罪所判处的刑罚，依照刑法第六十九条的规定，决定执行的刑罚。那么，就上述案件而言，被告人杨某某在缓刑考验期内既有新发现的罪又有新犯的罪，且漏罪与新罪均属诈骗罪，撤销缓刑后应当如何并罚，存在不同认识：第一种意见认为，应当依照刑法第七十七条的规定对被告人撤销缓刑，对新犯的诈骗罪和新发现的诈骗罪分别作出判决，然后依照刑法第六十九条的规定，决定执行的刑罚；第二种意见认为，应将新犯的诈骗罪和新发现的诈骗罪作为一罪进行判罚，然后根据刑法第六十九条的规定，与前罪判决所判处的刑罚进行并罚。

经研究，我们赞同第二种意见，即在缓刑考验期内既有新犯的诈骗罪又有新发现的诈骗罪的，宜将新犯的诈骗罪和新发现的诈骗罪作为一罪进行判罚，然后依据刑法第六十九条的规定，与前罪所判处的刑罚进行并罚。主要考虑如下：

其一，根据刑法第七十七条的规定，对于缓刑考验期内犯新罪或者有漏罪的，应当根据刑法六十九条的规定进行并罚。而且，根据刑法规定，判决宣告前一人犯数罪的，应当按照刑法第六十九条规定并罚。而根据司法惯例和理论通说，对判决宣告前一人犯同种数罪的，不必实行数罪并罚。就杨某某诈骗案而言，杨某某在缓刑考验期内所新犯的诈骗罪和新发现的诈骗罪，对本次诉讼而言，无疑属于判决前所犯数罪，根据判决宣告前同种数罪不并罚的原则，应当将新犯的诈骗罪和新发现的诈骗罪作为一罪进行判罚，然后依据刑法第六十九条的规定，与前罪所判处的刑罚进行并罚。

其二，诈骗罪属于数额犯，对多次诈骗的，累计诈骗数额，将新犯的诈骗罪和新发现的诈骗罪作为一罪进行判罚，在刑罚裁量时完全可以体现罪责刑相适应原则，不会导致量罚失轻。

其三，刑法及其司法解释对此种情形的并罚规则并未作出明确规定，在具体处理上应当充分考虑司法实践的一般理念和司法适用的简便性。在司法实践中，对同种数罪按照一罪处理，对数额犯以数额相加量刑，非数额犯以情节轻重量刑，所体现的正是刑法适用的简便性。那么对于缓刑考验期内既有新犯的罪又有新发现的罪，如果系同种数罪的，在同一个诉讼程序中按照一罪处理，无论是对于刑期的计算还是裁判文书的表述都更为简便。

其四，缓刑考验期内既有漏罪又有新罪的，行为人的社会危害性相对较大，应当依法予以严惩，而依照前一种观点可能会导致对犯罪打击的不力。例如，将新发现的犯罪行为和新实施的犯罪行为分别处理，可能出现某一个行为未达到犯罪数额而无法追究刑事责任的情形，或者在量刑时无法上升一个法定刑幅度进行处罚的问题，而按照一罪处理则可以有效解决这些问题，体现对犯罪的从重打击。

7. 死缓执行期间又犯应判处死刑之罪的应否数罪并罚

根据刑法第五十条第一款的规定，判处死刑缓期执行的，在死刑缓期执行期间，如果故意犯罪，情节恶劣的，报请最高人民法院核准后执行死刑。司法实务中必须解决的问题是，对于死缓考验期内再犯应当判处死刑之罪的，在对新罪判处死刑之后，应否将原判死缓与新罪所判处的死刑并罚，抑或按照其他规则作出处理?

例如，被告人夏某因犯抢劫罪被判处死刑，缓期二年执行，剥夺政治权利终身，并处没收个人全部财产。判决生效后，夏某于2011年4月4日趁外出就医脱逃。当日中午，夏某为筹集潜逃资金，伺机作案，在踩点时与某窗帘城营业员周某某发生争执。夏某恐其脱逃罪行败露，用胶带缠绕周某某颈部，并持刀捅刺其十余刀，致其当场死亡。2011年4月6日，夏某被抓获归案。重庆第一中级人民法院经审理认为，被告人夏某犯脱逃罪，判处有期徒刑四年；犯故意杀人罪，判处死刑，剥夺政治权利终身。本案的争议焦点在于，夏某在死缓执行期间又犯应当判处死刑之罪时，应当对新罪和原罪进行并罚，还是应当仅对新罪判处死刑，再逐级核准?对此，存在不同认识：一种意见认为，应当对新罪判处刑罚，再对新罪和原判确定的刑罚进行并罚，新罪死刑吸收原判的死缓，合并决定执行死刑，再层报最高人民法院核准。另一种意见认为，应对新罪判处死刑，同时将新罪死刑和原判死缓变更死刑层报最高人民法院核准。

就本案而言，无疑属于判决宣告后又犯新罪的情形，依照刑法第七十一条的规定，应当“先减后并”。然而，本案所涉情形的特殊性在于，原判死缓变更为死刑的前提为“故意犯罪，查证属实”，即新罪的犯罪事实为生效裁判确认。在新罪为生效裁判文书确认前，尚不能对原判死缓变更死刑立即执行。而且，根据最高人民法院制定的关于死缓执行期间故意犯罪一审适用普通程序的刑事诉讼文书格式的规定，一审法院只需对死缓期间所犯新罪作出判决，在交代上诉权后，另起一段写明死缓变更死刑的相关规定。据此，一审法院只能逐级报请新罪死刑和原判死缓变更死刑。高级法院在收到一审法院的两个报请核准死刑的报告后，无权在此阶段进行数罪并罚，如果高级人民法院同意判处死刑的，在作出裁定后十日内报请最高人民法院核准。有论者进而认为，最高人民法院在分别核准新罪死刑和原判死缓变更死刑的裁定后，实际上通过执行死刑命令对两个死刑并罚，即只执行一次死刑。我们认为，此种情况下不宜认为进行了数罪并罚。主要考虑：新罪实际上是原罪死缓变更死刑的前提，即新罪实际上在原判死缓变更死刑的过程中已作评价，如果认为在此后再对两个死刑进行并罚，则对新罪无疑有重复评价的嫌疑。因此，不妨认为，死缓执行期间又犯应判处死刑之罪的，由于刑法第五十条第一款已作例外规定，不再适用刑法第七十一条判决宣告后又犯新罪应当“先减后并”的规定，即无须再数罪并罚。实际上，推而广之，死缓执行期间又故意犯罪的，对新罪应当查证属实，但无需对新罪与原判作数罪并罚，直接适用刑法第五十条第一款的规定即可。

8. 附加剥夺政治权利期间再犯罪的并罚

判处有期徒刑的罪犯在主刑执行完毕后执行附加刑剥夺政治权利期间又犯罪的，是否实行数罪并罚，是实践中的一个老问题。对此，最高人民法院 1994 年 5 月 16 日曾作出《关于在附加剥夺政治权利执行期间重新犯罪的被告人是否适用数罪并罚问题的批复》（以下简称《1994 年批复》），规定：如果所犯新罪无须判处附加刑剥夺政治权利的，应当在对被告人所犯新罪作出判决时，将新罪所判处的刑罚和前罪没有执行完毕的附加刑剥夺政治权利，按照数罪并罚原则，决定执行的刑罚，即在新罪所判处的刑罚执行完毕以后，继续执行前罪没有执行完毕的附加刑剥夺政治权利。但是，由于《1994 年批复》是针对 1979 年刑法有关规定所作的解释，能否适用于现行刑法的有关规定，且该批复未明确如何计算前罪尚未执行完毕的附加刑剥夺政治权利、剥夺政治权利是否施用于新罪的主刑执行期间以及剥夺政治权利如何并罚，以致在审判实践中产生不同认识和较大争议。

2008 年，上海市高级人民法院针对审判中遇到的一起案件，专门就执行附加剥夺政治权利期间又犯罪如何适用法律问题向最高人民法院请示。最高人民法院经调研、论证后，于 2009 年 5 月 25 日作出了《关于在执行附加刑剥夺政治权利期间犯新罪应如何处理的批复》（以下简称《批复》），对该问题的处理作出了更为具体的规定：（1）对判处有期徒刑并处剥夺政治权利的罪犯，主刑已执行完毕，在执行附加刑剥夺政治权利期间又犯新罪，如果所犯新罪无须附加剥夺政治权利的，依照刑法第七十一条的规定数罪并罚。（2）前罪尚未执行完毕的附加刑剥夺政治权利的刑期从新罪的主刑有期徒刑执行之日起停止计算，并依照刑法第五十八条规定从新罪的主刑有期徒刑执行完毕之日或者假释之日起继续计算；附加刑剥夺政治权利的效力施用于新罪的主刑执行期间。（3）对判处有期徒刑的罪犯，主刑已执行完毕，在执行附加刑剥夺政治权利期间又犯新罪，如果所犯新罪也剥夺政治权利的，依照刑法第五十五条、第五十七条、第七十一条的规定并罚。《批复》第一项和第三项规定的是对前罪所判处的附加剥夺政治权利与后罪判处的刑罚应当予以并罚的问题，较为明确。第二项规定的主要是前罪尚未执行完毕的附加剥夺政治权利刑期的计算问题。在理解和适用“前罪尚未执行完毕的附加刑剥夺政治权利的刑期从新罪的主刑有期徒刑执行之日起停止计算”时，需要注意把握以下两个问题：

第一，对于判决以前先行羁押的，前罪尚未执行完毕的附加刑剥夺政治权利的刑期可从因涉嫌犯新罪被羁押之日起停止计算。主要理由是，首先，可以与主刑刑期的实际起算时间一致。刑法第四十七条规定有期徒刑刑期从判决执行之日起计算，判决执行前先行羁押的，羁押一日折抵刑期一日。对于先行羁押的，新罪所判处有期徒刑的刑期实际上从羁押之日起算，《批复》将羁押之日作为停止计算时间，便于计算剥夺政治权利的执行期间。其次，也符合剥夺政治权利的实际执行情况，有利于执行机关执行。剥夺政治权利的执行，由罪犯居住地县级公安机关指定派出所执行，基层组织或者罪犯的原所在单位协助进行监督。而罪犯在因犯新罪被羁押后，原执行机关实际上难以对其继续执行前罪附加刑剥夺政治权利。在这种情况下，也确有必要从被羁押之日起停止计算前罪所判处的附加剥夺政治权利的刑期。据此，对于罪犯因新罪被羁押后又变更强制措施为取保候审或监视居住的，由于取保候审、监视居住的时间不能折抵刑期，且二者和剥夺政治权利都由罪犯居住地的公安机关执行，故这段时间内应当继续执行前罪尚未执行完毕的剥夺政治权利。如果此后又被羁押的，则前罪的剥夺政治权利应停止执行。

第二，对于判决前未予羁押的，可以将一审判决作出之日作为前罪尚未执行完毕的剥夺政治权利停止计算的时间点。主要理由是，罪犯犯新罪后，其原有的被剥夺政治权利状态不应因犯新罪而改变，犯新罪本身并不自然剥夺其政治权利，故在新罪判决的有期徒刑执行之日前，都是前罪剥夺政治权利的执行期间。对罪犯剥夺政治权利的依据只能是正在执行的前罪的附加剥夺政治权利的生效判决，而不能以新罪尚未作出的判决为依据。但是，由于新罪的一审判决作出时，尚无法确定新罪的有期徒刑执行之日，也就无法确定一审时尚未执行完毕的剥夺政治权利的刑期。鉴此，在技术操作上，可以将一审判决作出之日作为前罪尚未执行完毕的剥夺政治权利停止计算的时间点，并应当从尚未执行完毕的刑期中扣除的一审判决作出之日至新罪有期徒刑执行之日的期间，计算在新判决确定的剥夺政治权利的刑期以内。当然，如果在一审判决作出之后、新罪有期徒刑执行之日前，前罪的剥夺政治权利执行完毕，则不存在再执行前罪的剥夺政治权利问题。

9. 附加财产刑尚未执行完毕前再犯罪的并罚

与在执行前罪所判附加剥夺政治权利期间再犯罪情况类似，罪犯在主刑执行完毕后的财产刑执行完毕之前，也可能会再犯罪，所犯新罪可能不附加财产刑，也可能附加财产刑。在此情形下，是否要将前罪尚未执行完毕的财产刑与新罪判处的刑罚并罚？对此，《最高人民法院关于适用财产刑若干问题的规定》等相关司法解释没有作出规定。实践中有不同处理意见。一种意见认为，罚金、没收财产等财产刑与剥夺政治权利都是附加刑，既然《批复》已经明确规定对附加剥夺政治权利期间再犯罪的应当实行并罚，那么，对于附加财产刑执行完毕之前再犯罪的，应当参照此规定实行并罚。另一种意见认为，附加财产刑虽然同剥夺政治权利一样也是附加刑，但附加剥夺政治权利的执行有期限限制，而附加财产刑的执行没有期限限制，且附加财产刑能否执行完毕受多种因素影响，故对于在前罪所判附加财产刑没有执行完毕之前再犯罪的，不论后罪是否判处附加财产刑，均不应当实行并罚。

我们认为，后一种意见更为妥当，即不宜实行并罚。主要理由有三点：第一，附加罚金、没收财产等财产刑虽然也是附加刑，但与附加剥夺政治权利在执行方式上有很大区别。附加剥夺政治权利有明确的执行期限，即“从徒刑、拘役执行完毕之日或者从假释之日起计算”，而附加财产刑尤其是罚金刑并没有明确的执行期限，对于罪犯不能全部缴纳罚金的，人民法院在任何时候发现被执行人有可以执行的财产，应当随时追缴。据此，对于在前罪判处的附加财产刑执行完毕之前被告人又犯新罪的，如果实行并罚，则不论前罪时间多么久远，只要再次犯罪，均要进行并罚，这不切合实际。第二，附加财产刑的执行一直是人民法院执行工作中的一个难题，对于没有多少财产的个人，附加财产刑往往沦为“空判”，不可能执行到位。即使对于有财产的，也常因其财产被转移、隐藏或未与家庭其他成员的财产分割开，而难以执行到位。也就是说，财产刑的执行比附加剥夺政治权利要复杂得多，能否执行到位，受多种因素影响，并非能通过与新罪并罚的方式有效解决。第三，如果对此种情形要求实行并罚，客观上会给人民法院刑事审判庭的工作带来不必要的负担。当前，流动人口犯罪所占比例很高，对于被告人曾在异地犯罪且被判处罚金刑的，如果要求实行并罚，则意味着审判新罪的法院要调查前罪所判处的附加财产刑是否已执行，这在当前人民法院尚未建立全国统一的财产刑执行查询系统的情况下，显然很难做到，会给刑事审判工作增加大量不必要的负担。即使查实前罪的财产刑未执行，与新罪所判刑罚并罚，其结果仍往往是空判，没有实际意义。

有意见认为，如果对此情形不实行并罚，则当被告人因新罪被判处没收全部财产的，而前罪的罚金刑又还没有执行的，对该罚金刑是否还须继续执行？我们认为，这种情形与被告人因犯数罪同时被判处没收个人全部财产和罚金刑的情形有所不同，对后者应当按照相关司法解释的规定采取吸收原则，不再执行罚金刑，但前者因新罪判处没收个人全部财产后，不必然说明被告人没有能力缴纳罚金。如果被告人因新罪被判处死刑，且没收个人全部财产的，说明不可能再缴纳罚金，对前罪没有执行的罚金刑，可以终结执行。如果被告人因新罪被判处的主刑是死缓或者无期徒刑，且没收个人全部财产的，考虑被告人将来仍可出狱，仍有可能获得经济收入，故可待其将来有财产时再继续追缴。

关联规范

1.**《最高人民法院关于适用财产刑若干问题的规定》**（2000 年 12 月 3 日　法释〔2000〕45 号）（节录）

第三条　依法对犯罪分子所犯数罪分别判处罚金的，应当实行并罚，将所判处的罚金数额相加，执行总和数额。

一人犯数罪依法同时并处罚金和没收财产的，应当合并执行；但并处没收全部财产的，只执行没收财产刑。

2.**《最高人民法院关于〈中华人民共和国刑法修正案（八）〉时间效力问题的解释》**（2011年4月25日 法释〔2011〕9号）（节录）

第六条 2011年4月30日以前一人犯数罪，应当数罪并罚的，适用修正前刑法第六十九条的规定；2011年4月30日前后一人犯数罪，其中一罪发生在2011年5月1日以后的，适用修正后刑法第六十九条的规定。

3.**《最高人民法院关于〈中华人民共和国刑法修正案（九）〉时间效力问题的解释》**（2015年10月29日 法释〔2015〕19号）（节录）

第三条 对于2015年10月31日以前一人犯数罪，数罪中有判处有期徒刑和拘役，有期徒刑和管制，或者拘役和管制，予以数罪并罚的，适用修正后刑法第六十九条第二款的规定。

第七十条 判决宣告后发现漏罪的并罚

判决宣告以后，刑罚执行完毕以前，发现被判刑的犯罪分子在判决宣告以前还有其他罪没有判决的，应当对新发现的罪作出判决，把前后两个判决所判处的刑罚，依照本法第六十九条的规定，决定执行的刑罚。已经执行的刑期，应当计算在新判决决定的刑期以内。

条文要旨

本条是关于判决宣告以后，刑罚执行完毕以前，发现被判刑的犯罪分子在判决宣告之前，还有其他罪没有判决的，应当如何数罪并罚的规定。

理解与适用

根据本条规定，在判决宣告以后，刑罚执行完毕以前，发现有漏罪没有判决的，应当对新发现的罪作出判决，再把前后两个或几个判决所判处的刑罚相加，按照本法第六十九条规定的数罪并罚原则，决定应执行的刑罚，然后再减去罪犯已经执行的刑期，剩余的刑期就是罪犯应当继续执行的刑期。

本条中所说的“其他罪”，是指漏罪。漏罪发现的时间，必须是在判决宣告以后，刑罚执行完毕以前，即犯罪分子在服刑期间。发现的漏罪必须是司法机关判决宣告之前已经发生的犯罪，并且犯罪应当是依法应当判处刑罚而没有判处的其他罪，不是判决以后新犯的罪。这里所说的“发现”，是指通过司法机关侦查、他人揭发或犯罪分子自首等途径发现犯罪分子还有其他罪行；“两个判决所判处的刑罚”，是指已经交付执行的判决确定的执行刑期和对犯罪分子在原判决宣告之前的漏罪所判处的刑期。“已经执行的刑期，应当计算在新判决决定的刑期以内”，是指重新判决决定执行的刑期应当包括犯罪分子已经执行的刑期。比如，甲犯因盗窃罪被判处十三年有期徒刑，在刑罚执行八年后发现还有漏罪被判处十年有期徒刑，那么前后罪并罚时，根据“先并后减”的方法，在总和刑期以下即二十三年以下，数罪中最高刑期以上即十三年以上，再根据总和刑期不满三十五年的，最高不能超过二十年的规定，应当在十三年以上二十年以下确定需要执行的刑期，假定决定执行的刑期为十八年，之后再减去八年已经执行的刑期，还需要执行的刑期为十年有期徒刑。

关联规范

1. **《最高人民法院关于判决宣告后又发现被判刑的犯罪分子的同种漏罪是否实行数罪并罚问题的批复》**（1993年4月16日　法复〔1993〕3号）（节录）

人民法院的判决宣告并已发生法律效力以后，刑罚还没有执行完毕以前，发现被判刑的犯罪分子在判决宣告以前还有其他罪没有判决的，不论新发现的罪与原判决的罪是否属于同种罪，都应当依照刑法第六十五条的规定实行数罪并罚。但如果在第一审人民法院的判决宣告以后，被告人提出上诉或者人民检察院提出抗诉，判决尚未发生法律效力的，第二审人民法院在审理期间，发现原审被告人在第一审判决宣告以前还有同种漏罪没有判决的，第二审人民法院应当依照刑事诉讼法第一百三十六条第（三）项的规定，裁定撤销原判，发回原审人民法院重新审判，第一审人民法院重新审判时，不适用刑法关于数罪并罚的规定。

2. **《最高人民法院研究室关于罪犯在刑罚执行期间的发明创造能否按照重大立功表现作为对其漏罪审判时的量刑情节问题的答复》**（2011 年 6 月 14 日　法研〔2011〕79 号）（节录）

罪犯在服刑期间的发明创造构成立功或者重大立功的，可以作为依法减刑的条件予以考虑，但不能作为追诉漏罪的法定量刑情节考虑。

3. **《最高人民法院关于罪犯因漏罪、新罪数罪并罚时原减刑裁定应如何处理的意见》**（2012 年 1 月 18 日　法〔2012〕44 号）（节录）

近期，我院接到一些地方高级人民法院关于判决宣告以后，刑罚执行完毕以前，罪犯因漏罪或者又犯新罪数罪并罚时，原减刑裁定应如何处理的请示。为统一法律适用，经研究，提出如下意见：

罪犯被裁定减刑后，因被发现漏罪或者又犯新罪而依法进行数罪并罚时，经减刑裁定减去的刑期不计入已经执行的刑期。

在此后对因漏罪数罪并罚的罪犯依法减刑，决定减刑的频次、幅度时，应当对其原经减刑裁定减去的刑期酌予考虑。

4. **《最高人民法院关于办理减刑、假释案件具体应用法律的规定》**（2016 年 11 月 14 日　法释〔2016〕23 号）（节录）

第三十四条　罪犯被裁定减刑后，刑罚执行期间因发现漏罪而数罪并罚的，原减刑裁定自动失效。如漏罪系罪犯主动交代的，对其原减去的刑期，由执行机关报请有管辖权的人民法院重新作出减刑裁定，予以确认；如漏罪系有关机关发现或者他人检举揭发的，由执行机关报请有管辖权的人民法院，在原减刑裁定减去的刑期总和之内，酌情重新裁定。

第三十五条　被判处死刑缓期执行的罪犯，在死刑缓期执行期内被发现漏罪，依据刑法第七十条规定数罪并罚，决定执行死刑缓期执行的，死刑缓期执行期间自新判决确定之日起计算，已经执行的死刑缓期执行期间计入新判决的死刑缓期执行期间内，但漏罪被判处死刑缓期执行的除外。

第三十六条　被判处死刑缓期执行的罪犯，在死刑缓期执行期满后被发现漏罪，依据刑法第七十条规定数罪并罚，决定执行死刑缓期执行的，交付执行时对罪犯实际执行无期徒刑，死缓考验期不再执行，但漏罪被判处死刑缓期执行的除外。

在无期徒刑减为有期徒刑时，前罪死刑缓期执行减为无期徒刑之日起至新判决生效之日止已经实际执行的刑期，应当计算在减刑裁定决定执行的刑期以内。

原减刑裁定减去的刑期依照本规定第三十四条处理。

第三十七条 被判处无期徒刑的罪犯在减为有期徒刑后因发现漏罪，依据刑法第七十条规定数罪并罚，决定执行无期徒刑的，前罪无期徒刑生效之日起至新判决生效之日止已经实际执行的刑期，应当在新判决的无期徒刑减为有期徒刑时，在减刑裁定决定执行的刑期内扣减。

无期徒刑罪犯减为有期徒刑后因发现漏罪判处三年有期徒刑以下刑罚，数罪并罚决定执行无期徒刑的，在新判决生效后执行一年以上，符合减刑条件的，可以减为有期徒刑，减刑幅度依照本规定第八条、第九条的规定执行。

原减刑裁定减去的刑期依照本规定第三十四条处理。

第七十一条 判决宣告后又犯新罪的并罚

判决宣告以后，刑罚执行完毕以前，被判刑的犯罪分子又犯罪的，应当对新犯的罪作出判决，把前罪没有执行的刑罚和后罪所判处的刑罚，依照本法第六十九条的规定，决定执行的刑罚。

条文要旨

本条是关于犯罪分子在刑罚执行的过程中又犯新罪的，应当如何数罪并罚的规定。

理解与适用

根据本条规定，犯罪分子又犯新罪的时间，必须是在判决宣告以后，刑罚执行完毕之前，即犯罪分子在刑罚执行期间。“被判刑的犯罪分子又犯罪的”，是指被判刑的犯罪分子在刑罚执行期间又犯依照刑法应当受到刑罚处罚的新罪。根据本条规定，对在执行刑罚期间又犯新罪的，应当先对犯罪分子所犯的新罪作出判决，再将新罪判处的刑期与前罪未执行的刑期相加，依照本法第六十九条的规定，决定应执行的刑期。“没有执行完的刑罚”，也就是原判刑罚没有执行完的剩余部分。例如，原判决对犯罪分子确定的刑罚是十年，对新犯的罪作出判决时，犯罪分子已经执行了五年，原判决没有执行完的刑罚就是五年。刑罚尚未执行完毕正在服刑期间又犯新罪，说明行为人未能积极接受教育改造，人身危险性比较大，相比在刑罚执行完毕以前发现漏罪没有判决的情况，应当给予更为严厉的惩戒。因此，本条对在服刑中的罪犯又犯新罪实行数罪并罚规定了“先减后并”的并罚原则，体现了对这类犯罪情形从严打击的精神。比如，甲犯因盗窃罪被判处十三年有期徒刑，在刑罚执行八年后又犯故意伤害罪被判处十年有期徒刑，那么前后两罪并罚时，根据“先减后并”的方法，先以原来的判决刑期减去已经执行的刑期，剩余刑期五年，再将剩余五年刑期与新犯的故意伤害罪的刑期按照刑法第六十九条的规定实行数罪并罚。这样，在总和刑期十五年以下，数罪中最高刑期十年以上，十年至十五年之间确定应当执行的刑期。一般来说，适用“先减后并”的方法比适用“先并后减”的方法执行结果更重：一是先前已经实际执行的刑期不计算在新判决确定的刑期以内，其将来实际执行的最低刑期会提高。一般情况下，在刑罚执行期间，犯罪分子所犯新罪的时间距离原判决决定的刑罚执行的时间越远，数罪并罚实际执行的最低刑期可能就越高。二是实际执行的最高刑期限度，可能超过数罪并罚法定最高刑期的限制。一般情况下，在新罪所判处的刑期与原判决尚未执行完毕的剩余刑期之和长于数罪并罚法定最高刑期的情况下，实际执行的最高刑期长于数罪并罚法定最高刑期。

关联规范

1. **《最高人民法院关于在执行附加刑剥夺政治权利期间犯新罪应如何处理的批复》**(2009年5月25日 法释〔2009〕10号)(节录)

一、对判处有期徒刑并处剥夺政治权利的罪犯,主刑已执行完毕,在执行附加刑剥夺政治权利期间又犯新罪,如果所犯新罪无须附加剥夺政治权利的,依照刑法第七十一条的规定数罪并罚。

三、对判处有期徒刑的罪犯,主刑已执行完毕,在执行附加刑剥夺政治权利期间又犯新罪,如果所犯新罪也剥夺政治权利的,依照刑法第五十五条、第五十七条、第七十一条的规定并罚。

2. **《最高人民法院关于罪犯因漏罪、新罪数罪并罚时原减刑裁定应如何处理的意见》**(2012年1月18日 法〔2012〕44号)(节录)

近期,我院接到一些地方高级人民法院关于判决宣告以后,刑罚执行完毕以前,罪犯因漏罪或者又犯新罪数罪并罚时,原减刑裁定应如何处理的请示。为统一法律适用,经研究,提出如下意见:

罪犯被裁定减刑后,因被发现漏罪或者又犯新罪而依法进行数罪并罚时,经减刑裁定减去的刑期不计入已经执行的刑期。

在此后对因漏罪数罪并罚的罪犯依法减刑,决定减刑的频次、幅度时,应当对其原经减刑裁定减去的刑期酌予考虑。

3. **《最高人民法院关于办理减刑、假释案件具体应用法律的规定》**(2016年11月14日 法释〔2016〕23号)(节录)

第三十三条 罪犯被裁定减刑后,刑罚执行期间因故意犯罪而数罪并罚时,经减刑裁定减去的刑期不计入已经执行的刑期。原判死刑缓期执行减为无期徒刑、有期徒刑,或者无期徒刑减为有期徒刑的裁定继续有效。

4. **《全国人大常委会法制工作委员会关于对被告人在罚金刑执行完毕前又犯新罪的罚金应否与未执行完毕的罚金适用数罪并罚问题的答复意见》**(2017年11月26日 法工办复〔2017〕2号)(节录)

刑法第七十一条中的"刑罚执行完毕以前"应是指主刑执行完毕以前。如果被告人主刑已执行完毕,只是罚金尚未执行完毕的,根据刑法第五十三条的规定,人民法院在任何时候发现有可以执行的财产,应当随时追缴。因此,被告人前罪主刑已执行完毕,罚金尚未执行完毕的,应当由人民法院继续执行尚未执行完毕的罚金,不必与新罪判处的罚金数罪并罚。

第五节　缓　刑

第七十二条　缓刑的条件

对于被判处拘役、三年以下有期徒刑的犯罪分子，同时符合下列条件的，可以宣告缓刑，对其中不满十八周岁的人、怀孕的妇女和已满七十五周岁的人，应当宣告缓刑：

（一）犯罪情节较轻；

（二）有悔罪表现；

（三）没有再犯罪的危险；

（四）宣告缓刑对所居住社区没有重大不良影响。

宣告缓刑，可以根据犯罪情况，同时禁止犯罪分子在缓刑考验期限内从事特定活动，进入特定区域、场所，接触特定的人。

被宣告缓刑的犯罪分子，如果被判处附加刑，附加刑仍须执行。

条文要旨

本条是关于缓刑的对象、条件以及宣告缓刑可以同时附加禁止令的规定。

理解与适用

本条共分为三款。第一款是关于适用缓刑的对象和条件的规定。根据本款规定，适用缓刑的前提有两个：一是适用缓刑的对象，必须是被判处拘役、三年以下有期徒刑的特定的犯罪分子。二是同时符合犯罪情节较轻、有悔罪表现、没有再犯罪的危险、宣告缓刑对所居住社区没有重大不良影响四项条件。是否可以适用缓刑的关键是看适用缓刑的犯罪分子是否具有社会危害性，只有不予关押不会危害社会的，才能适用缓刑。如果犯罪分子有可能危害社会，即使是被判处拘役、三年以下有期徒刑，也不能适用缓刑。是否具有社会危害性，应当根据犯罪分子的犯罪情节、悔罪表现、有无再犯罪的危险以及宣告缓刑是否会对所居住社区造成重大不良影响四个条件综合加以判断。“犯罪情节较轻”是指犯罪人的行为性质不严重、犯罪情节不恶劣，如果犯罪情节恶劣、性质严重，则不能适用缓刑；“有悔罪表现”是指犯罪人对于其犯罪行为能够认识到错误，真诚悔悟并有悔改的意愿和行为，同时积极向被害人道歉、赔偿被害人的损失、获取被害人的谅解等；“没有再犯罪的危险”是指对犯罪人适用缓刑，其不会再次犯罪，如果犯罪人有可能再次侵害被害人，或者是由于生活条件、环境的影响而可能再次犯罪，比如犯罪人为常习犯等，则不能对其适用缓刑；“宣告缓刑对所居住社区没有重大不良影响”是指对犯罪人适用缓刑不会对其所居住社区的安全、秩序和稳定带来重大不良影响，这种影响必须是重大的、现实的，具体情形由法官根据个案情况来判断。适用缓刑的两个前提必须同时具备，缺一不可。如果根据案件的具体情节和罪犯的表现，不关押不足以教育改造和预防犯罪，就不能适用缓刑；或者罪犯虽然不再具有社会危害性，但判刑较重，超过三年有期徒刑的，也不能适用缓刑。

对于一般主体，符合适用缓刑条件的，法律规定可以适用缓刑，从而赋予法官一定的自由裁量权，法官依据案件情况决定宣告缓刑，也可以不适用缓刑。但是，根据刑法修改后的规定，对于符合上述适用缓刑条件的不满十八周岁的人、怀孕的妇女和已满七十五周岁的人三类主体，法律规定应当宣告缓刑，即只要符合适用缓刑条件的，就应当适用缓刑。需要指出的是，这三类主体适用缓刑也必须是被判处拘役、三年以下有期徒刑，同时符合犯罪情节较轻、有悔罪表现、没有再犯罪的危险、宣告缓刑对所居住社区没有重大不良影响四项条件；如果不符合上述条件，也不能宣告缓刑。

第二款是关于对宣告缓刑的犯罪分子，可以根据犯罪情况附加禁止令的规定。为了维护社会稳定，保护被害人、证人人身安全，同时为了帮助适用缓刑的犯罪分子改过自新，防止其再次犯罪，法律规定法官可以用禁止令的方式，对于被宣告缓刑的犯罪分子有针对性地在缓刑考验期限内进行一定的约束。禁止令的内容应体现在判决中，具有强制性的法律效力，犯罪分子必须遵守。“根据犯罪情况”主要是指根据犯罪分子的犯罪情节、生活环境、是否有不良癖好等确定禁止令的内容。禁止令限定的“特定活动”“特定区域、场所”“特定的人”应当与原犯罪有关联，防止引发被宣告缓刑犯罪分子的再次犯罪，或者是为了确保犯罪分子履行非监禁刑所要求的相关义务。总之，禁止令的内容应当有正当理由或者是基于合理推断，而不能是随意规定。比如，“特定的活动”是与原犯罪行为相关联的活动，“特定的人”是原犯罪行为的被害人及其近亲属、特定的证人等，“特定区域、场所”是原犯罪的区域、场所以及与原犯罪场所、区域相类似的场所、区域等。本款为选择性适用规定，由法官决定在宣告缓刑的同时是否有必要规定禁止令，如果法官认为没有必要则可以不作规定。

第三款是关于被宣告缓刑的犯罪分子，如果被判处附加刑，附加刑仍须执行的规定。根据本款的规定，缓刑的效力不及于附加刑，无论缓刑是否撤销，也不论是何种附加刑，附加刑都不能免除执行。

实务问题

对应当宣告缓刑的“不满十八周岁的人、怀孕的妇女和已满七十五周岁的人”的正确认定

刑法通常对认定年龄、怀孕身份等的时间界限作出明确的规定，而在本条中，对于认定上述三类人的时间界限并未明确，因此，应当按照最接近条文表述的字面意思，理解为“在审判的时候”，即对于经过法庭审理，被判处拘役、三年以下有期徒刑的犯罪分子，同时符合犯罪情节较轻等四个条件的，只要此时系不满十八周岁的人、怀孕的妇女或已满七十五周岁的人，就应当宣告缓刑。但是，审理中如果发现不能排除因侦查机关、检察机关未及时追诉或人民法院未及时立案受理而致使犯罪时不满十八周岁的人，在审判时已满十八周岁，或者犯罪时怀孕的妇女，在审判时已经分娩或终止妊娠的可能性的，只要符合法律规定的其他四个条件，人民法院也应当宣告缓刑。根据相关司法解释，审判的时候怀孕的妇女，包括在人民法院审判的时候（通常以人民法院立案后开始计算审限时为起点）被告人是怀孕的妇女，也包括审判前在羁押时已是怀孕的妇女。即使怀孕的妇女在羁押或受审期间已经分娩或终止妊娠，仍应视同审判时怀孕的妇女。

对于犯罪时未满七十五周岁，但因司法机关未及时追诉、处理而导致审判时已满七十五周岁的人，按照体现刑罚的人道主义和体恤老年人的修法意图，只要符合法律规定的其他四个条件，人民法院也应当宣告缓刑。

另外，刑法虽然没有规定对新生婴儿的母亲同时符合犯罪情节较轻等四个条件的应当宣告缓刑，但对这类人犯轻罪时判处缓刑也是司法实践中较为普遍的做法，也符合法律文明的发展趋势。

指导案例

最高人民法院指导案例 14 号

董某某、宋某某抢劫案

（最高人民法院审判委员会讨论通过　2013 年 1 月 31 日发布）

关键词　刑事　抢劫罪　未成年人犯罪　禁止令

裁判要点

对判处管制或者宣告缓刑的未成年被告人，可以根据其犯罪的具体情况以及禁止事项与所犯罪行的关联程度，对其适用“禁止令”。对于未成年人因上网诱发犯罪的，可以禁止其在一定期限内进入网吧等特定场所。

相关法条

《中华人民共和国刑法》第七十二条第二款

基本案情

被告人董某某、宋某某（时年 17 周岁）迷恋网络游戏，平时经常结伴到网吧上网，时常彻夜不归。2010 年 7 月 27 日 11 时许，因在网吧上网的网费用完，二被告人即伙同王某（作案时未达到刑事责任年龄）到河南省平顶山市红旗街社区健身器材处，持刀对被害人张某某和王某某实施抢劫，抢走张某某 5 元现金及手机一部。后将所抢的手机卖掉，所得赃款用于上网。

裁判结果

河南省平顶山市新华区人民法院于 2011 年 5 月 10 日作出（2011）新刑未初字第 29 号刑事判决，认定被告人董某某、宋某某犯抢劫罪，分别判处有期徒刑二年六个月，缓刑三年，并处罚金人民币 1000 元。同时禁止董某某和宋某某在 36 个月内进入网吧、游戏机房等场所。宣判后，二被告人均未上诉，判决已发生法律效力。

裁判理由

法院生效裁判认为：被告人董某某、宋某某以非法占有为目的，以暴力威胁方法劫取他人财物，其行为均已构成抢劫罪。鉴于董某某、宋某某系持刀抢劫；犯罪时不满十八周岁，且均为初犯，到案后认罪悔罪态度较好，宋某某还是在校学生，符合缓刑条件，决定分别判处二被告人有期徒刑二年六个月，缓刑三年。考虑到被告人主要是因上网吧需要网费而诱发了抢劫犯罪；二被告人长期迷恋网络游戏，网吧等场所与其犯罪有密切联系；如果将被告人与引发其犯罪的场所相隔离，有利于家长和社区在缓刑期间对其进行有效管教，预防再次犯罪；被告人犯罪时不满十八周岁，平时自我控制能力较差，对其适用禁止令的期限确定为与缓刑考验期相同的三年，有利于其改过自新，因此，依法判决禁止二被告人在缓刑考验期内进入网吧等特定场所。

关联规范

1. **《最高人民检察院法律政策研究室关于对数罪并罚决定执行刑期为三年以下有期徒刑的犯罪分子能否适用缓刑问题的复函》**（1998年9月17日　〔1998〕高检研发第16号）（节录）

根据刑法第七十二条的规定，可以适用缓刑的对象是被判处拘役、三年以下有期徒刑的犯罪分子；条件是根据犯罪分子的犯罪情节和悔罪表现，适用缓刑确实不致再危害社会。对于判决宣告以前犯数罪的犯罪分子，只要判决执行的刑罚为拘役、三年以下有期徒刑，且符合根据犯罪分子的犯罪情节和悔罪表现，适用缓刑确实不致再危害社会的案件，依法可以适用缓刑。

2. **《最高人民法院关于审理未成年人刑事案件具体应用法律若干问题的解释》**（2006年1月11日　法释〔2006〕1号）（节录）

第十六条　对未成年罪犯符合刑法第七十二条第一款规定的，可以宣告缓刑。如果同时具有下列情形之一，对其适用缓刑确实不致再危害社会的，应当宣告缓刑：

（一）初次犯罪；

（二）积极退赃或赔偿被害人经济损失；

（三）具备监护、帮教条件。

3. **《最高人民法院、最高人民检察院关于办理侵犯知识产权刑事案件具体应用法律若干问题的解释（二）》**（2007年4月5日　法释〔2007〕6号）（节录）

第三条　侵犯知识产权犯罪，符合刑法规定的缓刑条件的，依法适用缓刑。有下列情形之一的，一般不适用缓刑：

（一）因侵犯知识产权被刑事处罚或者行政处罚后，再次侵犯知识产权构成犯罪的；

（二）不具有悔罪表现的；

（三）拒不交出违法所得的；

（四）其他不宜适用缓刑的情形。

4.《最高人民法院关于〈中华人民共和国刑法修正案（八）〉时间效力问题的解释》（2011年4月25日 法释〔2011〕9号）（节录）

第一条 对于2011年4月30日以前犯罪，依法应当判处管制或者宣告缓刑的，人民法院根据犯罪情况，认为确有必要同时禁止犯罪分子在管制期间或者缓刑考验期内从事特定活动，进入特定区域、场所，接触特定人的，适用修正后刑法第三十八条第二款或者第七十二条第二款的规定。

犯罪分子在管制期间或者缓刑考验期内，违反人民法院判决中的禁止令的，适用修正后刑法第三十八条第四款或者第七十七条第二款的规定。

5.《最高人民法院、最高人民检察院、公安部、司法部关于对判处管制、宣告缓刑的犯罪分子适用禁止令有关问题的规定（试行）》（2011年4月28日 法发〔2011〕9号）（节录）

第一条 对判处管制、宣告缓刑的犯罪分子，人民法院根据犯罪情况，认为从促进犯罪分子教育矫正、有效维护社会秩序的需要出发，确有必要禁止其在管制执行期间、缓刑考验期限内从事特定活动，进入特定区域、场所，接触特定人的，可以根据刑法第三十八条第二款、第七十二条第二款的规定，同时宣告禁止令。

第二条 人民法院宣告禁止令，应当根据犯罪分子的犯罪原因、犯罪性质、犯罪手段、犯罪后的悔罪表现、个人一贯表现等情况，充分考虑与犯罪分子所犯罪行的关联程度，有针对性地决定禁止其在管制执行期间、缓刑考验期限内"从事特定活动，进入特定区域、场所，接触特定的人"的一项或者几项内容。

第三条 人民法院可以根据犯罪情况，禁止判处管制、宣告缓刑的犯罪分子在管制执行期间、缓刑考验期限内从事以下一项或者几项活动：

（一）个人为进行违法犯罪活动而设立公司、企业、事业单位或者在设立公司、企业、事业单位后以实施犯罪为主要活动的，禁止设立公司、企业、事业单位；

（二）实施证券犯罪、贷款犯罪、票据犯罪、信用卡犯罪等金融犯罪的，禁止从事证券交易、申领贷款、使用票据或者申领、使用信用卡等金融活动；

（三）利用从事特定生产经营活动实施犯罪的，禁止从事相关生产经营活动；

（四）附带民事赔偿义务未履行完毕，违法所得未追缴、退赔到位，或者罚金尚未足额缴纳的，禁止从事高消费活动；

（五）其他确有必要禁止从事的活动。

第四条 人民法院可以根据犯罪情况，禁止判处管制、宣告缓刑的犯罪分子在管制执行期间、缓刑考验期限内进入以下一类或者几类区域、场所：

（一）禁止进入夜总会、酒吧、迪厅、网吧等娱乐场所；

（二）未经执行机关批准，禁止进入举办大型群众性活动的场所；

（三）禁止进入中小学校区、幼儿园园区及周边地区，确因本人就学、居住等原因，经执行机关批准的除外；

（四）其他确有必要禁止进入的区域、场所。

第五条 人民法院可以根据犯罪情况，禁止判处管制、宣告缓刑的犯罪分子在管制执行期间、缓刑考验期限内接触以下一类或者几类人员：

（一）未经对方同意，禁止接触被害人及其法定代理人、近亲属；

（二）未经对方同意，禁止接触证人及其法定代理人、近亲属；

（三）未经对方同意，禁止接触控告人、批评人、举报人及其法定代理人、近亲属；

（四）禁止接触同案犯；

（五）禁止接触其他可能遭受其侵害、滋扰的人或者可能诱发其再次危害社会的人。

第六条 禁止令的期限，既可以与管制执行、缓刑考验的期限相同，也可以短于管制执行、缓刑考验的期限，但判处管制的，禁止令的期限不得少于三个月，宣告缓刑的，禁止令的期限不得少于二个月。

判处管制的犯罪分子在判决执行以前先行羁押以致管制执行的期限少于三个月的，禁止令的期限不受前款规定的最短期限的限制。

禁止令的执行期限，从管制、缓刑执行之日起计算。

第七条 人民检察院在提起公诉时，对可能判处管制、宣告缓刑的被告人可以提出宣告禁止令的建议。当事人、辩护人、诉讼代理人可以就应否对被告人宣告禁止令提出意见，并说明理由。

公安机关在移送审查起诉时，可以根据犯罪嫌疑人涉嫌犯罪的情况，就应否宣告禁止令及宣告何种禁止令，向人民检察院提出意见。

第八条 人民法院对判处管制、宣告缓刑的被告人宣告禁止令的，应当在裁判文书主文部分单独作为一项予以宣告。

第九条 禁止令由司法行政机关指导管理的社区矫正机构负责执行。

第十条 人民检察院对社区矫正机构执行禁止令的活动实行监督。发现有违反法律规定的情况，应当通知社区矫正机构纠正。

第十二条 被宣告缓刑的犯罪分子违反禁止令，情节严重的，应当撤销缓刑，执行原判刑罚。原作出缓刑裁判的人民法院应当自收到当地社区矫正机构提出的撤销缓刑建议书之日起一个月内依法作出裁定。人民法院撤销缓刑的裁定一经作出，立即生效。

违反禁止令，具有下列情形之一的，应当认定为“情节严重”：

（一）三次以上违反禁止令的；

（二）因违反禁止令被治安管理处罚后，再次违反禁止令的；

（三）违反禁止令，发生较为严重危害后果的；

（四）其他情节严重的情形。

第十三条 被宣告禁止令的犯罪分子被依法减刑时，禁止令的期限可以相应缩短，由人民法院在减刑裁定中确定新的禁止令期限。

6.**《最高人民法院关于进一步加强危害生产安全刑事案件审判工作的意见》**（2011年12月30日 法发〔2011〕20号）（节录）

六、依法正确适用缓刑和减刑、假释

17.对于危害后果较轻，在责任事故中不负主要责任，符合法律有关缓刑适用条件的，可以依法适用缓刑，但应注意根据案件具体情况，区别对待，严格控制，避免适用不当造成的负面影响。

18. 对于具有下列情形的被告人，原则上不适用缓刑：

（一）具有本意见第14条、第15条所规定的情形的；

（二）数罪并罚的。

19. 宣告缓刑，可以根据犯罪情况，同时禁止犯罪分子在缓刑考验期限内从事与安全生产有关的特定活动。

20. 办理与危害生产安全犯罪相关的减刑、假释案件，要严格执行刑法、刑事诉讼法和有关司法解释规定。是否决定减刑、假释，既要看罪犯服刑期间的悔改表现，还要充分考虑原判认定的犯罪事实、性质、情节、社会危害程度等情况。

7.《最高人民法院、最高人民检察院关于办理职务犯罪案件严格适用缓刑、免予刑事处罚若干问题的意见》（2012年8月8日　法发〔2012〕17号）（节录）

一、严格掌握职务犯罪案件缓刑、免予刑事处罚的适用。职务犯罪案件的刑罚适用直接关系反腐败工作的实际效果。人民法院、人民检察院要深刻认识职务犯罪的严重社会危害性，正确贯彻宽严相济刑事政策，充分发挥刑罚的惩治和预防功能。要在全面把握犯罪事实和量刑情节的基础上严格依照刑法规定的条件适用缓刑、免予刑事处罚，既要考虑从宽情节，又要考虑从严情节；既要做到刑罚与犯罪相当，又要做到刑罚执行方式与犯罪相当，切实避免缓刑、免予刑事处罚不当适用造成的消极影响。

二、具有下列情形之一的职务犯罪分子，一般不适用缓刑或者免予刑事处罚：

（一）不如实供述罪行的；

（二）不予退缴赃款赃物或者将赃款赃物用于非法活动的；

（三）属于共同犯罪中情节严重的主犯的；

（四）犯有数个职务犯罪依法实行并罚或者以一罪处理的；

（五）曾因职务违纪违法行为受过行政处分的；

（六）犯罪涉及的财物属于救灾、抢险、防汛、优抚、扶贫、移民、救济、防疫等特定款物的；

（七）受贿犯罪中具有索贿情节的；

（八）渎职犯罪中徇私舞弊情节或者滥用职权情节恶劣的；

（九）其他不应适用缓刑、免予刑事处罚的情形。

三、不具有本意见第二条规定的情形，全部退缴赃款赃物，依法判处三年有期徒刑以下刑罚，符合刑法规定的缓刑适用条件的贪污、受贿犯罪分子，可以适用缓刑；符合刑法第三百八十三条第一款第（三）项的规定，依法不需要判处刑罚的，可以免予刑事处罚。

不具有本意见第二条所列情形，挪用公款进行营利活动或者超过三个月未还构成犯罪，一审宣判前已将公款归还，依法判处三年有期徒刑以下刑罚，符合刑法规定的缓刑适用条件的，可以适用缓刑；在案发前已归还，情节轻微，不需要判处刑罚的，可以免予刑事处罚。

四、人民法院审理职务犯罪案件时应当注意听取检察机关、被告人、辩护人提出的量刑意见，分析影响性案件案发前后的社会反映，必要时可以征求案件查办等机关的意见。对于情节恶劣、社会反映强烈的职务犯罪案件，不得适用缓刑、免予刑事处罚。

五、对于具有本意见第二条规定的情形之一，但根据全案事实和量刑情节，检察机关认为确有必要适用缓刑或者免予刑事处罚并据此提出量刑建议的，应经检察委员会讨论决定；审理法院认为确有必要适用缓刑或者免予刑事处罚的，应经审判委员会讨论决定。

8.**《最高人民法院、最高人民检察院、公安部、司法部关于对因犯罪在大陆受审的台湾居民依法适用缓刑实行社区矫正有关问题的意见》**（2016年7月26日　法发〔2016〕33号）（节录）

第一条　对因犯罪被判处拘役、三年以下有期徒刑的台湾居民，如果其犯罪情节较轻、有悔罪表现、没有再犯罪的危险且宣告缓刑对所居住社区没有重大不良影响的，人民法院可以宣告缓刑，对其中不满十八周岁的人、怀孕的妇女和已满七十五周岁的人，应当宣告缓刑。

9.**《最高人民检察院关于印发〈未成年人刑事检察工作指引（试行）〉的通知》**（2017年3月2日　高检发未检字〔2017〕1号）

第二百一十四条　对于具有下列情形之一，依法可能判处拘役、三年以下有期徒刑，有悔罪表现，宣告缓刑对所居住社区没有重大不良影响，具备有效监护条件或者社会帮教措施，适用缓刑确实不致再危害社会的未成年被告人，人民检察院应当建议人民法院适用缓刑：

（一）犯罪情节较轻，未造成严重后果的；

（二）主观恶性不大的初犯或者胁从犯、从犯；

（三）被害人同意和解或者被害人有明显过错的；

（四）其他可以适用缓刑的情形。

人民检察院提出对未成年被告人适用缓刑建议的，应当将未成年被告人能够获得有效监护、帮教的书面材料于判决前移送人民法院。

第七十三条　缓刑考验期限

拘役的缓刑考验期限为原判刑期以上一年以下，但是不能少于二个月。

有期徒刑的缓刑考验期限为原判刑期以上五年以下，但是不能少于一年。

缓刑考验期限，从判决确定之日起计算。

条文要旨

本条是关于缓刑考验期限的规定。

理解与适用

“缓刑考验期限”是指人民法院在宣告缓刑时，依照法律的规定并结合案件的具体情况，对犯罪分子暂缓执行原判刑罚，放在社会上进行考察的期限。决定缓刑考验期限，应当根据犯罪分子犯罪的情节、悔罪的表现以及判处的刑期，在法律规定的幅度内决定犯罪分子的考验期限。在缓刑考验期对犯罪分子的人身危险性进行考察，如果没有刑法第七十七条规定情形的，就不再执行原判刑罚。

本条共分为三款。第一款规定了被判处拘役的犯罪分子的缓刑考验期限为原判刑期以上一年以下，但不能少于二个月。根据刑法第四十二条的规定，拘役的期限为一个月以上六个月以下，数罪并罚不能超过一年。即使犯罪分子被判处一个月的拘役，拘役的缓刑考验期限也不能少于二个月；如果实行数罪并罚，犯罪分子被判处一年的拘役，缓刑的考验期限可以确定为一年。

第二款规定了对被判处有期徒刑的犯罪分子的缓刑考验期限为原判刑期以上五年以下，但是不能少于一年。根据刑法第四十五条的规定，有期徒刑的期限，一般为六个月以上十五年以下。对于犯罪分子被判处一年以下有期徒刑的，缓刑考验期限也不能少于一年；犯罪分子被判处五年以上有期徒刑的，缓刑考验期限也不能超过五年。

第三款规定了缓刑考验期限，应当从判决确定之日起计算。所谓“判决确定之日”，即判决发生法律效力之日。如果提出上诉或抗诉后，则应从终审判决确定之日起计算。判决确定以前先行羁押的日期不能折抵缓刑考验期限，因为缓刑期间并未执行刑罚。如果撤销缓刑，执行原判刑罚的，则之前的羁押日期可以折抵刑期。

第七十四条 累犯、犯罪集团的首要分子不适用缓刑

对于累犯和犯罪集团的首要分子，不适用缓刑。

条文要旨

本条是关于累犯、犯罪集团的首要分子不适用缓刑的规定。

理解与适用

累犯的概念在刑法第六十五条已经阐述过。由于累犯主观恶性大，具有屡教不改的特点，对社会危害性很大，如果不关押执行，而适用缓刑任其在社会上游荡，会有再次危害社会的危险性。因此，本条规定，对于累犯不适用缓刑，体现了对累犯从严管理、从重打击的精神。这样规定并不意味着累犯就没有出路了，累犯可以在狱中好好改造，认真悔过，如果表现良好，还可以获得减刑等。

本条规定的“犯罪集团”，是指刑法第二十六条中规定的，三人以上为共同实施犯罪而组成的较为固定的犯罪组织。“犯罪集团的首要分子”，是指在犯罪集团进行犯罪活动中起组织、领导作用的主要犯罪分子。犯罪集团的首要分子在犯罪集团中起组织、领导作用，这类犯罪集团经常多次犯罪，有些犯罪行为性质恶劣，对社会危害严重，犯罪集团的首要分子主观恶性大，需要依法予以严惩，如果构成犯罪，即便被判处三年以下有期徒刑，也不能适用缓刑。

实务问题

1. 对“犯罪集团”的正确理解

三人以上为共同实施犯罪而组成的较为固定的犯罪组织，是犯罪集团。从共同犯罪是否能够任意形成为标准进行考量，犯罪集团属于刑法中的必要共同犯罪，即刑法分则规定的犯罪构成以三人以上的行为为要件的犯罪，普通犯罪集团、恐怖活动组织、黑社会性质的组织都是犯罪集团；从共同犯罪人之间结合的紧密程度为标准进行考量，犯罪集团是一种各共同犯罪人之间建立起组织形式的共同犯罪，即有组织的共同犯罪。构成犯罪集团，必须具备三个条件：

（1）由三人以上（至少三人）组成

二人共同犯罪，即使为共同实施犯罪而组成长期的、固定的、有领导者与被领导者的犯罪搭档，即使造成了极其严重的危害后果，也不是犯罪集团。在现实中，犯罪集团通常远远不止三人参加，少则六七人，一般数十人，多的甚至超过百人。

（2）为共同实施犯罪而组成

犯罪集团都是以实施某一种或多种犯罪为目的而组成，为了实施某些违背道德或一般违法行为而纠合在一起的团伙，哪怕人数众多、组织严密，也不是犯罪集团，即使这样的团伙中个别人、或者某些人自作主张实施了单独的犯罪活动，也不能将整个团伙认定为犯罪集团。

（3）较为固定的犯罪组织

犯罪组织，是指以实施犯罪为目的而建立起来的，成员之间有领导与被领导关系的，较为固定的集体。所谓较为固定，通常指以实施多次犯罪为目的而组织起来，主要成员较稳定，准备长期存在并反复实施犯罪。犯罪组织虽然准备长期实施犯罪，但成立不久，尚未来得及实施犯罪就被破获瓦解，并不影响犯罪集团的认定。

在极少数情况下，犯罪组织为了实施某项特别重大的犯罪，组织诸多成员，分工明确，长期策划、准备，且该项犯罪一经实施成功即足以满足犯罪分子的长期需要，对于这种情形，即使仅以实施一次犯罪为目的，也可以认定为犯罪集团，但应严格把握。

在认定犯罪集团时，应注意不要把松散型的犯罪团伙，或者临时拼凑的结伙犯罪认定为犯罪集团。犯罪集团因为有较为固定的组织，依仗人多势众，相互壮胆，横行无忌，所以往往犯罪手段更加凶残，具有更疯狂的破坏性与更严重的危害性，正因为如此，犯罪集团是刑法历来打击的重点；与普通犯罪集团相比，恐怖活动组织、黑社会性质组织等，是“升级版”的犯罪集团，往往具有更严密的组织性，人员更多、内部层级更多，这种组织通常会存续相当长时间。

2. “犯罪集团首要分子”的认定

按照刑法第九十七条的规定，在犯罪集团中起组织、策划、指挥作用的犯罪分子，是犯罪集团的首要分子。组织，是指将他人网罗、纠集、串联在一起，将犯罪集团建立起来；策划，是指对犯罪集团从事的各种犯罪活动进行发起、预谋、筹划；指挥，是指率领犯罪集团进行犯罪活动，并对其他成员进行指使、安排、调配、分工。犯罪集团的首要分子可能是一人，也可能不止一人，但一个犯罪集团绝不可能没有首要分子。

（1）注意区分犯罪集团的首要分子和其他主犯

按照刑法第二十六条的规定，组织领导犯罪集团进行犯罪活动的或者在共同犯罪中起主要作用的，是主犯。因此，犯罪集团的首要分子首先也是共同犯罪中的主犯。但是，在犯罪集团中，除了首要分子之外，往往还存在虽然不起组织、策划、指挥作用，但也起到主要作用的成员，这就是首要分子之外的主犯。这类主犯表现为积极参加犯罪集团，在犯罪集团首要分子的领导下特别主动、特别卖力地进行犯罪活动，或者在犯罪集团中直接实行犯罪、罪行重大等。通常，没有首要分子，就没有犯罪集团，但首要分子之外的主犯，其重要性还达不到关系犯罪集团存亡的地步。对于首要分子之外的主犯，根据具体情况，仍然可以依法适用缓刑。

（2）注意区分犯罪集团的首要分子和聚众犯罪的首要分子

按照刑法第九十七条的规定，在聚众犯罪中起组织、策划、指挥作用的犯罪分子，是聚众犯罪的首要分子。聚众犯罪的首要分子是犯罪集团首要分子之外的另一种主犯类型，仅仅在法律明确规定的聚众型共同犯罪或者以聚众为基本构成要件的犯罪中才存在。以下分别举例列举我国刑法规定的三种聚众犯罪的首要分子类型：刑法第二百九十条第二款规定的聚众冲击国家机关罪，其首要分子为重罪构成要件，处以较其他积极参加者更重的刑罚；刑法第二百九十二条规定的聚众斗殴罪，其首要分子和其他积极参加者为基本构成要件，对首要分子并没有规定处以较其他积极参加者更重的刑罚，只对两者中具有多次聚众斗殴等四种情节的才处以更重的刑罚；刑法第二百九十一条规定的聚众扰乱公共场所秩序、交通秩序罪，其首要分子则为基本犯罪构成要件，只有首要分子才构成犯罪。对于聚众犯罪的首要分子，根据具体情况，仍然可以依法适用缓刑。

第七十五条　被宣告缓刑的犯罪分子应当遵守的规定

被宣告缓刑的犯罪分子，应当遵守下列规定：

（一）遵守法律、行政法规，服从监督；

（二）按照考察机关的规定报告自己的活动情况；

（三）遵守考察机关关于会客的规定；

（四）离开所居住的市、县或者迁居，应当报经考察机关批准。

条文要旨

本条是关于被宣告缓刑的犯罪分子在缓刑考验期限内应当遵守的规定的规定。

理解与适用

根据本条规定，被宣告缓刑的犯罪分子，应当遵守下列规定：

1. “遵守法律、行政法规，服从监督”，是指遵守国家法律、国务院行政法规等规范性文件，自觉服从社区矫正机构、所在单位以及基层组织的监督考察。遵守法律、行政法规是每个公民都应当履行的法律义务，无论是否在缓刑考验期间，缓刑对象都应当自觉遵守法律、行政法规，这是预防其再次违法犯罪的有效途径，也是监督其是否改过自新的重要标准。这样规定也与社区矫正法等有关法律规定的要求是一致的。

2. “按照考察机关的规定报告自己的活动情况”，是指按照社区矫正机构的规定，定期或不定期地报告自己的活动情况，如报告自己的思想、改造和遵纪守法的情况等。这样规定主要是为了及时了解、掌握缓刑对象的现实情况，以便更好地为其提供教育帮扶。

3. “遵守考察机关关于会客的规定”，是指遵守社区矫正机构向其宣布的有关会客的要求和规定。规定缓刑对象应当遵守会客的监督管理规定，主要是为了防止其受外界的不良影响、干扰，以致继续犯罪或重新违法犯罪。

4. 离开所居住的市、县或者迁居，应当报经社区矫正机构批准。未经批准不得擅自离开所居住的市、县或者迁居。结合刑法和社区矫正法的相关规定，缓刑对象未经批准不得擅自离开所居住的市、县或者迁居，因故需要离开的应当履行必要的请假、变更手续。社区矫正法第二十七条规定：“社区矫正对象离开所居住的市、县或者迁居，应当报经社区矫正机构批准。社区矫正机构对于有正当理由的，应当批准；对于因正常工作和生活需要经常性跨市、县活动的，可以根据情况，简化批准程序和方式。因社区矫正对象迁居等原因需要变更执行地的，社区矫正机构应当按照有关规定作出变更决定。社区矫正机构作出变更决定后，应当通知社区矫正决定机关和变更后的社区矫正机构，并将有关法律文书抄送变更后的社区矫正机构。变更后的社区矫正机构应当将法律文书转送所在地的人民检察院、公安机关。”

第七十六条 对缓刑犯实行社区矫正和缓刑考验期满的处理

对宣告缓刑的犯罪分子，在缓刑考验期限内，依法实行社区矫正，如果没有本法第七十七条规定的情形，缓刑考验期满，原判的刑罚就不再执行，并公开予以宣告。

条文要旨

本条是关于对被宣告缓刑的犯罪分子实行社区矫正，以及缓刑考验期满应如何处理的规定。

理解与适用

本条主要有两层意思。第一层意思是对于被宣告缓刑的犯罪分子，在缓刑考验期限内依法实行社区矫正。

缓刑是对符合条件的犯罪分子在一定期限内暂不关押，予以考察的刑罚执行制度。作为一种非监禁的刑罚执行方式，缓刑充分体现了宽严相济的刑事政策，对于教育改造犯罪情节相对较轻的犯罪分子，鼓励其回归社会，最大限度化消极因素为积极因素，促进社会和谐，具有重要意义。缓刑要取得好的社会效果，一个很重要的方面在于对处于缓刑考验期的犯罪分子进行有效监督、管理和教育改造，而不是一放了之。近年来社区矫正执行中，由社区矫正组织对缓刑的犯罪分子进行监督和管理，是新的社会条件下探索改进缓刑犯罪分子监督管理工作的有益尝试，实际上加强了对这部分犯罪分子的管理和教育改造的力度，这也为进一步扩大缓刑适用范围创造了条件。2020 年 7 月 1 日起施行的社区矫正法是关于社区矫正的基础性法律，社区矫正法总结实践经验、坚持问题导向，构建了社区矫正制度的总体框架，为社区矫正工作提供了法律依据和支持。从具体内容看，社区矫正法明确了社区矫正工作的目标和原则，对社区矫正机构设置、工作程序等作了原则性规定，明确了监督管理和教育帮扶具体措施，对未成年人社区矫正作了专章规定。对于缓刑犯适用社区矫正，应当严格依照社区矫正法的规定进行。需要注意的是，刑法关于缓刑考察机关的修改，并不是简单地将考察机关由一个部门更换为另一个部门。虽然《刑法修正案（八）》将刑法原来规定的“由公安机关考察”修改为“依法实行社区矫正”，但这并非意味着公安机关不再承担对被适用缓刑的犯罪分子的监督管理职责。社区矫正是一项综合性很强的工作，仅靠社区矫正机构或者司法行政部门是不够的，要注重发挥各相关部门的合力作用。社区矫正法第八条中规定，人民法院、人民检察院、公安机关和其他有关部门依照各自职责，依法做好社区矫正工作。具体而言，人民法院需要把好社区矫正的入口关，做好对社区矫正对象的教育工作，确保社区矫正对象自觉接受监管；公安机关要依法为社区矫正工作提供警务保障；人民检察院要依法对社区矫正工作实行法律监督。因此，在社区矫正工作中，公安机关作为主要的社会治安管理部门，依旧承担着重要的监督管理职责，发挥着重要作用。

本条的第二层意思规定了缓刑考验期正常结束的情形，即被宣告缓刑的犯罪分子如果没有刑法第七十七条规定的情形，缓刑考验期满，原判的刑罚就不再执行，并公开予以宣告。适用缓刑的罪犯在缓刑考验期内如果没有发生刑法第七十七条规定的情形，表明其在考验期间的教育改造取得了成效，人身危险性得以消除，原判刑罚就不需要再执行。对此，有关方面应当向犯罪分子及其所在单位、居住地的居委会或村委会公开予以宣告。同时，刑法第七十七条规定了缓刑考验期被撤销的两种情形。

实务问题

社区矫正的工作内容

（1）教育矫正。对社区矫正对象的教育矫正主要包括思想、法制、社会公德教育，组织参加公益劳动，提供心理咨询和心理矫正等方面。各地一般做法是教育矫正主要由司法行政机关负责，公安机关协助，主要开展集中学习教育、个别谈话教育、思想汇报、公益劳动、提供心理咨询、组织捐款、组织观看教育影视片、举办解矫仪式等。有些地方在组织公益劳动过程中，还注意组织社区矫正工作人员、社区矫正对象和志愿者同时劳动，避免社区矫正对象在社会上受歧视。

（2）监督管理。对社区矫正对象的监督管理主要包括，到监管机关报到、会客、请销假、迁移、政治权利行使及有关的考核等方面。各地在试点过程中的一般做法是由司法行政机关负责，涉及有关法律手续的，由司法行政机关提出意见，公安机关依法办理。为防止脱管漏管，有些地方推行了社区矫正对象必接制度，要求县级司法局在有关法律文书生效当日，组织人员到人民法院或者监狱接回社区矫正对象，将过去被动等待社区矫正对象报到改为由司法行政机关主动去接。

（3）帮困扶助。对社区矫正对象的帮困扶助主要包括为符合条件的社区矫正对象办理最低生活保障、就业培训指导等方面。另外，有些地方还将审前社会调查的职责赋予社区矫正组织，为人民法院正确适用管制、缓刑、假释提供帮助。

第七十七条 缓刑的撤销

被宣告缓刑的犯罪分子，在缓刑考验期限内犯新罪或者发现判决宣告以前还有其他罪没有判决的，应当撤销缓刑，对新犯的罪或者新发现的罪作出判决，把前罪和后罪所判处的刑罚，依照本法第六十九条的规定，决定执行的刑罚。

被宣告缓刑的犯罪分子，在缓刑考验期限内，违反法律、行政法规或者国务院有关部门关于缓刑的监督管理规定，或者违反人民法院判决中的禁止令，情节严重的，应当撤销缓刑，执行原判刑罚。

条文要旨

本条是关于撤销缓刑的规定。

理解与适用

本条共分为两款。第一款是关于犯罪分子在缓刑考验期间再犯新罪或者发现漏罪的如何处理的规定。

根据本款的规定，只要被宣告缓刑的犯罪分子在缓刑考验期限内犯新罪或者发现判决宣告以前还有其他罪没有判决的，就应当撤销缓刑，然后对新犯的罪和发现的漏罪作出判决，依照刑法第六十九条数罪并罚的规定，决定执行的刑罚。根据刑法第七十三条的规定，缓刑考验期从判决确定之日起计算。所谓判决确定之日就是指判决生效之日。这里所说的“在考验期限内犯新罪”，是指缓刑犯在缓刑考验期限内又实施了新的犯罪行为。所说的“发现判决宣告以前还有其他罪没有判决的”，是指对犯罪分子宣告缓刑后，发现有漏罪没有判决的情况。缓刑犯在缓刑考验期限内犯新罪，说明犯罪分子仍然具有较高的人身危险性，不再符合刑法第七十二条规定的适用缓刑的条件，因此应当撤销缓刑。缓刑犯在缓刑考验期内被发现存在漏罪情形，说明在对犯罪分子适用缓刑时，关于悔罪表现和人身危险性等的判断根据不全面，因此应当撤销缓刑。关于如何处理新罪、漏罪与原来被判处缓刑罪并罚的问题，由于缓刑是附条件的不执行刑罚，缓刑犯并未实际执行刑罚，因此，可以依照刑法第六十九条的规定处理：“除判处死刑和无期徒刑的以外，应当在总和刑期以下、数刑中最高刑期以上，酌情决定执行的刑期，但是管制最高不能超过三年，拘役最高不能超过一年，有期徒刑总和刑期不满三十五年的，最高不能超过二十年，总和刑期在三十五年以上的，最高不能超过二十五年。数罪中有判处有期徒刑和拘役的，执行有期徒刑。数罪中有判处有期徒刑和管制，或者拘役和管制的，有期徒刑、拘役执行完毕后，管制仍须执行。数罪中有判处附加刑的，附加刑仍须执行，其中附加刑种类相同的，合并执行，种类不同的，分别执行。”

第二款是关于缓刑考验期间因违反有关监管规定，撤销缓刑的规定。根据本款规定，被判处缓刑的犯罪分子，在缓刑考验期限内违反法律、行政法规或者国务院有关部门关于缓刑的监督管理的规定，或者违反人民法院判决中的禁止令，情节严重但还未构成犯罪的，也应当撤销缓刑，收监执行原判刑罚。这一规定促使犯罪分子遵纪守法、接受改造，也解决了实践中对于大错不犯、小错不断的缓刑犯如何处理的法律依据问题。

实务问题

1. 如何认定违反禁止令情节严重

根据《最高人民法院、最高人民检察院、公安部、司法部关于对判处管制、宣告缓刑的犯罪分子适用禁止令有关问题的规定（试行）》第十二条规定，被宣告缓刑的犯罪分子，在缓刑考验期限内违反禁止令具有下列行为之一，应当认定为情节严重：（1）三次以上违反禁止令的；（2）因违反禁止令被治安管理处罚后，再次违反禁止令的；（3）违反禁止令，发生较为严重危害后果的；（4）其他情节严重的情形。

2. 对违反禁止令尚未达到情节严重的处理

被宣告缓刑的犯罪分子，在缓刑考验期限内，违反禁止令尚未达到情节严重的，应当由社区矫正机构报请社区所属公安机关，依照《治安管理处罚法》第六十条的规定，处五日以上十日以下拘留，并处二百元以上五百元以下罚款。

3. 对违反禁止令情节严重的处理

被宣告缓刑的犯罪分子，在缓刑考验期内违反禁止令，情节严重的，应当撤销缓刑，执行原判刑罚。原作出缓刑裁判的人民法院应当自收到同级社区矫正机构提出的撤销缓刑建议书之日起一个月内依法作出裁定。人民法院撤销缓刑的裁定一经作出，立即生效。

关联规范

1.《最高人民法院关于撤销缓刑时罪犯在宣告缓刑前羁押的时间能否折抵刑期问题的批复》（2002年4月10日 法释〔2002〕11号）（节录）

最近，有的法院反映，关于在撤销缓刑时罪犯在宣告缓刑前羁押的时间能否折抵刑期的问题不明确。经研究，批复如下：

根据刑法第七十七条的规定，对被宣告缓刑的犯罪分子撤销缓刑执行原判刑罚的，对其在宣告缓刑前羁押的时间应当折抵刑期。

2.《中央社会治安综合治理委员会办公室、最高人民法院、最高人民检察院、公安部、司法部关于加强和规范监外执行工作的意见》（2009 年 6 月 25 日　高检会〔2009〕3 号）（节录）

二、加强和规范监外执行罪犯的监督管理

15. 被宣告缓刑、假释的罪犯在缓刑、假释考验期间有下列情形之一的，由与原裁判人民法院同级的执行地公安机关提出撤销缓刑、假释的建议：

（1）人民法院、监狱、看守所已书面告知罪犯应当按时到执行地公安机关报到，罪犯未在规定的时间内报到，脱离监管三个月以上的；

（2）未经执行地公安机关批准擅自离开所居住的市、县或者迁居，脱离监管三个月以上的；

（3）未按照执行地公安机关的规定报告自己的活动情况或者不遵守执行机关关于会客等规定，经过三次教育仍然拒不改正的；

（4）有其他违反法律、行政法规或者国务院公安部门有关缓刑、假释的监督管理规定行为，情节严重的。

3.《最高人民法院关于〈中华人民共和国刑法修正案（八）〉时间效力问题的解释》（2011 年 4 月 25 日　法释〔2011〕9 号）（节录）

第一条（第二款）　犯罪分子在管制期间或者缓刑考验期内，违反人民法院判决中的禁止令的，适用修正后刑法第三十八条第四款或者第七十七条第二款的规定。

4.《最高人民法院、最高人民检察院、公安部、司法部关于对判处管制、宣告缓刑的犯罪分子适用禁止令有关问题的规定（试行）》（2011 年 4 月 28 日　法发〔2011〕9 号）（节录）

第十一条　判处管制的犯罪分子违反禁止令，或者被宣告缓刑的犯罪分子违反禁止令尚不属情节严重的，由负责执行禁止令的社区矫正机构所在地的公安机关依照《中华人民共和国治安管理处罚法》第六十条的规定处罚。

第十二条　被宣告缓刑的犯罪分子违反禁止令，情节严重的，应当撤销缓刑，执行原判刑罚。原作出缓刑裁判的人民法院应当自收到当地社区矫正机构提出的撤销缓刑建议书之日起一个月内依法作出裁定。人民法院撤销缓刑的裁定一经作出，立即生效。

违反禁止令，具有下列情形之一的，应当认定为“情节严重”：

（一）三次以上违反禁止令的；

（二）因违反禁止令被治安管理处罚后，再次违反禁止令的；

（三）违反禁止令，发生较为严重危害后果的；

（四）其他情节严重的情形。

5.《最高人民法院、最高人民检察院、公安部、司法部关于印发〈中华人民共和国社区矫正法实施办法〉的通知》（2020 年 6 月 18 日　司发通〔2020〕59 号）（节录）

第四十六条　社区矫正对象在缓刑考验期内，有下列情形之一的，由执行地同级社区矫正机构提出撤销缓刑建议：

（一）违反禁止令，情节严重的；

（二）无正当理由不按规定时间报到或者接受社区矫正期间脱离监管，超过一个月的；

（三）因违反监督管理规定受到治安管理处罚，仍不改正的；

（四）受到社区矫正机构两次警告，仍不改正的；

（五）其他违反有关法律、行政法规和监督管理规定，情节严重的情形。

社区矫正机构一般向原审人民法院提出撤销缓刑建议。如果原审人民法院与执行地同级社区矫正机构不在同一省、自治区、直辖市的，可以向执行地人民法院提出建议，执行地人民法院作出裁定的，裁定书同时抄送原审人民法院。

社区矫正机构撤销缓刑建议书和人民法院的裁定书副本同时抄送社区矫正执行地同级人民检察院。

6.《公安机关办理刑事案件程序规定》（2020 年 7 月 20 日修正）（节录）

第三百一十六条（第一款）　被剥夺政治权利、管制、宣告缓刑和假释的罪犯在执行期间又犯新罪的，由犯罪地公安机关立案侦查。

7.《最高人民法院关于适用〈中华人民共和国刑事诉讼法〉的解释》（2021 年 1 月 26 日　法释〔2021〕1 号）（节录）

第五百四十三条　人民法院收到社区矫正机构的撤销缓刑建议书后，经审查，确认罪犯在缓刑考验期限内具有下列情形之一的，应当作出撤销缓刑的裁定：

（一）违反禁止令，情节严重的；

（二）无正当理由不按规定时间报到或者接受社区矫正期间脱离监管，超过一个月的；

（三）因违反监督管理规定受到治安管理处罚，仍不改正的；

（四）受到执行机关二次警告，仍不改正的；

（五）违反法律、行政法规和监督管理规定，情节严重的其他情形。

人民法院收到社区矫正机构的撤销假释建议书后，经审查，确认罪犯在假释考验期限内具有前款第二项、第四项规定情形之一，或者有其他违反监督管理规定的行为，尚未构成新的犯罪的，应当作出撤销假释的裁定。

第六节　减　刑

第七十八条　减刑的条件和最低服刑期

被判处管制、拘役、有期徒刑、无期徒刑的犯罪分子，在执行期间，如果认真遵守监规，接受教育改造，确有悔改表现的，或者有立功表现的，可以减刑；有下列重大立功表现之一的，应当减刑：

（一）阻止他人重大犯罪活动的；

（二）检举监狱内外重大犯罪活动，经查证属实的；

（三）有发明创造或者重大技术革新的；

（四）在日常生产、生活中舍己救人的；

（五）在抗御自然灾害或者排除重大事故中，有突出表现的；

（六）对国家和社会有其他重大贡献的。

减刑以后实际执行的刑期不能少于下列期限：

（一）判处管制、拘役、有期徒刑的，不能少于原判刑期的二分之一；

（二）判处无期徒刑的，不能少于十三年；

（三）人民法院依照本法第五十条第二款规定限制减刑的死刑缓期执行的犯罪分子，缓期执行期满后依法减为无期徒刑的，不能少于二十五年，缓期执行期满后依法减为二十五年有期徒刑的，不能少于二十年。

条文要旨

本条是关于减刑条件以及减刑后实际应执行刑期的规定。

理解与适用

刑罚的目的包括一般预防与特殊预防，刑罚的执行则侧重于特殊预防，减刑制度是犯罪人人身危险性变化和罪刑相适应原则在刑罚执行中的具体体现，也是惩办与宽大相结合政策在刑罚执行中具体运用。人民法院的裁判生效之后，刑罚并非固定不变。在刑罚执行过程中，犯罪人的人身危险性会随着执行情况发生变化。如果犯罪人积极改过，认真遵守监规、接受教育改造，确有悔改表现或者有立功表现，说明其人身危险性不断降低。在这种情况下，就可以对原判的刑罚进行调整，适当缩短刑罚执行期限，以体现刑罚与犯罪人人身危险性的动态适应；同时，减刑制度也有利于激励犯罪人积极改造，早日重返社会。

为了规范减刑适用，刑法作了本条规定。本条共分为两款。

第一款是关于减刑对象和条件的规定。

1. 减刑的对象是被判处管制、拘役、有期徒刑、无期徒刑的犯罪分子，也就是说，被判处这类刑罚的犯罪分子，在执行刑罚期间只要符合减刑条件的都可能成为减刑的对象。这一规定有利于犯罪分子认罪服法，接受改造。

2. 减刑的条件分为两类：第一类是有悔改或者立功表现可以减刑的。“遵守监规，接受教育改造，确有悔改表现的”，是指在服刑期间积极参加政治、文化、技术学习，积极参加生产劳动，完成或者超额完成生产任务，认罪服法等。根据2017年1月1日起施行的《最高人民法院关于办理减刑、假释案件具体应用法律的规定》第三条的规定，“确有悔改表现”是指同时具备以下四个方面的情形：认罪悔罪；遵守法律法规及监规，接受教育改造；积极参加思想、文化、职业技术教育；积极参加劳动，努力完成劳动任务。对职务犯罪、破坏金融管理秩序和金融诈骗犯罪、组织（领导、参加、包庇、纵容）黑社会性质组织犯罪等罪犯，不积极退赃、协助追缴赃款赃物、赔偿损失，或者服刑期间利用个人影响力和社会关系等不正当手段意图获得减刑、假释的，不认定其“确有悔改表现”。罪犯在刑罚执行期间的申诉权利应当依法保护，对其正当申诉不能不加分析地认为是不认罪悔罪。根据上述司法解释第四条的规定，“立功表现”包括下列情形：（1）阻止他人实施犯罪活动的；（2）检举、揭发监狱内外犯罪活动，或者提供重要的破案线索，经查证属实的；（3）协助司法机关抓捕其他犯罪嫌疑人的；（4）在生产、科研中进行技术革新，成绩突出的；（5）在抗御自然灾害或者排除重大事故中，表现积极的；（6）对国家和社会有其他较大贡献的。第四项、第六项中的技术革新或者其他较大贡献应当由罪犯在刑罚执行期间独立或者为主完成，并经省级主管部门确认。犯罪分子在执行期间符合上述减刑条件，就可以减刑。第二类是属于重大立功表现应当减刑的。根据本条规定，有下列重大立功表现之一的，应当予以减刑：（1）阻止他人重大犯罪活动的；（2）检举监狱内外重大犯罪活动，经查证属实的；（3）有发明创造或者重大技术革新的；（4）在日常生产、生活中舍己救人的；（5）在抗御自然灾害或者排除重大事故中，有突出表现的；（6）对国家和社会有其他重大贡献的。此外，根据上述司法解释第五条的规定，协助司法机关抓捕其他重大犯罪嫌疑人的也应当认定为有“重大立功表现”。上述第三项中的发明创造或者重大技术革新应当是罪犯在刑罚执行期间独立或者为主完成并经国家主管部门确认的发明专利，且不包括实用新型专利和外观设计专利；第六项中的其他重大贡献应当由罪犯在刑罚执行期间独立或者为主完成，并经国家主管部门确认。

第二款是关于减刑后实际执行刑期的具体规定。本款规定包括三个方面：

1. 判处管制、拘役、有期徒刑的，最低实际执行刑期不能少于原判刑期的二分之一。

2. 判处无期徒刑的，最低实际执行刑期不能少于十三年。《刑法修正案（八）》对无期徒刑减刑后最低实际执行的刑期作了修改，由十年提高到十三年。这样修改的原因有两个：一是判处无期徒刑的罪犯属严重犯罪的罪犯，根据罪责刑相适应原则，可以适当将最低执行期限提高到十三年。二是《刑法修正案（八）》对刑法第六十九条作了修改，对数罪并罚后有期徒刑总和刑期在三十五年以上的，执行的刑期最高可达二十五年，其减刑后实际执行的刑期就要超过十年。本项如果不作修改，将会出现被判处无期徒刑的犯罪分子的实际执行刑期比被判处有期徒刑的犯罪分子的实际执行刑期短的情况。从罪责刑相适应原则以及维护刑罚结构合理性的角度，有必要提高被判处无期徒刑的犯罪分子的最低实际执行刑期。

3. 人民法院依照刑法第五十条第二款规定限制减刑的死刑缓期执行的犯罪分子，缓期执行期满后依法减为无期徒刑的，最低实际执行刑期不能少于二十五年，缓期执行期满后依法减为二十五年有期徒刑的，最低实际执行刑期不能少于二十年。结合《刑法修正案（八）》对刑法第五十条的修改，这部分人是指被判处死刑缓期执行并被限制减刑的累犯以及实施故意杀人、强奸、抢劫、绑架、放火、爆炸、投放危险物质或者有组织的暴力性犯罪的罪犯。本项规定是《刑法修正案（八）》所增加的内容。在研究过程中，有的意见提出，1997 年刑法对死刑缓期执行罪犯减刑后的最低实际执行刑期未作规定，在实际执行中，死缓罪犯平均执行的刑期与无期徒刑罪犯平均执行的刑期相差无几，建议明确被判处死刑缓期执行的罪犯的最低实际执行刑期。经反复慎重研究，根据宽严相济刑事政策的要求，延长死缓罪犯被减刑后的实际执行刑期，应主要针对被判处死刑缓期执行并被限制减刑的累犯以及实施故意杀人、强奸、抢劫、绑架、放火、爆炸、投放危险物质或者有组织的暴力性犯罪的罪犯，不宜普遍提高死缓期满后被减刑的罪犯的刑罚执行期限，因此，对其他死缓罪犯被减刑后的最低实际执行刑期未作规定。

应当特别指出的是，本法第二款规定的减刑后实际执行的刑期，是实际执行的最低刑期，即不能少于这个刑期，而不是只要执行了这些刑期，就释放犯罪分子。对犯罪分子的实际执行刑期，应在遵循本款规定的基础上，根据犯罪分子接受教育改造等具体情况确定。2017 年 1 月 1 日起施行的《最高人民法院关于办理减刑、假释案件具体应用法律的规定》对减刑起始时间、间隔时间、减刑幅度等作了进一步具体规定。

实务问题

对死刑缓期执行罪犯的限制减刑应慎重适用

刑法第五十条第二款规定："对于被判处死刑的累犯以及因故意杀人、强奸、抢劫、绑架、放火、爆炸、投放危险物质或者有组织的暴力性犯罪被判处死刑缓期执行的犯罪分子，人民法院根据犯罪情节等情况可以同时决定对其限制减刑。"一旦被限制减刑后，这些罪犯的实际执行期限必须在二十五年或者二十年以上。如前所述，之所以要设立这种限制减刑制度，是因为按照原有规定执行，上述罪犯回归社会的速度太快。因此，考虑到按平均年龄二十五岁计算，这些人被执行二十至二十五年刑罚之后，平均年龄还不到五十岁，已过暴力性犯罪较为集中的年龄，但又对其生存能力影响不太大，故在第七十八条中规定在其死刑缓期执行减为无期徒刑或者二十五年有期徒刑后，实际执行期限不少于二十五年或者二十年。然而，必须清楚的是，最低执行期限的规定并不等于现实执行。实际执行的过程中，不仅在减刑申报与裁定时间上不可能如规定那样及时、准确，而且死刑缓期执行的二年时间不能计入其中，更不用说生效裁判作出前已先行羁押的时间了，因而被限制减刑的罪犯的最终实际执行期限，往往都会在二十三年以上，最长者还有可能会超过三十年。这对罪犯本人及监管机关的影响将是不言而喻的。正因为如此，刑法第五十条规定是“可以”同时决定限制减刑，而不是“应当”或者“必须”同时决定限制减刑。所以，人民法院在对上述罪犯决定限制减刑时，必须十分谨慎。一般来说，应限于上述罪犯中本来应当判处死刑立即执行，只是出于严格控制死刑或某些特殊情节考虑，而判处死刑缓期执行的罪犯。即适用于那些判处死刑立即执行过重，而判处一般死缓又显得过轻者。

指导案例

最高人民检察院检例第70号

宣告缓刑罪犯蔡某等12人减刑监督案

（2020年2月28日）

【关键词】

缓刑罪犯减刑　持续跟进监督　地方规范性文件法律效力　最终裁定纠正违法意见

【要旨】

对于判处拘役或者三年以下有期徒刑并宣告缓刑的罪犯，在缓刑考验期内确有悔改表现或者有一般立功表现，一般不适用减刑。在缓刑考验期内有重大立功表现的，可以参照刑法第七十八条的规定予以减刑。人民法院对宣告缓刑罪犯裁定减刑适用法律错误的，人民检察院应当依法提出纠正意见。人民法院裁定维持原减刑裁定的，人民检察院应当继续予以监督。

【基本案情】

罪犯蔡某，女，1966年9月6日出生，因犯受贿罪于2009年12月22日被江苏省南京市雨花台区人民法院判处有期徒刑三年，缓刑四年，缓刑考验期自2010年1月4日起至2014年1月3日止。另有罪犯陈某某、丁某某、胡某等11人分别因犯故意伤害、盗窃、诈骗等罪被人民法院判处有期徒刑并宣告缓刑。上述12名缓刑罪犯，分别在南京市的7个市辖区接受社区矫正。

2013年1月，南京市司法局以蔡某等12名罪犯在社区矫正期间确有悔改表现为由，向南京市中级人民法院提出减刑建议。2013年2月7日，南京市中级人民法院以蔡某等12名罪犯能认罪服法、遵守法律法规和社区矫正相关规定、确有悔改表现为由，依照刑法第七十八条规定，分别对上述罪犯裁定减去六个月、三个月不等的有期徒刑，并相应缩短缓刑考验期。

【检察机关监督情况】

线索发现　2014年8月，南京市人民检察院在开展减刑、假释、暂予监外执行专项检察活动中发现，南京市中级人民法院对2014年8月之前作出的部分减刑、假释裁定，未按法定期限将裁定书送达南京市人民检察院，随后依法提出书面纠正意见。南京市中级人民法院接受监督意见，将减刑、假释裁定书送达南京市人民检察院。南京市人民检察院通过将减刑、假释裁定书与辖区内在押人员信息库和社区矫正对象信息库进行逐一比对，发现南京市中级人民法院对蔡某等 12 名缓刑罪犯裁定减刑可能不当。

调查核实　为查明蔡某等 12 名缓刑罪犯是否符合减刑条件，南京市人民检察院牵头，组织有关区人民检察院联合调查，调取了蔡某等 12 名罪犯在社区矫正期间的原始档案材料，并实地走访社区矫正部门、基层街道社区，了解相关罪犯在社区矫正期间实际表现、奖惩、有无重大立功表现等情况。经调查核实，蔡某等 12 名缓刑罪犯，虽然在社区矫正期间能够认罪服法，认真参加各类矫治活动，按期报告法定事项，受到多次表扬，均确有悔改表现，但是均无重大立功表现。

监督意见　南京市人民检察院经审查认为，南京市中级人民法院对没有重大立功表现的缓刑罪犯裁定减刑，违反了《最高人民法院关于办理减刑、假释案件具体应用法律若干问题的规定》（法释〔2012〕2 号）第十三条“判处拘役或者三年以下有期徒刑并宣告缓刑的罪犯，一般不适用减刑。前款规定的罪犯在缓刑考验期限内有重大立功表现的，可以参照刑法第七十八条的规定，予以减刑，同时应依法缩减其缓刑考验期限。拘役的缓刑考验期限不能少于二个月，有期徒刑的缓刑考验期限不能少于一年”的规定，依法应当予以纠正。2014 年 10 月 14 日南京市人民检察院向南京市中级人民法院分别发出 12 份《纠正不当减刑裁定意见书》。南京市中级人民法院重新组成合议庭对上述案件进行审理，2014 年 12 月 4 日作出了维持对蔡某等 12 名罪犯减刑的刑事裁定。主要理由是，依据 2004 年、2006 年江苏省、南京市两级人民法院、人民检察院、公安机关、司法行政机关先后制定的有关社区矫正规范性文件的有关规定，蔡某等 12 名罪犯在社区矫正期间受到多次表扬，确有悔改表现，可以给予减刑，因此原刑事裁定并无不当。经再次审查，南京市人民检察院认为南京市中级人民法院的刑事裁定仍违反法律规定，于 2014 年 12 月 24 日向该院发出《纠正违法通知书》，要求该院纠正。2015 年 1 月 8 日，南京市中级人民法院重新另行组成合议庭对上述案件进行了审理；南京市人民检察院依法派员出庭，宣读了《纠正违法通知书》，发表了检察意见；南京市司法局作为提请减刑的机关，派员出庭发表意见，认为在社区矫正试点期间，为了调动社区矫正对象接受矫正积极性，江苏省、南京市有关部门先后制定规范性文件，规定对获得多次表扬的社区矫正对象可以给予减刑。这些规范性文件目前还没有废止，可以作为减刑的依据。出庭检察人员指出，2012 年 3 月 1 日实施的社区矫正实施办法（司发通〔2012〕12 号）明确规定，符合法定减刑条件是为社区矫正人员办理减刑的前提，因此，对缓刑罪犯减刑应当适用法律和司法解释的规定，不应当适用与法律和司法解释相冲突的地方规范性文件。

监督结果　2015 年 1 月 21 日，南京市中级人民法院重新作出刑事裁定，同意南京市人民检察院的纠正意见，认定该院对蔡某等 12 名缓刑罪犯作出的原减刑裁定、原再审减刑裁定，系适用法律错误，分别裁定撤销原减刑裁定、原再审减刑裁定，对蔡某等 12 名缓刑罪犯不予减刑，剩余缓刑考验期继续执行。裁定生效后，南京市中级人民法院及时将法律文书交付执行机关执行，蔡某等 12 名罪犯在法定期限内到原区司法局报到，接受社区矫正。

【指导意义】

1．人民法院减刑裁定适用法律错误，人民检察院应当依法监督纠正。人民检察院在办理减刑、假释案件时，应准确把握法院减刑、假释裁定所依据规范性文件。对于地方人民法院、人民检察院制定的司法解释性文件，应当根据《最高人民法院 最高人民检察院关于地方人民法院、人民检察院不得制定司法解释性质文件的通知》予以清理。人民法院依据地方人民法院、人民检察院制定的司法解释性文件作出裁定的，属于适用法律错误，人民检察院应当依法向人民法院提出书面监督纠正意见，监督人民法院重新组成合议庭进行审理。

2．人民法院对没有重大立功表现的缓刑罪犯裁定减刑的，人民检察院应当予以监督纠正。减刑、假释是我国重要的刑罚执行制度，不符合法定条件和非经法定程序，不得减刑、假释。根据有关法律和司法解释的规定，判处拘役或者三年以下有期徒刑并宣告缓刑的罪犯，一般不适用减刑；在缓刑考验期限内有重大立功表现的，可以参照刑法第七十八条的规定，予以减刑。因此，对缓刑罪犯适用减刑的法定条件是在缓刑考验期限内有重大立功表现。根据社区矫正法的有关规定，人民检察院依法对社区矫正工作实行法律监督，发现社区矫正机构对宣告缓刑的罪犯向人民法院提出减刑建议不当的，应当依法提出纠正意见；发现人民法院对于确有悔改表现或者有一般立功表现但没有重大立功表现的缓刑罪犯裁定减刑的，应当依法向人民法院发出《纠正不当减刑裁定意见书》，申明监督理由、依据和意见，监督人民法院重新组成合议庭进行审理并作出最终裁定。

3．人民检察院发现人民法院已经生效的减刑、假释裁定仍有错误的，应当继续向人民法院提出书面纠正意见。人民检察院对人民法院减刑、假释的裁定提出纠正意见后，应当监督人民法院在收到纠正意见后一个月内重新组成合议庭进行审理，并监督人民法院重新作出的裁定是否符合法律规定。人民法院重新作出的裁定仍不符合法律规定的，人民检察院应当继续向人民法院提出纠正意见，提请人民法院按照审判监督程序依法另行组成合议庭重新审理并作出裁定。对人民法院仍然不采纳纠正意见的，人民检察院应当提请上级人民检察院继续监督。

【相关规定】

《中华人民共和国刑法》第七十八条；《最高人民法院关于办理减刑、假释案件具体应用法律若干问题的规定》第十三条；《人民检察院刑事诉讼规则》第六百四十一条；《最高人民法院 最高人民检察院 公安部 司法部社区矫正实施办法》第二十八条。

典型案例

罪犯鲁龙不予减刑案

——罪犯狱中窃取他犯财物受警告处分，
不能认定确有悔改表现，依法不予减刑
《最高人民法院发布5起严格规范减刑、假释、
暂予监外执行典型案例》第2号
2015年7月29日

【基本案情】

罪犯鲁龙，男，汉族，无业，原判认定其于2007年2月伙同他人携带凶器实施抢劫两起，并在抢劫过程中致使被害人崔某死亡，共抢劫现金540余元及价值120元的诺基亚手机一部。在共同犯罪中，鲁龙系主犯；曾因犯盗窃罪被判处拘役三个月。2009年11月14日郑州市中级人民法院以抢劫罪，判处鲁龙死刑，缓期二年执行，剥夺政治权利终身，并处没收个人全部财产；赔偿附带民事诉讼原告人经济损失人民币20000元（已赔付3000元）。判决生效后交付执行。2012年11月23日河南省高级人民法院裁定将鲁龙的刑罚依法减为无期徒刑，剥夺政治权利终身。刑罚执行机关河南省第一监狱以鲁龙自上次减刑以来确有悔改表现为由，再次提请对其减刑。河南省高级人民法院于2015年3月2日立案后，依法将减刑建议书等材料向社会公示，并于3月19日公开开庭审理了本案。

河南省高级人民法院经审理查明，罪犯鲁龙服刑期间获记功2次，又因多次窃取他犯财物，经教育仍屡教不改，于2012年8月30日被警告处分1次。

【裁判结果】

河南省高级人民法院认为，罪犯鲁龙犯盗窃罪刑满释放后再次纠集他人两次实施抢劫犯罪并致一人死亡，且系主犯，主观恶性深，社会危害大，服刑期间虽积极参加劳动和教育改造，但多次盗窃他人财物，非法占有他人财物的恶习未革除，需要进一步接受教育和改造。综合其原判情况和改造表现，不能认定鲁龙确有悔改表现。遂依法作出对鲁龙不予减刑的裁定。

关联规范

1.**《最高人民法院关于审理未成年人刑事案件具体应用法律若干问题的解释》**（2006年1月11日　法释〔2006〕1号）（节录）

第十八条　对未成年罪犯的减刑、假释，在掌握标准上可以比照成年罪犯依法适度放宽。

未成年罪犯能认罪服法，遵守监规，积极参加学习、劳动的，即可视为“确有悔改表现”予以减刑，其减刑的幅度可以适当放宽，间隔的时间可以相应缩短。符合刑法第八十一条第一款规定的，可以假释。

未成年罪犯在服刑期间已经成年的，对其减刑、假释可以适用上述规定。

2. **《最高人民法院关于贯彻宽严相济刑事政策的若干意见》**（2010年2月8日　法发〔2010〕9号）（节录）

四、准确把握和正确适用宽严“相济”的政策要求

34.（第二款）　对于因犯故意杀人、爆炸、抢劫、强奸、绑架等暴力犯罪，致人死亡或严重残疾而被判处死刑缓期二年执行或无期徒刑的罪犯，要严格控制减刑的频度和每次减刑的幅度，要保证其相对较长的实际服刑期限，维护公平正义，确保改造效果。

3. **《最高人民法院关于〈中华人民共和国刑法修正案（八）〉时间效力问题的解释》**（2011年4月25日　法释〔2011〕9号）（节录）

第七条　2011年4月30日以前犯罪，被判处无期徒刑的罪犯，减刑以后或者假释前实际执行的刑期，适用修正前刑法第七十八条第二款、第八十一条第一款的规定。

4. **《最高人民法院研究室关于罪犯在刑罚执行期间的发明创造能否按照重大立功表现作为对其漏罪审判时的量刑情节问题的答复》**（2011年6月14日　法研〔2011〕79号）（节录）

罪犯在服刑期间的发明创造构成立功或者重大立功的，可以作为依法减刑的条件予以考虑，但不能作为追诉漏罪的法定量刑情节考虑。

5. **《最高人民法院关于进一步加强危害生产安全刑事案件审判工作的意见》**（2011年12月30日　法发〔2011〕20号）（节录）

五、准确把握宽严相济刑事政策

20. 办理与危害生产安全犯罪相关的减刑、假释案件，要严格执行刑法、刑事诉讼法和有关司法解释规定。是否决定减刑、假释，既要看罪犯服刑期间的悔改表现，还要充分考虑原判认定的犯罪事实、性质、情节、社会危害程度等情况。

6. **《最高人民检察院、中国残疾人联合会关于在检察工作中切实维护残疾人合法权益的意见》**（2015年11月3日）（节录）

十四、……对残疾罪犯开展减刑、假释、暂予监外执行检察工作，可以依法适当从宽掌握，但是，反复故意实施犯罪的残疾罪犯除外。

7. **《最高人民法院关于办理减刑、假释案件具体应用法律的规定》**（2016年11月14日　法释〔2016〕23号）（节录）

第二条　对于罪犯符合刑法第七十八条第一款规定“可以减刑”条件的案件，在办理时应当综合考察罪犯犯罪的性质和具体情节、社会危害程度、原判刑罚及生效裁判中财产性判项的履行情况、交付执行后的一贯表现等因素。

第三条　“确有悔改表现”是指同时具备以下条件：

（一）认罪悔罪；

（二）遵守法律法规及监规，接受教育改造；

（三）积极参加思想、文化、职业技术教育；

（四）积极参加劳动，努力完成劳动任务。

对职务犯罪、破坏金融管理秩序和金融诈骗犯罪、组织（领导、参加、包庇、纵容）黑社会性质组织犯罪等罪犯，不积极退赃、协助追缴赃款赃物、赔偿损失，或者服刑期间利用个人影响力和社会关系等不正当手段意图获得减刑、假释的，不认定其“确有悔改表现”。

罪犯在刑罚执行期间的申诉权利应当依法保护，对其正当申诉不能不加分析地认为是不认罪悔罪。

第四条 具有下列情形之一的，可以认定为有“立功表现”：

（一）阻止他人实施犯罪活动的；

（二）检举、揭发监狱内外犯罪活动，或者提供重要的破案线索，经查证属实的；

（三）协助司法机关抓捕其他犯罪嫌疑人的；

（四）在生产、科研中进行技术革新，成绩突出的；

（五）在抗御自然灾害或者排除重大事故中，表现积极的；

（六）对国家和社会有其他较大贡献的。

第（四）项、第（六）项中的技术革新或者其他较大贡献应当由罪犯在刑罚执行期间独立或者为主完成，并经省级主管部门确认。

第五条 具有下列情形之一的，应当认定为有“重大立功表现”：

（一）阻止他人实施重大犯罪活动的；

（二）检举监狱内外重大犯罪活动，经查证属实的；

（三）协助司法机关抓捕其他重大犯罪嫌疑人的；

（四）有发明创造或者重大技术革新的；

（五）在日常生产、生活中舍己救人的；

（六）在抗御自然灾害或者排除重大事故中，有突出表现的；

（七）对国家和社会有其他重大贡献的。

第（四）项中的发明创造或者重大技术革新应当是罪犯在刑罚执行期间独立或者为主完成并经国家主管部门确认的发明专利，且不包括实用新型专利和外观设计专利；第（七）项中的其他重大贡献应当由罪犯在刑罚执行期间独立或者为主完成，并经国家主管部门确认。

第六条 被判处有期徒刑的罪犯减刑起始时间为：不满五年有期徒刑的，应当执行一年以上方可减刑；五年以上不满十年有期徒刑的，应当执行一年六个月以上方可减刑；十年以上有期徒刑的，应当执行二年以上方可减刑。有期徒刑减刑的起始时间自判决执行之日起计算。

确有悔改表现或者有立功表现的，一次减刑不超过九个月有期徒刑；确有悔改表现并有立功表现的，一次减刑不超过一年有期徒刑；有重大立功表现的，一次减刑不超过一年六个月有期徒刑；确有悔改表现并有重大立功表现的，一次减刑不超过二年有期徒刑。

被判处不满十年有期徒刑的罪犯，两次减刑间隔时间不得少于一年；被判处十年以上有期徒刑的罪犯，两次减刑间隔时间不得少于一年六个月。减刑间隔时间不得低于上次减刑减去的刑期。

罪犯有重大立功表现的，可以不受上述减刑起始时间和间隔时间的限制。

第七条　对符合减刑条件的职务犯罪罪犯，破坏金融管理秩序和金融诈骗犯罪罪犯，组织、领导、参加、包庇、纵容黑社会性质组织犯罪罪犯，危害国家安全犯罪罪犯，恐怖活动犯罪罪犯，毒品犯罪集团的首要分子及毒品再犯，累犯，确有履行能力而不履行或者不全部履行生效裁判中财产性判项的罪犯，被判处十年以下有期徒刑的，执行二年以上方可减刑，减刑幅度应当比照本规定第六条从严掌握，一次减刑不超过一年有期徒刑，两次减刑之间应当间隔一年以上。

对被判处十年以上有期徒刑的前款罪犯，以及因故意杀人、强奸、抢劫、绑架、放火、爆炸、投放危险物质或者有组织的暴力性犯罪被判处十年以上有期徒刑的罪犯，数罪并罚且其中两罪以上被判处十年以上有期徒刑的罪犯，执行二年以上方可减刑，减刑幅度应当比照本规定第六条从严掌握，一次减刑不超过一年有期徒刑，两次减刑之间应当间隔一年六个月以上。

罪犯有重大立功表现的，可以不受上述减刑起始时间和间隔时间的限制。

第八条　被判处无期徒刑的罪犯在刑罚执行期间，符合减刑条件的，执行二年以上，可以减刑。减刑幅度为：确有悔改表现或者有立功表现的，可以减为二十二年有期徒刑；确有悔改表现并有立功表现的，可以减为二十一年以上二十二年以下有期徒刑；有重大立功表现的，可以减为二十年以上二十一年以下有期徒刑；确有悔改表现并有重大立功表现的，可以减为十九年以上二十年以下有期徒刑。无期徒刑罪犯减为有期徒刑后再减刑时，减刑幅度依照本规定第六条的规定执行。两次减刑间隔时间不得少于二年。

罪犯有重大立功表现的，可以不受上述减刑起始时间和间隔时间的限制。

第九条　对被判处无期徒刑的职务犯罪罪犯，破坏金融管理秩序和金融诈骗犯罪罪犯，组织、领导、参加、包庇、纵容黑社会性质组织犯罪罪犯，危害国家安全犯罪罪犯，恐怖活动犯罪罪犯，毒品犯罪集团的首要分子及毒品再犯，累犯以及因故意杀人、强奸、抢劫、绑架、放火、爆炸、投放危险物质或者有组织的暴力性犯罪的罪犯，确有履行能力而不履行或者不全部履行生效裁判中财产性判项的罪犯，数罪并罚被判处无期徒刑的罪犯，符合减刑条件的，执行三年以上方可减刑，减刑幅度应当比照本规定第八条从严掌握，减刑后的刑期最低不得少于二十年有期徒刑；减为有期徒刑后再减刑时，减刑幅度比照本规定第六条从严掌握，一次不超过一年有期徒刑，两次减刑之间应当间隔二年以上。

罪犯有重大立功表现的，可以不受上述减刑起始时间和间隔时间的限制。

第十条　被判处死刑缓期执行的罪犯减为无期徒刑后，符合减刑条件的，执行三年以上方可减刑。减刑幅度为：确有悔改表现或者有立功表现的，可以减为二十五年有期徒刑；确有悔改表现并有立功表现的，可以减为二十四年以上二十五年以下有期徒刑；有重大立功表现的，可以减为二十三年以上二十四年以下有期徒刑；确有悔改表现并有重大立功表现的，可以减为二十二年以上二十三年以下有期徒刑。

被判处死刑缓期执行的罪犯减为有期徒刑后再减刑时，比照本规定第八条的规定办理。

第十一条 对被判处死刑缓期执行的职务犯罪罪犯，破坏金融管理秩序和金融诈骗犯罪罪犯，组织、领导、参加、包庇、纵容黑社会性质组织犯罪罪犯，危害国家安全犯罪罪犯，恐怖活动犯罪罪犯，毒品犯罪集团的首要分子及毒品再犯，累犯以及因故意杀人、强奸、抢劫、绑架、放火、爆炸、投放危险物质或者有组织的暴力性犯罪的罪犯，确有履行能力而不履行或者不全部履行生效裁判中财产性判项的罪犯，数罪并罚被判处死刑缓期执行的罪犯，减为无期徒刑后，符合减刑条件的，执行三年以上方可减刑，一般减为二十五年有期徒刑，有立功表现或者重大立功表现的，可以比照本规定第十条减为二十三年以上二十五年以下有期徒刑；减为有期徒刑后再减刑时，减刑幅度比照本规定第六条从严掌握，一次不超过一年有期徒刑，两次减刑之间应当间隔二年以上。

第十二条 被判处死刑缓期执行的罪犯经过一次或者几次减刑后，其实际执行的刑期不得少于十五年，死刑缓期执行期间不包括在内。

死刑缓期执行罪犯在缓期执行期间不服从监管、抗拒改造，尚未构成犯罪的，在减为无期徒刑后再减刑时应当适当从严。

第十三条 被限制减刑的死刑缓期执行罪犯，减为无期徒刑后，符合减刑条件的，执行五年以上方可减刑。减刑间隔时间和减刑幅度依照本规定第九条的规定执行。

第十四条 被限制减刑的死刑缓期执行罪犯，减为有期徒刑后再减刑时，一次减刑不超过六个月有期徒刑，两次减刑间隔时间不得少于二年。有重大立功表现的，间隔时间可以适当缩短，但一次减刑不超过一年有期徒刑。

第十五条 对被判处终身监禁的罪犯，在死刑缓期执行期满依法减为无期徒刑的裁定中，应当明确终身监禁，不得再减刑或者假释。

第十六条 被判处管制、拘役的罪犯，以及判决生效后剩余刑期不满二年有期徒刑的罪犯，符合减刑条件的，可以酌情减刑，减刑起始时间可以适当缩短，但实际执行的刑期不得少于原判刑期的二分之一。

第十七条 被判处有期徒刑罪犯减刑时，对附加剥夺政治权利的期限可以酌减。酌减后剥夺政治权利的期限，不得少于一年。

被判处死刑缓期执行、无期徒刑的罪犯减为有期徒刑时，应当将附加剥夺政治权利的期限减为七年以上十年以下，经过一次或者几次减刑后，最终剥夺政治权利的期限不得少于三年。

第十八条 被判处拘役或者三年以下有期徒刑，并宣告缓刑的罪犯，一般不适用减刑。

前款规定的罪犯在缓刑考验期内有重大立功表现的，可以参照刑法第七十八条的规定予以减刑，同时应当依法缩减其缓刑考验期。缩减后，拘役的缓刑考验期限不得少于二个月，有期徒刑的缓刑考验期限不得少于一年。

第十九条 对在报请减刑前的服刑期间不满十八周岁，且所犯罪行不属于刑法第八十一条第二款规定情形的罪犯，认罪悔罪，遵守法律法规及监规，积极参加学习、劳动，应当视为确有悔改表现。

对上述罪犯减刑时，减刑幅度可以适当放宽，或者减刑起始时间、间隔时间可以适当缩短，但放宽的幅度和缩短的时间不得超过本规定中相应幅度、时间的三分之一。

第二十条　老年罪犯、患严重疾病罪犯或者身体残疾罪犯减刑时，应当主要考察其认罪悔罪的实际表现。

对基本丧失劳动能力，生活难以自理的上述罪犯减刑时，减刑幅度可以适当放宽，或者减刑起始时间、间隔时间可以适当缩短，但放宽的幅度和缩短的时间不得超过本规定中相应幅度、时间的三分之一。

第二十一条　被判处有期徒刑、无期徒刑的罪犯在刑罚执行期间又故意犯罪，新罪被判处有期徒刑的，自新罪判决确定之日起三年内不予减刑；新罪被判处无期徒刑的，自新罪判决确定之日起四年内不予减刑。

罪犯在死刑缓期执行期间又故意犯罪，未被执行死刑的，死刑缓期执行的期间重新计算，减为无期徒刑后，五年内不予减刑。

被判处死刑缓期执行罪犯减刑后，在刑罚执行期间又故意犯罪的，依照第一款规定处理。

第三十条　依照刑法第八十六条规定被撤销假释的罪犯，一般不得再假释。但依照该条第二款被撤销假释的罪犯，如果罪犯对漏罪曾作如实供述但原判未予认定，或者漏罪系其自首，符合假释条件的，可以再假释。

被撤销假释的罪犯，收监后符合减刑条件的，可以减刑，但减刑起始时间自收监之日起计算。

第三十一条　年满八十周岁、身患疾病或者生活难以自理、没有再犯罪危险的罪犯，既符合减刑条件，又符合假释条件的，优先适用假释；不符合假释条件的，参照本规定第二十条有关的规定从宽处理。

第三十二条　人民法院按照审判监督程序重新审理的案件，裁定维持原判决、裁定的，原减刑、假释裁定继续有效。

再审裁判改变原判决、裁定的，原减刑、假释裁定自动失效，执行机关应当及时报请有管辖权的人民法院重新作出是否减刑、假释的裁定。重新作出减刑裁定时，不受本规定有关减刑起始时间、间隔时间和减刑幅度的限制。重新裁定时应综合考虑各方面因素，减刑幅度不得超过原裁定减去的刑期总和。

再审改判为死刑缓期执行或者无期徒刑的，在新判决减为有期徒刑之时，原判决已经实际执行的刑期一并扣减。

再审裁判宣告无罪的，原减刑、假释裁定自动失效。

第三十三条　罪犯被裁定减刑后，刑罚执行期间因故意犯罪而数罪并罚时，经减刑裁定减去的刑期不计入已经执行的刑期。原判死刑缓期执行减为无期徒刑、有期徒刑，或者无期徒刑减为有期徒刑的裁定继续有效。

第三十四条　罪犯被裁定减刑后，刑罚执行期间因发现漏罪而数罪并罚的，原减刑裁定自动失效。如漏罪系罪犯主动交代的，对其原减去的刑期，由执行机关报请有管辖权的人民法院重新作出减刑裁定，予以确认；如漏罪系有关机关发现或者他人检举揭发的，由执行机关报请有管辖权的人民法院，在原减刑裁定减去的刑期总和之内，酌情重新裁定。

第三十五条　被判处死刑缓期执行的罪犯，在死刑缓期执行期内被发现漏罪，依据刑法第七十条规定数罪并罚，决定执行死刑缓期执行的，死刑缓期执行期间自新判决确定之日起计算，已经执行的死刑缓期执行期间计入新判决的死刑缓期执行期间内，但漏罪被判处死刑缓期执行的除外。

第三十六条 被判处死刑缓期执行的罪犯，在死刑缓期执行期满后被发现漏罪，依据刑法第七十条规定数罪并罚，决定执行死刑缓期执行的，交付执行时对罪犯实际执行无期徒刑，死缓考验期不再执行，但漏罪被判处死刑缓期执行的除外。

在无期徒刑减为有期徒刑时，前罪死刑缓期执行减为无期徒刑之日起至新判决生效之日止已经实际执行的刑期，应当计算在减刑裁定决定执行的刑期以内。

原减刑裁定减去的刑期依照本规定第三十四条处理。

第三十七条 被判处无期徒刑的罪犯在减为有期徒刑后因发现漏罪，依据刑法第七十条规定数罪并罚，决定执行无期徒刑的，前罪无期徒刑生效之日起至新判决生效之日止已经实际执行的刑期，应当在新判决的无期徒刑减为有期徒刑时，在减刑裁定决定执行的刑期内扣减。

无期徒刑罪犯减为有期徒刑后因发现漏罪判处三年有期徒刑以下刑罚，数罪并罚决定执行无期徒刑的，在新判决生效后执行一年以上，符合减刑条件的，可以减为有期徒刑，减刑幅度依照本规定第八条、第九条的规定执行。

原减刑裁定减去的刑期依照本规定第三十四条处理。

第三十八条 人民法院作出的刑事判决、裁定发生法律效力后，在依照刑事诉讼法第二百五十三条、第二百五十四条的规定将罪犯交付执行刑罚时，如果生效裁判中有财产性判项，人民法院应当将反映财产性判项执行、履行情况的有关材料一并随案移送刑罚执行机关。罪犯在服刑期间本人履行或者其亲属代为履行生效裁判中财产性判项的，应当及时向刑罚执行机关报告。刑罚执行机关报请减刑时应随案移送以上材料。

人民法院办理减刑、假释案件时，可以向原一审人民法院核实罪犯履行财产性判项的情况。原一审人民法院应当出具相关证明。

刑罚执行期间，负责办理减刑、假释案件的人民法院可以协助原一审人民法院执行生效裁判中的财产性判项。

8. **《最高人民法院关于办理减刑、假释案件具体应用法律的补充规定》**（2019年4月24日　法释〔2019〕6号）（节录）

第一条 对拒不认罪悔罪的，或者确有履行能力而不履行或者不全部履行生效裁判中财产性判项的，不予假释，一般不予减刑。

第二条 被判处十年以上有期徒刑，符合减刑条件的，执行三年以上方可减刑；被判处不满十年有期徒刑，符合减刑条件的，执行二年以上方可减刑。

确有悔改表现或者有立功表现的，一次减刑不超过六个月有期徒刑；确有悔改表现并有立功表现的，一次减刑不超过九个月有期徒刑；有重大立功表现的，一次减刑不超过一年有期徒刑。

被判处十年以上有期徒刑的，两次减刑之间应当间隔二年以上；被判处不满十年有期徒刑的，两次减刑之间应当间隔一年六个月以上。

第三条　被判处无期徒刑，符合减刑条件的，执行四年以上方可减刑。

确有悔改表现或者有立功表现的，可以减为二十三年有期徒刑；确有悔改表现并有立功表现的，可以减为二十二年以上二十三年以下有期徒刑；有重大立功表现的，可以减为二十一年以上二十二年以下有期徒刑。

无期徒刑减为有期徒刑后再减刑时，减刑幅度比照本规定第二条的规定执行。两次减刑之间应当间隔二年以上。

第四条　被判处死刑缓期执行的，减为无期徒刑后，符合减刑条件的，执行四年以上方可减刑。

确有悔改表现或者有立功表现的，可以减为二十五年有期徒刑；确有悔改表现并有立功表现的，可以减为二十四年六个月以上二十五年以下有期徒刑；有重大立功表现的，可以减为二十四年以上二十四年六个月以下有期徒刑。

减为有期徒刑后再减刑时，减刑幅度比照本规定第二条的规定执行。两次减刑之间应当间隔二年以上。

第五条　罪犯有重大立功表现的，减刑时可以不受上述起始时间和间隔时间的限制。

第六条　对本规定所指贪污贿赂罪犯适用假释时，应当从严掌握。

9. **《最高人民法院关于适用〈中华人民共和国刑事诉讼法〉的解释》**（2021 年 1 月 26 日　法释〔2021〕1 号）（节录）

第五百三十六条　审理减刑、假释案件，对罪犯积极履行刑事裁判涉财产部分、附带民事裁判确定的义务的，可以认定有悔改表现，在减刑、假释时从宽掌握；对确有履行能力而不履行或者不全部履行的，在减刑、假释时从严掌握。

第七十九条 减刑的程序

对于犯罪分子的减刑，由执行机关向中级以上人民法院提出减刑建议书。人民法院应当组成合议庭进行审理，对确有悔改或者立功事实的，裁定予以减刑。非经法定程序不得减刑。

条文要旨

本条是关于减刑程序的规定。

理解与适用

为使司法机关在办理减刑案件时有章可循、有法可依，减刑程序更加规范，刑法专门就减刑应当遵循的程序作出了规定。规定减刑建议必须由执行机关向中级以上人民法院提出，人民法院必须组成合议庭进行审理，主要是考虑到实践中存在着执行机关和人民法院对提请和裁定减刑案件把关不严，也有的由于受到社会不正之风的影响，对不符合减刑条件的人予以减刑，在社会上造成不良影响的情况，除从法律上和实践中加强管理外，有必要从程序上加以规范。

根据本条规定，对于符合减刑条件的犯罪分子，应当由执行机关向其所在地的中级以上人民法院提交减刑建议书。减刑建议书是执行机关制作的，建议人民法院予以减刑的正式书面文件，也是人民法院启动减刑程序的依据；没有执行机关的减刑建议书，人民法院不能受理减刑案件，也不能制作减刑裁定书。这里的“执行机关”是指依法执行相关刑罚的机关，如公安机关和监狱。

人民法院收到执行机关的减刑建议书后，应当组成合议庭对减刑案件进行审理。审理的内容主要是执行机关申报的程序是否合法、手续是否完备和根据执行机关申报的材料，审查罪犯是否有悔改表现或者立功表现的事实等。根据《最高人民法院关于减刑、假释案件审理程序的规定》第六条的规定，下列减刑、假释案件，应当开庭审理：一是因罪犯有重大立功表现报请减刑的；二是报请减刑的起始时间、间隔时间或者减刑幅度不符合司法解释一般规定的；三是公示期间收到不同意见的；四是人民检察院有异议的；五是被报请减刑、假释罪犯系职务犯罪罪犯，组织（领导、参加、包庇、纵容）黑社会性质组织犯罪罪犯，破坏金融管理秩序和金融诈骗犯罪罪犯及其他在社会上有重大影响或社会关注度高的；六是人民法院认为其他应当开庭审理的。经过审理，合议庭认为犯罪分子确有悔改或者立功事实，符合减刑法定条件的，应当裁定减刑；认为没有悔改或者立功事实的或者不符合法定减刑条件的，不予减刑。

对于可以减刑的，应当制作裁定书，裁定书应当送达提出减刑建议书的执行机关。不经过上述法定的减刑程序，不得减刑。

典型案例

罪犯赵威减刑撤销案

——备案审查中发现之前减刑裁定确有错误，依法撤销减刑

《最高人民法院发布5起严格规范减刑、假释、暂予监外执行典型案例》第1号

2015年7月29日

【基本案情】

罪犯赵威，男，原系重庆市万盛区安全生产监督管理局局长兼煤炭工业管理局局长、万盛区政协副主席（副厅级）。2010年9月8日重庆市高级人民法院以受贿罪、滥用职权罪，数罪并罚，判处赵威有期徒刑九年，并处没收个人财产人民币50000元，追缴其所退赃款人民币210000元。判决生效后，赵威于2010年10月13日被交付执行。刑期至2018年8月25日止。2012年5月29日重庆市第三中级人民法院作出裁定，认定赵威确有悔改表现，对其减去有期徒刑八个月。2012年6月13日执行机关以赵威服刑期间积极主动检举吴雅、苏怀志等人制造、贩卖毒品的违法犯罪线索，经办案单位查证属实，确有重大立功表现为由再次建议对其减刑。重庆市第三中级人民法院经审理认定赵威检举他人重大犯罪活动经查证属实，确有重大立功表现，遂于2012年7月3日作出（2012）渝三中法刑执字第2725号刑事裁定，对赵威减去有期徒刑一年零十一个月，刑期至2016年1月25日止。

2014年6月11日垫江监狱以罪犯赵威自上次减刑以来确有悔改表现为由，向重庆市第三中级人民法院提出减刑建议。重庆市第三中级人民法院受理后，依法将减刑建议书等有关材料进行公示，并公开开庭审理了本案。该院于2014年7月11日作出（2014）渝三中法刑执字第2485号刑事裁定，对赵威减去有期徒刑一年。

减刑裁定作出后，重庆市第三中级人民法院依法将该案向重庆市高级人民法院报备审查。重庆市高级人民法院经审查认为，重庆市第三中级人民法院于2014年7月11日作出的（2014）渝三中法刑执字第2485号刑事裁定符合法律规定，但重庆市第三中级人民法院2012年7月3日作出的（2012）渝三中法刑执字第2725号刑事裁定中将罪犯赵威举报他人的行为认定为重大立功，并对其减去有期徒刑一年零十一个月确有错误。经查，赵威举报吴雅、苏怀志等人制毒贩毒之前，公安机关已经将吴雅逮捕，故不能认定赵威有重大立功表现。

【裁判结果】

重庆市高级人民法院于2014年12月31日作出（2015）渝高法刑执字第0073号刑事裁定，撤销重庆市第三中级人民法院（2012）渝三中法刑执字第2725号刑事裁定。罪犯赵威刑期起止时间为：自2009年8月26日起至2016年12月25日止。

关联规范

1.**《最高人民法院、最高人民检察院、公安部、司法部关于对判处管制、宣告缓刑的犯罪分子适用禁止令有关问题的规定(试行)》**(2011年4月28日　法发〔2011〕9号)(节录)

第一条　对判处管制、宣告缓刑的犯罪分子，人民法院根据犯罪情况，认为从促进犯罪分子教育矫正、有效维护社会秩序的需要出发，确有必要禁止其在管制执行期间、缓刑考验期限内从事特定活动，进入特定区域、场所，接触特定人的，可以根据刑法第三十八条第二款、第七十二条第二款的规定，同时宣告禁止令。

第二条　人民法院宣告禁止令，应当根据犯罪分子的犯罪原因、犯罪性质、犯罪手段、犯罪后的悔罪表现、个人一贯表现等情况，充分考虑与犯罪分子所犯罪行的关联程度，有针对性地决定禁止其在管制执行期间、缓刑考验期限内"从事特定活动，进入特定区域、场所，接触特定的人"的一项或者几项内容。

第三条　人民法院可以根据犯罪情况，禁止判处管制、宣告缓刑的犯罪分子在管制执行期间、缓刑考验期限内从事以下一项或者几项活动：

(一)个人为进行违法犯罪活动而设立公司、企业、事业单位或者在设立公司、企业、事业单位后以实施犯罪为主要活动的，禁止设立公司、企业、事业单位；

(二)实施证券犯罪、贷款犯罪、票据犯罪、信用卡犯罪等金融犯罪的，禁止从事证券交易、申领贷款、使用票据或者申领、使用信用卡等金融活动；

(三)利用从事特定生产经营活动实施犯罪的，禁止从事相关生产经营活动；

(四)附带民事赔偿义务未履行完毕，违法所得未追缴、退赔到位，或者罚金尚未足额缴纳的，禁止从事高消费活动；

(五)其他确有必要禁止从事的活动。

第四条　人民法院可以根据犯罪情况，禁止判处管制、宣告缓刑的犯罪分子在管制执行期间、缓刑考验期限内进入以下一类或者几类区域、场所：

(一)禁止进入夜总会、酒吧、迪厅、网吧等娱乐场所；

(二)未经执行机关批准，禁止进入举办大型群众性活动的场所；

(三)禁止进入中小学校区、幼儿园园区及周边地区，确因本人就学、居住等原因，经执行机关批准的除外；

(四)其他确有必要禁止进入的区域、场所。

第五条　人民法院可以根据犯罪情况，禁止判处管制、宣告缓刑的犯罪分子在管制执行期间、缓刑考验期限内接触以下一类或者几类人员：

(一)未经对方同意，禁止接触被害人及其法定代理人、近亲属；

(二)未经对方同意，禁止接触证人及其法定代理人、近亲属；

(三)未经对方同意，禁止接触控告人、批评人、举报人及其法定代理人、近亲属；

(四)禁止接触同案犯；

(五)禁止接触其他可能遭受其侵害、滋扰的人或者可能诱发其再次危害社会的人。

第六条　禁止令的期限，既可以与管制执行、缓刑考验的期限相同，也可以短于管制执行、缓刑考验的期限，但判处管制的，禁止令的期限不得少于三个月，宣告缓刑的，禁止令的期限不得少于二个月。

判处管制的犯罪分子在判决执行以前先行羁押以致管制执行的期限少于三个月的，禁止令的期限不受前款规定的最短期限的限制。

禁止令的执行期限，从管制、缓刑执行之日起计算。

第七条　人民检察院在提起公诉时，对可能判处管制、宣告缓刑的被告人可以提出宣告禁止令的建议。当事人、辩护人、诉讼代理人可以就应否对被告人宣告禁止令提出意见，并说明理由。

公安机关在移送审查起诉时，可以根据犯罪嫌疑人涉嫌犯罪的情况，就应否宣告禁止令及宣告何种禁止令，向人民检察院提出意见。

第八条　人民法院对判处管制、宣告缓刑的被告人宣告禁止令的，应当在裁判文书主文部分单独作为一项予以宣告。

第九条　禁止令由司法行政机关指导管理的社区矫正机构负责执行。

第十条　人民检察院对社区矫正机构执行禁止令的活动实行监督。发现有违反法律规定的情况，应当通知社区矫正机构纠正。

第十一条　判处管制的犯罪分子违反禁止令，或者被宣告缓刑的犯罪分子违反禁止令尚不属情节严重的，由负责执行禁止令的社区矫正机构所在地的公安机关依照《中华人民共和国治安管理处罚法》第六十条的规定处罚。

第十二条　被宣告缓刑的犯罪分子违反禁止令，情节严重的，应当撤销缓刑，执行原判刑罚。原作出缓刑裁判的人民法院应当自收到当地社区矫正机构提出的撤销缓刑建议书之日起一个月内依法作出裁定。人民法院撤销缓刑的裁定一经作出，立即生效。

违反禁止令，具有下列情形之一的，应当认定为“情节严重”：

（一）三次以上违反禁止令的；

（二）因违反禁止令被治安管理处罚后，再次违反禁止令的；

（三）违反禁止令，发生较为严重危害后果的；

（四）其他情节严重的情形。

第十三条　被宣告禁止令的犯罪分子被依法减刑时，禁止令的期限可以相应缩短，由人民法院在减刑裁定中确定新的禁止令期限。

2. **《最高人民法院关于减刑、假释案件审理程序的规定》**（2014 年 4 月 23 日　法释〔2014〕5 号）（节录）

第一条　对减刑、假释案件，应当按照下列情形分别处理：

（一）对被判处死刑缓期执行的罪犯的减刑，由罪犯服刑地的高级人民法院在收到同级监狱管理机关审核同意的减刑建议书后一个月内作出裁定；

（二）对被判处无期徒刑的罪犯的减刑、假释，由罪犯服刑地的高级人民法院在收到同级监狱管理机关审核同意的减刑、假释建议书后一个月内作出裁定，案情复杂或者情况特殊的，可以延长一个月；

（三）对被判处有期徒刑和被减为有期徒刑的罪犯的减刑、假释，由罪犯服刑地的中级人民法院在收到执行机关提出的减刑、假释建议书后一个月内作出裁定，案情复杂或者情况特殊的，可以延长一个月；

（四）对被判处拘役、管制的罪犯的减刑，由罪犯服刑地中级人民法院在收到同级执行机关审核同意的减刑、假释建议书后一个月内作出裁定。

对暂予监外执行罪犯的减刑，应当根据情况，分别适用前款的有关规定。

第二条 人民法院受理减刑、假释案件，应当审查执行机关移送的下列材料：

（一）减刑或者假释建议书；

（二）终审法院裁判文书、执行通知书、历次减刑裁定书的复印件；

（三）罪犯确有悔改或者立功、重大立功表现的具体事实的书面证明材料；

（四）罪犯评审鉴定表、奖惩审批表等；

（五）其他根据案件审理需要应予移送的材料。

报请假释的，应当附有社区矫正机构或者基层组织关于罪犯假释后对所居住社区影响的调查评估报告。

人民检察院对报请减刑、假释案件提出检察意见的，执行机关应当一并移送受理减刑、假释案件的人民法院。

经审查，材料齐备的，应当立案；材料不齐的，应当通知执行机关在三日内补送，逾期未补送的，不予立案。

第三条 人民法院审理减刑、假释案件，应当在立案后五日内将执行机关报请减刑、假释的建议书等材料依法向社会公示。

公示内容应当包括罪犯的个人情况、原判认定的罪名和刑期、罪犯历次减刑情况、执行机关的建议及依据。

公示应当写明公示期限和提出意见的方式。公示期限为五日。

第四条 人民法院审理减刑、假释案件，应当依法由审判员或者由审判员和人民陪审员组成合议庭进行。

第五条 人民法院审理减刑、假释案件，除应当审查罪犯在执行期间的一贯表现外，还应当综合考虑犯罪的具体情节、原判刑罚情况、财产刑执行情况、附带民事裁判履行情况、罪犯退赃退赔等情况。

人民法院审理假释案件，除应当审查第一款所列情形外，还应当综合考虑罪犯的年龄、身体状况、性格特征、假释后生活来源以及监管条件等影响再犯罪的因素。

执行机关以罪犯有立功表现或重大立功表现为由提出减刑的，应当审查立功或重大立功表现是否属实。涉及发明创造、技术革新或者其他贡献的，应当审查该成果是否系罪犯在执行期间独立完成，并经有关主管机关确认。

第六条 人民法院审理减刑、假释案件，可以采取开庭审理或者书面审理的方式。但下列减刑、假释案件，应当开庭审理：

（一）因罪犯有重大立功表现报请减刑的；

（二）报请减刑的起始时间、间隔时间或者减刑幅度不符合司法解释一般规定的；

（三）公示期间收到不同意见的；

（四）人民检察院有异议的；

（五）被报请减刑、假释罪犯系职务犯罪罪犯，组织（领导、参加、包庇、纵容）黑社会性质组织犯罪罪犯，破坏金融管理秩序和金融诈骗犯罪罪犯及其他在社会上有重大影响或社会关注度高的；

（六）人民法院认为其他应当开庭审理的。

第七条 人民法院开庭审理减刑、假释案件，应当通知人民检察院、执行机关及被报请减刑、假释罪犯参加庭审。

人民法院根据需要，可以通知证明罪犯确有悔改表现或者立功、重大立功表现的证人，公示期间提出不同意见的人，以及鉴定人、翻译人员等其他人员参加庭审。

第八条 开庭审理应当在罪犯刑罚执行场所或者人民法院确定的场所进行。有条件的人民法院可以采取视频开庭的方式进行。

在社区执行刑罚的罪犯因重大立功被报请减刑的，可以在罪犯服刑地或者居住地开庭审理。

第九条 人民法院对于决定开庭审理的减刑、假释案件，应当在开庭三日前将开庭的时间、地点通知人民检察院、执行机关、被报请减刑、假释罪犯和有必要参加庭审的其他人员，并于开庭三日前进行公告。

第十条 减刑、假释案件的开庭审理由审判长主持，应当按照以下程序进行：

（一）审判长宣布开庭，核实被报请减刑、假释罪犯的基本情况；

（二）审判长宣布合议庭组成人员、检察人员、执行机关代表及其他庭审参加人；

（三）执行机关代表宣读减刑、假释建议书，并说明主要理由；

（四）检察人员发表检察意见；

（五）法庭对被报请减刑、假释罪犯确有悔改表现或立功表现、重大立功表现的事实以及其他影响减刑、假释的情况进行调查核实；

（六）被报请减刑、假释罪犯作最后陈述；

（七）审判长对庭审情况进行总结并宣布休庭评议。

第十一条 庭审过程中，合议庭人员对报请理由有疑问的，可以向被报请减刑、假释罪犯、证人、执行机关代表、检察人员提问。

庭审过程中，检察人员对报请理由有疑问的，在经审判长许可后，可以出示证据，申请证人到庭，向被报请减刑、假释罪犯及证人提问并发表意见。被报请减刑、假释罪犯对报请理由有疑问的，在经审判长许可后，可以出示证据，申请证人到庭，向证人提问并发表意见。

第十二条 庭审过程中，合议庭对证据有疑问需要进行调查核实，或者检察人员、执行机关代表提出申请的，可以宣布休庭。

第十三条 人民法院开庭审理减刑、假释案件，能够当庭宣判的应当当庭宣判；不能当庭宣判的，可以择期宣判。

第十四条 人民法院书面审理减刑、假释案件，可以就被报请减刑、假释罪犯是否符合减刑、假释条件进行调查核实或听取有关方面意见。

第十五条 人民法院书面审理减刑案件，可以提讯被报请减刑罪犯；书面审理假释案件，应当提讯被报请假释罪犯。

第十六条 人民法院审理减刑、假释案件，应当按照下列情形分别处理：

（一）被报请减刑、假释罪犯符合法律规定的减刑、假释条件的，作出予以减刑、假释的裁定；

（二）被报请减刑的罪犯符合法律规定的减刑条件，但执行机关报请的减刑幅度不适当的，对减刑幅度作出相应调整后作出予以减刑的裁定；

（三）被报请减刑、假释罪犯不符合法律规定的减刑、假释条件的，作出不予减刑、假释的裁定。

在人民法院作出减刑、假释裁定前，执行机关书面申请撤回减刑、假释建议的，是否准许，由人民法院决定。

第十七条 减刑、假释裁定书应当写明罪犯原判和历次减刑情况，确有悔改表现或者立功、重大立功表现的事实和理由，以及减刑、假释的法律依据。

裁定减刑的，应当注明刑期的起止时间；裁定假释的，应当注明假释考验期的起止时间。

裁定调整减刑幅度或者不予减刑、假释的，应当在裁定书中说明理由。

第十八条 人民法院作出减刑、假释裁定后，应当在七日内送达报请减刑、假释的执行机关、同级人民检察院以及罪犯本人。作出假释裁定的，还应当送达社区矫正机构或者基层组织。

第十九条 减刑、假释裁定书应当通过互联网依法向社会公布。

第二十条 人民检察院认为人民法院减刑、假释裁定不当，在法定期限内提出书面纠正意见的，人民法院应当在收到纠正意见后另行组成合议庭审理，并在一个月内作出裁定。

第二十一条 人民法院发现本院已经生效的减刑、假释裁定确有错误的，应当依法重新组成合议庭进行审理并作出裁定；上级人民法院发现下级人民法院已经生效的减刑、假释裁定确有错误的，应当指令下级人民法院另行组成合议庭审理，也可以自行依法组成合议庭进行审理并作出裁定。

3. **《人民检察院办理减刑、假释案件规定》**（2014年7月21日）（节录）

第一条 为了进一步加强和规范减刑、假释法律监督工作，确保刑罚变更执行合法、公正，根据《中华人民共和国刑法》《中华人民共和国刑事诉讼法》和《中华人民共和国监狱法》等有关规定，结合检察工作实际，制定本规定。

第二条 人民检察院依法对减刑、假释案件的提请、审理、裁定等活动是否合法实行法律监督。

第三条 人民检察院办理减刑、假释案件，应当按照下列情形分别处理：

（一）对减刑、假释案件提请活动的监督，由对执行机关承担检察职责的人民检察院负责；

（二）对减刑、假释案件审理、裁定活动的监督，由人民法院的同级人民检察院负责；同级人民检察院对执行机关不承担检察职责的，可以根据需要指定对执行机关承担检察职责的人民检察院派员出席法庭；下级人民检察院发现减刑、假释裁定不当的，应当及时向作出减刑、假释裁定的人民法院的同级人民检察院报告。

第四条 人民检察院办理减刑、假释案件，依照规定实行统一案件管理和办案责任制。

第五条 人民检察院收到执行机关移送的下列减刑、假释案件材料后，应当及时进行审查：

（一）执行机关拟提请减刑、假释意见；

（二）终审法院裁判文书、执行通知书、历次减刑裁定书；

（三）罪犯确有悔改表现、立功表现或者重大立功表现的证明材料；

（四）罪犯评审鉴定表、奖惩审批表；

（五）其他应当审查的案件材料。

对拟提请假释案件，还应当审查社区矫正机构或者基层组织关于罪犯假释后对所居住社区影响的调查评估报告。

第六条 具有下列情形之一的，人民检察院应当进行调查核实：

（一）拟提请减刑、假释罪犯系职务犯罪罪犯，破坏金融管理秩序和金融诈骗犯罪罪犯，黑社会性质组织犯罪罪犯，严重暴力恐怖犯罪罪犯，或者其他在社会上有重大影响、社会关注度高的罪犯；

（二）因罪犯有立功表现或者重大立功表现拟提请减刑的；

（三）拟提请减刑、假释罪犯的减刑幅度大、假释考验期长、起始时间早、间隔时间短或者实际执行刑期短的；

（四）拟提请减刑、假释罪犯的考核计分高、专项奖励多或者鉴定材料、奖惩记录有疑点的；

（五）收到控告、举报的；

（六）其他应当进行调查核实的。

第七条 人民检察院可以采取调阅复制有关材料、重新组织诊断鉴别、进行文证鉴定、召开座谈会、个别询问等方式，对下列情况进行调查核实：

（一）拟提请减刑、假释罪犯在服刑期间的表现情况；

（二）拟提请减刑、假释罪犯的财产刑执行、附带民事裁判履行、退赃退赔等情况；

（三）拟提请减刑罪犯的立功表现、重大立功表现是否属实，发明创造、技术革新是否系罪犯在服刑期间独立完成并经有关主管机关确认；

（四）拟提请假释罪犯的身体状况、性格特征、假释后生活来源和监管条件等影响再犯罪的因素；

（五）其他应当进行调查核实的情况。

第八条 人民检察院可以派员列席执行机关提请减刑、假释评审会议，了解案件有关情况，根据需要发表意见。

第九条 人民检察院发现罪犯符合减刑、假释条件，但是执行机关未提请减刑、假释的，可以建议执行机关提请减刑、假释。

第十条 人民检察院收到执行机关抄送的减刑、假释建议书副本后，应当逐案进行审查，可以向人民法院提出书面意见。发现减刑、假释建议不当或者提请减刑、假释违反法定程序的，应当在收到建议书副本后十日以内，依法向审理减刑、假释案件的人民法院提出书面意见，同时将检察意见书副本抄送执行机关。案情复杂或者情况特殊的，可以延长十日。

第十一条 人民法院开庭审理减刑、假释案件的，人民检察院应当指派检察人员出席法庭，发表检察意见，并对法庭审理活动是否合法进行监督。

第十二条 出席法庭的检察人员不得少于二人，其中至少一人具有检察官职务。

第十三条 检察人员应当在庭审前做好下列准备工作：

（一）全面熟悉案情，掌握证据情况，拟定法庭调查提纲和出庭意见；

（二）对执行机关提请减刑、假释有异议的案件，应当收集相关证据，可以建议人民法院通知相关证人出庭作证。

第十四条 庭审开始后，在执行机关代表宣读减刑、假释建议书并说明理由之后，检察人员应当发表检察意见。

第十五条 庭审过程中，检察人员对执行机关提请减刑、假释有疑问的，经审判长许可，可以出示证据，申请证人出庭作证，要求执行机关代表出示证据或者作出说明，向被提请减刑、假释的罪犯及证人提问并发表意见。

第十六条 法庭调查结束时，在被提请减刑、假释罪犯作最后陈述之前，经审判长许可，检察人员可以发表总结性意见。

第十七条 庭审过程中，检察人员认为需要进一步调查核实案件事实、证据，需要补充鉴定或者重新鉴定，或者需要通知新的证人到庭的，应当建议休庭。

第十八条 检察人员发现法庭审理活动违反法律规定的，应当在庭审后及时向本院检察长报告，依法向人民法院提出纠正意见。

第十九条 人民检察院收到人民法院减刑、假释裁定书副本后，应当及时审查下列内容：

（一）人民法院对罪犯裁定予以减刑、假释，以及起始时间、间隔时间、实际执行刑期、减刑幅度或者假释考验期是否符合有关规定；

（二）人民法院对罪犯裁定不予减刑、假释是否符合有关规定；

（三）人民法院审理、裁定减刑、假释的程序是否合法；

（四）按照有关规定应当开庭审理的减刑、假释案件，人民法院是否开庭审理；

（五）人民法院减刑、假释裁定书是否依法送达执行并向社会公布。

第二十条 人民检察院经审查认为人民法院减刑、假释裁定不当的，应当在收到裁定书副本后二十日以内，依法向作出减刑、假释裁定的人民法院提出书面纠正意见。

第二十一条 人民检察院对人民法院减刑、假释裁定提出纠正意见的，应当监督人民法院在收到纠正意见后一个月以内重新组成合议庭进行审理并作出最终裁定。

第二十二条 人民检察院发现人民法院已经生效的减刑、假释裁定确有错误的，应当向人民法院提出书面纠正意见，提请人民法院按照审判监督程序依法另行组成合议庭重新审理并作出裁定。

第二十三条 人民检察院收到控告、举报或者发现司法工作人员在办理减刑、假释案件中涉嫌违法的，应当依法进行调查，并根据情况，向有关单位提出纠正违法意见，建议更换办案人，或者建议予以纪律处分；构成犯罪的，依法追究刑事责任。

第二十四条 人民检察院办理职务犯罪罪犯减刑、假释案件，按照有关规定实行备案审查。

4.《监狱提请减刑假释工作程序规定》(2014年10月11日修订)(节录)

第二章 监狱提请减刑、假释的程序

第七条 提请减刑、假释，应当根据法律规定的条件，结合罪犯服刑表现，由分监区人民警察集体研究，提出提请减刑、假释建议，报经监区长办公会议审核同意后，由监区报送监狱刑罚执行部门审查。

直属分监区或者未设分监区的监区，由直属分监区或者监区人民警察集体研究，提出提请减刑、假释建议，报送监狱刑罚执行部门审查。

分监区、直属分监区或者未设分监区的监区人民警察集体研究以及监区长办公会议审核情况，应当有书面记录，并由与会人员签名。

第八条 监区或者直属分监区提请减刑、假释，应当报送下列材料：

(一)《罪犯减刑(假释)审核表》;

(二)监区长办公会议或者直属分监区、监区人民警察集体研究会议的记录;

(三)终审法院裁判文书、执行通知书、历次减刑裁定书的复印件;

(四)罪犯计分考核明细表、罪犯评审鉴定表、奖惩审批表和其他有关证明材料;

(五)罪犯确有悔改表现或者立功、重大立功表现的具体事实的书面证明材料。

第九条 监狱刑罚执行部门收到监区或者直属分监区对罪犯提请减刑、假释的材料后，应当就下列事项进行审查：

(一)需提交的材料是否齐全、完备、规范;

(二)罪犯确有悔改或者立功、重大立功表现的具体事实的书面证明材料是否来源合法;

(三)罪犯是否符合法定减刑、假释的条件;

(四)提请减刑、假释的建议是否适当。

经审查，对材料不齐全或者不符合提请条件的，应当通知监区或者直属分监区补充有关材料或者退回；对相关材料有疑义的，应当提讯罪犯进行核查；对材料齐全、符合提请条件的，应当出具审查意见，连同监区或者直属分监区报送的材料一并提交监狱减刑假释评审委员会评审。提请罪犯假释的，还应当委托县级司法行政机关对罪犯假释后对所居住社区影响进行调查评估，并将调查评估报告一并提交。

第十条 监狱减刑假释评审委员会应当召开会议，对刑罚执行部门审查提交的提请减刑、假释建议进行评审，提出评审意见。会议应当有书面记录，并由与会人员签名。

监狱可以邀请人民检察院派员列席减刑假释评审委员会会议。

第十一条 监狱减刑假释评审委员会经评审后，应当将提请减刑、假释的罪犯名单以及减刑、假释意见在监狱内公示。公示内容应当包括罪犯的个人情况、原判罪名及刑期、历次减刑情况、提请减刑假释的建议及依据等。公示期限为5个工作日。公示期内，如有监狱人民警察或者罪犯对公示内容提出异议，监狱减刑假释评审委员会应当进行复核，并告知复核结果。

第十二条 监狱应当在减刑假释评审委员会完成评审和公示程序后，将提请减刑、假释建议送人民检察院征求意见。征求意见后，监狱减刑假释评审委员会应当将提请减刑、假释建议和评审意见连同人民检察院意见，一并报请监狱长办公会议审议决定。监狱对人民检察院意见未予采纳的，应当予以回复，并说明理由。

第十三条 监狱长办公会议决定提请减刑、假释的，由监狱长在《罪犯减刑（假释）审核表》上签署意见，加盖监狱公章，并由监狱刑罚执行部门根据法律规定制作《提请减刑建议书》或者《提请假释建议书》，连同有关材料一并提请人民法院裁定。人民检察院对提请减刑、假释提出的检察意见，应当一并移送受理减刑、假释案件的人民法院。

对本规定第四条所列罪犯决定提请减刑、假释的，监狱应当将《罪犯减刑（假释）审核表》连同有关材料报送省、自治区、直辖市监狱管理局审核。

第十四条 监狱在向人民法院提请减刑、假释的同时，应当将提请减刑、假释的建议书副本抄送人民检察院。

第十五条 监狱提请人民法院裁定减刑、假释，应当提交下列材料：

（一）《提请减刑建议书》或者《提请假释建议书》；

（二）终审法院裁判文书、执行通知书、历次减刑裁定书的复印件；

（三）罪犯计分考核明细表、评审鉴定表、奖惩审批表；

（四）罪犯确有悔改或者立功、重大立功表现的具体事实的书面证明材料；

（五）提请假释的，应当附有县级司法行政机关关于罪犯假释后对所居住社区影响的调查评估报告；

（六）根据案件情况需要提交的其他材料。

对本规定第四条所列罪犯提请减刑、假释的，应当同时提交省、自治区、直辖市监狱管理局签署意见的《罪犯减刑（假释）审核表》。

第三章 监狱管理局审核提请减刑、假释建议的程序

第十六条 省、自治区、直辖市监狱管理局刑罚执行部门收到监狱报送的提请减刑、假释建议的材料后，应当进行审查。审查中发现监狱报送的材料不齐全或者有疑义的，应当通知监狱补充有关材料或者作出说明。审查无误后，应当出具审查意见，报请分管副局长召集评审委员会进行审核。

第十七条 监狱管理局分管副局长主持完成审核后，应当将审核意见报请局长审定；分管副局长认为案件重大或者有其他特殊情况的，可以建议召开局长办公会议审议决定。

监狱管理局审核同意对罪犯提请减刑、假释的，由局长在《罪犯减刑（假释）审核表》上签署意见，加盖监狱管理局公章。

5. **《人民检察院刑事诉讼规则》**（2019年12月30日　高检发释字〔2019〕4号）（节录）

第六百三十五条 人民检察院收到执行机关抄送的减刑、假释建议书副本后，应当逐案进行审查。发现减刑、假释建议不当或者提请减刑、假释违反法定程序的，应当在十日以内报经检察长批准，向审理减刑、假释案件的人民法院提出书面检察意见，同时也可以向执行机关提出书面纠正意见。案情复杂或者情况特殊的，可以延长十日。

第六百三十六条 人民检察院发现监狱等执行机关提请人民法院裁定减刑、假释

的活动具有下列情形之一的，应当依法提出纠正意见：

（一）将不符合减刑、假释法定条件的罪犯，提请人民法院裁定减刑、假释的；

（二）对依法应当减刑、假释的罪犯，不提请人民法院裁定减刑、假释的；

（三）提请对罪犯减刑、假释违反法定程序，或者没有完备的合法手续的；

（四）提请对罪犯减刑的减刑幅度、起始时间、间隔时间或者减刑后又假释的间隔时间不符合有关规定的；

（五）被提请减刑、假释的罪犯被减刑后实际执行的刑期或者假释考验期不符合有关法律规定的；

（六）其他违法情形。

第六百三十七条　人民法院开庭审理减刑、假释案件，人民检察院应当指派检察人员出席法庭，发表意见。

第六百三十八条　人民检察院收到人民法院减刑、假释的裁定书副本后，应当及时审查下列内容：

（一）被减刑、假释的罪犯是否符合法定条件，对罪犯减刑的减刑幅度、起始时间、间隔时间或者减刑后又假释的间隔时间、罪犯被减刑后实际执行的刑期或者假释考验期是否符合有关规定；

（二）执行机关提请减刑、假释的程序是否合法；

（三）人民法院审理、裁定减刑、假释的程序是否合法；

（四）人民法院对罪犯裁定不予减刑、假释是否符合有关规定；

（五）人民法院减刑、假释裁定书是否依法送达执行并向社会公布。

第六百三十九条　人民检察院经审查认为人民法院减刑、假释的裁定不当，应当在收到裁定书副本后二十日以内，向作出减刑、假释裁定的人民法院提出纠正意见。

第六百四十条　对人民法院减刑、假释裁定的纠正意见，由作出减刑、假释裁定的人民法院的同级人民检察院书面提出。

下级人民检察院发现人民法院减刑、假释裁定不当的，应当向作出减刑、假释裁定的人民法院的同级人民检察院报告。

第六百四十一条　人民检察院对人民法院减刑、假释的裁定提出纠正意见后，应当监督人民法院是否在收到纠正意见后一个月以内重新组成合议庭进行审理，并监督重新作出的裁定是否符合法律规定。对最终裁定不符合法律规定的，应当向同级人民法院提出纠正意见。

6.《公安机关办理刑事案件程序规定》（2020年9月1日修正）（节录）

第三百零五条　对依法留看守所执行刑罚的罪犯，符合减刑条件的，由看守所制作减刑建议书，经设区的市一级以上公安机关审查同意后，报请所在地中级以上人民法院审核裁定。

第三百零六条　对依法留看守所执行刑罚的罪犯，符合假释条件的，由看守所制作假释建议书，经设区的市一级以上公安机关审查同意后，报请所在地中级以上人民法院审核裁定。

7.《最高人民法院关于适用〈中华人民共和国刑事诉讼法〉的解释》（2021年1月26日　法释〔2021〕1号）（节录）

第五百三十三条　被判处死刑缓期执行的罪犯，在死刑缓期执行期间，没有故意犯罪的，死刑缓期执行期满后，应当裁定减刑；死刑缓期执行期满后，尚未裁定减刑前又犯罪的，应当在依法减刑后，对其所犯新罪另行审判。

第五百三十四条　对减刑、假释案件，应当按照下列情形分别处理：

（一）对被判处死刑缓期执行的罪犯的减刑，由罪犯服刑地的高级人民法院在收到同级监狱管理机关审核同意的减刑建议书后一个月以内作出裁定；

（二）对被判处无期徒刑的罪犯的减刑、假释，由罪犯服刑地的高级人民法院在收到同级监狱管理机关审核同意的减刑、假释建议书后一个月以内作出裁定，案情复杂或者情况特殊的，可以延长一个月；

（三）对被判处有期徒刑和被减为有期徒刑的罪犯的减刑、假释，由罪犯服刑地的中级人民法院在收到执行机关提出的减刑、假释建议书后一个月以内作出裁定，案情复杂或者情况特殊的，可以延长一个月；

（四）对被判处管制、拘役的罪犯的减刑，由罪犯服刑地的中级人民法院在收到同级执行机关审核同意的减刑建议书后一个月以内作出裁定。

对社区矫正对象的减刑，由社区矫正执行地的中级以上人民法院在收到社区矫正机构减刑建议书后三十日以内作出裁定。

第五百三十五条　受理减刑、假释案件，应当审查执行机关移送的材料是否包括下列内容：

（一）减刑、假释建议书；

（二）原审法院的裁判文书、执行通知书、历次减刑裁定书的复制件；

（三）证明罪犯确有悔改、立功或者重大立功表现具体事实的书面材料；

（四）罪犯评审鉴定表、奖惩审批表等；

（五）罪犯假释后对所居住社区影响的调查评估报告；

（六）刑事裁判涉财产部分、附带民事裁判的执行、履行情况；

（七）根据案件情况需要移送的其他材料。

人民检察院对报请减刑、假释案件提出意见的，执行机关应当一并移送受理减刑、假释案件的人民法院。

经审查，材料不全的，应当通知提请减刑、假释的执行机关在三日以内补送；逾期未补送的，不予立案。

第五百三十六条　审理减刑、假释案件，对罪犯积极履行刑事裁判涉财产部分、附带民事裁判确定的义务的，可以认定有悔改表现，在减刑、假释时从宽掌握；对确有履行能力而不履行或者不全部履行的，在减刑、假释时从严掌握。

第五百三十七条　审理减刑、假释案件，应当在立案后五日以内对下列事项予以公示：

（一）罪犯的姓名、年龄等个人基本情况；

（二）原判认定的罪名和刑期；

（三）罪犯历次减刑情况；

（四）执行机关的减刑、假释建议和依据。

公示应当写明公示期限和提出意见的方式。

第五百三十八条　审理减刑、假释案件，应当组成合议庭，可以采用书面审理的方式，但下列案件应当开庭审理：

（一）因罪犯有重大立功表现提请减刑的；

（二）提请减刑的起始时间、间隔时间或者减刑幅度不符合一般规定的；

（三）被提请减刑、假释罪犯系职务犯罪罪犯，组织、领导、参加、包庇、纵容黑社会性质组织罪犯，破坏金融管理秩序罪犯或者金融诈骗罪犯的；

（四）社会影响重大或者社会关注度高的；

（五）公示期间收到不同意见的；

（六）人民检察院提出异议的；

（七）有必要开庭审理的其他案件。

第五百三十九条　人民法院作出减刑、假释裁定后，应当在七日以内送达提请减刑、假释的执行机关、同级人民检察院以及罪犯本人。人民检察院认为减刑、假释裁定不当，在法定期限内提出书面纠正意见的，人民法院应当在收到意见后另行组成合议庭审理，并在一个月以内作出裁定。

对假释的罪犯，适用本解释第五百一十九条的有关规定，依法实行社区矫正。

第五百四十条　减刑、假释裁定作出前，执行机关书面提请撤回减刑、假释建议的，人民法院可以决定是否准许。

第五百四十一条　人民法院发现本院已经生效的减刑、假释裁定确有错误的，应当另行组成合议庭审理；发现下级人民法院已经生效的减刑、假释裁定确有错误的，可以指令下级人民法院另行组成合议庭审理，也可以自行组成合议庭审理。

第八十条 无期徒刑减刑的计算

无期徒刑减为有期徒刑的刑期，从裁定减刑之日起计算。

条文要旨

本条是关于无期徒刑减为有期徒刑的刑期从何时起计算的规定。

理解与适用

无期徒刑是自由刑中最严厉的刑罚方法，主要表现在剥夺犯罪人终身人身自由。不过，由于法律同时规定了减刑、假释、赦免等制度，事实上被判处无期徒刑的犯罪人很少有终身服刑的，因此就涉及无期徒刑的减刑问题。刑法对被判处无期徒刑罪犯裁定减刑的起算日期加以明确规定，是为了便于司法实践中具体执行，同时也使刑罚的执行更加准确。

根据本条规定，被判处无期徒刑的犯罪分子，裁定减为有期徒刑，其有期徒刑的服刑日期，应当从人民法院裁定减刑之日起计算。裁定减刑之日，即减刑裁定发生法律效力之日。由于无期徒刑是剥夺终身自由，故裁定减刑前罪犯已经执行的刑期以及判决宣告以前先行羁押的日期，不得计算在裁定减刑后的有期徒刑的刑期以内。根据刑法规定，无期徒刑是剥夺犯罪分子终身自由的刑罚方法，是仅次于死刑的一种严厉的刑罚方法。如果没有减刑，无期徒刑的本意就是要终身进行监禁。将罪犯的无期徒刑减为有期徒刑，已经是对罪犯的宽大处理和奖励，之前执行的刑期自然不能再用来折抵有期徒刑的刑期。对于无期徒刑减为有期徒刑以后再次减刑的，其刑期则应按照有期徒刑减刑的方法计算。

关联规范

《最高人民法院关于刘文占减刑一案的答复》（2007年8月11日 〔2006〕刑监他字第7号）（节录）

罪犯刘文占犯盗窃罪被判处无期徒刑，减为有期徒刑十八年之后，发现其在判决宣告之前犯有强奸罪、抢劫罪。沧州市中级人民法院作出新的判决，对刘文占以强奸罪、抢劫罪分别定罪量刑，数罪并罚，决定对罪犯刘文占执行无期徒刑是正确的。

现监狱报请为罪犯刘文占减刑，你院在计算刑期时，应将罪犯刘文占第一次减为有期徒刑十八年之后至漏罪判决之间已经执行的刑期予以扣除。

第七节　假　释

第八十一条　假释的条件

被判处有期徒刑的犯罪分子，执行原判刑期二分之一以上，被判处无期徒刑的犯罪分子，实际执行十三年以上，如果认真遵守监规，接受教育改造，确有悔改表现，没有再犯罪的危险的，可以假释。如果有特殊情况，经最高人民法院核准，可以不受上述执行刑期的限制。

对累犯以及因故意杀人、强奸、抢劫、绑架、放火、爆炸、投放危险物质或者有组织的暴力性犯罪被判处十年以上有期徒刑、无期徒刑的犯罪分子，不得假释。

对犯罪分子决定假释时，应当考虑其假释后对所居住社区的影响。

条文要旨

本条是关于假释的对象和条件的规定。

理解与适用

所谓“假释”，是指对于被判处有期徒刑、无期徒刑的犯罪分子，在执行期间确有悔改表现不致再危害社会的，执行一定的刑期后，附条件地将其提前释放的一种制度。假释对于教育改造罪犯，鼓励犯罪分子认罪服法，充分发挥刑罚的教育、改造功能起到了积极的作用。实践证明，这也是一项行之有效的制度。

假释制度同缓刑制度都是近现代刑罚制度的重大改革。一般认为假释的优点体现在：一是判处长时间有期徒刑的罪犯，易自暴自弃，甚至产生“监狱型人格”，而假释制度可给予他们提前出狱的希望和引导其改恶从善。二是刑罚的目的之一是改造罪犯，执行一定期限的监禁刑罚后，如果犯人人身危险性显著降低，有改过自新之意，刑罚就没有继续执行的必要。三是通过假释可以减轻监狱的压力，节约财政资金。历史上，美国1869年假释法第一次将假释制度纳入法律。此后，各国纷纷规定了假释制度。中国最早规定假释制度的法律是1911年的《大清新刑律》。新中国成立后，1954年9月颁布的《劳动改造条例》将假释作为一种刑罚执行制度，对表现较好的在押罪犯的刑事奖励措施而加以明确和具体的规定。

本条共分为三款。第一款是关于适用假释的条件的规定。根据本款的规定，假释必须符合以下条件：

1. 适用假释的对象有三种人：一是被判处有期徒刑的犯罪分子；二是被判处无期徒刑的犯罪分子；三是原判死刑缓期执行，被依法减刑的犯罪分子。

2. 对于被假释的犯罪分子，必须实际执行一定的刑期。被判处有期徒刑的犯罪分子，实际执行刑期二分之一以上；被判处无期徒刑的犯罪分子，实际执行原判刑期十三年以上。这样规定主要是为了维护法律的严肃性，保证被判刑的犯罪分子得到必要的改造；同时，也只有对被判刑的人实际执行一定的刑期，经过一段时间的改造，执行机关和司法机关才能据此判断出其是否会再危害社会。

《刑法修正案（八）》将无期徒刑犯假释的前提条件"实际执行十年以上"修改为"实际执行十三年以上"，是因为有期徒刑的最高刑期在特定情况下可达到二十五年，该刑期的罪犯假释所要求的实际执行刑期为二分之一以上，即十二年半以上；无期徒刑犯假释所要求的实际执行刑期应高于有期徒刑犯，故将实际执行刑期由十年以上改为十三年以上，以保持二者的平衡。

有关假释前的实际执行刑期还有一个例外规定，即"如果有特殊情况，经最高人民法院核准，可以不受上述执行刑期的限制"。据此，对实际服刑不足法律规定期限的犯罪分子需要予以假释的，都必须报请最高人民法院核准；不经最高人民法院核准，任何法院都无权批准假释。这样可以防止有的司法机关执法不严，滥用假释情况的发生。所谓"特殊情况"，主要是指涉及政治或者外交等从国家整体利益考虑的情况。2017 年 1 月 1 日起施行的《最高人民法院关于办理减刑、假释案件具体应用法律的规定》第二十四条也对这里所说的"特殊情况"作了明确，即"有国家政治、国防、外交等方面特殊需要的情况"。遇有这类特殊情况，即使实际服刑不足本款规定的期限，经最高人民法院核准后，也可以假释。

3. 必须认真遵守监规，接受教育改造，确有悔改表现，没有再犯罪的危险。所谓"确有悔改表现，没有再犯罪的危险"，是指犯罪分子在刑罚执行期间遵守监规，接受教育改造，并通过教育、改造和学习，对自己所犯罪行有较深刻的认识，且以实际行动痛改前非，改恶从善，释放后不会重操旧业或从事违法犯罪活动。根据《最高人民法院关于办理减刑、假释案件具体应用法律的规定》第二十二条的规定，办理假释案件，认定"没有再犯罪的危险"，除符合刑法第八十一条规定的情形外，还应当根据犯罪的具体情节、原判刑罚情况，在刑罚执行中的一贯表现，罪犯的年龄、身体状况、性格特征，假释后生活来源以及监管条件等因素综合考虑。应当注意的是，对罪犯在刑罚执行期间提出申诉的，要依法保护其申诉权利。对罪犯申诉应当具体情况具体分析，不应一概认为是没有悔改，不认罪服法。

在一般情况下，上述三个条件必须同时具备，缺一不可。对于同时具备上述条件的，依据本款规定，可以假释。

第二款是关于不得假释的情形的规定。关于不得假释的规定主要包括两个方面的内容：一是累犯不得假释，因为累犯主观恶性较深、再犯的可能性较大；二是严重犯罪不得假释。关于严重犯罪的范围，《刑法修正案（八）》对原规定的范围作了修改。原规定为："因杀人、爆炸、抢劫、强奸、绑架等暴力性犯罪被判处十年以上有期徒刑、无期徒刑的犯罪分子，不得假释。"《刑法修正案（八）》修改为："故意杀人、强奸、抢劫、绑架、放火、爆炸、投放危险物质或者有组织的暴力性犯罪被判处十年以上有期徒刑、无期徒刑的犯罪分子，不得假释。”和原规定相比，增加了对投放危险物质以及有组织的暴力性犯罪不得假释的规定。其中“有组织的暴力性犯罪”是指有组织地进行黑社会性质犯罪、恐怖活动犯罪等暴力性犯罪的情形。需要指出的是，对不得假释的犯罪分子，本款规定还必须是被判处十年以上有期徒刑或者无期徒刑的犯罪分子。因为这类犯罪分子罪行严重，主观恶性深，社会危害性大，所以对于这类犯罪分子不适用假释。

第三款是关于对犯罪分子决定假释时，应当考虑其假释后对所居住社区的影响的规定。如前所述，假释制度有助于减少长期监禁刑对罪犯回归社会造成的不利影响。一般来说，被假释的犯罪分子大多会回到原来所居住的社区，会对原来的社区造成一定的影响，如果犯罪分子假释后对所居住社区的影响不好，势必影响其融入社会，甚至会诱发新的犯罪，不利于社会的稳定与安宁。因此，《刑法修正案（八）》增加规定对犯罪分子决定假释时，应当考虑其假释后对所居住社区的影响。

实务问题

不得假释的罪犯不能适用特别假释的规定

刑法第八十一条在规定假释适用条件的同时，规定：“如果有特殊情况，经最高人民法院核准，可以不受上述执行期限的限制。”该规定实际上是考虑刑罚执行过程中可能出现一些特别情况的客观需要而确立的特别假释制度。但其程序要求非常严格，须经报最高人民法院核准。那么，对于累犯以及因故意杀人、强奸、抢劫、绑架、放火、爆炸、投放危险物质或者有组织的暴力性犯罪被判处十年以上有期徒刑、无期徒刑而不得假释的罪犯，可否基于有国家政治、国防、外交等方面特殊需要的“特殊情况”，经最高人民法院核准，予以假释呢？我们认为，这是不可以的。因为特别假释的规定，解决的是罪犯在尚未满足假释必需的最低实际执行期限的情况下，基于特殊需要，经过必要程序而予以提前假释的问题，罪犯本身属性上的可假释性是其适用的前提，仅是由于时间条件尚不具备。而且，从条款关系来看，规定特别假释程序的刑法第八十一条第二款与规定不得假释制度的刑法第八十一条第二款系并列关系，特别假释程序显然不能突破不得假释的规定。所以，对不得假释的罪犯，不能适用特别假释的规定。

指导案例

最高人民检察院检例第71号

罪犯康某假释监督案

（2020年2月28日）

【关键词】

未成年罪犯　假释适用　帮教

【要旨】

人民检察院办理未成年罪犯减刑、假释监督案件，应当比照成年罪犯依法适当从宽把握假释条件。对既符合法定减刑条件又符合法定假释条件的，可以建议刑罚执行机关优先适用假释。审查未成年罪犯是否符合假释条件时，应当结合犯罪的具体情节、原判刑罚情况、刑罚执行中的表现、家庭帮教能力和条件等因素综合认定。

【基本案情】

罪犯康某，男，1999年9月29日出生，汉族，初中文化。2016年12月23日因犯抢劫罪被河南省安阳市中级人民法院终审判处有期徒刑三年，并处罚金人民币1000元，刑期至2018年11月13日。康某因系未成年罪犯，于2017年1月20日被交付到河南省郑州未成年犯管教所执行刑罚。2018年6月，郑州未成年犯管教所在办理减刑过程中，认定康某认真遵守监规，接受教育改造，确有悔改表现，拟对其提请减刑。

【检察机关监督情况】

线索发现　2018年6月，郑州未成年犯管教所就罪犯康某提请减刑征求检察机关意见，郑州市人民检察院审查认为，康某符合法定减刑条件，同时符合法定假释条件，依据相关司法解释规定可以优先适用假释。与对罪犯适用减刑相比，假释更有利于促进罪犯教育改造和融入社会。

调查核实　为了确保监督意见的准确性，派驻检察室根据假释的条件重点开展了以下调查核实工作：一是对康某改造表现进行考量。通过询问罪犯、监管民警及相关人员，查阅计分考核材料，认定康某在服刑期间确有悔改表现。二是对康某原判犯罪情节进行考量。通过审查案卷材料，查明康某虽系抢劫犯罪，但其犯罪时系在校学生，犯罪情节较轻，且罚金刑已履行完毕。三是对康某假释后是否具有再犯罪危险进行考量。结合司法局出具的“关于对康某适用假释调查评估意见书”，走访调取了康某居住地村支书、邻居等人的证言，证实康某犯罪前表现良好，无犯罪前科和劣迹，且上述人员均愿意协助监管帮教康某。四是对康某家庭是否具有监管条件和能力进行考量。通过走访康某原在校班主任，其证实康某在校期间系班干部，学习刻苦，乐于助人，无违反校规校纪情况；康某的父母职业稳定，认识到康某所犯罪行的社会危险性，对康某假释后监管帮教有明确可行的措施和计划。

监督意见　2018年6月26日，郑州市人民检察院提出对罪犯康某依法提请假释的检察意见。郑州未成年犯管教所接受检察机关的意见，于2018年6月28日向郑州市中级人民法院提请审核裁定。为增强假释庭审效果，督促罪犯父母协助落实帮教措施，郑州市人民检察院提出让康某的父母参加假释庭审的建议并被郑州市中级人民法院采纳。

监督结果　2018年7月27日，郑州市中级人民法院在郑州未成年犯管教所开庭审理罪犯康某假释案。庭审中，检察人员发表了依法对康某假释的检察意见，对康某成长经历、犯罪轨迹、性格特征、原判刑罚执行、假释后监管条件和帮教措施等涉及康某假释的问题进行了说明。康某的父母以及郑州未成年犯管教所百余名未成年服刑罪犯旁听了庭审，康某父母检讨了在教育孩子问题上的不足并提出了假释后的家庭帮教措施，百余名未成年罪犯受到了很好的法治教育。2018年7月30日，郑州市中级人民法院依法对罪犯康某裁定假释。

【指导意义】

1. 罪犯既符合法定减刑条件又符合法定假释条件的，可以优先适用假释。减刑、假释都是刑罚变更执行的重要方式，与减刑相比，假释更有利于维护裁判的权威和促进罪犯融入社会、预防罪犯再犯罪。目前，世界其他法治国家多数是实行单一假释制度或者是假释为主、减刑为辅的刑罚变更执行制度。但在我国司法实践中，减刑、假释适用不平衡，罪犯减刑比例一般在百分之二十多，假释比例只有百分之一左右，假释适用率低。人民检察院在办理减刑、假释案件时，应当充分发挥减刑、假释制度的不同价值功能，对既符合法定减刑条件又符合法定假释条件的罪犯，可以建议刑罚执行机关提请人民法院优先适用假释。

2. 对犯罪时未满十八周岁的罪犯适用假释可以依法从宽掌握，综合各种因素判断罪犯是否符合假释条件。人民检察院办理犯罪时未满十八周岁的罪犯假释案件，应当综合罪犯犯罪情节、原判刑罚、服刑表现、身心特点、监管帮教等因素依法从宽掌握。特别是对初犯、偶犯和在校学生等罪犯，假释后其家庭和社区具有帮教能力和条件的，可以建议刑罚执行机关和人民法院依法适用假释。对罪犯“假释后有无再犯罪危险”的审查判断，人民检察院应当根据相关法律和司法解释的规定，结合未成年罪犯犯罪的具体情节、原判刑罚情况，其在刑罚执行中的一贯表现、帮教条件（包括其身体状况、性格特征、被假释后生活来源以及帮教环境等因素）综合考虑。

3. 对犯罪时未满十八周岁的罪犯假释案件，人民检察院可以建议罪犯的父母参加假释庭审。将未成年人罪犯父母到庭制度引入假释案件审理中，有助于更好地调查假释案件相关情况，客观准确地适用法律，保障罪犯的合法权益，督促罪犯假释后社会帮教责任的落实，有利于发挥司法机关、家庭和社会对罪犯改造帮教的合力作用，促进罪犯的权益保护和改造教育，实现办案的政治效果、法律效果和社会效果的有机统一。

4. 人民检察院应当做好罪犯监狱刑罚执行和社区矫正法律监督工作的衔接，继续加强对假释的罪犯社区矫正活动的法律监督。监狱罪犯被裁定假释实行社区矫正后，检察机关应当按照《中华人民共和国社区矫正法》的有关规定，监督有关部门做好罪犯的交付、接收等工作，并应当做好对社区矫正机构对罪犯社区矫正活动的监督，督促社区矫正机构对罪犯进行法治、道德等方面的教育，组织其参加公益活动，增强其法治观念，提高其道德素质和社会责任感，帮助其融入社会，预防和减少犯罪。

【相关规定】

《中华人民共和国刑法》第八十一条、第八十二条；《中华人民共和国刑事诉讼法》第二百七十三条、第二百七十四条；《中华人民共和国未成年人保护法》第五十条；《中华人民共和国预防未成年人犯罪法》第四十七条；《中华人民共和国社区矫正法》第三十六条、第四十二条；《最高人民法院关于办理减刑、假释案件具体应用法律的规定》第二十六条。

典型案例

1. 罪犯管钦志不予假释案

——对犯罪情节恶劣，有执行能力而不执行财产刑的
故意伤害罪犯，依法不予假释

《最高人民法院发布5起严格规范减刑、假释、暂予监外执行典型案例》第3号

2015年7月29日

【基本案情】

罪犯管钦志，男，无业，原判认定其与同案犯龙某等人案发前经常在贵州省黄平县境内打架斗殴、故意伤害他人，并在多地开设赌场，聚众赌博，发放高利贷等，系“恶势力”犯罪团伙成员，严重扰乱当地社会生活秩序，影响恶劣。管钦志伙同龙某在非法拘禁被害人白某过程中，多次殴打被害人，致其颅脑损伤死亡，在共同犯罪中管钦志系从犯。2011年10月9日贵州省黄平县人民法院以故意伤害罪、赌博罪判处管钦志有期徒刑六年，并处罚金人民币10000元。判决生效后交付执行。2015年1月15日，执行机关贵州省铜仁监狱以管钦志在服刑期间确有悔改表现为由，提请对其假释。贵州省铜仁市中级人民法院立案后，将管钦志的基本情况通过互联网予以公示，并依法提讯了该犯。

贵州省铜仁市中级人民法院经审理查明，罪犯管钦志在考核期间共被评为改造积极分子2次，但原判并处罚金人民币10000元未履行。2013年1月1日至2014年12月31日期间，管钦志两年内共计消费31590元，月消费超过1300元，明显高于一般狱内消费水平，应认定为有履行财产刑能力。

【裁判结果】

贵州省铜仁市中级人民法院认为，罪犯管钦志虽在服刑期间改造表现较好，但其所犯罪行严重扰乱当地社会秩序，影响十分恶劣，且其确有财产刑履行能力而不履行。综合考量管钦志的犯罪情节、性质和财产刑履行情况，其尚不符合假释条件，遂裁定对管钦志不予假释。相关法律文书已通过互联网向社会公布。

2. 罪犯王晓梦不予假释案

——对虽有一定悔改表现，但犯罪性质恶劣，
社会危害性较大的罪犯，依法从严控制假释

《最高人民法院发布5起严格规范减刑、假释、暂予
监外执行典型案例》第4号

2015年7月29日

【基本案情】

罪犯王晓梦，女，原判认定其以介绍工作为由骗取被害人信任，而后采取非法拘禁，暴力、胁迫等手段，强迫两被害人卖淫五次，后果严重。2009年11月25日山东

省胶州市人民法院以强迫卖淫罪判处王晓梦有期徒刑十一年。判决生效后交付执行。济南市中级人民法院于2012年、2014年分别裁定对王晓梦减去有期徒刑一年零三个月和一年零五个月。2015年3月30日执行机关山东省女子监狱以王晓梦确有悔改表现为由，向济南市中级人民法院提出对其予以假释的建议。济南市中级人民法院立案后将假释建议书等材料通过互联网向社会公示，并组成合议庭依法审理了本案。

济南市中级人民法院经审理查明，罪犯王晓梦自上次减刑以来能认罪悔罪，积极改造，受记功1次、表扬1次、嘉奖1次、2013年度被评为省级改造积极分子、2014年度被评为监狱级改造积极分子。

【裁判结果】

济南市中级人民法院认为，罪犯王晓梦在服刑期间虽有悔改表现，但其所犯罪行性质恶劣，其犯罪活动严重影响到社会正常务工秩序，社会危害性较大，故在假释时应从严掌握。遂依法作出对王晓梦不予假释的裁定。相关法律文书已在中国裁判文书网公布。

关联规范

1. **《中华人民共和国监狱法》**（2012年10月26日修正）（节录）

第三十二条　被判处无期徒刑、有期徒刑的罪犯，符合法律规定的假释条件的，由监狱根据考核结果向人民法院提出假释建议，人民法院应当自收到假释建议书之日起一个月内予以审核裁定；案情复杂或者情况特殊的，可以延长一个月。假释裁定的副本应当抄送人民检察院。

第三十三条　人民法院裁定假释的，监狱应当按期假释并发给假释证明书。

对被假释的罪犯，依法实行社区矫正，由社区矫正机构负责执行。被假释的罪犯，在假释考验期限内有违反法律、行政法规或者国务院有关部门关于假释的监督管理规定的行为，尚未构成新的犯罪的，社区矫正机构应当向人民法院提出撤销假释的建议，人民法院应当自收到撤销假释建议书之日起一个月内予以审核裁定。人民法院裁定撤销假释的，由公安机关将罪犯送交监狱收监。

第三十四条　对不符合法律规定的减刑、假释条件的罪犯，不得以任何理由将其减刑、假释。

人民检察院认为人民法院减刑、假释的裁定不当，应当依照刑事诉讼法规定的期间向人民法院提出书面纠正意见。对于人民检察院提出书面纠正意见的案件，人民法院应当重新审理。

2. **《最高人民法院关于审理未成年人刑事案件具体应用法律若干问题的解释》**（2006年1月11日　法释〔2006〕1号）（节录）

第十八条　对未成年罪犯的减刑、假释，在掌握标准上可以比照成年罪犯依法适度放宽。

未成年罪犯能认罪伏法，遵守监规，积极参加学习、劳动的，即可视为“确有悔改表现”予以减刑，其减刑的幅度可以适当放宽，间隔的时间可以相应缩短。符合刑法第八十一条第一款规定的，可以假释。

未成年罪犯在服刑期间已经成年的，对其减刑、假释可以适用上述规定。

3.《最高人民法院关于〈中华人民共和国刑法修正案（八）〉时间效力问题的解释》（2011年4月25日　法释〔2011〕9号）（节录）

第七条　2011年4月30日以前犯罪，被判处无期徒刑的罪犯，减刑以后或者假释前实际执行的刑期，适用修正前刑法第七十八条第二款、第八十一条第一款的规定。

第八条　2011年4月30日以前犯罪，因具有累犯情节或者系故意杀人、强奸、抢劫、绑架、放火、爆炸、投放危险物质或者有组织的暴力性犯罪并被判处十年以上有期徒刑、无期徒刑的犯罪分子，2011年5月1日以后仍在服刑的，能否假释，适用修正前刑法第八十一条第二款的规定；2011年4月30日以前犯罪，因其他暴力性犯罪被判处十年以上有期徒刑、无期徒刑的犯罪分子，2011年5月1日以后仍在服刑的，能否假释，适用修正后刑法第八十一条第二款、第三款的规定。

4.《最高人民法院研究室关于假释时间效力法律适用问题的答复》（2011年7月15日　法研〔2011〕97号）（节录）

二、经《中华人民共和国刑法修正案（八）》修正前刑法第八十一条第二款规定的“暴力性犯罪”，不仅包括杀人、爆炸、抢劫、强奸、绑架五种，也包括故意伤害等其他暴力性犯罪。

5.《最高人民法院关于办理减刑、假释案件具体应用法律的规定》（2016年11月14日　法释〔2016〕23号）（节录）

第二十二条　办理假释案件，认定“没有再犯罪的危险”，除符合刑法第八十一条规定的情形外，还应当根据犯罪的具体情节、原判刑罚情况，在刑罚执行中的一贯表现，罪犯的年龄、身体状况、性格特征，假释后生活来源以及监管条件等因素综合考虑。

第二十三条　被判处有期徒刑的罪犯假释时，执行原判刑期二分之一的时间，应当从判决执行之日起计算，判决执行以前先行羁押的，羁押一日折抵刑期一日。

被判处无期徒刑的罪犯假释时，刑法中关于实际执行刑期不得少于十三年的时间，应当从判决生效之日起计算。判决生效以前先行羁押的时间不予折抵。

被判处死刑缓期执行的罪犯减为无期徒刑或者有期徒刑后，实际执行十五年以上，方可假释，该实际执行时间应当从死刑缓期执行期满之日起计算。死刑缓期执行期间不包括在内，判决确定以前先行羁押的时间不予折抵。

第二十四条　刑法第八十一条第一款规定的“特殊情况”，是指有国家政治、国防、外交等方面特殊需要的情况。

第二十五条　对累犯以及因故意杀人、强奸、抢劫、绑架、放火、爆炸、投放危险物质或者有组织的暴力性犯罪被判处十年以上有期徒刑、无期徒刑的罪犯，不得假释。

因前款情形和犯罪被判处死刑缓期执行的罪犯，被减为无期徒刑、有期徒刑后，也不得假释。

第二十六条　对下列罪犯适用假释时可以依法从宽掌握：

（一）过失犯罪的罪犯、中止犯罪的罪犯、被胁迫参加犯罪的罪犯；

（二）因防卫过当或者紧急避险过当而被判处有期徒刑以上刑罚的罪犯；

（三）犯罪时未满十八周岁的罪犯；

（四）基本丧失劳动能力、生活难以自理，假释后生活确有着落的老年罪犯、患严重疾病罪犯或者身体残疾罪犯；

（五）服刑期间改造表现特别突出的罪犯；

（六）具有其他可以从宽假释情形的罪犯。

罪犯既符合法定减刑条件，又符合法定假释条件的，可以优先适用假释。

第二十七条　对于生效裁判中有财产性判项，罪犯确有履行能力而不履行或者不全部履行的，不予假释。

第二十八条　罪犯减刑后又假释的，间隔时间不得少于一年；对一次减去一年以上有期徒刑后，决定假释的，间隔时间不得少于一年六个月。

罪犯减刑后余刑不足二年，决定假释的，可以适当缩短间隔时间。

第二十九条　罪犯在假释考验期内违反法律、行政法规或者国务院有关部门关于假释的监督管理规定的，作出假释裁定的人民法院，应当在收到报请机关或者检察机关撤销假释建议书后及时审查，作出是否撤销假释的裁定，并送达报请机关，同时抄送人民检察院、公安机关和原刑罚执行机关。

罪犯在逃的，撤销假释裁定书可以作为对罪犯进行追捕的依据。

第三十条　依照刑法第八十六条规定被撤销假释的罪犯，一般不得再假释。但依照该条第二款被撤销假释的罪犯，如果罪犯对漏罪曾作如实供述但原判未予认定，或者漏罪系其自首，符合假释条件的，可以再假释。

被撤销假释的罪犯，收监后符合减刑条件的，可以减刑，但减刑起始时间自收监之日起计算。

第三十一条　年满八十周岁、身患疾病或者生活难以自理、没有再犯罪危险的罪犯，既符合减刑条件，又符合假释条件的，优先适用假释；不符合假释条件的，参照本规定第二十条有关的规定从宽处理。

6. **《公安机关办理刑事案件程序规定》**（2020 年 7 月 20 日修正）（节录）

第三百零六条　对依法留看守所执行刑罚的罪犯，符合假释条件的，由看守所制作假释建议书，经设区的市一级以上公安机关审查同意后，报请所在地中级以上人民法院审核裁定。

第八十二条 假释的程序

对于犯罪分子的假释，依照本法第七十九条规定的程序进行。非经法定程序不得假释。

条文要旨

本条是关于假释程序的规定。

理解与适用

对于犯罪分子的假释，必须依照法律规定的程序进行，非经法定程序不得假释。根据本条规定，假释的程序依照刑法第七十九条规定的减刑程序进行。刑法第七十九条规定："对于犯罪分子的减刑，由执行机关向中级以上人民法院提出减刑建议书。人民法院应当组成合议庭进行审理，对确有悔改或者立功事实的，裁定予以减刑……"据此，对于犯罪分子的假释，应当由执行机关向所在地的中级以上人民法院提出假释建议书，中级以上人民法院应当组成合议庭审理假释案件。人民法院应当依照刑法第八十一条的规定对犯罪分子是否符合假释条件进行审查：被判处有期徒刑的犯罪分子，是否已经实际执行原判刑罚二分之一以上刑期；被判处无期徒刑的犯罪分子，是否已经实际执行十三年以上刑期；更重要的是应审查罪犯在狱中是否认真遵守监规，接受教育改造，确有悔改表现，假释后有没有再犯罪危险。经过审理，人民法院认为符合假释条件的，应当作出假释的裁定。对于不符合假释条件的，不予假释。

对于决定假释的，应当制作裁定书，裁定书应当送达提出假释建议的执行机关。不经过上述法定的假释程序，不得假释。

关联规范

1. **《最高人民法院关于减刑、假释案件审理程序的规定》**（2014年4月23日　法释〔2014〕5号）（节录）

第一条　对减刑、假释案件，应当按照下列情形分别处理：

（一）对被判处死刑缓期执行的罪犯的减刑，由罪犯服刑地的高级人民法院在收到同级监狱管理机关审核同意的减刑建议书后一个月内作出裁定；

（二）对被判处无期徒刑的罪犯的减刑、假释，由罪犯服刑地的高级人民法院在收到同级监狱管理机关审核同意的减刑、假释建议书后一个月内作出裁定，案情复杂或者情况特殊的，可以延长一个月；

（三）对被判处有期徒刑和被减为有期徒刑的罪犯的减刑、假释，由罪犯服刑地的中级人民法院在收到执行机关提出的减刑、假释建议书后一个月内作出裁定，案情复杂或者情况特殊的，可以延长一个月；

（四）对被判处拘役、管制的罪犯的减刑，由罪犯服刑地中级人民法院在收到同级执行机关审核同意的减刑、假释建议书后一个月内作出裁定。

对暂予监外执行罪犯的减刑，应当根据情况，分别适用前款的有关规定。

第二条 人民法院受理减刑、假释案件，应当审查执行机关移送的下列材料：

（一）减刑或者假释建议书；

（二）终审法院裁判文书、执行通知书、历次减刑裁定书的复印件；

（三）罪犯确有悔改或者立功、重大立功表现的具体事实的书面证明材料；

（四）罪犯评审鉴定表、奖惩审批表等；

（五）其他根据案件审理需要应予移送的材料。

报请假释的，应当附有社区矫正机构或者基层组织关于罪犯假释后对所居住社区影响的调查评估报告。

人民检察院对报请减刑、假释案件提出检察意见的，执行机关应当一并移送受理减刑、假释案件的人民法院。

经审查，材料齐备的，应当立案；材料不齐的，应当通知执行机关在三日内补送，逾期未补送的，不予立案。

第三条 人民法院审理减刑、假释案件，应当在立案后五日内将执行机关报请减刑、假释的建议书等材料依法向社会公示。

公示内容应当包括罪犯的个人情况、原判认定的罪名和刑期、罪犯历次减刑情况、执行机关的建议及依据。

公示应当写明公示期限和提出意见的方式。公示期限为五日。

第四条 人民法院审理减刑、假释案件，应当依法由审判员或者由审判员和人民陪审员组成合议庭进行。

第五条 人民法院审理减刑、假释案件，除应当审查罪犯在执行期间的一贯表现外，还应当综合考虑犯罪的具体情节、原判刑罚情况、财产刑执行情况、附带民事裁判履行情况、罪犯退赃退赔等情况。

人民法院审理假释案件，除应当审查第一款所列情形外，还应当综合考虑罪犯的年龄、身体状况、性格特征、假释后生活来源以及监管条件等影响再犯罪的因素。

执行机关以罪犯有立功表现或重大立功表现为由提出减刑的，应当审查立功或重大立功表现是否属实。涉及发明创造、技术革新或者其他贡献的，应当审查该成果是否系罪犯在执行期间独立完成，并经有关主管机关确认。

第六条 人民法院审理减刑、假释案件，可以采取开庭审理或者书面审理的方式。但下列减刑、假释案件，应当开庭审理：

（一）因罪犯有重大立功表现报请减刑的；

（二）报请减刑的起始时间、间隔时间或者减刑幅度不符合司法解释一般规定的；

（三）公示期间收到不同意见的；

（四）人民检察院有异议的；

（五）被报请减刑、假释罪犯系职务犯罪罪犯，组织（领导、参加、包庇、纵容）黑社会性质组织犯罪罪犯，破坏金融管理秩序和金融诈骗犯罪罪犯及其他在社会上有重大影响或社会关注度高的；

（六）人民法院认为其他应当开庭审理的。

第七条 人民法院开庭审理减刑、假释案件，应当通知人民检察院、执行机关及被报请减刑、假释罪犯参加庭审。

人民法院根据需要，可以通知证明罪犯确有悔改表现或者立功、重大立功表现的证人，公示期间提出不同意见的人，以及鉴定人、翻译人员等其他人员参加庭审。

第八条 开庭审理应当在罪犯刑罚执行场所或者人民法院确定的场所进行。有条件的人民法院可以采取视频开庭的方式进行。

在社区执行刑罚的罪犯因重大立功被报请减刑的，可以在罪犯服刑地或者居住地开庭审理。

第九条 人民法院对于决定开庭审理的减刑、假释案件，应当在开庭三日前将开庭的时间、地点通知人民检察院、执行机关、被报请减刑、假释罪犯和有必要参加庭审的其他人员，并于开庭三日前进行公告。

第十条 减刑、假释案件的开庭审理由审判长主持，应当按照以下程序进行：

（一）审判长宣布开庭，核实被报请减刑、假释罪犯的基本情况；

（二）审判长宣布合议庭组成人员、检察人员、执行机关代表及其他庭审参加人；

（三）执行机关代表宣读减刑、假释建议书，并说明主要理由；

（四）检察人员发表检察意见；

（五）法庭对被报请减刑、假释罪犯确有悔改表现或立功表现、重大立功表现的事实以及其他影响减刑、假释的情况进行调查核实；

（六）被报请减刑、假释罪犯作最后陈述；

（七）审判长对庭审情况进行总结并宣布休庭评议。

第十四条 人民法院书面审理减刑、假释案件，可以就被报请减刑、假释罪犯是否符合减刑、假释条件进行调查核实或听取有关方面意见。

第十五条 人民法院书面审理减刑案件，可以提讯被报请减刑罪犯；书面审理假释案件，应当提讯被报请假释罪犯。

第十六条 人民法院审理减刑、假释案件，应当按照下列情形分别处理：

（一）被报请减刑、假释罪犯符合法律规定的减刑、假释条件的，作出予以减刑、假释的裁定；

（二）被报请减刑的罪犯符合法律规定的减刑条件，但执行机关报请的减刑幅度不适当的，对减刑幅度作出相应调整后作出予以减刑的裁定；

（三）被报请减刑、假释罪犯不符合法律规定的减刑、假释条件的，作出不予减刑、假释的裁定。

在人民法院作出减刑、假释裁定前，执行机关书面申请撤回减刑、假释建议的，是否准许，由人民法院决定。

第十七条 减刑、假释裁定书应当写明罪犯原判和历次减刑情况，确有悔改表现或者立功、重大立功表现的事实和理由，以及减刑、假释的法律依据。

裁定减刑的，应当注明刑期的起止时间；裁定假释的，应当注明假释考验期的起止时间。

裁定调整减刑幅度或者不予减刑、假释的，应当在裁定书中说明理由。

第十八条　人民法院作出减刑、假释裁定后，应当在七日内送达报请减刑、假释的执行机关、同级人民检察院以及罪犯本人。作出假释裁定的，还应当送达社区矫正机构或者基层组织。

第十九条　减刑、假释裁定书应当通过互联网依法向社会公布。

第二十条　人民检察院认为人民法院减刑、假释裁定不当，在法定期限内提出书面纠正意见的，人民法院应当在收到纠正意见后另行组成合议庭审理，并在一个月内作出裁定。

第二十一条　人民法院发现本院已经生效的减刑、假释裁定确有错误的，应当依法重新组成合议庭进行审理并作出裁定；上级人民法院发现下级人民法院已经生效的减刑、假释裁定确有错误的，应当指令下级人民法院另行组成合议庭审理，也可以自行依法组成合议庭进行审理并作出裁定。

2. **《人民检察院办理减刑、假释案件规定》**（2014 年 7 月 21 日）（节录）

第二条　人民检察院依法对减刑、假释案件的提请、审理、裁定等活动是否合法实行法律监督。

第三条　人民检察院办理减刑、假释案件，应当按照下列情形分别处理：

（一）对减刑、假释案件提请活动的监督，由对执行机关承担检察职责的人民检察院负责；

（二）对减刑、假释案件审理、裁定活动的监督，由人民法院的同级人民检察院负责；同级人民检察院对执行机关不承担检察职责的，可以根据需要指定对执行机关承担检察职责的人民检察院派员出席法庭；下级人民检察院发现减刑、假释裁定不当的，应当及时向作出减刑、假释裁定的人民法院的同级人民检察院报告。

第四条　人民检察院办理减刑、假释案件，依照规定实行统一案件管理和办案责任制。

第五条　人民检察院收到执行机关移送的下列减刑、假释案件材料后，应当及时进行审查：

（一）执行机关拟提请减刑、假释意见；

（二）终审法院裁判文书、执行通知书、历次减刑裁定书；

（三）罪犯确有悔改表现、立功表现或者重大立功表现的证明材料；

（四）罪犯评审鉴定表、奖惩审批表；

（五）其他应当审查的案件材料。

对拟提请假释案件，还应当审查社区矫正机构或者基层组织关于罪犯假释后对所居住社区影响的调查评估报告。

第六条　具有下列情形之一的，人民检察院应当进行调查核实：

（一）拟提请减刑、假释罪犯系职务犯罪罪犯，破坏金融管理秩序和金融诈骗犯罪罪犯，黑社会性质组织犯罪罪犯，严重暴力恐怖犯罪罪犯，或者其他在社会上有重大影响、社会关注度高的罪犯；

（二）因罪犯有立功表现或者重大立功表现拟提请减刑的；

（三）拟提请减刑、假释罪犯的减刑幅度大、假释考验期长、起始时间早、间隔时间短或者实际执行刑期短的；

（四）拟提请减刑、假释罪犯的考核计分高、专项奖励多或者鉴定材料、奖惩记录有疑点的；

（五）收到控告、举报的；

（六）其他应当进行调查核实的。

第七条 人民检察院可以采取调阅复制有关材料、重新组织诊断鉴别、进行文证鉴定、召开座谈会、个别询问等方式，对下列情况进行调查核实：

（一）拟提请减刑、假释罪犯在服刑期间的表现情况；

（二）拟提请减刑、假释罪犯的财产刑执行、附带民事裁判履行、退赃退赔等情况；

（三）拟提请减刑罪犯的立功表现、重大立功表现是否属实，发明创造、技术革新是否系罪犯在服刑期间独立完成并经有关主管机关确认；

（四）拟提请假释罪犯的身体状况、性格特征、假释后生活来源和监管条件等影响再犯罪的因素；

（五）其他应当进行调查核实的情况。

第八条 人民检察院可以派员列席执行机关提请减刑、假释评审会议，了解案件有关情况，根据需要发表意见。

第九条 人民检察院发现罪犯符合减刑、假释条件，但是执行机关未提请减刑、假释的，可以建议执行机关提请减刑、假释。

第十条 人民检察院收到执行机关抄送的减刑、假释建议书副本后，应当逐案进行审查，可以向人民法院提出书面意见。发现减刑、假释建议不当或者提请减刑、假释违反法定程序的，应当在收到建议书副本后十日以内，依法向审理减刑、假释案件的人民法院提出书面意见，同时将检察意见书副本抄送执行机关。案情复杂或者情况特殊的，可以延长十日。

第十一条 人民法院开庭审理减刑、假释案件的，人民检察院应当指派检察人员出席法庭，发表检察意见，并对法庭审理活动是否合法进行监督。

第十九条 人民检察院收到人民法院减刑、假释裁定书副本后，应当及时审查下列内容：

（一）人民法院对罪犯裁定予以减刑、假释，以及起始时间、间隔时间、实际执行刑期、减刑幅度或者假释考验期是否符合有关规定；

（二）人民法院对罪犯裁定不予减刑、假释是否符合有关规定；

（三）人民法院审理、裁定减刑、假释的程序是否合法；

（四）按照有关规定应当开庭审理的减刑、假释案件，人民法院是否开庭审理；

（五）人民法院减刑、假释裁定书是否依法送达执行并向社会公布。

第二十条 人民检察院经审查认为人民法院减刑、假释裁定不当的，应当在收到裁定书副本后二十日以内，依法向作出减刑、假释裁定的人民法院提出书面纠正意见。

第二十一条 人民检察院对人民法院减刑、假释裁定提出纠正意见的，应当监督人民法院在收到纠正意见后一个月以内重新组成合议庭进行审理并作出最终裁定。

第二十二条 人民检察院发现人民法院已经生效的减刑、假释裁定确有错误的，应当向人民法院提出书面纠正意见，提请人民法院按照审判监督程序依法另行组成合议庭重新审理并作出裁定。

第二十三条 人民检察院收到控告、举报或者发现司法工作人员在办理减刑、假释案件中涉嫌违法的，应当依法进行调查，并根据情况，向有关单位提出纠正违法意见，建议更换办案人，或者建议予以纪律处分；构成犯罪的，依法追究刑事责任。

第二十四条 人民检察院办理职务犯罪罪犯减刑、假释案件，按照有关规定实行备案审查。

3. **《人民检察院刑事诉讼规则》**（2019年12月30日 高检发释字〔2019〕4号）（节录）

第六百三十五条 人民检察院收到执行机关抄送的减刑、假释建议书副本后，应当逐案进行审查。发现减刑、假释建议不当或者提请减刑、假释违反法定程序的，应当在十日以内报经检察长批准，向审理减刑、假释案件的人民法院提出书面检察意见，同时也可以向执行机关提出书面纠正意见。案情复杂或者情况特殊的，可以延长十日。

第六百三十六条 人民检察院发现监狱等执行机关提请人民法院裁定减刑、假释的活动具有下列情形之一的，应当依法提出纠正意见：

（一）将不符合减刑、假释法定条件的罪犯，提请人民法院裁定减刑、假释的；

（二）对依法应当减刑、假释的罪犯，不提请人民法院裁定减刑、假释的；

（三）提请对罪犯减刑、假释违反法定程序，或者没有完备的合法手续的；

（四）提请对罪犯减刑的减刑幅度、起始时间、间隔时间或者减刑后又假释的间隔时间不符合有关规定的；

（五）被提请减刑、假释的罪犯被减刑后实际执行的刑期或者假释考验期不符合有关法律规定的；

（六）其他违法情形。

第六百三十七条 人民法院开庭审理减刑、假释案件，人民检察院应当指派检察人员出席法庭，发表意见。

第六百三十八条 人民检察院收到人民法院减刑、假释的裁定书副本后，应当及时审查下列内容：

（一）被减刑、假释的罪犯是否符合法定条件，对罪犯减刑的减刑幅度、起始时间、间隔时间或者减刑后又假释的间隔时间、罪犯被减刑后实际执行的刑期或者假释考验期是否符合有关规定；

（二）执行机关提请减刑、假释的程序是否合法；

（三）人民法院审理、裁定减刑、假释的程序是否合法；

（四）人民法院对罪犯裁定不予减刑、假释是否符合有关规定；

（五）人民法院减刑、假释裁定书是否依法送达执行并向社会公布。

第六百三十九条 人民检察院经审查认为人民法院减刑、假释的裁定不当，应当在收到裁定书副本后二十日以内，向作出减刑、假释裁定的人民法院提出纠正意见。

第六百四十条 对人民法院减刑、假释裁定的纠正意见，由作出减刑、假释裁定的人民法院的同级人民检察院书面提出。

下级人民检察院发现人民法院减刑、假释裁定不当的，应当向作出减刑、假释裁定的人民法院的同级人民检察院报告。

4. **《最高人民法院关于适用〈中华人民共和国刑事诉讼法〉的解释》**（2021 年 1 月 26 日　法释〔2021〕1 号）（节录）

第五百三十三条　被判处死刑缓期执行的罪犯，在死刑缓期执行期间，没有故意犯罪的，死刑缓期执行期满后，应当裁定减刑；死刑缓期执行期满后，尚未裁定减刑前又犯罪的，应当在依法减刑后，对其所犯新罪另行审判。

第五百三十四条　对减刑、假释案件，应当按照下列情形分别处理：

（一）对被判处死刑缓期执行的罪犯的减刑，由罪犯服刑地的高级人民法院在收到同级监狱管理机关审核同意的减刑建议书后一个月以内作出裁定；

（二）对被判处无期徒刑的罪犯的减刑、假释，由罪犯服刑地的高级人民法院在收到同级监狱管理机关审核同意的减刑、假释建议书后一个月以内作出裁定，案情复杂或者情况特殊的，可以延长一个月；

（三）对被判处有期徒刑和被减为有期徒刑的罪犯的减刑、假释，由罪犯服刑地的中级人民法院在收到执行机关提出的减刑、假释建议书后一个月以内作出裁定，案情复杂或者情况特殊的，可以延长一个月；

（四）对被判处管制、拘役的罪犯的减刑，由罪犯服刑地的中级人民法院在收到同级执行机关审核同意的减刑建议书后一个月以内作出裁定。

对社区矫正对象的减刑，由社区矫正执行地的中级以上人民法院在收到社区矫正机构减刑建议书后三十日以内作出裁定。

第五百三十五条　受理减刑、假释案件，应当审查执行机关移送的材料是否包括下列内容：

（一）减刑、假释建议书；

（二）原审法院的裁判文书、执行通知书、历次减刑裁定书的复制件；

（三）证明罪犯确有悔改、立功或者重大立功表现具体事实的书面材料；

（四）罪犯评审鉴定表、奖惩审批表等；

（五）罪犯假释后对所居住社区影响的调查评估报告；

（六）刑事裁判涉财产部分、附带民事裁判的执行、履行情况；

（七）根据案件情况需要移送的其他材料。

人民检察院对报请减刑、假释案件提出意见的，执行机关应当一并移送受理减刑、假释案件的人民法院。

经审查，材料不全的，应当通知提请减刑、假释的执行机关在三日以内补送；逾期未补送的，不予立案。

第五百三十六条　审理减刑、假释案件，对罪犯积极履行刑事裁判涉财产部分、附带民事裁判确定的义务的，可以认定有悔改表现，在减刑、假释时从宽掌握；对确有履行能力而不履行或者不全部履行的，在减刑、假释时从严掌握。

第五百三十七条　审理减刑、假释案件，应当在立案后五日以内对下列事项予以公示：

（一）罪犯的姓名、年龄等个人基本情况；

（二）原判认定的罪名和刑期；

（三）罪犯历次减刑情况；

（四）执行机关的减刑、假释建议和依据。

公示应当写明公示期限和提出意见的方式。

第五百三十八条　审理减刑、假释案件，应当组成合议庭，可以采用书面审理的方式，但下列案件应当开庭审理：

（一）因罪犯有重大立功表现提请减刑的；

（二）提请减刑的起始时间、间隔时间或者减刑幅度不符合一般规定的；

（三）被提请减刑、假释罪犯系职务犯罪罪犯，组织、领导、参加、包庇、纵容黑社会性质组织罪犯，破坏金融管理秩序罪犯或者金融诈骗罪犯的；

（四）社会影响重大或者社会关注度高的；

（五）公示期间收到不同意见的；

（六）人民检察院提出异议的；

（七）有必要开庭审理的其他案件。

第五百三十九条　人民法院作出减刑、假释裁定后，应当在七日以内送达提请减刑、假释的执行机关、同级人民检察院以及罪犯本人。人民检察院认为减刑、假释裁定不当，在法定期限内提出书面纠正意见的，人民法院应当在收到意见后另行组成合议庭审理，并在一个月以内作出裁定。

对假释的罪犯，适用本解释第五百一十九条的有关规定，依法实行社区矫正。

第五百四十条　减刑、假释裁定作出前，执行机关书面提请撤回减刑、假释建议的，人民法院可以决定是否准许。

第五百四十一条　人民法院发现本院已经生效的减刑、假释裁定确有错误的，应当另行组成合议庭审理；发现下级人民法院已经生效的减刑、假释裁定确有错误的，可以指令下级人民法院另行组成合议庭审理，也可以自行组成合议庭审理。

第八十三条 假释考验期限

有期徒刑的假释考验期限，为没有执行完毕的刑期；无期徒刑的假释考验期限为十年。

假释考验期限，从假释之日起计算。

条文要旨

本条是关于假释考验期限的规定。

理解与适用

本条共分为两款。第一款是关于假释考验期限的规定。根据本款规定，假释考验期限分为以下两类：一是有期徒刑的假释考验期限为没有执行完毕的刑期，也就是说被判处有期徒刑的犯罪分子的假释考验期限为没有执行完毕的刑罚期限或者剩余刑罚的期限；二是无期徒刑的考验期限为十年，即不论被判处无期徒刑的犯罪分子实际执行刑罚多少年，其假释考验期限都应从人民法院裁定其假释之日起计算，一律为十年。

第二款是关于假释的考验期限计算的规定。根据本款规定，考验期限从人民法院依法裁定假释之日起计算。

第八十四条　被宣告假释的犯罪分子应当遵守的规定

被宣告假释的犯罪分子，应当遵守下列规定：

（一）遵守法律、行政法规，服从监督；

（二）按照监督机关的规定报告自己的活动情况；

（三）遵守监督机关关于会客的规定；

（四）离开所居住的市、县或者迁居，应当报经监督机关批准。

条文要旨

本条是关于被假释的犯罪分子在假释考验期限内应当遵守规定的规定。

理解与适用

被宣告假释的犯罪分子在假释考验期限内，应当遵守下列规定：

1. 遵守法律、行政法规，服从监督。这是指遵守国家法律、国务院行政法规，自觉服从监督机关对其的监督。遵守法律、行政法规是每个公民都应当履行的法律义务，无论是否在假释考验期间，假释对象都应当自觉遵守法律、行政法规，这是预防其再次违法犯罪的有效途径，也是监督其是否改过自新的重要标准。这样规定也与社区矫正法等有关法律规定的要求是一致的。

2. 按照监督机关的规定报告自己的活动情况。这是指按照社区矫正机构的要求，定期或不定期地报告自己在假释期间的活动情况，如报告自己的工作情况和遵纪守法情况等。这样规定主要是为了及时了解、掌握假释对象的现实情况，以便更好地为其提供教育帮扶。

3. 遵守监督机关关于会客的规定。这是指遵守监督机关向其宣布的有关会客的要求和规定，结合本法和社区矫正法的相关规定，主要是要遵守社区矫正机构向其宣布的有关会客的要求和规定。规定假释对象应当遵守会客的监督管理规定，主要是为了防止其受外界的不良影响、干扰，以致继续犯罪或重新违法犯罪。

4. 离开所居住的市、县或者迁居，应当报经监督机关批准。结合本法和社区矫正法的相关规定，假释对象未经批准不得擅自离开所居住的市、县或者迁居，因故需要离开的应当履行必要的请假、变更手续。具体可参见社区矫正法第二十七条规定。

第八十五条 假释考验期满的处理

对假释的犯罪分子，在假释考验期限内，依法实行社区矫正，如果没有本法第八十六条规定的情形，假释考验期满，就认为原判刑罚已经执行完毕，并公开予以宣告。

条文要旨

本条是关于对假释的犯罪分子实行社区矫正以及假释考验期满如何处理的规定。

理解与适用

对假释犯的考验制度是假释制度的重要内容。假释考验有一定期限，只有在这个期限届满之前遵守了特定的条件，才能宣告假释的结束。本条主要规定了两层意思：

第一层意思是，被假释的犯罪分子，在假释考验期内，依法实行社区矫正。对符合条件的罪犯依法实行社区矫正，促使其在社会化开放环境下顺利回归社会，有利于减少监狱羁押，避免交叉感染，节约行刑成本，是法治文明和进步的体现；也有利于化解消极因素，缓和社会矛盾，预防和减少犯罪，维护社会和谐稳定，提高社会治理体系和治理能力现代化水平。对于假释犯的监督考察，应当结合社区矫正法的具体内容开展。社区矫正机构应当按照刑法第八十四条和有关部门关于假释的监督管理规定，认真履行社区矫正职责，加强对被假释犯罪分子的监督管理和教育改造，督促他们在考验期间改恶从善，重新做人。

本条第二层意思是规定了假释考验期满的处理。本法第八十六条规定了撤销假释的具体情形："被假释的犯罪分子，在假释考验期限内犯新罪，应当撤销假释，依照本法第七十一条的规定实行数罪并罚；在假释考验期限内，发现被假释的犯罪分子在判决宣告以前还有其他罪没有判决的，应当撤销假释，依照本法第七十条的规定实行数罪并罚；被假释的犯罪分子，在假释考验期限内，有违反法律、行政法规或者国务院有关部门关于假释的监督管理规定的行为，尚未构成新的犯罪的，应当依照法定程序撤销假释，收监执行未执行完毕的刑罚。"如果在假释考验期内，被假释的犯罪分子没有刑法第八十六条规定的情形，即犯罪分子在假释考验期内没有再犯新罪，没有发现在判决宣告前还有漏罪没有判决，没有严重的违法行为，假释考验期满的，就认为犯罪分子的原判刑罚已经执行完毕。同时，有关方面应当向犯罪分子和当地群众、组织或其所在单位公开予以宣告假释期满、执行完毕。这里的"执行完毕"与缓刑期满原判刑罚"不再执行"的法律效果是不同的。被假释的犯罪分子在假释考验期满以后，如果五年以内再犯应当判处有期徒刑以上刑罚之罪的，仍能构成累犯；而被宣告缓刑的犯罪分子，在缓刑期满以后五年以内再犯应当判处有期徒刑以上刑罚之罪的，则不能构成累犯（因为缓刑期满，原判刑罚并没有实际执行，不构成累犯的条件）。

实务问题

关于对假释罪犯实行社区矫正

对于假释罪犯的监督管理问题，一直是困扰假释适用的关键问题，近年来社区矫正的试点和试行实践，证明将假释罪犯纳入社区矫正的范围进行监管，是解决假释罪犯监督问题的良好途径，因此，刑法明确规定“对假释的犯罪分子，在假释考验期限内，依法实行社区矫正”。

第八十六条　假释的撤销

被假释的犯罪分子，在假释考验期限内犯新罪，应当撤销假释，依照本法第七十一条的规定实行数罪并罚。

在假释考验期限内，发现被假释的犯罪分子在判决宣告以前还有其他罪没有判决的，应当撤销假释，依照本法第七十条的规定实行数罪并罚。

被假释的犯罪分子，在假释考验期限内，有违反法律、行政法规或者国务院有关部门关于假释的监督管理规定的行为，尚未构成新的犯罪的，应当依照法定程序撤销假释，收监执行未执行完毕的刑罚。

条文要旨

本条是关于撤销假释的规定。

理解与适用

本条共分为三款。第一款是关于在假释考验期间犯新罪如何处理的规定。根据本款规定，对在假释考验期间犯新罪的犯罪分子，应当撤销假释，依照刑法第七十一条确定的先减后并原则实行并罚，也就是将前罪没有执行完的刑罚和后罪新判处的刑罚依照刑法第六十九条的规定确定应当执行的刑期。

第二款是关于假释考验期间发现漏罪如何处理的规定。根据本款规定，在假释考验期内，如果发现被假释的犯罪分子在判决宣告以前还有其他罪没有判决的，应当撤销假释，依照刑法第七十条先并后减的原则实行数罪并罚，即将前后两罪的判决依照刑法第六十九条的规定确定刑罚，扣除已执行完的刑期后，剩余刑期为仍需执行的刑期。

第三款是关于有违反法律、行政法规或者国务院有关部门关于假释的监督管理规定的行为如何处理的规定。根据本款规定，在假释考验期内，犯罪分子实施了违反法律、行政法规或者国务院有关部门关于假释的监督管理规定的行为，但尚未构成新的犯罪的，有关部门应当依法定程序对其撤销假释，并收监执行其未执行完毕的剩余刑罚。需要注意的是，犯罪分子违反的规定应当是法律、行政法规或者国务院有关部门规章中与假释监管相关的规定。一般的违法行为不应成为撤销假释的条件。根据2017年1月1日起施行的《最高人民法院关于办理减刑、假释案件具体应用法律的规定》第二十九条的规定，罪犯在假释考验期内违反法律、行政法规或者国务院有关部门关于假释的监督管理规定的，作出假释裁定的人民法院，应当在收到报请机关或者检察机关撤销假释建议书后及时审查，作出是否撤销假释的裁定，并送达报请机关，同时抄送人民检察院、公安机关和原刑罚执行机关。罪犯在逃的，撤销假释裁定书可以作为对罪犯进行追捕的依据。需要注意的是，根据上述司法解释第三十条的规定，依照刑法第八十六条规定被撤销假释的罪犯，一般不得再假释。但依照该条第二款被撤销假释的罪犯，如果罪犯对漏罪曾作如实供述但原判未予认定，或者漏罪系其自首，符合假释条件的，可以再假释。被撤销假释的罪犯，收监后符合减刑条件的，可以减刑，但减刑起始时间自收监之日起计算。

实务问题

1. 在假释考验期间直至期满后连续实施犯罪是否应撤销假释并构成累犯

减刑假释在司法实践中出现如下问题，即在假释考验期间直至期满后连续实施犯罪是否应撤销假释并构成累犯？分析案例如下：

【案例】丁立军强奸、抢劫、盗窃案

被告人丁立军，男，1951年1月18日出生，农民。1992年8月4日因犯强奸罪被判处有期徒刑九年，1997年9月5日被假释，假释考验期至1999年5月2日止。因涉嫌强奸、抢劫、盗窃犯罪于2001年8月17日被逮捕。

山东省青岛市人民检察院以被告人犯强奸、抢劫、盗窃罪，向青岛市中级人民法院提起公诉。

青岛市中级人民法院依法经不公开开庭审理查明：被告人丁立军于1998年6月至2001年4月期间，携带匕首、手电筒等作案工具，先后在莱西市马连庄镇、韶存庄镇、河头店镇、周格庄街道办事处、水集街道办事处的10余个村庄，骑摩托车或自行车于夜间翻墙入院，持匕首拨开门栓，或破门、窗入室，采取暴力威胁等手段，入户强奸作案近40起，对代某某、倪某某、姜某某等32名妇女实施强奸，其中强奸既遂21人，强奸未遂11人。在入户强奸作案的同时，被告人丁立军还抢劫作案5起，盗窃作案1起，劫得金耳环等物品，价值人民币970余元；窃得电视机1台，价值人民币200余元。被告人丁立军于1999年4月至2001年7月期间，携带匕首、手电筒等作案工具，骑摩托车或自行车先后在莱西市韶存庄镇、河头店镇、日庄镇的10余个村庄，采取翻墙入院、破门入室等手段，盗窃作案14起。盗窃王某某、郭某某、吕某某等14人的摩托车、电视机、酒、花生油等物品，价值合计人民币16600余元。案发后共追回赃物价值人民币8800余元，其余被其挥霍。

青岛市中级人民法院认为，被告人丁立军数十次以暴力或胁迫的方法入户强奸妇女多人，构成强奸罪，情节恶劣，后果特别严重，社会危害极大，依法必须严惩。在入户强奸犯罪的同时抢劫作案5起，构成抢劫罪；盗窃作案15起，且盗窃数额巨大，构成盗窃罪；被告人丁立军有部分行为系在假释考验期限内重新犯罪，应当撤销假释，将前罪没有执行完的刑罚和后罪所判处的刑罚，实行数罪并罚；被告人丁立军还有部分行为系在假释考验期满后重新犯罪，构成累犯，依法应当从重处罚。

本案在审理中，对被告人在假释考验期间、期满后又犯新罪的，如何处罚意见不一。一种意见是对被告人撤销假释，将新罪与前罪的余刑并罚。但不应认定为累犯，因为既然撤销假释，就意味着原判刑罚没有执行完毕，从而也就没有构成累犯的前提条件。另一种意见是既要撤销假释，实行并罚，又得认定为累犯，因为被告人的一部分罪行实际上是发生在前罪刑罚事实上应已执行完毕之后的。该案一审宣判后，被告人丁立军未上诉。该案依法报山东省高级人民法院复核。

山东省高级人民法院复核认为：被告人丁立军在假释考验期间、期满后大肆进行强奸作案，且犯有抢劫罪、盗窃罪，社会危害极大，虽有自首情节，亦不予从轻处罚。原审判决定罪准确，量刑适当，审判程序合法，唯认定累犯不当，应予纠正。

这里涉及在假释考验期间直至期满后连续实施犯罪是否应撤销假释的问题。被告人在假释考验期间直至期满后连续犯罪的，应撤销假释，数罪并罚。假释是对服刑期间表现较好的罪犯附条件的提前释放。如果被假释的犯罪分子，在假释考验期内又重新犯罪的，则应当撤销假释，对其新犯的罪作出判决并与前罪的余刑实行并罚。这是假释考验制度的基本内涵和原则。司法实践中，由于受各种条件的限制和影响，假释监督有时不能真正到位，以致出现假释监督考察机关对假释考验期间内罪犯的违法、违规行为乃至犯罪活动和线索不能及时发现和掌握，甚至在假释考验期间又犯新罪的罪犯直至假释期满后才被抓获归案的情况。对此是否应当撤销假释，最高人民法院曾于 1985 年在《审判严重刑事犯罪案件中具体应用法律的若干问题的答复（三）》（以下简称《答复（三）》）第三十六条中规定：“对于被假释的犯罪分子，如果在假释考验期满后，才发现该罪犯在假释考验期限内又犯新罪，对尚未超过追诉时效期限的，也应当依照刑法第 75 条的有关规定，撤销假释，把前罪没有执行的刑罚和后罪所判处的刑罚，按照刑法第 64 条的规定，决定执行的刑罚。”《答复（三）》中的第三十六条仅是对期满后发现罪犯在假释考验期限内又犯新的个罪的情况作出规定，而对罪犯假释考验期间直至期满后连续实施新的犯罪行为的，是否撤销假释，并未进一步明确。

山东省高院的复核裁判理由指出：本案被告人丁立军在假释考验期间持续大肆强奸妇女，又犯有抢劫、盗窃罪，假释期满两年后才被抓获，其间，被告人一直不断地实施新的犯罪。对此有人认为，此种情形应当视为刑罚已执行完毕，对假释考验期间又犯新罪这一情况，作为对被告人从重处罚的情节。我们认为这种做法不符合假释制度的立法本意，也有违《答复（三）》的基本精神。如前所述，假释是附条件的提前释放，罪犯在考验期内必须严格遵守刑法第八十四条的规定，否则就得按刑法第八十六条的规定撤销假释，以保证假释制度的严肃性。刑法及《答复（三）》的本意是不论行为人的犯罪行为连续与否，也不论其犯罪行为是在何时被发现，只要有一项罪行是在假释考验期内实施且依法未超过追诉时效，就应当依法撤销其假释，实行并罚。所以，尽管本案中被告人丁立军的大部分犯罪行为是在假释考验期满后实施的，也不能因为在考验期内被告人实施的犯罪没有被及时发现这一客观原因，从而对其不予撤销假释。相反，应当基于被告人是在假释考验期内就已开始犯新罪这一事实，根据刑法第八十六条对假释考验期间又犯新罪的处理原则，以及《答复（三）》第三十六条的基本精神，对被告人丁立军撤销假释，按照刑法第七十一条实行并罚。从另一角度讲，被告人丁立军的犯罪行为一直处于连续状态，作为连续犯，对其进行处罚时，从整体上考虑被告人的社会危害性较为适当，不宜再分假释期满前后两个阶段分别处罚。因此，本案一审和死刑复核程序中对被告人撤销假释，将新罪与前罪并罚是正确的。

既然本案应该被撤销假释，也就意味着其前罪的余刑仍须执行，而不是前罪的刑罚已经执行完毕。因此，其整个的连续犯罪就缺乏构成累犯的前提条件。丁立军的犯罪行为一直处于连续状态，作为连续犯，对其进行处罚时，从整体上考虑其社会危害性应较为妥当，也不宜分为假释期满前后两个阶段再按两个同种罪分别定罪量刑。同时，按照刑法第七十一条的规定，对其新犯之罪要按“先减后并”的方式进行并罚，这业已体现了从重处罚的精神，无需再按累犯对待。如果对其假释期满后的一部分罪行再认定为累犯，则不可避免地同刑法关于假释、数罪并罚等规定发生冲突，并给法律适用造成不必要的困难。综上，本案一审法院撤销被告人假释没有错误，但同时又认定累犯不当。山东省高级人民法院在死刑复核程序中，对被告人撤销假释，不认定累犯是正确的。

2. 假释考验期满后发现犯罪分子在假释期间有违法犯罪行为的如何处理

根据刑法第八十六条的规定，被假释的犯罪分子，在假释考验期限内犯新罪，以及发现被假释的犯罪分子在判决前还有其他罪行没有判决的，或者有违反法律、行政法规或者国务院有关部门关于假释的监督管理规定的行为，尚未构成犯罪的，应当撤销假释。但在司法实践中，存在假释考验期满后才发现犯罪分子存在上述应当撤销假释的情形。由于假释考验期限届满，是否应当按照刑法第八十六条的规定，撤销假释，有不同认识，也存在不同做法：第一种做法是撤销假释，按照刑法第八十六条的规定处理；第二种做法是不撤销假释，仅对罪犯在假释期间实施的违法犯罪行为进行处理；第三种做法是根据罪犯在假释考验期限内实施的违法犯罪行为是否构成犯罪，新罪、漏罪是否已过追诉期限，分别不同的情况予以处理。

《刑事审判参考》意见认为：刑法第八十一条对假释制度规定了严格的适用条件，即罪犯认真遵守监规，接受教育改造，确有悔改表现，假释后不致再危害社会。刑法第八十六条规定的应当撤销假释的三种情形，实质上是不具备假释适用条件的具体表现。只要发现被假释的犯罪分子具备刑法第八十六条规定的应当撤销假释的三种情形之一的，就应当撤销假释。但在具体处理方式上应有区别：（1）在假释考验期满后发现犯罪分子在假释考验期限内犯新罪，或者在判决宣告以前还有其他罪没有判决，如果新罪或者漏罪没有超过追诉期限，应当撤销假释，实行数罪并罚；（2）如果新罪或者漏罪已过追诉期限，应当撤销假释，收监执行未执行完毕的刑罚；（3）在假释考验期满后发现犯罪分子在假释考验期限内有违反法律、行政法规或者有关部门关于假释的监督管理规定的行为，尚未构成犯罪的，应当撤销假释，收监执行未执行完毕的刑罚。

典型案例

罪犯黄谨依法收监案

——对暂予监外执行情形消失的罪犯，依法收监执行

《最高人民法院发布5起严格规范减刑、假释、暂予监外执行典型案例》第5号

2015年7月29日

【基本案情】

罪犯黄谨，男，原上海海博名威国际物流有限公司总经理，原审认定其利用职务

便利，非法占有公共财物共计人民币113万余元。2013年3月29日上海市徐汇区人民法院以贪污罪判处黄谨有期徒刑八年，并处没收个人财产人民币60000元。判决生效交付执行时，上海市监狱总医院鉴定黄谨患有严重疾病，不宜收监执行刑罚。上海市徐汇区看守所建议对其暂予监外执行。徐汇区人民法院审查后对黄谨作出暂予监外执行决定，执行期间自2013年4月9日起至2014年4月8日止。2014年4月，执行机关上海市闵行区司法局提出收监执行建议，检察机关闵行区人民检察院对黄谨进行鉴定并出具了意见。

徐汇区人民法院经审理查明，罪犯黄谨患肥厚型心肌病，经治疗，现病情较为稳定，心功能未达Ⅲ级且未见器质性心脏病导致的心律失常等临床体征变化，不符合《罪犯保外就医疾病伤残范围》的相关要求。

【裁判结果】

徐汇区人民法院认为，罪犯黄谨暂予监外执行情形已消失，但刑期未满。遂依法作出收监执行决定，及时将黄谨收监执行剩余刑期。

关联规范

1. **《最高人民法院、最高人民检察院、公安部、司法部关于监狱办理刑事案件有关问题的规定》**（2014年8月11日　司发通〔2014〕80号）（节录）

三、罪犯在监狱内犯罪，假释期间被发现的，由审判新罪的人民法院撤销假释，并书面通知原裁定假释的人民法院和社区矫正机构。撤销假释的决定作出前，根据案件情况需要逮捕的，由人民检察院或者人民法院批准或者决定逮捕，公安机关执行逮捕，并将被逮捕人送监狱所在地看守所羁押，同时通知社区矫正机构。

刑满释放后被发现，需要逮捕的，由监狱提请人民检察院审查批准逮捕，公安机关执行逮捕后，将被逮捕人送监狱所在地看守所羁押。

2. **《最高人民法院关于办理减刑、假释案件具体应用法律的规定》**（2017年11月14日　法释〔2016〕23号）（节录）

第一条　减刑、假释是激励罪犯改造的刑罚制度，减刑、假释的适用应当贯彻宽严相济刑事政策，最大限度地发挥刑罚的功能，实现刑罚的目的。

第二十九条　罪犯在假释考验期内违反法律、行政法规或者国务院有关部门关于假释的监督管理规定的，作出假释裁定的人民法院，应当在收到报请机关或者检察机关撤销假释建议书后及时审查，作出是否撤销假释的裁定，并送达报请机关，同时抄送人民检察院、公安机关和原刑罚执行机关。

罪犯在逃的，撤销假释裁定书可以作为对罪犯进行追捕的依据。

第三十条　依照刑法第八十六条规定被撤销假释的罪犯，一般不得再假释。但依照该条第二款被撤销假释的罪犯，如果罪犯对漏罪曾作如实供述但原判未予认定，或者漏罪系其自首，符合假释条件的，可以再假释。

被撤销假释的罪犯，收监后符合减刑条件的，可以减刑，但减刑起始时间自收监之日起计算。

3.**《最高人民法院、最高人民检察院、公安部、司法部关于印发〈中华人民共和国社区矫正法实施办法〉的通知》**（2020 年 6 月 18 日　司发通〔2020〕59 号）

第四十七条　社区矫正对象在假释考验期内，有下列情形之一的，由执行地同级社区矫正机构提出撤销假释建议：

（一）无正当理由不按规定时间报到或者接受社区矫正期间脱离监管，超过一个月的；

（二）受到社区矫正机构两次警告，仍不改正的；

（三）其他违反有关法律、行政法规和监督管理规定，尚未构成新的犯罪的。

社区矫正机构一般向原审人民法院提出撤销假释建议。如果原审人民法院与执行地同级社区矫正机构不在同一省、自治区、直辖市的，可以向执行地人民法院提出建议，执行地人民法院作出裁定的，裁定书同时抄送原审人民法院。

社区矫正机构撤销假释的建议书和人民法院的裁定书副本同时抄送社区矫正执行地同级人民检察院、公安机关、罪犯原服刑或者接收其档案的监狱。

第八节　时　效

第八十七条　追诉期限

犯罪经过下列期限不再追诉：

（一）法定最高刑为不满五年有期徒刑的，经过五年；

（二）法定最高刑为五年以上不满十年有期徒刑的，经过十年；

（三）法定最高刑为十年以上有期徒刑的，经过十五年；

（四）法定最高刑为无期徒刑、死刑的，经过二十年。如果二十年以后认为必须追诉的，须报请最高人民检察院核准。

条文要旨

本条是关于犯罪追诉时效期限的规定。

理解与适用

追诉时效是指依照法律规定对犯罪分子追究刑事责任的有效期限。在法定的追诉期限内，司法机关有权依法追究犯罪分子的刑事责任；超过法定追诉时限，不应再追究犯罪分子的刑事责任。根据刑法关于追诉时效制度的规定，刑事诉讼法第十六条对已过追诉时效案件的处理程序也作出了规定：犯罪已过追诉时效期限的，不追究刑事责任，已经追究的，应当撤销案件，或者不起诉，或者终止审理，或者宣告无罪。

本条针对不同的犯罪行为分别规定了四种不同的追诉期限：

1. 法定最高刑为不满五年有期徒刑的，经过五年。就是说刑法对犯罪分子所犯罪行规定的刑罚，最高不超过五年有期徒刑的，如果犯罪人在五年之内没有追究刑事责任的，不再追究。《刑法修正案（八）》增加了危险驾驶罪，《刑法修正案（九）》增加了使用虚假身份证件、盗用身份证件罪，以及代替考试罪等较轻犯罪，这类犯罪的最高刑为拘役。最高刑为拘役的，应当理解为最高刑不满五年有期徒刑，适用本项规定的五年追诉期限。

2. 法定最高刑为五年以上不满十年有期徒刑的，经过十年。根据刑法第九十九条的规定，“以上”包括本数。因此，法定最高刑为五年有期徒刑的，适用十年追诉期限。

3. 法定最高刑为十年以上有期徒刑的，经过十五年。同样，根据刑法第九十九条的规定，“以上”包括本数在内。因此，最高刑为十年有期徒刑的，也按照十五年的追诉期处理。

4. 法定最高刑为无期徒刑、死刑的，经过二十年。如果二十年以后认为必须追诉的，须报请最高人民检察院核准。也就是说，虽然已经经过二十年，但由于案件后果特别严重、情节特别恶劣和社会影响特别重大等特殊原因，不追究刑事责任严重违反公平正义，严重影响国家安全、重大社会公共利益，必须予以追究的，经最高人民检察院核准同意，可以不受追诉时效期限的限制。这就是通常所说的核准追诉。这一制度规定对于弥补特殊情形下追诉期限规定的缺陷具有重要意义。既坚持追诉时效制度的基本定位，又为实践留有余地，由最高人民检察院根据案件情况、社会影响等因素决定是否核准，能最大限度发挥刑法惩处犯罪、平衡维护公平正义与保持社会关系平稳的关系。2012 年《最高人民检察院关于办理核准追诉案件若干问题的规定》、2019 年《人民检察院刑事诉讼规则》等对核准追诉的条件和程序作了具体规定，“涉嫌犯罪的行为应当适用的法定量刑幅度的最高刑为无期徒刑或者死刑的，涉嫌犯罪的性质、情节和后果特别严重，虽然已过二十年追诉期限，但社会危害性和影响依然存在，不追诉会严重影响社会稳定或者产生其他严重后果，而必须追诉的”，最高人民检察院依法核准追诉，并对有关报请核准的具体程序作了规定。近些年来，随着 DNA 检测和信息系统建设等技术手段应用于刑侦领域，一些二十年以前发生的重大案件不断破获，对此一方面应当依照刑法追诉期限的规定精神处理，另一方面必须追诉的应当报请核准，进一步发挥好核准追诉制度的作用和意义。实践中，最高人民检察院公布了一些核准追诉的指导案例。

指导案例

1. 最高人民检察院检例第 20 号

马世龙（抢劫）核准追诉案

（2015 年 7 月 3 日）

【关键词】

核准追诉　后果严重　影响恶劣

【基本案情】

犯罪嫌疑人马世龙，男，1970 年生，吉林省公主岭市人。

1989 年 5 月 19 日下午，犯罪嫌疑人马世龙、许云刚、曹立波（后二人另案处理，均已判刑）预谋到吉林省公主岭市苇子沟街獾子洞村李树振家抢劫，并准备了面罩、匕首等作案工具。5 月 20 日零时许，三人蒙面持刀进入被害人李树振家大院，将屋门玻璃撬开后拉开门锁进入李树振卧室。马世龙、许云刚、曹立波分别持刀逼住李树振及其妻子王某，并强迫李树振及其妻子拿钱。李树振和妻子王某喊救命，曹立波、许云刚随即逃离。马世龙在逃离时被李树振拉住，遂持刀在李树振身上乱捅，随后逃脱。曹立波、许云刚、马世龙会合后将抢得的现金 380 余元分掉。李树振被送往医院抢救无效死亡。

【核准追诉案件办理过程】

案发后马世龙逃往黑龙江省七台河市打工。公安机关没有立案，也未对马世龙采取强制措施。2014 年 3 月 10 日，吉林省公主岭市公安局接到黑龙江省七台河市桃山区桃山街派出所移交案件：当地民警在对辖区内一名叫“李红”的居民进行盘查时，“李红”交代其真实姓名为马世龙，1989 年 5 月伙同他人闯入吉林省公主岭市苇子沟街獾子洞村李树振家抢劫，并将李树振用刀扎死后逃跑。当日，公主岭市公安局对马世龙立案侦查，3 月 18 日通过公主岭市人民检察院层报最高人民检察院核准追诉。

公主岭市人民检察院、四平市人民检察院、吉林省人民检察院对案件进行审查并开展了必要的调查。2014 年 4 月 8 日，吉林省人民检察院报最高人民检察院对马世龙核准追诉。

另据查明：（一）被害人妻子王某和儿子因案发时受到惊吓患上精神病，靠捡破烂为生，生活非常困难，王某强烈要求追究马世龙刑事责任。（二）案发地群众表示，李树振被抢劫杀害一案在当地造成很大恐慌，影响至今没有消除，对犯罪嫌疑人应当追究刑事责任。

最高人民检察院审查认为：犯罪嫌疑人马世龙伙同他人入室抢劫，造成一人死亡的严重后果，依据《中华人民共和国刑法》第十二条、1979 年《中华人民共和国刑法》第一百五十条规定，应当适用的法定量刑幅度的最高刑为死刑。本案对被害人家庭和亲属造成严重伤害，在案发当地造成恶劣影响，虽然经过二十年追诉期限，被害方以及案发地群众反映强烈，社会影响没有消失，不追诉可能严重影响社会稳定或者产生其他严重后果。综合上述情况，依据 1979 年《中华人民共和国刑法》第七十六条第四项规定，决定对犯罪嫌疑人马世龙核准追诉。

【案件结果】

2014 年 6 月 26 日，最高人民检察院作出对马世龙核准追诉决定。2014 年 11 月 5 日，吉林省四平市中级人民法院以马世龙犯抢劫罪，同时考虑其具有自首情节，判处其有期徒刑十五年，并处罚金 1000 元。被告人马世龙未上诉，检察机关未抗诉，一审判决生效。

【要旨】

故意杀人、抢劫、强奸、绑架、爆炸等严重危害社会治安的犯罪，经过二十年追诉期限，仍然严重影响人民群众安全感，被害方、案发地群众、基层组织等强烈要求追究犯罪嫌疑人刑事责任，不追诉可能影响社会稳定或者产生其他严重后果的，对犯罪嫌疑人应当追诉。

【相关法律规定】

《中华人民共和国刑法》第十二条、第六十七条；1979 年《中华人民共和国刑法》第七十六条、第一百五十条。

2. **最高人民检察院检例第 21 号**

丁国山等（故意伤害）核准追诉案

（2015 年 7 月 3 日）

【关键词】

核准追诉　情节恶劣　无悔罪表现

【基本案情】

犯罪嫌疑人丁国山，男，1963 年生，黑龙江省齐齐哈尔市人。

犯罪嫌疑人常永龙，男，1973 年生，辽宁省朝阳市人。

犯罪嫌疑人丁国义，男，1965 年生，黑龙江省齐齐哈尔市人。

犯罪嫌疑人闫立军，男，1970 年生，黑龙江省齐齐哈尔市人。

1991 年 12 月 21 日，李万山、董立君、魏江等三人上山打猎，途中借宿在莫旗红彦镇大韭菜沟村（后改名干拉抛沟村）丁国义家中。李万山酒后因琐事与丁国义侄子常永龙发生争吵并殴打了常永龙。12 月 22 日上午 7 时许，丁国山、丁国义、常永龙、闫立军为报复泄愤，对李万山、董立君、魏江三人进行殴打，并将李万山、董立君装进麻袋，持木棒继续殴打三人要害部位。后丁国山等四人用绳索将李万山和董立君捆绑吊于房梁上，将魏江捆绑在柱子上后逃离现场。李万山头部、面部多处受伤，经救治无效于当日死亡。

【核准追诉案件办理过程】

案发后丁国山等四名犯罪嫌疑人潜逃。莫旗公安局当时没有立案手续，也未对犯罪嫌疑人采取强制措施。2010 年全国追逃行动期间，莫旗公安局经对未破命案进行梳理，并通过网上信息研判、证人辨认，确定了丁国山等四名犯罪嫌疑人下落。2013 年 12 月 25 日，犯罪嫌疑人丁国山、丁国义、闫立军被抓获归案；2014 年 1 月 17 日，犯罪嫌疑人常永龙被抓获归案。2014 年 1 月 25 日，莫旗公安局通过莫旗人民检察院层报最高人民检察对丁国山等四名犯罪嫌疑人核准追诉。

莫旗人民检察院、呼伦贝尔市人民检察院、内蒙古自治区人民检察院对案件进行审查并开展了必要的调查。2014 年 4 月 10 日，内蒙古自治区人民检察院报最高人民检察院对丁国山等四名犯罪嫌疑人核准追诉。

另据查明：（一）案发后四名犯罪嫌疑人即逃跑，在得知李万山死亡后分别更名潜逃到黑龙江、陕西等地，其间对于死伤者及其家属未给予任何赔偿。（二）被害人家属强烈要求严惩犯罪嫌疑人。（三）案发地部分村民及村委会出具证明表示，本案虽然过了 20 多年，但在当地造成的影响没有消失。

最高人民检察院审查认为：犯罪嫌疑人丁国山、丁国义、常永龙、闫立军涉嫌故意伤害罪，并造成一人死亡的严重后果，依据《中华人民共和国刑法》第十二条、1979 年《中华人民共和国刑法》第一百三十四条、全国人民代表大会常务委员会《关于严惩严重危害社会治安的犯罪分子的决定》第一条规定，应当适用的法定量刑幅度的最高刑为死刑。本案情节恶劣、后果严重，虽然已过 20 年追诉期限，但社会影响没有消失，不追诉可能严重影响社会稳定或者产生其他严重后果。本案系共同犯罪，四名犯罪嫌疑人具有共同犯罪故意，共同实施了故意伤害行为，应当对犯罪结果共同承担责任。综合上述情况，依据 1979 年《中华人民共和国刑法》第七十六条第四项规定，决定对犯罪嫌疑人丁国山、常永龙、丁国义、闫立军核准追诉。

【案件结果】

2014 年 6 月 13 日，最高人民检察院作出对丁国山、常永龙、丁国义、闫立军核准追诉决定。2015 年 2 月 26 日，内蒙古自治区呼伦贝尔市中级人民法院以犯故意伤害罪，同时考虑审理期间被告人向被害人进行赔偿等因素，判处主犯丁国山、常永龙、丁国义有期徒刑十四年、十三年、十二年，从犯闫立军有期徒刑三年。被告人均未上诉，检察机关未抗诉，一审判决生效。

【要旨】

涉嫌犯罪情节恶劣、后果严重，并且犯罪后积极逃避侦查，经过二十年追诉期限，犯罪嫌疑人没有明显悔罪表现，也未通过赔礼道歉、赔偿损失等获得被害方谅解，犯罪造成的社会影响没有消失，不追诉可能影响社会稳定或者产生其他严重后果的，对犯罪嫌疑人应当追诉。

【相关法律规定】

《中华人民共和国刑法》第十二条；1979 年《中华人民共和国刑法》第二十二条、第七十六条、第一百三十四条。

3. 最高人民检察院检例第 22 号

杨菊云（故意杀人）不核准追诉案

（2015 年 7 月 3 日）

【关键词】

不予核准追诉　家庭矛盾　被害人谅解

【基本案情】

犯罪嫌疑人杨菊云，女，1962 年生，四川省简阳市人。

1989 年 9 月 2 日晚，杨菊云与丈夫吴德禄因琐事发生口角，吴德禄因此殴打杨菊云。杨菊云乘吴德禄熟睡，手持家中一节柏树棒击打吴德禄头部，后因担心吴德禄继续殴打自己，便用剥菜尖刀将吴德禄杀死。案发后杨菊云携带儿子吴某（当时不满 1 岁）逃离简阳。9 月 4 日中午，吴德禄继父魏某去吴德禄家中，发现吴德禄被杀死在床上，于是向公安机关报案。公安机关随即开展了尸体检验、现场勘查等调查工作，并于 9 月 26 日立案侦查，但未对杨菊云采取强制措施。

【核准追诉案件办理过程】

杨菊云潜逃后辗转多地，后被拐卖嫁与安徽省凤阳县农民曹某。2013 年 3 月，吴德禄亲属得知杨菊云联系方式、地址后，多次到简阳市公安局、资阳市公安局进行控告，要求追究杨菊云刑事责任。同年 4 月 22 日，简阳市及资阳市公安局在安徽省凤阳县公安机关协助下将杨菊云抓获，后依法对其刑事拘留、逮捕，并通过简阳市人民检察院层报最高人民检察院核准追诉。

简阳市人民检察院、资阳市人民检察院、四川省人民检察院先后对案件进行审查并开展了必要的调查。2013 年 6 月 8 日，四川省人民检察院报最高人民检察院对杨菊云核准追诉。

另据查明：（一）杨菊云与吴德禄之子吴某得知自己身世后，恳求吴德禄父母及其他亲属原谅杨菊云。吴德禄的父母等亲属向公安机关递交谅解书，称鉴于杨菊云将吴某抚养成人，成立家庭，不再要求追究杨菊云刑事责任。（二）案发地部分群众表示，吴德禄被杀害，当时社会影响很大，现在事情过去二十多年，已经没有什么影响。

最高人民检察院审查认为：犯罪嫌疑人杨菊云故意非法剥夺他人生命，依据《中华人民共和国刑法》第十二条、1979 年《中华人民共和国刑法》第一百三十二条规定，应当适用的法定量刑幅度的最高刑为死刑。本案虽然情节、后果严重，但属于因家庭矛盾引发的刑事案件，且多数被害人家属已经表示原谅杨菊云，被害人与犯罪嫌疑人杨菊云之子吴某也要求不追究杨菊云刑事责任。案发地群众反映案件造成的社会影响已经消失。综合上述情况，本案不属于必须追诉的情形，依据 1979 年《中华人民共和国刑法》第七十六条第四项规定，决定对杨菊云不予核准追诉。

【案件结果】

2013 年 7 月 19 日，最高人民检察院作出对杨菊云不予核准追诉决定。2013 年 7 月 29 日，简阳市公安局对杨菊云予以释放。

【要旨】

1. 因婚姻家庭等民间矛盾激化引发的犯罪，经过二十年追诉期限，犯罪嫌疑人没有再犯罪危险性，被害人及其家属对犯罪嫌疑人表示谅解，不追诉有利于化解社会矛盾、恢复正常社会秩序，同时不会影响社会稳定或者产生其他严重后果的，对犯罪嫌疑人可以不再追诉。

2. 须报请最高人民检察院核准追诉的案件，侦查机关在核准之前可以依法对犯罪嫌疑人采取强制措施。侦查机关报请核准追诉并提请逮捕犯罪嫌疑人，人民检察院经审查认为必须追诉而且符合法定逮捕条件的，可以依法批准逮捕。

【相关法律规定】

《中华人民共和国刑法》第十二条；1979 年《中华人民共和国刑法》第七十六条、第一百三十二条。

4. 最高人民检察院检例第 23 号

蔡金星、陈国辉等（抢劫）不核准追诉案

（2015 年 7 月 3 日）

【关键词】

不予核准追诉　悔罪表现　共同犯罪

【基本案情】

犯罪嫌疑人蔡金星，男，1963 年生，福建省莆田市人。

犯罪嫌疑人陈国辉，男，1963 年生，福建省莆田市人。

犯罪嫌疑人蔡金星、林俊雄于1991年初认识了在福建、安徽两地从事鳗鱼苗经营的一男子（姓名身份不详），该男子透露莆田市多人集资14万余元赴芜湖市购买鳗鱼苗，让蔡金星、林俊雄设法将钱款偷走或抢走，自己作为内应。蔡金星、林俊雄遂召集陈国辉、李建忠、蔡金文、陈锦城赶到芜湖市。经事先“踩点”，蔡金星、陈国辉等六人携带凶器及作案工具，于1991年3月12日上午租乘一辆面包车到被害人林文忠租住的房屋附近。按照事先约定，蔡金星在车上等候，其余五名犯罪嫌疑人进入屋内，陈国辉上前按住林文忠，其他人用水果刀逼迫林文忠，抢到装在一个密码箱内的14万余元现金后逃跑。

【核准追诉案件办理过程】

1991年3月12日，被害人林文忠到芜湖市公安局报案，4月18日芜湖市公安局对犯罪嫌疑人李建忠、蔡金文、陈锦城进行通缉，4月23日对三人作出刑事拘留决定。李建忠于2011年9月21日被江苏省连云港市公安局抓获，蔡金文、陈锦城于2011年12月8日在福建省莆田市投案（三名犯罪嫌疑人另案处理，均已判刑）。李建忠、蔡金文、陈锦城到案后，供出同案犯罪嫌疑人蔡金星、陈国辉、林俊雄（已死亡）三人。莆田市公安局于2012年3月9日将犯罪嫌疑人蔡金星、陈国辉抓获。2012年3月12日，芜湖市公安局对两名犯罪嫌疑人刑事拘留（后取保候审），并通过芜湖市人民检察院层报最高人民检察院核准追诉。

芜湖市人民检察院、安徽省人民检察院分别对案件进行审查并开展了必要的调查。2012年12月4日，安徽省人民检察院报最高人民检察院对蔡金星、陈国辉核准追诉。

另据查明：（一）犯罪嫌疑人蔡金星、陈国辉与被害人（林文忠等当年集资做生意的群众）达成和解协议，并支付被害人40余万元赔偿金（包括直接损失和间接损失），各被害人不再要求追究其刑事责任。（二）蔡金星、陈国辉居住地基层组织未发现二人有违法犯罪行为，建议司法机关酌情不予追诉。

最高人民检察院审查认为：犯罪嫌疑人蔡金星、陈国辉伙同他人入户抢劫14万余元，依据《中华人民共和国刑法》第十二条、1979年《中华人民共和国刑法》第一百五十条规定，应当适用的法定量刑幅度的最高刑为死刑。本案发生在1991年3月12日，案发后公安机关只发现了犯罪嫌疑人李建忠、蔡金文、陈锦城，在追诉期限内没有发现犯罪嫌疑人蔡金星、陈国辉，二人在案发后也没有再犯罪，因此已超过二十年追诉期限。本案虽然犯罪数额巨大，但未造成被害人人身伤害等其他严重后果。犯罪嫌疑人与被害人达成和解协议，并实际赔偿了被害人损失，被害人不再要求追究其刑事责任。综合上述情况，本案不属于必须追诉的情形，依据1979年《中华人民共和国刑法》第七十六条第四项规定，决定对蔡金星、陈国辉不予核准追诉。

【案件结果】

2012年12月31日，最高人民检察院作出对蔡金星、陈国辉不予核准追诉决定。2013年2月20日，芜湖市公安局对蔡金星、陈国辉解除取保候审。

【要旨】

1．涉嫌犯罪已过二十年追诉期限，犯罪嫌疑人没有再犯罪危险性，并且通过赔礼道歉、赔偿损失等方式积极消除犯罪影响，被害方对犯罪嫌疑人表示谅解，犯罪破坏的社会秩序明显恢复，不追诉不会影响社会稳定或者产生其他严重后果的，对犯罪嫌疑人可以不再追诉。

2. 1997 年 9 月 30 日以前实施的共同犯罪，已被司法机关采取强制措施的犯罪嫌疑人逃避侦查或者审判的，不受追诉期限限制。司法机关在追诉期限内未发现或者未采取强制措施的犯罪嫌疑人，应当受追诉期限限制；涉嫌犯罪应当适用的法定量刑幅度的最高刑为无期徒刑、死刑，犯罪行为发生二十年以后认为必须追诉的，须报请最高人民检察院核准。

【相关法律规定】

《中华人民共和国刑法》第十二条；1979 年《中华人民共和国刑法》第二十二条、七十六条、第一百五十条。

关联规范

1. **《最高人民法院关于挪用公款犯罪如何计算追诉期限问题的批复》**（2003 年 9 月 22 日　法释〔2003〕16 号）（节录）

根据刑法第八十九条、第三百八十四条的规定，挪用公款归个人使用，进行非法活动的，或者挪用公款数额较大、进行营利活动的，犯罪的追诉期限从挪用行为实施完毕之日起计算；挪用公款数额较大、超过三个月未还的，犯罪的追诉期限从挪用公款罪成立之日起计算。挪用公款行为有连续状态的，犯罪的追诉期限应当从最后一次挪用行为实施完毕之日或者犯罪成立之日起计算。

2. **《最高人民检察院关于办理核准追诉案件若干问题的规定》**（2012 年 10 月 9 日　高检发质监〔2012〕21 号）（节录）

第二条　办理核准追诉案件应当严格依法、从严控制。

第三条　法定最高刑为无期徒刑、死刑的犯罪，已过二十年追诉期限的，不再追诉。如果认为必须追诉的，须报请最高人民检察院核准。

第四条　须报请最高人民检察院核准追诉的案件在核准之前，侦查机关可以依法对犯罪嫌疑人采取强制措施。

侦查机关报请核准追诉并提请逮捕犯罪嫌疑人，人民检察院经审查认为必须追诉而且符合法定逮捕条件的，可以依法批准逮捕，同时要求侦查机关在报请核准追诉期间不停止对案件的侦查。

未经最高人民检察院核准，不得对案件提起公诉。

第五条　报请核准追诉的案件应当同时符合下列条件：

（一）有证据证明存在犯罪事实，且犯罪事实是犯罪嫌疑人实施的；

（二）涉嫌犯罪的行为应当适用的法定量刑幅度的最高刑为无期徒刑或者死刑的；

（三）涉嫌犯罪的性质、情节和后果特别严重，虽然已过二十年追诉期限，但社会危害性和影响依然存在，不追诉会严重影响社会稳定或者产生其他严重后果，而必须追诉的；

（四）犯罪嫌疑人能够及时到案接受追诉的。

第六条　侦查机关报请核准追诉的案件，由同级人民检察院受理并层报最高人民检察院审查决定。

第七条 人民检察院对侦查机关移送的报请核准追诉的案件，应当审查是否移送下列材料：

（一）报请核准追诉案件意见书；

（二）证明犯罪事实的证据材料；

（三）关于发案、立案、侦查、采取强制措施和犯罪嫌疑人是否重新犯罪等有关情况的书面说明及相关法律文书；

（四）被害方、案发地群众、基层组织等的意见和反映。

材料齐备的，应当受理案件；材料不齐备的，应当要求侦查机关补充移送。

第八条 地方各级人民检察院对侦查机关报请核准追诉的案件，应当及时进行审查并开展必要的调查，经检察委员会审议提出是否同意核准追诉的意见，在受理案件后十日之内制作《报请核准追诉案件报告书》，连同案件材料一并层报最高人民检察院。

第九条 最高人民检察院收到省级人民检察院报送的《报请核准追诉案件报告书》及案件材料后，应当及时审查，必要时派人到案发地了解案件有关情况。经检察长批准或者检察委员会审议，应当在受理案件后一个月之内作出是否核准追诉的决定，特殊情况下可以延长十五日，并制作《核准追诉决定书》或者《不予核准追诉决定书》，逐级下达最初受理案件的人民检察院，送达报请核准追诉的侦查机关。

第十条 对已经批准逮捕的案件，侦查羁押期限届满不能作出是否核准追诉决定的，应当依法对犯罪嫌疑人变更强制措施或者延长侦查羁押期限。

第十一条 最高人民检察院决定核准追诉的案件，最初受理案件的人民检察院应当监督侦查机关及时开展侦查取证。

最高人民检察院决定不予核准追诉，侦查机关未及时撤销案件的，同级人民检察院应当予以监督纠正。犯罪嫌疑人在押的，应当立即释放。

第十二条 人民检察院直接立案侦查的案件报请最高人民检察院核准追诉的，参照本规定办理。

3.**《最高人民法院关于被告人林少钦受贿请示一案的答复》**（2017年2月13日〔2016〕最高法刑他5934号）（节录）

追诉时效是依照法律规定对犯罪分子追究刑事责任的期限，在追诉时效期限内，司法机关应当依法追究犯罪分子刑事责任。对于法院正在审理的贪污贿赂案件，应当依据司法机关立案侦查时的法律规定认定追诉时效。依据立案侦查时的法律规定未过时效，且已经进入诉讼程序的案件，在新的法律规定生效后应当继续审理。

4.**《人民检察院刑事诉讼规则》**（2019年12月30日　高检发释字〔2019〕4号）（节录）

第三百二十条 法定最高刑为无期徒刑、死刑的犯罪，已过二十年追诉期限的，不再追诉。如果认为必须追诉的，须报请最高人民检察院核准。

第三百二十一条 须报请最高人民检察院核准追诉的案件，公安机关在核准之前可以依法对犯罪嫌疑人采取强制措施。

公安机关报请核准追诉并提请逮捕犯罪嫌疑人，人民检察院经审查认为必须追诉而且符合法定逮捕条件的，可以依法批准逮捕，同时要求公安机关在报请核准追诉期间不得停止对案件的侦查。

未经最高人民检察院核准，不得对案件提起公诉。

第三百二十二条　报请核准追诉的案件应当同时符合下列条件：

（一）有证据证明存在犯罪事实，且犯罪事实是犯罪嫌疑人实施的；

（二）涉嫌犯罪的行为应当适用的法定量刑幅度的最高刑为无期徒刑或者死刑；

（三）涉嫌犯罪的性质、情节和后果特别严重，虽然已过二十年追诉期限，但社会危害性和影响依然存在，不追诉会严重影响社会稳定或者产生其他严重后果，而必须追诉的；

（四）犯罪嫌疑人能够及时到案接受追诉。

第三百二十三条　公安机关报请核准追诉的案件，由同级人民检察院受理并层报最高人民检察院审查决定。

第三百二十四条　地方各级人民检察院对公安机关报请核准追诉的案件，应当及时进行审查并开展必要的调查。经检察委员会审议提出是否同意核准追诉的意见，制作报请核准追诉案件报告书，连同案卷材料一并层报最高人民检察院。

第三百二十五条　最高人民检察院收到省级人民检察院报送的报请核准追诉案件报告书及案卷材料后，应当及时审查，必要时指派检察人员到案发地了解案件有关情况。经检察长批准，作出是否核准追诉的决定，并制作核准追诉决定书或者不予核准追诉决定书，逐级下达至最初受理案件的人民检察院，由其送达报请核准追诉的公安机关。

第三百二十六条　对已经采取强制措施的案件，强制措施期限届满不能作出是否核准追诉决定的，应当对犯罪嫌疑人变更强制措施或者延长侦查羁押期限。

第三百二十七条　最高人民检察院决定核准追诉的案件，最初受理案件的人民检察院应当监督公安机关的侦查工作。

最高人民检察院决定不予核准追诉，公安机关未及时撤销案件的，同级人民检察院应当提出纠正意见。犯罪嫌疑人在押的，应当立即释放。

第八十八条 不受追诉期限限制的情形

在人民检察院、公安机关、国家安全机关立案侦查或者在人民法院受理案件以后，逃避侦查或者审判的，不受追诉期限的限制。

被害人在追诉期限内提出控告，人民法院、人民检察院、公安机关应当立案而不予立案的，不受追诉期限的限制。

条文要旨

本条是关于不受追诉时效限制的特别规定。

理解与适用

根据本条规定，不受追诉时效限制的情况包括两种：

1. 人民检察院、公安机关、国家安全机关立案侦查或者在人民法院受理案件以后，逃避侦查或者审判的，不受追诉期限的限制

1979年刑法规定的是“采取强制措施以后”。一般认为，采取强制措施以后，既适用于已经执行强制措施后逃避侦查或者审判的，也适用于人民法院、人民检察院、公安机关决定（批准）采取强制措施后，由于犯罪分子逃避而无法执行，以及犯罪分子在逃，经决定（批准）逮捕并发布通缉令后拒不到案的情况。这里修改为“立案侦查”以后，是指人民检察院、公安机关、国家安全机关依照刑事诉讼法的规定按照自己的管辖范围，对发现犯罪事实或者犯罪嫌疑人的案件予以立案，进行侦查，收集、调取犯罪嫌疑人有罪或无罪、罪轻或罪重的证据材料之日起。需要注意的是，刑事诉讼法规定，发现犯罪事实或者犯罪嫌疑人的，应当立案侦查。立案侦查包括因事立案和因人立案，当然也有人和事均发现后立案。本条规定了“立案侦查”以后，逃避侦查的，不受追诉期限的限制。如何理解这里的“立案侦查”，是指在程序上有立案就可以，还是要求对犯罪嫌疑人因人立案，并采取了一定的侦查措施活动？对于因事立案后，办案机关没有采取实质侦查活动的，犯罪嫌疑人也未逃跑的，是不是也不受追诉期限的限制，存在不同观点。一种意见认为，这里的“立案侦查”没有限定因人立案还是因事立案，侧重点在于“立案”，只要立案就可以，既包括因人立案，也包括因事立案，这样理解与刑事诉讼法的规定一致。另一种意见认为，“立案侦查”是指因人立案，仅有犯罪事实而立案，没有采取实质侦查活动，并没有确定犯罪嫌疑人的，不属于这里的“立案侦查”，否则就会导致案件事实一旦被发现，即使完全不知道嫌疑人是谁，就不适用追诉时效制度，会导致追诉时效制度事实上被架空。还有意见认为，“立案侦查”是指侦查机关已经发现犯罪事实和犯罪嫌疑人，并且针对犯罪嫌疑人展开了侦查活动，对于单纯因事立案或者因人立案后未采取任何侦查措施的，追诉时效应当继续计算。对此，需要结合追诉时效制度的目的和各类复杂案件的情况进一步研究。

“受理案件以后”，是指人民法院依照刑事诉讼法关于审判管辖的规定，接受人民检察院提起公诉或被害人自诉案件之日起。

关于“逃避侦查或者审判”的理解。一种观点认为，“逃避侦查或者审判”，应限于积极的、明显的、致使侦查和审判工作无法进行的逃避行为，主要是指积极逃跑、畏罪潜逃或者藏匿，且主观上应当知道自己可能已经被发现涉嫌犯罪、可能被列为犯罪嫌疑人，具有逃避侦查的故意。如果对逃避作过于宽泛的理解，追诉时效制度会丧失应有的意义。另一种观点认为，“逃避侦查或者审判”除了积极的逃跑或者藏匿以外，还包括虽然人身没有离开相关地方，但是实施串供、毁灭犯罪证据、到案后不如实供述等妨碍侦查或者审判的行为，也包括主观上不是出于逃避侦查或者审判，而是因为工作生活的需要而有变更住所、单位等情况，客观上对侦查、审判造成妨碍的，甚至还有认为应当包括没有主动投案，只是消极不到案的情况。根据刑法的规定和追诉时效制度的立法目的，以及关于不受追诉时效期限限制的条件设定本身所要解决的问题，“逃避侦查或者审判”主要是指以逃避、隐藏的方法逃避刑事追究，不应包括消极不到案等情况。犯罪嫌疑人在人民检察院、公安机关和国家安全机关立案侦查或者被告人在人民法院受理案件以后，如果其从拘留所、看守所中逃跑，从自家中潜逃、隐藏起来或者采用其他方法逃避侦查或者审判的，在任何时候将其追捕归案后，都可以进行追诉，不再受刑法第八十七条规定的追诉时效期限的限制。

2. 被害人在追诉期限内提出控告，人民法院、人民检察院、公安机关应当立案而不予立案的，不受追诉时效期限的限制

“被害人”是指遭受犯罪行为侵害的自然人和单位。“控告”是指被害人对侵犯本人、本单位合法权益的犯罪行为向司法机关告诉，要求追究侵害人的法律责任的行为。关于“应当立案”的理解：刑事诉讼法第一百一十条、第一百一十二条和第一百一十三条规定，被害人对侵犯其人身、财产权利的犯罪事实或者犯罪嫌疑人，有权向公安机关、人民检察院或者人民法院报案或者控告。人民法院、人民检察院或者公安机关对于报案、控告、举报和自首的材料，应当按照管辖范围，迅速进行审查，认为有犯罪事实需要追究刑事责任的时候，应当立案；认为没有犯罪事实，或者犯罪事实显著轻微，不需要追究刑事责任的时候，不予立案，并且将不立案的原因通知控告人。人民检察院认为公安机关对应当立案侦查的案件而不立案侦查的，或者被害人认为公安机关对应当立案侦查的案件而不立案侦查，向人民检察院提出的，人民检察院应当要求公安机关说明不立案的理由。人民检察院认为公安机关不立案理由不能成立的，应当通知公安机关立案，公安机关接到通知后应当立案。对于自诉案件，被害人有权向人民法院直接起诉。因此，“应当立案”是指符合刑事诉讼法第一百一十二条规定的“有犯罪事实需要追究刑事责任”的立案条件，应当立案侦查的。“不予立案”是指对符合立案条件的，不属于刑事诉讼法第一百一十二条规定的“没有犯罪事实，或者犯罪事实显著轻微，不需要追究刑事责任”不予立案的情况，但人民法院、人民检察院、公安机关却未予立案。“不予立案”包括立案后又撤销案件的情况。根据本款规定，只要被害人在追诉期限内提出控告的，遇有该立案而不予立案的情况，对犯罪分子的追诉就不受刑法第八十七条规定的追诉期限的限制。

关联规范

1. **《最高人民法院关于适用刑法时间效力规定若干问题的解释》**（1997年9月25日 法释〔1997〕5号）（节录）

第一条 对于行为人1997年9月30日以前实施的犯罪行为，在人民检察院、公安机关、国家安全机关立案侦查或者在人民法院受理案件以后，行为人逃避侦查或者审判，超过追诉期限或者被害人在追诉期限内提出控告，人民法院、人民检察院、公安机关应当立案而不予立案，超过追诉期限的，是否追究行为人的刑事责任，适用修订前的刑法第七十七条的规定。

2. **《公安部关于刑事追诉期限有关问题的批复》**（2000年10月25日 公复字〔2000〕11号）（节录）

根据从旧兼从轻原则，对1997年9月30日以前实施的犯罪行为，追诉期限问题应当适用1979年刑法第七十七条的规定，即在人民法院、人民检察院、公安机关采取强制措施以后逃避侦查或者审判的，不受追诉期限的限制。

第八十九条 追诉期限的计算

追诉期限从犯罪之日起计算；犯罪行为有连续或者继续状态的，从犯罪行为终了之日起计算。

在追诉期限以内又犯罪的，前罪追诉的期限从犯后罪之日起计算。

条文要旨

本条是关于追诉期限起算的规定。

理解与适用

本条规定的追诉期限有两种起算情况。

1．一般情况下追诉期限的起算时间是从犯罪之日起计算。"犯罪之日"是指犯罪行为完成或停止之日。例如，运输毒品，在路途上用了三天，应以第三天将毒品运到转交他人起开始计算运输毒品犯罪的追诉期限。对于以危害结果作为构成要件的犯罪，如一些过失犯罪（如玩忽职守罪），结果发生之日为犯罪完成之日，自该日起算。在共同犯罪的场合，一般以所有共犯人中的最终行为终了之日，计算对所有共犯人的追诉期限。

2．特殊情况下追诉期限的起算时间，有三种情形：

（1）犯罪行为处于连续状态的，从犯罪行为终了之日起计算。就是说，犯罪人连续实施同一罪名的犯罪，时效期限从其最后一个犯罪行为施行完毕时开始计算。"连续状态"是指犯罪人在一定时期，以一个故意连续实施数个独立的犯罪行为触犯同一罪名的。例如，某罪犯多次在汽车上扒窃，其连续扒窃行为即是盗窃罪的连续状态。

（2）犯罪行为处于继续状态的，从犯罪行为终了之日起计算。就是说，犯罪人的犯罪行为在一定时间处于持续状态的，时效期限自这种持续状态停止的时候起开始计算。"继续状态"也就是持续状态，是指犯罪人实施的同一犯罪行为在一定时间内处于接连不断的状态，不法行为与不法状态同时继续。例如，非法拘禁他人，在被害人脱离拘禁以前，该犯罪就一直属于继续状态。对于脱逃罪、重婚罪等，是否只要犯罪处于继续状态，都属于在追诉时效以内，司法实践中持肯定态度。如1989年《最高人民法院研究室关于重婚案件的被告人长期外逃法院能否中止审理和是否受追诉时效限制问题的电话答复》对此持肯定态度。

（3）在追诉期限内又犯罪的，前一犯罪的追诉期限从后罪的犯罪行为完成或停止之日起计算。这里的前罪和后罪并未限定为同一种罪名，只要构成犯罪即可。只要再犯新罪，前罪开始计算的时效期限就归于无效，而从犯后罪之日起计算。这样规定是考虑到行为人犯罪后追诉时效尚未过去又再次犯罪，说明其人身危险性较大，经过一段时间以后，本人并没有悔过和完成自我改造重新回归社会，因而如果不中断其追诉时效的计算，从性质上不符合设置追诉时效制度的目的。如果被告人此前犯有多个罪的，多个罪的追诉期限都属于前罪，都应该重新计算，而不是各个前罪依照后一个罪的完成之日重新计算；换句话说，前罪不是前一个罪，而是之前的罪。

关联规范

《最高人民检察院关于对跨越修订刑法施行日期的继续犯罪、连续犯罪以及其他同种数罪应如何具体适用刑法问题的批复》（1998 年 12 月 2 日　高检发释字〔1998〕6 号）（节录）

对于开始于 1997 年 9 月 30 日以前，继续或者连续到 1997 年 10 月 1 日以后的行为，以及在 1997 年 10 月 1 日前后分别实施的同种类数罪，如果原刑法和修订刑法都认为是犯罪并且应当追诉，按照下列原则决定如何适用法律：

一、对于开始于 1997 年 9 月 30 日以前，继续到 1997 年 10 月 1 日以后终了的继续犯罪，应当适用修订刑法一并进行追诉。

二、对于开始于 1997 年 9 月 30 日以前，连续到 1997 年 10 月 1 日以后的连续犯罪，或者在 1997 年 10 月 1 日前后分别实施同种类数罪，其中罪名、构成要件、情节以及法定刑均没有变化的，应当适用修订刑法，一并进行追诉；罪名、构成要件、情节以及法定刑已经变化的，也应当适用修订刑法，一并进行追诉，但是修订刑法比原刑法所规定的构成要件和情节较为严格，或者法定刑较重的，在提起公诉时应当提出酌情从轻处理意见。

第五章　其他规定

【本章概要】

本章从第九十条到第一百零一条，共十二个条文，属于“其他规定”。其他规定，是指本法总则和分则各章没有规定而又需要专门规定的一些内容。

“其他规定”是本法总则的一章，是总则的重要组成部分。就其内容而言，主要是两个方面：一是对本法总则其他各章没有规定，又不适合在本法分则中规定的、有关犯罪与刑罚的事项的规定。例如，本法第一百条规定：“依法受过刑事处罚的人，在入伍、就业的时候，应当如实向有关单位报告自己曾受过刑事处罚，不得隐瞒。”二是对本法常用的法律用语的含意所作的说明，是立法解释的重要表现。例如，本法第九十二条对公共财产的含意所作的说明等。本章的规定与本法其他各章的规定具有同等的法律效力。

一、民族自治地方的变通或者补充规定

本法第九十条规定：“民族自治地方不能全部适用本法规定的，可以由自治区或者省的人民代表大会根据当地民族的政治、经济、文化的特点和本法规定的基本原则，制定变通或者补充的规定，报请全国人民代表大会常务委员会批准施行。”

我国是一个幅员辽阔的统一的多民族国家，由于历史的原因，各民族在政治、经济、文化和风俗习惯等方面的发展都不平衡，为了照顾这种发展的不平衡和尊重少数民族的风俗习惯、民族传统，促进民族团结，使各族人民同心同德为建设现代化国家而奋斗，本法规定少数民族可以根据当地实际情况，对本法作一些非原则性的修改或增补的规定。民族自治地方制定变通或者补充的规定，必须符合以下条件：第一，只限于对不能适应民族特点的部分作变通、补充的规定，而不是全部不适用刑法。第二，变通、补充本法规定的根据，是当地民族的政治、经济、文化的特点和本法规定的基本原则。第三，有权制定变通、补充本法规定的，只能是自治区或者省的人民代表大会，并依法定程序制定。第四，变通或者补充本法的规定，只有报请全国人民代表大会常务委员会批准才能施行。第五，变通或者补充刑法的规定，其效力仅及于该民族自治地方。

二、有关法律用语的解释

（一）公共财产的界定

本法第九十一条规定："本法所称公共财产，是指下列财产：（一）国有财产；（二）劳动群众集体所有的财产；（三）用于扶贫和其他公益事业的社会捐助或者专项基金的财产。在国家机关、国有公司、企业、集体企业和人民团体管理、使用或者运输中的私人财产，以公共财产论。"

1. 国有财产

包括：(1) 矿藏、水流、森林、荒地和其他海陆资源；(2) 国有公司、企业（国有工厂、农场、商店、农工商联合经济组织）以及铁路、交通、邮电、银行等企业的生产资料、资金、产品及其他财产；(3) 合资、合营企业中属于国有公司、企业投资和应得部分的财产；(4) 一切国家机关、事业单位、人民团体的财产。

2. 劳动群众集体所有的财产

是指农村中的乡、镇、村、乡办企业、村办企业、城镇集体企业以及其他集体所有的企、事业单位的财产。供销合作社、信用社、生产合作社等各种形式的合作经济也是集体所有制经济的形式，其资财也是劳动群众集体所有的财产。

3. 用于扶贫和其他公益事业的社会捐助或者专项基金的财产

扶贫，是指扶助贫困地区的群众脱贫致富的事业。其他公益事业，是指扶贫以外的，有关公共利益的事业，如希望工程、爱国卫生、扶危救困以及其他群众福利事业等。社会捐助，是指社会公众（单位或个人）为扶贫或其他公益事业捐献的财物。专项基金，是指国家设立的专门用于扶贫或者其他公益事业的款项。

在国家机关、国有公司、企业、集体企业和人民团体管理、使用或者运输中的私人财产的所有权虽然属于私人，但在未归还该私人占有之前，国家机关、国有公司、企业、集体企业和人民团体是该财产的管理者、使用者或者运输者，应对该财产负责。对于该财产的任何丢失、灭失、损坏，财产所有人都有权向该财产的管理者、使用者或者运输者请求赔偿。侵占、破坏此类财产，直接受害的不是财产的所有人，而是国家或集体，因此，当以侵占、破坏公共财产论。

（二）公民私人所有的财产的界定

本法第九十二条规定："本法所称公民私人所有的财产，是指下列财产：（一）公民的合法收入、储蓄、房屋和其他生活资料；（二）依法归个人、家庭所有的生产资料；（三）个体户和私营企业的合法财产；（四）依法归个人所有的股份、股票、债券和其他财产。"

1. 公民的合法收入、储蓄、房屋和其他生活资料

公民的合法收入，包括劳动所得、继承所得、赠与所得和其他国家法律规定的个人获取的一切所得，如租金、利息、定息、股息、红利、承包收益的应得部分等。生活资料，是指用于满足人们衣、食、住、行和文化生活所需要的部分社会产品，它又称消费资料。储蓄，是指公民存入银行的货币及利息。

2. 依法归个人、家庭所有的生产资料

是指法律允许公民个人或家庭从事物质资料生产所必需的一切条件（生产手段），例如，厂房、机器设备、运输工具、原材料、辅助材料等，其中起决定作用的是生产工具。我国是以生产资料公有制为主体的社会主义国家，但在现阶段，还允许个体经济、私营经济作为补充形式存在。因此，国家通过法律规定公民个人、个体工商户、农村承包经营户、私营企业等对与其生产经营相适应的生产资料，享有所有权。法律允许公民所有的生产资料，是公民的个人合法财产，受到法律保护。

3. 个体户和私营企业的合法财产

这是从主体的角度强调了个体户和私营企业的财产属于公民私人所有的财产。此处的财产既包括生活资料，也包括生产资料以及有价证券。

4. 依法归个人所有的股份、股票、债券和其他财产

股份，是指公司资本的等值份额或公司股东权利和义务的等值份额。有限责任公司的资本和股份有限公司的资本，都可以划分成等额股份。有限责任公司股份的表现形式是股东名册和股份证书；股份有限公司的股份表现形式是股票。股票，是指股份有限公司依照公司法的规定，为筹集资本所发行的表示一定数额或一定比例股份的有价证券。可以分为记名股票和无记名股票；债券，是指国家、公司、企业等经济主体为筹措资金，经国家批准而向社会投资者发行的，承诺一定时期支付固定利息和到期偿还本金的债务凭证。它属于有价证券的一种，其种类繁多，如国家投资债券、公司债券、企业债券、国际债券等。

（三）国家工作人员的认定

根据本法第九十三条的规定："本法所称国家工作人员，是指国家机关中从事公务的人员。国有公司、企业、事业单位、人民团体中从事公务的人员和国家机关、国有公司、企业、事业单位委派到非国有公司、企业、事业单位、社会团体从事公务的人员，以国家工作人员论。"

国家机关，是指从事国家管理和行使国家权力，以国家预算拨款作为独立活动经费的中央和地方各级组织。包括权力机关，即全国与地方各级人民代表大会及其常务委员会；行政机关，即国务院及各部委和地方各级

人民政府及其所属各种管理机构；各级司法机关；军队系统、公安系统、国家安全系统的各级机构。从事公务，是指依法履行职责的职务行为以及其他办理国家或集体事务的行为。

国有公司，是指国家授权投资的机构或者国家授权的部门单独投资设立的国有独资的有限责任公司和由2个以上50个以下国有投资主体共同出资设立的有限责任公司以及国有企业单独作为发起人设立的股份有限公司。

国有企业，是指财产属于国家所有的，从事生产、经营或者服务活动的经济组织。

国有事业单位，是指受国家机关领导，不实行经济核算，所需经费由国家划拨的部门或单位。如公立的学校、医院、科研机构等。

人民团体，是指由若干成员为了共同目的而自愿组成的，经过政府核准登记并由政府划拨经费的各种社会组织。

非国有公司、企业、事业单位、社会团体，是指不在国家编制，不由政府划拨经费，但依法登记成立的公司、企业、事业单位和社团组织。

其他依照法律从事公务的人员，是指受国家机关、国有公司、企业、事业单位、人民团体委托，从事公务的人员。

以国家工作人员论，是指按国家工作人员这一特殊主体适用本法。包括三类人员：一是国有公司、企业、事业单位、人民团体中从事公务的人员；二是国家机关、国有公司、企业、事业单位委派到非国有公司、企业、事业单位、社会团体从事公务的人员；三是其他依法从事公务的人员。

（四）司法工作人员的认定

根据第九十四条的规定："本法所称司法工作人员，是指有侦查、检察、审判、监管职责的工作人员。"

有侦查职责的工作人员，是指公安机关、安全机关、检察机关以及其他有侦查权的机关，负责侦查、预审和采取强制措施的人员。

有检察职责的工作人员，是指各级人民检察院行使检察权，负责批捕、起诉，对侦查、审判、执行进行监督的人员。

有审查职责的工作人员，是指各级人民法院行使国家审判权，负责案件的审理、判决、执行的人员。不仅包括在编的院长、庭长、审判员、助理审判员，也包括不在编的人民陪审员。

有监管职责的工作人员，是指监狱、看守所、治安拘留所、劳动教养所等监管单位，负责看守、关押、管理、监督等职责的人员。

（五）重伤的界定

本法第九十五条规定："本法所称重伤，是指有下列情形之一的伤害：（1）使人肢体残废或者毁人容貌的；（2）使人丧失听觉、视觉或者其他器官机能的；（3）其他对人身健康有重大伤害的。”

（六）违反国家规定的含义

本法第九十六条规定：“本法所称违反国家规定，是指违反全国人民代表大会及其常务委员会制定的法律和决定，国务院制定的行政法规、规定的行政措施、发布的决定和命令。”

我国宪法规定了一元、两级、多层次的立法体制。一元，是指我国立法体制是统一的、一体化的。两级，是指我国立法体制分为中央立法和地方立法两个立法等级。凡立法的效力及于全国的立法机关，统称为“中央立法机关”；凡立法效力仅及于某一部分行政区域的立法机关，则统称为“地方立法机关”。我国的地方立法权不能独立于中央立法权（特别行政区立法除外）。我国这两级立法，每一级又是多层次的。中央立法包括最高国家权力机关即全国人民代表大会的立法；最高国家权力机关的常设机构即全国人民代表大会常务委员会的立法和最高行政机关即国务院的立法。这三个立法层次制定的法律、法规，都属于“国家规定”。违反了这三个层次立法机关制定的法律、法规，就是“违反国家规定”。相反，任何层次的地方立法，都不属于本条规定的“国家规定”。

根据宪法的规定，全国人民代表大会有权制定宪法和基本法律；全国人民代表大会常务委员会有权制定应由全国人大制定的法律以外的其他法律。本条中所列的“法律”就包括了上述三类法律。在全国人大闭会期间，全国人大常委会有权对全国人大制定的基本法律进行部分补充和修改，它往往以“决定”或“补充规定”的形式颁布，其效力同于法律。国务院是最高国家行政机关，是国家最高权力机关的执行机关。因此，它有权根据宪法和法律制定行政法规和其他规范性法律文件。所谓其他规范性法律文件包括本条规定中列举的“行政措施、发布的决定和命令”。

（七）首要分子的界定

本法第九十七条规定：“本法所称首要分子，是指在犯罪集团或者聚众犯罪中起组织、策划、指挥作用的犯罪分子。”

犯罪集团，是指三人以上，为在较长的时间内实行某种或多种犯罪而结合在一起的，重要成员相对稳定的犯罪组织。其中性质特别严重的，是一种带黑社会性质的犯罪集团，它成员众多、组织严密、等级隶属关系严格，具有极强的反社会性，而且犯罪职业化，作恶多端，危害群众，在当地形成一股恶势力，有其自己的势力范围。聚众犯罪，是指在为首分子的组织、策划、指导下，纠集多人进行的犯罪。依本条规定，首要分子包括两类：一类是犯罪集团中的首要分子；另一类是聚众犯罪中的首要分子。首要分子必须同时具备两个条件：第一，参加了犯罪集团或参加了聚众犯罪；第二，在犯罪集团或者聚众犯罪中起了组织、策划、指挥作用。组织、策划、指挥，是选择性行为，三种行为可同时具备，也可只具备其中之一。

（八）告诉才处理的界定

本法第九十八条规定：“本法所称告诉才处理，是指被害人告诉才处理。如果被害人因受强制、威吓无法告诉的，人民检察院和被害人的近亲属也可以告诉。”

被害人告诉才处理，是因为此类案件中的被害人与侵害行为人往往具有一定的亲属关系或者在一起共同生活或者有其他密切的关系，犯罪的性质也并不严重，侵害行为人是否承担罪责会直接影响到被害人的利益、情感等。因此，法律规定被害人有权选择是否追究侵害行为人的刑事责任。对此类犯罪，被害人告诉才处理；被害人不告诉，人民法院不予追究；被害人控告到人民法院后，在人民法院宣判之前，告诉人还可以撤回告诉。当告诉人撤回告诉时，人民法院即按撤诉结案，不再审理。

但是，如果被害人因受强制、威吓无法告诉的，人民检察院和被害人的近亲属也可以告诉。所谓“受强制、威吓”，是指被害人被限制了自由，或者因受威胁、恫吓而不能或不敢告诉。“被害人的近亲属”，是指刑事诉讼法第一百零六条第六项规定的夫、妻、父、母、子、女、同胞兄弟姊妹。

（九）以上、以下、以内的界定

本法第九十九条规定：“本法所称以上、以下、以内，包括本数。”

所谓本数，是指以上、以下、以内之前的那个数，有时也包括刑种。例如，“处三年以上十年以下有期徒刑”，包括三年和十年。又如，“在五年以内再犯应当判处有期徒刑以上刑罚之罪的”，包括“五年”和“有期徒刑”。

三、前科报告义务

本法第一百条规定：“依法受到刑事处罚的人，在入伍、就业的时候，应当如实向有关单位报告自己曾受过刑事处罚，不得隐瞒。犯罪的时候不满十八周岁被判处五年有期徒刑以下刑罚的人，免除前款规定的报告义务。”

依法受过刑事处罚，是指依照本法和刑事诉讼法的规定被判过主刑或附加刑。虽然免予刑事处罚也是犯罪负刑事责任的一种方式，但不能认为是已受过刑事处罚，因此，不在报告犯罪记录之列。因枉法裁判等原因被冤枉而受刑事处罚的，如果受处罚的人无罪，也不在报告犯罪记录之列。

报告自己的犯罪记录，只限于入伍、就业的时候。入伍，是指参加中国人民解放军部队和中国人民武装警察部队。就业，是指申请从事某种职业、得到职业或者参加工作。应当，是命令性规范，无行为人选择的余地。

如实报告自己曾受过刑事处罚，是指实事求是地报告自己受过的刑事处罚的主刑的刑种、刑期，附加刑的种类和数额，受刑事处罚的原因，即所犯罪行、罪名，刑罚执行的情况，如刑满释放、减刑情况、假释、缓刑等。

有关单位，入伍战士应在所在部队和当地武装部队征兵机构；就业人员应为当地公安机关和所在单位或者其从业的主管单位（如工商行政管理局）。

报告的内容仅限于"自己"曾受过的刑事处罚，不株连配偶、父母、子女及他人。

四、刑法总则的适用范围

本法第一百零一条规定："本法总则适用于其他有刑罚规定的法律，但是其他法律有特别规定的除外。"

本法总则，是关于犯罪、刑事责任和刑罚及其运用的一般原则的规定。依本条规定，本法总则不仅适用于本法分则，而且还适用于其他有刑罚规定的法律。其他有刑罚规定的法律，是指有刑罚规定的特别刑法和附属刑法。特别刑法，是指本法实施之后由全国人民代表大会及其常务委员会通过的刑事法律，如有关犯罪和刑事责任的决定、规定、补充规定等。附属刑法，是指非刑事法规中包含的刑事条款。刑事法律规范由假定和制裁两部分构成。假定条件分布在总则和分则两部分，制裁条件主要在分则部分。只有具备了所需的假定条件和制裁条件之后，才能形成本法所规定的禁止性规范。本法总则规定的假定条件，不仅可以和刑法分则所规定的假定条件和制裁条件结合为刑法规范，还可以和特别刑法、附属刑法所规定的假定条件和制裁条件结合为刑法规范。因此，本法总则适用于其他有刑罚规定的法律。其他法律规定犯罪与刑罚时，应该以本法总则为依据，不得违背刑法总则规定的一般原则。适用这些法律定罪量刑时必须结合本法总则的规定。

但是其他法律有特别规定的除外，这一"但书"体现了特别法优于普通法的原则。分则性规范有特别规定的当然适用特别规定，这里强调的是总则性规范的特别规定，其他法律有总则性特别规定的，则适用特别规定。然而，只要没有特别规定的，都要适用本法总则的有关规定。

第九十条 民族自治地方的变通规定

民族自治地方不能全部适用本法规定的，可以由自治区或者省的人民代表大会根据当地民族的政治、经济、文化的特点和本法规定的基本原则，制定变通或者补充的规定，报请全国人民代表大会常务委员会批准施行。

条文要旨

本条是关于民族自治地方在不能全部适用刑法规定的情况下，可以制定变通或者补充规定的规定。

理解与适用

本条所说的“民族自治地方”，是指在我国领域内少数民族聚居的地方，根据当地的实际情况，依照宪法和法律建立的民族自治县、自治州或者自治区。“不能全部适用本法规定”是指根据民族自治地方的少数民族群众在长期的历史发展过程中所形成的一些风俗习惯、传统的特殊性而不能完全适用刑法的有关规定。“根据当地民族的政治、经济、文化的特点”是指根据民族自治地方的少数民族在政治、经济、文化方面的特殊性。“制定变通或者补充的规定”是指民族自治区或省一级的人民代表大会根据当地民族的政治、经济、文化的特点和刑法规定的基本原则，对刑法的有关规定作一些变通或者补充的规定。我国是统一的多民族国家，基于少数民族聚居地方经济文化特点的现实情况，国家在一些地方实行民族区域自治。也是考虑到有的少数民族可能因为长期历史形成的习惯和传统，完全执行刑法的有些规定可能存在一定的困难，刑法中专门规定了可以依法作出变通和补充规定的制度。

根据本条规定，对刑法制定变通或者补充的规定，必须符合以下条件：

1. 制定变通或者补充的规定，必须根据刑法规定的基本原则，即刑法对犯罪及其刑罚规定的原则。制定变通或者补充规定的依据，是由于少数民族特点不能全部适用刑法，而不是由于其他原因。

2. 变通或者补充的规定，应由自治区或者省一级的人民代表大会制定，并报全国人大常委会批准后方可执行，其他任何机关都无权制定或批准变通、补充的规定。

3. 制定变通或者补充的规定，既要考虑当地民族的政治、经济、文化的特点，还要考虑当地政治、经济、文化的进步和发展。

第九十一条 公共财产的范围

本法所称公共财产，是指下列财产：

（一）国有财产；

（二）劳动群众集体所有的财产；

（三）用于扶贫和其他公益事业的社会捐助或者专项基金的财产。

在国家机关、国有公司、企业、集体企业和人民团体管理、使用或者运输中的私人财产，以公共财产论。

条文要旨

本条是关于公共财产范围的界定。

理解与适用

本条共分两款。第一款对公共财产的范围和种类作了明确。本条规定的公共财产包括以下三种情况：

1. 国有财产，即国家所有的财产，主要包括国家机关、国有公司、企业、国有事业单位、人民团体中的属于国家所有的财产。国有财产的范围十分广泛，根据我国宪法和有关法律的规定，国有财产主要有：（1）国家机关及所属事业单位的财产；（2）军队财产，如军事设施等；（3）全民所有制企业；（4）国家所有的公共设施、文物古迹等；（5）国家在国外的财产；（6）国家对非国有单位的投资以及债权等其他财产权等。

2. 劳动群众集体所有的财产，主要包括集体所有制的公司、企业、事业单位、经济组织中的财产。在经济活动中，公民多人合伙经营积累的财产，属于合伙人共有，不属于集体所有的财产。民法典第二百六十一条第一款规定，农民集体所有的不动产和动产，属于本集体成员集体所有；第二百六十三条规定，城镇集体所有的不动产和动产，依照法律、行政法规的规定由本集体享有占有、使用、收益和处分的权利。关于集体所有的财产的范围，根据民法典第二百六十条规定，包括：（1）法律规定属于集体所有的土地和森林、山岭、草原、荒地、滩涂；（2）集体所有的建筑物、生产设施、农田水利设施；（3）集体所有的教育、科学、文化、卫生、体育等设施；（4）集体所有的其他不动产和动产。对于集体所有的土地和森林、山岭、草原、荒地、滩涂等，属于村农民集体所有的，由村集体经济组织或者村民委员会依法代表集体行使所有权；分别属于村内两个以上农民集体所有的，由村内各该集体经济组织或者村民小组依法代表集体行使所有权；属于乡镇农民集体所有的，由乡镇集体经济组织代表集体行使所有权。集体所有的财产受法律保护，禁止任何组织或者个人侵占、哄抢、私分、破坏或者非法查封、扣押、冻结、没收。

3．用于扶贫和其他公益事业的社会捐助或者专项基金的财产。“公益事业”主要是指服务于社会公益的非营利性事项。根据公益事业捐赠法第三条的规定，公益事业是指非营利的下列事项：（1）救助灾害、救济贫困、扶助残疾人等困难的社会群体和个人的活动；（2）教育、科学、文化、卫生、体育事业；（3）环境保护、社会公共设施建设；（4）促进社会发展和进步的其他社会公共和福利事业。“社会捐助”是指个人、组织或单位向社会公益事业以及向贫困地区所捐赠、赞助的款物。“专项基金”是指专门用于上述公益事业的各种基金。

第二款规定了在国家机关、国有公司、企业、集体企业和人民团体管理、使用或者运输中的私人财产，以公共财产对待，按公共财产予以保护。因为这部分财产虽然属于私人所有，但当交由国家机关、国有公司、企业、集体企业和人民团体管理、使用或者运输时，上述单位就有义务保护该财产，如果丢失、损毁，需要依法承担赔偿责任。对于第二款规定中的“管理、使用或者运输”应作实质理解，特别是对“管理”的理解不能与“占有”简单等同，只要事实上处于支配或管有状态即可。对这些财产进行侵害，其法律后果就相当于对公共财产造成了损害。因此，法律规定这些财产以公共财产论。对于国有财产和个人财产混同的情况要做好区分，特别是涉及与国有企业改制相关的问题时，既有国有资产被侵吞、侵占的情况，也有改制过程中因各种复杂情况造成的权属界限不明晰、账目不清、制度不规范等情况，需要结合案件的具体情况，根据法律和有关政策规定，妥善处理。

关联规范

1.《中华人民共和国公益事业捐赠法》（1999 年 6 月 28 日）（节录）

第七条　公益性社会团体受赠的财产及其增值为社会公共财产，受国家法律保护，任何单位和个人不得侵占、挪用和损毁。

2.《中华人民共和国民法典》（2020 年 5 月 28 日）

第二百六十条　集体所有的不动产和动产包括：

（一）法律规定属于集体所有的土地和森林、山岭、草原、荒地、滩涂；

（二）集体所有的建筑物、生产设施、农田水利设施；

（三）集体所有的教育、科学、文化、卫生、体育等设施；

（四）集体所有的其他不动产和动产。

第二百六十一条　农民集体所有的不动产和动产，属于本集体成员集体所有。

下列事项应当依照法定程序经本集体成员决定：

（一）土地承包方案以及将土地发包给本集体以外的组织或者个人承包；

（二）个别土地承包经营权人之间承包地的调整；

（三）土地补偿费等费用的使用、分配办法；

（四）集体出资的企业的所有权变动等事项；

（五）法律规定的其他事项。

第二百六十二条　对于集体所有的土地和森林、山岭、草原、荒地、滩涂等，依照下列规定行使所有权：

（一）属于村农民集体所有的，由村集体经济组织或者村民委员会依法代表集体行使所有权；

（二）分别属于村内两个以上农民集体所有的，由村内各该集体经济组织或者村民小组依法代表集体行使所有权；

（三）属于乡镇农民集体所有的，由乡镇集体经济组织代表集体行使所有权。

第二百六十三条 城镇集体所有的不动产和动产，依照法律、行政法规的规定由本集体享有占有、使用、收益和处分的权利。

第九十二条 公民私人所有财产的范围

本法所称公民私人所有的财产，是指下列财产：

（一）公民的合法收入、储蓄、房屋和其他生活资料；

（二）依法归个人、家庭所有的生产资料；

（三）个体户和私营企业的合法财产；

（四）依法归个人所有的股份、股票、债券和其他财产。

条文要旨

本条是关于公民私人所有财产具体范围的规定。

理解与适用

本条规定的公民私人所有的合法财产，包括以下四种情况：

1. 公民的合法收入、储蓄、房屋和其他生活资料。“合法收入”是指公民个人的工资收入、劳动所得、资产性收入以及其他各种依法取得的收入，如接受继承、馈赠而获得的财产等。“储蓄”是指公民将其合法的收入存入银行、信用社及其所得的利息。“房屋”是指公民私人所有的住宅。“其他生活资料”主要是指公民的各种生活用品，如家具、交通工具、图书资料等。上述生活资料的获得必须符合法律规定，非法占有的生活资料不受法律保护，如贪污受贿得到的钱财，法律不予保护，应当没收。

2. 依法归个人、家庭所有的生产资料。包括各种劳动工具和劳动对象，如拖拉机、插秧机等机器设备，耕种的庄稼，用于耕种的牲畜，饲养的家禽、家畜，自己种植的林木以及其他用于生产的原料等生产资料。

3. 个体户和私营企业的合法财产。个体户包括个体工商户和农村承包经营户。民法典保留了民法通则第二十六条、第二十七条的规定，延续了个体工商户和农村承包经营户的分类。民法典第五十四条规定：“自然人从事工商业经营，经依法登记，为个体工商户。个体工商户可以起字号。”第五十五条规定：“农村集体经济组织的成员，依法取得农村土地承包经营权，从事家庭承包经营的，为农村承包经营户。”第五十六条规定：“个体工商户的债务，个人经营的，以个人财产承担；家庭经营的，以家庭财产承担；无法区分的，以家庭财产承担。农村承包经营户的债务，以从事农村土地承包经营的农户财产承担；事实上由农户部分成员经营的，以该部分成员的财产承担。”总之，个体户是以个人或家庭为生产单位的，其合法财产属于该个人或者家庭所有。根据有关法律、行政法规，私营企业主要包括四类：（1）独资企业，是指一个自然人独家投资经营的企业。（2）合伙企业，根据合伙企业法第二条规定，是指自然人、法人和其他组织依法在中国境内设立的普通合伙企业和有限合伙企业。普通合伙企业由普通合伙人组成，合伙人对合伙企业债务承担无限连带责任；有限合伙企业由普通合伙人和有限合伙人组成，普通合伙人对合伙企业债务承担无限连带责任，有限合伙人以其认缴的出资额为限对合伙企业债务承担责任。(3) 有限责任公司，是指若干个投资者以其出资额对公司负责，公司以其全部资产对公司债务承担责任的企业。(4) 股份有限公司，是指依法由若干个人出资认股，公司以其全部资产对公司债务承担责任的企业。

4. 依法归个人所有的股份、股票、债券和其他财产。"个人所有的股份"，是指公民个人出资认购的股份。公民个人出资认购的股份属于个人所有的财产。"股票"是指股份有限公司依法发行的表明股东权利的有价证券。"债券"是指国家或企业依法发行的，约定到期时向持券人还本付息的有价证券，分为公债券、金融债券和企业债券。公债券是指国家发行的债券，国库券就是一种公债券。金融债券是指由金融机构直接发行的债券。企业债券即由企业发行的债券。"个人所有的股票、债券"，是指由公民个人购买的依法向社会公开发行的股票和债券。公民个人合法购买或通过继承、馈赠等合法获取的股票、债券，也属于公民私人所有的财产。

关联规范

《中华人民共和国民法典》（2020年5月28日）（节录）

第五十四条 自然人从事工商业经营，经依法登记，为个体工商户。个体工商户可以起字号。

第五十五条 农村集体经济组织的成员，依法取得农村土地承包经营权，从事家庭承包经营的，为农村承包经营户。

第五十六条 个体工商户的债务，个人经营的，以个人财产承担；家庭经营的，以家庭财产承担；无法区分的，以家庭财产承担。

农村承包经营户的债务，以从事农村土地承包经营的农户财产承担；事实上由农户部分成员经营的，以该部分成员的财产承担。

第二百零七条 国家、集体、私人的物权和其他权利人的物权受法律平等保护，任何组织或者个人不得侵犯。

第二百六十六条 私人对其合法的收入、房屋、生活用品、生产工具、原材料等不动产和动产享有所有权。

第二百六十七条 私人的合法财产受法律保护，禁止任何组织或者个人侵占、哄抢、破坏。

第九十三条 国家工作人员的含义

本法所称国家工作人员，是指国家机关中从事公务的人员。

国有公司、企业、事业单位、人民团体中从事公务的人员和国家机关、国有公司、企业、事业单位委派到非国有公司、企业、事业单位、社会团体从事公务的人员，以及其他依照法律从事公务的人员，以国家工作人员论。

条文要旨

本条是关于国家工作人员范围的规定。

理解与适用

本条共分两款。第一款是关于国家工作人员的概念的规定。本条规定的“国家机关”，是指国家的权力机关、行政机关、监察机关、司法机关以及军事机关。国家机关是依据宪法和法律设立的，依法承担一定的国家和社会公共事务的管理职责和权力的组织。一般而言，国家机关的性质是比较容易确定的，但由于政治、经济体制改革，改革中出现了一些特殊情况需要加以特别注意。比如，目前有些机关在编制上属于事业编制而不是行政编制，如中国证券监督管理委员会。虽然其编制属于国有事业单位，但实际上行使了国家机关的职责，依照法律对全国证券市场进行统一监管，并具有行政处罚权。有的国家机关内部既包括一部分行政编制，又含有一部分事业编制，而且各地的具体做法也不尽相同。例如，1997 年修订刑法前后，有的地方的房地产管理局、技术监督局、工商所等属于事业编制，有的地方的原国家商检部门改为商检中心等。对于这些组织是否属于国家机关，实践中存在不同认识。国家机关的设立和对国家机关中工作人员的编制管理是性质不同的两个问题，因此只要是依法设立的行使一定国家管理职权的组织就是国家机关，至于组织人事部门在编制上对其是按照行政编制还是事业编制进行管理，并不影响刑法上将其作为国家机关性质，从严要求，以体现权责一致。“从事公务的人员”，是指在上述国家机关中行使一定管理职权、履行一定职务的人员。在上述国家机关中从事劳务性工作的人员，如司机、门卫、炊事员、清洁工等勤杂人员以及部队战士等，不属于国家工作人员范畴。

第二款是关于“以国家工作人员论”的规定。“以国家工作人员论”主要包括三个方面：一是在国有公司、企业、事业单位、人民团体中从事公务的人员。这里规定的“从事公务的人员”，是指在国有公司、企业等单位中具有经营、管理职责或履行一定管理职务的人员，在国有公司、企业等上述单位中不具有管理职责的一般工人、临时工等其他劳务人员，不属于本条规定的从事公务的人员。二是国家机关、国有公司、企业、事业单位委派到非国有公司、企业、事业单位、社会团体从事公务的人员。“委派”主要是指在一些具有国有资产成分的中外合资企业、合作企业、股份制企业当中，国有公司、企业或其他有关国有单位为了行使对所参与的国有资产的管理权而派驻的管理人员。这里也包括有的国家机关、国有事业单位委派一些人员到非国有事业单位、社会团体中从事公务的人员。三是其他依照法律从事公务的人员。这些人虽不是上述单位的人员，但是依照法律规定从事国家事务工作的人员。

在认定国家工作人员身份的问题上，实践中存在不同认识。一种观点可称为“身份论”，即只有依照法定程序任命，具有国家工作人员身份的人才属于国家机关工作人员；另一种观点可称为“职责论”，这种观点认为，一般情况下国家工作人员是指上述具有正式国家工作人员身份的人，但是在特殊情况下，一些虽不具有正式国家工作人员身份的人员，如果因临时委托、授权等法律上的原因而实际上依法承担了国家事务的管理职责的，在其依法履行该职责时，应作为国家工作人员看待，如果有贪污贿赂、渎职等犯罪行为的，应依法追究相应的刑事责任。显然，“职责论”更符合刑法的立法本意，也更符合我国目前的实际情况。因此，对于那些虽不具有正式的国家工作人员身份，但因委托等法定原因实际享有国家工作人员的管理职权的人员，应当以国家工作人员论。例如，协助人民政府从事行政管理事务的村民委员会等村基层组织人员等，只要实际负有国家管理职责，在依法履行相应的职责的过程中有受贿、非法占有公共财物等行为，均应以国家工作人员论，构成犯罪的，依法追究相应的刑事责任。根据《全国人民代表大会常务委员会关于〈中华人民共和国刑法〉第九十三条第二款的解释》的规定，村民委员会等村基层组织人员协助人民政府从事下列行政管理工作时，属于刑法第九十三条第二款规定的“其他依照法律从事公务的人员”：（1）救灾、抢险、防汛、优抚、扶贫、移民、救济款物的管理；（2）社会捐助公益事业的款物的管理；（3）国有土地的经营和管理；（4）土地征收、征用补偿费用的管理；（5）代征、代缴税款；（6）有关计划生育、户籍、征兵工作；（7）协助人民政府从事其他行政管理工作。同时规定，村民委员会等村基层组织人员从事前述的公务，利用职务上的便利，非法占有公共财物、挪用公款、索取他人财物或者非法收受他人财物，构成犯罪的，适用刑法第三百八十二条和第三百八十三条贪污罪、第三百八十四条挪用公款罪、第三百八十五条和第三百八十六条受贿罪的规定。

2002 年《全国人民代表大会常务委员会关于〈中华人民共和国刑法〉第九章渎职罪主体适用问题的解释》规定，在依照法律、法规规定行使国家行政管理职权的组织中从事公务的人员，或者在受国家机关委托代表国家机关行使职权的组织中从事公务的人员，或者虽未列入国家机关人员编制但在国家机关中从事公务的人员，在代表国家机关行使职权时，有渎职行为，构成犯罪的，依照刑法关于渎职罪的规定追究刑事责任。这也体现了“依职责定责任”的立法精神。“依照法律、法规”是指其从事公务的根据来源于相关法律法规。由于有相关法律、法规的授权规定，这些组织本身就是依法从事特定领域公共管理事务的机构，在其中依法履职的工作人员，就应当作为“其他依照法律从事公务的人员”。比如，各级疾控中心不属于行政机关，但传染病防治法对疾控中心依法开展相关工作作了明确规定，疾控中心就相应具有了法律所赋予的特定公共事务管理职权，其工作人员在依法履行这些公共事务管理职权的过程中，就属于本条规定的“其他依照法律从事公务的人员”。传染病防治法第七条第一款规定，各级疾病预防控制机构承担传染病监测、预测、流行病学调查、疫情报告以及其他预防、控制工作。第十八条进一步规定，各级疾病预防控制机构在传染病预防控制中履行下列职责：（1）实施传染病预防控制规划、计划和方案；（2）收集、分析和报告传染病监测信息，预测传染病的发生、流行趋势；（3）开展对传染病疫情和突发公共卫生事件的流行病学调查、现场处理及其效果评价；（4）开展传染病实验室检测、诊断、病原学鉴定；（5）实施免疫规划，负责预防性生物制品的使用管理；（6）开展健康教育、咨询，普及传染病防治知识；（7）指导、培训下级疾病预防控制机构及其工作人员开展传染病监测工作；（8）开展传染病防治应用性研究和卫生评价，提供技术咨询。上述职责有的就涉及对相关人员、事项采取相应措施的职权，如第三项中对传染病疫情和突发公共卫生事件的流行病学调查、现场处理。如果疾控中心履行相关职责的人员在从事公务过程中有渎职、侵吞公共财物、索取或收受贿赂等行为的，就要按照国家工作人员的相关犯罪规定处理。

关联规范

1. **《中华人民共和国公务员法》**（2018年12月29日修订）（节录）

第二章　公务员的条件、义务与权利

第十三条　公务员应当具备下列条件：

（一）具有中华人民共和国国籍；

（二）年满十八周岁；

（三）拥护中华人民共和国宪法，拥护中国共产党领导和社会主义制度；

（四）具有良好的政治素质和道德品行；

（五）具有正常履行职责的身体条件和心理素质；

（六）具有符合职位要求的文化程度和工作能力；

（七）法律规定的其他条件。

第十四条　公务员应当履行下列义务：

（一）忠于宪法，模范遵守、自觉维护宪法和法律，自觉接受中国共产党领导；

（二）忠于国家，维护国家的安全、荣誉和利益；

（三）忠于人民，全心全意为人民服务，接受人民监督；

（四）忠于职守，勤勉尽责，服从和执行上级依法作出的决定和命令，按照规定的权限和程序履行职责，努力提高工作质量和效率；

（五）保守国家秘密和工作秘密；

（六）带头践行社会主义核心价值观，坚守法治，遵守纪律，恪守职业道德，模范遵守社会公德、家庭美德；

（七）清正廉洁，公道正派；

（八）法律规定的其他义务。

第十五条　公务员享有下列权利：

（一）获得履行职责应当具有的工作条件；

（二）非因法定事由、非经法定程序，不被免职、降职、辞退或者处分；

（三）获得工资报酬，享受福利、保险待遇；

（四）参加培训；

（五）对机关工作和领导人员提出批评和建议；

（六）提出申诉和控告；

（七）申请辞职；

（八）法律规定的其他权利。

第三章 职务、职级与级别

第十六条 国家实行公务员职位分类制度。

公务员职位类别按照公务员职位的性质、特点和管理需要，划分为综合管理类、专业技术类和行政执法类等类别。根据本法，对于具有职位特殊性，需要单独管理的，可以增设其他职位类别。各职位类别的适用范围由国家另行规定。

第十七条 国家实行公务员职务与职级并行制度，根据公务员职位类别和职责设置公务员领导职务、职级序列。

第十八条 公务员领导职务根据宪法、有关法律和机构规格设置。

领导职务层次分为：国家级正职、国家级副职、省部级正职、省部级副职、厅局级正职、厅局级副职、县处级正职、县处级副职、乡科级正职、乡科级副职。

第十九条 公务员职级在厅局级以下设置。

综合管理类公务员职级序列分为：一级巡视员、二级巡视员、一级调研员、二级调研员、三级调研员、四级调研员、一级主任科员、二级主任科员、三级主任科员、四级主任科员、一级科员、二级科员。

综合管理类以外其他职位类别公务员的职级序列，根据本法由国家另行规定。

第二十条 各机关依照确定的职能、规格、编制限额、职数以及结构比例，设置本机关公务员的具体职位，并确定各职位的工作职责和任职资格条件。

第二十一条 公务员的领导职务、职级应当对应相应的级别。公务员领导职务、职级与级别的对应关系，由国家规定。

根据工作需要和领导职务与职级的对应关系，公务员担任的领导职务和职级可以互相转任、兼任；符合规定资格条件的，可以晋升领导职务或者职级。

公务员的级别根据所任领导职务、职级及其德才表现、工作实绩和资历确定。公务员在同一领导职务、职级上，可以按照国家规定晋升级别。

公务员的领导职务、职级与级别是确定公务员工资以及其他待遇的依据。

第二十二条 国家根据人民警察、消防救援人员以及海关、驻外外交机构等公务员的工作特点，设置与其领导职务、职级相对应的衔级。

第四章 录 用

第二十三条 录用担任一级主任科员以下及其他相当职级层次的公务员，采取公开考试、严格考察、平等竞争、择优录取的办法。

民族自治地方依照前款规定录用公务员时，依照法律和有关规定对少数民族报考者予以适当照顾。

第二十四条 中央机关及其直属机构公务员的录用，由中央公务员主管部门负责组织。地方各级机关公务员的录用，由省级公务员主管部门负责组织，必要时省级公务员主管部门可以授权设区的市级公务员主管部门组织。

第二十五条　报考公务员，除应当具备本法第十三条规定的条件以外，还应当具备省级以上公务员主管部门规定的拟任职位所要求的资格条件。

国家对行政机关中初次从事行政处罚决定审核、行政复议、行政裁决、法律顾问的公务员实行统一法律职业资格考试制度，由国务院司法行政部门商有关部门组织实施。

第二十六条　下列人员不得录用为公务员：

（一）因犯罪受过刑事处罚的；

（二）被开除中国共产党党籍的；

（三）被开除公职的；

（四）被依法列为失信联合惩戒对象的；

（五）有法律规定不得录用为公务员的其他情形的。

第二十七条　录用公务员，应当在规定的编制限额内，并有相应的职位空缺。

第二十八条　录用公务员，应当发布招考公告。招考公告应当载明招考的职位、名额、报考资格条件、报考需要提交的申请材料以及其他报考须知事项。

招录机关应当采取措施，便利公民报考。

第二十九条　招录机关根据报考资格条件对报考申请进行审查。报考者提交的申请材料应当真实、准确。

第三十条　公务员录用考试采取笔试和面试等方式进行，考试内容根据公务员应当具备的基本能力和不同职位类别、不同层级机关分别设置。

第三十一条　招录机关根据考试成绩确定考察人选，并进行报考资格复审、考察和体检。

体检的项目和标准根据职位要求确定。具体办法由中央公务员主管部门会同国务院卫生健康行政部门规定。

第三十二条　招录机关根据考试成绩、考察情况和体检结果，提出拟录用人员名单，并予以公示。公示期不少于五个工作日。

公示期满，中央一级招录机关应当将拟录用人员名单报中央公务员主管部门备案；地方各级招录机关应当将拟录用人员名单报省级或者设区的市级公务员主管部门审批。

第三十三条　录用特殊职位的公务员，经省级以上公务员主管部门批准，可以简化程序或者采用其他测评办法。

第三十四条　新录用的公务员试用期为一年。试用期满合格的，予以任职；不合格的，取消录用。

2.**《中华人民共和国公职人员政务处分法》**（2020年6月20日）（节录）

第十四条　公职人员犯罪，有下列情形之一的，予以开除：

（一）因故意犯罪被判处管制、拘役或者有期徒刑以上刑罚（含宣告缓刑）的；

（二）因过失犯罪被判处有期徒刑，刑期超过三年的；

（三）因犯罪被单处或者并处剥夺政治权利的。

因过失犯罪被判处管制、拘役或者三年以下有期徒刑的，一般应当予以开除；案件情况特殊，予以撤职更为适当的，可以不予开除，但是应当报请上一级机关批准。

公职人员因犯罪被单处罚金，或者犯罪情节轻微，人民检察院依法作出不起诉决定或者人民法院依法免予刑事处罚的，予以撤职；造成不良影响的，予以开除。

第四十九条 公职人员依法受到刑事责任追究的，监察机关应当根据司法机关的生效判决、裁定、决定及其认定的事实和情节，依照本法规定给予政务处分。

公职人员依法受到行政处罚，应当给予政务处分的，监察机关可以根据行政处罚决定认定的事实和情节，经立案调查核实后，依照本法给予政务处分。

监察机关根据本条第一款、第二款的规定作出政务处分后，司法机关、行政机关依法改变原生效判决、裁定、决定等，对原政务处分决定产生影响的，监察机关应当根据改变后的判决、裁定、决定等重新作出相应处理。

3. **《全国人民代表大会常务委员会关于〈中华人民共和国刑法〉第九十三条第二款的解释》**（2009 年 8 月 27 日修正）（节录）

村民委员会等村基层组织人员协助人民政府从事下列行政管理工作，属于刑法第九十三条第二款规定的“其他依照法律从事公务的人员”：

（一）救灾、抢险、防汛、优抚、扶贫、移民、救济款物的管理；

（二）社会捐助公益事业款物的管理；

（三）国有土地的经营和管理；

（四）土地征收、征用补偿费用的管理；

（五）代征、代缴税款；

（六）有关计划生育、户籍、征兵工作；

（七）协助人民政府从事的其他行政管理工作。

村民委员会等村基层组织人员从事前款规定的公务，利用职务上的便利，非法占有公共财物、挪用公款、索取他人财物或者非法收受他人财物，构成犯罪的，适用刑法第三百八十二条和第三百八十三条贪污罪、第三百八十四条挪用公款罪、第三百八十五条和第三百八十六条受贿罪的规定。

4. **《最高人民检察院对〈关于中国证监会主体认定的请示〉的答复函》**（2000 年 4 月 30 日 高检发法字〔2000〕7 号）（节录）

北京市人民检察院：

你院京检字〔2000〕41 号《关于中国证监会主体认定的请示》收悉，经我院发函向中央机构编制委员会办公室查询核定，中央机构编制委员会办公室已作出正式复函，答复如下：“中国证券监督管理委员会为国务院直属事业单位，是全国证券期货市场的主管部门。其主要职责是统一管理证券期货市场，按规定对证券期货监管机构实行垂直领导，所以，它是具有行政职责的事业单位。据此，北京证券监督管理委员会干部应视同为国家机关工作人员。”请你们按中编办答复意见办。

5.《最高人民检察院关于镇财政所所长是否适用国家机关工作人员的批复》（2000年5月4日　高检发研字〔2000〕9号）（节录）

对于属行政执法事业单位的镇财政所中按国家机关在编干部管理的工作人员，在履行政府行政公务活动中，滥用职权或玩忽职守构成犯罪的，应以国家机关工作人员论。

6.《最高人民检察院关于贯彻执行〈全国人民代表大会常务委员会关于中华人民共和国刑法第九十三条第二款的解释〉的通知》（2000年6月5日　高检发研字〔2000〕12号）（节录）

二、根据《解释》，检察机关对村民委员会等村基层组织人员协助人民政府从事《解释》所规定的行政管理工作中发生的利用职务上的便利，非法占有公共财物，挪用公款，索取他人财物或者非法收受他人财物，构成犯罪的案件，应直接受理，分别适用刑法第三百八十二条、第三百八十三条、第三百八十四条和第三百八十五条、第三百八十六条的规定，以涉嫌贪污罪、挪用公款罪、受贿罪立案侦查。

三、各级检察机关在依法查处村民委员会等村基层组织人员贪污、受贿、挪用公款犯罪案件过程中，要根据《解释》和其他有关法律的规定，严格把握界限，准确认定村民委员会等村基层组织人员的职务活动是否属于协助人民政府从事《解释》所规定的行政管理工作，并正确把握刑法第三百八十二条、第三百八十三条贪污罪、第三百八十四条挪用公款罪和第三百八十五条、第三百八十六条受贿罪的构成要件。对村民委员会等村基层组织人员从事属于村民自治范围的经营、管理活动不能适用《解释》的规定。

7.《最高人民法院研究室关于国家工作人员在农村合作基金会兼职从事管理工作如何认定身份问题的答复》（2000年6月29日　法明传〔2000〕12号）（节录）

国家工作人员自行到农村合作基金会兼职从事管理工作的，因其兼职工作与国家工作人员身份无关，应认定为农村合作基金会一般从业人员；国家机关、国有公司、企业、事业单位委派到农村合作基金会兼职从事管理工作的人员，以国家工作人员论。

8.《最高人民检察院关于〈全国人民代表大会常务委员会关于中华人民共和国刑法第九十三条第二款的解释〉的时间效力的批复》（2000年6月29日　高检发研字〔2000〕15号）（节录）

《全国人民代表大会常务委员会关于〈中华人民共和国刑法〉第九十三条第二款的解释》是对刑法第九十三条第二款关于“其他依照法律从事公务的人员”规定的进一步明确，并不是对刑法的修改。因此，该《解释》的效力适用于修订刑法的施行日期，其溯及力适用修订刑法第12条的规定。

9.《最高人民检察院关于合同制民警能否成为玩忽职守罪主体问题的批复》（2000年10月9日　高检发研字〔2000〕20号）（节录）

根据刑法第九十三条第二款的规定，合同制民警在依法执行公务期间，属其他依照法律从事公务的人员，应以国家机关工作人员论。对合同制民警在依法执行公务活动中的玩忽职守行为，符合刑法第三百九十七条规定的玩忽职守罪构成条件的，依法以玩忽职守罪追究刑事责任。

10. **《最高人民检察院法律政策研究室关于集体性质的乡镇卫生院院长利用职务之便收受他人财物的行为如何适用法律问题的答复》**（2003年4月2日　〔2003〕高检研发第9号）（节录）

经过乡镇政府或者主管行政机关任命的乡镇卫生院院长，在依法从事本区域卫生工作的管理与业务技术指导，承担医疗预防保健服务工作等公务活动时，属于刑法第九十三条第二款规定的其他依照法律从事公务的人员。对其利用职务上的便利，索取他人财物的，或者非法收受他人财物，为他人谋取利益的，应当依照刑法第三百八十五条、第三百八十六条的规定，以受贿罪追究刑事责任。

11. **《最高人民法院关于印发〈全国法院审理经济犯罪案件工作座谈会纪要〉的通知》**（2003年11月13日　法发〔2003〕167号）（节录）

（一）国家机关工作人员的认定

刑法中所称的国家机关工作人员，是指在国家机关中从事公务的人员，包括在各级国家权力机关、行政机关、司法机关和军事机关中从事公务的人员。

根据有关立法解释的规定，在依照法律、法规规定行使国家行政管理职权的组织中从事公务的人员，或者在受国家机关委托代表国家行使职权的组织中从事公务的人员，或者虽未列入国家机关人员编制但在国家机关中从事公务的人员，视为国家机关工作人员。在乡（镇）以上中国共产党机关、人民政协机关中从事公务的人员，司法实践中也应当视为国家机关工作人员。

（二）国家机关、国有公司、企业、事业单位委派到非国有公司、企业、事业单位、社会团体从事公务的人员的认定

所谓委派，即委任、派遣，其形式多种多样，如任命、指派、提名、批准等。不论被委派的人身份如何，只要是接受国家机关、国有公司、企业、事业单位委派，代表国家机关、国有公司、企业、事业单位在非国有公司、企业、事业单位、社会团体中从事组织、领导、监督、管理等工作，都可以认定为国家机关、国有公司、企业、事业单位委派到非国有公司、企业、事业单位、社会团体从事公务的人员。如国家机关、国有公司、企业、事业单位委派在国有控股或者参股的股份有限公司从事组织、领导、监督、管理等工作的人员，应当以国家工作人员论。国有公司、企业改制为股份有限公司后，原国有公司、企业的工作人员和股份有限公司新任命的人员中，除代表国有投资主体行使监督、管理职权的人外，不以国家工作人员论。

（三）"其他依照法律从事公务的人员"的认定

刑法第九十三条第二款规定的"其他依照法律从事公务的人员"应当具有两个特征：一是在特定条件下行使国家管理职能；二是依照法律规定从事公务。具体包括：（1）依法履行职责的各级人民代表大会代表；（2）依法履行审判职责的人民陪审员；（3）协助乡镇人民政府、街道办事处从事行政管理工作的村民委员会、居民委员会等农村和城市基层组织人员；（4）其他由法律授权从事公务的人员。

（四）关于“从事公务”的理解

从事公务，是指代表国家机关、国有公司、企业、事业单位、人民团体等履行组织、领导、监督、管理等职责。公务主要表现为与职权相联系的公共事务以及监督、管理国有财产的职务活动。如国家机关工作人员依法履行职责，国有公司的董事、经理、监事、会计、出纳人员等管理、监督国有财产等活动，属于从事公务。那些不具备职权内容的劳务活动、技术服务工作，如售货员、售票员等所从事的工作，一般不认为是公务。

12. **《最高人民检察院法律政策研究室关于国家机关、国有公司、企业委派到非国有公司、企业从事公务尚未依照规定程序获取该单位职务的人员是否适用刑法第九十三条第二款问题的答复》**（2004 年 11 月 3 日　〔2004〕高检研发第 17 号）（节录）

对于国家机关、固有公司、企业委派到非国有公司、企业从事公务但尚未依照规定程序获取该单位职务的人员，涉嫌职务犯罪的，可以依照刑法第九十三条第款关于“国家机关、国有公司、企业委派到非国有公司、企业、事业单位、社会团体从事公务的人员”，“以国家工作人员论”的规定追究刑事责任。

13. **《最高人民法院、最高人民检察院关于办理国家出资企业中职务犯罪案件具体应用法律若干问题的意见》**（2010 年 11 月 26 日　法发〔2010〕49 号）（节录）

六、关于国家出资企业中国家工作人员的认定

经国家机关、国有公司、企业、事业单位提名、推荐、任命、批准等，在国有控股、参股公司及其分支机构中从事公务的人员，应当认定为国家工作人员。具体的任命机构和程序，不影响国家工作人员的认定。

经国家出资企业中负有管理、监督国有资产职责的组织批准或者研究决定，代表其在国有控股、参股公司及其分支机构中从事组织、领导、监督、经营、管理工作的人员，应当认定为国家工作人员。

国家出资企业中的国家工作人员，在国家出资企业中持有个人股份或者同时接受非国有股东委托的，不影响其国家工作人员身份的认定。

七、关于国家出资企业的界定

本意见所称“国家出资企业”，包括国家出资的国有独资公司、国有独资企业，以及国有资本控股公司、国有资本参股公司。

是否属于国家出资企业不清楚的，应遵循“谁投资、谁拥有产权”的原则进行界定。企业注册登记中的资金来源与实际出资不符的，应根据实际出资情况确定企业的性质。企业实际出资情况不清楚的，可以综合工商注册、分配形式、经营管理等因素确定企业的性质。

第九十四条 司法工作人员的含义

本法所称司法工作人员，是指有侦查、检察、审判、监管职责的工作人员。

条文要旨

本条是关于司法工作人员的概念的规定。

理解与适用

本条规定的“司法工作人员”的概念不同于一般所说的司法机关工作人员的概念。不是所有在公安机关、国家安全机关、人民检察院、人民法院以及看守所、监狱等监管机关工作的人员都属于司法工作人员，只有担负本条规定的四种职责之一的，才能被认定为是刑法所说的“司法工作人员”。主要包括以下四种人员：

1. 担任侦查职责的人员，主要是指公安机关、国家安全机关依照刑事诉讼法规定的管辖分工，对犯罪嫌疑人的犯罪行为进行侦查的人员。另外，根据刑事诉讼法的规定，还有一些机构也承担特定刑事案件的侦查职责，对此需要注意：一是根据刑事诉讼法第十九条第二款的规定，人民检察院在对诉讼活动实行法律监督中发现的司法工作人员利用职权实施的非法拘禁、刑讯逼供、非法搜查等侵犯公民权利、损害司法公正的犯罪，可以由人民检察院立案侦查。对于公安机关管辖的国家机关工作人员利用职权实施的重大犯罪案件，需要由人民检察院直接受理的时候，经省级以上人民检察院决定，可以由人民检察院立案侦查。根据以上规定，人民检察院依照刑事诉讼法规定直接侦查的案件中，承担相应侦查工作的人员，也属于本条规定的有侦查职责的工作人员。二是根据刑事诉讼法第三百零八条规定，军队保卫部门对军队内部发生的刑事案件行使侦查权；中国海警局履行海上维权执法职责，对海上发生的刑事案件行使侦查权；对罪犯在监狱内犯罪的案件由监狱进行侦查。因此，上述机构中的人员在承办相关刑事案件中，也属于有侦查职责的工作人员。

2. 担任检察职责的人员，主要是指检察机关担任批准逮捕、审查起诉、出庭支持公诉、法律监督工作职责的人员。

3. 担任审判职责的人员，主要是指在人民法院担任与审判工作有关的职务的人员，包括正副院长、正副庭长、审判委员会委员、审判员，以及其他依法负有审判辅助职责的法官助理、书记员等人员。

4. 担任监管职责的人员，主要是指公安机关、国家安全机关以及司法行政部门所属的有关羁押场所（监狱、看守所等）中担任监管犯罪嫌疑人、被告人、罪犯职责的人员。

需要注意的是，本条所说的具有侦查、检察、审判、监管职责的人员不是只限于直接做上述工作的人员，在公安机关、国家安全机关、人民检察院、人民法院以及看守所、监狱等监管机关中负责侦查、检察、审判、监管工作的领导人员，也都属于司法工作人员。

第九十五条 重伤的规定

本法所称重伤，是指有下列情形之一的伤害：

（一）使人肢体残废或者毁人容貌的；

（二）使人丧失听觉、视觉或者其他器官机能的；

（三）其他对于人身健康有重大伤害的。

条文要旨

本条是关于重伤概念的规定。

理解与适用

关于“重伤”的概念和范围，2013 年 8 月 30 日最高人民法院、最高人民检察院、公安部、国家安全部、司法部发布《人体损伤程度鉴定标准》，自 2014 年 1 月 1 日起施行。该标准对人体损伤程度鉴定的原则、方法、内容和等级划分作了详细的规定，将重伤分为重伤一级和重伤二级，分别针对不同情况，制定了具体的认定标准。办理关于重伤的刑事案件，应以本条和该文件作为衡量是否构成重伤的具体标准。最高人民法院、最高人民检察院、公安部、国家安全部、司法部 2016 年 4 月 18 日颁布、2017 年 1 月 1 日起施行的《人体损伤致残程度分级》明确规定了人体损伤致残程度分级的原则、方法、内容和等级划分。该规定将人体损伤致残程度划分为十个等级，从一级（人体致残率 100%）到十级（人体致残率 10%），每级致残率相差 10%。

本条规定了属于重伤的三种情况：

1. 使人肢体残废或者毁人容貌的。“肢体残废”是指由各种致伤因素致使肢体缺失，或者肢体虽然完整但已丧失功能。例如，按照实践中掌握的重伤害标准，二肢以上离断或者缺失（上肢腕关节以上、下肢踝关节以上），二肢六大关节功能完全丧失，四肢任一大关节强直畸形或者功能丧失 50% 以上，膝关节挛缩畸形屈曲 30°以上，一足离断或者缺失 50% 以上，足跟离断或者缺失 50% 以上，一足第一趾及其相连的跖骨离断或者缺失，双手离断、缺失或者功能完全丧失，手功能丧失累计达一手功能 36% 等。“毁人容貌”是指毁损他人面容，致使面容显著变形、丑陋或者功能障碍。根据有关规定，面部瘢痕畸形，并有以下六项中四项者，属于重度容貌毁损：（1）眉毛缺失；（2）双睑外翻或者缺失；（3）外耳缺失；（4）鼻缺失；（5）上、下唇外翻或者小口畸形；（6）颈颏粘连。具有以下六项中三项者，属于中度容貌毁损；具有以下六项中二项者，属于轻度容貌毁损：（1）眉毛部分缺失；（2）双睑外翻或者部分缺失；（3）耳郭部分缺失；（4）鼻翼部分缺失；（5）唇外翻或者小口畸形；（6）颈部瘢痕畸形。

2. 使人丧失听觉、视觉或者其他器官机能的。“丧失听觉”是指损伤后，一耳听力障碍（≥91dB HL）；一耳听力障碍（≥81dB HL），另一耳听力障碍（≥41dB HL）；

一耳听力障碍（≥81dB HL），伴同侧前庭平衡功能障碍；双耳听力障碍（≥61dB HL）；双侧前庭平衡功能丧失，睁眼行走困难，不能并足站立等。“丧失视觉”，是指损伤后，一眼盲目3级；双眼盲目4级等。丧失“其他器官机能”是指丧失听觉、视觉之外的其他器官的功能或者功能严重障碍。例如，女性两侧乳房损伤丧失哺乳能力；肾损伤并发肾性高血压、肾功能严重障碍等。

3. 其他对于人身健康有重大伤害的。这种情况主要是指上述几种重伤之外的，在受伤当时危及生命或者在损伤过程中能够引起威胁生命的并发症，以及其他严重影响人体健康的损伤。例如，开放性颅脑损伤，心脏损伤，胸部大血管损伤，胃、肠、胆道系统穿孔、破裂，烧、烫伤后出现休克等。

需要注意的是，在办理刑事案件中，应注意对于有多处损伤的，其中必须有一处符合重伤鉴定标准的规定才能构成重伤，而不能简单以多处轻伤相加，作为重伤看待。

第九十六条 违反国家规定的含义

本法所称违反国家规定，是指违反全国人民代表大会及其常务委员会制定的法律和决定，国务院制定的行政法规、规定的行政措施、发布的决定和命令。

条文要旨

本条是关于违反国家规定的解释性规定。

理解与适用

根据本条规定，“违反国家规定”主要包括两个方面：

1. 违反全国人大及其常委会制定的法律和决定。包括：由全国人大通过的法律，如宪法及其他基本法律；由全国人大常委会通过的法律、决定以及对现行法律的修改和补充的规定。宪法规定，立法权必须由全国人大及其常委会行使，法律是全国人民的意志表现，所以只有代表全体人民的最高国家权力机关才可以制定。

2. 违反国务院制定的行政法规、规定的行政措施、发布的决定和命令。宪法规定，国务院是最高国家权力机关的执行机关，是最高国家行政机关，可以根据宪法和法律，制定行政法规、规定行政措施、发布决定和命令。这里需要注意的是，实践中除了由国务院直接制定行政法规、规定行政措施、发布决定和命令以外，还有一些国务院发布的规范性文件，是由国务院有关部委制定，经国务院批准后以国务院名义发布的。对于这些规范性文件的层级是属于国务院还是属于部委，存在不同认识。多数意见认为，由国务院批准发布是实践中长期存在的一种规范性文件制定和发布方式，虽然其制定主体是国务院部委，但是发布主体是国务院，而且从发布程序看，国务院在批准之前，一般是有经过征求其他部委和各有关方面意见的过程，将其作为国务院发布规范性文件的行为，是符合实际的。这样的规范性文件也不是很多，作为刑法规定的“国家规定”，是严格审慎的，总体上也是符合罪刑法定原则的要求的。

关联规范

《最高人民法院关于准确理解和适用刑法中“国家规定”的有关问题的通知》（2011年4月8日　法〔2011〕155号）（节录）

一、根据刑法第九十六的规定，刑法中的“国家规定”是指，全国人民代表大会及其常务委员会制定的法律和决定，国务院制定的行政法规、规定的行政措施、发布的决定和命令。其中，“国务院规定的行政措施”应当由国务院决定，通常以行政法规或者国务院制发文件的形式加以规定。以国务院办公厅名义制发的文件，符合以下条件的，亦应视为刑法中的“国家规定”：（1）有明确的法律依据或者同相关行政法规不相抵触；(2) 经国务院常务会议讨论通过或者经国务院批准；(3) 在国务院公报上公开发布。

二、各级人民法院在刑事审判工作中，对有关案件所涉及的“违反国家规定”的认定，要依照相关法律、行政法规及司法解释的规定准确把握。对于规定不明确的，要按照本通知的要求审慎认定。对于违反地方性法规、部门规章的行为，不得认定为“违反国家规定”。对被告人的行为是否“违反国家规定”存在争议的，应当作为法律适用问题，逐级向最高人民法院请示。

三、各级人民法院审理非法经营犯罪案件，要依法严格把握刑法第二百二十五条第（四）的适用范围。对被告人的行为是否属于刑法第二百二十五条第（四）规定的“其它严重扰乱市场秩序的非法经营行为”，有关司法解释未作明确规定的，应当作为法律适用问题，逐级向最高人民法院请示。

第九十七条 首要分子的含义

本法所称首要分子，是指在犯罪集团或者聚众犯罪中起组织、策划、指挥作用的犯罪分子。

条文要旨

本条是关于首要分子的概念的规定。

理解与适用

根据本条规定，本法所说的首要分子主要包括两类：

1. 在犯罪集团中起组织、策划、指挥作用的犯罪分子。

“组织”，主要是指将其他犯罪人纠集在一起。“策划”，主要是指为犯罪活动如何实施拟订办法、方案。“指挥”，是指在犯罪的各个阶段指使、命令其他犯罪人去实施犯罪行为等。

“犯罪集团”是指三人以上为共同实施犯罪而组成的较为固定的犯罪组织。其主要具有以下特征：(1) 人数在三人以上，主要成员固定或基本固定。(2) 经常纠集在一起共同进行一种或数种犯罪活动。(3) 有明显的首要分子。有的首要分子是在纠集过程中形成的，有的首要分子则在纠集开始时就是组织者和领导者。(4) 有预谋地实施犯罪活动。(5) 不论作案次数多少，对社会造成的危害或其具有的危险性都很严重。

2. 在聚众犯罪中起组织、策划、指挥作用的犯罪分子。“聚众犯罪”，是指纠集多人共同实施的犯罪活动，如聚众斗殴、聚众哄抢公私财物的犯罪等。与“犯罪集团”不同，“聚众犯罪”是因进行犯罪将众人聚集起来的，而不具有较固定的犯罪组织和成员。

由于首要分子在犯罪集团或者聚众犯罪中起组织、策划、指挥作用，罪恶比较严重，因此，刑法分则对首要分子规定的处刑都比较重。

需要注意的是，对首要分子的认定要结合其在实际案件中所起的具体作用，特别是在犯罪集团中，往往组织、策划的人在犯罪中起到重要的谋划、指挥作用，而并未实际参与犯罪行为中，但这并不影响对首要分子的认定。

第九十八条 告诉才处理的含义

本法所称告诉才处理，是指被害人告诉才处理。如果被害人因受强制、威吓无法告诉的，人民检察院和被害人的近亲属也可以告诉。

条文要旨

本条是关于告诉才处理的概念及如何适用的规定。

理解与适用

根据办理刑事案件实际的需要，刑法规定了一些告诉才处理的犯罪。根据刑法分则的规定，主要包括第二百四十六条侮辱罪、诽谤罪，第二百五十七条暴力干涉婚姻自由罪，第二百六十条虐待罪，第二百七十条侵占罪，等等。由于对犯罪行为的刑事追究或对行为人的处理往往涉及被害人的利益，所以法律允许被害人权衡利弊，作出是否提起刑事诉讼的决定。"告诉才处理"，是指只有被害人提出控告，要求对犯罪人追究刑事责任时，司法机关才能受理，如果有权进行告诉的人不告诉，司法机关则不能主动追诉犯罪。

根据本条规定，有权进行告诉的有三种人：

1. 告诉才处理的刑事案件的被害人。

2. 人民检察院在被害人因受强制、威吓而无法告诉的情况下可以告诉。"受强制"是指被害人受到暴力的控制或者阻碍，如被捆绑、拘禁等。"威吓"是指被害人受到威胁、恐吓，不敢向人民法院提出控告。

3. 告诉才处理的刑事案件中被害人的近亲属在被害人因受强制、威吓而无法告诉的情况下也可以告诉。"被害人的近亲属"是指被害人的父母、子女、配偶、同胞兄弟姊妹。

需要注意的是，2015 年 8 月 29 日第十二届全国人民代表大会常务委员会第十六次会议通过的《刑法修正案（九）》，对刑法第二百六十条原第三款作了修改，将该条中"告诉的才处理"的规定修改为"告诉的才处理，但被害人没有能力告诉，或者因受到强制、威吓无法告诉的除外"。

关联规范

1. **《中华人民共和国刑事诉讼法》**（2018 年 10 月 26 日修正）（节录）

第二百一十条　自诉案件包括下列案件：

（一）告诉才处理的案件；

（二）被害人有证据证明的轻微刑事案件；

（三）被害人有证据证明对被告人侵犯自己人身、财产权利的行为应当依法追究刑事责任，而公安机关或者人民检察院不予追究被告人刑事责任的案件。

第二百一十一条 人民法院对于自诉案件进行审查后，按照下列情形分别处理：

（一）犯罪事实清楚，有足够证据的案件，应当开庭审判；

（二）缺乏罪证的自诉案件，如果自诉人提不出补充证据，应当说服自诉人撤回自诉，或者裁定驳回。

自诉人经两次依法传唤，无正当理由拒不到庭的，或者未经法庭许可中途退庭的，按撤诉处理。

法庭审理过程中，审判人员对证据有疑问，需要调查核实的，适用本法第一百九十六条的规定。

第二百一十二条 人民法院对自诉案件，可以进行调解；自诉人在宣告判决前，可以同被告人自行和解或者撤回自诉。本法第二百一十条第三项规定的案件不适用调解。

人民法院审理自诉案件的期限，被告人被羁押的，适用本法第二百零八条第一款、第二款的规定；未被羁押的，应当在受理后六个月以内宣判。

第二百一十三条 自诉案件的被告人在诉讼过程中，可以对自诉人提起反诉。反诉适用自诉的规定。

2. **《最高人民法院关于适用〈中华人民共和国刑事诉讼法〉的解释》**（2021年1月26日 法释〔2021〕1号）（节录）

第一条 人民法院直接受理的自诉案件包括：

（一）告诉才处理的案件：

1. 侮辱、诽谤案（刑法第二百四十六条规定的，但严重危害社会秩序和国家利益的除外）；

2. 暴力干涉婚姻自由案（刑法第二百五十七条第一款规定的）；

3. 虐待案（刑法第二百六十条第一款规定的，但被害人没有能力告诉或者因受到强制、威吓无法告诉的除外）；

4. 侵占案（刑法第二百七十条规定的）。

（二）人民检察院没有提起公诉，被害人有证据证明的轻微刑事案件：

1. 故意伤害案（刑法第二百三十四条第一款规定的）；

2. 非法侵入住宅案（刑法第二百四十五条规定的）；

3. 侵犯通信自由案（刑法第二百五十二条规定的）；

4. 重婚案（刑法第二百五十八条规定的）；

5. 遗弃案（刑法第二百六十一条规定的）；

6. 生产、销售伪劣商品案（刑法分则第三章第一节规定的，但严重危害社会秩序和国家利益的除外）；

7. 侵犯知识产权案（刑法分则第三章第七节规定的，但严重危害社会秩序和国家利益的除外）；

8. 刑法分则第四章、第五章规定的，可能判处三年有期徒刑以下刑罚的案件。

本项规定的案件，被害人直接向人民法院起诉的，人民法院应当依法受理。对其中证据不足，可以由公安机关受理的，或者认为对被告人可能判处三年有期徒刑以上刑罚的，应当告知被害人向公安机关报案，或者移送公安机关立案侦查。

（三）被害人有证据证明对被告人侵犯自己人身、财产权利的行为应当依法追究刑事责任，且有证据证明曾经提出控告，而公安机关或者人民检察院不予追究被告人刑事责任的案件。

第三百一十六条　人民法院受理自诉案件必须符合下列条件：

（一）符合刑事诉讼法第二百一十条、本解释第一条的规定；

（二）属于本院管辖；

（三）被害人告诉；

（四）有明确的被告人、具体的诉讼请求和证明被告人犯罪事实的证据。

第三百一十七条　本解释第一条规定的案件，如果被害人死亡、丧失行为能力或者因受强制、威吓等无法告诉，或者是限制行为能力人以及因年老、患病、盲、聋、哑等不能亲自告诉，其法定代理人、近亲属告诉或者代为告诉的，人民法院应当依法受理。

被害人的法定代理人、近亲属告诉或者代为告诉的，应当提供与被害人关系的证明和被害人不能亲自告诉的原因的证明。

第三百一十八条　提起自诉应当提交刑事自诉状；同时提起附带民事诉讼的，应当提交刑事附带民事自诉状。

第三百一十九条　自诉状一般应当包括以下内容：

（一）自诉人（代为告诉人）、被告人的姓名、性别、年龄、民族、出生地、文化程度、职业、工作单位、住址、联系方式；

（二）被告人实施犯罪的时间、地点、手段、情节和危害后果等；

（三）具体的诉讼请求；

（四）致送的人民法院和具状时间；

（五）证据的名称、来源等；

（六）证人的姓名、住址、联系方式等。

对两名以上被告人提出告诉的，应当按照被告人的人数提供自诉状副本。

第三百二十条　对自诉案件，人民法院应当在十五日以内审查完毕。经审查，符合受理条件的，应当决定立案，并书面通知自诉人或者代为告诉人。

具有下列情形之一的，应当说服自诉人撤回起诉；自诉人不撤回起诉的，裁定不予受理：

（一）不属于本解释第一条规定的案件的；

（二）缺乏罪证的；

（三）犯罪已过追诉时效期限的；

（四）被告人死亡的；

（五）被告人下落不明的；

（六）除因证据不足而撤诉的以外，自诉人撤诉后，就同一事实又告诉的；

（七）经人民法院调解结案后，自诉人反悔，就同一事实再行告诉的；

（八）属于本解释第一条第二项规定的案件，公安机关正在立案侦查或者人民检察院正在审查起诉的；

（九）不服人民检察院对未成年犯罪嫌疑人作出的附条件不起诉决定或者附条件不起诉考验期满后作出的不起诉决定，向人民法院起诉的。

第三百二十一条 对已经立案，经审查缺乏罪证的自诉案件，自诉人提不出补充证据的，人民法院应当说服其撤回起诉或者裁定驳回起诉；自诉人撤回起诉或者被驳回起诉后，又提出了新的足以证明被告人有罪的证据，再次提起自诉的，人民法院应当受理。

第三百二十二条 自诉人对不予受理或者驳回起诉的裁定不服的，可以提起上诉。

第二审人民法院查明第一审人民法院作出的不予受理裁定有错误的，应当在撤销原裁定的同时，指令第一审人民法院立案受理；查明第一审人民法院驳回起诉裁定有错误的，应当在撤销原裁定的同时，指令第一审人民法院进行审理。

第三百二十三条 自诉人明知有其他共同侵害人，但只对部分侵害人提起自诉的，人民法院应当受理，并告知其放弃告诉的法律后果；自诉人放弃告诉，判决宣告后又对其他共同侵害人就同一事实提起自诉的，人民法院不予受理。

共同被害人中只有部分人告诉的，人民法院应当通知其他被害人参加诉讼，并告知其不参加诉讼的法律后果。被通知人接到通知后表示不参加诉讼或者不出庭的，视为放弃告诉。第一审宣判后，被通知人就同一事实又提起自诉的，人民法院不予受理。但是，当事人另行提起民事诉讼的，不受本解释限制。

第三百二十四条 被告人实施两个以上犯罪行为，分别属于公诉案件和自诉案件，人民法院可以一并审理。对自诉部分的审理，适用本章的规定。

第三百二十五条 自诉案件当事人因客观原因不能取得的证据，申请人民法院调取的，应当说明理由，并提供相关线索或者材料。人民法院认为有必要的，应当及时调取。

对通过信息网络实施的侮辱、诽谤行为，被害人向人民法院告诉，但提供证据确有困难的，人民法院可以要求公安机关提供协助。

第三百二十六条 对犯罪事实清楚，有足够证据的自诉案件，应当开庭审理。

第三百二十七条 自诉案件符合简易程序适用条件的，可以适用简易程序审理。

不适用简易程序审理的自诉案件，参照适用公诉案件第一审普通程序的有关规定。

第三百二十八条 人民法院审理自诉案件，可以在查明事实、分清是非的基础上，根据自愿、合法的原则进行调解。调解达成协议的，应当制作刑事调解书，由审判人员、法官助理、书记员署名，并加盖人民法院印章。调解书经双方当事人签收后，即具有法律效力。调解没有达成协议，或者调解书签收前当事人反悔的，应当及时作出判决。

刑事诉讼法第二百一十条第三项规定的案件不适用调解。

第三百二十九条 判决宣告前，自诉案件的当事人可以自行和解，自诉人可以撤回自诉。

人民法院经审查，认为和解、撤回自诉确属自愿的，应当裁定准许；认为系被强迫、威吓等，并非自愿的，不予准许。

第三百三十条 裁定准许撤诉的自诉案件，被告人被采取强制措施的，人民法院应当立即解除。

第三百三十一条　自诉人经两次传唤，无正当理由拒不到庭，或者未经法庭准许中途退庭的，人民法院应当裁定按撤诉处理。

部分自诉人撤诉或者被裁定按撤诉处理的，不影响案件的继续审理。

第三百三十二条　被告人在自诉案件审判期间下落不明的，人民法院可以裁定中止审理；符合条件的，可以对被告人依法决定逮捕。

第三百三十三条　对自诉案件，应当参照刑事诉讼法第二百条和本解释第二百九十五条的有关规定作出判决。对依法宣告无罪的案件，有附带民事诉讼的，其附带民事部分可以依法进行调解或者一并作出判决，也可以告知附带民事诉讼原告人另行提起民事诉讼。

第三百三十四条　告诉才处理和被害人有证据证明的轻微刑事案件的被告人或者其法定代理人在诉讼过程中，可以对自诉人提起反诉。反诉必须符合下列条件：

（一）反诉的对象必须是本案自诉人；

（二）反诉的内容必须是与本案有关的行为；

（三）反诉的案件必须符合本解释第一条第一项、第二项的规定。

反诉案件适用自诉案件的规定，应当与自诉案件一并审理。自诉人撤诉的，不影响反诉案件的继续审理。

第九十九条 以上、以下、以内的含义

本法所称以上、以下、以内，包括本数。

条文要旨

本条是关于刑法中所称的“以上、以下、以内”的概念如何理解的规定。

理解与适用

根据本条规定，刑法所称的“以上”“以下”“以内”都包括本数在内。例如，规定对某种犯罪行为判处三年以下有期徒刑，判处的最高刑可以是三年。

第一百条　前科报告义务及例外规定

依法受过刑事处罚的人，在入伍、就业的时候，应当如实向有关单位报告自己曾受过刑事处罚，不得隐瞒。

犯罪的时候不满十八周岁被判处五年有期徒刑以下刑罚的人，免除前款规定的报告义务。

条文要旨

本条是关于前科报告义务的规定。

理解与适用

本条共分为两款：

第一款是关于前科报告义务的一般规定。主要有两个方面的内容：一是依法受过刑事处罚的人，应当如实向有关单位报告自己曾受过刑事处罚，不得隐瞒。“依法受过刑事处罚的人”，是指依照我国的刑事法律，行为人的行为构成犯罪，并经人民法院判处刑罚。经人民法院判处刑罚，包括被人民法院依法判处刑法规定的各种主刑和附加刑。例如，某犯罪分子被人民法院判处有期徒刑一年，宣告缓刑一年，在缓刑考验期内遵守刑法的有关规定，缓刑考验期满，原判的刑罚不再执行，这种情况也属于依法受过刑事处罚。如果某行为人虽曾受到司法机关的追诉，但其行为符合刑法规定的不需要判处刑罚或者免除刑罚的情况，因而人民法院决定免予刑罚处罚的，则不属于“受过刑事处罚的人”。同样，如果检察机关对上述情况依照刑事诉讼法的规定决定不予起诉的，也不在“受过刑事处罚”之列。二是如实报告仅限于在入伍、就业的时候。“入伍”是指加入中国人民解放军或者中国人民武装警察部队。“就业”包括参加任何种类的工作，如进入国家机关，各种公司、企业、事业单位，各种团体等。“向有关单位报告”，是指向征兵部门和自己参加工作的单位报告。法律这样规定，是为了便于用人单位掌握本单位职工的情况，便于安置工作以及对该有关人员开展帮助和教育。

第二款是对不满十八周岁的未成年人免除报告义务的规定。这有两个条件：一是被免除前科报告义务的主体是犯罪时不满十八周岁的人，既包括入伍、就业时未满十八周岁的未成年人，也包括入伍、就业时已满十八周岁的成年人，只要其犯罪时不满十八周岁，就构成适用本款规定的条件之一。二是被判处五年有期徒刑以下刑罚，包括被判处五年以下有期徒刑的情形，也包括被判处拘役、管制、单处附加刑的情形，以及适用缓刑的情形。需要注意的是，以上两个条件需同时具备才能适用本款的规定，犯罪时不满十八周岁的人如果被判处超过五年有期徒刑的刑罚（不包括五年有期徒刑）的，则不适用本款的规定。

需要注意的是，本款的规定只是免除了犯罪的时候不满十八周岁、被判处五年有期徒刑以下刑罚的人的前科报告义务，这些人在入伍和就业时，征兵部门和招录单位依照招录的有关规定仍然可以对其进行考察。

实务问题

免除前科报告义务的具体内容

本条第二款规定的五年有期徒刑以下刑罚，包括五年以下有期徒刑、拘役、管制、单处罚金、驱逐出境。行为人在年满十八周岁前后实施数个行为，构成一罪或者数罪的，不适用本条第二款的规定。理由主要有三点：一是行为人连续实施数个行为构成一罪的，如盗窃、诈骗或者抢劫等，犯罪数额累计计算，定罪量刑是综合衡量数个行为后作出的，其十八周岁之前的行为没有作单独评价，无法免除其报告义务。二是行为人的行为构成数罪的，从理论上讲，可以免除十八周岁之前被判处五年有期徒刑以下刑罚的报告义务，但实践中却行不通。因为数罪是一并审理、一并宣判，量刑是根据数罪并罚的规定作出的，在同一份判决书中，免除部分犯罪的报告义务，没有可操作性。三是行为人实施数个行为构成一罪或者数罪的，表明其人身危险性较一般的初犯、偶犯要大，对他们在前科报告义务方面作出相对严格的要求，有利于更好地保护社会利益，体现刑法惩罚犯罪、保护人民的目的。

犯罪时不满十八周岁，被判处五年有期徒刑以下刑罚，并且正在管制服刑期间或者缓刑、假释考验期内的人，其人身自由没有被剥夺，只是受到一定限制，可能面临就业、就学的问题，在此期间是否报告所受刑事处罚对行为人有重大影响。本条第二款没有明确规定此种情况下行为人是否可以免除报告义务。我们认为，为最大程度消除刑事处罚给未成年人带来的不利影响，更全面保护其权益，经过社区矫正部门同意后，可以免除报告义务。之所以要求必须经过社区矫正部门的同意，是因为根据法律规定，刑罚尚未执行完毕或正在考验期内的行为人，需要接受社区矫正，社区矫正部门在监管过程中可以综合考虑行为人在社区的矫正情况以及犯罪情节、人身危险性、改造情况等，决定其能否免除报告义务。另外，根据兵役法第十六条的规定，应征公民被羁押正在受侦查、起诉、审判的或者被判处徒刑、拘役、管制正在服刑的，不征集。因此，在管制服刑期间，缓刑、假释考验期内的行为人，在入伍时是不能免除报告义务的。

行为人在入伍、就业、就学时依法未报告曾受过刑事处罚，部队、单位、学校因审查档案不严或者犯罪记录被封存等原因，未能审查出行为人曾受过刑事处罚而接收行为人，后来发现行为人曾受过刑事处罚的，不得以此为由清退或开除行为人，因为行为人已经免除了报告义务。如果出现被清退、开除的情形，或者行为人相关信息被恶意散布的，行为人有权通过诉讼维护自身权益。

最后，需要强调两个问题：一是免予刑事处罚的人不负有报告义务；二是曾受过刑事处罚的人在就学时不负有报告义务。根据刑法规定，免予刑事处罚不属于刑罚，是非刑罚处罚方法。本条第一款规定行为人对曾受过的刑事处罚有报告义务，未规定定罪免刑的人负有报告义务，因此，免予刑事处罚的人，不负有本条第一款规定的报告义务。在实践中，对刑事处罚是否包括定罪免刑的看法还存在分歧，应当统一认识：

免予刑事处罚的行为人，不论是成年人还是未成年人，均不负有报告义务。另外，本条第 1 款只规定了行为人在入伍、就业时负有报告义务，没有规定行为人在就学时负有报告义务。由于实践中，学校招生时一般都会严格审查学生的档案，并要求学生如实填写个人情况，学生一般都需要报告是否曾受过刑事处罚，我们认为，有必要说明受过刑事处罚的人在就学时，不论是成年人还是未成年人，不论其曾受过何种刑事处罚，都不负有法律上的报告义务。

关联规范

1. **《中华人民共和国刑事诉讼法》**（2018 年 10 月 26 日修正）（节录）

第二百八十六条　犯罪的时候不满十八周岁，被判处五年有期徒刑以下刑罚的，应当对相关犯罪记录予以封存。

犯罪记录被封存的，不得向任何单位和个人提供，但司法机关为办案需要或者有关单位根据国家规定进行查询的除外。依法进行查询的单位，应当对被封存的犯罪记录的情况予以保密。

2. **《中华人民共和国预防未成年人犯罪法》**（2020 年 12 月 26 日修订）（节录）

第五十九条　未成年人的犯罪记录依法被封存的，公安机关、人民检察院、人民法院和司法行政部门不得向任何单位或者个人提供，但司法机关因办案需要或者有关单位根据国家有关规定进行查询的除外。依法进行查询的单位和个人应当对相关记录信息予以保密。

未成年人接受专门矫治教育、专门教育的记录，以及被行政处罚、采取刑事强制措施和不起诉的记录，适用前款规定。

3. **《最高人民法院、最高人民检察院、公安部、国家安全部、司法部关于建立犯罪人员犯罪记录制度的意见》**（2012 年 5 月 10 日　法发〔2012〕10 号）（节录）

一、建立犯罪人员犯罪记录制度的重要意义和基本要求

建立犯罪人员犯罪记录制度，对犯罪人员信息进行合理登记和有效管理，既有助于国家有关部门充分掌握与运用犯罪人员信息，适时制定和调整刑事政策及其他公共政策，改进和完善相关法律法规，有效防控犯罪，维护社会秩序，也有助于保障有犯罪记录的人的合法权利，帮助其顺利回归社会。

近年来，我国犯罪人员犯罪记录工作取得较大进展，有关部门为建立犯罪人员犯罪记录制度进行了积极探索。认真总结并推广其中的有益做法，在全国范围内开展犯罪人员信息的登记和管理工作，逐步建立和完善犯罪记录制度，对司法工作服务大局，促进社会矛盾化解，推进社会管理机制创新，具有重要意义。

建立犯罪人员犯罪记录制度，开展有关犯罪记录的工作，要按照深入贯彻落实科学发展观和构建社会主义和谐社会的总体要求，在司法体制和工作机制改革的总体框架内，全面落实宽严相济刑事政策，促进社会和谐稳定，推动经济社会健康发展。要立足国情，充分考虑现阶段我国经济社会发展的状况和人民群众的思想观念，注意与现有法律法规和其他制度的衔接。要充分认识我国的犯罪记录制度以及有关工作尚处于起步阶段这一现状，抓住重点，逐步推进，确保此项工作能够稳妥、有序开展，为进一步完善我国犯罪记录制度，健全犯罪记录工作机制创造条件。

二、犯罪人员犯罪记录制度的主要内容

（一）建立犯罪人员信息库

为加强对犯罪人员信息的有效管理，依托政法机关现有网络和资源，由公安机关、国家安全机关、人民检察院、司法行政机关分别建立有关记录信息库，并实现互联互通，待条件成熟后建立全国统一的犯罪信息库。

犯罪人员信息登记机关录入的信息应当包括以下内容：犯罪人员的基本情况、检察机关（自诉人）和审判机关的名称、判决书编号、判决确定日期、罪名、所判处刑罚以及刑罚执行情况等。

（二）建立犯罪人员信息通报机制

人民法院应当及时将生效的刑事裁判文书以及其他有关信息通报犯罪人员信息登记机关。

监狱、看守所应当及时将《刑满释放人员通知书》寄送被释放人员户籍所在地犯罪人员信息登记机关。

县级司法行政机关应当及时将《社区服刑人员矫正期满通知书》寄送被解除矫正人员户籍所在地犯罪人员信息登记机关。

国家机关基于办案需要，向犯罪人员信息登记机关查询有关犯罪信息，有关机关应当予以配合。

（三）规范犯罪人员信息查询机制

公安机关、国家安全机关、人民检察院和司法行政机关分别负责受理、审核和处理有关犯罪记录的查询申请。

上述机关在向社会提供犯罪信息查询服务时，应当严格依照法律法规关于升学、入伍、就业等资格、条件的规定进行。

辩护律师为依法履行辩护职责，要求查询本案犯罪嫌疑人、被告人的犯罪记录的，应当允许，涉及未成年人的犯罪记录被执法机关依法封存的除外。

（四）建立未成年人犯罪记录封存制度

为深入贯彻落实党和国家对违法犯罪未成年人的“教育、感化、挽救”方针和“教育为主、惩罚为辅”原则，切实帮助失足青少年回归社会，根据刑事诉讼法的有关规定，结合我国未成年人保护工作的实际，建立未成年人轻罪犯罪记录封存制度，对于犯罪时不满十八周岁，被判处五年有期徒刑以下刑罚的未成年人的犯罪记录，应当予以封存。犯罪记录被封存后，不得向任何单位和个人提供，但司法机关为办案需要或者有关单位根据国家规定进行查询的除外。依法进行查询的单位，应当对被封存的犯罪记录的情况予以保密。

执法机关对未成年人的犯罪记录可以作为工作记录予以保存。

（五）明确违反规定处理犯罪人员信息的责任

负责提供犯罪人员信息的部门及其工作人员应当及时、准确地向犯罪人员信息登记机关提供有关信息。不按规定提供信息，或者故意提供虚假、伪造信息，情节严重或者造成严重后果的，应当依法追究相关人员的责任。

负责登记和管理犯罪人员信息的部门及其工作人员应当认真登记、妥善管理犯罪人员信息。不按规定登记犯罪人员信息、提供查询服务，或者违反规定泄露犯罪人员信息，情节严重或者造成严重后果的，应当依法追究相关人员的责任。

使用犯罪人员信息的单位和个人应当按照查询目的使用有关信息并对犯罪人员信息予以保密。不按规定使用犯罪人员信息，情节严重或者造成严重后果的，应当依法追究相关人员的责任。

4.《人民检察院办理未成年人刑事案件的规定》（2013 年 12 月 27 日修订　高检发研字〔2013〕7 号）（节录）

第六十二条　犯罪的时候不满十八周岁，被判处五年有期徒刑以下刑罚的，人民检察院应当在收到人民法院生效判决后，对犯罪记录予以封存。

对于二审案件，上级人民检察院封存犯罪记录时，应当通知下级人民检察院对相关犯罪记录予以封存。

第六十三条　人民检察院应当将拟封存的未成年人犯罪记录、卷宗等相关材料装订成册，加密保存，不予公开，并建立专门的未成年人犯罪档案库，执行严格的保管制度。

第六十四条　除司法机关为办案需要或者有关单位根据国家规定进行查询的以外，人民检察院不得向任何单位和个人提供封存的犯罪记录，并不得提供未成年人有犯罪记录的证明。

司法机关或者有关单位需要查询犯罪记录的，应当向封存犯罪记录的人民检察院提出书面申请，人民检察院应当在七日以内作出是否许可的决定。

第六十五条　对被封存犯罪记录的未成年人，符合下列条件之一的，应当对其犯罪记录解除封存：

（一）实施新的犯罪，且新罪与封存记录之罪数罪并罚后被决定执行五年有期徒刑以上刑罚的；

（二）发现漏罪，且漏罪与封存记录之罪数罪并罚后被决定执行五年有期徒刑以上刑罚的。

第六十六条　人民检察院对未成年犯罪嫌疑人作出不起诉决定后，应当对相关记录予以封存。具体程序参照本规定第六十二条至第六十五条规定办理。

5.《最高人民检察院关于印发〈未成年人刑事检察工作指引（试行）〉的通知》（2017 年 3 月 2 日　高检发未检字〔2017〕1 号）（节录）

第八十二条　【基本要求】对于犯罪时不满十八周岁，被判处五年有期徒刑以下刑罚以及免除刑事处罚的未成年人的犯罪记录，人民检察院应当在收到人民法院生效判决后，对犯罪记录予以封存。

对于犯罪记录封存的未成年人，人民检察院应当告知其在入学、入伍、就业时，免除报告自己曾受过刑事处罚的义务。

对于二审案件，上级人民检察院封存犯罪记录时，应当通知下级人民检察院对相关犯罪记录予以封存。

对于在年满十八周岁前后实施数个行为，构成一罪或者数罪，被判处五年有期徒刑以下刑罚的以及免除刑事处罚的未成年人的犯罪记录，人民检察院可以不适用犯罪记录封存规定。

第八十三条 【具体操作】人民检察院应当将拟封存的有关未成年人个人信息、涉嫌犯罪或者犯罪的全部案卷、材料，均装订成册，加盖“封存”字样印章后，交由档案部门统一加密保存，执行严格的保管制度，不予公开，并应在相关电子信息系统中加设封存模块，实行专门的管理及查询制度。未经法定查询程序，不得对封存的犯罪记录及相关电子信息进行查询。

有条件的地方可以建立专门的未成年人犯罪档案库或者管理区，封存相关档案。

第八十四条 【共同犯罪封存】对于未分案处理的未成年人与成年人共同犯罪案件中有未成年人涉罪记录需要封存的，应当将全案卷宗等材料予以封存。分案处理的，在封存未成年人材料的同时，应当在未封存的成年人卷宗封皮标注“含犯罪记录封存信息”，并对相关信息采取必要保密措施。

对不符合封存条件的其他未成年人、成年人犯罪记录，应当依照相关规定录入全国违法犯罪人员信息系统。

第八十五条 【封存效力】未成年人犯罪记录封存后，没有法定事由、未经法定程序不得解封。

除司法机关为办案需要或者有关单位根据国家规定进行查询的以外，人民检察院不得向任何单位和个人提供封存的犯罪记录，并不得提供未成年人有犯罪记录的证明。

前款所称国家规定，是指全国人民代表大会及其常务委员会制定的法律和决定，国务院制定的行政法规、规定的行政措施、发布的决定和命令。

第八十六条 【不起诉封存】人民检察院对未成年犯罪嫌疑人作出不起诉决定后，应当对相关记录予以封存。具体程序参照本指引第八十二条至八十五条规定办理。

第八十七条 【其他封存】其他民事、行政与刑事案件，因案件需要使用被封存的未成年人犯罪记录信息的，应当在相关卷宗中标明“含犯罪记录封存信息”，并对相关信息采取必要保密措施。

第八十八条 【出具无犯罪记录的证明】被封存犯罪记录的未成年人本人或者其法定代理人申请为其出具无犯罪记录证明的，人民检察院应当出具无犯罪记录的证明。如需要协调公安机关、人民法院为其出具无犯罪记录证明的，人民检察院应当积极予以协助。

第九十二条 【解除封存】对被封存犯罪记录的未成年人，符合下列条件之一的，应当对其犯罪记录解除封存：

（一）实施新的犯罪，且新罪与封存记录之罪数罪并罚后被决定执行五年有期徒刑以上刑罚的；

（二）发现漏罪，且漏罪与封存记录之罪数罪并罚后被决定执行五年有期徒刑以上刑罚的。

第一百零一条 总则的适用

本法总则适用于其他有刑罚规定的法律，但是其他法律有特别规定的除外。

条文要旨

本条是关于刑法总则的规定适用于其他有刑罚规定的法律的规定。

理解与适用

本条包括两个方面的内容：

1. 本法总则适用于其他有刑罚规定的法律。主要是指刑法总则规定的原则对于其他有定罪处刑规定的法律也适用，在依照其他法律规定对犯罪人判处刑罚时，也要依照刑法总则的规定。

“其他有刑罚规定的法律”，是指除刑法以外的其他有定罪处刑规定的法律，理论上包括全国人大常委会通过的对刑法所作的决定或者补充规定，以及其他法律中对刑法补充规定的犯罪行为及其刑罚的规定。1997 年刑法施行以来，“其他有刑罚规定的法律”已经比较少见。比较典型的是 1998 年 12 月 29 日第九届全国人民代表大会常务委员会第六次会议通过的《全国人民代表大会常务委员会关于惩治骗购外汇、逃汇和非法买卖外汇犯罪的决定》，这是 1997 年刑法修订以后全国人大常委会第一次对刑法作修改补充，由于当时还没有就以修正案的方式修改刑法达成共识，就仍旧按照 1979 年刑法施行期间的做法，通过单行决定的方式对刑法作出了修改和补充。该决定属于典型的在刑法典之外“有刑罚规定的法律”。另外，2014 年 11 月 1 日第十二届全国人民代表大会常务委员会第十一次会议通过的反间谍法是另外一种比较特别的情况，该法虽然没有直接规定罪名和刑罚，但是对于有特定情节的间谍行为的处理，作出了明确的规定，而该规定与刑法总则的相应规定有所不同。一是反间谍法第二十七条第二款规定：“实施间谍行为，有自首或者立功表现的，可以从轻、减轻或者免除处罚；有重大立功表现的，给予奖励。”这一规定与刑法第六十七条、第六十八条关于自首、立功的规定相比，从宽的幅度更大。二是反间谍法第二十八条规定：“在境外受胁迫或者受诱骗参加敌对组织、间谍组织，从事危害中华人民共和国国家安全的活动，及时向中华人民共和国驻外机构如实说明情况，或者入境后直接或者通过所在单位及时向国家安全机关、公安机关如实说明情况，并有悔改表现的，可以不予追究。”这一规定相比刑法总则的规定，增加了被诱骗实施犯罪的情形，可以不予追究的处理，也体现了更大力度的从宽政策。此外，2020 年 6 月 30 日，第十三届全国人民代表大会常务委员会第二十次会议通过的香港特别行政区维护国家安全法性质比较特殊，其中对危害国家安全的四类犯罪行为及其处罚作了规定，可以作为“其他有刑罚规定的法律”。

2. 其他法律有特别规定的除外。这是指在其他有刑罚规定的法律中，对于涉及刑法总则的有关问题又作出了特殊规定，即在一定范围、一定限度内对刑法总则的有关规定不再适用，而依照该法律的特别规定执行。